Die Rechtsprechung
der
Oberlandesgerichte
auf dem Gebiete des Civilrechts.

Herausgegeben von

B. Mugdan und **R. Falkmann,**
Kammergerichtsräten.

Dritter Band.
(Jahrgang 1901, zweites Halbjahr.)

Leipzig,
Verlag von Veit & Comp.
1901

Unter Mitwirkung der Herren

Arnold, Oberst-Landesgerichtsrat, München
Dr. Bauer, Kammergerichtsrat, Berlin
Dr. Berchelmann, Oberlandesgerichtsrat, Darmstadt
Berlin, Oberlandesgerichtsrat, Nürnberg
Börngen, Oberlandesgerichtsrat, Jena
Busch, Kammergerichtsrat, Berlin
Donle, Oberlandesgerichtsrat, Augsburg
Ebenau, Oberlandesgerichtsrat, Cassel
Ebert, Oberlandesgerichtsrat, Breslau
Dr. Eller, Oberlandesgerichtsrat, Karlsruhe
Engelmann, Oberlandesgerichtsrat, Breslau
Engelbrecht, Oberlandesgerichtsrat, Naumburg
Freudenthal, Oberlandesgerichtsrat, Colmar
Groth, Oberlandesgerichtsrat, Kiel
Haidlen, Landgerichtsrat, Stuttgart, Hülfsarbeiter am Oberlandesgericht
Dr. Hangen, Oberlandesgerichtsrat, Darmstadt
Hartog, Oberlandesgerichtsrat, Breslau
v. Hatzfeld, Amtsgerichtsrat, Hamm, Hülfsarbeiter am Oberlandesgericht
Hetzell, Kammergerichtsrat, Berlin
Heynacher, Oberlandesgerichtsrat, Marienwerder
Hübener, Oberlandesgerichtsrat, Posen
Kalb, Oberlandesgerichtsrat, Augsburg
Kiehl, Kammergerichtsrat, Berlin
Könige, Oberlandesgerichtsrat, Karlsruhe
Krell, Oberlandesgerichtsrat, Zweibrücken
Luthe, Oberlandesgerichtsrat, Naumburg
Dr. Marsson, Oberlandesgerichtsrat, Frankfurt
Meisner, Senats-Präsident, Posen
Meyer, Geheimer Justizrat, Oberlandesgerichtsrat, Breslau
Michaelis, Oberlandesgerichtsrat, Köln
Dr. Mittelstein, Oberlandesgerichtsrat, Hamburg
Mörtl, Oberst-Landesgerichtsrat, München
Mosse, Oberlandesgerichtsrat, Königsberg
Mügge, Oberlandesgerichtsrat, Stettin
Nehse, Kammergerichtsrat, Berlin
Neukamp, Oberlandesgerichtsrat, Köln
Niesert, Oberlandesgerichtsrat, Hamm
Niemöller, Oberlandesgerichtsrat, Oldenburg
Noel, Kammergerichtsrat, Berlin
Osthølder, Senats-Präsident, Zweibrücken
Ott, Oberlandesgerichtsrat, München
Pallengehr, Oberlandesgerichtsrat, Hamm
Pfeiffer, Oberlandesgerichtsrat, Kassel
Prestien, Oberlandesgerichtsrat, Rostock
Dr. Riedel, Oberlandesgerichtsrat, Naumburg
Rüter, Oberlandesgerichtsrat, Naumburg
Ruffmann, Oberlandesgerichtsrat, Königsberg
Rukser, Oberlandesgerichtsrat, Posen
Schäfer, Oberlandesgerichtsrat, Bamberg
Schaffeld, Oberlandesgerichtsrat, Frankfurt
Schepers, Oberlandesgerichtsrat, Hamm
Schmidts, Oberlandesgerichtsrat, Hamm
Schneider, Oberlandesgerichtsrat, Stettin
Schultze-Görlitz, Kammergerichtsrat, Berlin
Senst, Oberlandesgerichtsrat, Stettin
Dr. Simon, Oberlandesgerichtsrat, Posen
Simonson, Oberlandesgerichtsrat, Breslau
Specht, Kammergerichtsrat, Berlin
Sprenger, Oberlandesgerichtsrat, Oldenburg
Stichling II, Oberlandesgerichtsrat, Jena
Thiele, Oberlandesgerichtsrat, Königsberg
Vintz, Oberlandesgerichtsrat, Naumburg
v. Wartenberg, Kammergerichtsrat, Berlin
Dr. Wolff, Senats-Präsident, Braunschweig
Zeller, Oberlandesgerichtsrat, Bamberg
Ziemßen, Kammergerichtsrat, Berlin

und zahlreicher anderer Juristen.

Systematisches Inhaltsverzeichnis.

(Verfaßt von Staatsanwalt Dr. Rindfleisch in Duisburg.)

Die Zahlen bedeuten die Seiten.

I. Civilrecht.

Erster Abschnitt. Rechtsquellen.

a) Zeitliche Begrenzung der Anwendbarkeit der Gesetze.

b) Statutenkollision.

Zweiter Abschnitt. Allgemeine Grundsätze von den Rechten und deren Verfolgung.

Dritter Abschnitt. Von den Personen.

a) Von den natürlichen Personen.

b) Von den juristischen Personen.

Vierter Abschnitt. Von den Sachen.

Fünfter Abschnitt. Von den Handlungen.

a) Anfechtung und Nichtigkeit der Rechtsgeschäfte.

b) Willenserklärung. Stellvertretung. Vollmacht.

Sechster Abschnitt. Recht der Schuldverhältnisse.

a) Inhalt der Schuldverhältnisse.

b) Schuldverhältnisse aus Verträgen.

c) Erlöschen der Schuldverhältnisse.

d) Übertragung der Forderung.

Siebenter Abschnitt. Sachenrecht.

a) Besitz.

b) Allgemeine Vorschriften über Rechte an Grundstücken.

c) Eigentum.

d) Reallasten. Dienstbarkeiten.

e) Hypothek. Grundschuld. Rentenschuld.

f) Pfandrecht an Sachen und Rechten.

Achter Abschnitt. Familienrecht.

a) Wirkungen der Ehe im allgemeinen.

1) Umfang der Schlüsselgewalt 13. — 2) Klage auf Wiederherstellung der ehelichen Gemeinschaft 31. 101. — 3) Rechtsmißbrauch durch das Verlangen nach Herstellung der ehelichen Gemeinschaft. Pflichten der Ehefrau 101. — 4) Abtretung der Zinsen des Eingebrachten durch die Frau 139. — 5) Einrechnung des Arbeitsverdienstes der Frau in die der Zwangsvollstreckung unterworfenen Einkünfte des Mannes 155. — 6) Die Frau kann für die Unterhaltsrente aus § 1361 BGB. keine Sicherheitsleistung fordern 240. — 7) Ein Ehegatte kann im Klagewege verlangen, daß der andere Ehegatte über seine Geschlechtskrankheit zuverlässige Auskunft giebt, insbesondere seinen Arzt von der Verpflichtung zur Verschwiegenheit entbindet 245.

b) Gesetzliches Güterrecht.

1) Zulässigkeit der Zwangsvollstreckung in eingebrachtes Gut aus einem gegen die Frau ergangenen Urteil 5. — 2) Zur Deckung der der Frau im Prozeß zwischen den Eheleuten auferlegten Kosten hat der Mann eingebrachtes Gut nicht herzugeben 102. — 3) Recht des im Rechtsstreite gegen seine Frau obsiegenden Mannes, seine Prozeßkosten aus ihrem Eingebrachten zwangsweise beizutreiben. Bedeutung des § 1416 BGB. 243.

c) Allgemeine Gütergemeinschaft.

1) Im Anfechtungsprozeß betr. eine zu Gunsten der Frau bestellte Grundschuld kann die Frau mit verklagt werden 52. — 2) Vorbehaltsgut der Frau gehört nicht in die Konkursmasse des Mannes 63. — 3) Zu Löschungen im Grundbuch genügt alleiniger Antrag des Mannes 226.

d) Fahrnisgemeinschaft.

Verfügungsberechtigung des Mannes über eine zum Gesamtgut gehörige Hypothek 388.

e) Ehescheidung.

1) Das Verfahren aus § 1577 Abs. 3 CPO. findet nicht bei Ehen statt, die vor 1900 rechtskräftig geschieden sind 17. — 2) Geisteskrankheit als Scheidungs- und als Entschuldigungsgrund gegenüber der Klage aus § 1568 BGB. 29. — 3) Ernstlichkeit der Klage auf Wiederherstellung der ehelichen Lebensgemeinschaft 31. — 4) Zustimmung zum Ehebruch 32. — 5) Unterhaltsanspruch der vor 1900 geschiedenen Frau 240. — 6) Keine Sicherheitsleistung für die nach § 1361 BGB. zu gewährende Geldrente 240. 364. — 7) Ehestreit zwischen Engländern. Einstweilige Verfügung auf Unterhaltsgewährung 365.

f) Verwandtschaft.

1) Unter welchen Voraussetzungen kann dem unehelichen Vater eines vor 1900 geborenen Kindes das Recht, die Erziehung selbst zu übernehmen, entzogen werden 1. — 2) Die Entziehung des Rechtes der Fürsorge für ein Kind nach § 1666 BGB. setzt ein Verschulden des Vaters voraus 2. — 3) Vertretung mehrerer Minderjähriger durch einen Gewalthaber bei Rechtsgeschäften mit diesem Gewalthaber und untereinander 20. 408. — 4) Während bestehender Ehe ist das Vormundschaftsgericht zur Entscheidung von Streitigkeiten der getrennt lebenden Eltern über ihren Verkehr mit den Kindern nicht befugt 41. — 5) Unsittliches Verhalten des Vaters. § 1666 BGB. 42. — 6) Unterhaltspflicht des Vaters gegenüber den Kindern nach Scheidung der Ehe 42. 369. — 7) Die Legitimation unehelicher Kinder richtet sich nach dem Personalstatut des Legitimierenden. Legitimation nach ungarischem Rechte 87. 88. — 8) Unterbringung von Kindern nach §§ 1631 Abs. 2, 1838 BGB. 103. — 9) Verzeichnis des Kindesvermögens, an welchem der Witwe auf Grund des bisherigen Rechtes die Leibzucht zusteht. § 1640 BGB. 105. — 10) Religiöse Erziehung der Kinder 111. 372. 373. 425. — 11) Anfechtung der Ehelichkeit eines Kindes durch einen anderen, als den Vater 191. — 12) Aussteuer einer Tochter 247. — 13) Zur Auslegung des § 1629 BGB. 248. — 14) Klage des Kindes auf Rechenschaftsablegung nach § 1681 BGB. 371. — 15) Wirkung der Annahme an Kindesstatt auf die religiöse Erziehung 372. — 16) Regelung des Verkehrs der geschiedenen Eltern mit den Kindern durch das Vormundschaftsgericht 370. — 17) Während des Erziehungsstreites unter geschiedenen Ehegatten ist eine von der gesetzlichen Bestimmung abweichende vorläufige Regelung durch das Vormundschaftsgericht unzulässig 426.

g) Vormundschaft, Pflegschaft.

Neunter Abschnitt. Erbrecht.

a) Erbfolge.

b) Rechtliche Stellung des Erben.

c) Testament.

d) Pflichtteil.

e) Erbschein.

Zehnter Abschnitt. Handelsrecht.

a) Der Kaufmann.

c) Unfallversicherung.

Haftung für den Unfall eines Staatseisenbahnbeamten auf einer Privateisenbahn, deren Betrieb vertragsmäßig vom preußischen Staate übernommen ist 49.

II. Freiwillige Gerichtsbarkeit.

Erster Abschnitt. Allgemeine Vorschriften.

1) Verpflichtung des ersuchten Richters zu Vernehmungen außerhalb der Gerichtsstelle 35. — 2) Rechtshilfe in Vormundschaftssachen 35. 393. — 3) Keine Rechtshilfe zur Erteilung vollstreckbarer Ausfertigungen einer vom ersuchten Gerichte gemäß § 794 CPO. aufgenommenen Urkunde 419. — 4) Voraussetzungen des § 5 FrGG. 36. — 5) Legitimation zur Beschwerde in Sachen freiwilliger Gerichtsbarkeit 37. — 6) Beschwerde der Staatskasse nach § 20 FrGG. Begriff der „Beeinträchtigung" 71. — 7) Weitere Beschwerde. Form 71. 395. — 8) Zulässigkeit der weiteren Beschwerde wegen Verletzung von Soll- und Ordnungsvorschriften 185. 394. 395. — 9) Gegen einstweilige Anordnungen des Beschwerdegerichtes keine weitere Beschwerde 394. — 10) Formfreiheit der von einem Notar in eigenem Namen eingelegten weiteren Beschwerde 186. — 11) Zur Entscheidung über Beschwerden der Handelskammer sind Mitglieder dieser Kammer, die zugleich Handelsrichter sind, nicht von der Ausübung des Richteramtes ausgeschlossen 311 Anm. — 12) Verpflichtung des preußischen Amtsgerichtes, die Erklärung der geschiedenen Frau über die Wiederannahme ihres Familiennamens zu beurkunden oder zu beglaubigen 367. — 13) Gerichtssprache in Sachen der freiwilligen Gerichtsbarkeit 375. — 14) Aufenthaltsort im Sinne des § 36 FrGG. 72.

Zweiter Abschnitt. Grundbuchrecht.

1) Vormerkung auf Eintragung einer Hypothek ohne Angabe des Forderungsbetrages ist unwirksam 3. — 2) Löschung einer für eine Ehefrau eingetragenen Vormerkung 4. — 3) Die Auflassungsvollmacht muß uneingeschränkt und vom materiellen Rechtsgeschäfte unabhängig sein 6. — 4) Nach Eintragung einer Sicherungshypothek für die Hauptsache ist wegen der auf weniger als 300 Mark festgesetzten Kosten eine neue Zwangseintragung unzulässig. § 866 Abs. 3 CPO. Entscheidung der weiteren Beschwerde durch das Reichsgericht 15. 293. — 5) Abschreibung unrichtig zugeschriebener Parzellen. § 22 GrBO. Inwieweit kann sich, wer als Übernehmer eines ganzen Vermögens die Auflassung eines Grundstückes erhalten hat, dem wahren Eigentümer gegenüber auf den Glauben des Grundbuches berufen? § 892 BGB. 33. — 6) Übernimmt bei Auflösung einer offenen Handelsgesellschaft ein Gesellschafter die Aktiva und Passiva, so bedarf es zur Übertragung eines Gesellschaftsgrundstückes der Auflassung 34. — 7) Begriff des selbständigen Grundstückes i. S. des ZwVG. 45. — 8) Eintragungsfähig ist nicht die Entsagung auf künftige Schadensvergütung, nicht die Verpflichtung, im Interesse des Bergbaues für die zeitweise Räumung und Absperrung des Grundstückes zu sorgen und der bergpolizeilichen Aufsichtsbehörde gegenüber auf Sicherheitsmaßregeln zu verzichten 96. 291. — 9) Öffentliche, insbes. Gemeindelasten sind nicht eintragungsfähig 98. — 10) Pflicht zur Vorlegung des Hypothekenbriefes. Begriff der „Vormerkung" (§ 885 BGB.) und des „Widerspruches" (§ 899 BGB.) 98. — 11) Legitimation der Erben eines im Auslande Verstorbenen vor dem inländischen Grundbuchrichter 112. — 12) Die im § 41 GrBO. gemachte Ausnahme vom Eintragungszwange des § 40 beschränkt sich auf den unmittelbaren Erben des eingetragenen Berechtigten 177. — 13) Zu Auflassungen genügt eine öffentlich beglaubigte Vollmacht 192. — 14) Die Eintragung der Konkurseröffnung bei für den Gemeinschuldner eingetragenen Briefhypotheken ist auch ohne Vorlegung des Briefes vorzunehmen 194. — 15) Eintragung einer Verfügung des Kridars nach der Konkurseröffnung 194. — 16) Eine Sicherungshypothek kann nachträglich auch für die Forderung eines anderen Gläubigers zur Sicherheit bestellt werden 196. — 17) Der dem Eigentümer eventuell zufallende Betrag einer Sicherungshypothek kann von dessen Gläubigern gepfändet und die Pfändung eingetragen werden 198. — 18) Sollen mehrere Grundstücke mit einer Sicherungshypothek belastet werden, so kann auf den einzelnen Grundstücken auch eine Hypothek unter 300 Mark eingetragen werden 201. — 19) Das nach ALR. verschlossen übergebene, sowie das gemäß § 2238 BGB.

Dritter Abschnitt. Vormundschaftssachen.

Vierter Abschnitt. Nachlaß- und Teilungssachen.

Fünfter Abschnitt. Registersachen.

a) Standesregister.

b) Handelsregister.

c) Genossenschaftsregister.

Einreichung des Verzeichnisses der einem Verbande angehörenden Genossenschaften an das Registergericht 70.

d) Vereinsregister.

Anmeldung zum Vereinsregister 38.

e) Güterrechtsregister.

Eintragung ins Güterrechtsregister auf Antrag eines Notars 368.

Sechster Abschnitt. Gerichtliche und notarielle Urkunden.

1) Es genügt, daß aus dem Protokolle unmittelbar seine Vorlesung, seine Genehmigung und die persönliche Unterschrift der Beteiligten hervorgeht. — Das Protokoll kann auf der Schrift selbst, auf die in der Erklärung Bezug genommen wird, aufgenommen werden. Dagegen ist die Vorlesung jener Schrift nicht nötig 72; dagegen 312. — 2) Es genügt nicht, wenn nur die Buchstaben „v. g. u." unter das Protokoll gesetzt sind 349. — 3) Feststellung der Persönlichkeit der Beteiligten 175. — 4) Beeidigung des zur Errichtung eines Erbvertrages vom Notar herangezogenen Dolmetschers 186. — 5) Bei der Testamentserrichtung kann der Gerichtsschreiber nicht zugleich Dolmetscher sein 253. — 6) Nachträgliche Einschaltungen in den Text einer öffentlich beglaubigten Urkunde bedürfen selbst der Beglaubigung 306.

Siebenter Abschnitt. Kosten der freiwilligen Gerichtsbarkeit.

Zulässigkeit der Beschwerde nur wegen der Kosten nach Erledigung der Hauptsache 219.

III. Civilprozeß.

Erster Abschnitt. Zeitliche Wirksamkeit.

§ 850 Abs. 3 CPO. ist auf eine vor 1900 wegen einer Körperverletzung zuerkannte Rente nicht anwendbar 155.

Zweiter Abschnitt. Die Gerichte.

a) Gerichtsverfassung.

1) Ein nicht formgerechter Antrag ist auf Ersuchen im Wege der Rechtshilfe richtig zu stellen und formgerecht aufzunehmen 314. — 2) Ersuchen um Entgegennahme der Erklärung über die Echtheit der Unterschrift und den Inhalt eines Schriftsatzes 315. — 3) Das Urteil eines Sondergerichtes kann auf Grund des § 323 CPO. nur von diesem Gerichte, nicht von den ordentlichen Gerichten abgeändert werden 327. — 4) Keine Rechtshilfe zur Erteilung vollstreckbarer Ausfertigungen 419.

b) Gerichtsstand.

1) Erfüllungsort des Acceptanten eines domizilirten Wechsels 44. — 2) Für Klagen aus § 1 des Haftpflichtgesetzes ist der Gerichtsstand des § 32 CPO. nicht gegeben 431. — 3) Die Vereinbarung des Gerichtsstandes bezüglich der einzelnen Geschäfte gilt auch für die Klage aus dem Anerkenntnis des Saldos 432.

c) Wert des Streitgegenstandes.

1) Streitwert bei Beseitigung der Ausweichung einer Mauer 159; — bei der Klage gegen den Ehemann auf Duldung der Zwangsvollstreckung 160; — bei Klage auf lebenslängliche Alimentation 161. — 2) Erinnerung und Beschwerde der Staatskasse gegen die Streitwertsfestsetzung 160. — 3) Nachträgliche Herabsetzung des Streitwertes 214.

d) Gerichtsvollzieher.

1) Gebühr des Gerichtsvollziehers, wenn er an Stelle der Zustellung von Anwalt zu Anwalt Ersatzzustellung vornehmen muß, weil der Anwalt nicht da ist 124. — 2) Vergütung für Zeitversäumnis, wenn der Gerichtsvollzieher als Zeuge vor Gericht erschienen ist 170.

Dritter Abschnitt. Die Parteien.

a) Prozeßfähigkeit. Gesetzlicher Vertreter.

1) Ausschluß der Prozeßfähigkeit durch Geisteskrankheit 29. — 2) Passivlegitimation der gütergemeinschaftlichen Ehefrau im Anfechtungsprozeß 52; — in anderen Prozessen 242. — 3) Berechtigung des Konkursverwalters zur Prozeßführung nach Aufhebung des Konkurses 62. — 4) Parteifähigkeit der offenen Handelsgesellschaft 81. — 5) Mangel der Prozeßfähigkeit, der sich erst in zweiter Instanz herausstellt, hat nicht Verwerfung der Berufung des Prozeßunfähigen, sondern Aufhebung des ganzen Verfahrens zur Folge 120. 122. — 6) Zustellung der Klage nach dem Tode des Klägers 136. — 7) Klage eines ausländischen Einzelkaufmannes unter einer Firma. Änderung des Aktivrubrums 274.

b) Prozeßbevollmächtigte.

1) Umfang der Prozeßvollmacht; Vollmachtstempel; Wertermittelung hinsichtlich der Stempelsteuer 7. — 2) Mangel der Prozeßvollmacht kann auch in zweiter Instanz gerügt werden. Folgen des Mangels 330.

c) Streitgenossenschaft.

1) Notwendige Streitgenossenschaft zwischen Gesellschaftern einer aufgelösten Handelsgesellschaft 148. — 2) Ficht ein Gesellschafter den Beschluß einer Ges. m. b. H. an, so können die übrigen Gesellschafter als Nebenintervenienten beitreten 262.

d) Gebühren des Gerichtes; des Gerichtsvollziehers.

1) Der Gerichtsvollzieher, der bei einer Zustellung von Anwalt zu Anwalt eine Ersatzzustellung vornehmen muß, erhält die volle Gebühr 124. — 2) Fortdauer der Kostenvorschußpflicht auch nach gänzlicher Erledigung des Rechtsstreites. § 81. 90 GKG. 162. — 3) Wer ist Antragsteller im Sinne des § 89 GKG. bei Erhebung einer Widerklage? 162. — 4) Nichtzahlung des Ausländervorschusses 166. — 5) Zur Auslegung der §§ 86, 87 GKG. 166.

e) Prozeßkosten im allgemeinen.

1) Umfang der dem Gegner zu erstattenden Kosten: a) für Erhebung und Ablieferung der Streitsumme 123; b) einer Droschke bei besonders eiliger Zustellung 123; c) für Zustellung von Anwalt zu Anwalt 124; d) mehrerer Anwälte in der Revisionsinstanz 125; e) eines Parteivertreters in auswärtigem Beweistermine 125; f) der Hinterlegung 433; g) einer Mahnung vor der Klage 167. — 2) Kosten des nur vom Nebenintervenienten eingelegten Rechtsmittels 129. — 3) Kostenpflicht bei Erledigung der Klage vor deren Zustellung 320. — 4) Kosten der Klage des Absonderungsgläubigers, wenn sie nur Erlangung des erforderlichen Vollstreckungstitels bezweckt, und der Verwalter den Anspruch sofort anerkennt 48. — 5) Kosten der Interventionsklage, wenn sofort die Freigabe erfolgt 130. — 6) Kostenpflicht des lediglich mit der Hypothekenklage belangten Eigentümers, der den Anspruch sofort anerkennt 318. — 7) Keine Kostenpflicht des Besitzers einer vollstreckbaren Urkunde, der aus dem zu Grunde liegenden Rechtsverhältnisse klagt 322. — 8) Kosten einer Klage auf Aufhebung der Vollstreckung eines Arrestbefehls 213. — 9) Kosten der Berufung, die die Beseitigung einer offenbaren Unrichtigkeit des Urteils bezweckt 433. — 10) Kostenpflicht, wenn der Beklagte während des Prozesses in Konkurs gerät und nunmehr der Anspruch festgestellt wird 211. — 11) Kosten für die Erwirkung einer Vormerkung aus BGB. § 648 433. — 12) Kosten für Einklagung einer Nachlaßverbindlichkeit während schwebenden Aufgebotsverfahrens 131; — bei Verzug des Erben 434. — 13) Bei Anwendung des § 93 CPO. kommt es nur auf das Verhalten des Beklagten vor der Klagerhebung an 131. 320. 323. — 14) Begriff des „sofortigen" Anerkenntnisses 132. 323. 434. — 15) Rechtsmittel, wenn über einen Teil des Anspruches Anerkenntnisurteil ergeht und dann der Rest und die Kosten sich durch Schlußurteil oder sonst erledigen 133. 436. 437. — 16) Rechtsmittel wegen der Kosten bei Erledigung der Hauptsache 135. 323 f. 436. — 17) Kostenpflicht des Rechtsanwaltes bei grobem Verschulden 325. — 18) Prozeßkosten der Frau im Rechtsstreit mit ihrem Manne 243. — 19) Auch im Falle der Anordnung eines Arrestes durch Beschluß ist der Gegner in die Kosten zu verurteilen 212. — 20) Die Fälligkeit der Gerichtskosten tritt erst mit Beendigung des Rechtsstreites ein 161. —

c) Prozeßhindernde Einreden.

1) Die vorbehaltlose Verhandlung zur Hauptsache im Schlußtermine enthält einen Verzicht auf die früher eingewandte Rechtshängigkeit 57. — 2) Einrede des Schiedsvertrages 157.

d) Rügepflicht der Parteien in betreff formeller Mängel des Verfahrens.

1) Rüge der mangelnden Schriftform der Klage 136. — 2) Der in nicht genügender Aufklärung im vorbereitenden Verfahren liegende Mangel kann durch Nicht-Rüge seitens der Parteien nicht geheilt werden 217.

e) Endurteil. Teilurteil.

1) Über Fassung des Tenors 135 (c). — 2) Berichtigung des Tenors 137. — 3) Teilurteil über den dinglichen Anspruch, wenn gleichzeitig der persönliche eingeklagt war 138. — 4) Fassung des Tenors bei dinglicher Klage aus Hypothek 140. — 5) Rechtskraftwirkung eines Teilurteiles, in welchem unter Berücksichtigung abgeschlossener Gegenforderungen ein Teilbetrag dem Kläger zuerkannt wird 140. — 6) Im Läuterungsurteile dürfen nur die im Tenor des bedingten Urteiles festgestellten Folgen ausgesprochen werden. Ein verkündetes Urteil kann weder durch Verzicht der Parteien, noch durch Widerruf seitens des Gerichtes beseitigt werden 143. — 7) Begriff des „Anerkenntnisses" 323. — 8) Abänderung des Urteiles eines Sondergerichtes 327. — 9) Ein gegen eine offene Handelsgesellschaft ergangenes bedingtes Urteil kann nach deren Auflösung nicht gegen die einzelnen Gesellschafter geläutert werden 344. — 10) Berichtigung oder Ergänzung des Urteiles? 439.

f) Versäumnisurteil. Einspruch.

1) Gegen den Ausländer, der den Gebührenvorschuß nicht gezahlt hat und deshalb nicht vor Gericht verhandeln kann, kann Versäumnisurteil ergehen 166. — 2) In dem zur Beweisaufnahme vor dem Prozeßgerichte anberaumten Termine kann Versäumnisurteil nicht vor beendigtem Beweisverfahren erlassen werden 329. — 3) Versäumnisurteil ist gegen den Kläger nicht zu erlassen, wenn der Beklagte in zweiter Instanz den Mangel der Prozeßvollmacht des erstinstanzlichen Anwaltes rügt, aber nur den Gegenanwalt, nicht die Partei selbst geladen hat 330.

g) Beweis durch Eid.

1) Erbieten zur nachträglichen Eidesleistung 142. — 2) Erledigung eines in zweiter Instanz bezüglich der Eidesnorm abgeänderten bedingten Urteiles 145. — 3) Auferlegung von Eiden im Beschwerdeverfahren 148. — 4) Abänderung der Eidesnorm im Schwurtermine 439.

h) Urkundenbeweis.

Vorlegung des Hypothekenbriefes im Urkundenprozesse 140.

Sechster Abschnitt. Rechtsmittel.

a) Berufung.

1) Mangel der Prozeßfähigkeit, der sich erst in zweiter Instanz herausstellt, hat nicht Verwerfung der Berufung des Prozeßunfähigen, sondern Aufhebung des ganzen Verfahrens zur Folge 120. 122. — 2) Erledigung eines in erster Instanz erlassenen, in zweiter bezüglich der Eidesnorm abgeänderten bedingten Urteiles 145. — 3) Zurückverweisung bei von Amts wegen ausgesprochener örtlicher Unzuständigkeit 146. — 4) Durch Einreichung der Berufungsschrift mit dem Vermerk „Ich stelle selbst zu" wird die Notfrist nicht gewahrt 216. — 5) Berufung gegen Kostenurteile 135. 323. 324. — 6) Zulässigkeit der Berufung des Beklagten, „weil seine Verurteilung auf Grund des Anerkenntnisses hätte erfolgen sollen" 323. — 7) § 528 CPO. findet auch auf Gewerbegerichte Anwendung 329. — 8) Mangel der Prozeßvollmacht kann auch in zweiter Instanz gerügt werden 330.

b) Beschwerde.

1) Die ausdrückliche Bezeichnung als „Beschwerde" ist bei Einlegung des Rechtsmittels nicht nötig 147. — 2) Beschwerde gegen den Beschluß, der die Eidesabnahme ablehnt, weil

das Urteil noch nicht rechtskräftig sei 148. — 3) Auferlegung zugeschobener und richterlicher Eide im Beschwerdeverfahren 148. — 4) Beschwerde über eine wegen ungebührlichen Schriftsatzes erteilte Rüge 420. — 5) Weitere Beschwerde in Arrestsachen 444.

Siebenter Abschnitt. Besondere Prozeßarten.

a) Urkunden- und Wechselprozeß.

1) Wechselprozeß zum Zwecke der Feststellung einer Konkursforderung ist unzulässig 60. — 2) Unzulässigkeit des Urkundenprozesses bei einem Wechsel mit durchstrichenem Domizilvermerk 411.

b) Ehesachen.

1) Zulässigkeit einstweiliger Verfügungen, wenn nur auf Wiederherstellung des ehelichen Lebens geklagt ist 14. — 2) Das Berufungsgericht des Scheidungsprozesses kann den getrennt lebenden Mann durch einstweilige Verfügung nicht zur Herausgabe des Mobiliarvermögens der Frau anhalten 241. — 3) Der Unterhaltsverpflichtete hat kein Recht auf eine seine Pflicht regelnde einstweilige Verfügung. Widerspruch der Gegenpartei gegen eine derartige einstweilige Verfügung 444.

Achter Abschnitt. Zwangsvollstreckung.

a) Allgemeine Bestimmungen.

1) Zwangsvollstreckung in eingebrachtes Gut 5. — 2) Inwieweit bedarf der Vorausvermächtnisnehmer neben dem Urteile gegen den besitzenden Erben eines Urteiles gegen den Testamentsvollstrecker? 12. — 3) Wie ist ein die Zwangsversteigerung eines Schiffes gemäß § 180. 181 ZwVG. anordnender Beschluß anzufechten? 47. — 4) Vollstreckbare Urkunden Zulässige Einwendungen gegen die Vollstreckungsklausel. Beweis der die Vollstreckung bedingenden Thatsache 150. — 5) Nachpfändung wegen Unsicherheit des Erfolges der ersten Pfändung 153. — 6) Gegen eine Einwendung aus § 811 CPO. kann nicht vorgebracht werden, die Pfandsachen gehörten nicht dem Schuldner 154. — 7) Einrechnung des Arbeitsverdienstes der Frau in die der Zwangsvollstreckung unterworfenen Einkünfte ihres Mannes 155. — 8) Auf Zahlung an den Pfandgläubiger kann der gepfändete Schuldner gegen den Drittschuldner nicht klagen 157. — 9) § 109 CPO. ist anwendbar auch bei noch schwebenden Prozessen 215. — 10) Voraussetzung der Zwangsvollstreckung in das Gesamtgut bei allgemeiner Gütergemeinschaft 242. — 11) Die von der Ehefrau auf § 1416 BGB. gestützte Einwendung gegen die Pfändung von Eingebrachtem und Verweisung des Mannes auf das Vorbehaltsgut ist nicht nach § 767, sondern nach § 766 CPO. geltend zu machen 243. — 12) Die Eintragung der Unterwerfung unter die sofortige Zwangsvollstreckung hinsichtlich einer Hypothek in das Grundbuch setzt das Bestehen einer odentlichen Hypothek voraus und ist bei Sicherungshypotheken unmöglich 295. — 13) Nachweis der Zustellung des Urteiles beim Antrage auf Eintragung einer urteilsmäßigen Sicherungshypothek 306. — 14) Durch § 109 CPO. ist die Klage auf Einwilligung der Rückerhebung einer Sicherheit nicht beseitigt 326. — 15) Bloße Ankündigung der Anschlußberufung berechtigt nicht zur Einstellung der Zwangsvollstreckung 331. — 16) Tragweite des § 711 CPO. 332. — 17) Rechtsmittel gegen Versagung einer weiteren vollstreckbaren Ausfertigung nach § 733 CPO. 333. — 18) Erteilung der Vollstreckungsklausel aus einem gegen eine offene Handelsgesellschaft ergangenen Urteil nach Auflösung der Gesellschaft 345. — 19) Die Erteilung einer vollstreckbaren Ausfertigung kann nicht im Rechtshilfewege verlangt werden 419. — 20) Voraussetzungen des § 109 CPO. 438. — 21) § 866 Abs. 3 CPO. ist auf die Vollziehung des Arrestes anwendbar 440.

b) In das unbewegliche Vermögen.

1) Eintragung einer Sicherungshypothek aus einem Kostenfestsetzungsbeschluß über weniger als 300 Mark 15. 293. — 2) Begriff des selbständigen Grundstückes im Sinne des § 63 ZwVG. 45. — 3) Sollen mehrere Grundstücke mit einer Sicherungshypothek belastet werden, so kann auf den einzelnen Grundstücken auch eine Hypothek unter 300 Mark eingetragen werden 201. — 4) Die Eintragung einer Sicherungshypothek für mehrere Ansprüche, die zusammen den Betrag von 300 Mark übersteigen, deren jede einzelne aber weniger als

b) Anfechtung.

1) Begriff der Benachteiligungsabsicht 51. — 2) Begriff der Zahlungseinstellung 54.

c) Aussonderung. Absonderung.

1) Anspruch auf Aussonderung von Patenten. Aussonderung nicht bei obligatorischem Anspruch auf Herausgabe 55. — 2) Kein Anspruch auf Aussonderung, wenn jemand vor Konkurseröffnung auf das Bankkonto des Gemeinschuldners eine Einzahlung geleistet hat, die der Gemeinschuldner zur Deckung einer Schuld des Einzahlers verwenden sollte 56. — 3) Der Konkursverwalter, der auf Anerkennung des Absonderungsrechtes aus einer Pfändung verklagt ist, kann durch besondere Klage die Aufhebung der Pfändung und die Auszahlung des Erlöses verlangen 57. — 4) Durchführung der Zwangsvollstreckung zur Verwirklichung des durch Pfändung erworbenen Absonderungsrechtes 58.

d) Massegläubiger. Massekosten.

Rechtlose Bereicherung der Konkursmasse 56.

Zweiter Abschnitt. Konkursverfahren.

1) Der Verwalter ist dem Absonderungsgläubiger gegenüber zur Betreibung der Zwangsversteigerung nicht verpflichtet. Es steht ihm aber die Verwertung der Immobilien frei 48. — 2) Verwertungsrecht des Verwalters nach § 127 KO. Einstellung anhängiger Zwangsvollstreckungen. Beschwerderecht des Gläubigers 58. — 3) Wechselprozeß zur Feststellung einer Konkursforderung ist unzulässig 60. — 4) Berechtigung des Verwalters zur Prozeßführung nach Aufhebung des Konkurses 62.

V. Staatsrecht.

a) Rechtsverhältnisse der Beamten.

Fürsorge für Unfälle unmittelbarer Staatsbeamten 49.

b) Öffentliche Abgaben.

1) Stempelpflichtigkeit der Prozeßvollmachten; Befreiung durch Armenrecht 7. — 2) Stempelpflichtigkeit gegenseitiger Testamente 384.

c) Sonstige öffentliche Verhältnisse.

1) Im Falle der Hilfsbedürftigkeit eines der Verwahrlosung ausgesetzten Minderjährigen muß in erster Linie die Armenpflege eintreten. Die Armenverbände können nicht die ihnen obliegende Last der Sorge für solche Kinder mit Hilfe des Fürsorgeerziehungsgesetzes auf die Kommunalverbände abwälzen 237. 421. — 2) Vertretung öffentlicher Korporationen durch die zur Vertretung berufenen Organe beim Abschlusse privatrechtlicher Rechtsgeschäfte für die Korporation 259.

1

a) **Unter welchen Voraussetzungen kann dem unehelichen Vater eines vor 1900 geborenen Kindes das Recht, die Erziehung selbst zu übernehmen, entzogen werden? EG. z. BGB. Art. 208. — Vorherige Bestellung eines Pflegers. BGB. § 1909.**

Kammergericht, I. CS. Beschluß v. 15. April 1901.

Das Verlangen des Beschwerdeführers, das Kind in eigene Erziehung zu nehmen, ist an sich gemäß § 622 ALR. II 2 begründet, da das hier gegebene Recht bezüglich der vor 1900 geborenen Kinder bestehen geblieben ist (vgl. Jahrb. 19 S. 41, Rsp. 2 S. 88). Danach ist der Vater berechtigt, die Erziehung des Kindes selbst zu übernehmen, bezw. durch einen Dritten bewirken zu lassen (Beschlüsse vom 3. Januar 1898 Y. 621/97., vom 18. Februar 1901 Y. 106/01), falls nicht eine absolute Unfähigkeit des Erzeugers zur Erziehung seines Kindes ihm das ihm zustehende Recht entzieht, wenn er also z. B. einen unmoralischen Lebenswandel führt, oder geistig erkrankt ist und dergl. Von einer solchen Unfähigkeit kann aber keine Rede sein, wenn er nur durch seine Stellung zur Zeit verhindert ist, das Kind bei sich aufzunehmen. Von diesen Grundsätzen ist das Landgericht im wesentlichen auch ausgegangen, es hat aber das gegenwärtige Verhalten des Beschwerdeführers nicht untersucht, sondern gründet seine Entscheidung ausschließlich auf die Thatsache, daß er das Kind im Ehebruch erzeugt hat. Aber die Mutter des Kindes hat sich des Ehebruches ebenfalls schuldig gemacht, wobei dahingestellt bleiben mag, wer die Hauptschuld an dem begangenen Ehebruche trägt. Diese Erwägungen würden aber nicht zur Aufhebung des Beschlusses führen. Dagegen haben die Vorinstanzen insofern unrichtig verfahren, als sie in einem das Wohl des Kindes so wesentlich betreffenden Verfahren, wie das über die Erziehung desselben ist, nicht für eine Vertretung des Kindes durch Bestellung eines Pflegers Sorge getragen haben. Das Kind hat zwar einen Vormund; dies ist aber die eigene Mutter, und diese vertritt in dem hier herrschenden Streite ihre eigenen Interessen, die mit denen des Kindes kollidieren, da es sich um die Frage handelt, ob das Kind von seinem Vater erzogen werden kann, und eventuell, ob die Mutter für geeignet zur Erziehung des Kindes zu erachten. Bereits im Beschlusse vom 12. Februar 1900 (Jahrb. 19 S. 58 [vgl. auch Rsp. 1 S. 327 Nr. 1]) ist für den analogen Fall des Erziehungsstreites zwischen im Ehescheidungsprozesse stehenden Ehegatten ausgeführt, daß dem aus der Ehe stammenden Kinde nach § 1909 BGB. ein Pfleger zu bestellen ist, und daß dieser nach geführter Sachuntersuchung in Vertretung der Interessen des Kindes gutachtlich zu hören ist. Dasselbe muß vorliegend gelten, da auch hier die Mutter das Kind nicht vertreten kann. W. H.

b) **Anordnung der Zwangserziehung gemäß § 1666.**

Kammergericht, I. CS. Beschluß v. 29. Mai 1901.

Der Floßmeister X. gab während der Krankheit seiner Frau 1898 seine $1^1/_2$jährige Tochter Marie seinem Vater in Pflege. Nachdem er sich nach dem Tode der Frau 1899 wieder verheiratet hatte, klagte er 1900 auf Herausgabe der Tochter gegen seinen Vater. Dieser beantragte darauf beim Vormundschaftsrichter: gemäß § 1666 anzuordnen, daß die Marie in seiner Erziehung zu bleiben hat, und daß X. nicht berechtigt ist, die Herausgabe seiner Tochter zu verlangen. Dem Antrag wurde stattgegeben, die weitere Beschwerde des X. jedoch für begründet erklärt.

Wie seine Entstehungsgeschichte ergiebt, bezweckt der § 1546 des ersten Entwurfes, dessen erste beiden Sätze dem nunmehrigen Abs. 1 des § 1666 im wesentlichen entsprechen, dem Kinde in solchen Fällen gegenüber dem Gewalthaber richterlichen Schutz zu gewähren, in welchen dieser durch sein Verhalten das geistige oder leibliche Wohl des Kindes gefährdet (vgl. Motive 4 S. 803 ff.). Der erste Entwurf stand somit, wie das auch die zweite Kommission hervorhob (vgl. Prot. 4 S. 621), prinzipiell auf dem Standpunkte, daß der Vater oder die Mutter nicht nur die Pflicht, sondern auch das Recht haben, für die Person des Kindes, besonders für dessen Erziehung zu sorgen, und daß dieses Recht ihnen nur infolge Verschuldens entzogen werden könne. — Die zweite Kommission gab das Verschuldungsprinzip auf und erklärte das Einschreiten des Vormundschaftsgerichtes auch dann für zulässig, wenn das Kind auch ohne Verschulden des Gewalthabers sittlich verwahrlost und nach der Persönlichkeit und den Lebensverhältnissen des Vaters anzunehmen ist, daß die elterliche Zucht zur Besserung des Kindes nicht ausreicht (Prot. 4 S. 622, 654 ff.). Die Reichstagskommission beseitigte jedoch die Bestimmung, daß bei Verwahrlosung des Kindes auch ohne Verschuldung des Gewalthabers das Einschreiten des Vormundschaftsgerichtes zulässig sein sollte. Sie erklärte sich nur damit einverstanden, daß dem Vater die Erziehung des Kindes entzogen werde, wenn ihn eine persönliche Schuld treffe, sei es, daß er die Sorge für die Person des Kindes mißbrauche oder daß er das Kind vernachlässige oder daß er durch ein ehrloses oder unsittliches Verhalten auf das Kind schlecht einwirke. Hiernach setzt § 1666 ein Verschulden des Gewalthabers voraus. Nach dieser Richtung hin lassen aber die Beschlüsse der Vorinstanzen jede Begründung vermissen. Das Recht des Vaters, für die körperliche und geistige Erziehung des Kindes Sorge zu tragen, kann nicht deshalb beseitigt werden, weil er es zu einer Zeit, wo er anscheinend wegen häuslicher Verhältnisse nicht dazu in der Lage gewesen ist, bei Verwandten untergebracht hat. Ebensowenig ist Gewicht darauf zu legen, daß das Kind kränklich und besonderer Pflege bedürftig ist. Mag ihm solche auch in ausgezeichneter Weise bei Dritten zu teil werden, so bleibt dem Vater unbenommen, es jederzeit in sein Haus zurückzunehmen und dafür nach besten Kräften zu sorgen. Der Umstand, daß das Kind sich an seine Pfleger gewöhnt und sie lieb gewonnen hat, darf der Rückkehr in das Vaterhaus nicht hindernd im Wege stehen. Denn dort erwartet es die Fürsorge des Vaters, die nach natürlichem Rechte jeder anderen vorgeht. Von einem Mißbrauche des Rechtes für die Person des Kindes kann daher solange keine Rede sein, als der Vater nur ein Recht geltend macht, das ihm nach §§ 1627, 1631, 1632 zusteht. Die Besorgnis des Sachverständigen, daß das Kind zufolge der Veränderung seiner Umgebung zunächst an seiner Gesundheit geschädigt werden möchte, kann den Vater vielleicht davon abhalten, zur Zeit das Kind zu sich zu nehmen. Aber sie berechtigt nicht den Vormundschaftsrichter, in das natürliche Recht des Vaters auf sein Kind in einer so empfindlichen Weise einzugreifen.

Wäre freilich im Vaterhause eine Vernachlässigung des Kindes etwa durch ungenügende Ernährung oder Bekleidung, mangelhafte Verpflegung in Krankheitsfällen, Unterlassung der erforderlichen Beaufsichtigung mit Bestimmtheit zu erwarten oder gar anzunehmen, daß der Vater das Kind nur zurückverlangt, um sein Wohl zu gefährden, dann wäre eine andere Beurteilung am Platze. Bedenken kann hier seine Äußerung... erregen. Indessen kommt es hierbei sehr darauf an, in welchem Zusammenhange und unter welchen Umständen sie gefallen ist und wie sie gelautet hat.... Im weiteren Verfahren wird das Amtsgericht dem Kinde gemäß § 1909 zunächst einen Pfleger zu bestellen und diesen anzuhören haben. Denn die ergehende Entscheidung berührt die Interessen des Kindes in hohem Maße, so daß für seine Vertretung gesorgt werden muß. Dr. S.

c) Kammergericht, I. CS. Beschluß v. 4. März 1901.

Zur Charakterisierung der Persönlichkeit eines nach dem preuß. Gesetze vom 13. März 1898 in Zwangserziehung zu nehmenden Kindes dürfen auch Thatsachen herangezogen werden, die nach Einleitung des Verfahrens und sogar erst nach vollendetem 12. Lebensjahre vorgekommen sind. Dr. M.

2

a) **Die Vormerkung auf Einräumung einer Hypothek ist ohne Angabe des Forderungsbetrages unwirksam.**

OLG. Dresden, VI. CS. Beschluß v. 30. April 1901.

Eine Ehefrau hatte auf Grund einer einstweiligen Verfügung, worin jedoch der Betrag der zu sichernden Forderung versehentlich weggelassen war, die Eintragung einer Vormerkung gegen ihren Mann auf Einräumung einer Sicherungshypothek „wegen ihres Anspruches auf Sicherheitsleistung i. S. der §§ 1392, 232 und 1184 BGB." erlangt. Ihr nachträgliches Begehren, die Forderungssumme mit 5500 Mark einzustellen, wurde abgelehnt, auch ihre weitere Beschwerde blieb, nachdem inzwischen das Grundstück verkauft worden, erfolglos. Aus den Gründen:

Das Grundbuchamt hat auch gegenüber dem Ersuchen einer Behörde zu prüfen, ob die allgemeinen Voraussetzungen für die begehrte Eintragung vorhanden sind; denn zu diesen Voraussetzungen gehört vor allem, daß das Ersuchen auf eine zulässige Eintragung gerichtet ist. Eine zulässige Eintragung aber liegt nicht vor, wenn ihr nach den Vorschriften des materiellen Rechtes die Wirksamkeit abgeht, wie dies hier in Ermangelung der Angabe eines Betrages für die vorgemerkte Hypothek der Fall ist. Denn bei der Eintragung einer Hypothek muß der Betrag der Forderung im Grundbuche, d. h. in der Eintragung selbst, angegeben werden, § 1115 Abs. 1 BGB.; eine hiergegen verstoßende Eintragung entbehrt der Wirksamkeit. Dasselbe hat für die Vormerkung zur Sicherung des Anspruches auf Einräumung einer Hypothek zu gelten. Die bloße Bezugnahme in der Eintragung auf die einstweilige Verfügung oder die Eintragsbewilligung (§ 885 Abs. 2 BGB.) erscheint in demselben Umfange ausgeschlossen, wie sie es bei Eintragung des Rechtes selbst ist. Überdies fehlte auch in der einstweiligen Verfügung der Betrag der zu sichernden Forderung, so daß eine Bezugnahme auf die Verfügung dem Mangel nicht abhelfen konnte. Dieser Umstand rechtfertigt zugleich die Ablehnung des Ergänzungsantrages. Zur beantragten Verlautbarung bedurfte die die Eintragungsgrundlage bildende einstweilige Verfügung einer Ergänzung, die auch späterhin erfolgte. Da aber inzwischen das Grundstück in das Eigentum eines anderen übergegangen ist und die begehrte Eintragung den Zweck verfolgt, der ungültigen Vormerkung nachträgliche Wirksamkeit zu verschaffen, so steht dem Antrage der § 40 GrBO. entgegen, wonach eine Eintragung zur Voraussetzung hat, daß der, dessen Recht durch sie betroffen wird, als der Berechtigte eingetragen ist. v. F.

b) Löschung einer für eine Ehefrau eingetragenen Vormerkung.

Kammergericht, I. CS. Beschluß v. 29. Mai 1901.

Für die Ehefrau A. war aus einer einstweiligen Verfügung eine Vormerkung zur Sicherung des Anspruches auf Überlassung des Grundstückes eingetragen. Durch das Urteil, das „gegen Frau A. im Beistande ihres Mannes" erging, wurde die einstweilige Verfügung aufgehoben. Die auf Grund der vollstreckbaren Ausfertigung beantragte Löschung der Vormerkung wurde abgelehnt, weil das Urteil dem Ehemanne gegenüber nicht vollstreckbar sei, dieser aber aus der Vormerkung gleichfalls berechtigt erscheine. Die weitere Beschwerde ist begründet.

Nach § 25 GrBO. bedarf es zur Löschung der Vormerkung nicht der Bewilligung des Berechtigten, wenn die einstweilige Verfügung durch eine vollstreckbare Entscheidung aufgehoben ist. Die Vorschrift ist im Anschluß an § 19 des preuß. Ausf.-G. zur CPO. vom 24. März 1879 gegeben. Sie erklärt die Löschungsbewilligung des Berechtigten für entbehrlich, weil die Löschung **als Akt der Vollstreckung** der die einstweilige Verfügung aufhebenden Entscheidung erfolgt. Vollstreckungsschuldner ist der Vorgemerkte. Ihm gegenüber müssen die Voraussetzungen der Zwangsvollstreckung gewahrt sein (vgl.

Turnau, GrBO. 5. Aufl. Anm. 4 S. 569). Aber auch im übrigen ist bei dem Antrage auf Löschung zu prüfen, ob die Zwangsvollstreckung aus dem die einstweilige Verfügung beseitigenden Titel zulässig ist. Mit Recht haben daher die Vorinstanzen erwogen, daß der vorgemerkte Anspruch als eingebrachtes Gut der Gläubigerin zu gelten habe. Nun bestimmt der § 739 CPO., daß bei dem gesetzlichen Güterstande die Zwangsvollstreckung in das eingebrachte Gut nur zulässig sei, wenn die Frau zu der Leistung und der Mann zur Duldung der Zwangsvollstreckung verurteilt sind. Die Bestimmung ist ein Ausfluß des materiellen ehelichen Güterrechtes. Nach diesem kann zwar die Frau, sofern es sich nicht um die Geltendmachung eines zum eingebrachten Gute gehörenden Rechtes im Wege der Klage handelt, selbständig und ohne Zuziehung des Mannes Prozesse in Ansehung des Eingebrachten führen, aber das Urteil ist dem Manne gegenüber, wenn er der Prozeßführung nicht zugestimmt hat, unwirksam (§ 1400 BGB.). Damit es gegen ihn wirke und auch in das eingebrachte Gut vollstreckt werden könne, bedarf es eines entsprechenden Schuldtitels gegen den Mann. Die Vorschrift findet sich in den allgemeinen Bestimmungen über die Zwangsvollstreckung. Sie ist daher in allen Fällen anwendbar, in welchen eingebrachtes Gut zum Gegenstande der Zwangsvollstreckung gemacht werden soll, insbesondere, wenn die letztere auf die Änderung oder Beseitigung eines zum Eingebrachten gehörenden Rechtes gerichtet ist. So wenig die Frau selbst derartige Verfügungen über eingebrachtes Gut mit Wirkung für den Mann ohne dessen Zustimmung treffen kann (§ 1395 BGB.), so wenig darf dies im Vollstreckungswege lediglich ihr gegenüber, ohne Titel gegen den Mann, geschehen. Es kann demnach der durch eine Vormerkung auf Grund einstweiliger Verfügung gesicherte Anspruch der Frau auf Übertragung eines Grundstückes als eingebrachtes Gut ohne Zustimmung des Mannes oder ohne einen auch ihn treffenden vollstreckbaren Titel nicht aus dem Grundbuche entfernt werden. Wie es eine Verfügung über eingebrachtes Gut ist, wenn die Frau die durch eine Vormerkung für einen persönlichen Anspruch erlangte dingliche Sicherheit aufgiebt, so ist es eine Zwangsvollstreckung in eingebrachtes Gut, wenn die Vormerkung zufolge eines Urteiles gelöscht werden soll. Dabei macht es auch keinen Unterschied, ob man der Frau in dem Verfahren die Rolle der Klägerin oder der Beklagten zuweist (§§ 924, 925, 927 CPO., Entsch. d. RG. 20 S. 380, Gruchot 28 S. 1173).

Zu Unrecht ist jedoch die urteilsmäßige Grundlage mit Beziehung auf den Mann verneint. Daß es genügt, wenn beiden Eheleuten gegenüber die einstweilige Verfügung aufgehoben ist, indem beide dadurch zur Duldung der zur Vollziehung des Urteiles erforderlichen Maßregeln verpflichtet werden, verkennt das Landgericht nicht. Es spricht aber dem Umstande, daß das Urteil gegen die Frau im Beistande ihres Mannes ergangen ist, zu Unrecht jede Bedeutung ab. Eines Beistandes bedarf die Frau nicht, da sie prozeßfähig ist. Es kann also unter dem Beistande, welcher ihr von ihrem

Manne geleistet werden soll, nur gemeint sein, daß auch dieser wegen der ihm zustehenden Rechte in das Verfahren einbezogen und mit der Frau als Streitgenosse Prozeßpartei sein solle. So hat schon nach altem Rechte das Reichsgericht die — gewiß unklare und nicht zu empfehlende – Wendung in der Klage und im Urteile ausgelegt (vgl. Gruchot 39 S. 1112) und man wird dieser Auslegung auch für das neue Recht folgen können [vgl. Gruchot 45 S. 253]. Die Wendung findet sich vorliegend bereits im Eingange der einstweiligen Verfügung. Einen Sinn erhält sie nur durch die Annahme, daß die Frau und der Mann, ohne dessen Zustimmung der Anspruch auch nicht durch den Antrag auf Erlaß einer einstweiligen Verfügung verfolgt werden konnte (§ 1400 Abs. 2 BGB., vgl. Motive 4 S. 234, welche klarstellen, daß die Vorschrift auf jede Art der Erhebung eines Rechtsstreites abzielt), als Antragsteller zu gelten haben. Beide sind daher auch als Partei im Verfahren wegen Aufhebung der Verfügung zu betrachten, wobei es der in der Urteilsformel enthaltenen Entscheidung gegenüber unerheblich ist, daß die Gründe des Urteiles nur die Beklagte erwähnen. K.

3

a) Die Auflassungsvollmacht muß uneingeschränkt und vom materiellen Rechtsgeschäfte unabhängig sein.

Kammergericht, I. CS. Beschluß v. 29. April 1901.

Nach dem in Preußen bestehenden Verwaltungsrechte (KabO. v. 21. Februar 1845 und 30. März 1886; JMBl. 1845 S. 70, 1886 S. 96) muß die Genehmigung des Ministers zum Erwerbe von Grundstücken für den Fiskus nachgewiesen werden (vgl. Jahrb. 5 S. 121). Diese Genehmigung des zuständigen Ressortchefs ist aber im Reskripte des Ministers für Landwirtschaft vom 25. Juni 1900 erteilt und die Regierung ermächtigt worden, die Auflassung der Grundstücke für den [Domänen-] Fiskus entgegenzunehmen.... Wäre diese Ermächtigung nur mit der Einschränkung erteilt worden, daß der abgeschlossene Tauschvertrag, auf Grund dessen aufgelassen werden soll, mit dem vom Minister gegebenen Auftrage übereinstimmt, so würde der Grundbuchrichter nicht blos mit dem dinglichen Vertrage der Einigung und Auflassung, sondern auch noch mit der Nachprüfung des Inhaltes des obligatorischen Kausalgeschäftes befaßt werden und so die Verantwortung dafür zu übernehmen haben, daß der Beauftragte bei diesem Kausalgeschäfte den ihm erteilten Auftrag erfüllt hat. Zu einer solchen Kognition ist der Grundbuchrichter nicht verpflichtet. Er kann verlangen, daß ihm eine Vollmacht mit bestimmter Vertretungsmacht vorgelegt werde; eine Vollmacht, die ihn nötigt, das interne Auftragsverhältnis und dessen Erfüllung zu prüfen, darf er zurückweisen. Vorliegend ist eine solche unkräftige Vollmacht nicht erteilt, so daß nicht die Offenlegung des obligatorischen Rechtsgeschäftes neben der Einigungs- und Auflassungserklärung verlangt werden kann. E.

b) **Umfang der Prozeßvollmacht.**

Kammergericht, I. CS. Beschluß v. 13. Mai 1901.

Die Prozeßvollmacht eines Armenanwaltes, welche zugleich zur Empfangnahme des Streitgegenstandes ermächtigte, war als über den begrifflichen Inhalt einer Prozeßvollmacht hinausgehend mit der Stempelsteuer — zu Lasten des Anwaltes — belegt werden. Seiner Beschwerde wurde stattgegeben, auf weitere Beschwerde jedoch der Stempelansatz wieder hergestellt.

„Es erscheint unerheblich, ob die Empfangnahme des Streitgegenstandes über den thatsächlichen Prozeßzweck nicht hinausgeht. Denn wenn die Erstreckung der Prozeßvollmacht auf die Empfangnahme des Streitgegenstandes auch sicher in thatsächlichem Zusammenhange mit dem Auftrag zur Prozeßführung stehen wird, so handelt es sich für die durch § 115 CPO. begründete Stempelbefreiung doch ebenso, wie für die Berechnung des nach Pos. 73 Abs. 1 und 4 des (preuß.) Tarifs geschuldeten Stempels um die Fixierung des Rechtsbegriffes der Prozeßvollmacht. Eine Prozeßvollmacht liegt im Rechtssinne aber nur vor, wenn jemand als Prozeßbevollmächtigter für einen zu verhandelnden Rechtsstreit zu allen Prozeßhandlungen namens des Vollmachtgebers ermächtigt ist und diese Ermächtigungen über den Kreis solcher Prozeßhandlungen nicht hinausgeht. Letzteres trifft hier nicht zu, da der beigeordnete Anwalt auch die eingeklagten Beträge in Empfang zu nehmen berechtigt ist." Dr.

Dazu: Kammergericht, I. CS. Beschluß v. 18. März 1901.

Der § 3 Abs. 1 des preuß. StempelStG., wonach die Stempelpflichtigkeit einer Urkunde sich nach deren Inhalt richtet, ist nicht dahin aufzufassen, daß bei der Wertermittelung nach § 6, insbesondere auch bei Anwendung des § 6 Abs. 3, lediglich der Wortlaut der Urkunde entscheide. Vielmehr ist, — auch gegenüber dem reichsgerichtlichen Urteile vom 23. März 1900 JW. S. 405 — darauf Gewicht zu legen, ob die Urkunde hinsichtlich ihres Gegenstandes ausreichende und bestimmte Angaben enthält oder einer Auslegung aus bestimmten anderen Urkunden nicht bloß zugänglich, sondern bedürftig ist. Insbesondere kommt es für die Zugehörigkeit einer Zinsforderung zum Vollmachtsgegenstande nicht auf die gesetzliche Berechtigung des Bevollmächtigten zur Erhebung von Zinsenansprüchen, sondern darauf an, ob die Vollmacht die Erhebung solcher Ansprüche dem Bevollmächtigten zuweist und gestattet. Letzteres ist aber stets anzunehmen, wenn wie hier die Gegenstandsangabe [„Forderung von 149 Mark"] nur allgemein und beim Fehlen der Individualisierung des Klageanspruches unvollständig ist, und wenn durch die Ermächtigung zur Empfangnahme von Zahlungen aller Art dem Vollmachtsempfänger in urkundlich ersichtlicher Weise die Geltendmachung und Durchführung von Nebenansprüchen überlassen wird. — Zwar ist (Jahrb. 18 S. 199) aus der allgemeinen Fassung der Ermächtigung nicht zu entnehmen, daß sie sich dem Gegenstande nach mit dem Prozeßauftrage nicht decke. Wohl aber folgt daraus, daß der Prozeßauftrag hier eine nur allgemeine, durch den

Bevollmächtigten selbst in der Klagschrift abzugrenzende Ermächtigung zur Erhebung von Ansprüchen bildet, insofern nämlich alle möglichen mit der Hauptforderung in Verbindung stehenden Nebenansprüche erhoben werden können. Der Wortlaut der Vollmacht weist hiernach mit hinreichender Deutlichkeit auf die zu erhebende Klage als das die genauere Objektsangabe enthaltende Schriftstück hin. Ist aber Gegenstand der Vollmacht auch die in der Klage erhobene Zinsenforderung, so beziffert sich der Vollmachtsgegenstand auf mehr als 150 Mark, da § 4 Abs. 1 CPO. für die stempelrechtliche Wertsermittelung nicht gilt, vielmehr die Zinsforderung, soweit sie zur Zeit der Vollmachtsausstellung bereits entstanden war (§ 6 Abs. 1 StStG., Beschluß vom 9. Juli 1900 Y 3206/00), der Klageforderung für die Wertsberechnung hinzutritt. G.

4

a) Vermieten einer schon vermieteten Sache.

OLG. Hamburg, III. CS. Urteil v. 18. Mai 1901.

Der Platz war an G., den Aftermieter des Beklagten, so vermietet, daß am 6. Februar, als Parteien ihren Mietvertrag miteinander abschlossen und der Beklagte sich verpflichtete, dem Kläger den Platz zum 1. Mai zu überlassen, dem G. auf den 1. Mai nicht mehr gekündigt werden konnte. Beklagter konnte also den Platz zum 1. Mai nicht liefern und diese Unmöglichkeit war schon am 6. Februar vorhanden, obgleich beide Parteien das Gegenteil annahmen, in der irrtümlichen Meinung, daß G. sich mit der Kündigung auf den 1. Mai einverstanden erklärt habe. Die Weigerung des G. stellte es mithin lediglich ins Licht, daß auch bereits am 6. Februar die Unmöglichkeit bestand, führte sie aber nicht erst herbei. — Die Gültigkeit eines Vertrages, wodurch jemand sich zu einer nur ihm unmöglichen Leistung verpflichtet (subjektive Unmöglichkeit), ist auch nach BGB. nicht zu beanstanden, denn der § 306 betrifft nur den Fall der objektiven Unmöglichkeit. Daraus folgt aber, daß der Bekl. auf Schadensersatz wegen Nichterfüllung haftet, ohne daß es auf sein Verschulden bei Eingehung der Verpflichtung weiter ankommt (**Planck** 2 S. 57 Anm. 3, **Cosack** 1 S. 331, **Neumann** 1 S. 159). **Dernburg** (2 S. 131) weicht nur insofern ab, als er für überflüssig erklärt, zunächst gemäß § 283 auf Erfüllung zu klagen, bevor Schadensersatz beansprucht wird. Es ist auch in der That nicht einzusehen, weshalb noch auf Erfüllung geklagt werden soll, wenn bereits feststeht, daß sie nicht erfolgen kann [s. **Mittelstein**, Miete S. 88]. Die Berufung des Bekl. auf § 325 ist verfehlt, da der § 325 wie die gleichlautenden §§ 323 und 324 sich nur auf die nachträglich eintretende Unmöglichkeit beziehen. M. M.

b) Mitteilung des Unmöglichwerdens der Leistung.

OLG. Hamburg, IV. CS. Urteil v. 13. Mai 1901.

Die §§ 323—325 BGB. regeln die Verpflichtungen der Kontrahenten bei einem zweiseitigen Vertrage nur mit Bezug auf die Leistung und Gegenleistung im Falle der Unmöglichkeit der Leistung für einen der Vertragsteile und beruhen auf dem im § 275 allgemein ausgesprochenen Grundsatze. Der Vertragsabschluß begründet aber nicht nur die Verpflichtung zur Gewährung der zugesagten Leistung, sondern auch die Verpflichtung, die Leistung so zu bewirken, wie Treu und Glauben mit Rücksicht auf die Verkehrssitte es erfordern (§ 242), und hieraus ergiebt sich die allgemeine Verpflichtung, den Gegenkontrahenten, soweit möglich, vor einem Schaden zu bewahren, welcher ihm durch Nichterfüllung erwachsen könnte. Deshalb ist auch der durch unverschuldete Unmöglichkeit von der Leistung freiwerdende Kontrahent schadensersatzpflichtig, wenn er dem Gegenkontrahenten gegenüber nicht so handelt, wie Treu und Glauben es erfordern. Diese Voraussetzung ist schon dann gegeben, wenn eine alsbaldige Mitteilung von Umständen unterlassen wird, welche die Möglichkeit der Vertragserfüllung auch nur ernstlich in Zweifel stellen. M. M.

c) Fristsetzung, wenngleich der andere die Erfüllung bereits ausdrücklich verweigert hatte. BGB. § 326.

OLG. Posen, IV. CS. Urteil v. 10. Juni 1901.

Die Meinung des Beklagten, daß es der Fristsetzung überhaupt nicht bedurft habe, kann sich nicht auf § 286[1] stützen, wonach der durch den Verzug entstehende Schaden schlechthin zu ersetzen ist; denn hier handelt es sich nicht um einen neben die Erfüllung tretenden Schadensersatz wegen Verzuges, sondern an die Stelle der Erfüllung tretenden Schadensersatz wegen Nichterfüllung. Die für diesen Fall maßgebenden Bestimmungen befinden sich im § 326, nach dessen Abs. 1 bei Verzug des einen der andere zur Bewirkung der Leistung eine angemessene Frist ... bestimmen „kann". Das hier hervorgehobene Wort „kann" hat keineswegs die Bedeutung, daß der nicht säumige Teil die Fristsetzung auch unterlassen dürfe und dennoch die gedachte Wahl haben soll; dies ergiebt sich schon daraus, daß das Wahlrecht eben erst „nach Ablauf der Frist" eintritt und es wird außerdem bestätigt durch den Abs. 2, wonach in dem Fall, wenn die Erfüllung des Vertrages infolge des Verzuges für den nicht säumigen Teil kein Interesse hat, ihm das Wahlrecht zustehen soll, ohne daß es der Fristsetzung „bedarf". Auch der Umstand, daß der Kläger bereits bestimmt erklärt hatte, daß er weitere Lieferung ablehne, machte die Fristsetzung nicht entbehrlich; in dieser Hinsicht war den Ausführungen von Staub HGB. S. 1292 durchweg beizutreten.[1] R.

[1] Von der bisherigen Rechtsprechung (JW. 1901 Nr. 14) abzugehen, nötigt der Wortlaut des § 326 nicht. Seine Fassung beruht auf einem Beschlusse der Redaktionskommission, der die zweite Kommission nach Annahme der Abänderungsanträge zu §§ 369, 369ª des Entwurfes die Sache überwiesen hatte. Jene Abänderungsanträge, auf Einführung des Rechtes Schadensersatz wegen Nichterfüllung zu fordern, oder vom Vertrage zurückzutreten beim Verzuge des anderen Teiles, waren ausdrücklich damit begründet, daß es sich empfehle, die Frage im Anschlusse an das HGB. (Artt. 354—356) zu regeln. Für die Auslegung der Artt. 354 bis 356 hatte sich eine feste Praxis gebildet. Das Ergebnis dieser Rechtsbildung, zu der auch

d) **Unterbrechung der Verjährung der Wandelungsklage. BGB. §§ 477, 212.**

OLG. Hamburg, IV. CS. Urteil v. 10. Mai 1901.

Die Verjährung der Wandelungsklage begann nach § 477 [1] mit der am 11. Januar 1900 erfolgten Ablieferung des verkauften Piano. Der Kläger beantragte am 11. Juli 1900 beim Landgerichte gerichtliche Beweisaufnahme wegen behaupteter Fehler. Der Antrag wurde auf Grund § 487 CPO. (ohne Beachtung des § 488) aus formellen Gründen abgewiesen. Der Antrag hatte die sechsmonatliche Frist der Wandelungsklage unterbrochen, und diese Unterbrechung hatte bis zur Beendigung des Verfahrens, also bis zum Beschlusse vom 12. Juli 1900, nach § 477 Abs. 2 gedauert. Die Klage aber ist am 16. Juli 1900 erhoben. Nun soll allerdings der § 212 entsprechende Anwendung finden. Nach Abs. 1 dieses Paragraphen wäre also, da der Antrag auf gerichtliche Beweisaufnahme lediglich aus formellen Gründen zurückgewiesen wurde, die Unterbrechung der Verjährung als nicht erfolgt zu behandeln. Die entsprechende Anwendung des § 212 Abs. 2 ergiebt aber, daß, um die daselbst gedachte Wirkung herbeizuführen, es nicht, wie der Beklagte vermeint, eines erneuten Antrages auf gerichtliche Beweisaufnahme bedurft hätte, daß vielmehr die nun erfolgende Anstellung der Klage in gleicher Weise genügt. Denn es ist kein Grund erfindlich, dem stärkeren prozessualischen Hilfsmittel eine geringere Bedeutung beizumessen, als dem minderen auf bloße gerichtliche Beweisaufnahme. M. M.

e) **Haftung wegen Pfändung fremder Sachen.**

OLG. Hamburg, IV. CS. Urteil v. 10. Mai 1901.

Hat man die Pfändungsgläubiger als Besitzer der Pfandsachen anzusehen (vgl. dagegen Seuffert 39 Nr. 173), so ergiebt sich die Schadensersatzpflicht der Beklagten ohne weiteres aus §§ 990, 989. Sie waren beim Erwerbe des Besitzes nicht im guten Glauben und sind deshalb für den Schaden verantwortlich, den die Versteigerung dem Kläger gebracht hat. Anderenfalls, wenn nämlich die Haftung des Besitzers nicht in Frage stände, würde nach § 823 sich die Schadensersatzpflicht wegen unerlaubter Handlung begründen, insofern die Beklagten fahrlässig das Eigentum des Klägers widerrechtlich verletzt hätten dadurch, daß sie es gegen seinen ausgesprochenen Willen in Auktion gebracht hatten. — Da der Wert der Sachen, wie ohne weiteres angenommen werden darf, dem Betrage des dafür erzielten Erlöses mindestens gleichkommt, so sind also die Beklagten zur Zahlung der erlösten Mk. 1038, und zwar nach den Regeln des passiven Gesamtschulden-

---

der Grundsatz gehörte, daß es der Fristsetzung, bei der Weigerung zu erfüllen, nicht bedürfe, sollte also für die Formulierung und die Auslegung der neuen Rechtssätze sicherlich maßgebend sein. Daß der Fall der Erfüllungsverweigerung nicht, wie in § 634 Abs. 2 BGB., ausdrücklich von der Fristsetzung befreit ist, scheint hiernach auf einem Versehen zu beruhen. Hiernach wird man mit Dernburg (2 § 98 S. 214) und Cosack (Lehrbuch 1 S. 346) den § 326 im Sinne der bisherigen Rechtsprechung auslegen dürfen. D. E.

verhältnisses (§ 421 ff.) verpflichtet. Denn darauf, daß der Erlös bei der Verteilung zum Teil in die Konkursmasse des Schuldners geflossen ist, würden sich die Beklagten nicht berufen können. Haben sie dem Kläger für das verlorene Eigentum Ersatz zu leisten, so können sie ihn nicht auf die Geltendmachung eines ihm eventuell gegen die Konkursmasse erwachsenen Bereicherungsanspruches verweisen, wenngleich sie allerdings die Übertragung solchen Anspruches auf sich gegen Zahlung der Entschädigung beanspruchen können. M. M.

f) **Haftung des Eigentümers wegen Geräuschen durch den Gewerbebetrieb seines Mieters. BGB. §§ 906 f., 1004.**

Kammergericht, II. CS. Urteil v. 4. Juni 1901.

Der § 907 steht dem Kläger nicht zur Seite. Abgesehen davon, daß es sich hier um die von der Mieterin auf die Mietzeit, also nur vorübergehend, eingebrachten Maschinen handelt und diese füglich nicht als „Anlagen" angesehen werden können, steht fest, daß die Herabminderung der streitigen Einwirkungen auf das nach § 906 zulässige Maß möglich ist, die im § 907 vorausgesetzte unzulässige Einwirkung also vermieden werden kann. — Gegenüber der auf § 906 gestützten Klage aber ist der Beklagte nicht passiv legitimiert. Mit dem RG. (JW. 1900 S. 323/324, 1901 S. 51) ist davon auszugehen, daß die Negatorienklage (§ 1004) zunächst gegen den Störer geht, und neben diesem der nicht selbst störende Eigentümer nur aus besonderen Gründen belangt werden kann. Solche besondere Umstände wären anzunehmen: a) wenn eine mit dem Grundstücke zu einem Ganzen fest und dauernd verbundene Anlage der Grund der Störung wäre, b) dem Kläger ein besonderes Nachbarrecht zustände, c) ein Verschulden des Beklagten vorläge. Die beiden ersten Fälle kommen hier überhaupt nicht in Betracht, ein die Beklagte treffendes Verschulden aber ist nicht dargethan. Die Bekl. hat für die Zeit von 1898 bis 1909 Räume in einer Geschäfts- und Industriegegend Berlins zu einer Buchdruckerei vermietet. Mit einem solchen Betriebe sind keineswegs übermäßige Geräusche verbunden, und auch der hier fragliche Betrieb kann mit Leichtigkeit so gestaltet werden, daß unzulässige Störungen der Nachbarn vermieden werden. Unter diesen Umständen kann ein Verschulden der Bekl. aus der Vermietung zum Zwecke des Druckereibetriebes nicht ohne weiteres hergeleitet werden, und ebensowenig aus der Fassung des § 11 des Mietvertrages, zu welchem ein Formular verwendet ist, ohne daß ein Anhalt dafür bestände, daß die Bekl. einen die Nachbarn störenden Betrieb habe aufnehmen oder dulden wollen. Vielmehr ist erwiesen, daß beim Vertragsabschluß von einem Nachtbetriebe, — nur dieser kommt nach dem Gutachten als störend in Betracht, — nicht die Rede war, und ein diesbezüglicher Vorbehalt von der Mieterin nicht gemacht ist.... Keinesfalls reicht die bloße Kenntnis von der Größe der Mietsräume und von der angeblich beabsichtigten Verwendung zahlreicher großer Maschinen bei der Möglichkeit der Umgestaltung des Betriebes zu einem in jeder Beziehung einwandsfreien zur Feststellung eines Verschuldens der Bekl. aus. Hat aber die Bekl. einerseits kein Vertragsrecht, von der Mieterin die Abstellung zu weit gehender Geräusche zu erzwingen, ist ihr andererseits nicht zuzumuten, sich aus Anlaß der klägerischen Beschwerden in einen unsicheren Prozeß mit der Mieterin etwa wegen Mißbrauchs der Mietssachen einzulassen, einen Prozeß, in welchem sie noch dazu wesentlich auf die Informationen des den Mißbrauch behauptenden und angeblich darunter leidenden Klägers angewiesen sein würde, so hat die Bekl. das ihrige zur Beseitigung der Störungen gethan, indem sie der Mieterin die von sachverständiger Seite vorgeschlagenen Maßregeln in eindringlicher Weise zur Ausführung empfohlen hat. Sp.

Dazu: OLG. Zweibrücken. Urteil v. 21. November 1900.

... Das angefochtene Urteil macht geltend, daß selbst übermäßige Einwirkungen nach den speziellen örtlichen Verhältnissen als gemeinüblich anzusehen seien, weil dermalen dort eine große Anzahl von Werkstätten mit Motorenbetrieb arbeite und eine Verlegung dieser Betriebe außerhalb der geschlossenen Straßengänge unthunlich sei. Es leuchtet aber ohne weiteres ein, daß es bei dem Gewerbe- oder Fabrikbetriebe, in welchem Motoren verwendet werden, auf die Lage und Bauart der Werkstätten, die Montierung und etwaige die Immissionen hintanhaltende Vorrichtungen 2c für die Frage, ob die von ihm ausgehenden Einwirkungen auf fremde Anwesen bedeutend oder unbedeutend sind, mehr ankommt, als auf die Zahl der Betriebe. Es erhellt daher aus dem Dargelegten, daß die Annahme des Erstrichters, die Einwirkung müsse nach Maßgabe der örtlichen Verhältnisse geduldet werden, durch die beigefügte Begründung nicht getragen wird. G.

g) Inwieweit bedarf der Vorausvermächtnisnehmer neben dem Urteile gegen den besitzenden Erben eines Urteiles gegen den Testamentsvollstrecker? BGB. § 2213. CPO. § 748.

Kammergericht, III. CS. Beschluß v. 2. April 1901.

Im Testamente des M. sind dem Kläger neben dem Urteile bestimmte Sachen als Vermächtnis zugewendet; zur Herausgabe jener Sachen sind die Miterben rechtskräftig verurteilt. Jetzt hat der Kläger unter der Behauptung, daß Beklagte (Miterben) sich als Testamentsvollstrecker des Erblassers gerierten und sich im Besitze der ihm vermachten Sachen befänden, zunächst die Verurteilung zur Herausgabe der Sachen begehrt, vor der Verhandlung aber angezeigt, daß der Prozeß in der Hauptsache erledigt sei. Die Kosten des Rechtsstreites sind dem Kläger auferlegt. Die hiergegen eingelegte sofortige Beschwerde ist zurückgewiesen. Aus den Gründen:

Die Beklagten haben ihre Passivlegitimation bestritten, es war daher Sache des Klägers darzuthun, daß Beklagte die Berufung als Vollstrecker in verbindlicher Weise angenommen haben. Ob sie sich als solche gerieren, ist unerheblich. ... Der Kläger ist überdies in seiner Eigenschaft als Vorausvermächtnisnehmer (§ 2150 BGB.) Nachlaßgläubiger (§ 1967, 2174, 1972, 2060) und als solcher befugt, seinen Anspruch auf Herausgabe der ihm vermachten Sachen sowohl gegen seine Miterben als gegen die Vollstrecker, denen die Verwaltung des Nachlasses zusteht, geltend zu machen. Hat er aber, wie dies geschehen, den ersteren Weg gewählt, so kann er daneben seinen Anspruch gegen die Vollstrecker nur dahin richten, daß diese die Zwangsvollstreckung in die ihrer Verwaltung unterliegenden Nachlaßgegenstände dulden (§ 2213 BGB.). Die Berufung des Klägers auf § 748 CPO. ist verfehlt. Allerdings ist danach zur Zwangsvollstreckung in den der Verwaltung von Vollstreckern unterliegenden Nachlaß ein gegen diese ergangenes Urteil erforderlich. Daraus folgt aber nicht, daß das Urteil bei einem Sachenvermächtnis stets auf Herausgabe der Sachen gehen muß. Gegenstand und Art der Leistung und demgemäß der Verurteilung werden durch das materielle Recht bedingt. Danach kann in einem Falle, wie der vorliegende, nur die Verurteilung zur Duldung der Zwangsvollstreckung begehrt werden und erfolgen. Eine solche in Verbindung mit dem gegen den besitzenden Erben ergangenen Urteil auf Herausgabe der Sachen setzt den Vermächtnisnehmer zweifellos in den Stand, die Leistung zu erzwingen. Z.

h) Schlüsselgewalt, § 1357 BGB., Art. 199 EG.

OLG. Karlsruhe, II. CS. Urteil v. 14. Mai 1901.

Maßgebend für die Befugnis der Frau des Beklagten zum Ankaufe kostbarer Teppiche ist der § 1357. Denn die Schlüsselgewalt kann nach Art. 199 EG. nicht von dem für die Ehe maßgebenden Güterrecht — hier dem Ansbacher Statutenrecht — bestimmt werden. Das Recht der Frau, im Bereiche ihres häuslichen Wirkungskreises als Stellvertreterin des Mannes Rechtsgeschäfte zu besorgen, ist zweifellos ein Ausfluß der persönlichen Rechtsbeziehungen der Ehegatten zu einander, was auch das BGB. dadurch zum Ausdrucke gebracht hat, daß es den über jenes Recht handelnden § 1357 nicht in den Titel über das „Eheliche Güterrecht", sondern in den Titel über „Die Wirkungen der Ehe im allgemeinen", und zwar unmittelbar hinter den Paragraphen gestellt hat, welcher der Frau das ihre persönlichen Rechtsbeziehungen zum Manne betreffende Recht zur Leitung des gemeinschaftlichen Hauswesens verliehen hat (vgl. Motive 4 S. 117: „ohne Rücksicht auf die Art des ehelichen Güterstandes"; Habicht, 3. Aufl. S. 532; Riedner S. 313, 316). Bei Berücksichtigung der guten Vermögensverhältnisse der Eheleute B. ist auch anzunehmen, daß der Ankauf von Luxusteppichen zum Preise von 650 Mark die der Frau nach § 1357 BGB. zustehenden Befugnisse zum Abschlusse von Rechtsgeschäften innerhalb ihres häuslichen Wirkungskreises, dessen Grenzen durch die sozialen Verhältnisse der Ehegatten und durch die Sitte bestimmt werden (vgl. Motive 4 S. 118), nicht überschritten hat. Gegenüber dem Dritten — hier dem Verkäufer — kommt es überdies nur darauf an, ob das Rechtsgeschäft innerhalb des so begrenzten Kreises liegt, nicht auch darauf, ob es im einzelnen Falle zur Befriedigung eines Bedürfnisses notwendig war (vgl. Mot. S. 118). Dr. E.

5

Zulässigkeit einstweiliger Verfügungen, wenn nur auf Wiederherstellung des ehelichen Lebens geklagt ist.

OLG. Kiel, I. CS. Urteil v. 18. April 1901.

Gegenüber der auf § 1567[1] gestützten Klage auf Wiederherstellung der häuslichen Gemeinschaft hatte die Beklagte eingewendet, daß der Kläger in einem ehebrecherischen Verhältnis lebe, und deshalb im Wege der einstweiligen Verfügung Herausgabe der zur Führung eines gesonderten Hausstandes erforderlichen Gegenstände des im Besitze des Klägers befindlichen gemeinschaftlichen Haushaltes und den erforderlichen Unterhalt gefordert. Dem Antrage wurde stattgegeben. Aus den Gründen:

Im vorliegenden Prozesse ist die Frage streitig, ob die Beklagte zum Getrenntleben vom Kläger berechtigt ist. Wird diese Frage zu ihren Gunsten entschieden, so ist der Kläger nach § 1361 BGB. schon jetzt verpflichtet, ihr das zu gewähren, was sie für die Dauer des Rechtsstreites mit der einstweiligen Verfügung zu erreichen sucht. Ein unmittelbarer Zusammenhang jener Verfügung mit dem im Hauptprozesse streitigen Rechtsverhältnisse liegt demnach vor. § 940 CPO. spricht aber von der Regelung eines einstweiligen Zustandes in Bezug auf das streitige Rechtsverhältnis und verlangt nicht, daß mit der Verfügung eine vorläufige Regelung des unmittelbar streitigen Verhältnisses selbst begehrt wird. Daß die Beklagte ein Klagerecht auf die streitigen Ansprüche hat, steht dem Erlaß der beantragten Verfügung nicht entgegen. Durch diese wird ein Interimistikum geschaffen, mittels dessen die gefährdeten Interessen einer Partei vorläufig geschützt, ihre glaubhaft gemachten Ansprüche einstweilen sichergestellt werden sollen. Bei einer Verweisung auf den Klageweg, der auch vorliegend nicht rechtzeitig zum Ziele führen würde, würde das Rechtsinstitut, das gerade ein schnelles Eingreifen des Rechtes ermöglichen soll, diesen Zweck verfehlen. Der Umstand, daß eine auf die Ansprüche gerichtete Klage wegen des § 615 CPO. mit dem zwischen Parteien anhängigen Prozesse nicht verbunden werden könnte, steht der vorläufigen Zuerkennung dieser Ansprüche nicht entgegen. Der § 615 will die Verbindung eines Rechtsstreites in Ehesachen mit anderen Prozessen wegen des verschiedenartig gestalteten Prozeßverfahrens und aus anderen, namentlich sittlichen Gründen hindern. Diese Gesichtspunkte kommen aber hier nicht in Betracht. Auch in Bezug auf den Kostenvorschuß des Mannes im Scheidungsprozesse wird der Erlaß einer Verfügung aus § 940 CPO. für zulässig erachtet, obgleich der Anspruch sich nicht aus dem Scheidungsrechte, sondern nur aus dem ehelichen Güterrechte herleiten läßt und der Frau auch ein unmittelbares Klagerecht auf diesen Anspruch zusteht. Ein Bedürfnis für interimistische Anordnungen läßt sich auch bei den auf Herstellung des ehelichen Lebens gerichteten Prozessen nicht verkennen und die Zulässigkeit darauf gerichteter Verfügungen ergibt sich auch aus dem bisherigen Rechtszustande. Auch vor 1900 wurden in Ehesachen, obgleich sich im alten § 584 nur ein allgemeiner Hinweis auf die generellen Vorschriften über einstweilige Verfügungen fand, Verfügungen der hier beantragten Art erlassen, dies also auch damals aus § 819 [§ 940] hergeleitet. Was die Umgestaltung der CPO. anlangt, so steht an sich bei einem Rechtsstreite auf Scheidung der Ehe der Anspruch auf Unterhaltsgewährung mit dem streitigen Rechtsverhältnisse nicht in einem näheren Zusammenhange, als bei einem auf Herstellung des ehelichen Lebens gerichteten Rechtsstreite. Wenn daher in der neuen Fassung der CPO. die ersteren Eheprozeßsachen eine besondere Regelung erfahren haben und für sie im § 627 die Zulässigkeit der in Frage stehenden Verfügungen besonders hervorgehoben ist, so ist dadurch der frühere Zustand hinsichtlich des Erlasses einstweiliger Verfügungen im übrigen nicht geändert worden. Dies ergiebt sich besonders noch aus dem letzten Absatze des § 627: „im übrigen gelten für die einstweilige Verfügung die §§ 936 bis 944". Im § 627 sind zwar die wichtigeren Fälle der in Ehesachen zu erlassenden Verfügungen eingehender als bisher geregelt, dadurch hat aber der frühere § 584 lediglich eine Erweiterung, keine Einschränkung erfahren (vgl. Erler, Ehescheidungsrecht S. 202). Gr.

6

Nach Eintragung einer Sicherungshypothek für die Hauptsache ist wegen der auf weniger als 300 Mark festgesetzten Kosten eine neue Zwangseintragung unzulässig. CPO. § 866³. — Zur Auslegung des § 79² GrBO.

Kammergericht, I. CS. Beschluß v. 17. Juni 1901.

Der Beschwerdeführer hat wegen einer erstrittenen Darlehnsforderung von 5300 Mark und Zinsen am 7. Januar 1901 die Eintragung einer Sicherungshypothek erlangt. Demnächst hat er unter Vorlegung des Festsetzungsbeschlusses vom 13. März 1901 beantragt, für die festgesetzten 155 Mark Kosten eine (anderweite) Sicherungshypothek vorzumerken. Der Antrag wurde abgelehnt; auch die weitere Beschwerde blieb erfolglos. Aus den Gründen:

Ein zur Zurückweisung der Beschwerde ausreichender Grund ist allerdings nicht schon daraus zu entnehmen, daß an Stelle der Eintragung einer Sicherungshypothek nur die bezügliche — nach dem Beschluß vom 25. März 1901 (Jahrb. 21 A. S. 324) hier nicht zulässige — Vormerkung gefordert wird. Denn es handelt sich nur um einen ... Mißgriff im Ausdruck; der Beschwerdeführer will seinen Kostenanspruch offenbar ebenso gesichert sehen, wie seine als Sicherungshypothek eingetragene Hauptforderung. Dagegen wird die Zurückweisung der Beschwerde durch die den Beschlüssen vom 26. März 1900 und 9. April 1900 [Rsp. 1 S. 103] zu Grunde liegenden Erwägungen bedingt, welche im wesentlichen die Selbständigkeit der in Betracht kommenden Eintragung und des ihr zu Grunde liegenden Schuldtitels betonen. Dem hieraus entnommenen Grundsatze ist aber entgegengehalten worden (Rsp. 1 S. 101), daß festgesetzte Kostenforderungen auch bei gesonderter Eintragung die Eigenschaft von Nebenforderungen im Sinne des § 866 Abs. 3 und § 4 CPO. nicht verlören, und daß es sich nur um die Erstreckung einer bereits zur Hauptsache vollzogenen und noch fortbestehenden Vollstreckungsmaßregel auf Nebenforderungen handele. Das Kammergericht kann diesen Einwendungen indes maßgebendes Gewicht nicht beimessen. Denn ausschlaggebend bleibt der Umstand, daß als Schuldtitel für die gesonderte Eintragung von Kosten (der hier nicht interessierende Spezialfall des § 103 ist beiseite zu lassen) lediglich der Festsetzungsbeschluß in Betracht kommt. Der Grundbuchrichter ist gegenüber einem Antrage auf zwangsweise Eintragung festgesetzter Kosten nicht in der Lage, neben dem Beschlusse noch die Beibringung des zu Grunde liegenden Urteiles zu erfordern. Er ist bei der zweifelfreien und ausnahmslosen Fassung des § 866 Abs. 3 Satz 2 CPO. auch nicht befugt, die dem Schuldtitel wegen der Kosten etwa fehlenden Vollstreckungsvoraussetzungen aus dem Schuldtitel über den Hauptanspruch zu ergänzen — es sei denn, daß die Eintragung aus beiden Titeln gleichzeitig erfolgt und lediglich eine Ergänzung der Forderungsminimalsumme des § 866 Abs. 3 in Betracht kommt. Der Hinweis auf §§ 4, 5 CPO. ändert hieran nichts, weil beide Citate des § 866 Abs. 3 nur Bestimmungen für die Forderungsberechnung aus dem vollstreckbaren Titel für die Zwangseintragung enthalten, nicht aber ermöglichen sollen, daß die Vollstreckungsvoraussetzungen aus anderen Schuldtiteln entnommen werden. Der Gesichtspunkt der Erweiterung bereits erfolgter Vollstreckungsmaßregeln könnte endlich für die in § 866 ff. geregelten Vollstreckungsfälle ausschlaggebend nur in Betracht kommen, wenn auch grundbuchrechtlich eine Erweiterung bereits erfolgter Zwangseintragungen zulässig erschiene. Grundbuchmäßig ist es aber — abgesehen von dem hier nicht einschlagenden § 1119 BGB. — ausgeschlossen, eine ziffermäßige Grundstücksbelastung als solche — d. h. mit dem Range der ursprünglichen Eintragung — zu erweitern. Nach alledem ist daran festzuhalten, daß bei gesonderter Eintragung festgesetzter Kosten nach § 866 Abs. 3 ein über mehr als 300 Mark Kosten lautender Festsetzungsbeschluß vorauszusetzen ist. Dieses — übrigens auch von Scherer (JW. 1901 S. 300 § 11) und von Förster (D. Jur.-Zeit. 1901 S. 271[1]) gebilligte — Ergebnis führt zur Zurückweisung der Beschwerde, sofern nicht die zwischen dem obersten Landesgericht und dem Kammergericht hervorgetretene Meinungsverschiedenheit bedingen sollte, daß die weitere Beschwerde gemäß § 79 Abs. 2 GrBO. dem Reichsgerichte zur Entscheidung vorgelegt werde. Nach dieser Richtung ist unbedenklich, daß § 866 Abs. 3 CPO. reichsrechtliche, dem materiellen Grundbuchrechte angehörige Vorschriften enthält. Dagegen ist die Voraussetzung des § 79 cit. nicht gegeben, daß die Entscheidung des obersten Landesgerichtes bei der Anwendung einer das Grundbuchrecht betreffenden reichsrechtlichen Vorschrift, hier des § 866 Abs. 3 CPO., erfolgt sei. Wiewohl nämlich der teilweise Abdruck in der Rsp. 1 S. 101 und insbesondere die dort vorausgeschickte

Überschrift den Anschein erwecken könnten, als gründe sich die ergangene Entscheidung auf § 866 Abs. 3 CPO., so ergiebt doch die Ausfertigung des Beschlusses, daß er nicht den § 866 Abs. 3, sondern den dieser Vorschrift nachgebildeten Art. 56 Abs. 1 des bayer. Ausf.-G. zur GrBO. zur Anwendung bringt, weil das Grundbuch noch nicht als angelegt anzusehen war. Diese Anwendung einer landesgesetzlichen Übergangsvorschrift kommt für § 79 Abs. 2 GrBO. nicht in Betracht. M.

7

a) Das Verfahren aus § 1577 Abs. 3 BGB. findet nicht bei Ehen statt, deren Scheidung unter der Herrschaft des alten Rechtes rechtskräftig erfolgt ist.[1]

Kammergericht, I. CS. Beschluß v. 3. Juni 1901.

Der 1895 rechtskräftig geschiedene Beschwerdeführer hatte 1900 bei dem Standesbeamten unter Überreichung des rechtskräftigen Scheidungsurteiles, nach welchem die Frau für allein schuldig erklärt war, beantragt, den Vermerk aufzunehmen, daß er seiner Frau auf Grund des § 1577 untersage, seinen Namen zu führen. Der Standesbeamte hatte diese Erklärung aufgenommen und beurkundet und diese Urkunde in das Heiratsregister eingetragen. Auf Ersuchen des Regierungspräsidenten hatte das Amtsgericht die Streichung des Randvermerkes und die Beischreibung eines Vermerkes angeordnet, die Streichung sei erfolgt, weil die Eintragung unstatthaft gewesen sei. Die Beschwerde des Mannes ebenso die weitere Beschwerde ist zurückgewiesen, letztere aus den Gründen:

Da die Eheleute vor 1900 geschieden sind, so bestimmen sich die Wirkungen der Scheidung nach dem früheren Rechte. Denn — wie auch die Motive S. 290 bemerken — die ferneren Rechtsbeziehungen der geschiedenen Ehegatten zu einander knüpfen sich an die Thatsache der Scheidung und unterstehen deshalb auch unter der Herrschaft des BGB. dem zur Zeit der Scheidung geltenden Rechte. Die Scheidung und die Aufhebung der ehelichen Gemeinschaft erfolgen jedoch vom Inkrafttreten des BGB. an nach dessen Vorschriften (Art. 201 EG.). Nun bestimmt zwar das ALR. II 1 § 742: „Ist sie aber ausdrücklich für den schuldigen Teil erklärt, so darf sie den Namen des Mannes wider dessen Willen nicht ferner führen", und das BGB. § 1577³: „Ist die Frau allein für schuldig erklärt, so kann der Mann ihr die Führung seines Namens untersagen", also anscheinend etwas im wesentlichen Gleiches für den Fall, daß bei der Scheidung die Frau allein für schuldig erklärt ist. Diese Gleichheit besteht jedoch nicht. Denn nach ALR. hatte der Mann nur einen Anspruch darauf, daß der geschiedenen und für schuldig erklärten Frau sein Name aberkannt werde; er mußte also auf Aberkennung des Namens klagen. Erst mit der Rechtskraft des Urteiles,

[1] Rsp. 2 S. 167 Nr. 93 b.

durch welches der Frau der Name des Mannes aberkannt wurde, verlor sie denselben. Nach dem BGB. aber hat der Mann ein Verbietungsrecht gegen die Frau mit der Wirkung, daß die Frau durch die Erklärung des Mannes gegenüber der zuständigen Behörde seinen Namen unmittelbar verliert und ihren Mädchennamen wiedererhält. Wenn die Frau den Namen des Mannes trotzdem weiterführt, so kann der Mann auch hier klagen; aber die Klage aus § 12 BGB. geht in diesem Falle nicht auf Aberkennung des Namens, sondern auf Unterlassung der Führung des ihr nicht mehr zustehenden Namens. Diese Gegenüberstellung zeigt, daß die Wirkung der Scheidung in Ansehung des Rechtes des Mannes, der für schuldig erklärten Frau seinen Namen zu entziehen, verschieden ist, je nachdem die Scheidung unter der Herrschaft des ALR. oder des BGB. erfolgte. In charakteristischer Weise hat man sich über diesen Unterschied in der Wirkung in der zweiten Kommission (Prot. 4 S. 448) ausgesprochen, indem der Gegensatz betont wurde zwischen einem „obligatorischen Anspruche" des Mannes gegen seine Frau, daß sie seinen Namen nicht weiter führe und der unmittelbaren Entziehung des Namens durch Untersagung (welche dem Manne dann eine Klage nach Art der actio negatoria gebe). Ist hiernach der § 1577 Abs. 3 vorliegend nicht anwendbar, so war auch die Erklärung des Mannes gegenüber dem Standesbeamten unzulässig. [Folgt die Ausführung, daß Bedenken vorliegen, ob die Beurkundung der Erklärung durch den Standesbeamten dem § 1577 Abs. 3 entsprach, sowie daß nicht eine Streichung des Vermerkes, sondern nur eine Beischreibung des Inhaltes, daß die Eintragung zu löschen, zu erfolgen hat.] W.

b) **Begriff der „Ablehnung einer Amtshandlung" und des „Standes der Eheschließenden". Personenstandsges. §§ 11³, 54; FrGG. § 69.**

Kammergericht, I. CS. Beschluß v. 17. Dezember 1900.

Die Beschwerdeführerin war mit C. verheiratet gewesen und von ihm geschieden worden, worauf sie ihren Mädchennamen M. wieder annahm und dies im Standesregister vermerken ließ. Als sie sich mit X. wieder verheiraten wollte, erklärte ihr der Standesbeamte, daß er sie in der Heiratsurkunde nicht, wie sie wünsche, nur mit ihrem Mädchennamen, sondern als „separierte C." bezeichnen werde. Ihr Antrag, das Amtsgericht wolle den Standesbeamten anweisen, sie als Frau M. in das Heiratsregister einzutragen, wurde abgelehnt, die weitere Beschwerde hatte jedoch Erfolg:

Die Entscheidung setzt voraus, daß die Heiratsurkunde nicht etwa inzwischen aufgenommen ist; sonst wäre nur das Berichtigungsverfahren zulässig. Dagegen steht eine im Aufsichtswege an den Standesbeamten ergangene Verfügung nicht der gerichtlichen Entscheidung im Wege. Die Ansicht der Vorinstanzen, daß die Ablehnung einer Amtshandlung hier nicht vorliege, ist irrig. Zum Begriffe einer Ablehnung ist nicht erforderlich, daß die Vornahme einer Amtshandlung schlechthin geweigert wird, sondern es genügt, daß sie nur so, wie sie beantragt ist, geweigert oder an ungerechtfertigte Bedingungen geknüpft wird. Wenn also der Standesbeamte erklärt hat, er werde dem Antrage der Beschwerdeführerin, sie lediglich als Frau M. zu bezeichnen und den Zusatz „separierte C." wegzulassen, nicht entsprechen, sondern sie als separierte C. bezeichnen, dann hat er die begehrte Amtshandlung abgelehnt.

Ist aber die Beschwerdeführerin wieder den Namen M. zu führen berechtigt, dann war auch die Ansicht unrichtig, daß sie in der Heiratsurkunde auf eine Weise zu bezeichnen sei, durch welche darauf hingewiesen wird, sie sei eine geschiedene C. Nach § 54 des Personenstandesges. soll der Familienname, ... Stand oder Gewerbe ... der Eheschließenden eingetragen werden. Zum Familiennamen würde die Bemerkung „separierte C." nicht gehören, die Beschwerdeführerin hat gerade den Namen C. abgelegt. Aber auch zur Bezeichnung des „Standes" dienen die Worte nicht; darunter ist nicht der Familienstand, sondern die Stellung im bürgerlichen Leben zu verstehen. Das ergiebt schon die Nebeneinanderstellung von „Stand oder Gewerbe"; auch wäre nicht abzusehen, weshalb bei Gewerbetreibenden der Familienstand durch Angabe des Gewerbes ersetzt werden soll. (Vgl. Entsch. des RG. in Straff. 16 S. 87, 24 S. 361, 32 S. 386.) M.

c) **Voraussetzung für die Berichtigung des Standesregisters. Personenstandsges. § 65.**

Kammergericht, I. CS. Beschluß v. 15. April 1901.

Im Geburtsregister zu M. ist auf Anzeige des Nathan E. eingetragen, daß dessen Frau einen Sohn geboren habe, dem der Vorname Joseph beigelegt sei. Nathan E. und sein Sohn Joseph E. beantragten eine Berichtigung dieser Eintragung dahin, daß dem Namen E. die Worte „genannt B." hinzuzufügen seien. In dem darauf eingeleiteten Verfahren erklärte die Polizeiverwaltung, daß sie von einer dem Nathan E. erteilten behördlichen Erlaubnis, sich als „E. genannt B." zu bezeichnen, nichts wisse, daß Nathan E. aber unter dem Namen B. bekannt gewesen sei und deshalb seinem Namen E. die Worte „genannt B." hinzugesetzt habe. Der Antrag wurde abgelehnt, auch die weitere Beschwerde ist zurückgewiesen.

Der in der Litteratur aufgestellte Satz, daß Grund für eine Berichtigung dann gegeben sei, wenn die Eintragung zur Zeit ihrer Bewirkung dem thatsächlichen Sachverhalte nicht entsprach (Hinschius, Kommentar 3. Aufl. S. 192), ist nicht zu Gunsten der Beschwerdeführer zu verwerten. Denn ob ein thatsächliches Verhältnis vorliegt, das im Standesregister unrichtig beurkundet ist, kann nur nach Maßgabe der auf dieses Verhältnis bezüglichen gesetzlichen Vorschriften beurteilt werden. Offenbar darf nicht mittels des Berichtigungsverfahrens ein thatsächliches Verhältnis in das Standesregister gelangen, das nach den in Betracht kommenden Gesetzen unrichtig ist. Vielmehr ist stets Voraussetzung, daß der Berichtigungsvermerk ein nach den Gesetzen sich als richtig ergebendes thatsächliches Verhältnis klarstellt. Danach bedarf es hier des Nachweises, daß dem Nathan E. der Name „E. genannt B." rechtlich zustand. Denn war dies nicht der Fall, so stellt sich eben die Führung jener Bezeichnung E. als ein richtiges thatsächliches Verhältnis nicht dar. Die Ausführung, daß die Beschwerdeführer den Zusatz „genannt B." nicht als Namensbestandteil, sondern als Konstatierung eines thatsächlichen, über zwei Generationen herrschenden Zustandes in das Standesregister aufgenommen wissen wollten, vermag das Rechtsmittel nicht zu stützen. Das Standesregister ist nicht dazu bestimmt, nach dem Belieben der Beteiligten irgend welche thatsächlichen Verhältnisse aufzunehmen. Was in dasselbe einzutragen ist, ergiebt sich aus dem Gesetze.... Der Thatsache gegenüber, daß Nathan E., der nach seinen Militärpapieren von einer unverehelichten E. erzeugt ist, zunächst den Namen E. erlangt hatte (§ 640 vgl. Anh. § 94 zu § 592 ALR. II 2), wäre nachzuweisen gewesen, auf welche Weise er das Recht zur Führung des Zusatzes „genannt B." erworben hat. Eine eigenmächtige Änderung des Namens, zu der unbedenklich auch die Annahme eines Namenszusatzes zu rechnen ist, war bereits durch die KabO. vom 15. April 1822 (GS. S. 108) schlechthin ausgeschlossen. Z.

8

a) Vertrag über das Ausscheiden eines Handelsgesellschafters. Minderjährige Mitgesellschafter können durch ihren Gewalthaber, der selbst Gesellschafter ist, nicht vertreten werden. BGB. §§ 1795[1], 1630, 1686.

Kammergericht, I. CS. Beschluß v. 13. Mai 1901.

A. und die Erben des Kaufmanns B., nämlich seine Witwe und seine Kinder, die großjährige Johanne und die minderjährigen Hermann und Klara B., beide unter elterlicher Gewalt ihrer Mutter stehend, sind die Mitglieder der offenen Handelsgesellschaft A. & B. In notarieller Verhandlung erklärten A., die Witwe B. und die Johanne, die letztere sei aus der Gesellschaft ausgeschieden und wegen ihrer Einlage abgefunden, es wurde daher beantragt, die Teilhaberschaft der Johanne zu löschen, die Gesellschaft bleibe unter den übrigen Teilhabern bestehen. Zugleich quittierte die Johanne, daß sie von ihrer Mutter ihr väterliches Erbe gezahlt erhalten habe. Die Witwe bemerkte, daß sie die Erklärungen für sich und als Inhaberin der elterlichen Gewalt über ihre minderjährigen Kinder abgegeben habe. Der Löschungsantrag wurde abgelehnt; die weitere Beschwerde blieb erfolglos. Aus den Gründen:

Der Mutter als Gewalthaberin steht nach §§ 1630 Abs. 2, 1686 die Vertretung des Kindes insoweit nicht zu, als nach § 1795 ein Vormund von der Vertretung ausgeschlossen ist. Nach § 1795[1] kann aber der Vormund den Mündel nicht bei einem Rechtsgeschäft zwischen einem Verwandten des Vormundes in gerader Linie und dem Mündel vertreten, es sei denn, daß es sich nur um die Erfüllung einer Verbindlichkeit handelt. — Im Vertrage ist ferner vereinbart, die Gesellschaft solle unter den übrigen Teilhabern fortbestehen; bei letzterer Abmachung sind als Vertragschließende A., die Witwe B.

und die beiden minderjährigen Geschwister B. beteiligt. Auch hierbei konnte die Witwe nicht ihre Kinder kraft ihrer elterlichen Gewalt vertreten, denn der nach §§ 1630 Abs. 2, 1686 entsprechend anzuwendende § 1795 bestimmt in Abs. 2, daß die Vorschrift des § 181 unberührt bleibe, nach welcher ein Vertreter im Namen des Vertretenen mit sich im eigenen Namen oder als Vertreter eines Dritten ein Rechtsgeschäft nicht vornehmen kann, soweit es nicht lediglich in Erfüllung einer Verbindlichkeit besteht. Ebensowenig konnte sie aber nach der gedachten Vorschrift, wenn von ihrer Eigenschaft als selbst bei dem Vertragsschlusse Beteiligte abgesehen wird, bei der Vereinbarung sowohl ihren Sohn als auch ihre Tochter Klara vertreten; denn auch zwischen diesen sollte die Weiterführung der Gesellschaft vertragsmäßig festgesetzt werden. Insoweit hat also die Witwe im Namen des einen von ihr sonst vertretenen Minderjährigen mit sich als Vertreterin des anderen Minderjährigen kontrahiert. Auch dies war nach § 181 ausgeschlossen.

Es liegt der Fall vor, in welchem es nach § 1909 der Einrichtung einer Pflegschaft bedarf, und zwar kann nicht derselbe Pfleger die beiden Minderjährigen vertreten, vielmehr muß jeder durch einen besonderen Pfleger vertreten werden, denn so wenig, wie die Mutter als Gewalthaberin ermächtigt ist, im Namen des einen minderjährigen Kindes mit sich als Vertreter des anderen einen Vertrag zu schließen, ebensowenig vermag dies zufolge der §§ 181, 1705 Abs. 2, 1915 Abs. 1 ein für beide Minderjährige bestellter Pfleger.

Unerörtert kann hierbei, da es sich nur um eine weitere Beschwerde in der Registersache handelt, bleiben, ob sich auch die Anwendung des § 1822[3] in Verbindung mit §§ 1643, 1686 aus dem Gesichtspunkte rechtfertigen läßt, daß das Ausscheiden eines Gesellschafters aus einer Gesellschaft, die von den übrigen fortgesetzt werden soll, den Erwerb des Anteils des Ausscheidenden durch die Verbleibenden bedeute, und der Abfindungsvertrag sich somit auf den Erwerb eines „Anteils" an dem Erwerbsgeschäfte beziehe, sowie, daß die Ausschichtung der Johanna zugleich die Bedeutung einer Erbauseinandersetzung zwischen dieser und den übrigen Erben zu haben scheint, und daß zu einem Erbteilungsvertrage ein Pfleger nach §§ 1822[2], 1915 der vormundschaftlichen Genehmigung benötigt, während allerdings der Inhaber der elterlichen Gewalt insoweit einer Beschränkung nach den §§ 1643 Abs. 1, 1685 nicht unterliegt. H.

b) **Die handelsregisterliche Eintragung des mittels einstweiliger Verfügung an einen Gesellschafter erlassenen Verbotes fernerer Geschäftsführung ist keine Vollzugshandlung. CPO. § 929[2].**

OLG. Dresden, VI. CS. Beschluß v. 16. Oktober 1900.

Allerdings ist die in § 929 Abs. 2 geordnete Frist auch auf die Vollziehung einstweiliger Verfügungen entsprechend anwendbar, wenn der Natur der Sache nach eine entsprechende Anwendung möglich ist. Ein Fall der Vollziehung liegt aber hier nicht vor. Wenn die Verfügung ein Verbot der hier fraglichen Art ausspricht, wird dieses mit der Zustellung an den Gegner ohne weiteres wirksam.[1] Eine besondere, außerhalb der Zustellung liegende Vollziehung kommt also überhaupt nicht in Frage. Hieran ändert auch der Umstand nichts, daß in Fällen der vorliegenden Art zur allgemeinen Wirksamkeit des Verbotes gegen Dritte noch die Eintragung in das Firmenregister und die Bekanntmachung nötig ist (§ 15 HGB.). Insoweit handelt es sich um die Vollstreckung der Verfügung, sondern um Vorkehrungen, die der im Verhältnis der Parteien bereits durch die Zustellung vollstreckten Verfügung die ihr zukommende Wirksamkeit nach außen hin sichern sollen und deren Herbeiführung im Gesetze an keine Frist gebunden ist (Entsch. des RG. 21 S. 418). (Nach Annalen 22 S. 161).

9

Dienstverschaffungs-(Impresario-)Vertrag.

OLG. Hamburg, II. CS. Urteil v. 23. Mai 1901.

Kläger hatte sich verpflichtet, im Etablissement des Beklagten die Schaustellungen der Geschwister A. vorzuführen. Diese haben sich einmal der Vorführung entzogen; den dadurch entstandenen Schaden rechnet Beklagter gegen die Forderung auf Bezahlung der erfolgten Vorführungen auf. Das ist für begründet erachtet. Unter Leistung der versprochenen Dienste (§ 611) ist nach dem Sprachgebrauch des BGB. die Gewährung der eigenen Dienste des Verpflichteten zu verstehen. Damit ist die Anwendbarkeit des § 278 auf diesen Fall ausgeschlossen, weil der Verpflichtete sich zur Erfüllung seiner Verpflichtung der Hilfe Dritter nicht bedienen kann. Nach dem vorliegenden Kontrakte hat der Kläger sich zur Leistung von Diensten im Sinne des BGB. auch nicht verpflichtet. Es kann sich vielmehr nur fragen, ob der Vertrag als ein Werk- oder als ein Dienstverschaffungsvertrag aufzufassen ist. Daß Gegenstand des Werkvertrages nicht nur die Herstellung eines körperlichen Gegenstandes, sondern auch die Herbeiführung irgend eines anderen Erfolges, auch eines solchen, welcher nicht von materiellem Werte ist, sein kann, ist nicht zweifelhaft. So wäre es allerdings möglich, in der Schaustellung der Geschwister A. den Gegenstand eines unter den Parteien geschlossenen Werkvertrages zu erblicken, und es könnte der § 278 vielleicht Anwendung finden, weil Kläger sich der Geschwister A. zur Bewirkung des von ihm zugesagten Erfolges bedient hat und bedienen sollte. Richtiger erscheint aber die Auffassung, daß Gegenstand des Vertrages die Dienste der Geschwister A. bildeten, nicht der durch diese Dienste zu erreichende Erfolg, daß es sich also um einen Dienstverschaffungsvertrag handelte. Besondere Vorschriften über diesen Vertrag enthält das BGB. nicht. Im ersten Entwurf war im § 348 eine Bestimmung getroffen, welche für die Verpflichtung aus einem derartigen Vertrage von Bedeutung war, weil sie eine Auslegungsregel auf-

[1] Andererseits ist, auch wenn es einer besonderen Vollziehung nicht bedarf, die Rechtswirksamkeit der Verfügung von der rechtzeitigen Zustellung an den Gegner bedingt. (Beschl. d. OLG. Hamburg v. 14. Juli 1900, Hans. GZ. 1901 S. 86.)

stellte. Nach Abs. 2 das. sollte ein Vertrag über die Handlung eines Dritten im Zweifel den Versprechenden verpflichten, für den Erfolg seines Versprechens einzustehen. Der Vorschlag, eine derartige Bestimmung aufzunehmen, ist damit begründet, daß bei einer solchen Zusage Zweifel darüber entstehen könnten, ob der Versprechende sich habe anheischig machen wollen, alle Bemühungen aufzuwenden, um den Dritten zu der Handlung zu vermögen, oder ob er weitergehend die Garantie für den Erfolg übernommen habe, daß aber dem Wesen und der juristischen Bedeutung eines solchen Vertrages sowohl, als auch der regelmäßigen Absicht der Parteien die Vermutung entspreche, daß der Versprechende für den Erfolg seines Versprechens einstehen wolle. Die 2. Kommission, die den § 348 strich, hat es der freien richterlichen Beurteilung im einzelnen Falle überlassen wollen, ob in dem gegebenen Versprechen die Zusicherung eines Erfolges zu erblicken sei. Das Gericht ist also bei der Auslegung des vorliegenden Vertrages an bestimmte gesetzliche Regeln nicht gebunden. Es ist aber nach dem Inhalte des Vertrages anzunehmen, daß der Kläger nicht allein sich verpflichtet hat, alle Bemühungen aufzuwenden, um das Auftreten der Geschwister A. zu bewirken, sondern daß er den Erfolg, also das Auftreten der Geschwister A. herbeizuführen, sich anheischig gemacht und für Erreichung dieses Erfolges die Haftung übernommen hat, jedenfalls insoweit, als solches von dem Willen derjenigen Personen, deren Dienste er zugesagt, abhängig war. Eine gleiche Auslegung wird bei Verträgen, welche ein sogenannter Impresario mit dem Leiter eines Theaters oder eines sonstigen zu künstlerischen oder artistischen Vorführungen bestimmten Etablissements abschließt und deren Gegenstand Dienste künstlerischer oder artistischer Art derjenigen Personen, für welche der Vertragschließende als Impresario fungiert, bilden, regelmäßig Platz greifen müssen, insofern der Impresario bei dem Vertragsschluß als Kontrahent in eigenem Namen auftritt. Anderenfalls würde der Unternehmer in die Lage gebracht werden, daß er, falls die Personen, deren Dienste er gemietet hat, sich der Leistung dieser Dienste entziehen, weder den Impresario, noch die Personen, deren Dienste ihm zugesagt sind, würde auf Leistung der Interesse in Anspruch nehmen können, letztere nicht, weil er mit ihnen nicht kontrahiert hat. Das würde aber der Absicht der Kontrahenten bei einem derartigen Vertrage schwerlich entsprechen. M. M.

10

a) Haftung der Eltern für Schaden verursachende Handlungen ihrer minderjährigen Kinder.[1] BGB. § 832.

OLG. Stettin, III. CS. Urteil v. 31. Mai 1901.

Der 10jährige Sohn der Beklagten hatte den Kläger beim Spiele durch Schießen mit einem Flitzbogen so am Auge verletzt, daß dieses erblindete.

[1] Rsp. 2 Nr. 181d S. 458.

Der Anspruch auf Schadensersatz gegen die Eltern aus § 832 BGB. ist dem Grunde nach festgestellt. Voraussetzung ist zwar auch im § 832 ein in der Vernachlässigung der Aufsichtspflicht liegendes Verschulden, aber die Beweislast ist nach der Fassung des Gesetzes so geregelt, daß der zur Aufsicht Verpflichtete beweisen muß, daß er dieser Pflicht genügt habe oder der Schaden auch bei gehöriger Aufsichtsführung eingetreten wäre. Hierbei ist zwar davon auszugehen, daß es den Eltern nicht verwehrt werden kann, ihren Kindern gefährliche Spielzeuge, Kindersäbel, Armbrüste, Flitzbogen u. dergl., zu schenken, oder zu dulden, daß sie sich dergleichen Dinge von Dritten schenken lassen oder selbst anfertigen. Es kann auch von den Eltern nicht verlangt werden, daß sie ihre Kinder beim Spielen mit solchen gefährlichen Spielzeugen ständig beaufsichtigen oder durch erwachsene Personen beaufsichtigen lassen. Wohl aber wird man von ihnen fordern müssen, daß sie das Spielzeug ihrer Kinder soweit im Auge und diese selbst so erzogen haben, daß ihnen der Besitz solcher gefährlicher Spielzeuge nicht verborgen bleibt, und daß, wenn sie davon Kenntnis haben, sie ihre Kinder ernstlich ermahnen und dazu anhalten, mit derartigen Spielzeugen keinen Mißbrauch zu treiben, insbesondere mit Schußwaffen nicht auf andere Personen, namentlich andere Kinder, selbst nicht im Spiel oder Scherz, zu zielen oder zu schießen. Denn die Erfahrung lehrt, daß Kinder, auch ohne besonders wild zu sein, ja selbst Erwachsene, nur zu leicht geneigt sind, im Scherze oder Spiele gerade von Schießwaffen einen unvorsichtigen, andere gefährdenden Gebrauch zu machen. Der Flitzbogen, mit dem der Sohn der Beklagten dem Kläger eine so schwere Verletzung beigebracht hat, ist als ein gefährliches Spielzeug anzusehen. (Dies wird näher begründet und nach Würdigung des Beweisergebnisses über die Erfüllung der Aufsichtspflicht seitens der Beklagten fortgefahren:) Hiernach haben die Beklagten den Beweis, daß sie ihrer Aufsichtspflicht genügt haben, nicht erbracht, der beklagte Mann nicht, weil er nicht dargethan hat, daß er ohne sein Verschulden keine Kenntnis davon hatte, daß sein Sohn im Besitze des Flitzbogens war, und wenn er dies wußte, daß er das Seinige dazu gethan habe, daß sein Sohn damit nicht auf andere Kinder schoß, die beklagte Frau nicht, weil sie diesen letzteren Nachweis nicht erbracht hat, obwohl sie Kenntnis davon hatte, daß ihr Sohn den Flitzbogen besaß. Sie haben aber auch weiter nicht bewiesen, daß, auch wenn sie ihrer Aufsichtspflicht in der angegebenen Weise genügt hätten, der Unfall dennoch eingetreten wäre. Es ist zwar richtig, daß dies nicht geschehen wäre, wenn der Kläger nicht die von dem Sohne der Beklagten in dem Augenblicke nicht vorauszusehende Wendung mit dem Kopfe gemacht hätte, als dieser den Pfeil abschoß. Aber hierauf kommt es nicht an. Der Sohn der Beklagten durfte mit dem Bogen überhaupt nicht auf andere Kinder schießen, weil immer die Möglichkeit gegeben war, daß er einen leicht verletzbaren Körperteil, wie z. B. das Auge, treffen konnte, und es war die Pflicht der Beklagten, dies zu verhindern. Daß sie dies nicht erreicht hätten, wenn sie sein Spielzeug gehörig im Auge gehabt und ihm untersagt hätten, mit dem Flitzbogen auf andere Kinder zu schießen, ist dann jedenfalls nicht anzunehmen, wenn, wie sie selbst behaupteten, ihr Sohn ein ruhiger und folgsamer Knabe ist. Würde man aber annehmen müssen, daß er dem Verbote nicht Folge geleistet hätte, so würde die Beklagten der Vorwurf treffen, daß sie es nicht verstanden haben, den Knaben zum Gehorsam zu erziehen, und hierin die Vernachlässigung ihrer Aufsichtspflicht liegen. M.

b) Haftung für Beschädigung durch Tiere. Verhältnis des § 833 zu § 834 BGB. und § 458 HGB.

OLG. Stettin, III. CS. Urteil v. 31. Mai 1901.

Der Kläger übersandte dem X. einen von diesem gekauften Schlitten mit der Eisenbahn nach A. Daselbst wurde der Schlitten auf den Rollwagen des Beklagten geladen, der nach einem mit der Eisenbahnverwaltung abgeschlossenen Vertrage die Fracht- und Eilgüter an die Adressaten abzurollen hatte. Aus den Gründen:

Die Voraussetzungen des § 833 liegen hier vor. Die Beschädigung einer Sache, nämlich des Schlittens, ist unstreitig. Sie ist durch Tiere verursacht, da die Pferde mit dem Wagen, auf den der Schlitten geladen war, durchgegangen sind und infolgedessen der Schlitten auf den Erdboden geschleudert und dabei beschädigt ist. Daß die Beschädigung durch eine unmittelbare Einwirkung des Tieres auf die Sache entstanden ist, erfordert das Gesetz nicht, es genügt, daß die Beschädigung mit einer Kraftentfaltung, einem Thun des Tieres in einem ursächlichen Zusammenhange steht (Planck § 833 Anm. 2b), und dieser Zusammenhang liegt hier auf der Hand. Der Beklagte ist auch derjenige, der die Tiere zur Zeit der Beschädigung hielt, sie waren sein Eigentum, waren vor seinen Rollwagen gespannt, auf dem der Schlitten dem X. zugefahren werden sollte, und dienten ihm als Werkzeug zur Ausübung seines Gewerbes als Spediteur, hier als Rollfuhrherr. Demgegenüber kann der Beklagte sich nicht darauf berufen, daß der Fuhrmann E., der durch Vertrag die Führung der Aufsicht über die Pferde übernommen haben soll, nach § 834 für den Schaden verantwortlich sei, weil er seine Aufsichtspflicht verletzt habe. Denn selbst wenn dies der Fall wäre, so würde er die Haftung des Beklagten aus § 833 nicht ausschließen, sondern es würde E. neben dem Beklagten und zwar nach § 840 Abs. 1 als Gesamtschuldner haften (Planck § 834 Anm.). — Die Haftung des Beklagten aus § 833 wird auch nicht durch § 458 HGB. ausgeschlossen. Es kann schon fraglich sein, ob diese Bestimmung hier überhaupt zur Anwendung kommen kann, da der Frachtvertrag mit der Eisenbahn noch unter der Herrschaft des alten Rechtes abgeschlossen ist (Art. 170 EG. zum BGB.). Davon abgesehen regelt aber der § 458 die Haftung der Eisenbahn für ihre Leute und andere, deren sie sich bei der Ausführung der Beförderung bedient, nur soweit sie durch den Frachtvertrag begründet ist, läßt aber die Haftung solcher Personen für außervertragliche Schadenszufügung unberührt. Es erscheint undenkbar, daß der § 458 den § 833 BGB. hat außer Kraft setzen und Personen, die im Dienste der Eisenbahn stehen, von der Haftung für eine unerlaubte Handlung hat befreien wollen, die nach § 833 ganz allgemein jeden trifft, der ein Tier hält.[1] M.

11

a) Das vor 1. Januar 1900 vereinbarte, nach diesem Tage begonnene Mietsverhältnis begründet kein dingliches Recht des Mieters. Besitzerwerb an der Außenwand eines Hauses durch Anbringung eines Schildes. EG. z. BGB. Art. 170, 180, 181, 184; BGB. §§ 854, 858.

Kammergericht, II. CS. Urteil v. 4. Dezember 1900.

Der Kläger hat den Laden an der Ecke der A.- und B.-Straße durch Vertrag vom 7. November 1899 vom 1. April 1900 ab gemietet und zu diesem Zeitpunkt bezogen. In demselben Hause hat die Beklagte seit einer Reihe von Jahren einen an der B.-Straße belegenen Laden mietsweise im Besitze; sie hat vor 7. November 1899 an dem zur Außenwand des Ladens des Klägers gehörigen Eckpfeiler des Hauses ein Blechschild angebracht, welches einen Hinweis auf ihr Geschäft enthält. Der Kläger verlangt die Beseitigung des Schildes; die Beklagte dagegen widerklagend die Feststellung ihrer Berechtigung zum Halten des Schildes. Aus den Gründen:

Aus dem Mietsverhältnis kann der Kläger gegen die Beklagte keine Rechte herleiten, weil es erst am 1. April 1900 wirksam geworden ist. Nach BGB. ist eben das für den Mieter aus dem Mietsvertrage entspringende Recht ein lediglich obligatorisches Recht, das auch nicht durch die Übergabe der Mietsache die Kraft eines dinglichen Rechtes erlangt. Daran ändert nichts der Umstand, daß der Mietsvertrag noch unter der Herrschaft des ALR. geschlossen worden ist. Zwar bleibt nach Art. 170 EG. zum BGB. für ein Schuldverhältnis, das vor 1900 entstanden ist, das bisherige Recht maßgebend, diese Vorschrift bezieht sich jedoch nur auf das persönliche Rechtsverhältnis der Vertragschließenden untereinander. Die Frage aber, ob ein am 1. Januar 1900 noch nicht bestehendes dingliches Recht später gültig entstanden ist, ist lediglich nach den Vorschriften des BGB. zu entscheiden (Art. 181, 184). Glaubt der Kläger, daß ihm aus dem mit dem Hauseigentümer geschlossenen Mietsvertrage das Recht zusteht, zu verlangen, daß das Schild entfernt und der von diesem eingenommene Platz ihm zum Gebrauche eingeräumt werde, so kann er sich dieserhalb nur an seinen Vermieter halten. Es kann deshalb hier dahingestellt bleiben, ob und inwieweit das dem Kläger aus dem Mietsvertrage erwachsene Gebrauchsrecht sich auch auf die Außenwand der Mietsräume erstreckt.

Auf seinen Besitz kann sich der Kläger nur stützen, soweit er nachweist, daß er ihn erworben hat. Der Erwerb erfolgt nach § 854 BGB. durch

[1] Vgl. Rsp. 2 Nr. 62 S. 100.

die Erlangung der thatsächlichen Gewalt über die Sache. Der Kläger ist aber in Wirklichkeit nicht in den Besitz desjenigen Teiles der Wandfläche gelangt, an welchem sich das Blechschild der Beklagten befindet, weil diese seit der Zeit vor 7. November 1899 ununterbrochen die thatsächliche Gewalt über diese Stelle dadurch ausgeübt hat, daß sich daran ihr Schild befand. Der Kläger hätte daher die thatsächliche Gewalt über diese Stelle nur durch Beseitigung des Schildes erlangen können, dies ist aber nicht geschehen.

Dagegen hat die Beklagte dadurch, daß sie bereits vor 7. Nov. 1899 ihr Schild an der streitigen Stelle angebracht hat, den Besitz daran gemäß § 1 ALR. I 7 erworben. Ob sie ein Recht auf die Einräumung des Besitzes hatte, ist gleichgültig. Den dem Kläger nach § 179 das. obliegenden Beweis der Fehlerhaftigkeit des Besitzerwerbes der Beklagten hat er nicht geführt. Diese Fehlerhaftigkeit folgt nicht schon daraus, daß etwa die Beklagte das Schild ohne Wissen des Hauseigentümers angebracht hat. Ein heimlicher Besitzerwerb kann darin nicht gefunden werden, da die Anbringung an der öffentlichen Straße erfolgt ist. Die Beklagte ist demgemäß zur Widerklage aktiv legitimiert. Sie ist aber auch in ihrem Besitze gegenüber dem Kläger zu schützen, weil dieser sie durch die Klaganstellung im Besitz widerrechtlich gestört hat. Dafür, welche Rechtsfolgen diese erst nach 1. Januar 1900 erfolgte Störung des Besitzes hat, sind nach Art. 180 die Vorschriften des BGB. maßgebend. Nach §§ 858, 862 kann die Beklagte Beseitigung der verbotenen Eigenmacht beanspruchen. Diese erfolgte dadurch, daß der Kläger verurteilt wird, der Beklagten gegenüber anzuerkennen, daß diese ihm gegenüber zum Halten des Schildes kraft ihres Besitzes zur Zeit berechtigt ist. Da das Urteil nur Recht zwischen den Parteien schafft, so ist es nicht etwa geeignet, für die Beklagte Dritten gegenüber ein Recht auf den Besitz zu begründen. Auch dem Kläger gegenüber soll aber durch dieses Urteil nicht festgestellt werden, daß der Beklagten ein Rechtstitel für ihren Besitz zur Seite steht, vielmehr nur, daß sie Besitzerin und deshalb in ihrem Besitz gegenüber dem Kläger zu schützen ist. Sp.

b) Beschädigung des Mieters durch Einsturz des Fußbodens einer Mieträumlichkeit. BGB. §§ 538, 545, 836.

OLG. Hamburg, II. CS. Urteil v. 8. Juni 1901.

Am 2. Mai 1900 brach in der vom Kläger im Hause des Beklagten gemieteten Wohnung der Fußboden des zugehörigen Klosettes zusammen, wobei sich der Kläger Verletzungen zuzog. Die Klosettschale war nämlich infolge einer äußeren Verletzung nicht dicht und ließ bei jeder Spülung Wasser durch, welches sich ober- und unterhalb des Fußbodens des Klosettraumes hingezogen und allmählich die (gesunden) Lager des Fußbodens zersetzt hat. Der Kläger will den § 836 BGB. angewendet wissen. Dem steht schon das Bedenken entgegen, ob hier von dem „Einsturz eines Gebäudes" oder der „Ablösung von Teilen des Gebäudes" gesprochen werden kann. Wollte man das aber auch bejahen und ferner zugeben, daß der Einsturz bezw. die Ablösung die Folge „mangelhafter Unterhaltung" ist, so muß doch angenommen werden, daß der Beklagte als Besitzer „zum Zweck der Abwendung der Gefahr die im Verkehre erforderliche Sorgfalt beobachtet hat". Es mag zugegeben werden, daß gewisse Teile eines Gebäudes, wie z. B. das Dach und die Gesimse, einer gelegentlichen Nachprüfung bedürfen können, weil diese Teile den Unbilden des Wetters ausgesetzt sind. Unter Umständen, z. B. nach dem Auszuge eines Mieters, mag es auch die im Verkehre erforderliche Sorgfalt mit sich bringen, daß der Besitzer und Vermieter des Hauses die neu vermieteten Räume vor ihrer Überlassung an den neuen Mieter z. B. auf die Sicherheit der Öfen prüft. Hier aber handelt es sich nicht einmal um die Wasser- und Abflußleitungen des Klosettes, sondern um einen Bestandteil desselben, welcher — wenn er nicht durch die Mieter schuldhaft beschädigt wird — dauernd gebrauchsfähig bleibt. Der Beklagte war deshalb nicht verpflichtet, die Klosetts seines Grundstückes gelegentlich zu revidieren. Zu einem solchen Verfahren hat der Vermieter um so weniger Veranlassung, weil diese Räumlichkeiten in der Obhut der Mieter sich befinden und ein etwaiges Nichtfunktionieren oder irgend eine Schadhaftigkeit sich leicht bemerkbar machen wird und dann vom Mieter gemäß § 545 anzuzeigen ist. M. M.

c) **Das Pfandrecht des Vermieters eines Grundstückes für seine Forderungen aus dem Mietverhältnisse beschränkt sich auf die dem Mieter gehörigen eingebrachten Sachen desselben. BGB. § 559.**

OLG. Colmar, III. CS. Urteil v. 25. Juli 1900.

Es steht fest, daß die streitigen Möbel von P. der klagenden Möbelhändlerin nur abgemietet, nicht, wie der beklagte Hausvermieter aufstellt, ihr abgekauft waren. Es ist somit lediglich zu prüfen, ob dem letzteren für seine Mietzinsforderung gegen P. ein gesetzliches Pfandrecht an den von P. in die Mietswohnung eingebrachten Möbeln zukommt. Dies ist jedoch zu verneinen. Der Wortlaut des § 559 gewährt dem Vermieter nur an den eingebrachten Sachen des Mieters ein Pfandrecht. Auch in den Motiven 2 S. 404 ff. ist ausdrücklich hervorgehoben, daß einzig und allein die Sachen des Mieters, nicht aber die eingebrachten Sachen dritter Personen dem Pfandrechte des Vermieters unterworfen sind. Angesichts dessen kann den — lediglich auf die nachträgliche Einschiebung des § 1257 BGB. gestützten — Ausführungen von Scherer (D. Jur.-Ztg. 1900 S. 202, 318) nicht beigestimmt werden. Zunächst scheint schon der Wortlaut des § 1257, woselbst das durch Rechtsgeschäft bestellte dem kraft Gesetzes entstandenen Pfandrecht gegenübergestellt wird, eher dafür zu sprechen, daß der Gesetzgeber hier die Existenz des Pfandrechtes vorausgesetzt und also nicht von den Erfordernissen desselben, sondern von seinen Wirkungen und seinem Umfange hat sprechen wollen. Sodann ist anzunehmen, daß der Gesetzgeber, wenn er in dieser so viel umstrittenen Frage seinen in den Motiven vertretenen Standpunkt hätte aufgeben wollen, den Wortlaut des § 559 entsprechend geändert und den Ausdruck „an den eingebrachten Sachen des Mieters" ersetzt haben würde durch „die vom Mieter eingebrachten Sachen". Auch würde man, wenn die sämtlichen §§ 1204—1257 auf das gesetzliche Pfandrecht des Vermieters uneingeschränkt Anwendung finden sollten, dies auch von den §§ 1205 und 1206 gelten lassen müssen, deren thatsächliche Voraussetzungen — Übergabe an den Gläubiger zum Besitz bezw. Mitbesitz desselben — der Beklagte nicht einmal behauptet hat. Unzutreffend ist auch sein weiterer Einwand, Klägerin sei verpflichtet gewesen, ihn darauf aufmerksam zu machen, daß die Möbel nicht dem P. gehörten; wegen Verletzung dieser Pflicht müsse sie dem Beklagten für den Schaden aufkommen. Klägerin hat zu dem Beklagten in keinen rechtlichen Beziehungen gestanden. Der das Vertragsrecht beherrschende Grundsatz von Treu und Glauben findet daher auf das Verhältnis der Parteien keine Anwendung und kann daher der Klägerin nicht mit Erfolg entgegengehalten werden. F.

12

a) Geisteskrankheit als Grund für die Ausschließung der Geschäfts- und Prozeßfähigkeit — BGB. §§ 6 [1], 104 [2], CPO. § 52; als Scheidungsgrund [1] — BGB. § 1569; als Entschuldigungsgrund gegenüber der Scheidungsklage aus BGB. § 1568.

OLG. Karlsruhe, III. CS. Urteil v. 2. Mai 1901.

Allerdings ist nach dem Gutachten der Beklagte erheblich psychisch erkrankt. Allein die Thatsache, daß jemand im medizinisch-technischen Sinne als geisteskrank bezeichnet werden muß, ist für sich allein weder für die Frage, ob der Kranke entmündigt werden kann, noch für die Frage, ob er auch ohne Entmündigung für geschäftsunfähig zu erachten ist, entscheidend. Die Entmündigung setzt voraus, daß der Geisteskranke infolge dieser Krankheit seine Angelegenheiten nicht mehr zu besorgen vermag, und eine nicht entmündigte Person ist wegen Geisteskrankheit nur dann geschäftsunfähig, wenn die Geisteskrankheit sich darstellt als ein die freie Willensbestimmung ausschließender und nicht seiner Natur nach vorübergehender Zustand krankhafter Störung der Geistesthätigkeit [2] (§ 104). Vorliegend ist der Beklagte nicht entmündigt, er ist aber auch nicht auf Grund des § 104 [2] als geschäftsunfähig und somit prozeßunfähig anzusehen. Seine psychische Erkrankung äußert sich nach dem Gutachten in Abnahme der Merk- und Erinnerungsfähigkeit, Schwächung (nicht Aufhebung des Kritik- und Urteilsvermögens), Unstetigkeit des Wollens und krankhaften Reizbarkeit. Ein die freie Willensbestimmung im allgemeinen ausschließender Zustand krankhafter Störung der Geistesthätigkeit ist hiernach noch nicht anzunehmen. Denn wenn der Sachverständige weiter fortfährt, daß ein derartiges Individuum für seine Handlungen (namentlich Affekthandlungen) nicht verantwortlich gemacht werden könne, da es nicht imstande sei, die Tragweite seines Thuns

[1] Vgl. Rsp. 2 Nr. 142 a S. 324 ff. D. E.

[2] Vgl. dazu JW. 1900 S. 848 f., auch S. 867 f. D. E.

zu überlegen und die eventuell nötigen Hemmungen und Gegenvorstellungen aufzubieten, so hat er damit nach der ihm gestellten Aufgabe nur Handlungen, wie die klägerischerseits dem Beklagten zur Last gelegten **Verfehlungen**, also Ausflüsse der von dem Sachverständigen bei dem Beklagten festgestellten nervösen Reizbarkeit und Neigung zu pathologischen Affekten im Auge, nicht aber rechtsgeschäftliche Willenserklärungen. Durch das Gutachten ist somit die moralische und, soweit Thatbestände strafbarer Handlungen (Beleidigung, Körperverletzung) in Frage kommen könnten, auch strafrechtliche Verantwortlichkeit des Beklagten für die behaupteten Verfehlungen verneint, es ist ihm aber nicht die Fähigkeit freier Willensbestimmung abgesprochen hinsichtlich des **rechtsgeschäftlichen Verkehres**. Dazu kommt, daß er bis vor kurzem als Volksschullehrer thätig war, daß er offenbar auch noch befähigt ist, die Fragen, auf welche es in diesem Prozesse ankommt, richtig zu würdigen und seinen Bevollmächtigten mit Instruktion zu versehen.

Nach dem Ergebnisse des Gutachtens ist der Beklagte für derartige Handlungen, wie sie zur Begründung des auf § 1568 BGB. gestützten Scheidungsbegehrens behauptet worden sind, nicht verantwortlich, insoweit diese Handlungen in die Zeit nach der psychischen Erkrankung des Beklagten fallen. Der Sachverständige hat die charakteristischen Symptome dieser Krankheit (Demenz) bei dem Beklagten selbständig festgestellt auf Grund der Beobachtungen, die er bei der an zwei Tagen vorgenommenen Untersuchung des Beklagten zu machen in der Lage war. . . . Mag das Verhalten des Beklagten gegenüber der Klägerin für diese auch noch so unerträglich gewesen sein, so kann darin, wenn der Beklagte wegen seines Geisteszustandes dafür nicht verantwortlich gemacht werden kann, keine „schwere Verletzung der durch die Ehe begründeten Pflichten gefunden" werden, und mag das eheliche Verhältnis durch das Benehmen des Beklagten auch tief zerrüttet worden sein, so ist diese Zerrüttung keine „verschuldete".

Ebensowenig wie auf § 1568 kann die Klage auf § 1569 gestützt werden. Allerdings kann nicht verlangt werden, daß der hier erforderte Grad der geistigen Erkrankung bereits drei Jahre gedauert habe; denn nach § 1569 genügt, wenn die **Geisteskrankheit** während der Ehe drei Jahre lang gedauert hat; der **erhöhte** Grad derselben braucht nur zur Zeit der Urteilsfällung vorhanden zu sein (vgl. Protok. 4 S. 427). Dies ist jedoch hier nicht der Fall. Das Gesetz hat die Worte gewählt: „einen Grad erreicht hat, daß die geistige Gemeinschaft zwischen den Ehegatten aufgehoben, auch jede Aussicht auf Wiederherstellung dieser Gemeinschaft ausgeschlossen ist". Diese unbestimmte und bei der praktischen Anwendung des Gesetzes zu vielen Zweifeln Anlaß gebende Fassung erklärt sich aus der Schwierigkeit, eine scharfe Grenzlinie zu bestimmen zwischen dem Grade der Geisteskrankheit, bei welchem die Zulassung der Scheidung sittlich gerechtfertigt erscheinen kann, und anderen Fällen, in welchen die Zulassung der Scheidung mit der auf den kranken Ehegatten zu nehmenden Rücksicht und dem öffentlichen Interesse nicht vereinbar erscheint. Nach der [näher ausgeführten] Entstehungsgeschichte des § 1569 ist die Annahme gerechtfertigt, daß die gesetzgebenden Faktoren mit dem Ausdrucke „Aufhebung der geistigen Gemeinschaft" nichts anderes sagen wollten, als was bei den Beratungen mit dem — wohl zur Verwendung in der Gesetzessprache nicht für geeignet befundenen — bildlichen Ausdrucke „geistiger Tod" zum Ausdrucke gebracht wurde, also: Zustand völliger Geistesumnachtung, völlige Verblödung, ein Zustand, in welchem dem Kranken das Bewußtsein vom Bestehen der Ehe abhanden gekommen ist.

Die Frage, ob die Absicht des Gesetzgebers, dem Scheidungsgrunde des § 1569 dergestalt enge Grenzen zu setzen, in den Worten des Paragraphen eine hinreichend deutliche Fassung gefunden hat, und ob nicht vielmehr auch die Fälle, in welchen der kranke Ehegatte zwar noch das Bewußtsein hat, daß er verheiratet sei, und auch noch eine gewisse Vorstellung von dem Wesen der Ehe besitzt, aber in ihm infolge der Krankheit jeder Sinn und alles Bewußtsein dafür erstorben ist, daß sich aus der ehelichen Gemeinschaft sittliche Rechte und Pflichten ergeben, und daß die Interessen des anderen Ehegatten bis zu einem gewissen Grade mit seinen eigenen notwendigerweise zusammenfallen (vgl. D. Jur.-Zeit. 1900 S. 215 und JW. 1901 S. 297), kann hier dahingestellt bleiben, denn, ob man sich der einen oder der anderen Auslegung anschließt, in beiden Fällen ist der alsdann zu erfordernde Grad der Geisteskrankheit bei dem Beklagten nicht vorhanden . . . Es kann nicht bezweifelt werden, daß durch ein Verhalten, welches dem anderen Teile die Fortsetzung des ehelichen Lebens unmöglich machen kann, die Interessen der Ehe und damit auch die eigenen Interessen des kranken Ehegatten auf das schwerste verletzt werden. Dessenungeachtet wird man in einem derartigen Verhalten nicht schon einen Beweis dafür finden können, daß jede geistige Gemeinschaft zwischen den Gatten aufgehoben ist. Auch einem Ehegatten, der unter dem Einflusse einer psychischen Erkrankung Handlungen begeht, die die durch die Ehe begründeten sittlichen Pflichten auf das schwerste verletzen, kann trotzdem noch das Bewußtsein, daß die Ehe solche Pflichten begründe, und daß die Interessen des anderen Teiles bis zu einem Grade auch seine eigenen sind, innewohnen. Selbst wenn infolge des Verhaltens des kranken Teiles das Zusammenleben nicht mehr möglich ist, kann noch eine geistige Gemeinschaft zwischen den Eheleuten hinsichtlich der von beiden als gemeinsam erkannten Interessen bestehen, so hinsichtlich der Besorgung vermögensrechtlicher Angelegenheiten und vor allem hinsichtlich der Interessen, deren Wahrung ein hauptsächliches Band der geistigen Gemeinschaft unter Eheleuten bildet, nämlich der Fürsorge für das Wohl und die Erziehung der Kinder. . . . [Wird noch weiter ausgeführt.] Dr. E.

b) Zum Einwande der mangelnden Ernstlichkeit der Klage auf Wiederherstellung der ehelichen Lebensgemeinschaft.[1]

[1] Vgl. Rsp. 1 S. 11 und Nachträge S. 493; JW. 1901 S. 295.

OLG. Braunschweig, I. CS. Urteil v. 29. März 1901.

An der Ernstlichkeit des Klagantrages ist nicht zu zweifeln, wenn auch der Kläger gehofft oder beabsichtigt haben mag, demnächst gegen die unfolgsame Beklagte mit einer Klage wegen böslicher Verlassung Erfolg zu erzielen (§ 1567[1]). Nicht hierauf aber kommt es an, sondern darauf, ob der Kläger mit der Klage beabsichtigt, eine dem Wesen der Ehe entsprechende Lebensgemeinschaft für den Fall herzustellen, daß die Beklagte einem Rückkehrbefehl im Urteil nachkommt. Läßt sich annehmen, daß nicht hierauf die Meinung des Klägers gerichtet ist, daß vielmehr die Beklagte bei ihrer Rückkehr in Verhältnisse kommen würde, unter denen ihr infolge schuldvollen Verhaltens des Klägers das Zusammenleben zu einer unerträglichen Last werden würde, so kann das Verlangen nach Rückkehr nur als Rechtsmißbrauch bezeichnet werden. Auf die Gesinnung des Klägers gegen die Beklagte werfen nun seine Erklärungen ein helles Licht. Danach ist er nicht gesonnen, die Beklagte als Ehefrau, dem Wesen der Ehe entsprechend, bei sich aufzunehmen und zu behandeln. Dafür spricht nicht nur der Brief, in welchem die Beklagte wie eine fremde Person („fordere „Sie" auf" u. s. w.) und in durchaus unpassender Form zur Rückkehr auffordert, sondern auch das Verhalten im Prozeß selbst, insofern aus dem Wunsche des Klägers nach Scheidung mit Sicherheit auf das Fehlen einer rechten ehelichen Gesinnung, auf das Vorhandensein einer gewissen Abneigung und weiter dahin zu schließen ist, daß dementsprechend eine unleidliche Behandlung die Beklagte beim Kläger zu erwarten haben würde. Er hat noch jetzt die Beklagte des Ehebruches mit B. bezichtigt, ohne dafür irgend welchen Beweis anzutreten (vgl. JW. 1900 S. 891). Zu derartig schweren, die Beklagte in den Augen nicht nur Fremder, sondern auch der eigenen Kinder herabwürdigenden Kränkungen durfte Kläger sich nicht hinreißen lassen, selbst wenn Beklagte die behaupteten, unpassenden Äußerungen über ihn gethan haben sollte. Zugleich beweist nun aber jenes Verhalten des Klägers, daß er noch immer an dem Verdachte ehelicher Untreue der Beklagten festhält, und es ist weiter anzunehmen, daß er auf Grund dieses Verdachtes die zurückgekehrte Frau in derselben Weise beschimpfen und mißhandeln würde, wie dies als Folge eben desselben bereits damals bestehenden Verdachtes im Vorprozesse festgestellt ist: er hat die Beklagte „Hurenmensch" geschimpft, mit Faustschlägen mißhandelt, mit Todschlag bedroht, an der Kehle gewürgt u. dergl. Wenn die Vorinstanz glaubt, daß diese früheren Vorkommnisse nicht wieder hervorgezogen werden dürften, so ist das jedenfalls insofern irrig, als es sich um einen Schluß aus den früheren Thatsachen auf die Zukunft handelt. W.

c) Zustimmung zum Ehebruche. BGB. § 1565.

OLG. Hamburg, IV. CS. Urteil v. 22. April 1901.

Die Motive zu § 1441, wenn man darauf einiges Gewicht legen will, enthalten Ausführungen, bei denen jede schärfere Auseinanderhaltung der Verschiedenheit der Fälle zu vermissen ist. Ausschlaggebendes Gewicht wird darauf gelegt, daß sich der zustimmende Ehegatte die betreffende Handlung zu eigen mache, auch zu erkennen gebe, daß die Begehung der Handlung seine eheliche Gesinnung nicht affiziere und ihm die Ehe nicht unerträglich mache, was dann den Ausschluß des Scheidungsrechtes beim ausgeführten Ehebruche zur Folge haben müsse. Der innere Wert dieser Betrachtungen kann dahingestellt bleiben. Jedenfalls ist damit die notwendige Folgerung nicht abgeschnitten, daß, wenn der erlaubende Ehegatte den gekennzeichneten Standpunkt aufgiebt und darüber dem anderen Teile keinen Zweifel läßt, von der Erlaubnis also thatsächlich zurücktritt und dies dem anderen Ehegatten zu erkennen giebt, sein Scheidungsrecht, wenn der andere Teil dennoch im Ehebrechen fortfährt, wieder in ungeschmälerte Kraft tritt. Es ist unmöglich, die einmal erteilte Erlaubnis [mit einer bestimmten Person die Ehe zu brechen] als einen Freibrief anzusehen, der für alle Zukunft dem anderen Teile die Vergünstigung gewährt, mit der betreffenden Person Ehebruch zu begehen. M. M.

13

a) **Abschreibung einer Parzelle, welche bei Zurückführung eines Grundbuchblattes auf Grund unrichtigen Katasterauszuges zugeschrieben wurde. GrBO. § 22. — Inwieweit kann sich, wer als Unternehmer eines ganzen Vermögens die Auflassung eines Grundstückes erhalten hat, dem wahren Eigentümer gegenüber auf den Glauben des Grundbuches berufen? BGB. § 892.**

Kammergericht, I. CS. Beschluß v. 6. Mai 1901.

Die Oberschlesische Eisenbahngesellschaft, deren Vermögen auf Grund des Vertrages vom 23. Oktober 1883 (GS. 1884 S. 21) auf den preußischen Fiskus übergegangen ist, ließ die für sie auf einem Grundbuchblatte von N. unter 95 Nummern verzeichneten Grundstücke am 28. September 1886 dem Fiskus auf. Einen Teil jenes Bestandes bildet eine in das Grundsteuerkataster für 1878/79 aufgenommene Parzelle, obgleich sie nach der übereinstimmenden Erklärung der Eisenbahn- und der Provinzialverwaltung der ersteren von der letzteren nur als Chausseekreuzungsstück zur Mitbenutzung überwiesen worden ist, in Wirklichkeit also dem Provinzialverband gehört. Auf Veranlassung des Landeshauptmannes ersuchte das Katasteramt um Berichtigung des Grundbuches durch Ausscheidung der Parzelle. Das Ersuchen wurde abgelehnt, der weiteren Beschwerde der Provinzialverwaltung jedoch stattgegeben:

Der Standpunkt der Vorinstanzen, daß die Parzelle nur vermöge eines Eigentumswechsels von dem Blatte des Eisenbahnfiskus, wenn sie von ihm umfaßt wird, abgeschrieben werden könne, verkennt die Sach- und Rechtslage. Nach dem bisher Ermittelten ist das Streitstück stets Chausseeterrain gewesen, und die Vorinstanzen gründen auch ihre Entscheidungen lediglich auf einen entsprechenden Erwerb des Eisenbahnfiskus. Ist aber davon auszugehen, daß die Parzelle nicht im Eigentume der Oberschlesischen Eisenbahngesellschaft gestanden hat, so vermochte auch die Auflassung dem Fiskus nicht das Eigentum daran zu verschaffen. Die gegenteilige Annahme könnte nur auf den öffentlichen Glauben des Grundbuches gestützt werden. Dieser versagt aber hier, weil der Fiskus das gesamte Vermögen der Eisenbahngesellschaft übernommen hat, und wenn man auch nicht eigentlich von einer — sich von Rechts wegen vollziehenden — Gesamtnachfolge reden will, jedenfalls in die passiven Beziehungen der Gesellschaft eingetreten ist. War demnach diese verpflichtet, das Eigentum der Provinz am Grundstück anzuerkennen und sich die Abschreibung vom Blatte der Eisenbahn, auf welches sie zu Unrecht gekommen war, gefallen zu lassen, so ist es der Fiskus in gleichem Umfange. Die Berufung auf den Glauben des Grundbuches ist bei solcher Sachlage ausgeschlossen sowohl nach dem früheren wie nach dem jetzigen Rechte (Anh. § 19 zu § 646 ALR. I 11, Turnau-Förster, Das Liegenschaftsrecht 1 S. 192). Die Folge ist, daß die Auflassung das Eigentum an der der Provinz gehörigen Parzelle auf den Fiskus nicht übertragen hat, und daß daher, sofern das Titelblatt die Parzelle dennoch als fiskalisches Eigentum ausweist, nur der Schein eines solchen vorliegt. Um diesen zu beseitigen, bedarf es nicht der Rückauflassung, sondern der Berichtigung des Titelblattes dadurch, daß die Parzelle aus ihm entfernt und in diesem Sinne, nicht im Sinne des Eigentumswechsels, abgeschrieben wird (vgl. Jahrbuch 13 S. 100, 17 S. 38, welche Entscheidungen auch heute noch zutreffen, vgl. § 29 der Allg. Ausf.-Verf. vom 20. November 1899). Es handelt sich um eine Offizialthätigkeit des Grundbuchrichters, der dafür zu sorgen hat, daß das Titelblatt (jetzt das Verzeichnis der Grundstücke) mit der Wirklichkeit übereinstimmt und somit Grundstücke eines anderen Eigentümers nicht auf dem Blatte verbleiben, vielmehr für diesen gebucht oder — wenn er zu den im Art. 1 der Verordnung vom 13. November 1899 (GS. S. 519) gedachten juristischen Personen gehört — ausgebucht werden (§ 90 Abs. 2 GrBO.). Dr. B.

b) **Übernimmt bei der Auflösung einer offenen Handelsgesellschaft ein Gesellschafter die Aktiva und Passiva, so bedarf es zur Übertragung eines Gesellschaftsgrundstückes der Auflassung. BGB. § 873.**

OLG. Hamburg, I. CS. Beschluß v. 19. Juni 1901.

Das Grundstück, welches bisher der offenen Handelsgesellschaft A. & B. gehört hat, soll auf den Beschwerdeführer übertragen werden, der das unter dieser Firma betriebene Geschäft mit Aktiven und Passiven übernommen hat und als nunmehriger alleiniger Inhaber unter unveränderter Firma fortsetzt. Eine Umschreibung auf seinen alleinigen Namen könnte im Wege einer Berichtigung des Grundbuches auf alleinigen Antrag des Beschwerdeführers nur erfolgen, wenn ein Fall vorläge, in welchem das Gesetz vorschreibt, daß die Einigung nach Maßgabe des BGB. § 873 nicht erforderlich sei. Dies ist nicht der Fall. BGB. § 738, auf welchen sich die Beschwerde bezieht, redet nur von dem hier nicht vorliegenden Falle, daß ein Gesellschafter aus der Gesellschaft ausscheidet und die Gesellschaft zwischen den übrigen Gesellschaftern bestehen bleibt. HGB. § 142 betrifft nur den Fall, daß ein Gesellschafter auf seinen Antrag vom Gerichte für berechtigt erklärt wird, das Geschäft ohne Liquidation mit Aktiven und Passiven zu übernehmen. Eine analoge Anwendung dieser Bestimmung auf den Fall, daß zufolge Vereinbarung zweier Teilhaber einer offenen Handelsgesellschaft die Gesellschaft aufgelöst und das Geschäft mit Aktiven und Passiven von einem derselben übernommen wird, ist nicht zulässig. M. M.

14

a) Verpflichtung des ersuchten Richters zu Vernehmungen außerhalb der Gerichtsstelle. FrGG. § 2.

OLG. Königsberg, I. CS. Beschluß v. 3. Mai 1901.

Das Amtsgericht A., als Nachlaßgericht, ersuchte das Amtsgericht B., eine dort wohnende Miterbin über Annahme oder Ausschlagung der Erbschaft mit Rücksicht auf ihre schwere Erkrankung unverzüglich in ihrer Wohnung zu vernehmen. Das ersuchte Gericht lehnte dies ab, weil nach den vorliegenden ärztlichen Bescheinigungen Todesgefahr nicht vorhanden, vielmehr Genesung in Aussicht gestellt, die Vernehmung außerhalb der Gerichtsstelle, worüber allein das ersuchte Gericht zu entscheiden habe, also nicht notwendig wäre. In der ersten Bescheinigung war die Krankheit als „Influenza", in der späteren als „schwerer Lungenkatarrh" bezeichnet, jedesmal mit dem Hinzufügen, daß die Kranke voraussichtlich noch mehrere Wochen lang das Zimmer werde hüten müssen. Auf Beschwerde wurde die Ablehnung gemißbilligt aus folgenden Gründen: Es mag sein, daß über die Wahl des Vernehmungsortes dann, wenn das Ersuchen an Gerichtsstelle ebensogut wie an einem anderen Orte des Gerichtsbezirkes ausgeführt werden kann, das ersuchte Gericht zu entscheiden hat. Ergiebt sich aber, wie hier zweimal durch ärztliche Bescheinigungen festgestellt ist, die Unmöglichkeit der Ausführung an der Gerichtsstelle, so ist dem Ersuchen um Vernehmung in der Wohnung stattzugeben. Denn darüber, ob eine Vernehmung wegen Todesgefahr sofort zu erfolgen hat, oder ob sie aufgeschoben werden kann, hat nicht das ersuchte, sondern das ersuchende Gericht zu entscheiden. Eine Ablehnung unter diesem Gesichtspunkte ist also eine Ablehnung des Ersuchens überhaupt. — Davon abgesehen kann es aber auch gar keinem Zweifel unterliegen, daß bei einer Frau, die nach den Angaben der Beteiligten einige 70 Jahre alt ist, bei Influenza oder gar bei schwerem Lungenkatarrh stete Todesgefahr vorliegt. M.

Dazu: **Ersuchen des Vormundschaftsrichters, den unehelichen Vater zur Bezahlung der Unterhaltsbeiträge anzuhalten.**[1]

OLG. Dresden, Ferien-CS. Beschluß v. 27. Juli 1900.

Die vorzunehmende Handlung ist weder ausdrücklich verboten, noch

[1] Vgl. Rsp. 2 Nr. 118 S. 236 ff., Nr. 161 S. 392 ff.

auch ohne ausdrückliches Verbot unzulässig... Diese Unzulässigkeit folgt auch nicht aus der Stellung des Vormundes zum Vormundschaftsgerichte. Denn das Amtsgericht A. hat sich nicht an die Stelle des Vormundes gesetzt und in dessen Selbständigkeit eingegriffen, sondern indem es, dem Ansuchen des Vormundes entsprechend, dessen Antrag dem Amtsgerichte B. unterbreitete, ließ es lediglich in zweckmäßiger Weise dem Vormunde seine Unterstützung angedeihen. (Nach Annalen 1901 S. 181.)

b) Voraussetzungen des § 5 FrGG.[1] Wohnsitz eines minderjährigen Dienstmädchens. BGB. § 11.

OLG. Karlsruhe, III. CS. Beschluß v. 29. Mai 1901.

Die Amtsgerichte A. und B. nehmen die Zuständigkeit zur Vormundschaft über den unehelichen Josef X. für sich in Anspruch; ersteres stützt sich darauf, daß die uneheliche Mutter des Kindes, die 19jährige Anna X. von B., seit vier Jahren in A. sich aufhalte. Das Gericht B. macht dagegen geltend, daß die Mutter des Mündels ihren Wohnsitz in B., dem Wohnorte ihrer Eltern, habe und diesen gesetzlichen Wohnsitz durch den wenngleich mehrjährigen Aufenthalt in A. nicht aufgehoben habe; überdies habe ihr gesetzlicher Vertreter, nämlich ihr Vater, zu Protokoll erklärt, er habe seiner Tochter zwar erlaubt, auswärts in Dienst zu treten, sie habe sich demgemäß einige Jahre in A., dazwischen aber auch einmal in C. aufgehalten, er habe aber niemals seine Einwilligung zur Aufhebung des Wohnsitzes in B. und zur Begründung eines neuen Wohnsitzes in A. erteilt. Bei dieser Sachlage wären beide Gerichte verpflichtet gewesen, gemäß § 5 FrGG. die Entscheidung des OLG. einzuholen (vgl. Dorner Note 8; Schultze-Görlitz Note 3 zu § 5). Statt dessen hat das Gericht A. das Gericht B. wiederholt ersucht, gemäß § 46 die Vormundschaft zu übernehmen, und hat, nachdem dies Ersuchen mit der Begründung abgelehnt worden, daß das Ersuchen gerade die bestrittene Zuständigkeit des Gerichtes A. voraussetze, das Gericht B. ersucht, den Großvater des Mündels als Vormund zu verpflichten. Auch dieses Ersuchen ist vom Gericht B. unter Hinweisung auf seine eigene Zuständigkeit abgelehnt worden, worauf das Gericht A. gemäß § 2 FrGG. die Entscheidung darüber, ob das ersuchte Gericht zur Gewährung der Rechtshilfe verpflichtet sei, angerufen hat.

Nach dem das Verfahren der freiwilligen Gerichtsbarkeit beherrschenden Offizialprinzip hat das OLG., nachdem der unter den beiden Amtsgerichten hinsichtlich der Zuständigkeit bestehende Streit durch die Aktenvorlage zu seiner Kenntnis gelangt ist, von Amts wegen, auch ohne daß die Gerichte einen dahinzielenden Antrag gestellt haben, zu entscheiden, welches von beiden Gerichten als Vormundschaftsgericht örtlich zuständig ist. Maßgebend ist zunächst nach § 36 FrGG. der Wohnsitz des Mündels, und dieser bestimmt sich hier gemäß § 11 BGB. nach dem Wohnsitze der unehelichen Mutter.

[1] Etwas abweichende Auffassung: Rsp. 1 Nr. 77 S. 137.

Diese selbst hatte nach § 11, da sie minderjährig ist, ihren gesetzlichen Wohnsitz bei ihrem Vater in B. Mit Recht hat nun das Gericht B. angenommen, daß es an einer hinreichenden Grundlage für die Annahme fehle, daß die Mutter den Wohnsitz in B. mit Einwilligung ihres Vaters aufgehoben und einen Wohnsitz in A. begründet habe. Die bloße Thatsache, daß die Anna X. seit einigen Jahren — übrigens mit einer Unterbrechung — als Dienstbote in A. sich aufgehalten hat und zur Zeit und voraussichtlich noch auf einige Dauer dort verbleiben wird, reicht zur Annahme einer „ständigen Niederlassung" in A. ebensowenig aus, als die Einwilligung des Vaters zum Eintritt in ein derartiges Dienstverhältnis — von der protokollarischen Erklärung ganz abgesehen — ohne weiteres als Einwilligung in die Begründung eines neuen Wohnsitzes aufgefaßt werden kann. Es liegt vielmehr, wie in allen Fällen, in welchen minderjährige Kinder mit Einwilligung ihrer gesetzlichen Vertreter auswärts in ein Dienstverhältnis treten, lediglich der in § 20 CPO. als Voraussetzung für einen besonderen Gerichtsstand ausgezeichnete Aufenthalt „unter Verhältnissen, die ihrer Natur nach auf einen Aufenthalt von längerer Dauer hinweisen", vor.[1] Dr. E.

c) **Beschwerderecht gegen den Beschwerdebeschluß, der die angeordnete Entlassung des Vormundes wieder aufhebt. FrGG. §§ 20, 57⁶.**

OLG. Karlsruhe, III. CS. Beschluß v. 7. Juni 1901.

Die Eheleute A. sind zur Beschwerde nicht legitimiert. Die Frau ist eine Schwester, der Mann der Gegenvormund des Entmündigten. Von beiden kann nicht behauptet werden, daß durch die Nichtabsetzung des Vormundes ein Recht derselben beeinträchtigt worden sei, da sie auf diese Absetzung keinen Anspruch haben. Der § 20 trifft sonach hier nicht zu, ebensowenig aber auch der § 57⁶, denn hiernach würde dem W. das Beschwerderecht nur dann zustehen, wenn er die Entlassung des Vormundes beantragt hätte und auf seinen Antrag hin das Vormundschaftsgericht gegen den Vormund vorgegangen wäre. Dies ist jedoch nicht der Fall; vielmehr ist das Vormundschaftsgericht von Amtswegen gemäß § 1886 BGB. gegen den Vormund eingeschritten und hat seine Entlassung ausgesprochen, ohne den Gegenvormund überhaupt hierüber gehört zu haben; erst das Landgericht hat vor Erlassung seiner Entscheidung den Gegenvormund gehört. Dr. E.

d) **Verlängerung der Frist zur Erhebung der Klage gegen den der Dispache Widersprechenden. FrGG. § 156.**

OLG. Karlsruhe, III. CS. Beschluß v. 9. Mai 1901.

Es kann dahingestellt bleiben, ob eine Verlängerung der Frist, nachdem diese schon abgelaufen ist, überhaupt noch verfügt werden kann; jedenfalls ist eine Verlängerung dann nicht mehr möglich, wenn das Gesuch um Verlängerung erst nach dem Ablauf der Frist, also zu einem Zeitpunkte, an welchem die gesetzliche Folge des Fristenablaufes schon eingetreten ist, ein-

[1] Rsp. 2 Nr. 42a S. 71, Nr. 174c S. 443.

kommt. Denn ein derart verspätet einkommendes Gesuch ist in Wahrheit kein Gesuch um eine Verlängerung der Frist, sondern ein Gesuch um Bewilligung einer neuen Frist, um Wiedereinsetzung in den vorigen Stand gegen den Ablauf der Frist, es erstrebt eine Vergünstigung, zu deren Bewilligung die gesetzlichen Grundlagen fehlen. Dr. E.

15

Die Änderung von Vorstandsmitgliedern eines Vereines muß von sämtlichen Mitgliedern angemeldet werden. Abweichende Bestimmungen der Satzung sind unwirksam. BGB. § 67¹.

Kammergericht, I. CS. Beschluß v. 4. März 1901.

Nach § 10 der Vereinssatzung sind Verträge und einseitige Rechtsgeschäfte, Erklärungen vor Gericht und Behörden, auch vor dem Grundbuchamte, für den Verein bindend, wenn sie namens des Vereins von zwei Vorstandsmitgliedern geschlossen oder abgegeben sind. Als der Vorsitzende des Vorstandes und der Stellvertreter desselben das Ausscheiden, die Neuwahl und die erneute Bestellung von Vorstandsmitgliedern zum Vereinsregister anmeldeten, wurde die Anmeldung beanstandet. Auch die weitere Beschwerde blieb erfolglos.

Nach § 67¹ ist jede Änderung des Vorstandes sowie die erneute Bestellung eines Vorstandsmitgliedes vom Vorstande zur Eintragung in das Vereinsregister anzumelden. Daß hierbei sämtliche Vorstandsmitglieder mitwirken müssen, ist allerdings ebensowenig hier, wie in den sonstigen die Anmeldungen seitens des Vorstandes zum Vereinsregister betreffenden Vorschriften (§§ 59¹, 71¹, 74², 76²) besonders bestimmt, ergiebt sich indessen aus dem Sinne des Gesetzes. Zwar steht es im allgemeinen den Vereinen frei, durch die Satzung darüber zu verfügen, in welcher Weise ein mehrgliedriger Vorstand für den Verein nach außen zu handeln hat (§§ 28¹, 40). Allein bei den Anmeldungen zum Vereinsregister steht überhaupt nicht ein Akt in Frage, bei welchem der Vorstand den Verein vertritt. Der Vorstand erfüllt mit der Anmeldung vielmehr eine ihm selbst, und nicht eine dem Vereine obliegende Aufgabe. Nicht der Verein, der nach allgemeinen Grundsätzen gerichtlich durch seinen Vorstand vertreten wird (§ 26 Abs. 2), sondern der Vorstand ist zu den Anmeldungen berufen. Die dem Vorstande als solchem gesetzlich obliegende Funktion trifft aber mangels einer im Gesetze zum Ausdrucke gelangten Einschränkung sämtliche Mitglieder des Vorstandes, und dem Vereine steht, wiederum in Ermangelung einer Abweichungen freistellenden Gesetzesbestimmung, nicht die Befugnis zu, hieran etwas durch die Satzung zu ändern. Die Richtigkeit dieser Auffassung findet auch in sonstigen Vorschriften des BGB. ihre Bestätigung. Nach § 77 sind die Anmeldungen zum Vereinsregister von den Mitgliedern des Vorstandes sowie von den Liquidatoren mittels öffentlich beglaubigter Erklärung zu bewirken. Mag auch zunächst nur beabsichtigt gewesen sein, mit dieser Bestimmung die Form der Anmeldung festzustellen, so folgt doch aus der Fassung: „den Mitgliedern des Vorstandes“, „den Liquidatoren“, daß von der Anmeldung durch alle Vorstandsmitglieder bezw. Liquidatoren ausgegangen ist. Ferner ist im § 78 dem Amtsgerichte die Befugnis beigelegt, die Mitglieder des Vorstandes (die Liquidatoren) zur Befolgung der §§ 67¹, 71¹, 72, 74², 76 durch Ordnungsstrafen anzuhalten. Auch hierdurch wird bestätigt, daß das Gesetz die Verpflichtung zur Anmeldung als eine auf allen Vorstandsmitgliedern lastende ansieht. Gegenüber der hieraus herzuleitenden gesetzlichen, zwingenden Norm, daß die Anmeldungen zum Vereinsregister von sämtlichen Vorstandsmitgliedern zu bewirken sind, würde auf den § 10 Abs. 2 der Satzung selbst dann kein maßgebendes Gewicht zu legen sein, wenn diese Vorschrift sich auf die Anmeldungen beziehen ließe. Dies ist aber nicht einmal der Fall. Denn sie betrifft ersichtlich nur Willenserklärungen, die vom Vorstande in Vertretung des Vereins abzugeben sind: Die Verträge und einseitigen Rechtsgeschäfte sollen nur dann für den Verein bindend sein, wenn sie von den beiden Vorstandsmitgliedern „namens des Vereins“ geschlossen oder abgegeben werden. Der Vorstand bewirkt aber die Anmeldung für sich im eigenen Namen und nicht für den Verein in dessen Namen. W.

16

a) Irrtum über Kreditunwürdigkeit und Kreditunsicherheit.[1]

BGB. § 119.

OLG. Breslau, II. CS. Urteil v. 17. Juni 1901.

§ 119 BGB. gestattet die Anfechtung u. a. auch bei einem Irrtume über solche Eigenschaften der Person, die im Verkehre als wesentlich angesehen werden. Da das BGB. sich unverkennbar an die §§ 77, 81 ALR. I 4 angeschlossen hat, auch die Ausdrucksweise des § 119 Abs. 2 im wesentlichen damit übereinstimmt, so wird auch die Auslegung, die das Reichsgericht diesen Bestimmungen gegeben hat, auf § 119 Anwendung finden müssen. Danach kann der Irrtum über die Zahlungsfähigkeit einer Person sehr wohl unter den Irrtum über die Eigenschaften dieser Person fallen, und es ist Türk (Gruchot 43 S. 555) beizutreten, wenn er diesen Irrtum dann für beachtlich erklärt, wenn die Zahlungsfähigkeit im gegebenen Falle nach allgemeiner Verkehrsanschauung zum Wesen der Person gehört. Daß die Zahlungsfähigkeit wesentlich ist, sobald es sich um ein Kreditgeschäft handelt, bedarf keiner Ausführung. Der einem Anderen Kredit Gewährende muß dagegen gesichert sein, daß dieser die Leistung von ihm nicht fordern darf, obwohl sich inzwischen herausgestellt hat, daß er später seine Gegenleistung nicht machen wird, d. h. er muß sich gegen die ihm erst später — nach dem Vertragsschlusse — bekannt gewordene Zahlungsunfähigkeit seines Vertragsgegners dadurch schützen können, daß er den Vertrag wegen Irrtums anfechten kann. Dagegen liegt kein ausreichender

[1] Vgl. Entsch. des RG. 12 S. 102, Gruchot 29 S. 1081, JW. 1897 S. 354 Nr. 40 u. 1901 S. 462 Nr. 12.

Grund vor, diesen Schutz soweit auszudehnen, daß eine Anfechtung wegen Irrtumes auch dann für statthaft zu erklären wäre, wenn der Kreditierende sich lediglich über den Grad der Solvenz oder der Kreditwürdigkeit geirrt hätte, abgesehen natürlich von den Fällen, in denen ein gewisser Grad derselben ausdrücklich vereinbart worden ist. Hat jemand einem Anderen die Lieferung von Waren gegen Kredit zugesichert, so kann er also sich von seiner Lieferungspflicht nicht durch den Nachweis befreien, daß jener, wie ihm durch Irrtum unbekannt gewesen sei, hinsichtlich seiner Zahlungsfähigkeit nicht über allen Verdacht erhaben sei. Daß eine Person, der man Kredit gewährt, nicht zahlungsunfähig sei, gilt im Verkehre als wesentlich, nicht aber auch, daß keine Zweifel darüber bestehen, ob sie auch ihrer Zahlungspflicht genügen will oder kann. Die Zahlungsunfähigkeit muß sicher sein ... Die weitergehende Ansicht würde die stärkste Unsicherheit in das gesamte Geschäftsleben hineintragen, da dann die Aufrechterhaltung einer großen Anzahl von Verträgen nicht von objektiven Thatsachen, sondern von subjektiven, schwankenden Auffassungen abhängig sein würde. S.

b) Keine Anfechtung einer irrig kalkulierten Preisofferte. BGB. §§ 119, 120.

OLG. Hamburg, III. CS. Urteil v. 30. Mai 1901.

Die Behauptung des Klägers, daß er bei der Preiskalkulation eine undeutlich niedergeschriebene Ziffer falsch gelesen und infolgedessen bei der Zusammenrechnung eine unrichtige Summe gewonnen hat, fällt nicht unter § 119. Vor allem läßt sich nicht sagen, daß der Kläger eine Erklärung, wie sie in der Preisofferte vorliegt, überhaupt nicht habe abgeben wollen. Das Sichverrechnen bei einer Preisstellung steht keineswegs einem Sichversprechen oder Sichverschreiben bei der Erklärung gleich. Es ist kein Versehen im Gebrauche der Ausdrucksmittel für die Erklärung, sondern ein Versehen, das der Erklärung vorangegangen ist. — Unzutreffend ist auch die Gleichstellung des Kalkulationsfehlers mit der Verstümmelung der eine Willenserklärung übermittelnden Depesche. Bei letzterem handelt es sich um einen Fall des § 120. Von einer unrichtigen Übermittelung der Erklärung durch die zur Übermittelung verwendete Person oder Anstalt ist aber vorliegend nicht die Rede. Vielmehr ist die Erklärung in der Gestalt an die Beklagte gelangt, wie der Kläger sie abgab. — Ebensowenig hat sich der Kläger bei der Abgabe der Erklärung über deren Inhalt im Irrtume befunden. Als er durch falsche Kalkulation dazu bewogen, einen Preis von 8 Mark forderte, wollte er ihn wirklich fordern. Wille und Erklärung stimmten völlig überein. Was hier eventuell vorliegt, ist ein Irrtum im Beweggrunde: vgl. Seuffert 44 Nr. 171 und Hans. GZ. 1898 Nr. 57. Ein solcher Irrtum ist aber im § 119 nicht gemeint, steht vielmehr im Gegensatze zu dem dort behandelten Irrtume (Denkschrift S. 18 unten) und berechtigt an sich weder nach altem, noch nach neuem Rechte zur Anfechtung der Erklärung. M. M.

17

a) Während bestehender Ehe ist das Vormundschaftsgericht zur Entscheidung von Streitigkeiten der getrennt lebenden Eltern über ihren Verkehr mit den Kindern nicht befugt. BGB. § 1636.

OLG. Dresden, VI. CS. Beschluß v. 31. Mai 1901.

Die Kinder der getrennt lebenden, aber nicht geschiedenen Ehegatten befinden sich beim Vater, der der Mutter jeden Verkehr mit den Kindern verweigert. Die Mutter hat beim Vormundschaftsgerichte beantragt anzuordnen, daß ihr Mann verpflichtet sei, ihr von Zeit zu Zeit ihre Kinder zukommen zu lassen. Aus den Gründen:

Daß jeder Mutter die Befugnis zusteht, mit ihren Kindern persönlich zu verkehren, ist in § 1636 für den Fall der Ehescheidung ausdrücklich anerkannt und zwar selbst dann, wenn nach § 1635 der Mutter die Sorge für das Kind im Sinne von § 1631 völlig entzogen ist. Umsomehr muß der Mutter während der Ehe an sich die Möglichkeit gewährt werden, sich durch eigene Wahrnehmung vom Zustande ihres Kindes Kenntnis zu verschaffen. Es liegt kein Grund vor, die Mutter während der Ehe insoweit schlechter zu stellen, als nach der Ehescheidung. Deshalb dürfte auch nicht einmal darauf etwas ankommen, welcher Elternteil die thatsächliche Trennung verschuldet. Allein aus § 1636 Satz 2, wonach das Vormundschaftsgericht den Verkehr zwischen dem geschiedenen Ehegatten, dem die Sorge für die Person des Kindes nicht zusteht, und dem Kinde näher regeln darf, läßt sich nicht folgern, daß es auch während der Ehe zu einer derartigen Regelung zuständig sei. Zwar behandelt das BGB. die elterliche Gewalt ihrer wesentlichen Grundlage nach als eine vormundschaftliche. Der Gewalthaber ist aber bei seiner vormundschaftlichen Fürsorge erheblich freier als der Vormund gestellt. Die Aufsicht des Gerichtes ist ihm gegenüber nicht regelmäßig, sondern nur unter bestimmten Voraussetzungen ausnahmsweise wirksam (Mot. 4 S. 724, 802). Die Ordnung der ehelichen Verhältnisse bei einer Meinungsverschiedenheit der Ehegatten ist nicht nur, wenn sie die Sorge für die Person der Kinder betrifft (§ 1634), sondern überhaupt in allen das gemeinschaftliche eheliche Leben betreffenden Angelegenheiten Sache des Mannes (§ 1354). Einer Entscheidung des Mannes entgegenzutreten steht dem Vormundschaftsgerichte nur für die Fälle zu, in denen dies vom Gesetze bestimmt ist.

Die zusammengehörigen Bestimmungen in §§ 1635, 1636 haben die Verhältnisse geschiedener Ehegatten im Auge, für welche im Falle von Meinungsverschiedenheiten ein Überneigen des Vaterrechtes über das Mutterrecht im Sinne von §§ 1354, 1634 nicht weiter besteht. Damit ist die Erweiterung der vormundschaftlichen Fürsorge über den Rahmen des § 1666 hinaus zur Genüge erklärt. Anders liegt die Sache zwischen den Eltern während bestehender Ehe. Die Wahrnehmung des Interesses der Kinder ist, sofern dieses Interesse in der Hand der Eltern oder eines Elternteiles gefährdet erscheint, kraft staatlicher Fürsorge dem Vormundschaftsgerichte übertragen, welches auf Antrag und auch von Amts wegen einschreiten kann. Wo kein Anlaß zu derartigem Einschreiten sich bietet, vielmehr sich lediglich um die Rechte der Eltern unter einander in Beziehung auf die Kinder handelt, liegt ein rein privatrechtliches Verhältnis vor. Ein die Mutter betreffender Rechtsstreit kann im letzteren Falle nicht vor dem Vormundschaftsgerichte zum Austrage gebracht werden. Die Entscheidung hängt daher lediglich davon ab, ob das geistige oder leibliche Wohl der Kinder durch das Verhalten ihres Vaters gefährdet sei. Diese Frage ist thatsächlicher Natur. Dr. Cl.

b) **Unsittliches Verhalten des Vaters. BGB. § 1666. Vorherige Anhörung. BGB. § 1673[1].**

Kammergericht, I. CS. Beschluß v. 29. Mai 1901.

Der Umstand allein, daß der Beschwerdeführer in den Hausstand, den er mit seinen heranwachsenden Kindern teilte, eine Konkubine aufnahm und mit ihr in anstoßerregender Weise verkehrte, reicht aus, um sein Verhalten im Sinne des § 1666 BGB. als unsittlich und das geistige Wohl seiner Kinder gefährdend erscheinen zu lassen. Er zeigt, wie sehr dem Beschwerdeführer das Bewußtsein von den ihm obliegenden sittlichen Pflichten gegenüber seinen Kindern abhanden gekommen ist, und es besteht die Gefahr, daß das böse Beispiel einer die Sitte verachtenden geschlechtlichen Ausschweifung einen verderblichen Einfluß auf die Kinder äußert.... Die Behauptung, daß der Beschwerdeführer vor der Entscheidung nicht gehört worden sei, ist aktenwidrig, da er zu Protokoll vernommen worden ist und den Verkehr mit der H. eingeräumt hat. Damit ist aber dem § 1673 genügt, welcher überhaupt nur instruktioneller Natur ist („soll", nicht „muß" — vgl. Bericht der Reichstagskommission S. 153). Eine nochmalige Anhörung des Vaters über das Beweisergebnis war weder nach dem Gesetze geboten, noch nach Lage der Sache erforderlich. Ebensowenig brauchten seine Anführungen in der Beschwerdeschrift Anlaß zu geben, ihn wiederholt zu hören. Dr.

c) **Die Unterhaltspflicht des vor 1900 geschiedenen Mannes gegenüber seinen Kindern bestimmt sich nach neuem Rechte.**

EG. z. BGB. Art. 203, 206.

OLG. Dresden, IV. CS. Urteil v. 12. April 1901.

Die Unterhaltspflicht des Vaters, dessen Ehe vor 1900 geschieden war, gegenüber seinen ehelichen Kindern, ist zufolge Art. 203 nach neuerem Rechte zu beurteilen. Hieran vermag auch der Art. 206 nichts zu ändern, wonach, wenn auf Grund der bisherigen Gesetze eine Ehe geschieden ist, sich das Recht und die Pflicht der Ehegatten, für die Person der gemeinschaftlichen Kinder zu sorgen, nach den bisherigen Gesetzen bestimmt; denn die Sorge für die Person des Kindes umfaßt nach § 1631 BGB. das Recht und die Pflicht, das Kind zu erziehen, zu beaufsichtigen und seinen Aufenthalt zu bestimmen [Entsch. d. RG. 46 S. 169]; die wichtigste Seite dieser Fürsorge, die einen Bestandteil der elterlichen Gewalt bildende Sorge für die Erziehung, begreift zwar die Pflicht und das Recht in sich, für die körperliche und geistige

Ausbildung des Kindes zu sorgen und die Handlungen des Kindes zu leiten, nicht dagegen die Verpflichtung, die Kosten der Erziehung zu bestreiten; die letztere Verpflichtung ist vielmehr als Ausfluß des Verwandtschaftsverhältnisses selbständig geregelt (vgl. Motive 4 S. 750); schon das System des BGB., welches die Unterhaltspflicht getrennt von der elterlichen Gewalt in einem besonderen Titel behandelt, weist darauf hin, daß die Unterhaltspflicht nicht mit dem Recht und der Pflicht der Sorge für die Person des Kindes zusammenfällt. Dr. W.

18

a) Erfüllungsort für die Bezahlung des Lagergeldes beim Lagergeschäfte. HGB. § 420. BGB. §§ 269, 688.

OLG. Karlsruhe, II. CS. Urteil v. 14. Mai 1901.

Die Entscheidung des Reichsgerichtes 23 S. 413 (vgl. 10 S. 89, 12 S. 36 und JW. 1895 S. 128[13]), wonach der Kommittent am Erfüllungsorte des kommittierten Geschäftes, also in der Regel am Wohnsitze des Kommissionärs, zu erfüllen hat, kann auf das Lagergeschäft keine entsprechende Anwendung finden. Das Lagergeschäft enthält nicht, wie das Kommissionsgeschäft, die Übertragung bezw. Übernahme der Besorgung eines Rechtsgeschäftes für Rechnung des Übertragenden, sondern der Lagerung und Aufbewahrung von Gütern. Der Erfüllungsort für das Lagergeschäft richtet sich vielmehr nach § 269 BGB., soweit nicht das HGB. und der subsidiär anwendbare Titel des BGB. über die Verwahrung (§§ 688 ff.) hierüber besondere Vorschriften enthalten. Daran fehlt es aber hinsichtlich der Verpflichtung des Einlagerers oder Hinterlegers zur Bezahlung der Lagerkosten oder der Vergütung für die Aufbewahrung. Der § 420 Abs. 2 HGB. bezieht sich offenbar, wie auch § 699 Abs. 2 BGB., wonach die Vergütung bei der Beendigung der Aufbewahrung zu entrichten ist, nur auf die Zeit der Zahlungspflicht. Zwar ergiebt sich aus dem Ausdrucke: „bei der Rücknahme", daß auch für das Lagergeschäft des HGB. der § 697 BGB. maßgebend ist, wonach die Rückgabe der hinterlegten Sache an dem Orte zu erfolgen hat, an welchem die Sache aufzubewahren war, und der Verwahrer (Lagerhalter) nicht verpflichtet ist, die Sache dem Hinterleger (Einlagerer) zu bringen, letzterer sie also am Orte der Aufbewahrung abzuholen hat. Allein hieraus folgt nicht, daß auch für die Verpflichtung des Hinterlegers zur Zahlung der Vergütung der Ort der Aufbewahrung Erfüllungsort sei. Es ist dies insbesondere auch nicht aus der Natur des Schuldverhältnisses oder sonstigen Umständen zu entnehmen (§ 269 BGB.). Der Verwahrungsvertrag ist, wenn der Hinterleger zur Entrichtung einer Vergütung infolge ausdrücklicher oder stillschweigender Vereinbarung, was die Regel bildet (§§ 689 BGB., 420 Abs. 1 HGB.), verpflichtet ist, ein gegenseitiger und zwar dem Dienst- oder Werkvertrage ähnlicher Vertrag, und es gilt nach § 269 BGB. regelmäßig bei solchen Verträgen als Erfüllungsort für jeden Vertragschließenden hinsichtlich seiner Verpflichtungen aus dem Vertrage sein Wohnsitz. Auch daraus, daß dem Verwahrer nach § 273 BGB. das Zurückbehaltungsrecht und dem Lagerhalter nach § 421 HGB. sogar ein Pfandrecht an der aufbewahrten Sache wegen des Vergütungsanspruches zusteht, darf nicht geschlossen werden, daß der Hinterleger (Einlagerer) die Vergütung am Orte der Aufbewahrung zu leisten habe (vgl. Bolze 22 Nr. 302), so wenig wie der Wohnsitz des Käufers deshalb aufhört, Erfüllungsort für die Kaufpreisschuld zu sein, weil der Verkäufer nur an seinem Wohnsitze und zwar nur gegen Leistung des Kaufpreises (Zug um Zug) die verkaufte Sache dem Käufer zu übertragen verpflichtet ist. Dr. E.

b) **Erfüllungsort am Wechseldomizil des Acceptanten, auch für den Dritten, der die Verbindlichkeiten des Acceptanten übernahm.**

OLG. Karlsruhe, II. CS. Zwischenurteil vom 31. Mai 1901.

Die Klage soll auf die Wechselverpflichtungen der Firma D. & R. und die Behauptung, daß diese Verbindlichkeiten auf die Beklagte bei deren Übernahme des Geschäftes der Firma D. & R. nebst Firma und Aktiven und Passiven übergegangen seien, gestützt werden. Dies ergiebt sich daraus, daß in der Klage der ursprüngliche Verpflichtungsgrund, für welchen die Wechsel gegeben wurden, überhaupt nicht erwähnt ist; auch ist daselbst ausdrücklich erklärt, der Klaganspruch werde vorläufig beschränkt auf die Wechselforderungen. Für die so erhobene Klage ist zwar, da nicht im Wechselprozesse geklagt ist, nicht der Gerichtsstand des § 603, wohl aber derjenige des Erfüllungsortes (§ 29 CPO.) gegeben. Die Anwendbarkeit des § 29 ist auch bei Klagen aus Wechseln nicht ausgeschlossen (vgl. Wilmowski-Levy Note 1a zu § 29), vorausgesetzt, daß der Zahlungsort des Wechsels auch für den in Anspruch genommenen Wechselverpflichteten der Erfüllungsort ist. Das ist zwar nicht immer und insbesondere dann nicht der Fall, wenn die Regreßklage gegen einen nicht am Wechseldomizil wohnhaften Indossanten erhoben wird (vgl. Entsch. des ROHG. 23 S. 5), wohl aber dann, wenn der Acceptant selbst, dessen Namen das Wechseldomizil beigefügt ist, belangt wird. Er hat am Zahlungsorte zu erfüllen, dieser ist daher für ihn Erfüllungsort (Entsch. d. RG. 21 S. 400). Der behauptete Übergang der Wechselverbindlichkeit auf die Beklagte bewirkt keine Änderung bezüglich des Erfüllungsortes. Es mag dahingestellt bleiben, inwiefern die Behauptung der Schuldübernahme zur Begründung des Gerichtsstandes des Erfüllungsortes wesentlich ist; sie ist aufgestellt worden, und bereits die Aufstellung der Behauptung genügt in jedem Falle, da auch die Existenz der Klageforderung selbst von der Richtigkeit dieser Behauptung abhängig ist (a. O. 29 S. 371)... Dr. E.

c) **Ist die Schuld des Wechselregreßverpflichteten eine Hol- oder Bringschuld? WO. Art. 45, BGB. § 270.**

OLG. Frankfurt, II. CS. Beschluß v. 12. Februar 1901.

... Die Frage ist streitig und früher von einigen höheren Gerichtshöfen, besonders dem ROHG. 23 S. 7, im Sinne der ersteren Alternative entschieden worden; in neuerer Zeit vertritt die Ansicht Grünhut, Wechselrecht (1897) 2 § 102 Anm. 1. Indessen sprechen sich mehrere der neueren Kommentatoren des Wechselrechtes — so Staub Art. 40 § 12, Art. 45 § 11; Bernstein 1898 zu Art. 41 S. 197 — mit Recht für die zweite Alternative aus. Eine Präsentation zur Zahlung schreibt die WO. nur gegenüber dem Acceptanten vor, während eine gleiche Vorschrift gegenüber dem Regreßpflichtigen nicht besteht, hier vielmehr lediglich durch Art. 45 die Notifikation des Vormannes vorgeschrieben ist. Es liegt deshalb kein Grund vor, die Anwendung des § 270 BGB., welcher für Geldschulden als Regel die Übersendungspflicht des Schuldners festsetzt, für den vorliegenden Fall auszuschließen. Das Recht des Regreßpflichtigen, vor der Zahlung den Nachweis der Legitimation des Gläubigers zu verlangen, wird dadurch in keiner Weise berührt; nur hat sich zur Führung dieses Nachweises der Regreßgläubiger nicht mit den Wechselpapieren zu dem Regreßschuldner zu begeben, sondern dieser kann nur fordern, daß ihm oder einem von ihm Beauftragten bei dem Gläubiger die Legitimationsurkunden zur Prüfung vorgelegt werden, bei welchem sie zur Einlösung durch die angemahnten Regreßpflichtigen bereit liegen. Die gegenteilige Anschauung würde zur Folge haben, daß gegebenenfalls der Regreßgläubiger nicht in der Lage wäre, demjenigen Regreßschuldner, welcher sich zur Zahlung bei ihm meldet, die — zur Führung des Gläubigernachweises unterwegs befindlichen — Wechselpapiere auszuhändigen, wozu er Zug um Zug gegen Zahlung der Regreßsumme verpflichtet ist (Art. 53 WO.).

(Rundschau 1901 S. 259.)

19

a) Im Sinne des § 63 ZwVG. ist nicht jedes Grundstück, welches im Flurbuche eine besondere Nummer führt, als selbständiges anzusehen.

OLG. Celle, I. CS. Beschluß v. 3. Mai 1901.

In dem nach Formular I der preuß. GrBO. angelegten Grundbuche von B. ist eingetragen: Die Bürgerstelle Nr. 54 in B. bestehend aus

1. Grundbesitz im Gemeindebezirke B., groß 15 h.
2. Grundbesitz im Gemeindebezirke B., groß 1 h.

Ausweislich der Auszüge aus der Grundsteuermutterrolle besteht ersterer Grundbesitz aus 24, letzterer aus 5 Parzellen. Nachdem auf Antrag eines Hypothekengläubigers die Zwangsversteigerung der Bürgerstelle Nr. 54 angeordnet worden, ist der gesamte Grundbesitz zusammen, die einzelnen Parzellen sind aber nicht getrennt ausgeboten und durch Beschluß vom 30. Mai 1901 ist dem auf dies Gesamtausgebot abgegebenen Meistgebote der Zuschlag erteilt worden. Hiergegen hat der Eigentümer die sofortige Beschwerde erhoben, weil nach § 63 ZwVG. die 29 Parzellen einzeln hätten ausgeboten werden müssen. Das Landgericht hat die Beschwerde für begründet erachtet. Auf weitere Beschwerde des betreibenden Gläubigers ist jedoch die Beschwerde des Eigentümers zurückgewiesen mit folgender **Begründung:**

Die Annahme des Landgerichtes, daß jedes Grundstück, welches im Flurbuche eine besondere Nummer führe, als ein selbständiges Grundstück anzusehen sei, ist rechtsirrtümlich. Das ZwVG. spricht von „dem Grundstücke“ und „mehreren Grundstücken“, ohne Bestimmung darüber zu treffen, was als „ein Grundstück“ anzusehen ist. Aus der GrBO. ergiebt sich das Gegenteil der Ansicht des Landgerichtes; insofern im § 5 das. die Zuschreibung eines Grundstückes zu einem anderen als Bestandteil des letzteren nur von der Voraussetzung abhängig gemacht ist, daß Verwirrung davon nicht zu besorgen sei. Nach BGB. § 890 hängt die Entscheidung der Frage, ob ein Grundstück selbständig sein oder Bestandteil eines anderen bezw. mit diesem vereinigt werden soll, in erster Linie vom Willen des Eigentümers ab; eine Bestimmung, welche dies von der Katasterbezeichnung abhängig sein ließe, findet sich auch dort nicht. Ebensowenig findet sich eine derartige Bestimmung im preuß. Ausf.-Ges. zur GrBO. Entscheidend ist im einzelnen Falle das Grundbuch, solange seine Richtigkeit nicht bemängelt wird. Die Einrichtung der Grundbücher ist aber durch § 1 der GrBO. der Landesjustizverwaltung überlassen. In Preußen bestimmt darüber die Allg. Verf. vom 20. Nov. 1899. Wie sich aus § 3 Abs. 2 das. ergiebt, kann danach *ein* Grundstück sehr wohl *verschiedene* Katasterparzellen umfassen und zwar auch *dann*, wenn letztere auf verschiedenen Artikeln der Grundsteuermutterrolle nachgewiesen sind.

Es fragt sich hiernach, ob die hier fraglichen Flächen nach ihrer Eintragung im Grundbuche als *ein* Grundstück oder als *mehrere* Grundstücke anzusehen sind. Nach § 8 der Allg. Verf. vom 20. November 1899 ist ein aus mehreren Katasterparzellen bestehendes Grundstück unter *einer* Nummer aufzuführen. Hieraus, wie aus dem der Verfügung beigegebenen Formular erhellt, daß jedes selbständige Grundstück, mag es aus noch so vielen und verschiedenen Bestandteilen bestehen, immer nur *eine* laufende Nummer erhalten und unter derselben zusammengefaßt sein soll, daß also Grundstücke, die im Grundbuche unter verschiedenen Nummern stehen, als verschiedene selbständige Grundstücke anzusehen sind. Dies gilt aber nach § 28 das. offenbar nur für diejenigen Grundbuchblätter, welche nach dem neuen Formular oder doch den neuen Vorschriften entsprechend umgeändert sind. So lange letzteres nicht geschehen ist, können für die vorliegende Frage nur die früheren Vorschriften und Einrichtungen maßgebend sein. Darüber nun, wie die Einheit verschiedener Grundflächen auf den nach Formular I der preuß. GrBO. angelegten Grundbuchblättern zum Ausdruck gebracht werden sollte, enthalten die bisherigen Vorschriften ausdrückliche Bestimmungen nicht. Namentlich bestimmt das Gesetz betr. das Grundbuchwesen in der Provinz Hannover vom 28. Mai 1873 in dieser Hinsicht nicht, wie es bei der durch dasselbe geregelten Anlegung der Grundbücher gehalten werden solle. Aus § 5 der preuß. GrBO. ergiebt sich aber einmal, daß unter dem „Grundstück“ dessen sämtliche Bestandteile und unbewegliche Zubehörstücke mitverstanden sind, und daß diese Bestandteile und Zubehörstücke keineswegs die gleiche Nummer im Flurbuch bezw. in der Grundsteuermutterrolle haben müssen, und sodann, im Verein mit den als Teil der GrBO. anzusehenden Eintragungen in dem Musterformular I, daß auch Bestandteile und Zubehörstücke unter verschiedenen Nummern im Grundbuch eingetragen werden können. Zweifelhaft kann nur sein, ob bei Eintragung unter verschiedenen Nummern die Eigenschaft als Bestandteil und Zubehör besonders zum Ausdruck gebracht werden mußte. Im Gesetze selbst findet sich eine solche Vorschrift nicht. Im Musterformular I findet sich bei den 4 eingetragenen Nummern der Vermerk in Abt. I nur zu Nr. 4. Offenbar sind aber Nr. 2 und 3 auch Bestandteile oder Zubehör des Hauptgutes Nr. 1, wie sich schon daraus ergiebt, daß sonst bei Nr. 4 hätte vermerkt werden müssen, zu welchem Grundstücke, ob Nr. 1, 2 oder 3 es zugeschrieben werden solle. Nr. 4 ist augenscheinlich ein nach Anlegung bezw. Zurückführung des Grundbuchblattes zugeschriebenes Grundstück, und nur für diesen Fall kann daher der ausdrückliche Vermerk als vorgeschrieben gelten. Streng genommen würde auch dies nicht erforderlich sein, denn die Überschriften der betr. Spalte des Formulars I lauten „Bezeichnung des **Grundstückes**" und „Bestandteile", sodaß es vielmehr einer besonderen Kennzeichnung bedurfte, wenn ein Grundstück nach § 13 GrBO. als selbständiges eingetragen werden sollte.

Hieraus ergiebt sich für den vorliegenden Fall, daß weder der Mangel dieses Vermerkes in Abt. I noch der Umstand, daß die Flächen unter zwei verschiedenen Nummern im Grundbuche stehen, noch endlich der Umstand, daß sie in der GrStMR. verschiedene Nummern haben und verschiedenen Gemarkungen angehören, dazu nötigen, sie als **selbständige** Grundstücke anzusehen. Es muß aber im Gegenteil angenommen werden, daß Nr. 2 nicht als selbständiges Grundstück, sondern als Bestandteil oder Zubehör des unter Nr. 1 eingetragenen Hauptgutes sein soll. Dies entspricht einmal dem Willen des Eigentümers ausweislich der von ihm zu Protokoll des damaligen Grundbuchamtes S. vom 8. November 1877 abgegebenen Erklärung. Es ergiebt sich weiter daraus, daß in der Überschrift des Titelblattes das Grundbuchblatt nur als Grundbuchblatt für die Bürgerstelle Nr. 54, Grundsteuerbuch Art. Nr. 52 bezeichnet ist, und endlich auch daraus, daß die Hypotheken in Abt. III sämtlich ohne nähere Angabe eingetragen sind, auf welchem Grundstücke, ob auf Nr. 1 oder Nr. 2, sie ruhen sollen, es also für selbstverständlich erachtet ist, daß sie beide Nummern belasten. Sind hiernach die unter beiden Nummern im Grundbuche eingetragenen Grundflächen nicht als mehrere selbständige Grundstücke im Sinne des § 63 ZwVG., d. h. nicht als mehrere **selbständige** Grundstücke anzusehen, so war auch ein Einzelausgebot nicht notwendig und kann nicht dieserhalb der Zuschlag versagt werden ... W. H.

b) **Wie ist ein die Zwangsversteigerung eines Schiffes gemäß §§ 180, 181 ZwVG. anordnender Beschluß anzufechten?**

OLG. Stettin, III. CS. Beschluß v. 23. April 1901.

Die Anordnung der Zwangsversteigerung eines Schiffes, mag sie gemäß

§ 162 oder gemäß §§ 180, 181 ZwVG. vom 24. März 1897 erfolgt sein, ist eine Zwangsvollstreckungsmaßregel wie jede andere in der CPO. geregelte Pfändung oder Beschlagnahme. Sie ist keine Entscheidung im Sinne des § 793 CPO., die der sofortigen Beschwerde unterliegt, sondern kann nur je nach der Art der darin gefundenen Rechtsverletzung nach Maßgabe der §§ 766 oder 767 oder 771 CPO. angefochten werden. Nachdem das Reichsgericht (Entsch. des RG. 16 S. 317) sich dahin ausgesprochen hat, daß ein Beschluß des Vollstreckungsgerichtes, wodurch eine Forderung gepfändet ist, in dieser Beziehung der durch den Gerichtsvollzieher erfolgten Pfändung einer beweglichen Sache gleich zu achten ist, hat sich die Praxis der Gerichte dieser Auffassung angeschlossen, und es ist nicht abzusehen, weshalb die Beschlagnahme eines Schiffes durch die Anordnung der Zwangsversteigerung (§ 20 ZwVG.) anders beurteilt werden sollte. Der § 95 ZwVG. steht nicht entgegen; im Gegenteil spricht es eher für diese Auffassung, wenn dort von der Beschwerde gegen eine Entscheidung die Rede ist, die die Anordnung, Aufhebung, einstweilige Einstellung und Fortsetzung des Verfahrens betrifft.

Im vorliegenden Falle ist der die Zwangsversteigerung des Schiffes anordnende Beschluß des Amtsgerichtes deswegen angefochten, weil ein gültiger, den Verkauf des Schiffes anordnender Mehrheitsbeschluß der Rheder (§ 506 HGB.) nicht vorliege. Diesen Vorwurf hat das Landgericht mit Recht als eine Einwendung gegen die Art und Weise der Zwangsvollstreckung im Sinne des § 766 CPO. beurteilt; denn ein solcher Beschluß ist die notwendige Voraussetzung des nach §§ 180, 181 ZwVG. zu bewirkenden öffentlichen Verkaufes des Schiffes (Makower, HGB. 2 § 506 Anmerkung), und die Einwendung aus § 766 CPO. ist der gewiesene Weg, um Mängel des Verfahrens, insbesondere den Mangel einer formalen Voraussetzung für die Zulässigkeit der Beschlagnahme zu rügen. M.

c) **Der Konkursverwalter ist dem Absonderungsgläubiger gegenüber zur Betreibung der Zwangsversteigerung nicht verpflichtet.**

OLG. Karlsruhe, II. CS. Urteil v. 7. Mai 1901.

Eine z. Zt. der Konkurseröffnung im Eigentum des Gemeinschuldners stehende Liegenschaft gehört an sich zur Konkursmasse (§ 1 KO.); das Verwaltungs- und Verfügungsrecht übt der Konkursverwalter aus (§ 6 das.), der insbesondere auch die gegen den Gemeinschuldner anhängigen, auf abgesonderte Befriedigung gerichteten Rechtsstreitigkeiten aufzunehmen befugt ist (§ 11 das.). Die abgesonderte Befriedigung selbst erfolgt unabhängig vom Konkursverfahren (§ 4 Abs. 2 das.); mit Rücksicht auf die erwähnte Rechtsstellung des Konkursverwalters ist der Anspruch des Absonderungsberechtigten ihm gegenüber geltend zu machen. Der Konkursverwalter kann jedoch die Liegenschaft aus der Masse ausscheiden; alsdann erlangt der Gemeinschuldner wieder das Verwaltungs- und Verfügungsrecht an der Sache, und der Absonderungsberechtigte hat in diesem Falle gegen den Gemeinschuldner vorzugehen. Eine Vorschrift, daß der die Liegenschaft nicht aus der Masse ausscheidende Konkursverwalter für die Befriedigung des Absonderungsberechtigten zu sorgen habe, besteht nicht. Er kann allerdings diese Befriedigung dadurch in die Wege leiten, daß er die Zwangsversteigerung der Liegenschaft betreibt (§ 126 KO.); er ist also hierzu nicht verpflichtet. Andererseits ist der Absonderungsberechtigte nach Maßgabe der für seinen Anspruch bestehenden gesetzlichen (civilrechtlichen und civilprozessualen) Vorschriften zur Herbeiführung seiner Befriedigung durch Verwertung der seinem Anspruche verhafteten Sache befugt; den zur Bewirkung der Zwangsversteigerung erforderlichen vollstreckbaren Titel — sofern ein solcher ihm nicht schon zu Gebote steht — beschafft er sich nach dem oben Ausgeführten durch Klage gegen den Konkursverwalter. Das auf diese Klage ergehende Urteil kann der Absonderungsberechtigte aber nicht zu seiner Befriedigung aus der Konkursmasse, sondern lediglich zur Bewirkung seiner abgesonderten Befriedigung aus dem hierzu dienenden Gegenstand (der Liegenschaft) gebrauchen. In einem derartigen Klageverfahren ist sonach die Prozeßrolle des Konkursverwalters eine rein formelle, sofern er sich darauf beschränkt, der Durchführung des begründeten Absonderungsanspruches kein Hindernis in den Weg zu legen.

Für den vorliegenden Fall ist nun davon auszugehen, daß in der dem Kläger gegenüber abgegebenen Erklärung des Konkursverwalters, er werde die Versteigerung der Liegenschaft nicht beantragen, eine Ausscheidung der Liegenschaft aus der Masse nicht zu erblicken ist. Der Konkursverwalter hat aber von vornherein zu erkennen gegeben, daß er den Anspruch des Klägers auf abgesonderte Befriedigung nicht beanstande, und er hat dementsprechend auf erhobene Klage diesen Anspruch sofort anerkannt. Daß er durch sein Verhalten zur Erhebung der lediglich einem den Aufgaben der Konkursverwaltung fremden Zwecke, der Herbeiführung der Befriedigung des Klägers aus der Liegenschaft, dienenden Klage Veranlassung gegeben habe, kann nach dem Gesagten nicht angenommen werden. Die Vorschrift des § 93 CPO. hat deshalb zur Anwendung zu kommen. Damit ist aber der Entscheidung der außerhalb des Rahmens dieses Rechtsstreites liegenden Frage nicht vorgegriffen, ob Kläger nicht vermöge des Inhaltes des Pfandvertrages den Ersatz dieser Kosten aus dem Steigerungserlöse begehren kann. Dr. E.

20

a) Haftung für den Unfall auf einer Privateisenbahn, deren Betrieb vertragsmäßig vom preußischen Staate übernommen ist.

OLG. Kiel, II. CS. Urteil v. 16. April 1901.

Die beklagte Eisenbahngesellschaft hat die Betriebsführung der ihr gehörigen Eisenbahn durch Vertrag der preuß. Staatseisenbahnverwaltung übertragen. Ein im Staatsdienste mit Pensionsberechtigung angestellter Schaffner, der von der zuständigen Staatseisenbahnbehörde zur Wahrnehmung von Zugführerdiensten bei Kieszügen auf der Bahn der Beklagten abkommandiert war, ist in Ausübung dieses Dienstes verunglückt. Der Eisenbahnfiskus hat die Beklagte wegen Erstattung der den Hinterbliebenen zu zahlenden Renten- und Pensionsbezüge auf Grund des Haftpflichtgesetzes in Anspruch genommen, da der danach den Hinterbliebenen zustehende Anspruch auf Schadensersatz nach § 10 des preuß. Fürsorgegesetzes vom 18. Juni 1887 auf den Kläger übergegangen sei. Die Klage ist mit folgender Begründung abgewiesen: Das Unfallvers.-Ges. vom 6. Juli 1884 nebst dem Ergänzungsgesetze vom 25. Mai 1885 gehen übereinstimmend mit dem Reichsfürsorgegesetz vom 15. März 1886 und dem preuß. Gesetz vom 18. Juni 1887 von dem einheitlichen gesetzgeberischen Grundgedanken aus, daß den Arbeitern mit einem Jahresverdienste von weniger als 2000 Mark und allen Reichs- und Staatsbeamten, sofern sie in einem der Unfallversicherung unterliegenden Betriebe beschäftigt werden und im Dienste einen Betriebsunfall erleiden, nicht mehr ein Anspruch aus dem Haftpflichtgesetze gegen das Reich, den Staat oder den Unternehmer des Betriebes zustehen soll, in welchem die Beschäftigung stattgefunden hat. Es soll dadurch ein Ausgleich für die den Angestellten und Arbeitern durch die erwähnten Gesetze gewährte besondere Hilfe bewirkt werden.

Es fragt sich, ob dieses Prinzip konsequent durchgeführt ist, oder ob vielmehr die Gesetzmaterie für einen Fall, wie den vorliegenden, wo der Verunglückte, ein mit Pensionsberechtigung fest angestellter Staatsbeamter, im Betriebe eines Privatunternehmens beschäftigt war und dabei zu Schaden gekommen ist, absichtlich eine Ausnahme von dem Grundsatze des Ausschlusses der Haftung des Betriebsunternehmens aus dem Reichshaftpflichtgesetz macht. Die Frage ist in dem der Beklagten günstigen Sinne zu beantworten. Ist ein Staatsbeamter einem Privatbetriebe geborgt und darin verunglückt, so ist der Unfall „im Dienste" erlitten und daher an sich § 1 des preuß. Ges. vom 18. Juni 1887 anwendbar, wie denn auch § 1 des Unfallvers.-Ges. vom 6. Juli 1884 auch die nur vorübergehend beschäftigten und geborgten Arbeiter umfaßt (Entsch. des RG. 38 S. 93). Nun schließt allerdings § 4 des Unfallvers.-Ges. die in Betriebsverwaltungen des Reiches, eines Bundesstaates oder eines Kommunalverbandes fest angestellten Beamten aus, und die §§ 8 und 10 des preuß. Fürsorge-Ges. befreien nur den Staat als Arbeitgeber. Die hieraus anscheinend sich ergebende Konsequenz, daß eine Privatbahn dem geborgten Beamten aus dem Haftpflichtgesetze hafte, wird aber beseitigt, weil der angeführte § 4 auf Beamte, welche zeitweilig einem versicherungspflichtigen Betriebe dienen, nicht zu beziehen ist. Es folgt dies einmal aus dem Zwecke des Gesetzes, alle in dem Betriebe beschäftigten Arbeiter, auch die nur vorübergehend beschäftigten und selbst Ausländer, zu versichern, und es ergeben dies ferner die Motive zu § 4: Weil die Heranziehung der Beamten zur Versicherung eine unerwünschte Rückwirkung auf die Gesetzgebung der Bundesstaaten über die Pensionierung üben würde, deshalb wird die Ausdehnung der Versicherung auf Beamte abgelehnt, nämlich das Institut als solches. Es ist aber auch nicht angängig, die §§ 8 und 10 des Beamtenfürsorgegesetzes auf den Fall der Konkurrenz beim Staats- und Privatbetriebe zu beziehen. Der Hinweis im § 8 auf den § 1 des Gesetzes und die Bezugnahme des § 10 auf den § 8 nötigen zu der Auffassung, daß die staatliche Betriebsverwaltung, in deren Dienst der Unfall erlitten ist, gemeint ist. Z.

b) **Verletzung beim Betriebe einer Eisenbahn.**

OLG. Dresden, II. CS. Urteil v. 13. Februar 1901.

Der Unfall wird hier darauf zurückgeführt, daß die Schiene, auf die der Kläger beim Überschreiten der Gleise trat, in Aussplitterung begriffen war. Die Beschädigung ist lediglich an der Schienenanlage erfolgt und zwar, ohne daß gleichzeitig irgend eine Beförderung auf der betreffenden Bahnstrecke stattfand. Es war also weder eine besondere Eile beim Überschreiten der Gleise geboten, noch äußerte dieses den Unfall veranlassende Betriebsmittel in irgend einer anderen Beziehung seine Gefährlichkeit. Schon dieser Umstand schließt die Anwendbarkeit des Haftpflichtgesetzes § 1 aus. Zudem hat nicht eine der Schienenanlage als Betriebsmittel der Eisenbahn eigentümliche Gefahr den Unfall verursacht. Der Zusammenhang zwischen dem Unfalle und der Anlage ist ein rein zufälliger und örtlicher. Der Unfall hätte an sich betrachtet den Kläger ebensowohl beim Überschreiten jeder anderen öffentlichen Straße treffen können. Denn ebensonahe wie die Gefahr der Splitterung bei Eisenbahnschienen liegt die, daß aus anderen Ursachen Metallsplitter auf der Fahrbahn in einer die Passanten gefährdenden Form sich vorfinden. Dr. W.

21

a) **Begriff der Benachteiligungsabsicht. Anfechtungsgesetz § 3¹.**

OLG. Jena, I. CS. Urteil v. 8. November 1900.

Der auf Eigentum gestützten Exekutionsinterventionsklage wurde u. a. die Anfechtungseinrede aus § 3¹ entgegengehalten. Die Einrede wurde verworfen. Gründe:

1. Zu Gunsten des Beklagten kann an dem in der Rechtsprechung der Gerichte, insbesondere auch des Reichsgerichtes (23 S. 14), öfters angewendeten Grundsatze festgehalten werden, daß, wenn der Schuldner das Bewußtsein hatte, daß die von ihm vorgenommene Handlung eine Benachteiligung seiner Gläubiger bezw. einzelner unter ihnen zur Folge haben müsse oder doch nach dem gewöhnlichen Laufe der Dinge voraussichtlich zur Folge haben werde, angenommen werden muß, daß er diesen Erfolg gewollt habe, und also die im § 3¹ geforderte Benachteiligungsabsicht vorliege. Nur darf man nicht etwa soweit gehen, schon in der Veräußerung oder Belastung als solcher die Benachteiligung der Gläubiger zu sehen, muß sich vielmehr gegenwärtig halten, daß letzterer Erfolg unter allen Umständen erst dann eintritt, wenn es zu einem zur vollen Befriedigung der Gläubiger nicht führenden Konkurse oder Zwangsvollstreckungsverfahren kommt. Das oben bezeichnete Bewußtsein muß also insbesondere auch den Eintritt des Konkurses oder der Zwangsvollstreckung zum Inhalt haben und zwar im Sinne einer bevor-

stehenden Thatsache, nicht bloß einer, sei es auch naheliegenden Möglichkeit, weshalb die unbestimmte Vorstellung einer „schlechten Vermögenslage“, wie sie häufig in Anfechtungsprozessen und auch gegenwärtig zur Darlegung der Fraudulosität verwertet wird, für sich allein hierzu völlig unzureichend ist. Die Anwendung dieser Grundsätze auf den festgestellten Sachverhalt ergiebt ein für die Anfechtung negatives Resultat. Wie aus den Bekundungen hervorgeht, befand sich der Schuldner zur Zeit des Abschlusses des angefochtenen Geschäfts am 8. September 1899 allerdings bereits in Zahlungsschwierigkeiten, er hatte mehrere Wechsel zu Protest gehen lassen.... Es wurde mit der Möglichkeit gerechnet, daß beim Zurückgehen weiterer Wechsel rasch gepfändet werde. Andererseits aber hat der Schuldner noch bis zum Dezember 1899 Zahlungen geleistet, erst am 21. Dezember 1899 hat die erste Pfändung bei ihm stattgefunden, er hat im September 1899 noch Kredit genossen, die Auskunft, die der Beauftragte der Klägerin von W. und G. erhielt, war wohl derartig, daß sie zur Vorsicht mahnen mußte, keineswegs aber durchaus ungünstig, die Klägerin selbst hat wegen der Deckung ihrer beiden Wechselforderungen von je 700 Mark, von denen die erste bereits fällig war, keine Schritte gethan. Nach alledem ist die Annahme nicht erlaubt, daß bei Abschluß des angefochtenen Geschäftes mit dem demnächstigen Zusammenbruch des Schuldners wie mit einer relativ sicher bevorstehenden Thatsache gerechnet worden sei, und folgeweise die Absicht, seine Gläubiger zu benachteiligen, bei dem Schuldner, geschweige die Bekanntschaft mit einer solchen bei der Klägerin nicht festzustellen. St.

b) Anfechtung einer Grundschuld nach § 3² AnfG. Berechnung der einjährigen Frist. Ist die Grundschuld für eine gütergemeinschaftliche Ehefrau bestellt, so kann sie mitverklagt werden. BGB. §§ 1438 ff.

OLG. Stettin, III. CS. Urteil v. 8. März 1901.

Kläger will die auf Antrag seines Schuldners X. für dessen Schwester, die beklagte Ehefrau, am 1. April 1899 eingetragene Grundschuld und die als Folge dieser Eintragung bei der späteren Zwangsversteigerung erfolgte Zahlung von 583 Mark anfechten. Die Voraussetzungen des § 2 liegen vor. Kläger hat gegen X. einen vollstreckbaren Schuldtitel von 518 Mark nebst Zinsen, und es ist anzunehmen, daß die Zwangsvollstreckung zu seiner Befriedigung nicht führen werde. Über das Vermögen des X. ist nämlich auf seinen Antrag vom 26. April 1899 das Konkursverfahren eröffnet, jedoch wegen mangelnder Masse eingestellt; zwar war dabei übersehen, daß dem X. noch ein nicht verpfändetes Grundstück gehörte; dieses ist aber am 1. Dezember 1899 versteigert, und X. hat vom Erlöse nichts erhalten. — Ferner liegen auch die Voraussetzungen des § 3² vor. Die Bestellung der Grundschuld ist erfolgt zur Sicherstellung einer der beklagten Frau gegen X. zustehenden gleich hohen Forderung..., jedoch ohne daß X. die Verpflichtung, eine Sicherheit zu bestellen, übernommen hatte. Zwar hat die Beklagte Ende 1898 den X. gebeten, die ihr geschuldeten 900 Mark eintragen zu lassen; X. hat aber eine Verpflichtung hierzu nicht übernommen und erst später aus freien Stücken die Grundschuld eintragen lassen, wovon die Beklagte erst nach erfolgter Eintragung erfuhr. Die Bestellung der Grundschuld ist somit als Deckungsgeschäft aufzufassen. Deckungsgeschäfte sind aber entgeltliche Verträge im Sinne des § 3^2 (Entsch. des RG. 45 S. 24). — Die Grundschuld ist auch innerhalb des letzten Jahres vor der Rechtshängigkeit des Anfechtungsanspruches bestellt. Maßgebend hierfür ist nicht der Zeitpunkt der Stellung des Eintragungsantrages, da dieser bis zur Annahme seitens des Berechtigten jederzeit zurückgenommen werden konnte, sondern der Zeitpunkt der Annahme, die jedenfalls nicht vor 1. April 1899 erfolgt ist. — Der Anfechtungsanspruch ist aber schon am 9. Februar 1900 rechtshängig geworden. Die Auszahlung der 583 Mark an die Beklagte ist auch eine notwendige Folge der Eintragung. Denn sonst würde bei der Zwangsversteigerung dieser Betrag nicht der Beklagten zugefallen sein. Falls die Eintragung anfechtbar ist, unterliegt somit auch die Auszahlung der Anfechtung. — Endlich sind durch die Eintragung die übrigen Gläubiger des Schuldners benachteiligt; durch die Zwangsversteigerung ist dargethan, daß der Grundbesitz mindestens den Wert des erzielten Erlöses gehabt hat, und aus diesem Vermögenswerte des Schuldners hat die Beklagte infolge der Eintragung 583 Mark erhalten. — Mit Recht hat Kläger auch den Anfechtungsanspruch nicht nur gegen den Mann, sondern auch gegen dessen Frau gerichtet. Die Ehegatten lebten bis Ende 1899 in allgemeiner Gütergemeinschaft nach der Bauernordnung, an deren Stelle jetzt die Vorschriften des BGB. über die allgemeine Gütergemeinschaft treten. Nach §§ 1438, 1443 ist in der Regel der Mann allein legitimiert, die das Gesamtgut betreffenden Prozesse zu führen. Nur in den Fällen, in denen die Frau auch persönlich haftet, kann die Klage auch gegen sie gerichtet werden (**Planck** § 1443 Abs. 1). Die Frau haftet aber persönlich für die in ihrer Person entstandenen Gesamtgutsverbindlichkeiten, z. B. für ihre vorehelichen und die aus unerlaubten Handlungen ihrerseits entstandenen Verbindlichkeiten. Ob nun die hier geltend gemachte Verpflichtung der Frau nicht schon deswegen zu den in ihrer Person entstandenen Verbindlichkeiten gehört, weil die Grundschuld für sie eingetragen ist, kann dahingestellt bleiben. Denn der Anspruch aus § 3^2 ist zu den Ansprüchen aus unerlaubten Handlungen zu rechnen. Allerdings ist diese Frage bestritten. Das Reichsgericht hat es in der Plenarentscheidung vom 28. Juni 1888 (Entsch. des RG. 21 S. 425) unentschieden gelassen, sich jedoch dahin entschieden, daß der Anspruch aus § 24^1 KO. (gleichlautend mit § 3^1 AnfG.) eine unerlaubte Handlung zum Grunde habe, während der Anspruch aus § 23^2 KO. von konditionsartiger Natur sei. Der Anspruch aus § 3^2 hat aber denselben Grund als der Anspruch aus § 3^1. Der § 3^2 stellt nur eine Präsumtion des dolus gegen nahe Verwandte des Schuldners auf. Wie der Anspruch aus § 3^1, so ist daher auch der Anspruch aus § 3^2 als Deliktsanspruch aufzufassen (**Dernburg**, Pandekten 2 § 146 Nr. 1). Danach kann der Anspruch aus § 3^2 auch gegen die in allgemeiner Gütergemeinschaft lebende Frau gerichtet werden. — Da endlich die Beklagten zum Schuldner in einem der im § 3² bezeichneten Verwandtschaftsverhältnisse stehen, so ist die Klage gegen beide Beklagte an sich begründet. Den Beweis aber, daß ihnen zur Zeit des Vertragsabschlusses eine Absicht des Schuldners, die Gläubiger zu benachteiligen, nicht bekannt gewesen sei, haben sie nicht geführt. . . . Danach muß angenommen werden, daß X. schon, als er die Eintragung der Grundschuld beantragte, vorausgesehen hat, daß es zum Zusammenbruche kommen müsse, und daß er aus freien Stücken seiner Schwester, um sie vor den anderen Gläubigern zu begünstigen, für ihre Forderung Sicherheit hat gewähren wollen. M.

Dazu: OLG. Jena, I. CS. Urteil v. 31. Januar 1901.

Der Beklagte, ein Bruder des verstorbenen Mannes der Schuldnerin, hat mit dieser, als sie schon Witwe war, den angefochtenen Vertrag geschlossen. Es kann aber für die Anwendung des § 3² keinen Unterschied machen, ob zur Zeit des in das kritische Jahr fallenden Vertragsschlusses der Ehegatte, mit dessen Geschwistern der Schuldner den Vertrag geschlossen hat, noch lebte oder nicht. Allerdings wird den Worten des Gesetzes „seiner und seines Ehegatten Verwandten, seinen oder seines Ehegatten voll- und halbbürtigen Geschwistern" die Auslegung gegeben, daß hierbei das Bestehen der Ehe vorausgesetzt werde (vgl. Hartmann S. 134 ff.). Eine so enge Auslegung wird durch den Wortlaut des Gesetzes nicht geboten und widerspricht der Tendenz des Gesetzes, wonach fraudulose, auf Gläubigerbenachteiligung gerichtete Geschäfte, wie sie gerade zwischen verwandtschaftlich oder schwägerschaftlich einander nahestehenden Personen besonders häufig vorkommen, möglichst erschwert werden sollen, und wonach die Ausdehnung der Wirkung jener Personenverbindung auch über das Bestehen der Ehe hinaus als vom Gesetzgeber gewollt angesehen werden muß (vgl. von Völderndorff S. 64; Jäckel S. 111; Cosack S. 124). St.

22

a) Zahlungseinstellung.[1] Beweislast. KO. § 30².

OLG. Stettin, III. CS. Urteil v. 1. Februar 1901.

Über das Vermögen des Kaufmanns X. war am 26. Februar 1900 Konkurs eröffnet. Der Verwalter hat Pfändungen des Beklagten vom 17. und 19. Februar 1900 angefochten und ist damit durchgedrungen. Aus den Gründen:

Es ist keineswegs in allen Fällen zum Nachweise des Zeitpunktes der Zahlungseinstellung erforderlich, daß die nicht bezahlten Schulden des Gemeinschuldners und deren Fälligkeitstermine im Einzelnen festgestellt werden.

[1] Über den Begriff der Zahlungseinstellung vgl. Entsch. d. RG. 25 S. 34 ff.; Gruchot 39 S. 1089 ff., 44 S. 1217, JW. 1894 S. 59 Nr. 8, 1895 S. 226 Nr. 15, 1897 S. 238 Nr. 41, 1898 S. 12 Nr. 21, S. 508 Nr. 30, 1899 S. 770 Nr. 10, 1900 S. 132 Nr. 19; Seuffert 54 S. 379, 55 S. 482.

Wenn wie hier durch das vom zuständigen Gerichtsvollzieher bestätigte Zeugnis des Gemeinschuldners glaubhaft dargethan ist, daß er schon längere Zeit vor den Pfändungen des Beklagten sich in sehr schlechter Vermögenslage befunden, nur gelegentlich kleinere Zahlungen geleistet hat, größere Geldforderungen zur Zeit der Fälligkeit nicht befriedigen konnte und es deshalb zur Klage und Pfändung kommen lassen mußte, so daß ein Zustand eingetreten war, in dem das Nichtzahlen der fälligen Geldschulden die Regel, das Zahlen die Ausnahme bildete, so kann nicht zweifelhaft sein, daß er zur Zeit der streitigen Pfändungen seine Zahlung schon längere Zeit eingestellt hatte.... Zwar ist die Annahme berechtigt, daß der Beklagte, da er an einem anderen, weiter entfernten Orte wie der Gemeinschuldner wohnt, von dessen Vermögensverhältnissen keine weitergehende Kenntnis hatte, als sein Prokurist und sein Buchhalter. Allein, was diesen beiden Zeugen nach ihren Angaben darüber bekannt war, läßt nicht darauf schließen, daß sie und ihr Prinzipal von der Zahlungseinstellung keine Kenntnis hatten, sondern eher auf das Gegenteil. Wie sie bekunden, hat der Gemeinschuldner während der seit zwei Jahren bestehenden Geschäftsverbindung stets schlecht und unregelmäßig bezahlt und es gleich zu Anfang häufig zum Protestieren seiner Wechsel kommen lassen. So mußte auch der letzte am 20. fällige Wechsel nicht nur am 23. Januar 1900 protestiert, sondern auch demnächst eingeklagt werden. Aber auch nach Erlaß des Urteiles vom 13. Februar 1900 zahlte der Gemeinschuldner nicht, der Beklagte mußte vielmehr zur Zwangsvollstreckung schreiten. Es ist klar, daß er sich dabei bewußt war, daß der Gemeinschuldner i h m gegenüber die Zahlungen eingestellt hatte. Es lag aber angesichts der Thatsache, daß der Gemeinschuldner schon seit Jahren ein schlechter Zahler war, der Schluß nahe, daß er seinen übrigen Gläubigern gegenüber sich nicht anders verhielt, wie gegenüber dem Beklagten, daß er also im allgemeinen wegen Mangels an Zahlungsmitteln aufgehört hatte, seine fälligen Geldschulden zu bezahlen. Es ist kaum zu bezweifeln, daß auch der Beklagte diesen Schluß gezogen hat, jedenfalls kann von einem Nachweise, daß dies nicht geschehen ist, und daß er damals nicht gewußt hat, daß der Gemeinschuldner wegen Mangels an Zahlungsmitteln in der Allgemeinheit aufgehört hatte, fällige Geldschulden zu bezahlen, nicht die Rede sein. Daß der Gemeinschuldner ausdrücklich erklärt, daß er nicht mehr zahlen könne, und dieses seinen Gläubigern anzeigt, ist weder zur Zahlungseinstellung, noch zur Kenntnis der Zahlungseinstellung erforderlich. W.

b) **Anspruch auf Aussonderung von Patenten. KO. §§ 43, 26.**

OLG. Karlsruhe, I. CS. Urteil v. 22. Mai 1901.

Das Landgericht hat zutreffend dargelegt, daß im Konkursverfahren eine Aussonderung nur in Ansehung solcher Gegenstände (Sachen und Rechte) verlangt werden kann, die n i c h t zur Konkursmasse gehören, und daß ein obligatorischer Anspruch auf Herausgabe die Aussonderung nicht schon dann begründet, wenn überhaupt ein Recht auf Herausgabe besteht, sondern erst, wenn der Gegenstand, auch abgesehen vom obligatorischen Rechte auf Herausgabe, als zum Vermögen eines anderen gehörig sich darstellt. Der entscheidende Zeitpunkt für die Zugehörigkeit zur Masse ist nach § 1 KO. die Eröffnung des Verfahrens. Damals war aber — vorausgesetzt, daß beim Vertragsschlusse (1898) die Beteiligten nicht nur die äußere Form des Rechtsüberganges, sondern diesen Übergang selbst gewollt haben — der aus den Patenten Berechtigte nicht der Kläger, sondern der Gemeinschuldner. Der § 5 des Vertrages könnte hieran nur dann etwas ändern, wenn er so zu verstehen wäre, daß die — nach der Behauptung des Klägers vor der Konkurseröffnung eingetretene — Aufgabe des Geschäftsbetriebes nicht etwa nur die Pflicht zur Rückübertragung der Patentrechte, sondern unmittelbar deren Rückübergang auf den Kläger zur Folge haben solle, wenn also nach der bei dem Vertragsabschlusse maßgebend gewesenen Absicht der Beteiligten in der Aufgabe des Geschäftbetriebes eine den Rechtsübergang von selbst wiederaufhebende Thatsache zu erblicken wäre. Daß aber dieser Sinn der erwähnten Bestimmung zukomme, wird nicht behauptet, und er würde auch mit der Fassung des Vertrages nicht vereinbar erscheinen. Dabei ist es unerheblich, ob ein Anwendungsfall des § 26 KO. hier vorliegt oder nicht. Denn wer die Aussonderung verlangt, hat zunächst darzuthun, daß er nach den außerhalb des Konkursverfahrens geltenden Bestimmungen den auszusondernden Gegenstand als ihm gehörig beanspruchen darf. Erst dann kann die Frage entstehen, ob nicht ausnahmsweise auf Grund der besonderen konkursrechtlichen Vorschrift des § 26 das Aussonderungsrecht zu versagen sei. Dr. E.

c) Eigentumserwerb bei Zahlung auf das Bankkonto eines Anderen. Rechtlose Bereicherung der Konkursmasse. KO. § 59³.

OLG. Kiel, I. CS. Beschluß v. 18. April 1901.

Kläger hatte einen Rechtsanwalt beauftragt, an einen Gläubiger einen Geldbetrag abzuführen, und den Betrag am 8. Dezember 1899 nachmittags bei einer Bank, bei welcher der Rechtsanwalt ein Girokonto hatte, behufs Zuschreibung auf dieses Konto bar eingezahlt. Am 9. Dezember 1899 vormittags 9 Uhr verstarb der Rechtsanwalt, ohne von der Einzahlung des Geldes Kenntnis erhalten zu haben. Über seinen Nachlaß wurde der Konkurs eröffnet. Der Verwalter zog mit dem Bankguthaben auch den vom Kläger eingezahlten Betrag zur Masse. Kläger fordert Rückzahlung dieses Betrages kraft Aussonderungsrechtes nach § 43 und wegen rechtloser Bereicherung der Masse nach § 59³. Das Landgericht wies die Klage ab, weil das Eigentum am eingezahlten Gelde mit dem Momente der Zahlungsannahme seitens der Bank als der Mandatarin des Guthabens auf letzteren ebenso übergegangen sei, wie wenn an ihn persönlich gezahlt wäre.[1] Hiernach ermangele es für

[1] Diese Annahme ist bedenklich. Daß Kläger bei der Einzahlung eine abgesonderte Behandlung und Aufbewahrung der Münzen ausdrücklich angeordnet habe, ist nicht behauptet. Mit der bei dem Kassenwesen einer Bank selbstverständlichen Vermischung des eingezahlten Geldes mit dem Gelde der Bank ging das Eigentum auf die Bank über. Die gegenteilige

den Aussonderungsanspruch an der gesetzlich notwendigen Voraussetzung eines fremden, dem Gemeinschuldner nicht gehörigen Gegenstandes. Der Klagegrund der rechtlosen Bereicherung sei aber schon deshalb hinfällig, weil von einer Vermehrung der mit der Konkurseröffnung begründeten Masse über den Umfang dieser Masse hinaus durch fremdes Gut vorliegend überhaupt nicht die Rede sein könne. Die vom Kläger nachgesuchte Bewilligung des Armenrechtes für die Berufungsinstanz wurde abgelehnt, weil die beabsichtigte Rechtsverfolgung aussichtslos sei.[1] G.

d) **Der Konkursverwalter, der auf Anerkennung des Absonderungsrechtes aus einer Pfändung verklagt ist, kann durch besondere Klage die Aufhebung der Pfändung und die Auszahlung des Erlöses verlangen. Die vorbehaltlose Verhandlung zur Hauptsache im Schlußtermine enthält einen Verzicht auf die früher eingewandte Rechtshängigkeit.**

OLG. Darmstadt, II. CS. Zwischenurteil v. 19. Januar 1901.

Der Konkursverwalter hat die von der Beklagten angelegte Pfändung nach der KO. angefochten und die Aufhebung der Pfändung sowie die Einwilligung zur Auslieferung des hinterlegten Erlöses beantragt. Die Beklagte wandte Rechtshängigkeit ein, weil sie schon früher auf Anerkennung ihres Absonderungsrechtes aus der Pfändung geklagt habe. Da sie die Einlassung nicht verweigerte, wurde Beweis beschlossen, worauf die Beklagte vorbehaltlos zum Schlusse verhandelte und verurteilt wurde. In der Berufungsinstanz hat sie jedoch die Einrede wiederholt. Aus den Gründen:

Der Verzicht auf eine prozeßhindernde Einrede kann in jeder Form, insbesondere auch durch schlüssige Handlungen erfolgen. Eine vorbehaltlose Verhandlung zur Hauptsache im letzten Termine schließt notwendig einen Verzicht in sich. Denn für die Beklagte wäre es überhaupt auf eine Entscheidung in der Hauptsache nicht angekommen, wenn die Rechtshängigkeit begründet gewesen wäre. Ist demungeachtet die Einrede unterblieben, so kann nur die Absicht obgewaltet haben, sie fallen zu lassen und die Sache selbst zu einem endgültigen Abschlusse zu bringen. — Die Einrede ist aber auch unbegründet. Die Klage der Gläubigerin bezweckte die Feststellung des Absonderungsrechtes an den auf ihr Anstehen gepfändeten Gegenständen. Eine rechtskräftige Anerkennung dieses Absonderungsrechtes würde nach den Grundsätzen über die Rechtskraft

Annahme steht auch im Widerspruch mit der rechtlichen Natur des Girokontos. Entscheidend für die Abweisung der Klage ist die Erwägung, daß der Gemeinschuldner mit der Einzahlung eine persönliche Forderung gegen die Bank auf Auszahlung seines Kontoguthabens in Höhe des eingezahlten Betrages erwarb, daß diese Forderung aber als dem Gemeinschuldner „gehörig" im Sinne des § 43 anzusehen ist. Von einem materiellen Eigentum des Klägers an dieser Forderung — im Gegensatze zum formellen Eigentum des Gemeinschuldners — kann vorliegend nicht die Rede sein, da zweifellos der Wille des Klägers dahin ging, die für den Gemeinschuldner begründete Forderung auf das Bankguthaben diesem zu vollem Gläubigerrechte und zur freien Verfügung zu überweisen. D. E.

[1] Das RG. hat die weitere Beschwerde zurückgewiesen.

zur Folge haben, daß der Verwalter mit jedem Anspruche auf den Steigerlös, soweit dies mit dem Absonderungsrechte in Widerspruch stünde, ausgeschlossen wäre. Eine Abweisung der Klage hätte, wenn sie auf die Anfechtung der Pfändungen durch Einrede hin stattfände, die Wirkung, daß die Pfändungen der Konkursmasse gegenüber unwirksam wären. Auf ein solch abweisendes Urteil hin wäre jedoch das Amtsgericht nicht verpflichtet, den bei ihm für die Gläubiger hinterlegten Steigerlös an die Konkursmasse auszuliefern, umsoweniger als die Pfändungen durch das Urteil nicht formell aufgehoben wären. Bei dieser Sachlage hat der Verwalter ein berechtigtes Interesse, die aus der Unwirksamkeit der Pfändungen sich ergebenden Ansprüche durch eine Klage auf Leistung der Rückgewähr unter Bezeichnung der Art und Weise, wie diese Rückgewähr zu erfolgen hat, geltend zu machen. Nach alledem ist die gegenwärtige Klage nach Inhalt und Wirkung von der Klage auf Feststellung des Absonderungsrechtes durchaus verschieden (vgl. Petersen-Kleinfeller, KO. § 22 IV[2]). Hg.

e) Verwertungsrecht des Verwalters nach § 127 KO. Einstellung anhängiger Zwangsvollstreckungen. Beschwerderecht des Gläubigers.
OLG. Königsberg, I. CS. Beschluß v. 3. Mai 1901.

Das Amtsgericht hatte, nachdem über das Vermögen des Schuldners Konkurs eröffnet war, zufolge eines auf § 127 KO. gegründeten Antrages des Verwalters die Einstellung einer Zwangsvollstreckung angeordnet. Der Verwalter betrieb indessen die Verwertung nicht, und die Gläubigerin beantragte deshalb, den Einstellungsbeschluß aufzuheben. Das Amtsgericht lehnte dies ab, weil es „Sache des Verwalters sei, den geeigneten Zeitpunkt für die Verwertung zu bestimmen". Beide Beschlüsse sind in den Konkursakten ergangen. Auf Beschwerde der Gläubigerin verfügte das Landgericht unter Aufhebung des Einstellungsbeschlusses, daß die ZwV. fortzusetzen sei. Die dagegen vom Verwalter eingelegte Beschwerde wurde zurückgewiesen. Gründe:

Die Beschwerde der Gläubigerin war zulässig, mag der von ihr angefochtene Beschluß vom Amtsgerichte als Teil des Zwangsvollstreckungs- oder, wie es nach der Aktenlage scheint, des Konkursverfahrens behandelt sein (§ 793 CPO., § 73 KO.). Wenn der Verwalter aber meint, das Landgericht hätte die Beschwerde deshalb nicht zulassen dürfen, weil die Gläubigerin den ihr am 6. Dezember 1900 zugestellten ersten Beschluß nicht binnen der Frist des § 577 Abs. 2 CPO. angefochten hat, so übersieht er, daß in diesem Beschlusse die Dauer der Einstellung nicht bestimmt, trotz seiner formellen Rechtskraft die Gläubigerin daher nicht gehindert war, den Anspruch auf Fortsetzung der ZwV. von neuem zu verfolgen. Gegen den hierauf ergangenen abschläglichen Bescheid des Amtsgerichtes hat sie aber die Beschwerde rechtzeitig angebracht.

Auch in der sachlichen Beurteilung ist dem Landgericht beizutreten. Da die Gläubigerin vor der Konkurseröffnung durch Pfändung ein den Anspruch auf abgesonderte Befriedigung begründendes Pfandrecht erlangt hatte (§§ 48, 49[2],

14 Abs. 1 KO.), war sie berechtigt, unabhängig vom Konkursverfahren (§ 4 Abs. 2), die ZwV. nach den für dieses Verfahren geltenden Vorschriften zu betreiben, das Konkursgericht als solches daher nicht befugt, über den Fortgang desselben zu entscheiden. Kann von dem sich schon hieraus ergebenden Anstande abgesehen werden, weil das Amtsgericht zugleich das zuständige Vollstreckungsgericht war und ein etwaiger Verstoß gegen die bei dem Gerichte bestehende Geschäftsverteilung die Rechtsgiltigkeit seiner Entscheidung nicht berühren würde, so war diese doch materiell unhaltbar, weil sie auf der unrichtigen Voraussetzung beruht, daß der Verwalter ohne Rücksicht auf das Betreibungsrecht des Absonderungsberechtigten über den Zeitpunkt der Verwertung zu bestimmen habe, und daß er die Einstellung schon deshalb beanspruchen dürfe, weil der § 127 KO. ihm das Verwertungsrecht an den Pfandstücken gewähre. Dies hat das Reichsgericht, wie der Beschwerdeführer — offenbar verleitet durch die Fassung der Citate bei Sydow-Busch (8. Aufl. Note 1 zu § 127) — vermeint, keineswegs ausgesprochen. Im Beschlusse vom 2. März 1888 (JW. 1888 S. 136[5]) handelt es sich lediglich um die mit Recht verneinte Prozeßfrage, ob der Verwalter, der unter Berufung auf § 117 (jetzt § 127) KO. mit Anträgen über die Art und Weise der ZwV. dem Verkaufe der gepfändeten Gegenstände durch den Gläubiger entgegentrete, auf den Weg des § 690 (jetzt § 771) CPO. zu verweisen sei, und Gegenstand der Entscheidung vom 10. November 1890 (JW. 1891 S. 11[28]) war lediglich die — zu Ungunsten des Verwalters beantwortete — Frage, ob, wenn die Sachen auf den Betrieb des Verwalters versteigert werden, der zur Befriedigung des Gläubigers erforderliche Betrag des Erlöses dem Gläubiger oder dem Verwalter auszuhändigen sei. Der rein beiläufigen Bemerkung, das Gesetz bezwecke, den Verwalter in den Stand zu setzen, für die Verwertung denjenigen Zeitpunkt zu wählen, den er im Interesse der Masse für den geeignetsten hält, kann daher um so weniger die Bedeutung zukommen, daß das Reichsgericht dem Verwalter völlig freies Ermessen über die Zeit der Verwertung habe zuschreiben wollen, als im unmittelbaren Zusammenhange damit die Verhinderung einer Verzögerung durch den Gläubiger als Zweck der Vorschrift bezeichnet wird. In dieser Entscheidung findet daher die Meinung, das Interesse des Pfändungspfandgläubigers an einer möglichst raschen Versteigerung habe dem Interesse der Konkursmasse zu weichen, keine Stütze, und jedenfalls läßt sie sich nicht aus dem Gesetze rechtfertigen. Die einzige Beschränkung, die im § 127 den Rechten des Absonderungsberechtigten auferlegt wird, geht wortdeutlich dahin, daß er der vom Verwalter betriebenen Verwertung nicht widersprechen kann. Ob und wann der Verwalter von seinem Verwertungsrechte Gebrauch machen will, ist allerdings seinem Ermessen überlassen. Der Absonderungsberechtigte aber wird an der Realisierung seines Rechtes mittels eigenen Betriebes der Verwertung erst gehindert, wenn und insoweit eine solche vom Verwalter wirklich in Vollzug gesetzt wird. Denn das Pfandrecht geht an sich dem Rechte

der Masse vor und hat diesem gegenüber nur zurückzustehen, insofern ihm das Gesetz, in Abweichung vom Prinzip, zu Gunsten der Masse Schranken setzt. Nirgends hat es aber das Befriedigungsrecht des Pfandgläubigers derartig dem Belieben des Verwalters ausgeliefert, daß dieser völlig frei über den Zeitpunkt der Verwertung zu bestimmen habe und durch seine bloße Erklärung, künftig selbst die Verwertung betreiben zu wollen, die Einstellung der vom Gläubiger betriebenen Verwertung herbeiführen könne (vgl. Petersen-Kleinfeller 4. Aufl. Nr. 4, 8, 10 zu §§ 126, 127). Hieran ist auch dadurch nichts geändert, daß nach der Novelle der Verwalter die Sachen nicht nur nach den Vorschriften über die ZwV., sondern auch nach denjenigen über den Pfandverkauf verwerten darf. Vorliegend war die ZwV. daher ohne jeden haltbaren Grund eingestellt. Der Verwalter hatte nichts gethan, um seinerseits den Verkauf der Pfandstücke in die Wege zu leiten, sondern nur erklärt, daß er das Verwertungsrecht nach § 127 für sich beanspruche. Auch jetzt, nach Verlauf von Monaten, will er sich noch den Zeitpunkt der Veräußerung vorbehalten und sich sogar erst nach dem Ausfalle der Akkordverhandlungen darüber schlüssig machen, ob er die Pfandstücke einlösen oder verkaufen oder das Pfandrecht anfechten wolle. Seine Annahme, die Gläubigerin müßte erst auf Feststellung des von ihm bestrittenen Absonderungsrechtes klagen, beruht auf völliger Verkennung der konkursrechtlichen Grundsätze. M.

f) Unzulässigkeit des Wechselprozesses zum Zwecke der Feststellung einer Konkursforderung.

Kammergericht, XIII. CS. Urteil v. 11. Juli 1901.

Allerdings folgt die Unzulässigkeit des Wechselprozesses nicht ohne weiteres daraus, daß die Feststellungsklage dem Wesen des Wechselprozesses widerstreite (§ 592 CPO.); die Feststellung im Konkurse würde hier wie bei jeder anderen Klage nichts Anderes als die Bezeichnung des Anspruches auf Befriedigung nach den Regeln des Konkurses bedeuten. § 146 KO. schreibt aber Erhebung der Klage „im ordentlichen Verfahren" vor. Wenn die Ansicht aufgestellt worden ist (vgl. Jaeger Anm. 5 zu § 146), daß durch den letzteren Ausdruck lediglich die gemeinrechtliche Regel der Hereinziehung des Feststellungsstreites in den Konkurs habe abgelehnt werden sollen, so steht hiermit freilich im Einklang, daß die Motive (2 S. 364 f.) diesen Gesichtspunkt allein erwähnen. Dabei wird aber nicht zu übersehen sein, daß in der Fassung des Gesetzes diese Hereinziehung in den Konkurs nicht lediglich durch die Vorschrift der „Klagerhebung", sondern durch diejenige der „Klagerhebung im ordentlichen Verfahren" ausgeschlossen wird. Die CPO. gebraucht den letzteren bezw. einen im Gegensatz stehenden Ausdruck nicht in den Überschriften der über die besonderen Verfahrensarten handelnden Bücher (5 und 7). Indessen wird doch da, wo der Ausdruck „ordentliches Verfahren" vorkommt, nach dem üblichen Sprachgebrauch an den Gegensatz zu den besonderen Prozeßformen zu denken sein. Von erheblichster Bedeutung wird jedenfalls der Umstand, daß die neuere Gesetzgebung wiederholt den Ausdruck „ordentliches Verfahren" im bezeichneten Sinne anwendet (§§ 596, 600, 629 CPO., § 33 GKG., § 28 GebO. für Rechtsanwälte).

Daß die Feststellung im Konkurse das ordentliche Verfahren erfordert, wird sodann durch die Erwägung gerechtfertigt, daß der Konkurs auf endgültige Ermittelung der zur anteilsweisen Befriedigung berechtigten Gläubiger abzielt (§ 145 KO.), und daß die Feststellung, wenn der Schuldner nicht widersprochen hat, einem rechtskräftigen Urteil gleichsteht. Ein Urteilsausspruch, welcher nur die provisorische, wechselprozeßmäßige Verurteilung des Konkursverwalters enthielte, würde für das Konkursverfahren, auf das er doch gerade einwirken soll, bedeutungslos sein und damit dem Begriff des Urteils widersprechen.

Vorliegend kommt aber in Betracht, daß es sich nicht um Klagerhebung, sondern um Fortsetzung eines anhängigen Rechtsstreites handelt. Wenn hier § 146[3] KO. bestimmt, daß die Feststellung durch Aufnahme des Rechtsstreites zu verfolgen ist, so wird daraus nicht auch eine Bestimmung des Inhaltes zu entnehmen sein, daß jeder anhängige Rechtsstreit fortgesetzt werden dürfe und müsse. Im Hinblick auf das erörterte Wesen des für den Konkurs erforderlichen Ausspruches wird man vielmehr den § 146[3] nur auf die Fälle beziehen können, in welchen die Aufnahme des Rechtsstreites dadurch, daß dieser im ordentlichen Verfahren anhängig ist, ermöglicht wird. Diese Auslegung wird noch besonders dadurch bestätigt, daß die erörterte Bestimmung sich unmittelbar an den Abs. 2 § 146 anschließt, in welchem allein vom ordentlichen Verfahren die Rede ist. Es läßt sich nicht verkennen, daß die Durchführung dieser Auffassung zu einer Härte gegen den Gläubiger dann führt, wenn wegen Anhängigkeit des Wechselprozesses in der Berufungsinstanz zur Zeit der Konkurseröffnung die Umleitung in das ordentliche Verfahren nicht mehr möglich ist (§ 599 CPO.; Stein, Urkundenprozeß S. 356). Aber auch unter solchen Umständen kann der Gläubiger die Fällung eines wertlosen Urteiles nicht verlangen (vgl. Wilmowski-Levy, CPO., Anm. 3 zu § 565; Wilmowski, KO. S. 385[3], 386[5], 387; Seuffert, Konkursprozeßrecht S. 271[7]; Kleinfeller, KO. S. 506[9]; Entsch. des RG. 32 S. 321). Bestätigt wird die hier vertretene Ansicht durch einen Rückblick auf das frühere Recht. — Die preuß. KO. vom 8. Mai 1855, im allgemeinen die Grundlage des jetzt geltenden Konkursrechtes, bestimmte im § 230: „Bei dem Verfahren in den Spezialprozessen kommen lediglich die für den ordentlichen Prozeß geltenden Vorschriften zur Anwendung; besondere Prozeßarten sind ausgeschlossen." Die Motive und die Kommentare stellen auf Grund dieser Bestimmung den Ausschluß des Wechselprozesses fest (Wentzel-Klose S. 340, Goltdammer 2. Aufl. § 230). Demgemäß hat auch bereits das Obertribunal (Strieth. 42 S. 87) ausgesprochen, daß, wenn nach Insinuation einer Wechselklage der Konkurs über das Vermögen des beklagten Wechselschuldners eröffnet und infolge dessen der auf Zahlung der Wechselsumme gerichtete Klagantrag geändert und auf Feststellung der Forderung geklagt worden sei, damit die Verhandlung in den Formen des Wechselprozesses aufhöre. W.

g) Berechtigung des Konkursverwalters zur Prozeßführung nach Aufhebung des Konkurses. KO. §§ 190 ff.

OLG. Posen, III. CS. Zwischenurteil v. 4. Juni 1901.

Der Zwangsvergleich, inhalts dessen die nicht bevorrechtigten Gläubiger 2% mehr erhalten sollten, als zur Verteilung für sie in der Masse vorhanden seien, wurde am 17. November 1900 bestätigt. Im Schlußtermine erkannten alle Beteiligten an, daß der auf die im gegenwärtigen Prozesse streitige Forderung entfallende Anteil und 600 Mark zur Deckung der Prozeßkosten zurückzubehalten und zu hinterlegen seien. Am 30. Januar 1901 beschloß das Konkursgericht die Aufhebung des Verfahrens, am 12. März 1901 ordnete es an, daß der Verwalter den bei dem Vollzuge der Schlußverteilung zurückbehaltenen Betrag bis zur rechtskräftigen Entscheidung des gegenwärtigen Prozesses zu hinterlegen habe. Inzwischen hatte der in erster Instanz abgewiesene Kläger Berufung eingelegt und nach einem Vergleich mit dem Schuldner beantragt, den Rechtsstreit für erledigt zu erklären, indem er die fernere Legitimation des Verwalters bestritt. Das Berufungsgericht erachtete jedoch den Verwalter, der den Vergleich ablehnte, für berechtigt, den Prozeß fortzuführen. Aus den Gründen:

Regelmäßig erlischt mit der Aufhebung des Konkursverfahrens die Befugnis des Verwalters zur Prozeßführung, und der Gemeinschuldner erlangt das Recht zur freien Verfügung über sein Vermögen zurück. Ausnahmen sieht das Gesetz für den regelmäßigen Fall der Beendigung des Verfahrens durch Ausschüttung und Verteilung der vorhandenen Masse für die gemäß §§ 168, 169 KO. zurückbehaltenen und hinterlegten Anteile und Beträge vor, bezüglich deren die Legitimation des Verwalters zur Weiterführung der Prozesse fortdauert. Bei der Beendigung des Verfahrens im Falle des Zwangsvergleiches erlangt der Schuldner mit der Aufhebung des Verfahrens die freie Verfügung über das gesamte Aktiv- und Passivvermögen zurück, soweit nicht der Zwangsvergleich ein anderes bestimmt, §§ 190, 192 KO.; der Verwalter behält gemäß § 191 KO. höchstens bezüglich der Masseansprüche und Vorrechtsforderungen, die sichergestellt sind, das Verfügungs- und Prozeßführungsrecht. Zurückbehaltung und Sicherstellung von Konkursforderungen im Sinne der §§ 168, 169 KO. kennt das Gesetz für den Fall des Zwangsvergleiches nicht. Die Erfüllung des Zwangsvergleiches ist nicht Sache des Verwalters (Entsch. des RG. 27 S. 113, 28 S. 68, 31 S. 40, 32 S. 72; JW. 1895 S. 183); das Reichsgericht spricht dem Verwalter im Falle des Zwangsvergleiches sogar das Recht zur Prozeßführung über eine Masseforderung ab (JW. 1900 S. 296[11]; Seuffert 55 S. 181; Komm. von Kleinfelder 4. Aufl., S. 591 f.; Wolff S. 405 ff.; Wilmowski 5. Aufl., S. 460 f.). Selbst wenn im vorliegenden Falle die Beteiligten, namentlich der Verwalter im Schlußtermine, die §§ 168, 169 KO. irrtümlich für anwendbar erachtet hätten, so würde dies an den kraft Gesetzes eintretenden Folgen nichts ändern. Es ist also hier lediglich zu prüfen, ob das Verfügungsrecht des Schuldners nach Inhalt des Zwangsvergleiches beschränkt ist, und dies ist zu bejahen. Vor allem kommt in Betracht, daß der Zwangsvergleich auf 2% über den Massenbestand geschlossen ist, daß also vor Entscheidung des jetzigen Prozesses nicht feststeht, wieviel jeder Gläubiger aus der Masse zu erwarten und wegen der mehr gebotenen 2% zu beanspruchen hat, und daß deshalb eine Zwangsvollstreckung gemäß § 194 KO. nicht erfolgen kann. Wenn nun ferner die Beteiligten im Schlußtermine anerkennen, daß der auf die eingeklagte Forderung entfallende Teil nebst einem zur Kostendeckung notwendigen Betrage zu hinterlegen ist, und wenn dann das Konkursgericht nach Aufhebung des Verfahrens die Hinterlegung durch den Verwalter anordnet, so ergiebt sich, daß die Fortführung des jetzigen Rechtsstreites durch den Verwalter allseitig gewollt worden ist. S.

b) **Zu den §§ 2 und 6 KO.**

OLG. Stettin, I. CS. Urteil v. 30. März 1901.

Eine in allgemeiner Gütergemeinschaft lebende Ehefrau hatte durch Vermächtnis zwei Hypotheken erworben. Der Erblasser hatte bestimmt, daß die Hypotheken Vorbehaltsgut der Frau sein sollten. Als der Ehemann in Konkurs verfiel, wollte der Konkursverwalter trotz der Bestimmung des Erblassers die Hypotheken zur Konkursmasse ziehen, weil ein Teil der Gläubiger des Mannes von ihr zu der Zeit, als sie sich in Verträge mit dem Manne einließen, keine Kenntnis gehabt hätte. Seine Klage ist abgewiesen und die Berufung zurückgewiesen. Aus den Gründen:

Der Konkursverwalter kann nur die Rechte ausüben, die dem Gemeinschuldner zustehen. Wenn es auch richtig ist, daß der Konkursverwalter nicht lediglich als Vertreter des Gemeinschuldners angesehen werden kann, sondern als ein selbständiges Organ für die Durchführung der Zwecke des Konkurses namentlich auch das Interesse der Konkursgläubiger wahrzunehmen hat, so ist seine Stellung doch nicht die eines Vertreters der Konkursgläubiger in dem Sinne, daß er die allen Konkursgläubigern oder gar alle den einzelnen Konkursgläubigern gegen den Gemeinschuldner zustehenden Rechte auf Befriedigung auszuüben hätte. Der Abs. 1 des § 1 KO. schließt das nach der Eröffnung des Konkurses erworbene Vermögen des Gemeinschuldners ganz von der Konkursmasse aus und rechnet zu ihr auch von den zur Zeit der Konkurseröffnung vorhandenen Vermögensstücken nur die, die schlechthin, für jeden Gläubiger, einer Zwangsvollstreckung unterliegen. Der § 6 KO. räumt dem Verwalter nur die Ausübung des Verwaltungs- und Verfügungsrechtes ein, das dem Gemeinschuldner selbst in Ansehung der Konkursmasse zusteht. Demnach darf der Verwalter nicht zur Befriedigung der Konkursgläubiger Gegenstände an sich ziehen, die der Gemeinschuldner selbst zur Befriedigung seiner Gläubiger zu verwenden nicht berechtigt seine würde....

Auf den § 376 ALR. II 1 können sich der beklagten Ehefrau gegenüber höchstens diejenigen Gläubiger des Gemeinschuldners berufen, die in gutem Glauben daran, daß die streitigen Hypotheken zum Gesamtgut gehörten, mit dem Gemeinschuldner Rechtsgeschäfte abgeschlossen haben. Diese Gläubiger aber müssen ihre Ansprüche außerhalb des Konkursverfahrens, jeder für sich, gegen die beklagte Ehefrau geltend machen; dem Konkursverwalter steht nicht das Recht zu, die Hypotheken um deswillen, weil vielleicht einzelne Konkursgläubiger sich an sie halten können, für die Konkursmasse in Anspruch zu nehmen. In diesem Sinne hat sich das Reichsgericht auch schon wiederholt ausgesprochen. JW. 1900, S. 342 Nr. 11 und S. 393 Nr. 12; Rassow u. Küntzel, Beiträge 42 S. 451. Zu dem gleichen Ergebnis würde die Anwendung des neuen Rechtes führen, wenn dieses maßgebend wäre. Vergl. die §§ 1440, 1369, 1441, 1431, 1435 BGB. S.

23

a) Die Wahl neuer Geschäftsführer an Stelle der im Gesellschaftsvertrage bestellten bedarf keiner gerichtlichen (notariellen) Beurkundung. Ges. v. 20. April 1892 § 6 Abs. 2.

Kammergericht, I. CS. Beschluß v. 25. Februar 1901.

A., B., C. und D. schlossen 1895 einen notariellen Vertrag über die Errichtung einer Gesellschaft m. b. H. und bestellten sich im § 17 zu Geschäftsführern. In einer Gesellschaftsversammlung vom 17. Dezember 1900 erhielt der § 17 folgende Fassung: „Von den bei Gründung der Gesellschaft bestellten vier Geschäftsführern ist A. durch Tod ausgeschieden. Die Bestellung der drei übrigen Geschäftsführer bleibt bestehen. Die Bedingungen, unter welchen sie die Geschäftsführung fortsetzen, sind durch besondere Beschlußfassung der Gesellschafter geregelt." Dieser vorbehaltene Beschluß wurde an demselben Tage gefaßt. Am Schlusse des betreffenden gemeinschaftlichen Protokolls ist gesagt: „Der bisherige Prokurist X. wird zum Geschäftsführer bestellt." Der Antrag auf Eintragung des X. wurde abgelehnt, der weiteren Beschwerde jedoch stattgegeben. Aus den Gründen:

... Bei der Errichtung der Gesellschaft ist die Bestellung der Geschäftsführer im Gesellschaftsvertrag erfolgt; die aus dieser Thatsache von den Vorinstanzen hergeleiteten Folgerungen sind aber nicht zu billigen. Zunächst läßt sich aus keiner Bestimmung des Gesellschaftsvertrages entnehmen, daß eine Bestellung der Geschäftsführer nur im Gesellschaftsvertrage zulässig sein soll. Es ist auch nicht abzusehen, welcher Anlaß für die Gesellschafter bestanden haben sollte, sich nach dieser Richtung hin zu binden. Es verbleibt daher hinsichtlich der späteren Geschäftsführer bei der Vorschrift des § 6 Abs. 2, wonach die Bestellung der Geschäftsführer außer im Gesellschaftsvertrage auch nach den allgemeinen Vorschriften des Abschnitts 3, also insbesondere durch Beschluß der Gesellschafter (§§ 46[5], 47, 48) erfolgen kann, der einer Beurkundung in öffentlich beglaubigter Form nicht bedarf. Das Landgericht hat allerdings den Gesellschaftsvertrag dahin ausgelegt, daß dadurch die Bestellung der Geschäftsführer zu gerichtlichem oder notariellem Protokolle bestimmt sei. Allein für diese Auslegung fehlt jeder Anhaltspunkt. Daß die Bestellung der ersten Geschäftsführer zu notariellem Protokolle bewirkt ist, beruht auf der Bestellung derselben im Gesellschaftsvertrage. Denn nach § 2 Abs. 1 bedarf der Gesellschaftsvertrag des Abschlusses in gerichtlicher oder notarieller Form. Machte also die Gesellschaft hinsichtlich ihrer ersten Geschäftsführer von der Form der Bestellung im Gesellschaftsvertrage Gebrauch, so wurde gemäß dem Gesetze die gerichtliche oder notarielle Beurkundung von selbst erforderlich. Daß aber im übrigen beabsichtigt war, eine Bestellung der Gesellschafter in einer gerichtlichen oder notariellen Urkunde vorzuschreiben, läßt sich mit keiner Bestimmung des Gesellschaftsvertrages begründen. Die Auslegung des Landgerichtes verstößt also, da sie durch den Vertragsinhalt nicht gestützt wird, gegen das Gesetz und ist für das Gericht der weiteren Beschwerde nicht bindend.

Ebensowenig läßt sich aber die Ansicht aufrecht erhalten, daß durch die Bestellung des X. als Geschäftsführer der Gesellschaftsvertrag abgeändert sei. Zwar ist die Bestellung der ersten Geschäftsführer in den Gesellschaftsvertrag aufgenommen. Wie aber das Reichsgericht (Entsch. 44 S. 95) bei einem entsprechenden Sachverhalte dargelegt hat, wird hierdurch die Bestellung der Geschäftsführer nicht zum Inhaltsteile des Gesellschaftsvertrages in dem Sinne, daß sie nunmehr die rechtlichen Schicksale des letzteren teilte. Es handelt sich hierbei stets nur um eine gesetzlich zugelassene Art der Bestellung, die, weil sie zugleich mit dem Abschlusse des Gesellschaftsvertrages geschieht, in diesen hinübergenommen wird. Nicht aber wird durch die Beurkundung der Bestellung im Gesellschaftsvertrage diese Bestellung materieller Bestandteil des letzteren. Die Bestellung der Geschäftsführer behält, gleichviel ob sie zufolge des gleichzeitigen Abschlusses des Gesellschaftsvertrages darin beurkundet ist oder ob sie besonderen urkundlichen Ausdruck gefunden hat, ihre selbständige Bedeutung, und es geht nicht an, sie im ersteren Falle als sachlichen Bestandteil des Gesellschaftsvertrages zu behandeln. Ein Wechsel in den Personen der Geschäftsführer, über welche der Gesellschaftsvertrag sich verhält, kommt deshalb, sofern nicht etwa aus besonderen Bestimmungen des Gesellschaftsvertrages ein Anderes hergeleitet werden muß, nicht als Abänderung des Gesellschaftsvertrages in Betracht. Vorliegend tritt hinzu, daß die Gesellschafter nicht einmal einen Wechsel in den Personen der im Gesellschaftsvertrage bezeichneten Geschäftsführer beschlossen haben. Denn der Geschäftsführer A. ist nicht zufolge Willensbestimmung der Gesellschafter, sondern durch Tod ausgeschieden, und die übrigen drei Geschäftsführer sind verblieben. Gegen diese Auffassung kann auch nicht mit der Begründung ein Bedenken erhoben werden, daß nach dem Gesellschaftsvertrage bis zu seiner gesetzmäßigen Änderung nur die ersten Gesellschafter Geschäftsführer seien. Denn eine solche Beschränkung läßt sich wiederum aus dem Gesellschaftsvertrage nicht herleiten. Damit, daß darin die ersten Gesellschafter als Geschäftsführer bestellt sind, ist noch keineswegs bestimmt, daß nur diese die Geschäftsführer sein und bleiben sollen. Mangels einer Vorschrift nach dieser Richtung ist die Zuwahl anderer als Geschäftsführer in jeder gesetzlich zulässigen Form statthaft. Diese letztere Erwägung trifft auch die neue, übrigens noch nicht in das Handelsregister eingetragene Fassung des § 17 des Gesellschaftsvertrages. Denn wenn es auch daselbst heißt, daß nach dem Ausscheiden des A. durch Tod die Bestellung der drei übrigen Geschäftsführer bestehen bleibe, so kann daraus nicht entnommen werden, daß zufolge des Gesellschaftsvertrages nunmehr die drei verbliebenen Personen die ausschließlichen Geschäftsführer sein sollen. Daß die Gesellschafter den neuen § 17 keineswegs in diesem Sinne beschlossen haben, ergiebt gerade der vorliegende Sachverhalt. Denn an demselben 17. Dezember 1900, an dem die Gesellschafter dem § 17 seine nunmehrige Fassung gegeben haben, ist von ihnen die Wahl des X. als Geschäftsführer vorgenommen worden. W.

b) **Anfechtung des Beschlusses einer Gesellschaft m. b. H. — Vollmacht. — Abtretung eines Geschäftsanteiles. Gesetz v. 20. April 1892 §§ 17, 48 ff.**

OLG. Hamburg, II. CS. Urteil v. 11. Juni 1901.

1. Das Gesetz enthält Bestimmungen über Anfechtung von Gesellschaftsbeschlüssen, wie sie bezüglich der Aktiengesellschaften getroffen sind, nicht, es fehlt daher auch an einer Vorschrift darüber, gegen wen eine solche Anfechtungsklage erhoben werden muß. Wenn aber, wie verschiedene Kommentatoren (Förtsch, Esser, Hergenhahn, Parisius-Crüger) mit Recht annehmen, die Befugnis des einzelnen Gesellschafters, Gesellschaftsbeschlüsse im Wege der Klage anzufechten, aus allgemeinen rechtlichen Grundsätzen herzuleiten ist, so ist aus solchen Grundsätzen auch zu folgern, daß eine derartige Klage gegen die Gesellschaft zu richten ist. Es handelt sich dabei um ein streitiges Verhältnis zwischen Gesellschafter und Gesellschaft, und über ein solches kann mit voller Rechtswirkung nur in einem Rechtsstreite zwischen Gesellschaft und Gesellschafter entschieden werden. —

2. Da das Gesetz bindende Vorschriften bezüglich des Stimmrechtes der einzelnen Gesellschafter nicht enthält, sondern die Regelung der den Gesellschaftern in dieser Beziehung zustehenden Rechte in erster Linie dem Gesellschaftsvertrage überläßt, besteht die rechtliche Möglichkeit, daß einem Gesellschafter ein Stimmrecht nicht eingeräumt ist...

3. Die Gesellschafter können sich in den Versammlungen der Gesellschaft durch einen Bevollmächtigten vertreten lassen; die Vollmacht bedarf der schriftlichen Form. Dagegen schreibt das Gesetz nicht vor, daß eine für die bestimmte Sitzung ausgestellte Spezialvollmacht vorgelegt werden müsse, und es ist auch nicht ersichtlich, daß das Gesetz nur eine solche Spezialvollmacht habe zulassen wollen... Zur Vertretung seines Sohnes in der Versammlung war der Kläger nicht befugt, weil er nicht in der Lage war, eine schriftliche

Vollmacht vorzulegen. Aber auch seiner Erklärung, daß er kraft des ihm erteilten Auftrages namens seines Sohnes die dem St. gegebene schriftliche Vollmacht zurückziehe, war die Berücksichtigung zu versagen. Die Ausstellung und Aushändigung einer schriftlichen Vollmacht liefert nicht nur den Beweis für die Thatsache der erfolgten Bevollmächtigung, sondern sie hat auch die weitere Bedeutung einer Kundgebung Dritten gegenüber, daß der Aussteller die in der Vollmachtsurkunde bezeichnete und im Besitze der Urkunde befindliche Person als seinen Bevollmächtigten in den rechtlichen Beziehungen zu dem Dritten anerkennen wolle, damit der Dritte sich darauf verlassen kann, daß die ihm mit der Vollmachtsurkunde entgegentretende Person auch wirklich Vertretungsbefugnis habe. Wenn im Gesetze die Gültigkeit einer Vollmacht von der Ausstellung einer Urkunde abhängig gemacht ist, so ist dabei ersichtlich diese rechtliche Bedeutung der Ausstellung und Übergabe einer schriftlichen Vollmacht besonders in Berücksichtigung gezogen. Durch die Vorlegung der Vollmachtsurkunde soll die Sicherheit geschaffen werden, daß, wer als Vertreter eines Gesellschafters auftritt, zu dieser Vertretung befugt ist. Daraus ist aber ferner zu folgern, daß die Vertretungsbefugnis als fortbestehend zu behandeln und demgemäß die mit schriftlicher Vollmacht versehene Person als Vertreter des Ausstellers der Vollmacht so lange zuzulassen ist, bis das Erlöschen der Vollmacht durch Widerruf in authentischer Weise zur Kenntnis der Organe der Gesellschaft gebracht worden. Ob solches nur durch einen in einem Schriftstück beurkundeten Widerruf oder durch einen vom Aussteller der Vollmacht persönlich in der Versammlung der Gesellschaft erklärten Widerruf erfolgen konnte, mag dahingestellt bleiben. Der § 122 BGB. kommt vorliegend nicht in Anwendung.

4. Daß die im Ges. § 17 vorgesehene Genehmigung der Gesellschaft zur Veräußerung von Teilen eines Geschäftsanteiles erst dann erfolgen könne, wenn der Veräußerungsvertrag geschlossen und notariell beurkundet worden, ergiebt sich weder aus dem Gesetze, noch aus dem Gesellschaftsvertrage, und ebensowenig sprechen Gründe allgemeiner Natur dafür, daß diese Genehmigung nicht vor Abschluß des Veräußerungsvertrages und dessen notarieller Beurkundung wirksam erteilt werden könne. Selbstverständlich muß die Genehmigung sich auf die Veräußerung an eine bestimmte Person beziehen und hat sie nur Gültigkeit, wenn die Übertragung des Teiles von dem Geschäftsanteile an die bezeichnete Person erfolgt. M. M.

c) **Der Liquidator einer G. m. b. H. ist ohne Zustimmung der Gesellschafter nicht befugt, einer neuen G. m. b. H. als Gesellschafter beizutreten.**[1]

Kammergericht, I. CS. Beschluß v. 4. Februar 1901.

Im Gesellschaftsvertrage der B.-Gesellschaft m. b. H. übernahm der Liquidator der A.-Gesellschaft m. b. H. für letztere eine Stammeinlage. So-

[1] Vgl. hierzu Pinner, Monatsschr. für HR. 1901 S. 136.

dann wurde bestimmt, daß die A.-Gesellschaft ihr Handelsgeschäft mit den Rechten und Pflichten aus laufenden Lieferungsverträgen nebst dem Gewinn und Verlust seit März 1900 in die neue Gesellschaft für 645000 Mark einbringe, und daß die Gegenleistung durch die Stammeinlage und durch Barzahlung des Restes zu gewähren sei. Die Eintragung der neuen Gesellschaft wurde, weil der Liquidator zum Vertragsschlusse nicht berechtigt sei, abgelehnt und die weitere Beschwerde zurückgewiesen. Gründe:

Das Registergericht war befugt, in eine Prüfung nach der aus den Vorbeschlüssen ersichtlichen Richtung einzutreten; denn die Gesellschaft kann nur dann eingetragen werden, wenn jede der als Gesellschafter bezeichneten Personen zur Eingehung des Gesellschaftsvertrages an sich fähig und wenn im Falle der Mitwirkung von Vertretern bei dem Vertragsabschlusse die Vertretungsmacht nachgewiesen ist. — Mit Recht ist auch die Berechtigung des Liquidators, den Gesellschaftsvertrag abzuschließen, in Zweifel gezogen. Es muß angenommen werden, daß durch § 70 nicht etwa nur der Kreis der Befugnisse der Liquidatoren im Verhältnisse zur Gesellschaft, also nach innen, festgelegt, sondern daß damit auch die Vertretungsmacht gegenüber Dritten nach außen bestimmt und begrenzt ist. Allerdings überträgt der § 71 auf die Liquidatoren u. a. die aus dem § 37 sich ergebenden Rechte und Pflichten der Geschäftsführer, und der § 37 Abs. 2 bestimmt, daß gegen Dritte eine Beschränkung der Befugnis der Geschäftsführer, die Gesellschaft zu vertreten, keine rechtliche Wirkung hat. Allein die Anführung des § 37 im § 71 hat insoweit lediglich die Bedeutung, daß die Vertretungsmacht der Liquidatoren nicht über die ihr im § 70 bereits gezogenen Schranken hinaus mit Wirkung gegen Dritte beschränkt werden kann. Daß das Gesetz diesen Sinn hat, wird durch die Begründung S. 112 klargestellt: „Aus der im folgenden Paragraphen enthaltenen Bezugnahme auf § 37 ergiebt sich zugleich, daß eine weitere Beschränkung der Vollmacht Dritten gegenüber nicht mit Wirksamkeit erfolgen kann." In der Litteratur wird denn auch allgemein angenommen, daß die gesetzliche Vertretungsmacht der Liquidatoren mit Wirkung nach außen lediglich nach Maßgabe des § 70 bestehe.

Nun mag es bereits bedenklich erscheinen, daß Liquidatoren einer G. m. b. H. auf Grund ihrer gesetzlichen Vertretungsmacht das Handelsgeschäft im ganzen veräußern, da der § 70 offenbar von einer Einzelverwertung der Vermögensobjekte ausgeht, wie insbesondere die Hervorhebung der Einziehung der Forderungen erweist. In dieser Hinsicht kommt aber vorliegend in Betracht, daß trotz der Fassung des Vertrages nicht eigentlich das Handelsgeschäft im ganzen, sondern nur gewisse Bestandteile des Gesellschaftsvermögens, nämlich Maschinen, Gerätschaften, Fabrikate, sowie Patente eingebracht werden, daß also insbesondere nicht die Außenstände eingebracht zu sein scheinen, wie auch nach dem Vertrage die neue Gesellschaft die Schulden der aufgelösten nicht zu übernehmen hat. Allein dieser Punkt kann auf sich beruhen bleiben, da der Liquidator nach dem vorliegenden Aktenstoffe nicht für befugt erachtet werden kann, einen Gesellschaftsvertrag wie den vorliegenden abzuschließen, nach welchem die aufgelöste Gesellschaft an der neu gegründeten als Gesellschafter beteiligt wird. In der Beschwerde ist allerdings die Zulässigkeit dieser Vereinbarung damit begründet, daß die Beteiligung an der neuen Gesellschaft hier erkennbar nur zur Beendigung schwebender Geschäfte stattgefunden habe. Es läßt sich indessen nicht ersehen, was für Geschäfte es sind, welche die Einbringung der gedachten Vermögensbestandteile in die neue Gesellschaft rechtfertigen könnten. Wenn hiermit etwa auf die hauptsächlich in Betracht kommenden Patente gezielt sein sollte, so steht entgegen, daß die Patente, wie alle sonstigen Vermögensgegenstände, zur Versilberung geeignet sind, und daß es sich bei diesen Objekten, soweit erkennbar, um geschäftliche Vornahmen, die sich noch in der Schwebe befinden, nicht handelt. Insbesondere kann der Umstand, daß die Berechtigung aus den Patenten einer successiven Verwertung fähig ist, die Zuteilung der Patente zu den schwebenden Geschäften nicht begründen. Ebensowenig kann zugegeben werden, daß der Liquidator jedes Geschäft vornehmen könne, das in seinem schließlichen Erfolge zur Verteilung des Gesellschaftsvermögens an die Berechtigten führt. Das Gesetz erteilt den Liquidatoren die Anweisung, das Vermögen der Gesellschaft in Geld umzusetzen. Die gesetzliche Vertretungsmacht der Liquidatoren wird, wie sich aus den früheren Ausführungen ergiebt, in Bezug auf die Verwertung des Gesellschaftsvermögens durch diese Vorschrift bestimmt und begrenzt. Danach aber läßt sich dem Gesetze nicht entnehmen, daß die Liquidatoren kraft der ihnen in § 70 erteilten Ermächtigung befugt sind, statt der Umsetzung des Vermögens in Geld die Umsetzung in andere Vermögensobjekte vorzunehmen und insbesondere durch Abschluß eines Gesellschaftsvertrages das Gesellschaftsvermögen in einen Anteil von einer neu gegründeten G. m. b. H. umzuwandeln. Eine solche Umwandlung widerspricht vielmehr dem klaren Wortlaute des Gesetzes, das eben die Liquidatoren ausschließlich zur Umsetzung des Vermögens in Geld berechtigt.... Eine völlig andere Frage ist, ob die Gesellschafter durch einstimmige Willenserklärung den Liquidator ermächtigen können, für die Gesellschaft einen Gesellschaftsvertrag wie den vorliegenden abzuschließen. Diese Frage wird für den Fall zu bejahen sein, daß der Abschluß des Gesellschaftsvertrages zum Zwecke der Abwickelung, für welchen allein die Gesellschaft noch aufrecht erhalten ist, erfolgt, und daß hierbei die gesetzlich gewährleisteten Rechte Dritter nicht beeinträchtigt werden. Es ist nicht abzusehen, aus welchem Grunde die anfallberechtigten Gesellschafter verhindert sein sollten, an Stelle der ihnen zukommenden Barbeträge Anteile an dem Vermögen einer neu gegründeten G. m. b. H. als Abfindung zu wählen. Nur muß ersichtlich sein, daß dadurch die gesetzlich gebotene Tilgung oder Sicherstellung der Gesellschaftsschulden (§ 73 Ges.) nicht in Frage gestellt wird, und ferner, daß nicht etwa die aufgelöste Gesellschaft, die ihre Liquidation durchzuführen hat, zufolge der Beteiligung am neuen Unternehmen als produktive weiter bestehen soll, sondern daß nur beabsichtigt wird, die Gesellschafter wegen ihrer Ansprüche auf das nach Abstoßung der Schulden verbleibende Gesellschaftsvermögen abzufinden, sei es durch Aufteilung des erworbenen Geschäftsanteiles unter dieselben, sei es durch Veräußerung des Geschäftsanteiles als eines Ganzen und demnächstige Auskehrung des Erlöses. M.

d) **Der Verbandsvorstand ist nicht verpflichtet, alljährlich jedem Registergerichte, in dessen Bezirke eine oder mehrere dem Verbande angehörige Genossenschaften ihren Sitz haben, die sämtlichen, ihm angehörigen Genossenschaften mitzuteilen. GenossGes. § 58.**

Kammergericht, I. CS. Beschluß v. 22. April 1901.

Der Verbandsvorstand hatte dem Amtsgerichte auf Grund des § 58 GenossGes. ein Verzeichnis der im dortigen Gerichtsbezirke domizilierten, dem Verbande angehörigen Genossenschaften (nur eine Genossenschaft war in ihm enthalten) überreicht, das Amtsgericht aber die Einreichung eines Verzeichnisses der sämtlichen, dem Verbande überhaupt angehörigen Genossenschaften verlangt. Die Beschwerde des General-Anwaltschaftsverbandes wurde zurückgewiesen; die weitere Beschwerde hatte dagegen Erfolg. Aus den Gründen:

Das Gesetz sagt nicht, daß das Verzeichnis der sämtlichen Genossenschaften des Verbandes jedem beteiligten Gerichte einzureichen sei, sondern nur den betreffenden Gerichten, faßt sie also als eine Einheit zusammen. Danach ist dem Gesetze genügt, wenn jedes Registergericht ein Verzeichnis der in seinem Bezirke domizilierten Genossenschaften des Verbandes erhält, weil bei solcher Einreichung den Gerichten in ihrer Gesamtheit das Verzeichnis aller Genossenschaften des Verbandes zugegangen ist. Diese Auslegung wird auch nicht ausgeschlossen durch die Nebeneinanderstellung der Gerichte und der für den Sitz des Verbandsvorstandes zuständigen höheren Verwaltungsbehörde in § 58. Letztere ist allerdings nur als eine einzige höhere Verwaltungsbehörde für den Sitz des Verbandsvorstandes zuständig, während es regelmäßig mehrere Registergerichte sind, in deren Bezirk die Genossenschaften des Verbandes ihren Sitz haben. Ihr ist deshalb ein Verzeichnis aller Genossenschaften des Verbandes einzureichen, weil hier eine Verteilung auf mehrere Behörden überhaupt nicht in Frage kommt. Die Richtigkeit dieser Auffassung ergiebt sich auch aus dem Zwecke der Einreichung, wie er aus der Entstehungsgeschichte des Gesetzes erhellt (vgl. §§ 88 und 60 letzter Abs., Heymann'sche Ausgabe des Entwurfes S. 87). Die vorgeschriebene Mitteilung soll nämlich den Registergerichten die Möglichkeit gewähren, ihre Befugnis zur Entziehung des Rechtes zur Revisionsbestellung auszuüben und ihnen die Vergewisserung zu ermöglichen, ob sie die Bestellung eines Revisors zu unterlassen haben, weil die Genossenschaft zu einem Revisionsverband gehört oder nicht. Diese Prüfung eines jeden einzelnen Gerichtes erstreckt sich nur auf die Genossenschaften seines Bezirkes. Ein Interesse des Gerichtes, auch die dem Verbande angehörigen Genossenschaften anderer Registerbezirke zu erfahren, ist nicht anzuerkennen, und die vom Amtsgerichte beanspruchte

Untersuchung, ob der Verband die zulässige Anzahl von Genossenschaften (§ 56) umfasse, ist dem Gesetze nicht zu entnehmen, liegt vielmehr nach der Natur der Sache der höheren Verwaltungsbehörde ob, die ja ein Verzeichnis aller Genossenschaften erhält. Eine Kontrolle des Amtsgerichtes nach der weiteren Richtung, ob nicht Genossenschaften des Verbandes zufolge mangelhafter Revisionen zu Grunde gingen, übersteigt weit die Offizialthätigkeit des einzelnen Gerichtes, dem durch seine örtliche Zuständigkeit die Grenzen gezogen sind (vgl. Maurer-Birkenbihl S. 255). Die von Parisius-Crüger (3. Aufl. S. 281) vertretene gegenteilige Ansicht ist nicht begründet und entbehrt auch der Berechtigung. Dr. M.

24

a) Beschwerde der Staatskasse gemäß § 20 FrGG.

OLG. Karlsruhe, III. CS. Beschluß v. 7. Februar 1901.

Wenngleich die Steuerdirektion in ihrer Eigenschaft als Aufsichtsbehörde über das Gebührenwesen berufen ist, auch solche Verstöße gegen die Gebührengesetze zu rügen, aus welchen der Staatskasse ein ihr nicht gebührender Vorteil erwuchs, so vermag sie dieses Ziel doch nicht auf dem durch § 20 FrGG. eröffneten Wege zu erreichen. Denn diese Gesetzesstelle gewährt eine Beschwerde grundsätzlich nur dem, dessen Recht durch die anzufechtende Verfügung beeinträchtigt ist. Die Entstehungsgeschichte zeigt deutlich, daß hier eine „Beeinträchtigung" im Sinne einer direkten Verletzung eines dem Beschwerdeführer zustehenden Rechtes gemeint ist, und daß es daher keineswegs genügt, wenn der Beschwerdeführer in anderer Weise beteiligt ist und ein sonstiges Interesse an der Angelegenheit hat. Vorliegend aber verlangt die Steuerdirektion, welche den Gerichten nicht als Aufsichtsbehörde, sondern zur Wahrung der Rechte der Staatskasse als Vertreterin einer Partei gegenüber steht, die Ermäßigung eines nach ihrer Meinung zu hoch bemessenen Gebührenbetrages. Zu dieser Beschwerde ist sie gesetzlich nicht legitimiert, weil durch zu hohen Gebührenansatz ein Recht der Staatskasse nicht „beeinträchtigt" sein kann. Der Umstand, daß hiernach schon die erste Beschwerde, welche das Landgericht materiell geprüft und für unbegründet erklärt hat, unzulässig war, macht nicht auch das Rechtsmittel der weiteren Beschwerde unstatthaft. Für die Statthaftigkeit dieses weiteren Rechtsmittels ist vielmehr die Entscheidung des Landgerichtes maßgebend, damit diejenige Entscheidung, welche hätte ergehen sollen, von dem Gerichte der weiteren Beschwerde erlassen werden könne. Die Entscheidung des Landgerichtes, die die Beschwerde als unbegründet zurückgewiesen hat, wurde danach aufgehoben und die Beschwerde als unstatthaft verworfen. Dr. E.

b) Weitere Beschwerde. Form.

Kammergericht, I. CS. Beschluß v. 29. Mai 1901.

Wenn die weitere Beschwerde zu Protokoll des Gerichtsschreibers eingelegt wird, kann nur der Inhalt des Protokolles berücksichtigt werden, nicht auch der Inhalt einer privatschriftlichen Eingabe, auf welche Bezug genommen wird. Denn die Vorschrift, daß die weitere Beschwerde, wenn sie nicht in einem von einem Rechtsanwalt unterschriebenen Schriftsatz eingelegt wird, zu Protokoll des Gerichtsschreibers eingelegt werden muß (§§ 29, 21 Abs. 2 Fr.GG.), hat die Bedeutung, daß der ganze Inhalt der Beschwerde aus dem Protokolle hervorgehen muß. H.

c) Aufenthaltsort im Sinne des § 36 FrGG.

OLG. Rostock, I. CS. Beschluß v. 25. Juni 1901.

Nachdem festgestellt ist, daß die Mutter des 1900 außerehelich geborenen zu bevormundenden Kindes einen von ihrem verstorbenen Vater abgeleiteten Wohnsitz nicht mehr hat und einen eigenen Wohnsitz nicht erworben hat, auch andere am Leben befindliche und im Inlande bevormundete Kinder nicht besitzt, so ist nach § 36 FrGG. dasjenige Gericht zuständig, in dessen Bezirk das Kind zu der Zeit, zu welcher die Anordnung der Vormundschaft erforderlich wurde, also vorliegend zur Zeit seiner Geburt (vgl. Weißler zu § 36 Anm. 9), seinen Aufenthalt hatte. Dieser Aufenthaltsort aber war in R., wo das Kind in der Frauenklinik geboren ist, im Sinne der vorliegend maßgebenden reichsgesetzlichen Zuständigkeitsnormen gegeben. Denn der Aufenthalt ist, wie auch vom Reichsgericht (vgl. Seuffert 48 Nr. 133) anerkannt wird, ein rein thatsächliches Verhältnis. „Es kommt allein darauf an, daß jemand sich an einem Orte betreffen läßt, also auf das körperliche Sein einer Person an einem Orte; ohne Bedeutung ist, ob die Anwesenheit von der Person gewollt wird und diese sich der Anwesenheit bewußt ist, wie auch unerheblich ist, ob das Verweilen ein augenblickliches und vorübergehendes oder von längerer Dauer ist.“ (Vgl. auch JW. 1897 S. 301 u. 302.) Von diesem Standpunkte aus kann es auf den Umstand, daß die Mündelmutter vor ihrer Entbindung als Landarme dem Landarbeitshause in G. überwiesen und von diesem in der Frauenklinik zu R. untergebracht war, bei Entscheidung über die Zuständigkeitsfrage nach Lage des vorliegenden Falles nicht ankommen. S.

d) Es genügt, daß aus dem Protokolle unmittelbar seine Vorlesung, seine Genehmigung durch den Beteiligten und die persönliche Unterschrift dieses Beteiligten hervorgeht. — Das Protokoll kann auf der Schrift selbst, auf die in der Erklärung Bezug genommen wird, aufgenommen werden; dagegen ist Vorlesung jener Schrift nicht nötig. FrGG. §§ 176, 177.

OLG. Dresden, VI. CS. Beschluß v. 23. Mai 1901.

Die Denkschrift und die Verhandlungen über den § 177 FrGG. sagen nichts darüber, ob im Protokolle ausdrücklich zu lesen sein müsse, daß „das Protokoll“ vorgelesen, daß es „von den Beteiligten“ genehmigt und daß es „von ihnen eigenhändig“ unterschrieben worden sei. Die Denkschrift begnügt sich vielmehr mit der Bemerkung: „Der § 173 (Ges. § 177), der die Vorlesung, Genehmigung und Unterzeichnung betrifft, wiederholt im wesentlichen die auf die Testamentserrichtung bezüglichen Vorschriften des § 2242 BGB." Geht man auf diese Vorschriften zurück, so lautete im 1. Entwurfe des BGB. § 1919 in Abs. 3 Satz 1: „Das Protokoll muß vorgelesen sowie von dem Erblasser genehmigt und eigenhändig unterschrieben, die Vorlesung, die Genehmigung und das Unterschreiben auch im Protokolle festgestellt werden." Hierzu vgl. Motive 5 S. 273 und 1 S. 185. — Bei Beratung des 2. Entwurfes war man sich darüber einig, daß die zu § 1919 Abs. 3 Satz 1 vorgeschlagene Fassung: „Das Protokoll muß vorgelesen, von dem Erblasser genehmigt und eigenhändig unterschrieben werden. Im Protokolle muß festgestellt werden, daß dies geschehen ist" nur redaktioneller Natur ist (Prot. S. 7185, 7186). Auch „ergab" bei derselben Beratung „die Abstimmung in allen Punkten — hinsichtlich der Vorlesung, der Genehmigung, der Unterzeichnung und der Feststellung dieser Thatsachen — die Beibehaltung des Entwurfes" (Prot. S. 7189). Hiernach hängt zwar die Gültigkeit der Beurkundung davon ab, daß das Protokoll dem Beteiligten vorgelesen und von ihm genehmigt, auch von ihm selbst, also nicht durch die Hand eines anderen, unterschrieben wird, sowie daß diese Thatsachen im Protokolle beurkundet werden. Es empfiehlt sich daher auch für den Protokollanten stets, sich an die Fassung des Gesetzes zu halten. Allein notwendig ist ein strenges Festhalten dieser Fassung nicht. Es ist auch eine solche Fassung ausreichend, welche zu vernünftigen Zweifeln keinen Anlaß bietet; m. a. W.: ist das Protokoll so gefaßt, daß aus ihm unmittelbar die Vorlesung desselben, seine Genehmigung durch den Beteiligten und die persönliche Unterschrift dieses Beteiligten hervorgeht, so ist der Form genügt. Es besteht demnach kein Bedenken, die seit Jahrhunderten in Preußen wie in Sachsen gebräuchliche Fassung: „vorgelesen, genehmigt, unterschrieben", welche bisher zu keinen Zweifeln darüber Anlaß gab, daß das Protokoll es war, welches vorgelesen wurde, daß die Beteiligten es waren, die genehmigt hatten, und daß derjenige, der unterschrieben hatte, dies eigenhändig gethan, für ausreichend zu erachten. Es bestehen hiergegen um so weniger Bedenken, als ja der Protokollant verpflichtet gewesen wäre, jede beim Vorlesen, Genehmigen und Unterschreiben stattgehabte Abweichung in seiner Niederschrift festzustellen. — Der Einwand, es genüge nicht, wenn der Richter erst im Wege, sei es auch noch so nahe liegender Auslegung oder Schlußfolgerung zu der Überzeugung gelange, daß das Protokoll die erforderliche Feststellung enthalte, ist nicht am Platze. Eine Auslegung ist hier bei unbefangenem Lesen nicht geboten, und ohne jede Schlußfolgerung ist bei Protokollen überhaupt nicht auszukommen, da selbst die den Wortlaut des Gesetzes wiedergebende Fassung an sich noch immer Raum zu Zweifeln bieten würde, z. B. darüber, ob das Protokoll dem Beteiligten oder nicht etwa einer anderen Person vorgelesen würde, ob es im Beisein der bei der Beurkundung mitwirkenden Personen vorgelesen, genehmigt und unterschrieben wurde. Alle derartige Bedenken müssen der Erwägung weichen, daß sie nur möglich sind, wenn man dem protokollierenden

Beamten ein offenbar gesetzwidriges Verhalten zur Last legt. Übrigens steht auf dem hier geltend gemachten Standpunkte auch das Kammergericht, wenigstens hinsichtlich der Frage, ob der Zusatz „eigenhändig" nötig sei (Rsp. 1 S. 342).

Freilich nimmt das Protokoll auf eine Schrift Bezug, ohne daß diese vorgelesen und dem Protokolle als Anlage beigefügt wurde. Aus den Vorschriften in § 176 Abs. 1 und 2 FrGG. in Verbindung mit § 177 Satz 1 und 2 daselbst folgern namhafte Ausleger dieses Reichsgesetzes (Dorner § 176 Anm. 3e, Fuchs § 176 Anm. 2c, auch wohl Rausnitz § 176 Note 15 u. 18) einerseits, die Aufnahme des Protokolles auf der in Bezug genommenen Schrift selbst sei unzulässig, andererseits, die Schrift müsse ebenso wie das Protokoll vorgelesen und von den Beteiligten genehmigt werden — wobei in letzterer Beziehung unter diesen Auslegern noch weitere Meinungsverschiedenheit darüber herrscht, ob ein besonderer Vermerk im Protokolle des Inhaltes, daß auch die in Bezug genommene Schrift vorgelesen und genehmigt wurde, erforderlich sei (Dorner und Fuchs) oder nicht (Rausnitz Note 16). Das OLG. kann diese Ansichten nicht teilen. Liest man die Worte des Gesetzes unbefangen, d. h., um mit Rausnitz zu reden, so durch, daß man in dieselben nichts hineinlesen will, und zwar zunächst § 176 Abs. 1, sodann Abs. 2 und endlich § 177 Satz 1, so ergiebt sich keinerlei beachtlicher Anlaß zu einem Zweifel in der Richtung, daß die Aufnahme des Protokolles auf der Schrift selbst unzulässig sei, oder auch, daß die Schrift, auf die im Protokolle Bezug genommen wird, in jedem Falle mit vorzulesen sei. Denn Abs. 2 von § 176 spricht von dem Falle, daß die öffentliche Beurkundung unmittelbar auf die in Bezug genommene Schrift selbst unter deren Schluß gesetzt wird, überhaupt nicht, spricht vielmehr von einer solchen in Bezug genommenen Schrift, die an sich getrennt von der Beurkundung besteht; und § 176 Abs. 1 sowie § 177 Abs. 1 reden vom Protokolle selbst, also von der gerichtlich oder notariell bewirkten Niederschrift, dagegen Abs. 2 von § 176 von einer Anlage zum Protokolle (vgl. in letzterer Beziehung Sächs. Arch. 10 S. 401, 402).

Auch ergiebt die Natur der Sache keine zwingenden Gründe, die von jenen Auslegern aufgebrachten Gedanken dem Gesetze unterzulegen. Es ist nicht einzusehen, warum ein Protokoll, worin der Beteiligte sich zum Inhalte einer Schrift bekennt, nicht auf diese Schrift selbst unter deren Schluß in gültiger Weise gebracht werden kann. Bei diesem, in Sachsen und anderen deutschen Staaten schon früher allgemein üblich gewesenen, übrigens aber nie mit Erfolg beanstandeten Verfahren bildet die in der Schrift enthaltene Erklärung und deren protokollarische Anerkennung ein einziges, fortlaufendes Schriftstück, während das in Abs. 2 von § 176 bezeichnete Verfahren doch nur zwei oder mehrere, allererst äußerlich verbundene Schriftstücke schafft, mit einer Reihe von Weiterungen im Falle fernerer Anerkennungen (vgl. Weißler, Notariat Kap. 32 Anm. 5). Es bildet somit jenes Verfahren das Mehr gegenüber dem Wenigeren des anderen Verfahrens, wobei für jenes

Verfahren die Einfachheit, Kürze, Sicherheit und Übersichtlichkeit spricht, aber auch der Umstand, daß jenes Verfahren bei allen, den Gerichtsakten bereits einverleibten Urkunden, namentlich auch für den Fall späterer Genehmigung solcher Urkunden durch fernere Beteiligte nahezu unentbehrlich ist. Es ist ferner auch nicht einzusehen, warum die Schrift, auf die bei der Beurkundung Bezug genommen wird, stets, also auch dann, wenn die Beteiligten die Vorlesung gar nicht wünschen, den Beteiligten vorgelesen werden soll. Diese Vorlesung ist zwecklos, wenn die Beteiligten den Inhalt der Schrift, auf die sie sich beziehen, bereits kennen und nicht etwa besondere Vorschriften die Vorlesung besonders erfordern. Sie artet in solchen Fällen zu einer leeren Form aus, vornehmlich dann, wenn es sich um Schriften handelt, die besonders lang oder schwer verständlich sind, und deren Vorlesung daher die Beteiligten gar nicht zu folgen vermögen; man denke nur an Dismembrationsanbringen, an Vermögensverzeichnisse oder gar an die Gründungsverträge, wobei sich die nach der preußischen und hannöverschen Notariatsordnung an die Vorlesung der Protokollanlagen gebundenen preußischen Notare in der Regel damit helfen, daß sie in das Protokoll einen Auszug aus dem Vertrage aufnehmen, diesen aber selbst als Protokollanlage behandeln! Ein zweckloses Verfahren aber kann das Gesetz nicht gewollt haben (vgl. Reinhard im Sächs. Archiv 10 S. 229).

Man könnte folgendes einwenden: es gehöre die Vorlesung der in Bezug genommenen Schrift zum Wesen der öffentlichen Beurkundung, indem die Vorlesung besondere Garantie dafür schaffen soll, daß alle Erklärungen auch wirklich so, wie sie abgegeben wurden, von den Beteiligten gewollt seien; es diene auch die Form der öffentlichen, gerichtlichen oder notariellen Beurkundung gerade dazu, die zweckentsprechende Vornahme besonders wichtiger Rechtsgeschäfte unter sachverständiger Leitung zu erzielen. Das sei ein wesentlicher Unterschied zur bloßen Unterschriftsbeglaubigung, die ja die Beteiligten für weniger wichtige Rechtsgeschäfte und insbesondere dann wählen könnten, wenn sie einer Vorlesung überhoben sein wollten. Allein ganz abgesehen davon, daß in allen den Fällen, für die gerichtliche und notarielle Beurkundung vorgeschrieben ist, die bloße Beglaubigung nicht genügt (man denke beispielsweise an die Gesellschaftsverträge u. §§ 182 f. und 321 f. HGB.), bleibt zu bedenken, daß auch die bloße Anerkennung des Inhaltes einer Schrift eine Erklärung ist. Wenn es daher dem Beteiligten, weil er den Inhalt der Schrift bereits kennt und will, nur um Abgabe besagter Anerkennungserklärung in öffentlicher Form zu thun ist, muß es genügen, wenn diese seine bloße Anerkennungserklärung vorgelesen wird (vgl. Reinhard S. 230). Auch bei der gerichtlichen oder notariellen Errichtung eines Testamentes durch Übergabe einer offenen Schrift ist nur die Erklärung, daß die überreichte Schrift den letzten Willen enthalte, vorzulesen, während die Schrift selbst, obwohl erst ihr Inhalt das Testament bildet und eine solche Urkunde vorzugsweise Bedeutung beansprucht, unvorgelesen bleibt.

Die Entstehung und der Zweck von Abs. 2 in § 176 des a. Reichsges. beweist nichts für die von **Dorner** u. Gen. aufgestellten Ansichten. Der Entwurf zu § 176 (§ 172) enthielt den Abs. 2 überhaupt nicht. Die Denkschrift bemerkte zu § 172: „Darüber, in welcher Form der Beteiligte sich zu erklären hat, giebt der Entwurf keine Bestimmung. Die Erklärung kann daher auch in der Weise geschehen, daß sich der Beteiligte zu dem Inhalt einer von ihm überreichten oder ihm vorgelegten Urkunde bekennt." Nun bezeichnete **Rausnitz** bei Besprechung des Entwurfes (Heft 7 der Veröff. des Berliner Anwaltsvereines) diese Ansicht der Denkschrift als irrig, indem er davon ausging, die eigentliche, rechtsgeschäftliche Erklärung müsse im Protokolle selbst vollständig enthalten sein. Mit Rücksicht hierauf fand sich die Reichstagskommission bewogen, den jetzigen Abs. 2 in § 172 einzufügen, auffallenderweise, ohne dieser Einfügung im Berichte irgendwelche Erwähnung zu thun. Hieraus hat man, übereinstimmend mit **Frese** im Sächs. Archiv 10 S. 404, zu folgern, daß bei dieser Einschaltung an eine *sachliche* Änderung der Bestimmungen überhaupt nicht gedacht, sondern lediglich beabsichtigt war, der Auffassung der Denkschrift gesetzlichen Ausdruck zu verleihen (so auch **Dorner** § 176 Anm. 3 Abs. 2 und **Reinhard** a. O. S. 231); denn nur so ist es, wie **Frese** treffend bemerkt, zu erklären, daß der sonst so sorgfältig ausgearbeitete Bericht, der die Hinzufügung des 2. Satzes im 3. Abs. des § 176 ausführlich begründet, die Entstehung des 2. Abs. in demselben Paragraphen nicht nur nicht begründet, sondern überhaupt gar nicht einmal erwähnt. Hätte die Kommission beabsichtigt, zugleich die Frage zu bejahen, ob im Falle der Bezugnahme auf eine Schrift deren Vorlesung schlechthin erforderlich sei, so hätte sie sich hierüber schwerlich ausgeschwiegen; denn in diesem Falle hätte sie gegenüber § 173 (jetzt § 177), wonach nur das eigentliche Protokoll, also lediglich die vom Gerichtsbeamten oder Notar bewirkte Niederschrift vorzulesen, ist, begründeten Anlaß gehabt, die Vorlesung der in Bezug genommenen Schrift zu erfordern und die Notwendigkeit eines solchen Erfordernisses in entsprechender Weise zu begründen.

Den Worten in Abs. 2 von § 176 „so bildet sie einen Teil des Protokolles" kann nach alledem ein anderer Sinn nicht beigelegt werden, als: so wird sie **eben dadurch**, d. h. durch die Bezugnahme im Protokolle und durch die Beifügung, zu einem Teile des Protokolles. Aus der Einschaltung von Abs. 2 des § 176 ist hiernach nicht gegen den in der Denkschrift ausgesprochenen Gedanken des Gesetzes zu folgern, daß die Erklärung auch in der Weise erfolgen darf, daß sich der Beteiligte zum Inhalte einer von ihm überreichten oder ihm vorgelegten Urkunde bekennt. Diese Einschaltung erklärt vielmehr zur Vermeidung von Zweifeln das für den Fall der Anerkennung des Inhaltes einer Urkunde vor dem **Notar** bisher in **Preußen** geordnete Verfahren, die Urkunde solchen Falles als Protokollanlage zu behandeln, ausdrücklich für zulässig, ohne damit die Vorlesung dieser Schriften selbst zu erfordern und ohne das nach der Natur der Sache ohne weiteres zulässige Verfahren, das

Anerkennungsprotokoll auf die überreichte Schrift selbst unmittelbar hinter dieser her zu bringen, für unstatthaft zu erklären, oder auch für diesen Fall Vorlesung der in Bezug genommenen Schrift anzuordnen. Dr. v. F.

25

a) Beginn der sechswöchigen Frist. HGB. §§ 63, 72.

OLG. Karlsruhe, I. CS. Urteil v. 8. Mai 1901.

Der § 63 [1] ist allerdings bestimmt, den Handlungsgehilfen, der durch unverschuldetes Unglück an der Leistung der vertraglich übernommenen Dienste verhindert wird, vor der Gefahr zu sichern, plötzlich des Unterhaltes beraubt zu werden. Allein daraus und aus der weiteren Bestimmung des § 72 Nr. 2 HGB. ist keineswegs zu folgern, daß die sechswöchige Frist, während welcher der Handlungsgehilfe des Anspruches auf Gehalt und Unterhalt nicht verlustig gehen soll, im Falle der durch sein unverschuldetes Unglück veranlaßten Kündigung des Dienstverhältnisses vom Tage dieser Kündigung laufe. Nach dem klaren Wortlaute des § 63 beginnt vielmehr jene Frist mit dem Tage nach demjenigen zu laufen, an welchem die Dienstleistung aufhörte, und § 72 [3] besagt ausdrücklich, daß im Falle der Kündigung infolge des Unglückes „der in § 63 *bezeichnete* Anspruch des Gehilfen" nicht berührt werde. Der Handlungsgehilfe sollte durch den Zusatz, den der bisherige Art. 64 erhielt, für den Fall plötzlicher Entlassung wegen der Verhinderung nicht *besser* gestellt werden, als für den der Fortdauer des Dienstverhältnisses trotz der Verhinderung; nur gegen die *Schlechterstellung* sollte der Zusatz den Gehilfen schützen. Es ist auch durchaus nicht erfindlich, weshalb der Gehilfe im Falle der Entlassung auf eine Besserstellung Anspruch zu machen haben sollte. Die Ausführung, der Prinzipal habe es sonst in der Hand, mit der Kündigung nach Belieben zuzuwarten und unter Umständen den kranken Gehilfen wenige Tage vor Ablauf der sechswöchigen Frist brotlos zu machen, ist nicht zutreffend. Denn nur *anhaltende* Krankheit berechtigt zur fristlosen Kündigung, und für die Entscheidung der Frage, ob die Krankheit als anhaltend zu betrachten sei, kommt nicht ihre Dauer vor dem Ausspruche der Entlassung, sondern lediglich diejenige in Betracht, die ihr für die Zukunft noch beizumessen ist. Steht mithin wenige Tage vor dem Ablaufe der sechswöchigen Frist die Genesung und damit die Wiederaufnahme der Dienste in Aussicht, so kann von einer Brotlosmachung des Gehilfen keine Rede sein, weil er überhaupt nicht entlassen werden darf. Dagegen würde es gegen jede Billigkeit verstoßen, dem Prinzipal, nachdem er dem Gehilfen sechs Wochen lang Gehalt und Unterhalt gewährte, obwohl dieser durch Krankheit an der Dienstleistung verhindert war, das Gleiche für eine abermalige Frist von gleicher Dauer zuzumuten, wenn er nunmehr von dem Rechte des § 72 Ziffer 3 deshalb Gebrauch macht, weil sich herausgestellt hat, daß eine Genesung in näherer oder überhaupt in absehbarer Zeit nicht zu erwarten steht.... Dr. E.

b) **Kündigung eines auf Probe angestellten Handlungsgehilfen. HGB. §§ 67, 69.**

OLG. Hamburg, II. CS. Urteil v. 11. Juni 1901.

Dem Kläger war gegen ein Monatsgehalt von 200 Mark die Stelle eines Geschäftsleiters übertragen worden, welche er ein Vierteljahr innegehabt hat. Sollte beim Engagement hinzugefügt sein, daß er auf Probe angestellt werde, so war damit nicht zum Ausdruck gebracht, daß er nur vorübergehend aushelfen sollte, er war vielmehr darauf aufmerksam gemacht, daß er nicht mit einer dauernden Anstellung zu rechnen haben werde, wenn er sich in seiner neuen Stellung nicht bewähren sollte; deshalb greift § 69 hier nicht Platz (vgl. Denkschrift S. 61). War der Kläger aber derartig zur Probe engagiert, so ist nicht ohne weiteres anzunehmen, daß durch solchen Zusatz ausgedrückt sei, es solle die kürzeste Kündigungsfrist von einem Monat (§ 67 Abs. 1) als vereinbart gelten. Aus dem Begriffe der Erprobung ergiebt sich das keineswegs, denn eine Probezeit von 1 oder 2 Monaten kann — je nach der Art der Stellung — ungenügend sein. Deshalb muß solche Einschränkung mit Staub Anm. 4 zu § 66 als willkürlich bezeichnet werden. Wenn dem gegenüber Makower darauf hinweist, daß bei Ablehnung seiner Auslegung der Zusatz „zur Probe" jeder rechtlichen Bedeutung entbehre, so ist solche Erwägung nicht zur Widerlegung geeignet. Es ist nichts Seltenes, daß im Verkehr durch den Zusatz „zur Probe" oder „auf Probe" lediglich der Beweggrund für die Eingehung des Geschäftes zum Ausdruck gebracht wird (vgl. die Art. 339, 341 HGB.). M. M.

c) **Kann der Handlungsgehilfe schon mit der Kündigung oder erst mit der Beendigung des Dienstverhältnisses ein Zeugnis verlangen?**

OLG. Darmstadt, II. CS. Urteil v. 7. Juni 1901.

Der § 73 HGB. und der § 630 BGB. sind nach dem Vorgange des § 113 GewO. Gesetz geworden; doch sind die Worte: „bei Abgang" in „bei Beendigung des Dienstverhältnisses" umgeändert worden. Mit diesem Ausdruck ist gemeint: „im Zeitpunkte der Beendigung" (Planck § 630 Anm. 2). Der Ansicht Staub's (§ 73 Anm. 1 u. 2), wonach der Gehilfe schon vom Tage der Kündigung an das Zeugnis fordern könne, ist nicht beizutreten. Einesteils würde es zu Unzuträglichkeiten führen, wollte man den Dienstherrn nötigen, gleich nach der Kündigung, also zu einer Zeit, wo der Gehilfe noch fortdauernd Dienste leistet, Zeugnisse, insbesondere wenn sie ungünstig ausfallen müssen, zu erteilen, anderenteils spricht die Ablehnung des Antrages, die Verpflichtung zur Ausstellung schon mit der Kündigung beginnen zu lassen (Mater. z. BGB. 2 S. 1290), gegen jene Auslegung der Worte „bei Beendigung". Hg.

d) **Fingierte Ordres und Unfähigkeit als wichtiger Entlassungsgrund. HGB. § 70.**

OLG. Dresden, IV. CS. Urteil v. 29. Januar 1901.

Der Vorwurf, daß der Kläger der Firma fingierte Ordres überschrieben habe, ist, insoweit B. und C. als Besteller in Frage kommen, völlig unhaltbar. Denn der Kläger hat in beiden Fällen seiner Firma deutlich zu erkennen gegeben, daß es sich hierbei um feste Bestellungen nicht handele und er nur zu dem aussichtsvollen Versuche anregen wolle, die beiden durch Zusendung von Waren zu deren Abnahme zu bewegen. Soweit dagegen D. in Betracht kommt, so hatte er allerdings noch nicht fest bestellt, sondern eine Bestellung nur in Aussicht gestellt. Es soll auch nicht verkannt werden, daß ein Reisender, der fingierte Ordres seinem Prinzipal aufgiebt, in der Regel dadurch Grund zur sofortigen Entlassung bieten wird. Vorliegend erscheint es aber, abgesehen von der Vereinzelung der Verfehlung, nicht gerechtfertigt, diesen Maßstab anzulegen. Denn der Beklagte hat bei dem Zusammentreffen der Parteien den Kläger mit der Weisung versehen: „Sie müssen sehen, daß Sie Geschäfte machen, es muß gemacht werden, auf welche Art ist egal, und wenn Sie die Leute auf den Kopf stellen, Sie müssen die Leute zwingen." Ein Prinzipal, der seinem Reisenden ein so aufdringliches Verhalten den Kunden gegenüber zur Pflicht macht, muß damit rechnen, daß die Zulässigkeit der überschriebenen Bestellungen in vielen Fällen fragwürdig sein wird, und es erscheint, wenn auch nicht korrekt, so doch menschlich begreiflich, wenn der Reisende in dem Bestreben, den übertriebenen Anforderungen des Prinzipales an seinen Geschäftseifer einigermaßen gerecht zu werden, einen Auftrag, der ihm für spätere Zeit erst in Aussicht gestellt ist, als einen bereits fest erteilten hinstellt... Zur sofortigen Entlassung nach § 70 muß verlangt werden, daß der Fleiß und die Fähigkeiten des Reisenden in besonders auffälligem Maße hinter den Anforderungen zurückstehen, die die Stellung mit sich bringt. Hier läßt sich aber zur Feststellung dieser Voraussetzung nicht gelangen, weil für den Kläger besondere Schwierigkeiten daraus erwuchsen, daß er ein Absatzgebiet zu bereisen hatte, in dem die Firma des Beklagten noch wenig eingeführt war, nicht zu gedenken, daß noch eine Reihe sonstiger Umstände (z. B. große Konkurrenz) die Mißerfolge des Klägers beeinflußt haben können... Außer dem Gehalt bis Oktober kann der Kläger auch Vergütung des Betrages fordern, der ihm an den Reisespesen dadurch entgangen ist, daß ihn der Beklagte nicht mehr zum Reisen verwendet hat. Denn ein Teil der dem Reisenden zustehenden Reisespesen gehört im Zweifel zu der ihm gebührenden Gegenleistung und kann ihm nicht willkürlich entzogen werden, und zwar ist dies derjenige Betrag, den jener zur Bestreitung seines Unterhaltes für die Zeit aufwenden muß, während deren er diesen aus den Tagegeldern zu bestreiten berechtigt ist. Dr. W.

Dazu: OLG. Dresden, V. CS. Urteil v. 2. Februar 1901.

Der klagende Handlungsgehilfe hat im Laden zum Markthelfer gesagt: „Hier ist alles Beschiß; erst haben die Eimer 78 Pf. gekostet, und jetzt kosten sie 87 Pf." Unbeachtlich ist das Vorbringen des Klägers, der Beklagte habe in der That unreell gehandelt; denn es stand ihm frei, die Preise für seine

Waren zu erhöhen; die Umstellung der Ziffer 78 in 87 enthält keine unlautere, auf Täuschung des kauflustigen Publikums abzielende Handlungsweise, zumal da nicht erhellt, daß sie nur bei einem Teile der Eimer bewirkt worden. Der Kläger hat also grundlos seinen Prinzipal einem Bediensteten desselben gegenüber im Geschäfte durch die Äußerung, die schon der Form nach eine Beleidigung enthält, erheblich in seiner Ehre verletzt. ... Unerheblich ist auch, daß der Beklagte zur Zeit der Entlassung von jener Äußerung noch gar keine Kenntnis gehabt. Endlich war der Beklagte keineswegs verpflichtet, bei der Entlassung mitzuteilen, warum er diese Maßregel ergreife (vgl. ROHG. 21 S. 252); denn der Kläger mußte sich der ihm zur Last fallenden Verfehlung gegen seine Dienstpflicht bewußt sein. Dr. W.

e) **Verbot des Betriebes eines eigenen Handelsgewerbes.**

HGB. §§ 60, 70², 72 Nr. 2.

OLG. Dresden, VIII. CS. Urteil v. 13. März 1901.

Die Klägerin hatte den Beklagten wegen Zuwiderhandlung gegen die Vorschrift in § 60 HGB. und wegen Gehorsamsverweigerung entlassen und forderte Schadensersatz nach § 70 Abs. 2 HGB. Das Berufungsgericht hob das verurteilende Erkenntnis des Landgerichtes auf und wies die Klage ab. Aus den Gründen:

Nach § 60 ist es dem Handlungsgehilfen untersagt, ohne Einwilligung des Prinzipales ein Handelsgewerbe zu betreiben oder in dessen Handelszweige für eigene oder fremde Rechnung Geschäfte zu machen. Darunter fällt aber die Vorbereitung eines Handelsgewerbes seitens eines abgehenden Handlungsgehilfen nicht (vgl. Staub 6. Aufl. S. 252³, der das Mieten des Ladens, Anstellung von Gehilfen und die Besorgung von Einkäufen, obwohl diese Thätigkeit bereits zum Betriebe des Handelsgewerbes gehöre, nicht unter das Verbot des § 60 fallen läßt). Nun hatte der Beklagte bereits Ende Juli seine Stellung für den 31. Oktober gekündigt. Es war ihm daher nicht zu verdenken, daß er bereits vor 5. September Vorbereitungen traf, um nach Ablauf seines Vertrages mit der Klägerin sofort sein geplantes eigenes Geschäft eröffnen zu können und sich dadurch von diesem Zeitpunkte ab seinen Lebensunterhalt zu sichern. Durch diese Vorbereitungshandlungen — der Beklagte brachte an seiner Wohnung ein Schild mit der künftigen Firma an, schaffte die nötigen Maschinen an und machte die zum Betriebe des geplanten Geschäftes erforderlichen Bestellungen an Tabak und Kartons — wurde auch das geschäftliche Interesse der Klägerin nicht berührt. — Nun hat sie zwar behauptet, daß es der Beklagte bei diesen Vorbereitungshandlungen nicht habe bewenden lassen, sondern in der Zeit vom 16. August bis 4. September größere Posten für eigene Rechnung verkauft habe. Möglicherweise sind dies jedoch Fälle gewesen, die nach dem Vorbehalte im § 72, „sofern nicht besondere Umstände eine andere Beurteilung rechtfertigen", keinen Grund zur sofortigen Entlassung abgegeben haben würden. Daß dieser Vorbehalt nicht Platz greife, hätte daher die Klägerin durch Angabe der näheren Umstände, unter denen die Verkäufe erfolgt sein sollen, sowie des Vertragsinhaltes darzulegen gehabt. Dazu hat sie sich aber außer stande erklärt.... Dr. W.

26

a) Ort des Selbsthilfeverkaufes.

OLG. Hamburg, III. CS. Urteil v. 16. März 1901.

...Daraus folgt aber noch nicht, daß der Selbsthilfeverkauf vom Verkäufer nur am Orte seiner Vertragserfüllung hätte geschehen dürfen. Vielmehr ist regelmäßig die Ware an dem Orte zu verkaufen, wo sie sich zur Zeit des erklärten Annahmeverzuges befindet, es sei denn, daß die Weiterversendung gerade die Erzielung eines besseren Preises ermöglicht. Hier hat nun Beklagter zugegeben, daß ein Verkauf des Weizens in amerikanischen Häfen kein besseres Resultat ergeben hätte als der später in Europa vollzogene. Gegen die Verschiffung über den Ozean ist also nichts einzuwenden. Wohl aber dagegen, daß die nach Rotterdam verladene Ware in Hamburg verkauft worden ist. Die beiden Verträge bestimmen je 2000 quarts to Rotterdam. Diese Ware hatte in Hamburg nichts zu thun; daß Kassa dafür in Hamburg zu beschaffen war, war ganz gleichgültig, auch wenn wie hier dies „in exchange for shipping documents" zu geschehen hatte. Freilich waren Kläger und seine Bevollmächtigten in Europa berechtigt, die Konnossemente über die noch schwimmende Ware zu verkaufen, aber nicht an jedem beliebigen Orte, sondern nur an dem Orte, nach welchem die Ware bestimmt war. Wäre dies etwa ein ganz unbedeutender Hafen gewesen, an dem sich selten Käufer einfinden, so hätte ein Abweichen zu Gunsten des nächsten größeren Marktes im Interesse aller Beteiligten liegen können. So liegt die Sache bezüglich Rotterdam und Hamburg aber nicht!... Ein am unrichtigen Orte ausgeführter Selbsthilfeverkauf ist — vgl. Staub § 15 zu Art. 343 HGB. — nicht zu Lasten des säumigen Käufers... M. M.

b) Rechtsstreit zweier offenen Handelsgesellschaften, welche zum Teil die gleichen Personen als Gesellschafter und Liquidatoren haben.

OLG. Hamburg, II. CS. Urteil v. 15. Juni 1901.

Inhaber der klagenden Handelsgesellschaft A., B. & Fried sind A., B. und Fried, Gesellschafter der beklagten Handelsgesellschaft Fried & O. sind derselbe Fried und O. Klägerin ist in Liquidation; ihre Liquidatoren — von denen je zwei die Gesellschaft vertreten — sind A., ein Nichtgesellschafter E. sowie der O. Der Streit der Parteien, ob ein Lieferungsvertrag der Klägerin von Fried für sich oder für seine neue Firma Fried & O. übernommen, ist im letzteren Sinne auf Grund des Briefwechsels entschieden worden. Aus den Gründen:

Die Teilnahme des Fried an beiden Gesellschaften beeinflußt deren Bestand in keiner Weise. Ist doch anerkannten Rechtens, daß sogar dieselben Personen mehrere verschiedene Handelsgesellschaften bilden können (vgl. Bolze 19 Nr. 626; Hans. OLG. im Hauptbl. der Hans. GZ. 1890 Nr. 4).

Bestehen daher die klagende und die beklagte Handelsgesellschaft zu Recht, so konnten sie auch miteinander Verträge schließen (HGB. § 124), welche die Beziehungen der selbständigen Vermögensmassen der beiden Gesellschaften regelten (Entsch. d. RG. 30 S. 34). Allerdings könnte es gegenüber der Fassung des § 181 BGB. zweifelhaft erscheinen, ob eine beide Gesellschaften vertretende Person, wie hier Fried, für die eine Gesellschaft mit der anderen hätte kontrahieren können (vgl. aber Staub, 6. Aufl. § 58 Anm. 10 ff.). Allein dieser Fall ist hier nicht gegeben, da der Vertrag der Parteien, welcher den Gegenstand dieses Rechtsstreites bildet, für die Klägerin durch deren Vertreter, die Liquidatoren A. und C., und für die Beklagte durch deren Vertreter Fried geschlossen ist. Weiter konnten aber auch die beiden Gesellschaften im Prozesse als Parteien gegeneinander auftreten. Sind sie auch nach der herrschenden Meinung nicht als juristische Personen anzusehen, so sind sie jedenfalls nach § 124 HGB. formell parteifähige Rechtsgebilde, wie dies noch kürzlich wieder vom Reichsgericht I. CS. im Urteil vom 13. April 1901 (I. 15/1901) anerkannt ist. Wollte man auch in einem Falle, wo die Gesellschafter auf beiden Seiten identisch sind, wegen solcher Identität von einem Prozeß mit sich selbst reden, welcher unmöglich sei (vgl. Entsch. d. RG. 7 S. 404), so kann man das doch nicht hier, wo nur einer der Gesellschafter beiden Gesellschaften angehört und die eine Gesellschaft dazu noch im Prozeß nicht durch ihn, sondern durch Andere (vgl. Entsch. d. RG. 45 Nr. 341) als Liquidatoren vertreten ist (vgl. Hauptbl. zur Hans. GZ. 1894 Nr. 1, wo das OLG. die Klage einer offenen Handelsgesellschaft gegen ihre beiden Gesellschafter und zwei Andere, welche im Miteigentumsverhältnisse standen, zugelassen hat). Allerdings ist O., einer der beiden Gesellschafter der Beklagten, gleichzeitig Vertreter der Klägerin als deren Mitliquidator. Allein, da die beiden anderen Liquidatoren berechtigt sind, die Klägerin allein zu vertreten, und deshalb z. B. für diese gegen O. persönlich hätten klagen können (vgl. ROHG. 9 S. 31), so ist auch dieser Umstand nicht geeignet, die Prozeßführung unmöglich zu machen. Widersprechende Erklärungen der verschiedenen Liquidatoren sind nicht abgegeben. Allerdings hätte vielleicht eine Schwierigkeit dann entstehen können, wenn es auf den von der Beklagten über das Gespräch des O. mit A. und C. zugeschobenen Eid angekommen wäre. Derselbe war aber unerheblich . . . M. M.

c) Regelmäßig sind mit Waren gefüllte Säcke zu markieren und die Marken in die Transportpapiere aufzunehmen.

HGB. §§ 426, 445, 643.

OLG. Hamburg, II. CS. Urteil vom 30. März 1901.

Die Beschaffung ordnungsmäßiger Konnossemente gehört unzweifelhaft zur Ausführung der vom Beklagten übernommenen Versendung zur „Spedition in Hamburg“. Die Sorgfalt eines ordentlichen Kaufmannes verlangt im allgemeinen, daß in Säcken verpackte Ware, wenn sie zum Transport gelangt, mit einer Marke versehen, und daß diese Marke im Frachtbriefe,

Ladescheine oder Konnossemente angegeben werde. Dem entspricht es, daß in §§ 426, 445, 643 HGB. die Angabe des Merkzeichens der abgeladenen Güter als Bestandteil des Frachtbriefes, Ladescheines und Konnossementes aufgeführt ist, wie denn auch Beklagter bei früheren Verladungen von Gerste die Merkzeichen der Säcke angegeben hat. Demgegenüber ist es unerheblich, wenn Beklagter bestreitet, daß im Speditionshandel eine „Usance" bestehe, die zu verladenden Säcke zu markieren oder vorhandene Merkzeichen anzugeben, und ebenso, wenn er behauptet, die Markierung sei bei Getreidesendungen keineswegs allgemein gebräuchlich. Wenn auch Versendungen unmarkierter Getreidesäcke häufiger vorkommen oder die Angabe vorhandener Merkzeichen in Konnossementen bisweilen unterlassen werden sollte, so würde dies nur auf Nachlässigkeiten zurückzuführen sein, deren Vorkommen an der allgemeinen Regel nichts ändern kann. Auch die Behauptung des Beklagten, daß bei früheren, von ihm für die Klägerin besorgten Versendungen die Markierung der Säcke bezw. die Angabe der Marken im Konnossemente unterblieben sei, ohne daß Klägerin dies gerügt habe, ist unerheblich. Wer die Versendung einem Spediteur überträgt, darf sich darauf verlassen, daß dieser seine Sache ordentlich ausführt. Er ist dem Spediteur gegenüber nicht verpflichtet, dessen Ausführung zu überwachen und Verstöße zu rügen, aus denen ihm im einzelnen Falle Nachteile nicht erwachsen sind. Deshalb kann der Spediteur aus der Unterlassung der Rüge die Genehmigung der ordnungswidrigen Ausführungsart auch für künftige Fälle nicht entnehmen. Da im vorliegenden Falle der Beklagte nach der getroffenen Vereinbarung die Einsackung der lose übernommenen Gerste für den Weitertransport zu besorgen hatte, so kann er sich auch nicht darauf berufen, daß er die — nach der Aussage des X. auf den von letzterem im Auftrage des Beklagten, wenn auch auf Kosten der Klägerin, gelieferten Säcken thatsächlich vorhandene — Markierung nicht gekannt habe. Es wäre seine Sache gewesen, sich die bezügliche Kenntnis zu verschaffen.

Ist hiernach ein Verschulden des Beklagten darin zu erblicken, daß er nicht für die Angabe des Merkzeichens im Konnossemente gesorgt hat, so ist auch weiter der ursächliche Zusammenhang zwischen diesem Versehen und der bei der Umladung in Rotterdam vorgekommenen Verwechselung als vorhanden anzusehen. Nach dem gewöhnlichen Laufe der Dinge muß angenommen werden, daß die Verwechselung beim Umladen in Rotterdam vermieden sein würde, wenn im Konnossemente die Marke der nach Düsseldorf bestimmten Ware angegeben gewesen wäre. Der Leichterschiffer würde dann normalerweise eine nicht oder anders gemarkte Ware auf das Konnossement nicht angenommen haben. Ein weiterer Nachweis des ursächlichen Zusammenhanges seitens der Klägerin erscheint nicht als erforderlich. Vielmehr wäre es unter solchen Umständen Sache des Beklagten, darzulegen, daß sein Verschulden thatsächlich ohne Einfluß geblieben sei. Nach dieser Richtung sind weder genügende Behauptungen aufgestellt, noch Beweise angetreten. Der Hinweis auf die Möglichkeit eines Verschuldens der Besatzung des Seeschiffes oder des Leichterschiffers genügt nicht. Die Konkurrenz eines solchen Verschuldens Dritter oder zufälliger Umstände würden den die Haftung des Beklagten begründenden ursächlichen Zusammenhang nicht ausschließen. M. M.

d) **Zur Auslegung des § 266 HGB.**

Kammergericht, Ferien-S. Beschluß v. 19. Juli 1901.

§ 266 HGB. verordnet in Abs. 1, daß die Generalversammlung die Bestellung von Revisoren „zur Prüfung der Bilanz oder zur Prüfung von Vorgängen bei der Gründung oder der Geschäftsführung" beschließen kann. Die Nachprüfung der Bilanz kann hiernach ganz allgemein angeordnet werden, während bezüglich der Gründung und Geschäftsführung das Gesetz nicht die Anordnung einer allgemeinen Prüfung, sondern nur von „Vorgängen", d. h. von bestimmten näher zu bezeichnenden Vorkommnissen gestattet (vgl. Staub, HGB. § 266 Anm. 6). Zur Verhütung von Benachteiligungen der Minderheit durch die Mehrheit ist dann in Abs. 2—4 dem einzelnen Aktionär unter gewissen Voraussetzungen das Recht eingeräumt, die Bestellung von Revisoren durch das Gericht zu beantragen, nämlich „wenn in der Generalversammlung ein Antrag auf Bestellung von Revisoren zur Prüfung eines Vorganges bei der Gründung oder eines nicht länger als 2 Jahre zurückliegenden Vorganges bei der Geschäftsführung abgelehnt ist." Wie eine Vergleichung dieses Rechtes des einzelnen Aktionärs mit dem der Generalversammlung ergiebt, ist das des Ersteren insofern ein beschränkteres, als er Bestellung von Revisoren „zur Prüfung der Bilanz" nicht verlangen kann, vielmehr beschränkt ist auf die Bestellung von Revisoren „zur Prüfung eines Vorganges bei der Gründung oder bei der Geschäftsführung".

Hieraus erhellt ohne weiteres, daß der Antrag des Beschwerdeführers auf Bestellung von Revisoren „zur Prüfung der Bilanz, Inventur, Beläge und Bücher" gesetzlich unbegründet ist. Was insbesondere die Bestellung von Revisoren zur Prüfung der „Inventur, Beläge und Bücher" betrifft, so kann dahingestellt bleiben, ob diese Prüfung, soweit sie nicht zur Prüfung der Bilanz erforderlich ist, sondern etwas Selbständiges bildet, überhaupt der Generalversammlung zusteht. Dem einzelnen Aktionär steht sie unzweifelhaft nicht zu. Die Prüfung der „Bilanz" ist der Generalversammlung in Abs. 1 des § 266 eingeräumt, nicht aber auch in Abs. 2 dem einzelnen Aktionär.

Würde hiernach allein schon die Beschwerde als unbegründet zurückzuweisen sein, so kommt aber weiter noch Folgendes in Betracht.

Wie sich aus Abs. 2 a. a. O.: „Ist in der Generalversammlung ein Antrag auf Bestellung von Revisoren zur Prüfung eines Vorganges bei der Gründung oder . . . bei der Geschäftsführung abgelehnt" ergiebt, ist Voraussetzung der gerichtlichen Bestellung von Revisoren, daß der betreffende Antrag bereits in der Generalversammlung gestellt und dort abgelehnt ist. Zulässig ist aber, wie oben schon hervorgehoben, in der Generalversammlung nicht ein allgemeiner Antrag auf Nachprüfung der Gründung oder der Geschäftsführung, sondern bestimmter Vorgänge bei der Gründung oder der Geschäftsführung. Ein solcher Antrag ist aber in der Generalversammlung nicht gestellt worden. Nach Inhalt des notariellen Protokolles hat der Aktionär S. beantragt: die Bestellung vereideter Revisoren „zur Prüfung der Bilanz, der Inventur, der Beläge und Bücher", also denselben Antrag, welchen er jetzt mit der Beschwerde stellt.

Ein Antrag auf Bestellung von Revisoren zur Prüfung einzelner bestimmter Vorgänge bei der Geschäftsführung ist nicht gestellt. Unerheblich ist, ob, wie Beschwerdeführer nunmehr in der weiteren Beschwerde behauptet, er das zu den Akten überreichte Schriftstück: „Erklärung und Einspruch gegen den Bericht des Vorstandes der N.r Dampfziegelwerke" in der Generalversammlung vorgetragen hat. Denn wenn und inwieweit man darin Rügen von Vorgängen bei der Geschäftsführung finden will, hätte der Aktionär das Recht gehabt, die Bestellung von Revisoren über diese speziellen Vorgänge zu beantragen und, wenn der Antrag abgelehnt wurde, die Ernennung von Revisoren durch das Gericht zu beantragen. Ein solcher Spezialantrag ist aber nicht gestellt, sondern ein genereller Antrag auf Prüfung der Bilanz, Inventur, Beläge und Bücher. Abs. 2 a. a. O. hat aber zur Voraussetzung, daß in der Generalversammlung ein Antrag der in Abs. 1 gedachten Art, d. h. zur Prüfung von bestimmten Vorgängen bei der Geschäftsführung, gestellt ist. F.

27

Unbefugter Namensgebrauch eines Ausländers im Inlande. Inwieweit kann sich Beklagter auf das öffentliche Recht seines Heimatstaates oder auf eine Legitimation durch nachfolgende Ehe berufen? BGB. § 12, EG. Art. 22.

Kammergericht, III. CS. Urteil v. 28. Mai 1901.

1. Das durch § 12 gewährte Recht ist ein allgemeines Persönlichkeitsrecht und mithin ein Privatrecht. Für privatrechtliche Ansprüche ist aber nach § 13 GVG. der Rechtsweg gegeben, für dessen Zulässigkeit die Gesetze des Prozeßgerichtes ausschließlich maßgebend sind. Demgegenüber ist die Ausführung der Beklagten, ihre Befugnis zum Gebrauche des ihnen bestrittenen Namens beruhe auf ungarischem öffentlichen Rechte, nicht geeignet, die privatrechtliche Natur des geltend gemachten Klaganspruches in Frage zu stellen....

2. Weiter haben die Beklagten die Einrede der Unzuständigkeit des Gerichtes erhoben, weil allein die ungarischen Gerichte als Gerichte ihres Heimatstaates zur Entscheidung über ihren Personenstand zuständig seien. Diese Deduktion übersieht, daß es sich hier nicht um eine Statutsklage, sondern um eine solche auf Unterlassung einer Namensführung handelt. Daß incidenter (infolge der Verteidigung) auf den Personenstand der Beklagten

eingegangen werden muß, ist für die Zuständigkeit unerheblich. Daß aber die Beklagten, die den Namen einer deutschen Adelsfamilie führen und im deutschen Reiche ihren Wohnsitz haben, vor den deutschen Gerichten Recht nehmen müssen, wenn ihnen die Befugnis, diesen Namen in Deutschland zu gebrauchen, bestritten wird, kann keinem begründeten Zweifel unterliegen. Ob das ergangene Urteil im Heimatstaate der Beklagten vollstreckbar sein wird, kann völlig dahingestellt bleiben....

3. Das Interesse des Klägers als eines Mitgliedes des dem westfälischen Uradel angehörigen Geschlechtes der Freiherren v. D. wird erheblich verletzt, sofern ein Unberechtigter diesen Namen führt und dadurch seine Zugehörigkeit zu jenem Geschlechte fälschlich behauptet. Die Beklagten haben freilich zuletzt bestritten, überhaupt den Namen eines „Freiherrn v. D." zu führen, wollen sich vielmehr privatim nur „D." nennen, sie haben jedoch zugegeben, daß ihre sämtlichen Legitimationspapiere auf jenen adeligen Namen einschließlich des Freiherrntitels lauten, und daß sie sich dieser Papiere dauernd bedienen. Sie haben auch unter diesem Namen das Gymnasium zu München besucht, daselbst ihrer Dienstpflicht genügt, die Hochschulen bezogen und sind noch jetzt unter diesem Namen polizeilich angemeldet. Hierin ist unbedenklich ein Gebrauch des streitigen Namens durch die Beklagten zu erblicken; wenn jemand sich im Verkehre mit den Behörden eines bestimmten Namens bedient, so ist dies sicherlich im vollsten Sinne des Wortes als ein Gebrauch dieses Namens anzusehen, selbst wenn er sich gegebenen Falles im Privatverkehre diesen Namen nur in einer Abkürzung bezw. unter Weglassung des Adelstitels und Adelsprädikates beilegt....

4. Weiterhin ist zu untersuchen, ob die Beklagten den ihnen bestrittenen Namen befugt oder unbefugt gebrauchen. Nach den im EG. zum BGB. zur Geltung gelangten Grundsätzen ist für die Beurteilung der allgemeinen Persönlichkeitsrechte eines Menschen als Personalstatut das Recht desjenigen Staates maßgebend, dem er angehört (vgl. auch von Bar, Internationales Privatrecht S. 290). Es muß daher jene Frage jetzt nach dem Rechte des Heimatstaates der Beklagten entschieden werden, während nach den bisherigen Rechtsnormen des gemeinen und des preußischen Rechtes hierfür das Recht des Wohnsitzes maßgebend gewesen wäre (vgl. die Ausführungen des Reichsgerichtes Bd. 29 S. 131)... Das ungarische Recht ist mithin dafür maßgebend, ob die Beklagten berechtigt sind, den Namen „Freiherr v. D." zu führen. Die Beklagten leiten in erster Linie diese Befugnis aus dem ungarischen öffentlichen Rechte her. Sie seien, so führen sie aus, nach § 44 Art. XXIII. 1894 bei Strafe verpflichtet, den streitigen Namen, unter dem sie in den ungarischen Personenstandsregistern eingetragen seien, zu führen. Die angezogene Bestimmung schreibt vor, daß niemand einen anderen Familien- und Beinamen führen darf, als denjenigen, welcher in seiner „Geburtsmatrikel" eingetragen ist. Daraus ergiebt sich mithin, daß jeder Ungar zur Führung des Namens, unter dem er in den Geburtsmatrikeln eingetragen ist,

auch berechtigt sein soll... Hat also der § 44 cit. nur die ungarischen Geburtsregister im Auge, so können sich die Beklagten auf ihn nicht berufen. Bezöge er sich aber auch auf Geburtsregister allgemein, also auch auf ausländische, so gewährt er trotzdem den Beklagten kein Recht auf die Führung des streitigen Namens. Der Beklagte zu 2) ist nämlich in der Geburts- und Taufmatrikel von München gar nicht mehr als Freiherr v. D. eingetragen, sondern es ist auf Grund des Beschlusses des bayerischen Staatsministeriums vom 30. Oktober 1899 jetzt der die Legitimation durch nachfolgende Ehe betreffende Vermerk als rechtsunwirksam gelöscht, die ursprüngliche Bezeichnung des Beklagten zu 2) als unehelichen Sohnes der Isabella E., sowie das Vaterschaftsbekenntnis des Kaufmannes Albert R. wiederhergestellt und dessen nachträgliche Verehelichung mit der Kindesmutter eingetragen worden. — Der Beklagte zu 1) war im Wiener Taufregister allerdings noch am 2. Mai 1899 als Freiherr v. D. aufgeführt. Diese Eintragung ist aber erst nachträglich auf Grund der vom Freiherrn Max v. D. angegebenen Legitimationserklärung erfolgt. Vorher war der Beklagte unter dem Geburtsnamen seiner Mutter „von E." (richtig E.) eingetragen. Da die Legitimation, wie weiter unten ausgeführt ist, als simuliert der Rechtswirksamkeit ermangelt, so konnte die auf Grund dieser zum Schein erfolgten Legitimation von R. und der Kindesmutter am 28. Oktober 1887 herbeigeführte „Berichtigung" des Taufregisters, die in Wirklichkeit eine Verfälschung war, nicht die Wirkungen des § 44 cit. haben, denn es kann nicht Wille des Gesetzes sein, einen durch jene Handlungsweise bewirkten Scheinerfolg des nichtigen Legitimationsaktes zu schützen... — Auch die weitere Ausführung der Beklagten, die ungarischen Behörden hätten ihnen sämtliche Legitimationspapiere unter dem streitigen Namen ausgefertigt und sie dadurch stillschweigend zur Führung desselben ermächtigt, ist hinfällig. Daß die ungarischen Behörden die Beklagten mit dem streitigen Namen bezeichnet haben, ist an sich ein rein thatsächlicher Vorgang, aus dem eine Berechtigung zur Namensführung noch nicht folgt. Die Behörden mögen sich über die Wirksamkeit der Legitimation im Irrtum befunden oder es mag kein Anlaß vorgelegen haben, gegen die Beklagten wegen Führung des Namens von Amts wegen vorzugehen. Die vorgelegten behördlichen Erklärungen sind sämtlich im Jahre 1897 oder noch früher ausgestellt. Daß also das ungarische Ministerium des Innern in Kenntnis des wirklichen Thatbestandes die Befugnis der Beklagten zur Führung des streitigen Namens festgestellt hätte, ist in keiner Weise dargethan. Die bloße polizeiliche Gestattung könnte auch für die Berechtigung der Beklagten, den deutschen Adelsnamen in Deutschland zu führen, keineswegs maßgebend sein, wie denn auch dem Beklagten zu 2) durch das bayerische Staatsministerium die Führung bereits bei Strafe verboten ist.

Die aus dem Privatrecht entnommene Verteidigung der Beklagten geht dahin, daß sie durch die Legitimation ein Recht zur Führung des ihnen bestrittenen Namens erworben hätten. Nach Art. 22 EG. zum BGB bestimmt sich die Legitimation eines unehelichen Kindes, sofern der Vater zur Zeit derselben ein Deutscher ist, nach den deutschen Gesetzen. Hierin liegt nur eine spezielle Anwendung des nach internationalem Privatrechte allgemein geltenden Satzes, daß für die Legitimation das Personalstatut des Legitimierenden maßgebend ist. Vorliegend war nun der pater legitimans zur Zeit dieses Aktes Ungar. Über die Wirksamkeit der Legitimation entscheidet mithin das ungarische Recht. In Ungarn ist nach Wiederabschaffung des österr. BGB. für das katholische Ehe- und Familienrecht das Kanonische Recht in Geltung (vgl. Leske-Löwenfeld, Internationales Privatrecht 1 S. 79, 81 und das von dem Beklagten selbst vorgelegte Gutachten). Letzteres findet mithin, da sowohl Max v. D. als die Beklagten katholischen Bekenntnisses sind, Anwendung. Das Kanonische Recht läßt aber zweifellos eine Legitimation durch nachfolgende Ehe nur dann eintreten, wenn zwischen dem Legitimierenden und dem Kinde ein natürliches Eltern- und Kindesverhältnis besteht; dasselbe ist auch in der Darstellung des ungarischen Privatrechtes von Jung, § 241, auf das Bestimmteste ausgesprochen. Diese Voraussetzung ergiebt sich auch schon aus dem Begriffe der Legitimation. Ihr Zweck ist, wie schon ihr Name andeutet, das vorher illegitime Kind zu einem legitimen, ehelichen zu machen. Wer also zu einem Anderen nicht im Verhältnis eines illegitimen Kindes zu seinem Erzeuger steht, kann niemals von diesem durch nachfolgende Ehe legitimiert werden. Die Legitimation, die Max v. D. erklärt hat, ist mithin, da er unstreitig nicht der Erzeuger der Beklagten ist, wirkungslos gewesen. Könnte man aber selbst annehmen, daß, wie die Beklagten behaupten, das ungarische Recht jene Voraussetzung der natürlichen Abstammung nicht kenne, sondern die Legitimationserklärung des Ehemannes für ausreichend ansehe, so könnten die Beklagten aus diesem Akte trotzdem kein Recht herleiten. Der Freiherr Max v. D. hat die Mutter der Beklagten geheiratet und letztere als seine Kinder anerkannt, aber, wie aus dem notariellen Ehevertrage hervorgeht, nur zu dem Zwecke, um den Beklagten und ihrer Mutter seinen Namen zuzuwenden. Ein jenen Akten entsprechendes thatsächliches Familienverhältnis sollte nach ausdrücklicher Bestimmung des Vertrages nicht herbeigeführt werden. Eine solche Legitimation kann aber keine Rechtswirkungen haben, denn sie ist nur zum Schein erklärt. Max v. D. wollte zwischen den Beklagten und sich gar kein Eltern- und Kindesverhältnis schaffen, er hat einen solchen Willen nur deshalb erklärt, um eine an sich nebensächliche Wirkung der Legitimation, nämlich den Übergang des Namens, zu erreichen. Die Legitimation ist mithin als nur zum Schein erfolgt für nichtig zu erachten (vgl. Entsch. des RG. 29 S. 125). Ob der Kläger nach ungarischem Rechte befugt ist, die Rechtsunwirksamkeit der Legitimation geltend zu machen, kann dahingestellt bleiben; denn für diese Frage, ist nicht das ungarische, sondern das deutsche Recht maßgebend, da sie nicht das Recht der Beklagten auf den streitigen Namen, sondern das Recht des Klägers, die Führung des den Beklagten nach ihrem Personalstatut nicht zustehenden

Namens diesen zu untersagen, betrifft. Nach deutschem Rechte besteht aber kein Zweifel, daß jeder Interessent die Rechtsunwirksamkeit der Legitimation infolge Mangels der natürlichen Abstammung geltend machen kann. Z.

Dazu: **Unbefugter Gebrauch eines Wappens durch Anbringung an einem Gebäude.**

OLG. Hamburg, III. CS. Urteil v. 30. Mai 1901.

... Das Landgericht geht mit Recht davon aus, daß der unzulässige Gebrauch eines Wappens nicht erst dann vorliege, wenn sämtliche Bestandteile desselben und auch diese in allen Einzelheiten genau nachgebildet seien, sondern daß bereits die Wiedergabe der wesentlichen Bestandteile des Wappenbildes, also besonders die Wiedergabe des Wappenschildes genüge, und daß es auch dabei nicht darauf ankomme, ob dessen Merkmale durchweg korrekt wiederholt seien, als vielmehr darauf, welchen Eindruck die Darstellung in ihrer Gesamtheit mache (vgl. Goltd. Archiv 39 S. 446 f.). Danach aber ist ... entscheidend das den Schild füllende, das Hamburger Wappen vorzugsweise charakterisierende Bild der dreitürmigen Burg. Daß die letztere das wesentliche Merkzeichen auch anderer Wappenbilder, so z. B. der Städtewappen von Altona, Preßburg u. a. bildet, kommt nicht in Betracht. ... Auch stellt die Anbringung des Wappenbildes vorliegend einen Gebrauch desselben dar; denn gerade die Art, wie es hier angebracht worden ist, über einem Haupteingange an hervorragender Stelle der Eckkrönung des Gebäudes, entspricht derjenigen Art, in welcher das Staatswappen an öffentlichen Gebäuden zur Bezeichnung ihrer staatlichen Eigenschaft verwandt zu werden pflegt. M. M.

28

a) Substantiierung der gegen die Klage des Verkäufers auf Abnahme der Ware erhobenen Einrede der Anfechtung des Kaufes wegen Irrtums, Ausbeutung der Unerfahrenheit, arglistiger Täuschung des Käufers.

OLG. Colmar, I. CS. Urteil v. 17. Mai 1901.

Das Landgericht hatte die Beklagte, Inhaberin eines Großhandlungshauses, nur unter der Bedingung zur Abnahme der Ware und Zahlung des Preises verurteilt, daß sie den ihr darüber anvertrauten Eid nicht ausschwört, durch falsche Vorspiegelungen des Reisenden des Klägers zur Unterzeichnung des Kaufes bewogen worden zu sein. Hiergegen sowohl Berufung des Klägers als Anschlußberufung der die bedingungslose Abweisung der Klage verlangenden Beklagten. Nur der Berufung wurde stattgegeben aus folgenden Gründen:

Selbst wenn der Beurteilung die Aussage des Buchhalters der Beklagten als voll beweisend zu Grunde gelegt wird, fehlt es an ausreichendem Grunde für die Annahme des ersten Richters, daß die Beklagte bei der Unterzeichnung des Vertrages geirrt oder daß sie dazu durch eine vom Reisenden begangene

Täuschung bestimmt worden sei. Denn stände auch fest, daß sie die ihr vom Kläger zu liefernden 3000 Büchsen bloß als Depot hat übernehmen wollen, daß sie aber irrtümlich sie zu kaufen erklärt hat, so würde sie dieser Irrtum für sich allein noch nicht zu einer gemäß § 119 zu erhebenden Anfechtung berechtigen. Der erste Richter übersieht nämlich zunächst, daß die Anfechtung nicht auf die bloße Behauptung des Anfechtenden hin durchdringen kann, daß er bei Kenntnis der Sachlage und bei verständiger Würdigung des Falles die irrtümliche Willenserklärung nicht abgegeben haben würde. Beim Bestreiten des Klägers hätte die Beklagte vielmehr das Vorhandensein von Umständen darthun müssen, aus denen erhellt, daß sie vernünftigerweise nichts Anderes als die Übernahme eines Depots gewollt haben kann.... Jedenfalls hat sie versäumt, unverzüglich, nachdem sie von ihrem Irrtume Kenntnis erlangt hatte, die Anfechtungserklärung abzugeben (§ 121). Denn derjenige Anfechtungsgrund, hinsichtlich dessen sie sich der Verpflichtung zur unverzüglichen Anzeige entledigt hat, daß nämlich der Kläger vom Reisenden fälschlich als Erzeuger der Ware ausgegeben worden, ist bereits vom ersten Richter zutreffend zurückgewiesen, und die Beklagte ist darauf nicht mehr zurückgekommen. Ihr war allerdings unbenommen, im Laufe des Prozesses ihrem Antrage auf Abweisung der Klage mit noch anderen Anfechtungsgründen nachzuhelfen, jedoch nur unter der Bedingung, daß sie deren Anzeige an den Kläger nicht schuldhaft verzögert.... Der Kläger hatte ein Recht darauf, sobald als möglich aus der Ungewißheit darüber, ob und von welchen Anfechtungsgründen die Beklagte Gebrauch macht, befreit zu werden; eine um 5 Monate verspätete Anfechtung braucht er um so weniger gelten zu lassen, als schon die Rücksicht auf thunlichstes Vermeiden des Anwachsens der Lagerungskosten der Beklagten hätte nahelegen müssen, ihm schleunigst die Möglichkeit zur Prüfung ihrer Anfechtungsgründe und zur Entschließung über Aufrechthaltung oder Aufgeben des in Rede stehenden Geschäftes zu verschaffen.

Die Täuschung der Beklagten endlich hat der erste Richter aus einer vom Buchhalter bekundeten Gebarung des Reisenden entnommen, die sie in den Glauben versetzt habe, es handle sich um ein Depot, die auf einen Verkauf bezüglichen Wendungen des Vertrages seien nur Formalität. Der nach § 123 erforderliche Kausalzusammenhang zwischen den Äußerungen des Reisenden und der Unterzeichnung des Vertrages durch die Beklagte ist jedoch von ihr nicht dargethan.... Sie war vielmehr sowohl mit dem wörtlichen Inhalte des Vertrages (denn sie selbst hat den wesentlichen Teil desselben niedergeschrieben), wie auch, als Kauffrau, mit der Bedeutung der Vertragsbedingungen bekannt. Namentlich war ihr dadurch, daß als Entgelt für die ihr vom Kläger zu liefernde Ware ein Preis bedungen war, und daß sie versprochen hatte, ihn „par traite acceptable à 90 jours" zu begleichen, jeder Zweifel darüber benommen, daß sie Käuferin hat werden sollen. Ebensowenig hat sie sich angesichts ihrer förmlichen Erklärung „la maison ... ne faisant jamais de dépôt j'approuve l'achat de 3000 boites ... livrables et payables aux conditions ci-dessus" darüber getäuscht, daß die gegenteilige Versicherung des Reisenden der rechtlichen Bedeutung entbehrt, und sie hat, indem sie trotz derselben den Vertrag vorbehaltlos unterschrieben hat, zu erkennen gegeben, daß sie sich über dieselbe hinwegsetzen wollte. Alle Sicherheit des Verkehres unter Kaufleuten würde in Frage gestellt, wenn auf noch so naheliegende Verdachtsgründe hin, wie die mit einem gewissen Scheine der Richtigkeit vom ersten Richter verwerteten, einem klar abgefaßten Vertrage die Geltung versagt würde. ... Fr.

b) **Auslegung einer Erklärung, ein geliehenes Kapital innerhalb einer gewissen Zeit nicht zurückzufordern.**

OLG. Dresden, IV. CS. Urteil vom 19. Februar 1901.

Die Erklärung des Beklagten: „er werde sein Kapital nicht fordern, solange der Kläger Eigentümer des verpfändeten Baulandes sein werde", ist nicht streng wörtlich auszulegen. Der Beklagte hat nicht etwa auf jedes Kündigungsrecht während der Besitzzeit des Klägers verzichten wollen, sondern seine Zusage offenbar nur in dem Sinne gemeint, daß er nur dann, wenn der Kläger seiner Verpflichtung zur Zinszahlung regelmäßig nachkommen werde, von der Rückforderung des Kapitals absehen wolle. Anders hat auch der Kläger die Erklärung nicht auffassen können, zumal es sich um Zinsbeträge von beträchtlicher Höhe handelte, die der Beklagte voraussetzlich zur Erfüllung eigener Verbindlichkeiten brauchte. Auch würde er in einer Zwangsversteigerung leicht der auf länger als zwei Jahre rückständigen Beträge verlustig gehen können (§ 10⁴ ZwVG.). Dr. W.

c) **Aus den Umständen zu entnehmender Erfüllungsort. BGB. § 269.**

OLG. Karlsruhe, II. CS. Urteil v. 29. Januar 1901.

Die Entscheidung hängt davon ab, ob die in Mannheim wohnende Beklagte das verkaufte Leinöl in Bingen zu übergeben hatte und deshalb die Gefahr des Unterganges, von der es auf dem Transporte dahin betroffen worden, zu tragen hat (§§ 446, 447 BGB.). Eine ausdrückliche Bestimmung über den Leistungsort ist nicht getroffen. Die Parteien sind ferner darüber einig, daß der vom Gesetze subsidiär aufgestellte Erfüllungsort, d. i. Mannheim, durch die Umstände des Schuldverhältnisses nach dem Willen der Vertragschließenden ausgeschlossen sein sollte. Sie wußten, daß das verkaufte Öl nicht in Mannheim lagerte, sondern rheinaufwärts nach Bingen gelangen werde. Bei keinem Teile konnte daher die Ansicht bestehen, daß das Öl an seinem Bestimmungsort Bingen vorüber nach Mannheim geführt und von da wieder nach Bingen zurücktransportiert werde. Ist aber hiernach Mannheim als Leistungsort ausgeschlossen, so ist weiter aus den Umständen zu entnehmen, an welchem anderen Orte die Leistung zu erfolgen hat. Hierfür können nur Harburg und Bingen in Betracht kommen. Mit Recht macht die Klägerin geltend, Harburg könne schon deshalb nicht als Leistungsort in das Auge gefaßt worden sein, weil ihr bei dem Abschluß des Kaufes gar nicht bekannt gewesen sei, von welchem Orte aus das Öl an sie verfrachtet werde. Auch die Umstände nach dem Vertragsabschlusse lassen die Annahme nicht zu, daß nachträglich Harburg als Erfüllungsort ausersehen worden sei. Die Beklagte hat sich ausdrücklich die beliebige Wahl ihrer Bezugsquelle und damit des Verladeortes vorbehalten, auch andere Orte als Versandort bezeichnet. Dazu kommt, daß die Beklagte von der von ihr behaupteten Ausscheidung der 50 Faß Öl und der Auslieferung derselben an den Frachtführer in Harburg der Klägerin nicht alsbald Nachricht gegeben hat. Endlich hat sie, da sie mit ihrem Lieferanten „cif Bingen" abgeschlossen hat, die Ladung gegen die Transportgefahr auf ihre Kosten versichert. Nach dem Vertrage war sie nur verpflichtet, franko Bingen zu liefern; vertragsmäßig lag ihr hiernach die Versicherung der Ware nicht ob. Wenn sie trotzdem die Versicherung auf ihre Kosten vornahm, so erklärt sich dies nur daraus, daß nach dem Willen der Parteien die Gefahr des Unterganges, von welcher das Öl während des Transportes betroffen werden könnte, von der Beklagten als Verkäuferin zu tragen war. Dr. E.

d) **„Fob" (frei an Bord) bedeutet, daß der Verkäufer die Kosten des Transportes bis ans Schiff trägt, nicht aber auch, daß er die Gefahr bis dahin trägt. BGB. §§ 269, 447.**

OLG. Hamburg, IV. CS. Urteil v. 29. März 1901.

Mit den Umständen des Falles ist wohl vereinbar, daß der Kläger am Sitze seiner Fabrik durch Absendung der Ware seine Lieferpflicht erfüllte. Beklagter beruft sich jedoch auf die in den Vertrag aufgenommene Bestimmung „fob Hamburg", der im kaufmännischen Verkehre allgemein die Bedeutung beigelegt werde, daß den Verkäufer die Gefahr bis zur Lieferung an Bord des Seeschiffes treffe. Hierfür hat er sich auf die Handelskammer berufen. Der Erhebung dieses Beweises bedarf es jedoch nicht, da das Gericht diesem Gutachten, wenn es im Sinne des Beklagten ausfiele, gegenüber der Rechtslage und den notorischen Thatsachen des Handelsverkehres keine entscheidende Bedeutung beimessen könnte. Sehr häufig wird in kaufmännischen Kaufverträgen vereinbart, daß der Verkäufer die Unkosten des Transportes bis zu einem bestimmten Orte tragen solle, ohne daß die Absicht ist, diesen Ort zum Erfüllungsort der dem Verkäufer obliegenden Lieferung zu machen oder ihm die Gefahr des Transportes aufzubürden. Die Häufigkeit solcher Abmachungen hat die Bildung typischer Vertragsbestimmungen mit sich gebracht. So kommen Bestimmungen wie: franco Hamburg; frei Bahn, Waggon oder Kahn Hamburg; c. f. Hamburg; c. i. f. Hamburg (oder irgend ein anderer Ort) täglich vor. Sie alle haben ausschließlich die Bedeutung, daß der Verkäufer die Fracht und übrigen Unkosten des Transportes bezw. auch der Versicherung bis zur bezeichneten Stelle tragen soll. Die Bestimmung eines anderen Erfüllungsortes als des sich aus dem Gesetze und der Lage des Falles ergebenden wird damit nicht beabsichtigt. Das steht in der durch die

Wechselwirkung der Gerichte und des Handelsstandes entstandenen allgemeinen Meinung. völlig fest und wird durch eine umfangreiche und sich über Jahre erstreckende Judikatur bezeugt. Irgend welche Gründe, aus denen die Klausel „f. o. b. Hamburg" anders zu beurteilen wäre, bestehen nicht. Ihre Fassung ist der der anderen zitierten Klauseln völlig analog, sie besagt nur, ganz entsprechend den Klauseln frei Bahn u. s. w., daß der Verkäufer alle Unkosten des Transportes bis an Bord des Seeschiffes zu tragen habe, und es würde jeder Folgerichtigkeit widersprechen, wenn man ihr die den anderen analogen Klauseln notorisch fehlende Bedeutung einer Übertragung der Transportgefahr auf den Käufer beimessen wollte. Gründe, wegen welcher dies bei Anwendung der fob-Klausel stets die Absicht sein sollte, hat der Beklagte denn auch nicht anführen können. M. M.

e) **Zum § 313 BGB. Wodurch kann der Formmangel geheilt werden?**

OLG. Stettin, I. CS. Urteil v. 22. Juni 1901.

Die Auflassung des in dem Berufungsantrage bezeichneten Grundstückes hat der Kläger nicht zu beanspruchen, weil die Vereinbarungen, auf die er seinen Anspruch gründet, der in § 313 BGB. vorgeschriebenen Form entbehren. Eine Heilung des Formmangels durch Auflassung und Eintragung, wie sie der Satz 2 des § 313 nachläßt, ist nicht eingetreten. Daß die übrigen in dem Vertrage vom 3. April 1900 verkauften Grundstücke dem Kläger aufgelassen und als sein Eigentum im Grundbuche eingetragen sind, genügt nicht, und ebensowenig genügt es, daß ihm an Stelle der (von ihm verlangten) Parzelle 116 eine andere aufgelassen ist mit der angeblichen Abrede, daß diese andere Parzelle gegen die Parzelle 116 durch wechselseitige Auflassung ausgetauscht werden solle. Der Satz 2 des § 313 BGB. beruht auf dem Gedanken, daß das nicht formgültige Veräußerungsgeschäft gültig werden soll, wenn die dadurch versprochene Eigentumsübertragung freiwillig gewährt wird. Diese Wirkung tritt aber nur ein, wenn die auf Veräußerung von Grundeigentum gerichteten Abreden dem Vertrage gemäß und vollständig erfüllt werden. Es müssen also gerade die Grundstücke aufgelassen werden, deren Eigentum nach dem Vertrage dem Erwerber übertragen werden soll, und es müssen diese Grundstücke auch sämtlich aufgelassen werden, denn solange das nicht geschehen ist, liegt eine wirkliche Erfüllung der auf die Übertragung des Grundeigentums gerichteten Vertragsabreden nicht vor. S.

f) **Stillschweigender Verzicht auf Aufrechnung. BGB. § 387.**

OLG. Dresden, III. CS. Urteil v. 19. März 1901.

... Ein solcher Verzicht wird namentlich dann anzunehmen sein, wenn in einer auch dem Schuldner erkennbaren Weise erhellt, daß dem Gläubiger an der Tilgung seiner Forderung durch Aufrechnung nichts gelegen sein kann, sein Interesse gerade darauf geht, Geld oder Geldeswert in die Hände zu bekommen, wenn er nach Treu und Glauben im Verkehre erwarten kann, daß der Gegner ihm die Leistung so, wie er sie versprochen hat, auch wirklich gewährt, die im allgemeinen zwar zulässige Ersatzleistung durch Aufrechnung im besonderen Falle nach dem übereinstimmenden Willen der Parteien keine Vertragserfüllung darstellen würde (vgl. Hölder-Schollmeyer, Schuldverh. S. 344[3]). Diese Auslegung ist hier geboten. Die Absicht der Parteien ging nicht nur dahin, die Rechte der Beteiligten an den 9000 Mark festzustellen, sondern auch zu bestimmen darüber, wie vom Beklagten die Erbteile der Vertragsgegner zu gewähren seien. Der dabei gewählte Ausdruck „auszahlen", sowie der Umstand, daß die Auszahlung in zwei Raten von 1310 und 490 Mark erfolgen sollte, vor allem aber das Versprechen der hypothekarischen Sicherstellung lassen erkennen, daß eine Auszahlung im wörtlichen Sinne gewollt war. Zu dieser konnte der Beklagte mangels flüssiger Geldmittel möglicherweise nicht in der Lage sein, darum war eine Sicherstellung für diesen Fall geboten. Zur Aufrechnung war er jederzeit in der Lage, es wäre daher auch das Versprechen der Sicherstellung nicht erforderlich gewesen.... Schließlich läßt das Verhalten des Beklagten erkennen, daß auch er seine Leistungspflicht nur in dem Sinne einer wirklichen Auszahlung verstand. Nichts hätte näher gelegen, als daß er dem Ansinnen der Miterben, Rechte an den 9000 Mark geltend zu machen, sofort mit seinen Gegenforderungen an den Nachlaß entgegen getreten wäre. Die Verhandlungen würden alsdann einen ganz anderen Verlauf genommen haben. Gerade mit Rücksicht auf die Verpflichtungen, die die Vertragsgegner des Beklagten übernahmen, mußten diese nach Treu und Glauben annehmen, daß der Beklagte seinerseits keine Ansprüche an den Nachlaß habe. Wenn daher der Beklagte solche Ansprüche damals nicht geltend machte, so verzichtete er damit stillschweigend, wennschon nicht notwendig auf die Ansprüche selbst, so doch auf deren Aufrechnung gegen die übernommenen Leistungen. Dr. W.

g) **Dienstvertrag. Kündigung ohne Einhaltung einer Frist. Rücktritt wegen Unmöglichkeit der Erfüllung.**

OLG. Posen, III. CS. Urteil v. 9. Juli 1901.

Am 28. Mai 1900 hatte die Beklagte den Kläger vom 1. Juni 1900 ab zum Gutsverwalter bestellt, schon am 31. Mai aber schrieb er ihr, wegen Krankheit am 1. Juni nicht antreten zu können. Die Beklagte verstand das Schreiben dahin, daß der Kläger überhaupt nicht antreten könne, und vergab am 13. Juni die Stelle anderweit. Inzwischen schrieb der Kläger am 12. Juni, er werde am 1. Juli antreten, worauf die Beklagte am 20. Juni ablehnend antwortete. Der Schadensersatzanspruch des Klägers wurde zurückgewiesen. Aus den Gründen:

Der Kläger ist zur Leistung von Diensten höherer Art mit festen Bezügen angestellt worden, zur Anwendung kommen daher neben den allgemeinen Bestimmungen des BGB. die Vorschriften über Dienstverträge, §§ 611 ff. Die Beurteilung des Vorderrichters ist nicht bedenkenfrei; dies gilt namentlich von der Anwendung des § 626. Hatte nämlich die Beklagte Grund zu alsbaldiger Kündigung, so mußte sie eine solche aussprechen, statt den Brief des Klägers vom 31. Mai unbeantwortet zu lassen. Aber auch die Bezugnahme auf § 325 läßt eine Begründung dahin vermissen, daß dem Kläger schuldbar die Vertragserfüllung unmöglich geworden sei, denn seine Krankheit war unverschuldet und die Hinderung nur vorübergehend. Gleichwohl ist dem Vorderrichter im Ergebnis beizupflichten. Der pünktliche Dienstantritt war für die Beklagte mit Rücksicht auf die Wichtigkeit der Stellung und die bevorstehende Ernte sehr wichtig. Das mußte der Kläger als Landwirt wissen und danach sein Schreiben einrichten. Er mußte sich sagen, daß die Beklagte in arge Verlegenheit kann, wenn er sie im Stich ließ, daß eine Krankheit von längerer Dauer sie zur Lösung des Verhältnisses berechtigen konnte, und daß die Kürze der Zeit zwischen dem Vertragsschluß und der Behinderung auffallen und Zweifel an seiner Vertragstreue erwecken konnte. Der Kläger mußte deshalb von vornherein aufklären, was die Beklagte wissen mußte, also entweder, daß die Dauer der Behinderung sich nicht übersehen lasse, oder daß er an einem bestimmten Tage antreten werde. So aber, wie der Brief lautet, ist er zweideutig. Man kann ihn dahin verstehen, daß der Kläger nicht jetzt, aber später antreten wollte, aber auch dahin, daß er den vertragsmäßig am 1. Juni beginnenden Dienst überhaupt nicht antreten wollte. Freilich hätte die Beklagte das Schreiben im ersteren Sinne auslegen sollen, wenn sie sich auf die Vertragstreue des Klägers zu verlassen hatte, aber dazu war nach dem befremdlichen Inhalte seines Briefes die Sachlage nicht angethan. Sie hat den Kläger für vertragsbrüchig gehalten, und man kann es ihr deshalb nicht verdenken, wenn sie nicht antwortete und am 13. Juni die Stelle anderweit vergab. Allerdings ist es möglich, daß noch vorher die Anzeige des Klägers, er werde am 1. Juli antreten, an sie gelangt war, aber selbst in diesem Falle trifft sie kein Vorwurf, wenn sie sich der Ungewißheit, ob der Kläger Wort halten werde oder könne, nicht aussetzen und die Verhandlungen mit dem neuen Bewerber nicht abbrechen wollte. Die Unmöglichkeit für den Kläger, den Vertrag zu erfüllen, ist also die Folge eines Umstandes, den er zu vertreten hat, nämlich davon, daß er sich seiner Vertragspflicht zuwider zweideutig ausgedrückt hat. Danach aber war die Beklagte gemäß § 325 berechtigt, vom Vertrage zurückzutreten. Sie hätte dies aus billiger Rücksicht auf den Kläger vielleicht früher als am 20. Juni thun sollen, indessen ist eine unverzügliche Erklärung im Gesetze nicht vorgeschrieben, war auch nach Lage der Sache nicht unbedingt geboten. S.

b) **Es ist objektiv zu beurteilen, ob die Thätigkeit des Maklers nur gegen Vergütung erwartet werden konnte. BGB. § 653.**

OLG. Posen, IV. CS. Urteil v. 8. Juli 1901.

Der Beklagte hat einen Anspruch auf Mäklergebühr gegen die Klageforderung zur Aufrechnung gestellt und so weit er den Betrag der Klageforderung überschreitet, im Wege der Widerklage geltend gemacht. Aus den Gründen:

Nach § 653 gilt ein Mäklerlohn als stillschweigend vereinbart, wenn die übertragene Leistung den Umständen nach nur gegen eine Vergütung zu erwarten war. Der erste Richter glaubt dies Erfordernis aus dem Grunde verneinen zu müssen, weil die Parteien in freundnachbarlichen Verhältnissen gestanden haben, so daß der Kläger sehr wohl der Meinung habe sein können, der Beklagte sei aus diesen Gründen bei den Verhandlungen mit thätig und gefällig. Allein, ob eine Leistung den Umständen nach nur gegen eine Vergütung zu erwarten ist, ist objektiv unter Berücksichtigung der Verkehrssitte im redlichen Geschäftsbetriebe zu beurteilen. Es kommt deshalb nicht darauf an, ob der Kläger etwa erwartet hat, der Beklagte werde die übertragene Leistung ohne Vergütung ausführen, sondern darauf, ob er dies unter den obwaltenden Umständen vernünftigerweise erwarten durfte (vgl. Planck, Anm. 1 zu § 653 BGB.) Diese Frage muß verneint werden (wird näher begründet). Hiernach hat der Beklagte einen Anspruch auf Mäklerlohn, ohne daß es auf den über das Versprechen zugeschobenen Eid ankommt. R.

29

a) **Eintragungsfähig ist weder die Entsagung auf künftige Bergschadensvergütung noch die Verpflichtung, im Interesse des Bergbaus für die zeitweise Räumung und Absperrung des Grundstücks zu sorgen und der bergpolizeilichen Aufsichtsbehörde gegenüber auf Sicherheitsmaßregeln zu verzichten.[1] BGB. § 883.**

Kammergericht, I. CS. Beschluß v. 13. Mai 1901.

Wie in der Beschwerde ausdrücklich hervorgehoben ist und auch aus der Eintragungsbewilligung hervorgeht, handelt es sich bei dem ersten Punkte darum, daß das Recht der entschädigungsfreien Einwirkung auf das Grundstück Nr. 71 durch den Betrieb des Bergwerkes eingetragen werde. Es soll also grundbuchmäßig festgelegt werden, daß dem jeweiligen Eigentümer des belasteten Grundstücks ein Anspruch auf Bergschadensvergütung, wie er im § 148 des Berggesetzes ausgestaltet ist, nicht zustehe. Ein derartiger Verzicht schließt aber nicht die Begründung eines dinglichen Rechtes zu Gunsten des Bergwerksbesitzers in sich ... Gründe:

Die Entschädigungspflicht des Bergwerksbesitzers, welche die dem Grundeigentume durch das Bestehen des Bergwerkseigentumes auferlegten Einschränkungen ausgleichen soll, gilt als eine Legalobligation, d. i. als eine lediglich auf dem Gesetze beruhende, von den sonstigen Thatbeständen einer Ersatzpflicht unabhängige Schuld, die in der Person desjenigen entsteht, zu dessen Besitzzeit der Schade eingetreten ist. Gläubiger ist der zur Zeit der Entstehung des Schadens vorhandene Eigentümer des Grundstückes (Daubenspeck, Die Haftpflicht des Bergwerksbesitzers S. 5 ff., bes. 10, 22 u. Lehre vom Bergschaden S. 26, 42; Klostermann-Fürst, Bergges. S. 451 ff. Entsch. des RG. 30 S. 230; Dernburg, Sachenrecht § 157). Hiernach

[1] Vgl. Rsp. 1 S. 203 Nr. 117 und 2 S. 489 Nr. 192a.

bedeutet der Verzicht auf Schadensersatz die Befreiung von einer (gegenwärtigen oder künftigen) Schuld, die Aufhebung eines gesetzlichen Schuldverhältnisses, verleiht aber nicht dem Schuldner, d. i. dem Bergwerksbesitzer, die das Wesen der Belastung einer Sache ausmachende Befugnis, auf das Grundstück nach einer bestimmten Richtung einzuwirken, sei es auch nur nach der Richtung, daß er aus dem Grundstücke eine Leistung zu erhalten habe (Motive zum BGB. 3 S. 2; Windscheid-Kipp, Pandekten § 38). Das dingliche Recht, das sich aus dem Bergwerkseigentume gegenüber dem Grundeigentume ergiebt, besteht in der Möglichkeit des ungehinderten Bergwerksbetriebes, auch wenn dieser zu Eingriffen in die Rechte des Grundeigentümers führt. Durch den hier geforderten Eintrag soll nicht das dingliche Recht, sondern die Beseitigung der obligatorischen Folgen seiner Ausübung kundbar gemacht werden; dem Verzicht auf Schadensersatz und der Freiheit des Bergwerksbesitzers von der Pflicht, den Bergschaden zu vergüten, soll dingliche Kraft oder richtiger Wirksamkeit gegen jeden, den es angeht, durch die Veröffentlichung im Grundbuche verschafft werden. Dies ist aber nach dem die Vertragsfreiheit auf dem Gebiete des Sachenrechtes ausschließenden System des BGB. unmöglich (vgl. auch JW. 1901 S. 273). Das Gesetz (sei es ein Reichs-, sei es ein den vorbehaltenen Gebieten angehöriges Landesgesetz) kennt keine Belastung einer Sache, vermöge deren vom Eigentümer als solchem gefordert werden könnte, daß er die Erhebung ihm an sich zustehender, gesetzlicher Entschädigungsansprüche unterlasse. Hieran wird auch dadurch nichts geändert, daß nach dem neuen Rechte die Bergschadenvergütung den Hypotheken-, Grundschuld- und Rentenschuld-Gläubigern haftet (Art. 67 Abs. 2, 52, 53 EG., Art. 37 Z. XI Ausf.G. zum BGB., dazu Materialien, Heymann'sche Ausgabe S. 374, 551, 569, 841, 854). Ein subjektiv-dingliches Recht, das der Verfügung des jeweiligen Eigentümers unterläge, so daß die Eintragung als Abschreibung eines Grundstücksbestandteiles (§ 96 BGB.) sich vielleicht rechtfertigen ließe, ist damit nicht begründet. Im übrigen ist die Frage nach der Beteiligung der Hypothekarien bei einem Abkommen, wie dem vorliegenden, nicht zu erörtern, da das Grundstück Nr. 71 unbelastet ist. — Kann demgemäß die Entsagung auf Bergschadenvergütung als Belastung des Grundstückes nicht eingetragen werden, so ist sie in gleicher Weise der Vormerkung unzugänglich. Es können nur Ansprüche auf Einräumung eintragungsfähiger Rechte vorgemerkt werden (§ 883 BGB.; Jahrbuch 20 A S. 91 ff.).

Bei Punkt 2 der Eintragungsbewilligung handelt es sich um Leistungen des Grundeigentümers zu Gunsten der Beschwerdeführerin als Eigentümerin des Bergwerkes, also um Reallasten (§ 1105 BGB.). Ihrer Buchung steht der nach Art. 115 EG. zum BGB. aufrecht erhaltene § 91 Abs. 2 des Ablösungsgesetzes vom 2. März 1850 entgegen, wonach mit Ausnahme fester Geldrenten Lasten, welche nach dem Gesetze ablösbar sind, einem Grundstücke nicht mehr auferlegt werden dürfen. W. H.

Dazu: Kammergericht, I. CS. Beschluß v. 29. Mai 1901.

Der Inhalt der Eintragungsbewilligung des Hauseigentümers X. entspricht den durch das Ortsstatut begründeten Verpflichtungen, welche Platz greifen, falls die Stadt neue Straßen zc anlegt oder schon bestehende verändert oder erweitert und der Grundeigentümer an der betreffenden Straße ein Gebäude errichtet. Die so begründeten Verpflichtungen sind öffentliche Gemeindelasten, welche ohne weiteres auf den Anliegergrundstücken haften und auf jeden Eigentümer derselben übergehen, so lange sie nicht bezahlt sind. Das Statut selbst ist auf Grund des § 15 des Fluchtlinien-Ges. vom 2. Juli 1875 erlassen. Nach Art. 11 Ausf.G. zur GrBO. sind die öffentlichen Lasten des Grundstückes, die bei der Zwangsversteigerung den Rechten am Grundstücke im Range vorgehen (also alle öffentlichen Lasten, insbesondere auch die Gemeindelasten), von der Eintragung im Grundbuch ausgeschlossen. Die Verpflichtung ist auch dadurch nicht eintragungsfähig geworden, daß sie anscheinend vertragsmäßig gegenüber der Stadt noch besonders übernommen ist. Damit ist für die bereits durch das Statut bestehende Verpflichtung höchstens noch ein zweites Fundament geschaffen worden. Jedoch hören damit die Anliegerbeiträge nicht auf öffentliche Lasten zu sein, die ohne Eintragung mit dem ihnen nach § 10[3] ZwVG. zukommenden Vorrange bei der Verteilung der Kaufgelder in Ansatz zu bringen sind ... W. H.

b) **Der Gläubiger, dem eine Briefhypothek verpfändet ist, kann nicht von einem Dritten, der gegen Eigentümer der Hypothek das Recht auf Löschung derselben erlangt, auf Vorlegung des Briefes behufs Eintragung einer Vormerkung zur Erhaltung des Rechtes auf die Löschung angehalten werden. BGB. §§ 885 ff.**

OLG. Jena, I. CS. Urteil v. 29. April 1901.

Der Kläger erwarb am 24. Mai 1895 von X. ein in Berlin gelegenes Grundstück, auf dem unter Nr. 2 eine Hypothek von 3000 Mark haftete. Diese war am 19. April 1895 auf X. übergegangen und von ihm unter Aushändigung des Briefes alsbald dem Beklagten, für welchen 30000 Mark vor den 3000 Mark unter Nr. 1 eingetragen waren, für die dabei nachträglich eingetragenen Zahlungsverpflichtungen verpfändet worden. Da der Kläger die Nr. 2 nicht mit übernommen hatte, erwirkte er am 31. Januar 1899, nachdem er kurz vorher das Grundstück weiter verkauft hatte, die Verurteilung des X. zur Bewilligung und Bewirkung der Löschung der Hypothek und eventuell zur Bewilligung der Löschung für den Fall des Erlöschens des auf derselben ruhenden Pfandrechtes. Nunmehr verlangt er, daß der Beklagte den Brief über die verpfändete Hypothek dem Grundbuchamt herausgebe und darein willige, daß eine Vormerkung zur Erhaltung des Rechtes auf Löschung der Hypothek nach erfolgtem Erlöschen des beklagtischen Pfandrechtes eingetragen werde. Die Klage wurde abgewiesen. Aus den Gründen:

Unter „Vormerkungen" versteht das BGB., nach welchem der Rechtsstreit zu entscheiden ist, vorläufige Vermerke zur Erhaltung obligatorischer

Ansprüche. Die Vormerkung bezweckt nicht eine Berichtigung des Grundbuches, sondern eine Änderung des durch dasselbe nachgewiesenen Rechtsstandes; ihre Eintragung soll die Verwirklichung des persönlichen Anspruches, mittels dessen die Änderung verlangt werden kann, dagegen sichern, daß der Verpflichtete die aus seiner Eintragung sich ergebende Legitimation zur Verfügung über das Grundstück oder das für ihn eingetragene Recht dazu benutzt, eine solche Verfügung zu treffen und sich hierdurch außer stand zu setzen, die zur Verwirklichung des Anspruches erforderliche Eintragung oder Löschung zu bewilligen. Das BGB. verbindet deshalb mit der Vormerkung eine Verfügungsbeschränkung und legt dieser die Wirkung bei, daß eine Verfügung, die nach Eintragung der Vormerkung getroffen wird, insofern unwirksam ist, als sie den Anspruch vereiteln oder beeinträchtigen würde (vgl. Planck 3 S. 71 unter b; Strecker, Rechte an Grundstücken S. 112). Hieraus folgt, daß für die Eintragung einer Vormerkung als Schuldner, d. h. als Passivbeteiligter, dessen Recht durch die Vormerkung betroffen wird (§ 885), immer nur derjenige angesehen werden kann, der persönlich verpflichtet ist, diejenige Änderung eines eingetragenen Rechtes, gegen das die Vormerkung wirken soll, herbeizuführen bezw. die seinerseits dazu erforderliche Mitwirkung zu leisten (vgl. Planck S. 95 Anm. 1[a]). Als Schuldner in diesem Sinne steht aber dem Kläger lediglich dessen Verkäufer X gegenüber. Denn der Anspruch, um dessen Sicherstellung es sich handelt, ist rein obligatorisch, nämlich auf Löschung und die dadurch (§ 875) herbeizuführende Aufhebung der X.'schen Hypothek, und dieser Anspruch wird vom Kläger hergeleitet aus dem zwischen ihm und X. abgeschlossenen Kaufvertrage, nach welchem X. die nicht mit übernommene Hypothek gemäß § 184 ALR. I 11 zu vertreten, d. h. zu beseitigen hatte.... Der Beklagte hat das Pfandrecht an der Post Nr. 2 rechtsgültig von X. erworben und steht zum Kläger in keinerlei Vertragsverhältnis; das Pfandrecht ist schon vor dem Kaufvertrage rechtsgültig entstanden, es besteht noch jetzt zu Recht, und Beklagter befindet sich in rechtmäßigem Besitze des Briefes. Will sich also der Kläger den Anspruch auf Löschung, d. h. auf künftige, nach dereinstigem Wegfalle des beklagtischen Pfandrechtes zu verwirklichende Löschung der Post, durch eine Vormerkung sichern, so kann er sich deshalb nur an den ihm durch den Vertrag bezw. durch das Urteil vom 31. Januar 1899 zur Löschung persönlich verpflichteten X. halten; insbesondere würde für die Vorlegung des mit dem Eintragungsvermerke zu versehenden Briefes immer nur in Betracht kommen können, ob etwa der Kläger zufolge des Vertrages seinen Verkäufer X. auf Beschaffung dieses Briefes in Anspruch nehmen könnte. Dagegen muß dem Kläger dem Beklagten gegenüber das Recht auf Vorlegung des Briefes abgesprochen werden, weil zwischen diesen Beiden ein obligatorisches oder irgend ein sonstiges Rechtsverhältnis, welches eine derartige Vorlegungspflicht des Beklagten begründen könnte, nicht vorhanden ist. Der Kläger meint zwar, daß die erstrebte Vormerkung einem „Widerspruche" im Sinne von §§ 894, 899 gleichstehe und daher auch die Wirkungen eines solchen haben müsse. Das trifft jedoch nicht zu. Vormerkung und Widerspruch sind als zwei voneinander wesentlich verschiedene Rechtsinstitute konstruiert und im einzelnen ausgestaltet. Nach § 894 kann die Berichtigung des Grundbuches gefordert werden, wenn der Inhalt des Grundbuches in Ansehung eines Rechtes am Grundstücke, eines Rechtes an einem solchen Rechte oder einer Verfügungsbeschränkung der in § 892 Abs. 1 bezeichneten Art mit der wirklichen Rechtslage nicht im Einklang steht. In allen diesen Fällen kann nach § 899 ein Widerspruch gegen die Richtigkeit des Grundbuches eingetragen werden, und hinzutreten dann noch gewisse ebenfalls durch Widerspruch zu sichernde Berichtigungsansprüche des Eigentümers gegenüber den Hypothekengläubigern behufs Erhaltung von Einreden gemäß §§ 1138, 1155, 1157. Der Widerspruch dient demnach nur zum Schutze bestehender dinglicher Rechte — sei es nun, daß ein eintragungsfähiges Recht ohne Eintragung neu entstanden ist, oder daß ein eingetragenes Recht auf einen neuen Berechtigten ohne Buchung übergegangen ist, oder daß ein noch bestehendes Recht irrtümlich gelöscht oder ein eingetragenes Recht oder dessen Übertragung oder Belastung nichtig oder ohne Löschung aufgehoben ist u. dergl. m. — bezw. zum Schutze der im Gesetze besonders hervorgehobenen Einreden des Eigentümers gegenüber Hypothekengläubigern. Der Kläger ist aber weder Eigentümer des belasteten Grundstückes — und war es auch nicht zur Zeit der Klagerhebung — noch steht ihm am Grundstück ein sonstiges dingliches Recht zu, das durch die noch eingetragene X.'sche Hypothek beeinträchtigt würde und sonach dem Schutze durch einen „Widerspruch" zugängig wäre. Namentlich kann sich daher der Kläger nicht auf den nur für den Widerspruch gegebenen § 896 beziehen. Eine analoge Anwendung des § 896 auf die „Vormerkungen" aber erscheint als gänzlich ausgeschlossen, da die Bestimmung lediglich als Ausfluß der Dinglichkeit des Berichtigungsanspruches erscheint, welcher letztere vermöge seiner absoluten Natur einen jeden, der sich in einem das dingliche Recht beeinträchtigenden Zustande befindet, verpflichtet, zu dessen Beseitigung und zur Herstellung eines dem Rechte entsprechenden Zustandes mitzuwirken, sofern dieser Zustand nicht ohne solche Mitwirkung hergestellt werden kann (vgl. Motive 3 S. 236), wogegen es sich bei den bloßen Vormerkungen immer nur um obligatorische Rechtsbeziehungen handelt, und sonach bei den Vormerkungen der Grund des § 896 nicht Platz greift.

Das neue Vorbringen, daß der Beklagte chikanös handle, ist unbeachtlich. Der Thatbestand des § 226 BGB. ist nur dann gegeben, wenn aus den Umständen des Falles objektiv hervorgeht, daß die Rechtsausübung nur den Zweck der Schädigung des Anderen haben kann. Solche Umstände liegen hier nicht vor. Die Verpfändung der Post hatte und hat insofern einen gewissen Wert, als dadurch der Möglichkeit vorgebeugt wurde, daß ein dritter Erwerber der Nr. 2 den Vorrang der bei Nr. 1 nachträglich eingetragenen

Verpflichtungen vor der früher eingetragenen Nr. 2 — mindestens insoweit, als sich unter jenen Verpflichtungen Leistungen befinden, die über bloße Zinsabreden hinausgehen, § 25 preuß. EEG. — anfechten könnte. Jedenfalls war der Beklagte dieser Ansicht, als er sich die Nr. 2 verpfänden ließ; er unterhält diese Ansicht offenbar auch jetzt noch, und wenn er sich durch die Vorstellung des Klägers nicht vom Gegenteil hat überzeugen lassen, so ist daraus auf eine Absicht des Beklagten, den Kläger zu schädigen, nicht zu schließen. Auch darauf kommt nichts an, ob die Besorgnis des Beklagten, es könnten ihm durch die Herausgabe des Briefes Nachteile erwachsen, begründet ist oder nicht. Dies alles ist kein Beweis einer chikanösen Gesinnung, sondern höchstens einer ... Ängstlichkeit. St.

30

a) Klage auf Herstellung des ehelichen Lebens. Rechtsmißbrauch durch das Verlangen nach Herstellung der ehelichen Gemeinschaft.

OLG. Celle, III. CS. Urteil v. 22. Dezember 1900.

Die in erster Instanz mit einer Ehescheidungsklage gegen ihren Mann abgewiesene und auf die Widerklage des letzteren zur Wiederherstellung des ehelichen Lebens verurteilte Ehefrau hat gegen diese ihre Verurteilung Berufung eingelegt mit der Behauptung, ihr Mann sei weder Willens noch im stande, sie zu unterhalten; seine Erwerbsverhältnisse seien die denkbar traurigsten und jedenfalls zur Bestreitung des Haushaltes einer Familie nicht ausreichend; er beabsichtige auch nicht ernstlich, das Eheleben mit ihr wieder aufzunehmen, seine Widerklage verfolge vielmehr lediglich den Zweck, die Scheidungsklage vorzubereiten (Beweis: Eideszuschiebung).

Die Berufung ist zurückgewiesen worden aus folgenden Gründen:

Zufolge Art. 199 EG. zum BGB. sind die Bestimmungen dieses Gesetzes bei der Beurteilung des Streitfalles zu Grunde zu legen. Nach § 1353 Abs. 1 BGB. sind die Ehegatten einander zur ehelichen Lebensgemeinschaft verpflichtet. Dieser Pflicht kann sich die Ehefrau auch dann nicht entziehen, wenn sich die Erwerbsverhältnisse des Ehemannes vorübergehend oder dauernd verschlechtern und er in Not gerät; denn sie hat ganz allgemein nicht nur die Pflicht, das Hauswesen zu leiten und in demselben zu arbeiten, sondern sie ist, soweit es nach den Lebensverhältnissen der Ehegatten üblich ist, sogar zur Mitarbeit bei dem Erwerbsgeschäfte des Mannes (§ 1356) und weiter eintretenden Falles nach Maßgabe ihres Vermögens und ihrer Erwerbsfähigkeit zum Unterhalte des Mannes verpflichtet (§ 1360 Abs. 2). Selbst ein durch Verschulden des Mannes herbeigeführter Notstand giebt ihr nicht ohne weiteres das Recht, ihn zu verlassen. Sie muß auch in den Tagen der Not bei ihm aushalten und sie ihm tragen helfen, es sei denn, daß der Ehemann es dauernd an dem redlichen Willen, für den Unterhalt der Familie zu sorgen, fehlen läßt, oder daß seine wirtschaftlichen Verhältnisse voraussichtlich für eine nicht absehbare Zeit so ungünstig bleiben werden, daß ein gemeinsames Leben thatsächlich unmöglich wird. Solchen Falles stellt sich das Verlangen des Mannes nach Wiederherstellung der ehelichen Gemeinschaft als ein Mißbrauch seines Rechtes dar (§ 1353 Abs. 2 BGB.).

An und für sich ist die Klage auf Herstellung des ehelichen Lebens mit der Thatsache des Sichfernhaltens des anderen Teiles begründet und liquide gestellt, und es ist Sache des letzteren, Umstände zu behaupten und nachzuweisen, welche die Forderung auf Wiedervereinigung als eine mißbräuchliche erscheinen lassen. Ob nicht unter Umständen eine Verschiebung der Beweislast eintreten kann, wenn nämlich dem sich weigernden Ehegatten früher einmal ein triftiger Trennungsgrund erwachsen ist, kann für den jetzigen Rechtsstreit unerörtert bleiben.

(Im Folgenden wird ausgeführt, daß durch die Beweisaufnahme die Einwendungen der Klägerin widerlegt sind, wonach der widerklagende Ehemann sie nicht ernähren wolle und könne, nicht einmal eine hinreichende Familienwohnung beschaffen könne, eine solche auch nicht bereit halte. Im Anschlusse hieran heißt es weiter:)

Mit dieser letzterwähnten Forderung geht die Klägerin übrigens auch zu weit. Es kann dem Widerkläger nicht zugemutet werden, aufs Ungewisse hin Monate hindurch die Kosten einer Familienwohnung auf sich zu nehmen, um so weniger, als die Klägerin, die ihrerseits nie einen Versuch der Wiedervereinigung gemacht, jetzt bestimmt erklärt hat, auf keinen Fall zurückkehren zu wollen. Es reicht völlig aus, wenn der Widerkläger nur zur Beschaffung einer Wohnung im stande ist. . . .

Die Klägerin hat schließlich darauf hingewiesen, daß mit der Widerklage lediglich die Vorbereitung der Ehescheidungsklage bezweckt werde, es also dem Widerkläger gar nicht ernst sei, wenn er die Herstellung des ehelichen Lebens begehre. Hierauf ist zu erwidern, daß es für die Ernstlichkeit des Willens in Bezug auf die Fortsetzung der Ehe ohne Belang ist, ob der Widerkläger die vorliegende Klage angestellt hat, um für den Fall der hartnäckigen Weigerung der Widerbeklagten die Klage wegen böslicher Verlassung erheben zu können. Dieser eventuelle Zweck wird mit Anstellung der Klage auf Herstellung des ehelichen Lebens häufig verfolgt werden; damit ist aber sehr wohl vereinbar, daß der klagende Teil zunächst das Bestreben und den Wunsch hat, den abtrünnigen Ehegatten wiederzugewinnen. Diese Absicht giebt er durch Anstellung der Klage kund; das genügt, sofern nicht aus besonderen Umständen das Gegenteil zu entnehmen ist. Hierfür liegt nichts vor, und somit ist für den zugeschobenen Eid darüber, daß der Widerkläger die Ehe nicht fortsetzen wolle, kein Raum, auch wenn die Eideszuschiebung zulässig wäre (§ 617 Abs. 2 CPO.). H.

b) Zur Deckung der der Frau im Prozeß zwischen den Ehegatten auferlegten Kosten hat der Mann eingebrachtes Gut nicht herzugeben. BGB. §§ 1416, 1412².

Kammergericht, III. CS. Beschluß v. 25. Juni 1901.

Der beklagte Ehemann ist wegen der für ihn festgesetzten Kosten mit Zwangsvollstreckung vorgegangen und hat nach deren fruchtlosem Ausfall die Klägerin zur Leistung des Offenbarungseides geladen. Da der Beklagte ihr gesamtes Vermögen, insbesondere 40000 Mark als Eingebrachtes hinter sich habe, sie aber Vorbehaltsgut nicht besitze, hat sie beantragt, daß ihrem Manne im Wege einstweiliger Verfügung aufgegeben werde, zur Deckung der festgesetzten Kosten deren Betrag aus ihrem Eingebrachten zu zahlen und an sie abzuführen. Allein sie hat kein Recht zu verlangen, daß die ihr in dem Rechtsstreite mit ihrem Manne auferlegten Kosten von diesem aus ihrem eingebrachten Gute berichtigt werden; diese Kosten fallen vielmehr endgültig dem Vorbehaltsgute zur Last (§ 1416). Die im § 1412² ausgesprochene Haftung des Eingebrachten für die Kosten eines Rechtsstreites der Frau greift nur bei Prozessen mit Dritten, nicht aber bei solchen zwischen den Eheleuten selbst Platz. Darüber kann nach der Fassung und Stellung der Bestimmung im Gesetze kein Zweifel sein, überdies ergeben die Protokolle, daß die Haftung aus § 1412² nur vorbehaltlich der Ausgleichung der Ehegatten unter sich eintreten soll, daß dabei also lediglich an Kostenforderungen Dritter gedacht ist. Übrigens ist die Notwendigkeit der begehrten Anordnung nicht dargethan. Beklagter macht lediglich von dem Mittel Gebrauch, welches das Gesetz ihm giebt, um festzustellen, ob die Klägerin Vorbehaltsgut besitzt, aus dem er Befriedigung wegen seiner Kostenforderung suchen kann. Z.

c) Voraussetzungen für die Unterbringung nach BGB. § 1631.

Kammergericht, I. CS. Beschluß v. 10. April 1901.

Das Amtsgericht hat gemäß §§ 1631 Abs. 2, 1838 die Unterbringung des Knaben zum Zwecke der Erziehung in einer geeigneten Familie, oder in einer Erziehungsanstalt, oder in einer Besserungsanstalt beschlossen, obgleich es festgestellt, daß der Mündel drei Diebstähle begangen hat, welche nach der Art ihrer Ausführung eine vorgeschrittene sittliche Verkommenheit erkennen ließen, daß er trotz strenger Strafen vielfach die Schule versäume und sich umhertreibe, daß seine Eltern aber außer stande seien, ihn gehörig zu erziehen. Die Beschwerde des Magistrates wurde zurückgewiesen; seine weitere Beschwerde jedoch für zulässig und begründet erachtet. Aus den Gründen:

Das Landgericht irrt, wenn es meint, daß sich die Beschwerde nur gegen die Begründung des amtsgerichtlichen Beschlusses, nicht gegen diesen selbst gerichtet habe. Der Magistrat wollte vielmehr die Entscheidung des Amtsgerichtes beseitigt wissen, weil sie trotz der auf Zwangserziehung lautenden Formel inhaltlich nicht die von der Polizeibehörde beantragte Zwangserziehung aussprach, welche ihm allein das Recht gegeben hätte, nach Maßgabe des Gesetzes vom 13. März 1878 weiter für die Erziehung des Kindes zu sorgen. Dieser Vorwurf ist gerechtfertigt; denn es besteht ein wesentlicher Unterschied, je nachdem die Zwangserziehung auf den § 1631 BGB. oder auf das Gesetz vom 13. März 1878 gestützt wird. Im ersteren Falle ergreift das Vormundschaftsgericht mit seiner dem Antrage des Erziehungsberechtigten entsprechenden Anordnung keine Zwangsmaßregel gegen diesen, sondern nur eine Maßregel zu seiner Unterstützung. Die Erziehung erfolgt mit dem Willen des Berechtigten an dritter Stelle; sie währt daher auch nur so lange, als er damit einverstanden ist, ohne Rücksicht darauf, ob der erstrebte Erfolg eingetreten ist. Es ist Sache des Vormundschaftsgerichtes, die von ihm getroffene Anordnung entweder selbst auszuführen oder dem Vormunde zu übertragen, und es ist jederzeit zur Abänderung seiner Maßregel befugt. Die Kosten der Ausführung sind regelmäßig vom Mündelvermögen zu bestreiten (vgl. Mot. 4 S. 752, Noelle, Fürsorgeerziehungsgesetz S. 18). Wird hingegen die Zwangserziehung gemäß dem Gesetze vom 13. März 1878 angeordnet, so ist der zuständige Kommunalverband verpflichtet, die Unterbringung in einer dem Gesetze entsprechenden Weise herbeizuführen (§ 7). Auf ihre Dauer ist der Wille des Erziehungsberechtigten ohne Einfluß, vielmehr endet sie mit dem 18. Lebensjahre des Zöglings oder mit dem Beschlusse der Entlassung aus der Zwangserziehung, der dem Kommunalverbande obliegt, sobald die Erreichung ihres Zweckes anderweit sichergestellt oder dieser Zweck erreicht ist (§ 10). Die Kosten der Unterbringung treffen zunächst den Ortsarmen- und den Kommunalverband (§ 12 Abs. 2).

Der Beschluß des Amtsgerichtes aber verstößt gegen das Gesetz, weil es den § 1 des Gesetzes vom 13. März 1878 nicht angewendet hat. Wenngleich dieses Gesetz mit dem 1. April 1901 außer Kraft getreten ist (§ 23 Abs. 2 Gesetz vom 2. Juli 1900), so kann daraus kein Bedenken gegen die weitere Beschwerde hergeleitet werden; denn die Prüfung des Gerichtes der weiteren Beschwerde hat sich lediglich darauf zu beschränken, ob der Vorderrichter das zur Zeit der Erlassung seiner Entscheidung in Geltung gewesene Recht gehörig angewendet hat (vgl. Entsch. des RG. 45 S. 418 und JW. 1900 S. 147). Das Amtsgericht hat aber das vorgeschriebene Alter des Mündels und die Begehung dreier Diebstähle durch ihn festgestellt, es hat auch die Gefahr einer weiteren sittlichen Verwahrlosung von den drei Gesichtspunkten der Beschaffenheit der strafbaren Handlungen, der Persönlichkeit der Eltern und der übrigen Lebensverhältnisse des Kindes geprüft. Nachdem es dies gethan hatte, mußte es bei dem Vorliegen des Antrages der zuständigen Polizeibehörde auf Zwangserziehung sich darüber auslassen, weshalb es dem § 1 cit. gleichwohl die Anwendung versagte... Für die weitere Behandlung der Sache ist aber das Gesetz vom 2. Juli 1900 maßgebend. Dieses ist durchweg an die Stelle des alten Gesetzes getreten, das sich nicht mehr als ausreichend erwiesen hatte (vgl. Begründung S. 8 u. 12); es wendet seine Fürsorge jugendlichen Personen zu, um ihrer Verwahrlosung und ihrem Verfall in Verbrechen vorzubeugen oder sie, sofern sie bereits verwahrlost sind, vor weiterem oder völligem sittlichen Verderben zu bewahren. Das Gesetz befaßt sich sonach mit einem Zustande der Kinder, der gegenwärtig vorliegen muß, damit es Anwendung finden kann; für die Frage aber, ob ein solcher Zustand vorhanden ist, dürfen alle auch vor dem Gesetze liegenden Thatsachen berücksichtigt werden. Das Amtsgericht wird daher zunächst zu prüfen haben, ob der Thatbestand des § 1[a] des neuen Gesetzes für die jetzt maßgebende Zeit des Beschlusses vorliegt. Es wird jedoch, falls es dies verneinen sollte, weiter in die Prüfung der Frage einzutreten haben, ob die Voraussetzungen der Nr. 1 oder 3 gegeben sind und unter einem dieser Gesichtspunkte die Anordnung der Fürsorgeerziehung geboten ist. M.

d) **Verzeichnis des Kindesvermögens, an welchem der Witwe auf Grund des bisherigen Rechtes die Leibzucht zusteht. BGB. § 1640.**

Kammergericht, I. CS. Beschluß v. 8. Juli 1901.

Der 1901 verstorbene X. hinterließ eine Witwe und eine minderjährige Tochter. Das Amtsgericht forderte von der Witwe ein Verzeichnis des ihrer Tochter zustehenden Vermögens, die Witwe beschwerte sich hierüber, weil das gesamte Vermögen des Kindes ihrer Leibzucht unterliege. Die Beschwerde und die weitere Beschwerde wurden zurückgewiesen. Gründe:

Aus dem Beschlusse vom 12. November 1900 (Rundschau 1900 S. 191) lassen sich wohl allgemeine Grundsätze, jedoch nicht ohne weiteres auch die Entscheidung für den vorliegenden Fall entnehmen; denn damals war die Ehe vor 1900 gelöst. Hier ist der Mann erst 1901 verstorben, und deshalb sind die güter- und erbrechtlichen Verhältnisse nach BGB. zu beurteilen; nur das Recht des überlebenden Ehegatten am Vermögen des Verstorbenen ist, wie es nach früherem Rechte bestanden hatte, bestehen geblieben (Art. 53 § 6, Art. 46 §§ 2 und 3 Ausf.G. zum BGB.). Die Eheleute X. haben aber bis 1. Januar 1900 in der Errungenschaftsgemeinschaft des Nassauischen Rechtes gelebt, an deren Stelle jetzt die des BGB. getreten ist. Aus der Ehe ist nur errungenschaftliches Vermögen vorhanden; die Errungenschaft war während der Ehe Gesamtgut. Nach dem Tode eines Ehegatten steht es bis zur Auseinandersetzung dem Überlebenden und den Erben des Verstorbenen gemeinschaftlich — nach den Grundsätzen des Miteigentums zur gesamten Hand — zu (§§ 1546, 1442, 1472). Doch handelt es sich dabei nicht um eine fortgesetzte Gütergemeinschaft des § 1483; es kann deshalb dahingestellt bleiben, ob nicht bei fortgesetzter Gütergemeinschaft die Verpflichtung des Gewalthabers zur Aufstellung eines Verzeichnisses wegen der Rechtsverhältnisse dieses Güterstandes auf das außerhalb der Gütergemeinschaft vorhandene Kindesvermögen und die Angabe, daß die Gütergemeinschaft fortgesetzt werde, beschränkt sein würde (Planck zu § 1640 Anm. 1; Bureaublatt 1901 S. 129). Mit der Errungenschaftsgemeinschaft sind Nachwirkungen güterrechtlicher Art über den Bestand der Ehe hinaus nicht verbunden; es bewendet daher bei den allgemeinen erbrechtlichen Grundsätzen. Es tritt grundsätzlich die gewöhnliche Erbfolge ein, der Anteil des Verstorbenen am Gesamtgute — es wird bei der Auseinandersetzung in 2 gleiche Teile, je einen für den Überlebenden als solchen und für die Erben des Verstorbenen, geteilt — gehört zu seinem Nachlaß (Planck 4 S. 284, 300). Das Rechtsverhältnis eines Gewalthabers, der in seiner Ehe nach Errungenschaftsgemeinschaft gelebt hat, zu seinen Kindern ist demnach hinsichtlich des Gesamtgutes im wesentlichen nicht anders zu beurteilen, wie das Verhältnis des Gewalthabers zu seinen Kindern, mit denen er in Erbengemeinschaft steht. Ein solcher hat aber in das Verzeichnis (§ 1640) auch die seinen Kindern aus der Erbschaft zugekommenen Vermögensrechte mit aufzunehmen.

Vorliegend steht jedoch der Witwe X., da sie das Gattenerbrecht des BGB. nicht gewählt hat, nach dem insoweit aufrecht erhaltenen Nassauischen Recht die Leibzucht, also die Nutzung und Verwaltung des Vermögens des Verstorbenen zu. Dadurch werden dem Kinde nicht alle Vermögensrechte genommen, aber sie sind durch die Leibzucht eingeschränkt. Der Anteil an der Gemeinschaft, sowie der Anspruch auf die Auseinandersetzung und die Teilung der Masse besteht zwar fort, aber die Realisierung ist durch die Leibzucht betagt, das Miteigentum zur gesamten Hand, das dem Kinde aus seinem Erbrecht an den Gegenständen der Gemeinschaft zusteht, ist nur ein nacktes Miteigentumsrecht. Die Natur von Vermögensrechten haben die Rechte des Kindes aber nicht verloren, und es sind Vermögensrechte, die neben dem aus der Leibzucht herrührenden Verwaltungsrechte bestehen, von ihm in ihrem Bestande nicht berührt werden.... Der Anspruch auf die Hälfte der Gemeinschaft ist betagt, trotzdem aber ein gegenwärtiges Vermögensrecht des Kindes und steht unter der Verwaltung der Mutter, jedoch in ihrer Eigenschaft als Gewalthaberin. Letzteres könnte zweifelhaft sein, weil sich der Anspruch des Kindes auch gegen die Mutter richten kann. Allein die §§ 1627, 1638 BGB. haben die Bedeutung, daß der Verwaltung des Gewalthabers die Gesamtheit aller Vermögensrechte des Kindes unterliegt, soweit ihm die Verwaltung nicht gemäß § 1613 ausdrücklich entzogen ist (vgl. Jahrb. 20 S. 232). Daß in dieser Gesamtheit auch Ansprüche gegen den Gewalthaber selbst enthalten sein können, ändert an sich noch nichts; sie scheiden nicht ohne weiteres aus der Verwaltung des Gewalthabers aus, zumal dieser eventuell eine ihm obliegende Verbindlichkeit an sich selbst erfüllen kann (§ 181). Das Bestehen einer solchen Verbindlichkeit wird nur demnächst vielleicht Anlaß geben, zum Zwecke der Geltendmachung einen Pfleger zu bestellen. Bis dahin sind aber derartige Ansprüche dem der Verwaltung des Gewalthabers unterworfenen Kindesvermögen zuzurechnen. . . . Das Anrecht des Kindes an der gemeinschaftlichen Vermögensmasse kann nur zur Darstellung gebracht werden durch ein Verzeichnis des gesamten vorhandenen gemeinschaftlichen Vermögens, von dem die Schulden abzusetzen sind. Durch diese Verzeichnispflicht werden die **Befugnisse**, die der Leibzüchterin von alters her zustehen, nicht berührt; es handelt sich nicht um ein von der **Leibzüchterin** zu errichtendes Nachlaßinventar, sondern um das im BGB. neu eingeführte Verzeichnis des Gewalthabers an dem seiner Verwaltung unterliegenden Kindesvermögen. M.

e) Soll die Auseinandersetzung zwischen einem Ehegatten und seinen minderjährigen Kindern zugleich unter den letzteren selbst

stattfinden, so ist ein besonderer Pfleger für jeden der Minderjährigen zu bestellen.[1] **BGB. §§ 1775, 1915, 181.**

Kammergericht, I. CS. Beschluß v. 22. April 1901.

Stehen bei der Auseinandersetzung des überlebenden Ehegatten mit seinen minderjährigen Kindern die letzteren als eine geschlossene Gesamtheit, als eine Einheit dem ersteren gegenüber und wollen sie sich nur mit ihm auseinandersetzen, so bedürfen sie hierfür nur eines sie alle vertretenden Pflegers. Soll hingegen die Auseinandersetzung, wie in dem vorliegenden Falle, zugleich unter den Minderjährigen selbst stattfinden, so führt dies zu einem Vertrage zwischen ihnen, und es entsteht die Frage, ob hierbei ein Pfleger die mehreren Minderjährigen zu vertreten im stande ist. Unter dem bisherigen Rechte wurde auch in einem solchen Falle die Bestellung eines Teilungspflegers für die Geschwister so lange für ausreichend angesehen, als nicht entgegengesetzte, nicht bloß gesonderte Interessen zu Tage traten (vgl. Zachariae-Crome, franz. Civilrecht 4 S. 137 und Entsch. des RG. 21 S. 325; für das gemeine Recht und das ALR.: Dernburg, VormR. S. 169, 316; Jahrbuch 10 S. 69; Entsch. des RG. 40 S. 248). Für das heutige Recht muß indes die Frage verneint werden. Nach dem klaren Wortlaute des § 181 darf jemand als Vertreter zweier Personen zwischen diesen nur kontrahieren, wenn es sich um die Erfüllung einer Verbindlichkeit handelt, oder wenn es ihm durch das Gesetz oder die Vollmacht (ausdrücklich oder stillschweigend) gestattet ist; die Zuwiderhandlung ist, wie die Fassung „kann — nicht" erkennen läßt, mit Nichtigkeit bedroht. Daß dies auch der Wille des Gesetzgebers gewesen ist, ergiebt die Entstehungsgeschichte der Vorschrift. Der erste Entwurf ging von der Zulässigkeit des Kontrahierens mit sich selbst als Regel aus und hielt es ebenso für statthaft, daß dieselbe Person als Vertreter zweier anderer Personen und in deren Namen handelnd einen Vertrag zwischen diesen zustande bringt; einen besonderen Ausspruch der Regel hielt er für entbehrlich, weil er annahm, daß sie aus allgemeinen Grundsätzen folge; er durchbrach sie indes durch Sondervorschriften in den §§ 45 Satz 1, 50 Abs. 4, 61, 1651 (1503 Abs. 1) [vgl. Motive 1 S. 224 f.]. Den gegenteiligen Standpunkt nahm der zweite Entwurf auf Grund der Erwägung ein, daß das Selbstkontrahieren stets die Gefahr eines Konfliktes mit sich bringe und die gleiche Gefahr auch in dem Falle bestehe, daß der Vertreter gleichzeitig als Vertreter beider Teile kontrahiere, ohne Unterschied, ob die Vertretung eine gesetzliche oder eine gewillkürte sei. Er schloß es deshalb für die Regel aus und ließ nur zwei Ausnahmen zu: 1. soweit das Gesetz oder die Vollmacht (ausdrücklich oder stillschweigend) dem Vertreter ein Anderes gestattet; 2. soweit es sich um Rechtsgeschäfte handelt, welche ausschließlich in der Erfüllung einer Verbindlichkeit bestehen (Prot. 1 S. 175, 519). Als Folge der Zuwiderhandlung sollte absolute Nichtigkeit des Rechtsaktes eintreten (das. 2 S. 74). Die nämlichen Ausführungen finden sich in der Denkschrift (S. 30).

[1] Rsp. 2 S. 493 Nr. 192 und 3 S. 20 Nr. 8.

Vorliegend steht weder die Erfüllung einer Verbindlichkeit noch die Gestattung des Selbstkontrahierens durch Vollmacht in Frage. Die Vorinstanzen nehmen aber an, daß eine Ausnahme durch die §§ 1775, 1915 gegeben sei. Allein der § 1775 enthält, wie seine Fassung „soll — bestellen" ergiebt, eine bloß instruktionelle Vorschrift. Sie beruht vornehmlich auf der Erwägung, daß die Interessen der mehreren, miteinander verschwisterten Mündel durch einen und denselben Vormund am besten gewahrt werden, und daß nur besondere Gründe, welche sich etwa aus dem Umfange und der Art der vormundschaftlichen Geschäfte oder aus einem Widerstreite der Interessen der Mündel ergeben möchten, zu einer Abweichung führen sollen (vgl. Motive 4 S. 1031). Sie ist nicht dazu bestimmt, die Vertretungsmacht des Vormundes zu regeln, und sie regelt sie auch nicht. Sie kann deshalb nicht als eine Vorschrift angesehen werden, welche das Vormundschaftsgericht ermächtigte, dem gesetzlichen Vertreter ausnahmsweise die Befugnis zu erteilen, daß er im Namen des einen Mündels und zugleich als Vertreter des anderen Mündels zwischen diesen ein Rechtsgeschäft vornehme. Wie wenig es der § 1775 mit der Vertretungsmacht des Vormundes zu thun hat, erhellt aus § 1795. Nachdem im ersten Absatze die Fälle aufgeführt sind, in welchen der Vormund den Mündel nicht vertreten kann, wird im zweiten Absatze ausdrücklich gesagt, daß der § 181 unberührt bleibt. Es ist also an der Stelle im BGB., wo von der Vertretungsbefugnis des Vormundes besonders gehandelt wird, ausdrücklich derjenigen Vorschrift gedacht, welche die Vertretungsmacht auch des gesetzlichen Vertreters im Prinzip umgrenzt und einschränkt, und es wird bestimmt, daß sie auf den Vormund Anwendung zu finden hat. Wenn im Anschlusse hieran § 1796 verordnet, daß dem Vormunde für einzelne Angelegenheiten oder einen bestimmten Kreis von Angelegenheiten die Vertretung entzogen werden könne, falls das Interesse des Mündels zu dem des Vormundes oder eines von diesem vertretenen Dritten in erheblichem Gegensatze stehe, so bedeutet das nur, daß auch Interessenwiderstreit einen Grund zur Entziehung der Vertretungsbefugnis schlechthin abgeben kann. Die §§ 1795^1, 1796 haben im ersten Entwurfe den § 1651 gebildet, der, wie bereits erwähnt, damals als eine Sondervorschrift die Regel von der Zulässigkeit des Selbstkontrahierens durchbrechen sollte. Obschon jene Regel aufgegeben und durch die entgegengesetzte ersetzt worden ist, sind die Sondervorschriften beibehalten worden. Das hatte jedoch seinen guten Grund. Denn eine vom Vormund entgegen der Vorschrift des § 1795 abgegebene Willenserklärung gilt nicht als nichtig, sondern als Willenserklärung eines nicht mit Vertretungsmacht ausgestatteten Vertreters (§§ 177 bis 180; vgl. Motive 4 S. 1088). Die zur Wirksamkeit eines solchen Rechtsgeschäftes erforderliche Genehmigung des Vertretenen (§ 177) kann daher noch nachträglich erteilt werden, sei es durch den Mündel selbst, falls er inzwischen unbeschränkt geschäftsfähig geworden ist, sei es durch den ihm bestellten Pfleger. Hingegen ist das wider § 181 vorgenommene Rechtsgeschäft nichtig. Als Grund des

§ 1796 (§ 1651[4] des 1. Entw.) tritt nach den Motiven (4 S. 1092) besonders die Rücksicht auf eilige und auf solche Fälle hervor, in denen der Vormund an der Vornahme von Rechtshandlungen für den Mündel in gewissen Angelegenheiten des letzteren für die Zukunft verhindert werden soll, ohne daß es der Anordnung einer Pflegschaft bedarf. Auch dieser Paragraph kann daher eine Auslegung des § 181 dahin nicht rechtfertigen, daß ein Vormund mehrerer Geschwister als ihr Vertreter unter ihnen Geschäfte abschließen dürfe, solange hierbei kein Gegensatz der Interessen hervortrete.

Wenn sich daher die Vorinstanzen darauf berufen, daß der abzuschließende Vertrag in jedem Falle der Prüfung des Vormundschaftsgerichtes unterliege, womit offenbar ausgedrückt werden soll, daß das Vormundsschaftsgericht die Benachteiligung eines von ihnen nicht zulassen werde, so erscheint dieser Grund abwegig. Nicht darauf kommt es an, daß das Interesse der miteinander kontrahierenden Minderjährigen schließlich gewahrt bleibe, sondern entscheidend ist, daß sie miteinander überhaupt nur kontrahieren können, wenn ein jeder von ihnen von vornherein einen besonderen Pfleger hat, ohne Rücksicht darauf, ob im konkreten Falle ihr Interesse bei dem Geschäft einander zuwiderläuft oder sich begegnet. Der § 181 geht von der Voraussetzung aus, daß in allen von ihm betroffenen Fällen die Gefahr eines Konfliktes nicht ausgeschlossen sei. Ein gegen § 181 geschlossener Vertrag ist nichtig und kann auch nicht durch die nachträgliche Genehmigung des Vormundschaftsgerichtes zur Wirksamkeit gelangen. Ist hiernach das Zustandekommen eines Auseinandersetzungsvertrages zwischen zwei Minderjährigen nicht denkbar, ohne daß jeder von ihnen einen besonderen Vertreter hat, so muß das für sie zuständige Vormundschaftsgericht zwecks Ermöglichung des Abschlusses des Vertrages für die gehörige Vertretung der Beteiligten Sorge tragen. Unterläßt es das, indem es beiden Parteien nur einen gemeinschaftlichen Vertreter bestellt, so macht es den Abschluß eines derartigen Vertrages überhaupt unmöglich und setzt sich damit außer stande, ihm seine Genehmigung zu erteilen. In der einschlägigen Litteratur wird demgemäß ausgeführt, daß für den gesetzlichen Vertreter die Ermächtigung zur Vornahme von Rechtsgeschäften, die unter das Selbstkontrahieren fallen, nur durch Gesetz erfolgen könne, daß aber das BGB. eine derartige Vorschrift nicht enthalte (so Planck zu § 181 Anm. 1; Rehbein S. 255). H.

f) Verzicht des Mündels auf sein Konkursvorrecht.

Kammergericht, I. CS. Beschluß v. 4. März 1901.

Nach der Konkurseröffnung über X. wurde zur Verwaltung des in einem Anspruche gegen den Vater bestehenden Vermögens seines minderjährigen Kindes ein Pfleger bestellt. Dieser beantragte die Genehmigung dazu, daß der Mündel, unter der Bedingung des Zustandekommens eines Zwangsvergleiches, auf sein Vorrecht im Konkurse verzichte, wogegen sich der Vater im Zwangsvergleiche verpflichtet, dem Kinde den entstehenden Ausfall zu ersetzen.

Der Antrag wurde abgelehnt und die weitere Beschwerde zurückgewiesen. Aus den Gründen:

Der Pfleger würde zu der Handlung, zu welcher er die Genehmigung begehrt, einer solchen bedürfen; denn es handelt sich um die Aufgabe eines Vorrechtes zu Gunsten Dritter, hierin liegt aber ein nach §§ 1822[13], 1916 BGB. der Genehmigung des Vormundschaftsgerichtes unterliegendes Rechtsgeschäft. Das Landgericht hat aber mit Recht verneint, daß der Verzicht auf das Vorrecht den materiellen Interessen des Mündels dienlich sei. Weiterer Ermittelungen bedurfte es vor dieser Entscheidung nicht. Denn selbst wenn man ohne weiteres die Angabe des Pflegers in allen Stücken als durchaus richtig unterstellt, wenn man also zugiebt, daß der Kridar ein gut gehendes Geschäft hat, welches ihm bei einem Zwangsvergleiche erhalten bleiben würde, und wenn demnach angenommen werde, daß das Geschäft dem Kridar die Möglichkeit gewähren würde, wieder zu Vermögen zu kommen, so fehlt doch jede Garantie dafür, daß der Vater des Mündels demnächst dieser Erwerbsquelle seine Thätigkeit auch ausschließlich widmen und nicht alsbald von neuem mit Spekulationen beginnen und, wenn er auch davon absteht, daß er wirklich einen etwaigen Erwerb dem Pflegling in erheblichem Umfange zuwenden würde. Zutreffend bemerkt das Landgericht deshalb, daß die zukünftige Vermögenslage des Kridars, auch im Falle des Zustandekommens eines Zwangsvergleiches, gänzlich unsicher und ungewiß sei. Unter diesen Umständen ist auch das Anerbieten des Kridars, er wolle das Kind demnächst für den Verzicht auf das Vorrecht schadlos halten, gänzlich wertlos.

Aber auch der weitere Grund des Pflegers, die moralische Pflicht des Kindes, dem Vater in Not beizustehen, kann die beantragte Maßregel nicht rechtfertigen. Der Pfleger für das Vermögen des Pfleglings hat, wie ein Vormund, die Pflicht der Sorge für das Vermögen des Pfleglings (§§ 1793, 1915); er hat sich dabei von dem Interesse des Mündels — und nur von diesem — leiten zu lassen. Damit ist ihm jedoch nicht geboten, im vermeintlichen Interesse des Mündels, die Forderungen einer sittlichen Pflicht und des Anstandes aus den Augen zu lassen. Vielmehr entspricht auch das dem Interesse des Mündels, was in Erfüllung einer unzweifelhaften sittlichen Pflicht geschieht. Deshalb gestattet z. B. der § 1804 ausnahmsweise auch Schenkungen aus dem Mündelvermögen, wenn die Schenkung einer sittlichen Pflicht oder einer auf den Anstand zu nehmenden Rücksicht entspricht. Jedoch wird auf diesem Gebiete die größte Vorsicht am Platze sein, da der Kreis der sittlichen Pflichten kein fester ist und deshalb die Frage, ob im konkreten Falle etwas durch eine sittliche Pflicht geboten ist, sehr zweifelhaft sein kann. Immerhin ist, wenn es sich darum handelt, ob im einzelnen Falle zu Gunsten des Vaters des Mündels auf ein Recht des letzteren verzichtet werden darf, auch die Frage nicht zu umgehen, ob etwa eine sittliche Pflicht dem Kinde nach Lage der Umstände einen solchen Verzicht gebietet. In dieser Richtung sind die Ausführungen des Landgerichtes nicht völlig klar und erschöpfend. Trotzdem war aber im Ergebnis der angefochtenen Entscheidung beizutreten. Denn die von dem Pfleger behauptete sittliche Pflicht kann — als eine zweifellose — nicht anerkannt werden. Es würde sich für den Mündel hier um die Aufgabe mindestens der Hälfte seines ohnehin nicht sehr erheblichen Vermögens handeln. Durch den Verzicht würde die Fortführung der Erziehung des Kindes in der bisherigen Weise, ja unter den obwaltenden Verhältnissen sogar sein Lebensunterhalt in Frage gestellt und das Kind in die Verarmung des Vaters mit hineingezogen —, und das alles, ohne daß, wenngleich der Zwangsvergleich dadurch zu stande käme, auch nur mit einiger Sicherheit übersehen werden könnte, ob dadurch dem Vater wirklich erheblich genützt und nicht etwa, namentlich wegen der oben erwähnten Ursachen des Vermögensverfalles des Vaters, das große Opfer des Kindes völlig vergeblich gebracht werden würde. Unter diesen Umständen wird man höchstens soviel zugeben können, daß sich zu einem solchen Verzicht vielleicht ein Kind von besonders stark entwickelten Gefühlen der Kindesliebe bereit finden lassen wird — die für den Pfleger und das Vormundschaftsgericht allein entscheidende zweifellose sittliche Pflicht des Kindes geht jedenfalls soweit nicht. M.

g) **Religiöse Erziehung der Kinder.**[1]

Kammergericht, I. CS. Beschluß v. 13. Mai 1901.

Die Behauptung des Beschwerdeführers, daß das Kind mindestens ein Jahr lang vor dem Tode des Vaters mit dessen Wissen und Willen in dem [katholischen] Glaubensbekenntnis der Mutter unterrichtet worden sei, beseitigte das Landgericht damit, daß das Kind bei dem Tode des [evangelischen] Vaters erst $3^1/_2$ Jahre alt gewesen und von einer Unterweisung im gesetzlichen wie logischen Sinne erst dann gesprochen werden könne, wenn das Kind das Alter intellektuellen Begriffs- und Unterscheidungsvermögens erlangt habe. Bei einem so jungen Kinde könne davon keine Rede sein. Diese Ausführung entspricht durchaus der konstanten Rechtsprechung des Kammergerichtes, welches in allen derartigen Entscheidungen davon ausgegangen ist, daß der vom Gesetze verlangte Religionsunterricht ein Jahr lang nach Erreichung des schulpflichtigen Alters erteilt sein müsse. Was die Beschwerde hiergegen geltend macht, ist nicht stichhaltig. Es mag zutreffend sein, daß die Kleinkinderbewahranstalten die Kinder vom vollendeten 2. Lebensjahre an aufnehmen, um sie bis zum 6. Lebensjahre zweckmäßig zu beaufsichtigen und zu beschäftigen. Daraus folgt aber keineswegs, daß die Kinder, und mögen sie noch so geweckt und intelligent sein, nach Vollendung des 2. Jahres bereits im stande wären, den Unterschied der Konfessionen zu begreifen. Mögen ihnen in den Kleinkinderbewahranstalten die allgemeinen Gottesbegriffe beigebracht werden, wie dies seitens der Eltern auch vor erreichtem schulpflichtigen Alter der Kinder zu geschehen pflegt, so kann doch von einem Religionsunterrichte in einem

[1] Rsp. 1 Nr. 203, 295d, 2 Nr. 68.

bestimmten Glaubensbekenntnisse, wie das Gesetz verlangt, keine Rede sein. Wenn der verstorbene Vater des Kindes daher auch keinen Widerspruch dagegen eingelegt hat, daß die Mutter dem Kinde religiöse Anschauungen beigebracht hat, so kann nicht die Rede davon sein, daß er sich mit dem Unterricht in der katholischen Konfession einverstanden erklärt habe, und noch weniger, daß das Kind einen derartigen Unterricht wenigstens mit irgend welchem Verständnis erhalten hat. P.

31

a) Erbschein nach einem vor 1900 im Auslande Verstorbenen.

Kammergericht, I. CS. Beschluß v. 13. Mai 1901.

Die für X. eingetragene Grundschuld ist am 16. Mai 1894 an A. abgetreten, der am 3. Dezember 1899 zu Meran, seinem letzten Wohnsitze, mit Hinterlassung einer eigenhändigen Verfügung, datiert Meran den 21. Dezember 1898, verstarb. Darin hat er eine Reihe von Personen zu Erben auf bestimmte Summen berufen, darunter die beiden Töchter seines Bruders. Bei der Verlassenschaftsverhandlung hat das Bezirksgericht Meran die Verfügung als Kodizill angesehen und am 13. Februar 1901 den Nachlaß den beiden Brudertöchtern als den alleinigen gesetzlichen Erbinnen „eingeantwortet". Diese haben die Grundschuld an Y., letzterer sie an Z. abgetreten. Zur Umschreibung der Post auf Z. fordert das Amtsgericht einen Erbschein nach A., das Landgericht außerdem die vorherige Eintragung dieses Gläubigers und des Y. Auch die weitere Beschwerde blieb erfolglos. Gründe:

Es handelt sich um die Frage, in welcher Art dem Grundbuchrichter gegenüber der Nachweis zu führen ist, daß die beiden Bruderstöchter des A. über die auf diesen gediehene Grundschuld zu verfügen berechtigt sind. Die Vorinstanzen gehen davon aus, daß der Nachweis nur durch einen Erbschein nach § 36 GrBO. erbracht werden könnte. Hierbei ist übersehen, daß der Erbfall vor 1. Januar 1900 eingetreten ist, und daß zu den erbrechtlichen Verhältnissen, welche sich nach den bisherigen Gesetzen bestimmen (Art. 213 EG.), auch die über das Erbrecht zu erteilenden Ausweise gehören; sie hängen mit den materiellrechtlichen Vorschriften dergestalt zusammen, daß die Frage nach Form und Inhalt des Erbscheines, sowie nach seiner rechtlichen Bedeutung nur einheitlich nach dem früheren Rechte beantwortet werden kann (Beschluß vom 5. November 1900. Y. 731/00; Rsp. 1 S. 33; Gruchot 45 S. 49). Eine grundsätzliche Erörterung dieses Punktes erübrigt sich jedoch, weil das Verlangen der Vorinstanzen jedenfalls insoweit begründet ist, als es sich auf die Beibringung eines Ausweises über das Erbrecht der Nichten des Erblassers seitens eines deutschen Gerichtes bezieht. Nach dem Wortlaute der letztwilligen Anordnung des A. kann es keinem Bedenken unterliegen, mit der österreichischen Nachlaßbehörde anzunehmen, daß jene Anordnung keine Erbeseinsetzung enthält, mithin nach den maßgebenden Bestimmungen des österreichischen Rechtes als Kodizill zu gelten hat, und daß daher die gesetzliche Erbfolge eröffnet worden ist (§§ 532, 535, 552; 553 österr. BGB.). Haben sich aber die Nichten des Erblassers als dessen gesetzliche Erbinnen zu legitimieren, so kann es nicht gemißbilligt werden, wenn die Legitimation durch die vom österreichischen Gerichte erfolgte Verlassenschaftsverhandlung nicht als geführt erachtet wird. Die „Einantwortung" des Nachlasses an die Erben beweist nur, daß die Nachlaßbehörde die Erbeneigenschaft für hinlänglich dargethan gehalten hat (§§ 799 ff. österr. BGB., §§ 115 ff. Patent vom 9. August 1854, vgl. Kommentar von Stubenrauch 7. Aufl. 1 S. 1046). Sie vermag aber nicht ein Zeugnis über das Erbrecht im deutschen Grundbuchverkehr zu ersetzen (s. auch Jahrb. 18 S. 85), und jedenfalls verstößt der deutsche Grundbuchrichter nicht gegen das Gesetz, wenn er den nach seinem Rechte möglichen und gebotenen Ausweis fordert. Es kommt hierbei der § 8 des Gesetzes vom 12. März 1869 in der Fassung des Gesetzes vom 5. Juni 1895 in Betracht (vgl. § 2369 BGB.). Auf Grund dieser Vorschrift, welche als Übergangsvorschrift fortdauernd in Geltung ist, wird sich das Amtsgericht der Erteilung eines Zeugnisses, das die Erben zur Abtretung der Grundschuld ermächtigt, nicht entziehen können, wobei es unerheblich ist, ob der Erblasser Inländer oder Ausländer war (Jahrb. 4 S. 50). — Auch das weitere Verlangen, daß zunächst der Erblasser und Y. einzutragen seien, ist im Hinblick auf die §§ 40, 41 GrBO. (Jahrbuch 20 A S. 300) nicht zu beanstanden. P.

b) **Die Angabe, daß dem überlebenden Ehegatten eines 1900 Verstorbenen nach vor 1. Januar 1900 errichteten Testamente von dem den Kindern zugefallenen Erbteile Nutznießung und Verwaltung zustehe, gehört nicht in den Erbschein.**

OLG. Darmstadt, I. CS. Beschluß v. 17. Mai 1901.

Die Eheleute A. hatten 1895 durch gemeinschaftliches Testament ihre zehn Kinder zu Erben eingesetzt und dem überlebenden Ehegatten die lebenslängliche freie und unbeschränkte Nutznießung am Nachlasse des Erstverstorbenen zugewiesen. Nach dem 1900 eingetretenen Tode des Mannes hat das Amtsgericht den Erben einen Erbschein über deren Erbrecht und die Größe des Erbteiles erteilt, den weiteren Antrag, auch das Nutznießungs- und Verwaltungsrecht der Witwe zu beurkunden, aber abgelehnt. Auf Beschwerde ist die Einziehung des Erbscheines und die Erteilung eines richtigen Erbscheines, sowie — auf herbeizuführenden Antrag — eines Zeugnisses über die Ernennung der Witwe zum Testamentsvollstrecker angeordnet. Auf die weitere Beschwerde wurde dem Amtsgerichte aufgegeben, der Witwe eine Bescheinigung nach Art. 2^2 hess. Ausf.-G. zum FrGG. über die Thatsache, daß ihr die lebenslängliche Nutznießung und Verwaltung des Nachlasses ihres Mannes gemäß errichteten Testamentes zustehe, zu erteilen, dagegen wurde die Aufnahme dieser Bescheinigung in den Erbschein nicht für zulässig erachtet.

... Wäre in dem Testamente die Anordnung einer gemeinschaftlichen fideikommissarischen Substitution zu finden in dem Sinne, daß der Überlebende als Fiduziar, die Kinder aber als Fideikommissare (auf den Überrest) erscheinen, dann stünde nichts entgegen, in der Verfügung eine im Erbschein anzugebende „Beschränkung“ des Erben, als welcher also solchenfalls die Witwe erscheinen würde, durch Anordnung einer Nacherbfolge (§ 2363 BGB.) zu erblicken; denn auch das gemeinrechtliche Universalfideikommiß gilt im Sinne des BGB. als Einsetzung eines „Nacherben“ (vgl. Gruchot 43 S. 655, Habicht S. 692 unter 1). Allein dieser Auffassung steht der Wortlaut entgegen, wonach ausdrücklich nur die Kinder als „Erben“ eingesetzt, dem Überlebenden aber nur Nutznießungs- und Verwaltungsbefugnisse übertragen sind..

Dem Landgerichte kann auch darin beigestimmt werden, daß in der gegenseitigen Zuwendung der Eheleute A. ein Vermächtnis des lebenslänglichen Nießbrauches des Überlebenden am Nachlasse des Zuerstverstorbenen enthalten ist, daß für die Angabe von Vermächtnissen aber, welche nach dem BGB. — im Gegensatze zum früheren Rechte — nicht mehr unmittelbar (als Vindikationslegate) wirken, sondern nur noch mittels Begründung eines Rechtes für den Bedachten darauf, vom Beschwerten die Leistung des vermachten Gegenstandes zu fordern (§ 2174; Damnationslegat), der Erbschein keinen Raum bietet. Wie in der Entscheidung des Kammergerichtes vom 20. Juli 1900 (RJA. 1 S. 100) ausgesprochen ist, welcher Auffassung hier nur beigetreten werden kann, ist streng zu unterscheiden zwischen den „Beschränkungen“ und den „Beschwerungen“ des Erben. Vermächtnisse sind aber „Beschwerungen“, während die „Beschränkungen“ des Erben nur in der Einsetzung von Nacherben, in der Ernennung eines Vollstreckers und in Teilungsanordnungen bestehen. Von den „Beschränkungen“ will das BGB. die Einsetzung eines Nacherben und die Ernennung eines Vollstreckers in den Erbschein aufgenommen wissen (§§ 2363, 2364 BGB.), dagegen ist die Angabe von „Beschwerungen“ im Erbschein nirgends vorgeschrieben (vgl. auch Strohal, Erbrecht § 67 Note 7, Eichhorn bei Gruchot 45 S. 249[15]). Das wäre nur dann anders, wenn das vor 1900 errichtete gegenseitige Vermächtnis des lebenslänglichen Nießbrauches noch nach dem alten Rechte Wirkung, also unmittelbare, zu äußern vermöchte. Allein das ist nach Art. 213 EG. nicht der Fall, weil der Tod des Erblassers erst nach dem Inkrafttreten des BGB. erfolgt ist... Dagegen kann nicht gebilligt werden, wenn das Landgericht in der fraglichen Verfügung die Ernennung der Witwe als Vollstreckerin im Sinne des BGB., speziell des § 2209, erblickt. Zwar ist auch dem früheren, am Wohnorte der Eheleute A. in Geltung gewesenen (gemeinen) Rechte das Institut des Vollstreckers nicht fremd gewesen. Indessen war es doch, namentlich im Rechtsverkehr und nach der Sitte, wie solche gerade in der hier fraglichen Gegend bestanden, zur damaligen Zeit bei weitem nicht so sehr eingelebt und in Gebrauch, daß eine letztwillige Anordnung mangels ausdrücklicher desfallsiger Bestimmung ohne zwingenden Grund als vom Verfügenden in diesem Sinne gemeint aufgefaßt werden kann. Der Wortlaut der Verfügung enthält hier aber von der Ernennung des Überlebenden zum Vollstrecker nichts, und dieser Umstand ist um so bedeutungsvoller, als das Testament zweifellos von einem Rechtsverständigen verfaßt ist, welcher wohl nicht unterlassen haben würde, der etwa auf Ernennung eines Vollstreckers gehenden Absicht Ausdruck zu verleihen. Aber auch sonstige Umstände, welche die Annahme einer dahin gehenden Absicht der Verfügenden zu rechtfertigen vermöchten, liegen nicht vor. Der Zweck einer derartigen Anordnung kann nur darin bestehen, daß dem Überlebenden für die Ausübung seines Nutznießungsrechtes eine möglichst freie und von den Kindern unabhängige Stellung verschafft werden sollte, ohne jedoch diese seine Stellung aus dem juristischen Rahmen derjenigen eines „Nutznießers“ und Verwalters fremden Vermögens — nämlich des dem Eigentum nach den „Erben“ zugefallenen — heraustreten zu lassen. Diese besonders geartete, im Zusammenhange mit deutschrechtlicher Auffassung der Ehe und des Familienverbandes stehende, rechtliche Stellung des Überlebenden als „Nießbraucher“ ist aber nicht zu identifizieren mit der Stellung eines Vollstreckers und vorab nicht mit der eines solchen, wie sie nunmehr im BGB. ihre Regelung gefunden hat. Nach letzterer ist der Vollstrecker in mannigfachen Beziehungen Beschränkungen bei Ausübung seines Amtes unterworfen, und zwar derart, daß hinsichtlich einer Reihe von solchen nicht einmal Befreiung durch Anordnung des Erblassers zulässig ist (§§ 2207, 2200 bez. 2215, 2216, 2218, 2219), und es kann sogar das Amt beendigt werden durch Entlassung seitens des Nachlaßgerichtes auf Antrag eines der Beteiligten (§ 2227)...

Begründet ist auch das Verlangen der Beschwerdeführer: daß neben dem Erbschein eine besondere Bescheinigung über die Rechte der Witwe erteilt werde. Es fällt diese Bescheinigung unter die in Art. 2^2 des hess. Ausf.G. zum FrGG. vorgesehenen Bescheinigungen und Zeugnisse, für deren Erteilung das Amtsgericht zuständig ist. Die daselbst enthaltene Anführung einzelner solcher Bescheinigungen und Zeugnisse ist nur eine beispielsweise, keine erschöpfende. Es stellt aber eine „rechtserhebliche Thatsache“ dar, daß der Witwe nach dem Testamente die Rechte, worüber sie Bescheinigung verlangt, zustehen, und das Amtsgericht ist zur Erteilung einer Bescheinigung über diese von ihm wahrgenommene Thatsache in der Lage. Bch.

c) Begriff des Erben. BGB. § 2087.

Kammergericht, I. CS. Beschluß v. 22. April 1901.

Der 1900 verstorbene A. hat in dem 1895 errichteten Testamente zu Erben seine beiden Töchter eingesetzt, doch jede von ihnen nur $^1/_3$ ihrer Erbquote zur freien Verfügung ausgeantwortet erhalten, während die restlichen $^2/_3$ der ehelichen Descendenz, welche sie bei ihrem Tode hinterlassen wird, erhalten bleiben sollen. Zu diesem Zwecke soll ein Betrag, welcher $66^2/_3\,\%$ der Summe ausmacht, die auf jede der Töchter aus dem Nachlasse nach Abzug der Schulden und der Legate entfällt, ausgeschieden und von einem Descendenzpfleger verwaltet werden. Jeder der Töchter soll der Zinsgenuß an dem Vermögen der von ihr abstammenden Descendenz auf Lebenszeit gegen die Verpflichtung zustehen, daraus den standesgemäßen Unterhalt ihrer Descendenz zu bestreiten. Nach dem Tode der Töchter sollen ihre Abkömmlinge die Substanz ausgeantwortet erhalten, sobald sie großjährig werden; bis dahin soll die Verwaltung durch einen Pfleger unter vormundschaftsgerichtlicher Aufsicht fortgesetzt werden. Sodann heißt es im § 6: „Auf Verlangen der einen oder anderen meiner Töchter darf jedoch die Substanz des Vermögens ihrer Descendenz auch bei ihren Lebzeiten angegriffen werden, wenn dies das Beste ihrer Kinder, namentlich im Falle der Verheiratung einer Tochter oder der Etablierung eines Sohnes, dringend erheischt." Nachdem die eine Tochter notariell erklärt hatte, daß sie und ihre Schwester je zur Hälfte Erben ihres Vaters geworden seien, während ihre Abkömmlinge, weil nur mit Summen bedacht, als Vermächtnisnehmer zu erachten seien, ist der Erbschein dahin erteilt, daß Erben auf Grund des Testamentes die beiden Töchter und zwar je zur Hälfte geworden seien, daß die Erbfolge aber eine Vorerbfolge insoweit sei, als nur je $1/3$ der Erbquote zur freien Verfügung der Erbinnen stehe, während in die restlichen $2/3$ die eheliche Descendenz jeder der Erbinnen bei ihrem Tode succediere. Beschwerde und weitere Beschwerde wurden zurückgewiesen, letztere aus den Gründen:

Da der Erblasser nach dem 1. Januar 1900 gestorben ist, kommen die Vorschriften des BGB. zur Anwendung, soweit es sich um das materielle und formelle Erbrecht handelt, denn Art. 213 EG. erklärt die bisherigen Gesetze für maßgebend nur für den Fall, daß der Erblasser vor Inkrafttreten des BGB. gestorben ist. Das unter dem früheren Rechte errichtete Testament ist daher, abgesehen von seiner Errichtung, die sich gemäß Art. 214 EG. nach altem Rechte richtet, nach den Vorschriften des neuen Rechtes zu beurteilen. Um den Willen des Testators zu ermitteln, muß aber der Natur der Sache nach auf das frühere Recht zurückgegangen werden, da davon auszugehen ist, daß ein Testator bei Erklärung seines letzten Willens die zur Zeit der Abgabe der Erklärung bestehenden gesetzlichen Vorschriften berücksichtigt. Die Vorschriften des BGB. und des ALR. unterscheiden sich aber in der hier fraglichen Beziehung in ihrem Wesen nicht. Nach beiden Rechten (§ 2087 BGB., § 4 ALR. I 12) ist Erbe derjenige, dem der Erblasser sein Vermögen oder einen Bruchteil desselben, bezw. der, dem er den Inbegriff seines Nachlasses zugewendet hat, Vermächtnisnehmer derjenige, dem (§§ 2087 Abs. 2, 1939 BGB., § 6 ALR. I 12) einzelne Gegenstände, Sachen oder Summen zugewendet sind. Ebenso ist der Begriff der Nacherbschaft nach § 2100 BGB. im wesentlichen derselbe, wie der der fideikommissarischen Substitution im § 259 ALR. I 12. Es kommt deshalb nur darauf an, welche Art der Einsetzung der Testator vorliegend beabsichtigt und zum Ausdruck gebracht hat. Hat er den Descendenzen seiner Töchter nur bestimmte Summen ausgesetzt, oder hat er ihnen einen Inbegriff, einen Bruchteil seines Nachlasses zugewendet, und hat er gewollt, das die Descendenzen das Zugewendete sofort oder erst nach dem Tode der Töchter erhalten sollen? Den Vorinstanzen kann nicht entgegengetreten werden, wenn sie annehmen, daß den Descendenzen Bruchteile zugewendet sind, und daß sie dieselben erst nach dem Tode der Beschwerdeführerinnen erhalten sollen. Diese wenden in ersterer Beziehung ein, der Erblasser habe bestimmt, daß ein gewisser Betrag von der Erbschaft ausgesondert werden solle, der für die Descendenzen zu verwalten sei. Dieser Betrag ist freilich als „Summe" bezeichnet. Aber deshalb kann doch keine Rede davon sein, daß den Descendenzen eine bestimmte Summe ausgesetzt sei. Der Erblasser hat sein Vermögen vielmehr in zweimal drei Teile zerlegt. Je einen dieser drei Teile sollen die Töchter zur freien Verfügung erhalten, die beiden anderen Drittel sollen der Descendenz zufallen. Die Beschwerdeführerinnen behaupten selbst nicht, daß auch ihnen nur eine bestimmte Summe zugewendet ist. Das ihnen zugewendete Drittel ergiebt sich aber nicht in anderer Weise, wie die beiden anderen der Descendenz zufallenden Drittel. Ebenso wie die Töchter als Erbinnen anzusehen sind, müssen es deshalb auch die Descendenzen. Daß das Ergebnis der Berechnung der Drittel schließlich eine Summe bildet, ist selbstverständlich, und deshalb konnte der Erbteil als Summe bezeichnet werden, ohne daß doch von Zuwendung einer bestimmten Summe die Rede sein kann; denn die Summe ist zu ermitteln als ein quotitativer Teil des ganzen Nachlasses, nicht als ein quantitativer, und eben hierin ist der Unterschied von Zuwendung eines Erbteiles und eines Vermächtnisses zu sehen. Das Ergebnis würde ganz das gleiche sein, wenn der Erblasser die Bestimmung über die Ermittelung der Summe durch Aussonderung von $66^2/_3$ % des Nachlasses nicht getroffen hätte. Durch diese Bestimmung aber hat sich der Inhalt des Testamentes nicht derart geändert, daß aus den Erben Vermächtnisnehmer geworden sind. Daß nur die Töchter als Erben bezeichnet sind, ist nach § 4 ALR. I 12 wie nach § 2087 BGB. unerheblich. Nicht die Bezeichnung ist maßgebend, sondern der Inhalt der Zuwendung. Sind hiernach die Descendenzen als Erben anzusehen, so kann schon deshalb der Erbschein nicht dahin ausgestellt werden, daß die Töchter die Allein-Erben des Testators sind. Die Descendenzen sind aber auch zutreffend als Nacherben anzusehen; denn sie sollen die Erbschaft erst nach dem Tode der Töchter erhalten. Bis zu diesem Zeitpunkte ist der Erbteil von einem zu bestellenden Pfleger zu verwalten. Diese Verwaltung und der Nießbrauch der Erbinnen tritt sofort ein, das Recht selbst soll auf die Descendenzen erst nach dem Tode der Vorerbinnen übergehen. Diese behalten nach § 6 sogar ein bedingtes Recht der Verfügung über die Erbschaft. W.

Dazu: **Voraussetzungen der Descendenzpflegschaft.**[1] **Stillschweigender Auftrag zur Ernennung eines Testamentsvollstreckers.**

BGB. § 2200.

Kammergericht, I. CS. Beschluß v. 29. April 1901.

Im vorerwähnten Falle beantragten die beiden Töchter, eine Descendenz-

[1] Rsp. 2 Nr. 138 b.

pflegschaft einzuleiten und als Pfleger die Väter der Descendenzen zu bestellen. Das Amtsgericht lehnte jedoch diesen Antrag ab und ordnete an, daß ein Testamentsvollstrecker und gleichzeitig durch das Vormundschaftsgericht der Descendenz ein beaufsichtigender Pfleger bestellt werde. Beschwerde und weitere Beschwerde blieben ohne Erfolg. Bezüglich der $^2/_3$ des Nachlasses sind die Töchter als Vorerben, ihre Descendenzen als Nacherben anzusehen, und eine Pflegschaft behufs Verwaltung des der Descendenz zugefallenen Vermögens kann nicht eingeleitet werden, weil die Descendenz Eigentümerin des Vermögens erst mit dem Tode der Vorerben wird (§§ 2100, 2139 BGB.). Die im Testamente angeordnete Pflegschaft ist daher, da Vermögen der Descendenz nicht zu verwalten ist, thatsächlich eine Pflegschaft über die beiden in der Verwaltung beschränkten Töchter des Erblassers, da diese zwar Eigentümer des Vermögens, aber nicht verfügungsberechtigt sind. Eine derartige Pflegschaft war freilich bei Errichtung des Testamentes zulässig; sie ist es aber, wie der Beschluß vom 18. April 1900 (Jahrb. 20 A S. 21) ausführt, nach dem jetzt geltenden Rechte nicht mehr, da das BGB. eine dem § 90 der preuß. VO. entsprechende Generalklausel nicht kennt, und da nach Art. 210, 213 EG. auf die vorher angeordneten, seit 1. Januar 1900 ins Leben tretenden Pflegschaften die Vorschriften des BGB. Anwendung zu finden haben. Die Beschwerde scheint dies auch nicht zu verkennen und verlangt deshalb nur eine Anordnung dahin, daß von der Ernennung eines Testamentsvollstreckers abgesehen werde, ohne auf den Antrag der Einleitung der Descendenzpflegschaft zurückzukommen. Indessen kann auch in dieser Beziehung den Vorinstanzen nicht entgegengetreten werden. Denn diese legen das Testament dahin aus, daß der Erblasser stillschweigend das Gericht beauftragt habe, einen Vollstrecker zu ernennen. Ohne einen solchen Auftrag wäre die Ernennung seitens des Nachlaßgerichtes allerdings nicht zulässig, da nach § 2197 es Sache des Erblassers ist, einen Vollstrecker zu ernennen, und nach § 2200 das Nachlaßgericht die Ernennung nur infolge Ersuchens des Testators vorzunehmen hat. Die dem Testamente gegebene Auslegung verstößt aber weder gegen eine gesetzliche Auslegungsregel, noch läßt sie erhebliche Umstände unberücksichtigt; die Vorinstanzen haben insbesondere nicht übersehen, daß der Testator für jede Descendenz einen besonderen Pfleger ernannt wissen wollte. Sie erachten nur diese Bestimmung nach Maßgabe der jetzigen Gesetzgebung nicht für ausführbar und suchen demgegenüber dem Willen des Erblassers nach Möglichkeit gerecht zu werden. Ob dies etwa noch mehr in der Richtung zu geschehen hat, daß zwei Testamentsvollstrecker ernannt werden, kann der Erwägung des Amtsgerichtes vorbehalten bleiben, falls die Beschwerdeführer hierauf besonderes Gewicht legen sollten. Daß der Vollstrecker freier dasteht, wie ein unter Aufsicht des Gerichtes verwaltender Pfleger, ist unbedenklich. Das Gesetz hat eine solche Beschränkung faber absichtlich nicht gewollt... W.

d) **Anspruch des Pflichtteilsberechtigten auf Auskunft. Zeit der Leistung. BGB. §§ 2314, 271.**

OLG. Königsberg, I. CS. Beschluß v. 29. März 1901.

Die Kosten des in der Hauptsache erledigten Rechtsstreites sind dem Beklagten auferlegt. Seine Beschwerde ist zurückgewiesen. Aus den Gründen:

Die Kläger haben als Pflichtteilsberechtigte gegen den Beklagten als Erben des R. gemäß § 2314 ein Recht auf Auskunft über den Bestand des Nachlasses. Sie haben die Auskunft durch Schreiben vom 12. Mai 1900 verlangt. Daß es an die Mutter des minderjährigen Beklagten gerichtet wurde, war durch ihre Rechtsstellung (§§ 1684[1], 1686, 1627, 1630 BGB.) geboten, und ob sie dabei ausdrücklich als Vertreterin ihres Sohnes bezeichnet wurde, ist unerheblich, da es nach den Umständen nicht zweifelhaft sein konnte, daß die Aufforderung an sie auch in dieser ihrer Eigenschaft — nicht etwa bloß mit Rücksicht auf das ihr testamentsgemäß am Nachlasse zustehende Recht der Verwaltung und des Nießbrauches — gerichtet wurde (§ 164 Abs. 1 S. 2 u. Abs. 3). Bis zur Erhebung der Klage am 24. Juni 1900 ist indessen nichts geschehen, um dem berechtigten Verlangen der Kläger zu genügen. Indem diese über einen Monat warteten, bevor sie den Rechtsweg beschritten, ließen sie dem Beklagten eine ausreichende Frist. Daß sie ihm eine bestimmte Frist hätten setzen müssen, ist im Gesetze nicht vorgeschrieben; nicht die §§ 1994 f. BGB. greifen hier Platz, sondern die allgemeine, im § 271 enthaltene Regel. [Folgt die Ausführung, daß danach Beklagter zur Erhebung der Klage Anlaß gegeben habe.] M.

e) **Das bisherige gesetzliche Erbrecht unehelicher Kinder ist, auch wenn durch Urteil zugesprochen, jetzt beseitigt. EG. z. BGB. Art. 208, 213.**

Kammergericht, I. CS. Beschluß v. 22. April 1901.

Der 1901 nach Errichtung eines Testamentes ohne eheliche Abkömmlinge verstorbene A. ist 1876 als außerehelicher Vater des Beschwerdeführers zu Alimenten verurteilt; auch ist „dem Kinde das gesetzliche Erbrecht an dem Nachlasse des Beklagten zuzusprechen". Daraufhin hat der im Testamente nicht bedachte Beschwerdeführer beantragt, ihm als gesetzlichen Erben des A. einen Erbschein zu erteilen. Der Antrag wurde abgelehnt und die weitere Beschwerde zurückgewiesen. Aus den Gründen:

... Da der Erblasser 1901 verstorben ist, kommt gemäß der aus Art. 213 EG. ersichtlichen Grundsätze (Motive zum I. Entw. Art. 129) lediglich das BGB. in Betracht. Letzteres kennt aber ein gesetzliches Erbrecht unehelicher Kinder gegen den Vater nicht, da es in den §§ 1922 bis 1936 neben dem Ehegatten und dem Fiskus nur Verwandte des Erblassers zu gesetzlichen Erben beruft und in § 1589 Abs. 2 eine Verwandtschaft zwischen dem unehelichen Kinde und dessen Vater ausdrücklich ausschließt. Ebenso ist bei dem nach 1. Januar 1900 eintretenden Tode des außerehelichen Vaters dem Kinde das bisher bestehende landesgesetzliche Erbrecht entzogen, sofern ihm nicht etwa, was hier nicht zutrifft, die Stellung eines ehelichen

Kindes aus besonderem Grunde landesgesetzlich zukam (Art. 208 Abs. 2 EG.). Dieser Wegfall des früheren Erbrechtes ergiebt sich einerseits aus Art. 213 EG. im Wege des arg. e contrario, andererseits aus der in Art. 208 Satz 1 enthaltenen und für das hier gedachte Erbrecht in Satz 2 das. nicht ausgeschlossenen Regel. Wiederholt ist dies in den Motiven und bei der Beratung des Art. 126 (Ges. 208) zur Sprache gekommen. Dabei hat die zweite Kommission abgelehnt, durch Aufnahme der Worte „das gesetzliche Erbrecht in dessen Nachlaß" in den Satz 2 des gegenwärtigen Art. 208 den vor 1900 geborenen unehelichen Kindern das landesgesetzliche Erbrecht zu erhalten. Der Wegfall desselben kann für die Zeit nach dem Inkrafttreten des BGB. mithin nicht bezweifelt werden (Habicht, Einwirkung 2. Aufl. S. 624, Böhm, Erbrecht S. 20, Niedner, EG. z. BGB. Art. 208).

Dieses Ergebnis wird hier durch den Ausspruch des Urteiles, „daß dem Kinde das gesetzliche Erbrecht zugesprochen werde", nicht ausgeschlossen... Denn es ist dem Kinde nicht mehr zugesprochen, als ihm auch ohne solchen Ausspruch als Folge der Feststellung der außerehelichen Vaterschaft des Beklagten gesetzlich zustand (§ 19 Abs. 3^2 Ges. vom 24. April 1854, § 652 ALR. II 2). Auch war das zugesprochene gesetzliche Erbrecht (abgesehen von der Möglichkeit seiner Beseitigung durch letztwillige Verfügung [§ 655 II 2]) begrifflich nach seinen Voraussetzungen und seinem Inhalte von der im Zeitpunkte der Delation bestehenden Gesetzgebung abhängig, konnte mithin bis zum Tode des außerehelichen Vaters durch eine Änderung des Gesetzes jederzeit illusorisch werden. Schon hieraus ergiebt sich, daß der fragliche Ausspruch keinerlei konstitutive Wirkung haben konnte... Die Sache liegt danach nicht anders, als wenn im Urteil dem Kinde das gesetzliche Erbrecht, wie üblich, nur vorbehalten worden wäre. Ein Vorbehalt dieser Art stand aber rechtlich dem infolge einer Änderung der Gesetzgebung eintretenden Wegfall des gesetzlichen Erbrechtes nicht im Wege. Letzteres ist bei den Beratungen der zweiten Kommission auch von der Minorität anerkannt worden, welche das landesgesetzliche Erbrecht der unehelichen Kinder durch die — in der Folge abgelehnten — besonderen Bestimmungen aufrecht erhalten wollte.

Bei dem Vorliegen eines formgerechten, den Gesamtnachlaß verteilenden Testamentes wäre der Antrag auf Erteilung des Erbscheines übrigens auch dann nicht begründet, wenn dem Beschwerdeführer das in Anspruch genommene gesetzliche Erbrecht zustände. Denn das formgerechte Testament beseitigt nach BGB. das gesetzliche Erbrecht, auch das der Pflichtteilsberechtigten (§ 2303), soweit über die Erbschaft verfügt ist (§ 2088). W.

32

a) Mangel der Prozeßfähigkeit, die sich in zweiter Instanz herausstellt, hat nicht Verwerfung der Berufung des Prozeßunfähigen, sondern Aufhebung des ganzen Verfahrens zur Folge.

OLG. Stuttgart, I. CS. Urteil v. 24. Mai 1901.

Gegen das Scheidungsurteil hat der Beklagte Berufung eingelegt; nachdem durch den von ihm bevollmächtigten Anwalt festgestellt worden, daß er infolge von Geisteskrankheit schon zur Zeit der Klagerhebung prozeßunfähig war, ist das Urteil samt dem vorangegangenen Verfahren aufgehoben und die Klage abgewiesen. Aus den Gründen:

Es fragt sich, welche Folge die Thatsache hat, daß der Beklagte schon zur Zeit der Klagerhebung der Prozeßfähigkeit entbehrt hat. Es hat von Anfang an an einer wesentlichen Prozeßvoraussetzung gefehlt: der nicht prozeßfähige Beklagte konnte durch die Zustellung der Klage an ihn persönlich nicht belangt werden, die Klage gegen ihn ist nicht gültig erhoben. Das ist außer Zweifel. Fraglich kann nur sein, ob der nicht prozeßfähige Beklagte wirksam Berufung einlegen konnte, ob nicht bloß diese Berufung als „rechtlich nicht eingelegt" anzusehen ist. In letzterem Sinne scheint das Reichsgericht schon erkannt zu haben (vgl. JW. 1988 S. 501 Nr. 4, 1899 S. 365 Nr. 7). Aber dieser Ansicht, die auch im Widerspruch mit den Grundsätzen zu stehen scheint, von denen die Entscheidung 29 Nr. 109 ausgegangen ist, kann nicht beigetreten werden. Sie ist zunächst aus praktischen Gründen wenig einleuchtend: Das erstrichterliche Urteil ist ohne Frage **nichtig** (§ 579[4]); würde in einem derartigen Falle die Berufung des prozeßunfähigen Beklagten als „rechtlich nicht eingelegt" behandelt, so würde der einfachste und nächstliegende Weg zur Beseitigung des nichtigen Urteils verschlossen, der Beklagte auf den Weg der Nichtigkeitsklage gedrängt, und welche mißlichen Folgen sich namentlich in Fällen ergeben könnten, in denen, wie hier, das nichtige, aber mangels Einlegung einer rechtlich wirksamen Berufung zur formellen Rechtskraft gelangende Urteil auf Scheidung einer Ehe erkannt hat, bedarf keiner Ausführung. — Die Berufung ist in solchem Falle formell richtig eingelegt (§§ 516, 518, 535); sie kann nicht etwa als **unzulässig** verworfen werden; die Berufungsförmlichkeiten sind vielmehr in Ordnung. Es ist nun gemäß § 56 von Amts wegen die **Prozeßvoraussetzung**, ob die Parteien prozeßfähig bezw. gehörig gesetzlich vertreten sind, zu prüfen. Diese Prüfung hat sich auf die Zeit der Klagerhebung zu erstrecken, und wenn sich findet, daß eine wirksame Klagerhebung nicht stattgefunden hat, ist unter Aufhebung des hiernach an einem wesentlichen Mangel leidenden Verfahrens und Urteils des Untergerichtes die **Klage** angebrachtermaßen abzuweisen; bis zur Urteilsfällung ist formell ein Rechtsmittelkläger vorhanden, und wenn das Berufungsgericht auf Grund der vor ihm stattgehabten mündlichen Verhandlung feststellt, daß der Rechtsmittelkläger schon zur Zeit der Klagerhebung prozeßunfähig gewesen ist, so führt das nicht bloß zu dem Ausspruch, das **Rechtsmittel** sei unwirksam eingelegt, sondern folgerichtig **weiter**, nämlich zu dem Ausspruch, daß die **Klage** unwirksam erhoben ist, daß das ganze bisherige Verfahren ungültig ist, weil von Anfang an eine unerläßliche Prozeßvoraussetzung gefehlt hat. So auch die Kommentare zur CPO.: **Stein-Gaupp** Note 27 zu § 56; **Wilmowski-Levy** Anm. 1 zu § 54; **Reincke** 4. Aufl.

Anm. 1, α, β a. E. zu § 56; Seuffert 8. Aufl. Anm. 1 zu § 56; Petersen-Anger Anm. 9, 10, 12c zu § 56. H.

Dazu: OLG. Dresden, II. CS. Urteil v. 13. Juli 1900.

Welche rechtlichen Folgen sich ergeben, wenn der Kläger von vornherein gegen eine prozeßunfähige und mit einem gesetzlichen Vertreter nicht versehene Person seine Klage gerichtet hat, anstatt vorher die Bestellung eines gesetzlichen Vertreters oder gemäß § 57 CPO. eines besonderen Prozeßvertreters herbeigeführt zu haben, kann nur durch Urteil entschieden werden. Die CPO. gewährt dem Gerichte nicht die Befugnis, das Verfahren auszusetzen, wo es zu der Annahme gelangt, daß dem Beklagten schon zur Zeit der Klagezustellung die Prozeßfähigkeit gemangelt habe (Entsch. des RG. 18 S. 383). Das Oberlandesgericht hat auch keine ausreichende Veranlassung finden können, der Klägerin mit dem Beschlusse zu Hilfe zu kommen, die Verhandlung von Amts wegen auf einen späteren Termin zu vertagen (§ 228 CPO.). Denn einerseits hatte sie ausreichende Zeit, die zur Bestellung eines gesetzlichen Vertreters des Beklagten geeigneten Schritte zu thun, andererseits ist bei der Lage der Sache nicht anzunehmen, daß der künftige gesetzliche Vertreter des Beklagten die nachträgliche Genehmigung zur Führung des vorliegenden Prozesses erteilen wird. Die Nachteile des ganzen Verfahrens infolge Mangels einer Prozeßvoraussetzung werden nicht dadurch beseitigt, daß der Beklagte, bevor er die Handlungs- und Prozeßfähigkeit verlor, einen Generalbevollmächtigten ernannt und dieser ihm einen Prozeßbevollmächtigten bestellt hat. Es fehlt an dem gesetzlichen Vertreter des Beklagten (vgl. auch § 579⁴ CPO.). Dieser Mangel hat die Abweisung der Klage (im angebrachten Maße) zur Folge (Entsch. des RG. 11 S. 93). Dr. v. F.

b) **Bei Gesamtprokura genügt Zustellung an einen Prokuristen.**

OLG. Stettin, V. CS. Urteil v. 2. Juli 1901.

Die Klage, das Urteil und die Berufungsschrift sind 1901 der beklagten ausländischen Aktiengesellschaft in dem Geschäftslokale, das sie für ihre Zweigniederlassung in Stettin hat, an den Prokuristen A. zugestellt. Die ihm 1897 erteilte Prokura ist auf „die in Stettin bestehende Zweigniederlassung" beschränkt. Ob diese Beschränkung nach der Fassung des Art. 43 HGB. zulässig war, kann zweifelhaft sein. Der seit 1. Januar 1900 geltende § 50 Abs. 3 HGB. läßt diese Beschränkung, um die frühere Streitfrage zu beseitigen, ausdrücklich zu (Denkschrift S. 49). Erfordernis ist nur, daß die Niederlassungen unter verschiedenen Firmen betrieben werden. Eine solche Verschiedenheit wird dadurch begründet, daß für die Zweigniederlassung der Firma ein Zusatz beigefügt wird, der sie als Firma der Zweigniederlassung bezeichnet. Diesem Erfordernisse ist durch den Zusatz „Filiale Stettin" genügt. Der gegenwärtige Rechtsstreit ist durch den Betrieb der Zweigniederlassung hervorgerufen. Die Zustellungen an A. sind daher mit gleicher Wirkung wie an die Partei selbst erfolgt (§ 173 CPO.). Nun enthält freilich die Prokura des A. die weitere Beschränkung „Kollektivprokura in Gemeinschaft mit einem anderen Prokuristen", und es ist 1899 dem F. „dergestalt Prokura erteilt, daß er berechtigt ist, die Firma in Gemeinschaft mit einem anderen Prokuristen zu zeichnen". A. und F. haben hiernach seit 1899 Gesamtprokura. Die Zustellungen an A. allein sind dennoch genügend (Staub 6. Aufl. 1 S. 207[15] u. S. 206[9]). Die Zustellung ist eine der Gesellschaft gegenüber vorzunehmende Handlung. In Anlehnung an § 171 Abs. 3 CPO. und §§ 125 Abs. 2 Satz 3, 232 HGB., sowie § 28 Abs. 2 BGB. ist bei Gesamtprokura die Zustellung an einen Prokuristen ausreichend. Vorliegend würde überdies, da der Vorstand der Beklagten stets in Moskau weilt und A. ihr Gewerbegehilfe in Stettin ist, die Zustellung auch als Ersatzzustellung wirksam sein. Gr.

33

a) Erhebung und Ablieferung der Streitsumme.

Kammergericht, X. CS. Beschluß v. 17. April 1901.

Daß die Erhebung und Ablieferung der dem Kläger zugesprochenen Streitsumme, wenn sie, wie hier, nicht im Wege der Zwangsvollstreckung, sondern zufolge freiwilliger Zahlung des Verurteilten erfolgt, noch als ein innerhalb des Rechtsstreites sich abspielender Akt anzusehen sei, kann zum mindesten stark in Zweifel gezogen werden, denn der Rechtsstreit als solcher ist offenbar für die Instanz mit der Urteilsverkündung beendet, und um Kosten der Zwangsvollstreckung (§ 788 CPO.) handelt es sich nicht. Jedenfalls mangelt es an der weiteren Voraussetzung, daß die Erhebung und Ablieferung des Geldes durch die Anwälte der Klägerin eine Maßregel war, welche als zur zweckentsprechenden Rechtsverfolgung notwendig gelten könnte. Es ist nicht abzusehen, warum es nicht ebenso zweckentsprechend gewesen wäre, wenn die Klägerin die Zahlung an sich selbst gefordert hätte, wodurch die Entstehung der streitigen Gebühr vermieden worden wäre. Daran ändert sich auch nichts durch den Umstand, daß der Beklagte hat anfragen lassen, ob er das Geld an die Klägerin selbst oder an ihre Anwälte schicken lassen solle, denn es war der Klägerin unbenommen zu antworten, daß das erstere geschehen solle. Mit der gedachten Anfrage übernahm der Beklagte keineswegs eine Erstattungspflicht, und es ist auch eine durch nichts gerechtfertigte Unterstellung der Klägerin, der Beklagte müsse wohl „ein Interesse" an dieser Anfrage gehabt haben, da es vielmehr weit näher liegt, daß der Anwalt des Beklagten etwaigen Wünschen der Klägerin oder ihrer Anwälte entgegenkommen wollte. E.

b) Erstattung der Kosten für Benutzung einer Droschke durch den Gerichtsvollzieher bei eiliger Zustellung.

Kammergericht, XIII. CS. Beschluß v. 17. Dezember 1900.

Die Klägerin hat eine Wechselklage mit 24 Stunden Einlassungsfrist, in der auf den 31. Oktober 1900 mittags 12 Uhr Verhandlungstermin anberaumt worden ist, nachdem sie die Urschrift am 30. zurückerhalten hatte, am letzteren Tage durch den Gerichtsvollzieher in dem 1 Meile entfernten R. zustellen lassen. Sie hat an Droschkenfahrgeld an den Gerichtsvollzieher 4 Mark bezahlt, doch wurden davon nur 30 Pfg. für erstattungsfähig erachtet. Denn als notwendige Kosten im Sinne des § 91 können von der Partei an Beamte gezahlte Vergütungen, auf die diesen ein Anspruch nicht zustand, unter keinen Umständen gelten, dem Gerichtsvollzieher ist nach § 32 der GVO. vom 31. März 1900 die Annahme besonderer Vergütungen für seine Thätigkeit verboten. Auch vorliegend hatte er keinen Anspruch auf Droschkenfuhrgeld. Nach §§ 13, 17 GebO. hat der Gerichtsvollzieher auf Fuhrkosten für Wege innerhalb seines Wohnsitzes überhaupt keinen Anspruch, wie auch die allgemeine Verf. vom 17. Februar 1895 unter 6 (JMBl. S. 275) ausführt; hinsichtlich der Ansprüche außerhalb des Wohnsitzes aber beschränkt sich sein Anspruch auf den Betrag von 10 Pfg. für das Kilometer. v. W.

c) **Zustellung im Auftrage eines Anwaltes an den Gegenanwalt im Sinne des § 2 GebO. für Gerichtsvollzieher.**

OLG. Celle, III. CS. Beschluß v. 1. Mai 1901.

Der Sachverhalt ergiebt sich aus nachstehenden Gründen:

„Der erste Richter hat bei Erlaß des angefochtenen Kostenfestsetzungsbeschlusses mit Unrecht von den beiden Posten vom 8. Januar (Zustellung der Ladung) und vom 18. Februar 1901 (Zustellung des Urteiles) je 25 Pfg. abgesetzt. Es handelt sich um die Gebühren des Gerichtsvollziehers für Zustellungen an die Rechtsanwälte St. und Kl. Der erste Richter hat diese Gebühren auf je 40 Pfg. festgesetzt, weil es Zustellungen seien, die im Sinne des § 2 GebO. für Gerichtsvollzieher im Auftrage eines Anwaltes an den Gegenanwalt bewirkt seien. Die Rechtsanwälte St. und Kl. sind aber von dem Gerichtsvollzieher nicht selbst angetroffen, sondern es ist in dem einen Falle an den Kassierer T. und in dem anderen Falle an den Büreauvorsteher P. zugestellt worden. Es sind also Ersatzzustellungen im Sinne des § 183² CPO. vorgenommen. Für derartige Zustellungen ist aber nicht die verminderte Gebühr von 40 Pfg. zu erheben. Der Wortlaut des § 2 GebO. für Gerichtsvollzieher, der „für die im Auftrage eines Anwaltes an den Gegenanwalt bewirkte Zustellung" die verminderte Gebühr von 40 Pfg. festsetzt, läßt allerdings Zweifel. Aus dem Umstande aber, daß die verminderte Gebühr auch für die Zustellung durch Aufgabe zur Post und für das an die Post gerichtete Ersuchen um Bewirkung einer Zustellung zum Ansatze kommt, ist zu schließen, daß die Herabsetzung der Gebühr in den drei hervorgehobenen Fällen mit Rücksicht auf die geringere Mühewaltung des Gerichtsvollziehers erfolgt ist. Dann aber ist mit der im Auftrage eines Anwaltes an den Gegenanwalt bewirkten Zustellung nur eine solche im Sinne des § 181 CPO. a. F. [§ 198 n. F.] gemeint. In diesem Falle hat der Gerichtsvollzieher eine geringere Mühewaltung als bei den anderen Zustellungen. Er hat dann lediglich ein mit Datum und Unterschrift zu versehendes Empfangsbekenntnis des Zustellungsempfängers einzuholen und seinem Auftraggeber zu übersenden. Eine Beurkundung des Gerichtsvollziehers findet nicht statt. Dementsprechend sagen auch die Motive zu § 2 cit.: „Für die im Auftrage eines Anwaltes an den Gegenanwalt bewirkte Zustellung rechtfertigt sich eine Herabsetzung der Gebühr mit Rücksicht auf die geringere Mühewaltung des Gerichtsvollziehers (§ 181 CPO.).“ Aus dem Citate „§ 181 CPO.“ ergiebt sich, daß nur die Zustellung im Sinne dieses § 181 CPO. a. F. und nicht die hier erfolgte Ersatzzustellung im Sinne des § 183² CPO. gemeint ist.“ H.

d) **Kosten mehrerer Anwälte in der Revisionsinstanz. CPO. § 91².**

OLG. Bamberg. I. CS. Beschluß v. 18. April 1901.

Nach §§ 7, 8 EG. z. CPO. wird in Bayern das Rechtsmittel der Revision beim Obersten Landesgerichte durch Einreichung einer Revisionsschrift eingelegt; der Bestellung eines bei diesem Gerichte oder dem Reichsgerichte zugelassenen Anwaltes bedarf es erst, nachdem das Oberste Landesgericht über die Zuständigkeit entschieden hat. Für die dieser Entscheidung vorgängigen Handlungen können sich die Parteien auch durch jeden bei einem Land- oder Oberlandesgerichte zugelassenen Rechtsanwalt vertreten lassen. Diese Bestimmung enthält aber nur die prozessuale Ermächtigung des Revisionsklägers, sich ausnahmsweise eines beim Revisionsgerichte nicht zugelassenen Anwaltes zu bedienen, und ist nicht dahin aufzufassen, als ob hierdurch die Aufstellung mehrerer Anwälte in dieser Instanz in das Belieben des Revisionsklägers gegeben sei; vielmehr ist hierdurch letzterer von der Verpflichtung zu prüfen, ob die Aufstellung mehrerer Anwälte zur Rechtsverfolgung notwendig sei, nicht befreit. Wenn nach den Umständen des Falles kein Zweifel besteht, daß die Sache zur Kompetenz des Obersten Landesgerichts gehört, muß der Revisionskläger zur Vermeidung überflüssiger Kosten sofort einen beim genannten Gerichte zugelassenen Anwalt aufstellen oder die Kosten eines zweiten Anwaltes selbst übernehmen. Für die vorliegende Sache aber, in welcher es sich lediglich um die Auslegung des bayerischen Fideikommißediktes, also um eine nur nach dem Landesrechte zu entscheidende Angelegenheit, handelte, stand gemäß § 8 EG. zum GVerfG. u. Art. 42² AusfG. hierzu die Zuständigkeit des Obersten Landesgerichts außer allem Zweifel. Eine Notwendigkeit, die Revisionsschrift durch den Anwalt der Berufungsinstanz einreichen zu lassen, kann demnach nicht anerkannt werden. Sch.

e) **Erstattungsfähigkeit der durch Teilnahme an auswärtigen Beweisterminen erwachsenen Reisekosten eines Parteivertreters. CPO. § 91¹.**

OLG. Bamberg, II. CS. Beschluß v. 11. April 1901.

In einem am Landgerichte W. anhängigen Prozesse des Baugeschäftsinhabers A. aus Frankfurt a. M. gegen die Holzhandlung B. in W. wegen Forderung fanden am 14. Juli und 22. November 1898 in Frankfurt Beweiserhebungen statt. Die Beklagte wurde im ersteren Termine nicht durch ihren Prozeßbevollmächtigten, sondern durch einen anderen Rechtsanwalt aus W., im letzteren Termine durch ihren Buchhalter N. aus W. vertreten. Als die Klage kostenfällig abgewiesen war, liquidierte die Beklagte bei der Kostenfestsetzung die Reisekosten der beiden Vertreter und erhielt solche auch zugebilligt. Der hiergegen erhobenen sofortigen Beschwerde des Klägers wurde vom Oberlandesgerichte insofern stattgegeben, als nur die Auslagen für einen in Frankfurt wohnenden Rechtsanwalt für erstattungsfähig erklärt wurden. Aus den Gründen:

Wenn die Partei oder der Prozeßbevollmächtigte selbst einem auswärtigen Beweistermine beiwohnt, ist zwar immerhin noch zu prüfen, ob die Aufwendung der fraglichen Reisekosten zur zweckmäßigen Rechtsverfolgung notwendig war; jedoch sind in der Regel diese Auslagen erstattungsfähig und nur in ganz seltenen Fällen vom Ersatze auszuschließen (Bolze 13 Nr. 627; 17 Nr. 705; 19 Nr. 761; JW. 1892 S. 130[2]; 1898 S. 540[6]; Entsch. d. RG. 13 S. 307 ff.). Wird aber, wie hier, vom Prozeßbevollmächtigten ein anderer Anwalt oder von der Partei eine Laie als Vertreter aufgestellt, so ist besonderer Anlaß zur Prüfung gegeben, ob es notwendig war, daß die Vertretung im Beweistermine gerade durch die Substituierung der betreffenden Personen herbeigeführt und nicht vielmehr einem am Terminsorte wohnhaften Anwalte übertragen wurde. Muß diese Notwendigkeit verneint werden, so sind nur die Kosten des billigeren Weges zu ersetzen (Gaupp-Stein 4. Aufl. § 91 Anm. IX Note 90; Petersen-Anger 4. Aufl. § 91 Ziff. 11).

Ob die erwähnte Notwendigkeit gegeben ist oder nicht, ist eine reine Ermessensfrage und nach den speziellen Umständen des Falles zu entscheiden. Hier handelte es sich um die einfachen Fragen, ob der Agent N. in Frankfurt als Vertreter der Beklagten eine Qualität Bauholz weiter verkauft und ob die Beklagte den Kaufpreis hierfür bezahlt erhalten hat. Über diese Thatsachen konnte ein Frankfurter Anwalt ebensogut informiert werden, als es den von der Beklagten substituierten Personen gegenüber geschehen mußte; es war sogar ein mit den örtlichen Verhältnissen vertrauter Frankfurter Anwalt zur Vertretung der Sache besser geeignet, da es sich um eine durchaus in Frankfurt spielende Angelegenheit handelte. Es wäre daher Pflicht der Beklagten gewesen, den billigeren Weg, nämlich die Aufstellung eines in Frankfurt wohnenden Anwaltes zu wählen, und nur die Auslagen für einen solchen sind erstattungsfähig. Sch.

Dazu: OLG. Karlsruhe, II. CS. Beschluß v. 12. April 1901.

Ein Anspruch auf Ersatz der durch die Wahrnehmung eines auswärtigen Beweistermines durch einen Prozeßbevollmächtigten in Person entstandenen Kosten ist in der Regel nur insoweit anzuerkennen, als sie nicht die Kosten übersteigen, welche durch die Zuziehung eines am Orte der Beweisaufnahme wohnenden Rechtsanwaltes entstanden wären (vgl. JW. 1899 S. 223). Besondere Gründe, hiervon abzuweichen, liegen nicht vor. Das Beweisthema war einfach und der Sachverständige eine Persönlichkeit, von der man eine präzise, erschöpfende Auskunft erwarten mußte. Er hat auch sein Gutachten in einer dem Beweisbeschlusse völlig entsprechenden Weise abgegeben. Richtig ist, daß er auf Befragen des Prozeßbevollmächtigten der Klägerin noch einige sein Gutachten bekräftigende Zusätze gemacht, insbesondere auch sich über einen, im abgegebenen Gutachten nicht berührten, wesentlichen Punkt — die Auffassung der Kundenkreise — geäußert hat. Allein die sich hierauf beziehenden Fragen, soweit sie überhaupt von Bedeutung waren, konnten zum voraus festgestellt werden, insbesondere bezüglich des erwähnten, als wesentlich bezeichneten Punktes, der gar nicht im Beweisbeschlusse enthalten war. Sie konnten also auch sehr wohl, abgesehen davon, daß der Klägerin der Weg der Ergänzung des Gutachtens offen stand, durch einen Substituten an den Sachverständigen gerichtet werden. Dr. E.

f) **Die Nachliquidation von Kosten, die in früheren Festsetzungsverfahren zu niedrig angesetzt waren. Ausgleichung gegen die daselbst rechtskräftig festgesetzten Kosten einer angekündigten, aber nicht erhobenen Widerklage.**

Kammergericht, IV. CS. Beschluß v. 1. April 1901.

Der Kläger hatte von einer Forderung von 13500 Mark einen Teilbetrag von 3000 Mark eingeklagt und der Beklagte durch Schriftsatz den Antrag auf Abweisung der Klage und Erhebung einer Widerklage dahin in Aussicht gestellt, daß dem Kläger ein Anspruch von 13500 Mark nicht zustehe. Beklagter wurde nach dem Klagantrage durch Versäumnisurteil verurteilt und sein Einspruch durch ferneres Versäumnisurteil in dem auf den Einspruch angesetzten Verhandlungstermine verworfen. Der Kläger hat eine Prozeßgebühr von 72 Mark (von 13500 Mark), eine Gebühr für nichtkontradiktorische Verhandlung von 22 Mark (von 3000 Mark) und eine fernere Gebühr für nichtkontradiktorische Verhandlung „nach Einspruch" in Höhe von 11 Mark liquidiert und festgesetzt erhalten. Nach Eintritt der Rechtskraft des Beschlusses hat er mit der Begründung, daß „die Verhandlungsgebühr nach Einspruch" irrtümlich anstatt 22 Mark auf nur 11 Mark angesetzt worden sei, nachträgliche Festsetzung der zu wenig liquidierten 11 Mark beantragt. Der Antrag wurde zurückgewiesen. Aus den Gründen:

Der Ansicht, daß vorliegend eine Nachliquidation unzulässig sei, kann nicht beigetreten werden. In diesem Sinne hat sich zwar das OLG. Naumburg ausgesprochen (vgl. Busch, Zeitschr. 24 S. 260). Die Begründung erscheint indessen nicht stichhaltig. Unzutreffend ist zunächst, daß das Reichsgericht (Entsch. 35 S. 427) die Nachliquidation in solchem Falle für unzulässig erklärt habe; es hat vielmehr, wie der Beschluß ergiebt, zu der Frage überhaupt keine Stellung genommen. Aber auch die weitere Erwägung, daß der obsiegende Teil bei Zulassung solcher Nachliquidation noch nach längerer Zeit, wenn sich in der Rechtsprechung die Ansichten, z. B. über die Höhe der Reisekosten, geändert haben sollten, eine Erhöhung solcher Kosten nachträglich fordern könne, vermag die Entscheidung nicht zu tragen. Gewiß wird, solange und soweit ein Anspruch nicht im Wege Rechtens verfolgt worden ist, allein durch eine in der Rechtsprechung hervorgetretene, ihm entgegenstehende Ansicht seine Geltendmachung nicht ausgeschlossen. Erst wenn er erhoben und rechtskräftig abgeschlossen worden ist, steht die ergangene Entscheidung einer weiteren wirksamen Geltendmachung entgegen. So wird denn auch von den Kommentatoren fast einstimmig und ebenso seit dem Plenarbeschluß vom 9. Februar 1891 (Entsch. d. RG. 27 S. 402) in der Rechtsprechung die Zulässigkeit der Nachliquidation solcher Kostenansätze, die im früheren Verfahren nicht geltend gemacht sind, ohne Unterschied angenommen. Es ist auch ein triftiger Grund für eine Unterscheidung zwischen solchen Posten, die im Gesuche überhaupt nicht enthalten waren, und solchen, deren Erhöhung gefordert wird, nicht aufzufinden. Die Rechtskraft des früheren Beschlusses steht dem Anspruche auf Erhöhung einer im früheren Verfahren irrtümlich zu niedrig liquidierten Gebühr doch nicht entgegen. Denn damit, daß es bei der Festsetzung nur die niedrigere Gebühr dem Antrage entsprechend berücksichtigt hat, hat das mit der Festsetzung betraute Gericht nicht etwa über den an sich begründeten Mehrbetrag zugleich eine Entscheidung dahin getroffen, daß dieser dem Kläger nicht zustehe und von dem Beklagten nicht zu erstatten sei.

Die Beschwerde ist jedoch aus einem anderen Grunde nicht gerechtfertigt. Der Kläger, welcher nur einen Teilbetrag eingefordert hatte, hat im früheren Festsetzungsverfahren eine Prozeßgebühr von 13500 Mark in Ansatz gebracht. Dieser Streitwert ergiebt sich daraus, daß eine angekündigte, aber nicht erhobene Widerklage mit berücksichtigt wird. Das Landgericht hat dem Antrage entsprechend die liquidierte Gebühr nicht beanstandet. Das Reichsgericht hat zwar (JW. 1887 S. 42[22]) sich dahin ausgesprochen, daß bei der Berechnung der Prozeßgebühr auch der durch eine schriftlich angekündigte, aber nicht erhobene Widerklage umfaßte Wert zu berücksichtigen sei (vgl. auch Entsch. d. RG. 34 S. 426). Indessen hat der I. CS. des Reichsgerichtes am 22. April 1899 (JW. 1899 S. 339[11]) sich im entgegengesetzten Sinne schlüssig gemacht. Diese Ansicht verdient den Vorzug. Mit Recht wird dort ausgeführt, daß eine Widerklage, die nur angekündigt worden, nicht Gegenstand des Rechtsstreites geworden sei. Die Kosten, die der einen Partei von der anderen durch die Bedrohung mit einer Klage verursacht werden möchten, bilden daher keinen Teil der im schwebenden Prozeßverfahren erwachsenen Kosten; sie sind nicht Bestandteil des Prozeßstoffes und gehören deshalb auch nicht zu den Kosten des Rechtsstreites. Das Landgericht hätte danach die Prozeßgebühr nur nach einem Streitwerte von 3000 Mark mit 44 Mark festsetzen dürfen und den Mehrbetrag von 28 Mark absetzen müssen. Da andererseits die Verhandlungsgebühr zweimal mit $^5/_{10}$ in Höhe von je 22 Mark berechtigt war, so wäre der hierbei zu wenig liquidierte Betrag von 11 Mark auf jener Mehrforderung zu verrechnen gewesen. Denn im Festsetzungsverfahren ist, wie das Reichsgericht gleichfalls annimmt, nur die Summe im

Ganzen als Streitwert anzusehen, so daß an Stelle eines geforderten, aber nicht berechtigten Ansatzes der nicht geforderte, aber berechtigte insoweit zuzubilligen ist, als dadurch die Endsumme des Festsetzungsgesuches keine Erhöhung erfährt (vgl. JW. 1898 S. 506 Nr. 21, Gaupp zu § 105 CPO. Z. IV).[1]

Eine solche Ausgleichung, die im ersten Verfahren nicht vorgenommen worden, ist noch jetzt, nachdem der frühere Beschluß die Rechtskraft beschritten hat, der Nachliquidation gegenüber zulässig.[2] Wenn es richtig ist, daß im Festsetzungsverfahren nur der Gesamtbetrag der verlangten Kosten im Streite ist, so trifft auch der Festsetzungsbeschluß nur über diesen, nicht über die einzelnen Ansätze Entscheidung. Daraus folgt, daß die Rechtskraft des Beschlusses sich gleichfalls nicht auf diese, sondern nur auf den Betrag erstreckt, den er als zur zweckentsprechenden Rechtsverfolgung oder Verteidigung notwendig oder erstattungsfähig festsetzt. Eine Abänderung des früheren Beschlusses findet daher nicht statt, wenn ein im Nachverfahren liquidierter, an sich erstattungsfähiger Betrag mit einem im ersten Verfahren irrig angesetzten ausgeglichen wird. Das Endergebnis des früheren Beschlusses wird dadurch nicht berührt. F.

g) Kosten des nur vom Nebenintervenienten eingelegten Rechtsmittels.

OLG. Königsberg, II. CS. Urteil v. 26. Juni 1901.

Die Mehrzahl der Kommentatoren folgert aus dem Umstande, daß der Nebenintervenient als Parteigehilfe und mit Wirkung für die Partei handelt, daß nicht ihm, sondern der unterstützten Partei selbst die Kosten des vom Nebenintervenienten allein eingelegten Rechtsmittels aufzuerlegen seien (vgl. Wilmowski-Levy, Anm. 3 zu § 68, Gaupp zu § 101, Petersen, Sächs. Arch. 6 S. 657 und ebenso auch OLG. Colmar [Els. Zeit. 20 S. 24, 22 S. 331]).

Dem kann jedoch nicht beigetreten werden. Muß es zunächst schon bedenklich erscheinen, eine Partei, welche sich lediglich passiv verhalten und zu erkennen gegeben hat, daß sie den Prozeß nicht fortsetzen will, mit den durch die vom Nebenintervenienten eingelegte Berufung entstandenen Kosten zu belasten, während der Nebenintervenient, der die Rechtsmittelinstanz im eigensten Interesse in Bewegung gesetzt hat, frei ausgehen soll, so spricht auch § 101 CPO. gegen eine solche Auffassung. Denn dieser Paragraph behandelt nicht die Kosten der Nebenintervention, von welcher Gaupp spricht, sondern die durch die Nebenintervention entstandenen Kosten. Hat nun der Nebenintervenient allein Berufung eingelegt, so sind eben die Kosten der Berufungsinstanz durch die Nebenintervention entstanden; sie wären nicht entstanden,

[1] Vgl. indessen Entsch. d. RG. 35 S. 427, JW. 1893 S. 536 Nr. 6 u. 1897 S 228 Nr. 4.

[2] Vgl. jedoch auch Entsch. d. RG. 33 S. 391, ferner JW. 1896 S. 653 Nr. 8 u. 1899 S. 159 Nr. 1. — Auch das OLG. Karlsruhe hält im Beschl. v. 17. Okt. 1899 für unzulässig, daß Kosten, die auf Grund eines Festsetzungsbeschlusses als angeblich ungerechtfertigt geleistet sind, im späteren Verfahren wegen Festsetzung weiterer Kosten aufgerechnet werden. D. H.

wenn nicht der Nebenintervenient beigetreten wäre und den Prozeß fortgesetzt hätte. Insofern decken sich die durch die Nebenintervention entstandenen Kosten mit den Kosten des Rechtsmittels. Daß dies auch die Auffassung der gesetzgebenden Körperschaften gewesen, läßt sich aus dem Kommissionsbericht zu § 96 entnehmen. In der Kommission war zur Begründung des eine genauere Präzisierung des § 96 bezweckenden Abänderungsantrages ausgeführt, daß der Nebenintervenient, der im Prozesse sein eigenes Interesse verfolge, an sich nach dem Willen des Gesetzes die dadurch entstandenen Kosten zu tragen habe. Der Gesichtspunkt also, daß der Nebenintervenient nur Gehilfe der Partei sei, ist auch hier in den Hintergrund gestellt; er ist vielmehr davon ausgegangen, daß er sein eigenes Interesse verfolge; und in der That liegt, wenn man berücksichtigt, daß der Nebenintervenient formell zwar die Partei unterstützt, im Grunde aber sein eigenstes Interesse im Auge hat, kein Rechtsgrund vor, die in Verfolgung dieser eigenen Interessen des Nebenintervenienten entstandenen Kosten der unterstützten Partei statt dem Nebenintervenienten aufzuerlegen. In diesem Sinne hat sich auch das Reichsgericht (JW. 1896 S. 333[3]) ausgesprochen. (Vgl. Rsp. 2 S. 102 Nr. 63b.) Th.

34

a) **Kosten der Interventionsklage, wenn im Prozeß sofort die Freigabe erfolgt.**

OLG. Rostock, I. CS. Beschluß v. 25. Februar 1901.

Indem die Beklagte als Gläubigerin wegen einer vollstreckbaren Forderung im Gewahrsam ihres Schuldners befindliche, an sich der Zwangsvollstreckung unterliegende Sachen pfänden ließ, verfolgte sie ein ihr nach §§ 803, 808 CPO. zustehendes Recht und machte sich nur dann verantwortlich, wenn sie durch die Vollstreckung schuldhafterweise in Vermögensrechte Dritter eingriff. Hier fehlt es an dem Nachweise eines solchen Verschuldens. Sobald die Beklagte von dem Anspruche der Klägerin auf einen Teil der gepfändeten Sachen in Kenntnis gesetzt war, hat sie durch Forderung der Glaubhaftmachung zu erkennen gegeben, daß sie einen Eingriff in Vermögensrechte der Klägerin nicht beabsichtigte. Solche Glaubhaftmachung ist aber nicht erfolgt. Durch die Versicherung des klägerischen Anwaltes, daß die bezüglichen Urkunden ihm in Urschrift vorlägen, wurde mangels Angabe des näheren Inhaltes derselben der Anspruch nicht bescheinigt und ebensowenig durch den Einstellungsbeschluß des Amtsgerichtes. Denn dieser nimmt in betreff des behaupteten Eigentumes nur Bezug auf eine schriftliche, eidesstattliche Versicherung des Schuldners selbst und läßt die Einstellung nur gegen Sicherheitsleistung zu. Die Beklagte hat deshalb zur Erhebung der Klage keine Veranlassung gegeben. Die Klägerin war daher, nachdem die Hauptsache bereits vor dem ersten Termine durch Freigabe der Pfandstücke erledigt und folglich für ein Anerkenntnis kein Raum mehr war, in entsprechender Anwendung des § 93 in die Kosten des Rechtsstreites zu verurteilen (vgl. Rsp. 2 Nr. 63, auch 1 Nr. 19). S.

b) **Einklagung einer Nachlaßverbindlichkeit während schwebenden Aufgebotsverfahrens. BGB. § 2014. CPO. § 305.**

Kammergericht, Ferien=CS. Urteil v. 23. Juli 1901.

Der Kläger hat einen fälligen Wechsel gegen den Beklagten als Nachlaßpfleger des Acceptanten „nach Kräften des Nachlasses" eingeklagt, obwohl damals bereits das Aufgebot der Nachlaßgläubiger erlassen war. Beklagter hat den Anspruch im ersten Termine anerkannt. Die Kosten wurden dem Kläger auferlegt. Aus den Gründen:

Da der Nachlaßpfleger das Aufgebotsverfahren rechtzeitig beantragt hat, ist er gemäß §§ 2015 ff. BGB. berechtigt, die Berichtigung der eingeklagten Nachlaßverbindlichkeit bis zur Beendigung jenes Verfahrens zu verweigern. Hierdurch widerlegt sich die Annahme des Klägers, daß er z. Zt. der Klagerhebung eine fällige Forderung gehabt hat, deren rechtzeitige Erfüllung der Beklagte schuldhaft unterließ; vielmehr hätte, falls sich der Gesetzgeber auf die Vorschriften der §§ 2014 ff. BGB. beschränkt hätte, die Klage, da die Voraussetzung des § 259 CPO. nicht vorlag, zur Zeit abgewiesen werden müssen. Bei der CPO.=Novelle ist aber erwogen worden, daß es die Interessen der Nachlaßgläubiger gefährden würde, wenn ihnen während der gedachten Fristen die Einklagung ihrer Ansprüche schlechthin versagt bliebe. Der deshalb neu aufgenommene § 305 CPO. bringt auch durch die Schlußworte des Abs. 1 „nicht ausgeschlossen" genügend zum Ausdruck, daß es sich hier nicht um einen Sicherungsanspruch handelt, zu dessen Erfüllung aus freien Stücken der Erbe alsbald nach der Annahme oder der Nachlaßpfleger sofort nach der Bestellung zu schreiten verpflichtet wäre. Vielmehr liegt es dem Nachlaßgläubiger, der sich für gefährdet erachtet, ob, ein auf den Sicherungsanspruch bezügliches Verlangen an den Erben oder den Nachlaßpfleger zu richten. Daß er so gegen den Beklagten vorgegangen sei, behauptet der Kläger selbst nicht; ebensowenig hat er vorgebracht, daß der Beklagte durch seine Erklärungen oder sein sonstiges Verhalten zur Klage Veranlassung gegeben, oder daß das erstinstanzliche Urteil zur Vollstreckung habe gebracht werden müssen. Hiernach gebührt dem Beklagten der Schutz des § 93 CPO. M.

Dazu: OLG. Oldenburg, I. CS. Urteil v. 7. November 1900.

Bei Anwendung des § 93 CPO. kommt es nur auf das Verhalten des Beklagten vor der Klagerhebung an. Es ist zu berücksichtigen, daß unter regelmäßigen Verhältnissen die Verhandlung des Rechtsstreites gleich im ersten Termine stattfindet oder doch beginnt, und daß, wenn Beklagter in diesem, wie das § 93 voraussetzt, sein Anerkenntnis sofort erklärt, der Kläger, um zu seinem Ziele zu gelangen und etwaigen Verzögerungen in der Erfüllung der dem Beklagten obliegenden Leistung entgegenzuwirken, es frei in seiner Hand hat, ungesäumt (vgl. auch § 708 CPO.) die nach § 788 CPO. auf Kosten des Beklagten erfolgende Zwangsvollstreckung zu betreiben, daß also eine längere, mit ferneren Kosten und Weiterungen verbundene Fortdauer des Rechtsstreites nur in ganz besonderen Umständen ihre Ursache haben kann. Wenn aber, wie hier, die Parteien in mehreren Terminen nicht verhandeln, vielmehr sich auf Vergleichsversuche einlassen oder gar die Sache ruhen lassen, so gehen solche Maßnahmen, auf die sich der Kläger freiwillig eingelassen, bezüglich der Kosten auf seine Gefahr; die Möglichkeit eines sofortigen Anerkenntnisses wird dadurch nicht abgeschnitten. Die Annahme, daß eine nach Einleitung des Rechtsstreites hervorgetretene Säumigkeit des Beklagten in der Erfüllung seiner allerdings formell von ihm anerkannten Verbindlichkeit (hier der Hergabe eines Inventars) einen Rückschluß dahin zulasse, es würde ohne Zwang von ihm nichts zu erlangen gewesen sein, und daß es sonach geboten gewesen, wider ihn den Weg der Klage zu beschreiten, erscheint nicht zutreffend, da sich eine solche Säumigkeit nach der Prozeßerhebung bezw. Anerkennung doch nicht ohne weiteres voraussehen läßt; und das Zulassen eines derartigen Rückschlusses würde auch die Klagerhebung in betreff der Kostenerstattungspflicht in den Fällen, wo der Hauptanspruch ein begründeter gewesen, zu einem reinem Wagnisse machen. Ein Anlaß zur Klagerhebung ist aber überhaupt nur vor, nicht nach derselben denkbar... N.

c) Sofortiges Anerkenntnis im Sinne von § 93 CPO.

OLG. Karlsruhe, II. CS. Urteil v. 15. März 1901.

Als „sofortiges" Anerkenntnis kann nur ein in der ersten mündlichen Verhandlung vorbehaltslos, daher auch unbedingt abgegebenes Anerkenntnis erachtet werden (Seuffert, CPO. § 93 Bem. 2, Petersen § 93 Bem. 3). Die Beklagte hat aber in der Verhandlung der Klägerin primär die Einrede der Klagänderung entgegengehalten und den Anspruch nur fürsorglich, falls das Gericht eine Klagänderung für vorliegend erachte, anerkannt, also nur ein bedingtes Anerkenntnis abgegeben. Dr. E.

35

a) Über die Kosten kann nicht zum voraus entschieden werden.

OLG. Karlsruhe, III. CS. Beschluß v. 13. Mai 1901.

Über die Kostentragung hat das Gericht (spätestens in der Endentscheidung) von Amts wegen zu erkennen. Wird die Hauptsache ohne Entscheidung über sie erledigt, so wird in der Kostenentscheidung die Person des unterliegenden danach bestimmt, welche Partei unterlegen sein würde, wenn über die Hauptsache hätte erkannt werden müssen. Eine Entscheidung nach § 99 Abs. 3, wie die vorwürfige, hat zur Voraussetzung, daß die Hauptsache ohne Entscheidung erledigt sei (vgl. Gaupp-Stein, Note 5 zu § 99). Dies ist hier aber nicht geschehen; die Klage ist weder zurückgenommen, noch ist auf den Anspruch verzichtet. Die Urteilsgründe führen vielmehr aus, daß das Klagebegehren heute noch als begründet zu erklären gewesen wäre, wenn der Kläger es vorgetragen hätte; in noch höherem Maße sei es zur Zeit der Klagerhebung begründet gewesen. Demnach steht nichts entgegen — diese

Ausführungen legen es im Gegenteil dem Kläger sehr nahe —, den Prozeß fortzusetzen und eine Entscheidung in der Hauptsache zu verlangen. Diese könnte nur auf Grund einer neuen mündlichen Verhandlung nach § 278 CPO. geschehen, während das angefochtene Urteil zum voraus über die Kosten des Rechtsstreites entscheidet. Dies ist prozessualisch nicht angängig, weil nicht die Hauptsache ohne Entscheidung erledigt war. Aus dem gleichen Grunde ging es aber auch nicht an, auf die Beschwerde anderweit über die erstinstanzlichen Kosten zu entscheiden. Dr. E.

b) **Rechtsmittel, wenn über einen Teil des Anspruches Anerkenntnisurteil und dann Schlußurteil über den Rest und die Kosten ergeht. CPO. § 99.**

OLG. Hamburg, II. CS. Beschluß v. 21. März 1901.

Den vorliegenden Fall, wo in betreff der Hauptsache zum Teil ein Anerkenntnisurteil ergangen und zum anderen Teil die Hauptsache sich anderweitig ohne Entscheidung erledigt hat und dann eine Entscheidung über die Kosten ergangen ist, regelt die CPO. nicht ausdrücklich. Man kann aber nicht sagen, daß die Hauptsache durch ein Anerkenntnisurteil erledigt worden ist, wenn ein Teil des Klaganspruches von dem Anerkenntnis gar nicht betroffen wurde und daher noch einer Entscheidung oder einer anderweitigen Erledigung bedurfte. Ebensowenig kann man sagen, daß eine Entscheidung in der Hauptsache nicht ergangen sei, wenn in betreff eines Teiles des Klaganspruches eine Verurteilung des Beklagten auf Grund seines Anerkenntnisses ergangen ist. Es würde daher vielleicht gerechtfertigt sein, weder den Abs. 2 noch den Abs. 3 des § 99 anzuwenden, sodaß es bei der Regel des Abs. 1 verbleiben würde. Dies würde jedoch der Tendenz des Gesetzes wenig entsprechen, und es wird richtiger sein anzunehmen, daß hier gegen das Urteil, insoweit es über die Kosten mit Rücksicht auf das vorangegangene Anerkenntnisurteil entscheidet, die Berufung und im übrigen die Beschwerde zuzulassen sei. Dies führt aber hier zu einer Verwerfung der Beschwerde, da der Beklagten lediglich in Rücksicht auf ihr Anerkenntnis eines Teiles des Klaganspruches und in sachlichem Zusammenhang mit dem daraufhin gegen sie ergangenen Anerkenntnisurteil ein Teil der Kosten auferlegt worden ist und nur dieser Teil des Urteiles von ihr angefochten wird.

Dagegen kann auch nicht geltend gemacht werden, daß das Kostenurteil äußerlich getrennt von dem Anerkenntnisurteil ergangen ist und eine Entscheidung über die Hauptsache nicht enthält. . . . Denn der gesetzgeberische Grund, aus dem man nicht, wie es von der Reichstagskommission vorgeschlagen war, auch in dem Falle eines die Hauptsache erledigenden Anerkenntnisurteiles, ebenso wie im Falle des § 99 Abs. 3, die Beschwerde, sondern das für ein Urteil gegebene ordentliche Rechtsmittel der Berufung bezw. Revision zugelassen hat, ist der, daß in jenem Falle in der Regel eine Erörterung der Hauptsache erforderlich sein wird (vgl. Gaupp-Stein § 99

Anm. 14; Seuffert 56 Nr. 114). Dies trifft aber ebensowohl dann zu, wenn die Kostenentscheidung äußerlich getrennt vom Anerkenntnisurteil, aber doch materiell im Zusammenhange mit diesem und auf Grund des geschehenen Anerkenntnisses erfolgt, wie wenn sie im Anerkenntnisurteile selbst enthalten ist; und gerade hier trifft es zu, wo die Beklagte in ihren Erörterungen, mittels deren sie ihrer Kostenersatzpflicht entgegentritt, wieder auf die Hauptsache zurückgreift.... M. M.

Dazu: OLG. Stettin, I. CS. Beschluß v. 15. Juni 1901.

Die Anfechtung der Entscheidung über den Kostenpunkt ist, wenn nicht gegen die Entscheidung in der Hauptsache ein Rechtsmittel eingelegt wird, der Regel nach ausgeschlossen (§ 99 Abs. 1 CPO.). Ist jedoch eine Entscheidung in der Hauptsache nicht ergangen, so findet gegen die Entscheidung über den Kostenpunkt sofortige Beschwerde statt. Diese Bestimmung des § 99 Abs. 3 CPO. trifft die Fälle, in denen die Hauptsache durch Vergleich, Befriedigung des Klägers oder in sonstiger Weise ihre Erledigung gefunden hat. Vorliegenden Falles ist die Anwendbarkeit des § 99 Abs. 3 CPO. nicht unzweifelhaft, weil zwar in dem angefochtenen Urteil nur über die Kosten erkannt ist, diesem Urteil aber ein Teilurteil vorhergegangen war, wodurch über die Hauptforderung von 900 Mark in Höhe von 750 Mark unter Vorbehalt der Entscheidung über den Kostenpunkt erkannt worden ist. Nach ihrem Wortlaute scheint die angezogene Gesetzesstelle nur dann zuzutreffen, wenn über die Hauptsache in dem Rechtsstreite überhaupt nicht entschieden ist. Diese Auslegung würde aber dem Sinne des Gesetzes nicht entsprechen. Der § 99 Abs. 3 CPO. ist den früheren Bestimmungen durch das Gesetz vom 17. Mai 1898 betr. Änderungen der Civilprozeßordnung auf Vorschlag der Regierung hinzugefügt, mit der Begründung, daß die Versagung der Anfechtung der Entscheidung über den Kostenpunkt in den Fällen, wo die Hauptsache ihre Erledigung gefunden habe, als unbillige Beeinträchtigung der Rechtsverfolgung empfunden sei (vgl. Materialien zum Gesetze vom 17. Mai 1898 S. 506). Dieser Grund der Bestimmung des Gesetzes trifft nicht nur dann zu, wenn in der Hauptsache gar nicht entschieden ist, sondern auch dann, wenn nur über einen Teil der Hauptsache Entscheidung ergangen ist. In solchem Falle kann die Teilentscheidung in der Hauptsache gemäß den Grundsätzen der §§ 91 ff. CPO. nur rücksichtlich eines Teiles der Kosten maßgebend sein, während für den übrigen, vielleicht sehr erheblichen Teil der Kosten die Entscheidung des Gerichtes nach Erwägungen zu erfolgen hat, die von der Teilentscheidung in der Hauptsache unabhängig sind. In Ansehung dieses Teiles der Kosten würde die Unanfechtbarkeit des über die Kosten ergehenden Urteiles dieselben Übelstände zur Folge haben, die daraus in Ansehung der ganzen Kosten entstehen, wenn in der Hauptsache gar nicht erkannt ist. Man wird aber auch nicht annehmen dürfen, daß die Anfechtung der Kostenentscheidung nur in Verbindung mit der Anfechtung des Teilurteiles hat zugelassen werden sollen, denn das würde darauf hinauslaufen, daß, wenn ein

Grund zur Anfechtung des Teilurteiles nicht vorliegt und nur die Entscheidung über den nicht von dem Teilurteil abhängigen Teile der Kosten zur Beschwerde Anlaß giebt, der Beschwerte entweder jede Anfechtung unterlassen oder ein in der Hauptsache von vornherein unbegründetes Rechtsmittel einlegen müßte. Deshalb erscheint es richtig, den § 99 Abs. 3 CPO. dahin auszulegen, daß in dem Falle, wenn nur über einen Teil der Hauptsache erkannt, der übrige Teil ohne Urteil erledigt ist, die sofortige Beschwerde gegen die Entscheidung über den Kostenpunkt insoweit zulässig sein soll, als die Kosten durch die Verhandlung über den ohne Urteil erledigten Teil der Hauptsache veranlaßt sind. Die Worte des Gesetzes: „Ist eine Entscheidung in der Hauptsache nicht ergangen" sind auch auf den Fall zu beziehen, daß nur über einen Teil der Hauptsache eine Entscheidung nicht erfolgt ist. S.

c) **Berufung bei Erledigung der Hauptsache.**

OLG. Karlsruhe, III. CS. Urteil v. 19. November 1900.

Einzig der streitige Kostenpunkt war nach den verlesenen Anträgen dem Landgerichte unterbreitet. Die prozeßhindernde Einrede der örtlichen Unzuständigkeit war nicht vorgetragen und ein Antrag, die Klage wegen Unzuständigkeit des Gerichtes abzuweisen, nicht gestellt. Auch auf Grund der Amtsprüfung der Zuständigkeit konnte eine absolutio ab instantia weder für die erledigte Hauptsache, noch für den Kostenpunkt in Frage kommen; denn über diesen erkennt auch der zur Hauptsache nicht zuständige Richter. Der Ausspruch der Urteilsformel: „Das Gericht ist nicht zuständig" hat daher nur den Sinn eines Kausalsatzes: weil das Gericht zur Hauptsache nicht zuständig war, deshalb hat der Kläger die Kosten zu tragen. Dieses Kausaladverb „deshalb" bezeichnet das logische Verhältnis der beiden dadurch verbundenen Sätze so, daß der Ausspruch der Unzuständigkeit auch nach der Absicht des Landgerichtes nicht Gegenstand, sondern Grund der Entscheidung sein sollte. Dies zeigt auch bereits der erste Satz des Thatbestandes: „In der Hauptsache ist der Rechtsstreit erledigt, sodaß es sich nur noch um die Entscheidung des Kostenpunktes handelt." Der Umstand, daß der Tenor überflüssiger und inkorrekter Weise (vgl. § 313[5] CPO.) den maßgebenden Entscheidungsgrund, welcher dann in den Gründen ausführlich erörtert ist, vorwegbezeichnet, kann nicht bewirken, daß die Kostenentscheidung zur „Hauptsache" oder die Begründung der Kostenentscheidung Gegenstand selbständiger Entscheidung zur Hauptsache wird. Die Entsch. d. RG. 23 S. 341 hat eine andere thatsächliche und rechtliche Grundlage: dort hatte der Beklagte in erster wie in zweiter Instanz die Unzuständigkeit des Gerichtes vorgebracht; es mußte daher in beiden Instanzen über diesen Antrag erkannt werden. Dr. E.

36

a) **Verurteilung zu künftiger Leistung. CPO. § 259.**

OLG. Karlsruhe, III. CS. Urteil v. 22. April 1901.

Der Ausspruch des angefochtenen Urteiles, daß der Beklagte das Wiesenstück wieder zurückzugewähren hat, sobald es aufgefüllt ist, stellt sich als Verurteilung zu einer künftigen Leistung dar. Dies ist angesichts der Erweiterung, welche der § 256 [§ 231] CPO. durch die Novelle in § 259 erfahren hat, für zulässig zu erachten; denn die dortselbst vorausgesetzte Besorgnis, daß der Beklagte (Schuldner) sich der rechtzeitigen Leistung entziehen werde, erscheint vorliegend durch das beharrliche Abstreiten dieser Leistungspflicht, d. h. der Rückgewährspflicht, als gegeben. Der Gläubiger hat nunmehr die Wahl zwischen der Feststellungsklage des § 256 und der antizipierten Leistungsklage des § 259. Dafür, daß der § 259 ausgeschlossen sein solle, wenn im Einzelfalle angenommen werden muß, der Beklagte werde schon auf Grund eines Feststellungsurteiles (§ 256) s. Zt. leisten (Petersen-Anger § 259 IV), fehlt es rechtlich an jedem Anhalte im Gesetze; überdies wäre auch thatsächlich gegenüber dem bisherigen Verhalten des Beklagten vorliegend eine solche Unterstellung durchaus willkürlich und dem Gesetzeszwecke des § 259 zuwiderlaufend (vgl. Begr. zu § 231 c Drucks. 1897/98 Nr 61). Dr. E.

b) **Zustellung der Klageschrift nach dem Tode des Klägers. Keine Wiederaufnahme des unterbrochenen Verfahrens. Heilung des Mangels schriftlicher Klagerhebung.**

OLG. Marienwerder, II. CS. Urteil v. 16. April 1901.

Die Klage, welche als Klägerin die Altsitzerin W. bezeichnet, wurde erst nach deren Tode dem Beklagten zugestellt. Demnächst zeigte der bisherige Prozeßbevollmächtigte die Erben der W. an; er erklärte, daß er Namens eines Miterben Th. den Rechtsstreit aufnehme und lud die Beklagten. In dem darauf anberaumten Termine erschienen beide Teile und haben, nachdem Kläger Zahlung zur Nachlaßmasse des W. und Beklagter Abweisung beantragt hatten, zur Sache verhandelt. Erst in den späteren Terminen rügte der Beklagte die Unzulässigkeit der Wiederaufnahme. Aus den Gründen:

Eine physische Person, die parteifähig ist, verliert ihre Parteifähigkeit mit dem Tode. Die W. konnte, nachdem am 27. Juni 1900 ihr Tod eingetreten war, eine Klage nicht mehr rechtswirksam erheben. Die nach ihrem Tode bewirkte Klagezustellung war nicht im stande, einen Rechtsstreit für sie als Klägerin anhängig zu machen. Daß für die Parteifähigkeit des Klägers nur der Zeitpunkt der Klagerhebung, nicht etwa ein früherer Zeitpunkt maßgebend sein kann, folgt daraus, daß erst mit der Klagerhebung die Rechtshängigkeit eintritt. War also ein Rechtsstreit für die W. als Klägerin garnicht anhängig geworden, so konnte auch nicht von einer Unterbrechung eines Rechtsstreites durch den Tod einer Partei die Rede sein und demzufolge auch nicht von einer Wiederaufnahme eines unterbrochenen Rechtsstreites durch die Erben. Der § 239 CPO. trifft auf diesen Fall nicht zu; er setzt voraus, daß die Partei während des Rechtsstreites stirbt (Gruchot 39 S. 1138). Hatte sonach die W. die Parteirolle einer Klägerin nicht übernommen, so konnte auch nicht von einer Einrede des Mangels der Parteifähigkeit (§ 274[7]) die Rede sein. Der Beklagte stand niemals der W. als seiner Gegenpartei gegenüber, denn diese ist überhaupt nicht Partei geworden. Er steht vielmehr nur dem jetzt klagenden Miterben Th. gegenüber. Daß diesem die Parteifähigkeit mangele, will der Beklagte nicht rügen. Die Einrede ist daher nicht als die prozeßhindernde Einrede der mangelnden Parteifähigkeit anzusehen, sondern als ein Bestreiten, daß Th., der jetzt als Kläger allein auftritt, ordnungsmäßig geklagt hätte. Der Beklagte meint, daß die ordentliche Klage durch die Aufnahme eines (nicht anhängig gewordenen) Rechtsstreites der Erblasserin nicht ersetzt werde. Diese Rüge der mangelnden Klagerhebung wäre auch begründet, wenn der Beklagte das Recht, diesen Mangel zu rügen, nicht schon vor Erhebung der Rüge verloren hätte. Eine schriftliche Klage hat Th. nicht zustellen lassen. Auf die Zustellung der Klageschrift der Erblasserin kann er sich nicht berufen, da die Zustellung nicht für die Erben erfolgte. In dem die Aufnahme des Rechtsstreites erklärenden Schriftsatze ist eine Klage ebenfalls nicht zu erblicken, denn es fehlt die Angabe des Grundes des erhobenen Anspruches. Es sind überhaupt Schriftsätze, die als Klage des Th. in Betracht kommen könnten, wie z. B. in dem Falle bei Seuffert 51 S. 462 (vgl. auch Gaupp-Stein, CPO. § 239[2], Petersen-Anger, CPO. § 253[14]) dem Beklagten nicht zugestellt worden. Th. hat aber im Termine die Klage mündlich im eigenen Namen mit dem Antrage, den Beklagten zur Zahlung zur Nachlaßmasse zu verurteilen, erhoben, und der Beklagte hat sich auf diese Klage eingelassen, ohne den Mangel eines der im § 253 Abs. 1 aufgestellten Klagerfordernisse zu rügen. Dadurch hat er gemäß § 295 Abs. 1 das Rügerecht eingebüßt. Die Ausnahmevorschrift des § 295 Abs. 2 liegt nicht vor, da die Mängel der Klageschrift verzichtbar sind (Entsch. des RG. 22 S. 419 [vgl. auch JW. 1900 S. 51[17], 185[12]]). Die Zustellung einer schriftlichen Klage ist aber überhaupt nicht schlechterdings unentbehrlich; sie ist im Interesse der beklagten Partei vorgeschrieben. Begnügt diese sich mit dem bloß mündlichen Vortrage der Klage, so ist der Mangel der Schriftlichkeit geheilt. H.

c) Berichtigung eines Fehlers im Urteil, welcher sich zwar in der Gerichtsabschrift der Klage, nicht aber im Original findet. CPO. § 319.

OLG. Rostock, II. CS. Beschluß v. 11. April 1901.

Die Beklagte ist verurteilt, die Zwangsvollstreckung in eine Hypothek, welche als Folium 16 bezeichnet ist, zu dulden. Auf Antrag des Klägers ist diese Bezeichnung durch: „Folium 1b“ berichtigt worden. Die Beschwerde der Beklagten ist zurückgewiesen. Aus den Gründen:

Daß die Bezeichnung „Folium 1b“ die richtige ist, ergiebt sich aus der Urschrift der Klage, in welcher die Zahl in der Bezeichnung „Folium 1b“ klar erkennbar, aber allerdings derartig geschrieben ist, daß der Verfertiger der für die Beklagte und für das Gericht bestimmten Abschriften sie verkennen und dafür die unrichtige Zahl 16 einstellen konnte; ein Versehen, welches zur Folge gehabt hat, daß die unrichtige Bezeichnung in das Urteil übergegangen ist, weil der Fehler im Laufe des Rechtsstreites nicht erkannt und berichtigt ist. Es handelt sich demnach nicht um einen für Jedermann aus den Akten ohne weiteres klar erkennbaren, auf ein Versehen des Gerichtes bei Abfassung des Urteiles zurückzuführenden Schreibfehler, sondern um eine Unrichtigkeit, welche auf einem Versehen und verkehrten Vorbringen des Klägers beruht. Daß derartige Unrichtigkeiten vom Berichtigungsverfahren auszuscheiden seien, dafür gewährt aber weder der Wortlaut des § 319 noch die ihm zu Grunde liegende Tendenz einen Anhalt (vgl. auch Entsch. des RG. 25 S. 405, Seuffert zu § 290 [a. F.]). S.

d) **Teilurteil über den dinglichen Anspruch, wenn gleichzeitig der persönliche Anspruch eingeklagt war. — Abtretung der Zinsen des Eingebrachten durch die Ehefrau. — Einwendungen gegen eine vor 1900 abgetretene Hypothek. — Vorlegung des Briefes im Urkundenprozeß.**

Kammergericht, II. CS. Urteil v. 14. Mai 1901.

Der Kläger als Cessionar des W. hat im Urkundenprozesse die Zinsen der an ihn abgetretenen Hypothek mit der dinglichen und persönlichen Klage verlangt. . . Die in erster Instanz erfolgte Erlassung eines Teilurteiles über den dinglichen Anspruch entspricht den gesetzlichen Vorschriften (§ 301 CPO.). Daß der Kläger mehrere Ansprüche erhoben hat, ergiebt der Klagantrag, der auf Zahlung der fraglichen Hypothekenzinsen überhaupt und eventuell auf Zahlung aus dem Pfandgrundstücke gerichtet ist. Die Hinzufügung des Wortes „eventuell" im Klagantrage kann nicht zu der Annahme führen, der Kläger habe Befriedigung aus dem Pfandgrundstücke nur für den Fall verlangt, daß er mit dem Anspruche auf Verurteilung des Beklagten zur Zahlung aus seinem Vermögen überhaupt abgewiesen werden sollte. Denn auch das Pfandgrundstück gehört zu diesem Vermögen. Der Antrag kann vielmehr nur dahin verstanden werden, daß der Kläger kumulativ die Befugnis, seine Befriedigung sowohl aus dem Pfandgrundstücke mit dinglicher Wirkung, als auch aus dem sonstigen Vermögen des Beklagten nachzusuchen, erreichen will. Das Urteil des Reichsgerichtes (Gruchot 43 S. 1234) betrifft daher einen anders gearteten Fall als den hier vorliegenden. Der Kläger hat hiernach sowohl die persönliche als auch die dingliche Klage angestellt. Er hat zwar in der Klageschrift nicht besonders angegeben, auf welche Weise die persönliche Verpflichtung für den Beklagten begründet worden ist, aber er hat mit der Klage eine Abschrift des Hypothekenbriefes überreicht, und dieser ergiebt, daß die Hypothek Eingebrachtes zum Gegenstande hat; er hat sich ferner auf die Grundakten bezogen, in denen sich die vom Beklagten ausgestellte Schuldurkunde über die Übernahme der Verpflichtung zur Rückzahlung des Eingebrachten befindet. Danach ist es unzweifelhaft, daß der Kläger die Klage auch als persönliche angestellt hat. In der gleichzeitigen Erhebung der persönlichen und der dinglichen Klage ist nicht lediglich eine Verbindung verschiedener Klagegründe für dasselbe Klagebegehren zu finden, — in welchem Falle hinsichtlich der einzelnen Klagegründe nicht der Erlaß eines Teilurteiles, vielmehr nur der Erlaß eines

Zwischenurteiles zulässig gewesen wäre (Entsch. d. RG. 27 S. 390 ff.; Wilmowski-Levy § 232 Anm. 4 halten zwar auch in diesem Falle den Erlaß eines Teilurteiles für zulässig). Vielmehr ist das Klagebegehren bei der Pfandklage und der Schuldklage verschieden. Bei der ersteren ist es auf Zahlung aus dem Pfandgrundstücke, bei der anderen auf Zahlung aus dem sonstigen Vermögen des Beklagten gerichtet, und die Zahlungsverpflichtungen haben nur das Eigentümliche, daß durch Tilgung der persönlichen Schuld, also durch einmalige Zahlung, auch das Pfandrecht vermöge seiner accessorischen Natur erlischt. Stirbt der Beklagte oder veräußert er das Pfandgrundstück, so richtet sich die Schuldklage weiterhin gegen die allgemeinen Rechtsnachfolger, die Pfandklage gegen seine Sondernachfolger im Eigentum des Pfandgrundstückes. Lag hiernach bei der Erhebung der Klage der Fall objektiver Klagehäufung im Sinne der §§ 301, 260 CPO. vor, so ist mit Recht hinsichtlich des dinglichen Anspruches ein Teilurteil erlassen, nachdem der Kläger erklärt hatte, nur über den dinglichen Anspruch verhandeln zu wollen...

Zur Zeit der Abtretung an W. standen zwar die Zinsen des Eingebrachten nicht der Ehefrau, sondern dem Beklagten kraft seines ehemännlichen Nießbrauchrechtes zu (§ 231 ALR. II 1). Der Beklagte muß aber — auch abgesehen vom § 38 Abs. 3 EEG. vom 5. Mai 1872 — die von seiner Frau erklärte Cession der Hypothek an W. auch hinsichtlich der mitabgetretenen Zinsen gegen sich gelten lassen, da er die Cessionsurkunde mit unterschrieben und in der Urkunde ausdrücklich die Erklärungen seiner Frau genehmigt hat... Im übrigen war mit dem Reichsgerichte (Entsch. 47 S. 229) davon auszugehen, daß, falls die Hypothek vor 1900 erworben ist, Einwendungen gegen die Hypothekenklage nach dem früheren Rechte zu beurteilen sind. Nach § 38 Abs. 2 Ges. v. 5. Mai 1872 können aber Einwendungen gegen eine Hypothek aus „dem" persönlichen Schuldverhältnisse einem Dritten, der die Hypothek unentgeltlich erworben hat, nur entgegengesetzt werden, wenn sie ihm vorher bekannt geworden sind oder sich aus dem Grundbuche ergeben. Der § 34 das., wonach gegen die dingliche Klage auf Rückstände von Zinsen die Einrede der Tilgung unbedingt zulässig ist, kommt hier nicht zur Anwendung, da die hier fraglichen Zinsansprüche erst seit 1895 entstanden sind, also nicht rückständig waren, als W. am 12. März 1894 die Hypothek nebst Zinsen an den Kläger abtrat (Entsch. d. RG. 4 S. 334). Auch der § 38 Abs. 2 kommt aber nicht zur Anwendung, denn der weitere Einwand, W. habe sich der Frau des Beklagten gegenüber verpflichtet, für die Cession nicht nur die an T. später gezahlten 2500 Mark, sondern auch noch weitere 6500 Mark an den Beklagten selbst zu zahlen, ist nicht aus dem der Hypothek zu Grunde liegenden persönlichen Schuldverhältnisse, von dem allein in § 38 Abs. 2 die Rede ist, sondern aus einem anderen zwischen der früheren Gläubigerin und ihrem Cessionar infolge des Abtretungsgeschäftes angeblich entstandenen Schuldverhältnisse hergeleitet. Der

Einwand ist daher nicht nach der Sondervorschrift des § 38, sondern nach dem allgemeinen Rechte zu beurteilen. Nach § 313 ALR. I 16 kann aber der Schuldner gegen die abgetretene Hypothek außer seinen Forderungen an den derzeitigen Inhaber, den Kläger, — solche sind nicht geltend gemacht — nur das abrechnen, was er an den früheren Inhaber vor bekannt gemachter Cession zu fordern hatte. Die Bekanntmachung der Cession der Hypothek an den Kläger ist spätestens mit der Klagezustellung (1899) erfolgt. Damals stand aber dem Beklagten die hier zur Gegenrechnung gestellte Forderung von 6500 Mark aus dem zwischen seiner Frau und W. geschlossenen Cessionsgeschäft noch nicht zu, vielmehr sind nach der Cessionsurkunde die aus diesem Geschäfte entspringenden Ansprüche durch seine Frau an ihn erst 1900 abgetreten worden. Zu demselben Ergebnis gelangt man, wenn man das BGB. deshalb zu Grunde legt, weil es sich hierbei um die Feststellung handelt, ob die Klageforderung infolge der erst nach 1900 erfolgten Cession durch Aufrechnung erloschen ist. Denn nach § 406 BGB. darf der Schuldner dem neuen Gläubiger gegenüber mit einer ihm gegen den früheren Gläubiger W. zustehenden Forderung nicht aufrechnen, wenn er bei dem Erwerbe dieser Forderung von der Abtretung Kenntnis hatte. Diese Kenntnis hatte der Beklagte aber 1900 infolge der bereits früher erfolgten Klagezustellung.

Der Kläger hat zwar im Laufe des Rechtsstreites die Hypothek anderweit abgetreten. Dies berührt aber seine Legitimation zur Geltendmachung der Zinsforderungen nicht, da diese bereits vor Anstellung der Klage fällig waren. Im Schlußtermin hat der Beklagte noch die Vorlegung des Hypothekenbriefes verlangt. Dies Verlangen ist aber unberechtigt, da der Kläger schon in der ersten Instanz den Brief in Urschrift vorgelegt hat (Entsch. d. RG. 36 S. 104).

Hiernach war es in der Hauptsache bei dem angefochtenen Urteile zu belassen. Seine Fassung entsprach zwar nicht dem § 1113 BGB., da der Beklagte verurteilt ist, die eingeklagte Summe „zur Vermeidung der Zwangsvollstreckung in das Grundstück" zu zahlen, indessen ist auch der Sinn dieser Fassung im praktischen Ergebnis kein anderer, als „aus dem Grundstück" zu zahlen. Dem Antrage des Klägers, abändernd den Beklagten zu verurteilen, „wegen des eingeklagten Betrages die Zwangsvollstreckung in das Grundstück zu dulden", konnte schon deshalb nicht stattgegeben werden, weil diese Fassung derjenigen des § 1113 nicht entspricht; der Wirkung nach fällt sie übrigens mit der Fassung des angefochtenen Urteiles zusammen... Sp.

e) **Rechtskraftwirkung eines Teilurteiles, in welchem unter Berücksichtigung abgeschlossener Gegenforderungen ein Teilbetrag dem Kläger zuerkannt wird. CPO. § 322.**

OLG. Königsberg, II. CS. Urteil v. 29. Mai 1901.

Nachdem Kläger eine Forderung von 3296 Mark eingeklagt, Beklagter über 50 einzelne Gegenforderungen entgegengesetzt hatte, wurde Beklagter durch Teilurteil zur Zahlung von 254 Mark verurteilt. Der erste Richter stellte die Forderung des Klägers auf 3104 Mark fest, erörterte die einzelnen Gegenforderungen, führte aus, daß über 15 derselben schon jetzt erkannt werden könne, von denen er 6 dem Beklagten zuerkannte, 9 absprach, brachte die 6 zuerkannten im Gesamtbetrage von 137 Mark, sowie diejenigen, über welche der Rechtsstreit noch fortgesetzt werden soll, im Gesamtbetrage von 2713 Mark, in Abzug und gelangte auf diese Weise zu dem Resultate, daß dem Kläger noch 254 Mark zuzusprechen seien. Aus den Gründen:

Auszugehen ist davon, daß eine ausdrückliche Aufnahme der Entscheidung über die Gegenforderung in die Urteilsformel nicht erforderlich, auch nicht einmal üblich ist. Die Gründe müssen daher darüber Aufschluß geben, wie die Urteilsformel in dieser Beziehung zu verstehen, ob insbesondere über das Nichtbestehen der Gegenforderung entschieden ist. In diesem Sinne haben sich fast alle Kommentatoren ausgesprochen, und auf demselben Standpunkte steht auch das Reichsgericht (vgl. Entsch. 37 S. 405). Wenn also im rechtskräftigen Urteil auch nur nach der Begründung über das Nichtbestehen der Gegenforderung entschieden ist, so kann Beklagter nicht mehr auf dieselbe zurückkommen. Dabei macht es keinen Unterschied, ob die Gegenforderung als unbegründet oder wegen mangelnder Substantiierung zurückgewiesen ist; denn über das Nichtbestehen einer Gegenforderung ist auch entschieden, wenn diese wegen ungenügender thatsächlicher Begründung verworfen ist. Auf demselben Standpunkte steht Gaupp (Anm. 7 zu § 322), wenn er sagt, die Rechtskraft bedeute die Präklusion des bis dahin nicht vorgebrachten Prozeßstoffes, der klagebegründenden wie der Einredethatsachen; dies gelte auch dann, wenn die Abweisung wegen fehlender Substantiierung erfolgt sei. Der Sinn dieser Entscheidung sei nicht sowohl eine Ablehnung des Sachurteiles, sondern der Ausspruch eines solchen dahin, daß die Klage, so wie sie zur Aburteilung stehe, nicht begründet sei. Die scheinbar auf einem abweichenden Standpunkte stehende Entscheidung des Reichsgerichtes (Gruchot 25 S. 1109) kann als Argument für die gegenteilige Ansicht nicht verwertet werden, da sie von einer Abweisung angebrachtermaßen spricht und sich offenbar auf das vor der CPO. bestehende Recht bezieht. Dagegen spricht für die hier vertretene Auffassung die Entsch. des RG. 14 S. 346 (am Ende).

Allerdings ist im § 322 CPO. nur von einer Gegenforderung — in der Einzahl — die Rede. Daraus ist jedoch nicht zu folgern, daß der Fall, wenn mehrere Gegenforderungen entgegengesetzt werden, von der Vorschrift dieses Paragraphen nicht hat betroffen werden sollen. Denn es ist davon auszugehen, daß ein Gesetz, wenn es von der Einzahl spricht, damit nur den Regelfall im Auge hat, und daß auch die entsprechende Ausdrucksweise der CPO. in diesem Sinne zu verstehen ist (vgl. Entsch. des RG. 64 S. 134). Die einzige Schranke, welche der § 293 der Rechtskraft der zur Aufrechnung gestellten Gegenforderungen setzt, ist, daß die Rechtskraft nur in Höhe desjenigen Betrages erwächst, für welchen die Aufrechnung geltend gemacht worden ist, so daß sich die Rechtskraft nur auf einen dem Klagantrage gleichkommenden

Betrag, nie aber über diesen hinaus erstreckt. Dabei macht es keinen Unterschied, ob über die Gegenforderung oder die Gegenforderungen in **einem** Urteile entschieden wird, oder ob mehrere Teilurteile ergehen, welche über den durch die abgesprochenen Gegenforderungen gedeckten Teil der Klageforderung erlassen werden. Denn Teilurteile sind Endurteile und wie diese der Rechtskraft fähig.

Gegen diese Auffassung läßt sich auch nicht einwenden, daß nach § 301 Teilurteile über eine zur Aufrechnung gebrachte Gegenforderung unzulässig sind (**Gaupp**, Anm. 2 zu § 301 und Entsch. des RG. 42 S. 356). Denn in dem Teilurteile, in welchem unter Berücksichtigung der abgesprochenen Gegenforderungen dem Kläger 254 Mark zugesprochen sind, ist über einen Teil des **Klaganspruches** erkannt, die Voraussetzungen des § 301 über den Erlaß eines Teilurteiles liegen sonach vor. Ist aber ein rechtlich zulässiges Teilurteil erlassen, so ist dieses aus sich heraus, insbesondere unter Berücksichtigung der Gründe, auf seine Tragweite auch im Hinblick auf die im Urteile besprochenen Gegenforderungen zu prüfen. Hier ist, wie die Gründe ergeben, unzweifelhaft eine Entscheidung über einzelne Gegenforderungen getroffen. Selbstverständlich ist dabei, daß, soweit einzelne Gegenforderungen dem Beklagten in gewisser Höhe zuerkannt sind, darin zugleich der Ausspruch liegt, daß bei der betreffenden Post die Mehrforderung unbegründet ist, sodaß auch insoweit eine Entscheidung über das Nichtbestehen einer Gegenforderung vorliegt. In den Gründen heißt es ausdrücklich: „über folgende Gegenforderungen konnte schon jetzt kontradiktorisch erkannt werden", während von den anderen gesagt ist: „über diese Ansprüche wird der Rechtsstreit fortgesetzt". Dadurch, daß von der festgestellten Klageforderung einerseits die dem Beklagten **zugesprochenen** Gegenforderungen, andererseits diejenigen Gegenforderungen, bezüglich deren der **Rechtsstreit fortgesetzt** wird, in Abzug gebracht werden und der sich hieraus ergebende Rest dem Kläger zugesprochen wird, sind zugleich die dem Beklagten abgesprochenen Gegenforderungen zum Gegenstande jener Entscheidung gemacht. Wäre dies nicht der Fall, so hätten sie unter die Gegenforderungen, über welche der Rechtsstreit fortgesetzt wird, aufgenommen werden müssen, was notwendig zu einem anderen Endresultat geführt hätte. Bei gegenteiliger Auffassung würde, da in den späteren Teilurteilen diese in dem ersten Teilurteile abgesprochenen Gegenforderungen gar nicht mehr erwähnt sind, in diesen späteren Teilurteilen daher eine Entscheidung über das Nichtbestehen dieser Gegenforderungen nicht erblickt werden kann, über die im ersten Teilurteile abgesprochenen Gegenforderungen eine der Rechtskraft fähige Entscheidung überhaupt nicht ergangen sein. Th.

37

a) Erbieten zur nachträglichen Eidesleistung.

OLG. Cassel, II. CS. Urteil v. 7. Juni 1900.

Da der Kläger in dem zur Eidesleistung bestimmten Termine am

3. Januar 1900 nicht erschien, konnte das Prozeßgericht nach dem Antrag der Beklagten gemäß § 465 CPO. den Eid als geweigert ansehen. Allein nach § 466 konnte Kläger die Folgen dadurch beseitigen, daß er nachträglich innerhalb einer Woche bei dem Gerichte die Abnahme des Eides beantragte. Von dieser Befugnis hat aber der Kläger noch im Termine Gebrauch gemacht, indem sein Vertreter mit Bezug auf die Entfernung seines Wohnsitzes (im Auslande) alsbald beantragte, den Eid durch das Konsulargericht abnehmen zu lassen. Danach hatte sich Kläger zur Eidesleistung bereit erklärt. Das Prozeßgericht mußte sogleich oder, wenn es nach Schluß der Verhandlung einen Termin zur Verkündung der Entscheidung anberaumte, in diesem zunächst auf den Antrag des Klägers entscheiden, konnte vielleicht auch trotz der großen Entfernung und des geringen Gegenstandes und der danach anscheinend vorliegenden Unbilligkeit darauf bestehen, daß der Kläger den Eid vor dem Prozeßgerichte ableiste, es durfte aber nicht das Erbieten des Klägers zur nachträglichen Eidesleistung unbeachtet lassen und auch nicht annehmen, daß Kläger den nur zur Verkündung einer Entscheidung bestimmten Termin eventuell auch zur Eidesleistung für ihn bestimmt ansehen müsse, und daß er durch sein Nichterscheinen den Eid wiederholt geweigert habe. § 467 vermag die Annahme des Landgerichtes nicht zu stützen; er entbindet das Prozeßgericht nicht von der Verpflichtung, zunächst eine Entscheidung über einen Antrag des Schwurpflichtigen zu treffen, der den Eid aus besonderen Umständen nicht vor dem Prozeßgerichte, sondern vor seinem Heimatsgerichte zu leisten wünscht, und diese Entscheidung vorher der schwurpflichtigen Partei zu eröffnen. Pf.

b) **Im Läuterungsurteil dürfen nur die im Tenor des bedingten Urteiles festgestellten Folgen ausgesprochen werden. CPO. § 462. — Ein verkündetes Urteil kann weder durch Verzicht der Parteien noch durch Widerruf seitens des Gerichtes beseitigt werden. CPO. § 318.**

OLG. Bamberg, I. CS. Urteil v. 23. April 1901.

Das Landgericht hatte ein bedingtes Urteil erlassen, worin als Folge der Eidesleistung Klagabweisung bestimmt war. Der schwurpflichtige Beklagte erschien im Eidestermine am 5. September 1900 nicht. Der Kläger beantragte, durch Versäumnisurteil den Eid für verweigert zu erklären und den Beklagten nach einem von den festgesetzten Eidesfolgen abweichenden Antrag zu verurteilen. Diesem Antrage wurde stattgegeben; das Urteil war nur vom Vorsitzenden unterzeichnet und mit Verkündungsvermerk nicht versehen; jedoch fand sich ein von sämtlichen Richtern unterfertigter Beschluß vor: „In Gemäßheit des § 467 CPO. wird die heute erfolgte Urteilsverkündung widerrufen und zur Verkündung der Entscheidung die Sitzung vom 29. September 1900 bestimmt". In diesem Termine wurde dem Beklagten, welcher erklärt hatte, daß er den Eidestermin infolge eines Irrtums über den Ort der Eidesleistung versäumt habe, mit Zustimmung des Klägers der Eid nachträglich abgenommen und dann nach neuerlicher Verhandlung ein vom bedingten Urteile abweichendes Endurteil erlassen. Letzteres wurde aufgehoben und die Sache wegen wesentlicher Mängel des Verfahrens in die I. Instanz zurückverwiesen. Aus den Gründen:

Das bedingte Urteil bildet die bindende Grundlage für das Läuterungsurteil; letzteres ist genau auf der Grundlage des bedingten Urteiles zu fällen (Seuffert zu § 427 a. F.). Die dem Läuterungsurteile vorhergehende Verhandlung hat sich nur damit zu beschäftigen, ob der Eid vorschriftsmäßig geleistet oder verweigert und welche der im bedingten Urteile festgestellten Folgen demgemäß auszusprechen ist. Materiell rechtliche Einwendungen dürfen auch dann nicht berücksichtigt werden, wenn sie angeblich erst nach der Rechtskraft des bedingten Urteiles entstanden sind (Gaupp-Stein zu § 462[2]; Petersen-Anger zu § 462 Nr. 3). Einen Vorbehalt der Änderung einer im Urteilstenor enthaltenen Entscheidung in den Urteilsgründen läßt die CPO. nicht zu; ein solcher Vorbehalt in den der Rechtskraft nicht fähigen Entscheidungsgründen (Seuffert zu § 293, Petersen-Anger zu §§ 313 und 322 Nr. 6) ist gegenüber der im Urteilstenor enthaltenen, in Rechtskraft erwachsenen Entscheidung wirkungslos. Enthält die Urteilsformel eine Entscheidung, z. B. eine Abweisung des ganzen Anspruches, während aus den Gründen sich ergiebt, daß bezüglich eines Teiles die Abweisung nicht beabsichtigt war, so wird die gleichwohl im Tenor enthaltene Abweisung rechtskräftig, da eben über das Ganze entschieden ist (Gaupp-Stein zu § 322[8]). Es hätte also im Läuterungsurteile hier nur auf die als Folge der Eidesleistung festgesetzte Klagabweisung erkannt werden können und dürfen. (Es folgt dann weitere Ausführung über die Mängel des Verfahrens.)

Bei Erlassung des Versäumnisurteiles sind allerdings die Vorschriften der §§ 315, 467 nicht beachtet worden. Allein mit der Verkündung ist das Urteil nach außen und insbesondere für die Parteien existent, für das Gericht aber bindend und, abgesehen von einer hier nicht vorliegenden Einspruchserhebung, unabänderlich geworden (Seuffert §§ 289[2], 280[2] und 286[1]; Gaupp-Stein §§ 318[1], 310[1]). Erstrichter konnte sein zu Unrecht erlassenes und offenbar als zu Unrecht erlassen erkanntes Urteil nicht widerrufen. Ein Widerruf der Verkündung ist gleichbedeutend mit der Aufhebung und Beseitigung des Urteiles selbst, das eben durch die Verkündung zur Existenz gelangt. Die CPO. kennt keinen Widerruf einer Urteilsverkündung, und der Beschluß vom 5. September 1900 entbehrt einerseits jeder gesetzlichen Unterlage, andererseits verstößt er gegen die nicht etwa bloß dispositive, sondern prinzipielle und daher zwingende Norm des § 318. Es giebt keinen anderen Weg zur Änderung oder Aufhebung von Urteilen, als die Erhebung des Einspruches oder die Einlegung von Rechtsmitteln, und dieser Zweck kann auch nicht durch ein Übereinkommen der Parteien, durch einen Verzicht derselben auf ein erlassenes Urteil erreicht werden. Die Parteien können auf Rechtsmittel, wie auch auf die materiell rechtlichen Wirkungen eines Urteiles verzichten, indem sie von dem Urteile keinen Gebrauch machen, z. B. dasselbe nicht vollstrecken lassen; sie können auch nach Erlassung des Urteiles einen vom Inhalte der Entscheidung abweichenden Vergleich schließen. Allein sie können nicht auf das Urteil selbst und auf dessen prozessuale Existenz in der Weise und mit der Wirkung verzichten, daß das Urteil als nicht ergangen betrachtet und über den durch dasselbe erledigten Prozeßstoff unter Ignorierung des Urteiles weiter verhandelt wird. Selbst wenn eine Partei überzeugt wäre, daß sich die Gegenpartei mit Grund durch ein Urteil für beschwert erachtet, könnte sie durch einen derartigen Verzicht nicht der Gegenpartei und sich selbst das Einspruchs- bezw. Rechtsmittelverfahren ersparen, und das Gericht dürfte einen solchen von den Parteien vereinbarten Verzicht nicht berücksichtigen. Letzteres würde, wie ja hier das Verfahren I. Instanz zeigt, zu der prozessualen Unmöglichkeit führen, daß in derselben Sache und in derselben Instanz ohne Inmitteliegen eines Einspruchsverfahrens zwei voneinander abweichende Urteile desselben Gerichtes vorliegen. Nach Verkündung des Versäumnisurteiles vom 5. September 1900 war ohne Einspruchserhebung in der unteren Instanz für weitere Verhandlungen über den gleichen Prozeßstoff kein Raum (Petersen-Anger § 318 Nr. 3); es konnte weder neuerlicher Termin zur Eidesleistung anberaumt, noch durfte der Eid abgenommen und sodann ein Läuterungsurteil erlassen werden. Sch.

c) Erledigung eines in erster Instanz erlassenen, in zweiter bezüglich der Eidesnorm abgeänderten bedingten Urteiles. CPO. § 537.

OLG. Bamberg, II. CS. Urteil v. 27. April 1901.

Beim Verkauf einer Apotheke war der Jahresumsatz zur Grundlage der Preisbestimmung gemacht worden. Der Käufer stellte Klage auf Entschädigung, weil er vom Verkäufer über den Umsatz getäuscht worden sei. Das Landgericht erließ bedingtes Urteil, wonach der Verkäufer schwören sollte, daß er den Umsatz für 1892, 1893, 1894 richtig angegeben habe. In II. Instanz stritten die Parteien darüber, ob der Umsatz für 1892, in welchem Jahre der Verkäufer die Apotheke nur 7 Monate besessen hatte, von Einfluß auf die Preisregulierung gewesen sei; der Beklagte bat, eventuell ihm den Eid bezüglich dieses Jahres nur in der Überzeugungsform aufzuerlegen. Das Berufungsgericht verneinte die Erheblichkeit des Umsatzes für 1892 und strich aus dem Eidessatz, ohne sonst etwas zu ändern, die Jahreszahl 1892 weg; zugleich verneinte es die Frage, ob das nun vorliegende, bedingte Urteil vom Berufungsgerichte zu erledigen sei. Aus den Gründen:

Als vom Berufungsgerichte erlassen gilt nicht nur ein Urteil, durch welches erst ein Eid neu auferlegt wird, sondern auch ein solches, in welchem gegenüber einem bedingten Urteile I. Instanz, sei es hinsichtlich der Eidesnorm oder der Folgen, objektiv oder subjektiv abweichende Bestimmungen getroffen werden. Wenn jedoch der Satz aufgestellt wird, jede derartige Änderung des ersten Urteiles bewirke, daß das Urteil des Berufungsgerichtes als von ihm erlassen anzusehen sei, so ist dies nicht richtig. Bezüglich der Änderung der Eidesfolgen in II. Instanz ist schon mehrfach anerkannt worden, daß nicht jede äußerliche Abweichung schon eine rechtlich in Betracht kommende Verschiedenheit der Urteile darstellt (Busch, Zeitschr. 9 S. 385; Rechtspr. 1 S. 241). Aber auch für eine Abänderung der Eidesnorm muß dasselbe gelten. Der Schwerpunkt der Frage liegt darin, ob die vom Berufungsgerichte getroffene Änderung des ersten Urteiles wieder eine bedingte oder eine unbedingte Entscheidung enthält; besteht die Änderung der Eidesnorm darin, daß von mehreren darin enthaltenen Thatsachen eine als definitiv erledigt ausgeschieden, der Eidessatz also nur eingeschränkt, im übrigen aber nicht geändert wird, so liegt über den bezüglichen Teil des Prozeßstoffes eine unbedingte Entscheidung vor, welche bei der Erledigung des bedingten Urteiles nicht mehr in Frage kommt. In diesem Falle macht das Berufungsgericht die Entscheidung des Prozesses nicht von einer von ihm aufgestellten Bedingung abhängig, erläßt also auch kein bedingtes Urteil. Anders verhält es sich aber, wenn die Änderung in einer Erweiterung der Eidesnorm, in der Einfügung neuer Thatsachen besteht; hier wird die Beendigung des Rechtsstreites auch an eine nicht vom Erstrichter, sondern vom Berufungsgerichte aufgestellte Bedingung geknüpft; es liegt ein neues bedingtes Urteil vor (JW. 1891 S. 147[5]). Man kann also sagen, daß bei einer bloßen Einschränkung oder Minderung der in dem erstrichterlichen Eidessatze aufgenommenen Thatsachen ein vom Berufungsgerichte erlassenes Urteil regelmäßig nicht vorhanden ist, wohl aber immer bei Erweiterung oder Vermehrung dieser Thatsachen. — Im vorliegenden Falle wurde der Umsatz von 1892 aus faktischen Gründen als unerheblich aus dem erstinstanziellen Eidessatze ausgestoßen; diese Entscheidung ist unbedingt und interessiert den Läuterungsrichter nicht mehr; bezüglich des Umsatzes in den Jahren 1893 und 1894 stimmen die Urteile beider Instanzen völlig überein; in II. Instanz wurde also kein bedingtes Urteil erlassen. Würde aber das Berufungsgericht entschieden haben, daß der Eid vom Beklagten für 1892 statt in der Wissensform in der Überzeugungsform zu leisten sei, oder daß auch noch das Jahr 1895 in die Eidesnorm einzufügen sei, so würde eine neue bedingte Entscheidung vorliegen. Sch.

38

a) Zurückverweisung bei von Amts wegen ausgesprochener örtlicher Unzuständigkeit. CPO. § 538[3].

OLG. Karlsruhe, III. CS. Urteil v. 13. Dezember 1900.

Das Landgericht hat die Klage nicht zufolge der prozeßhindernden Einrede der Unzuständigkeit zurückgewiesen, sondern beim Ausbleiben der Beklagten zufolge der von Amts wegen vorzunehmenden Prüfung, ob die Zuständigkeit des Landgerichtes F. nach § 606 CPO. gegeben sei. Wenn nun auch das Reichsgericht (Gruchot 30 S. 161, Entsch. d. RG. 27 S. 347) in solchem Falle die Zurückverweisung auf Grund des § 538[3] dann für unzulässig erklärt hat, wenn nach vollständiger Sachverhandlung und ohne ersichtliche Trennung der Zuständigkeitsfrage vom übrigen Prozeßstoff das Urteil ergangen war, so sind diese Entscheidungen doch hier nicht anwendbar; denn in der I. Instanz ist nicht über den ganzen Prozeßstoff verhandelt, sondern vom Kläger nur dasjenige vorgetragen, was zur Begründung der Zuständigkeit des Landgerichtes F. vorgetragen werden mußte. Auch bei einer derart beschränkten Sachverhandlung den § 538³ bloß deshalb für unanwendbar zu erklären, weil ein an sich zur Geltendmachung der prozeßhindernden Einrede der Unzuständigkeit geeigneter Umstand infolge Ausbleibens der Beklagten nicht in der Form der prozeßhindernden Einrede geltend gemacht, sondern von Amts wegen berücksichtigt worden ist, dafür liegt kein sachlicher Grund vor. Es würde vielmehr zu einer rein formalen Auslegung des Gesetzes führen, wenn auch in solchem Falle die Zurückverweisung lediglich deshalb ausgeschlossen sein sollte, weil die mangelnde Zuständigkeit von Amts wegen berücksichtigt worden ist; und man würde andererseits dem eigentlichen Zweck des § 538² nicht gerecht werden, durch welchen doch verhütet werden soll, daß infolge Beschränkung der erstinstanzlichen Verhandlung auf einen zur Geltendmachung einer prozeßhindernden Einrede im Sinne des § 274 geeigneten Umstand kraft des Devolutiveffektes des § 537 der ganze in I. Instanz gar nicht zum Gegenstand der Verhandlung gemachte Prozeßstoff nach eingelegter Berufung nunmehr mit der Wirkung an das Berufungsgericht erwächst, daß von diesem erstmals darüber verhandelt und entschieden, damit aber den Parteien eine Instanz entzogen wird. Dr. E.

b) **Ist die ausdrückliche Bezeichnung als „Beschwerde" bei Einlegung des Rechtsmittels erforderlich? CPO. § 569.**

OLG. Bamberg, II. CS. Beschluß v. 11. April 1901.

Wenn auch eine allgemeine Vorschrift, wie sie § 342 StrPO. enthält, in der CPO. fehlt, so ist doch anerkannt, daß zur Anmeldung des Rechtsmittels der Beschwerde die Erklärung, daß Beschwerde erhoben werde, nicht ausdrücklich zu erfolgen und der Schriftsatz die Bezeichnung als Beschwerde nicht zu enthalten braucht, sondern daß es genügt, wenn sich aus dem anderen Inhalte des Schriftstückes ergiebt, daß man sich durch eine bestimmte Entscheidung beschwert fühle. Ist aber der Sinn der Erklärung zweifelhaft, so ist der Erklärende darüber zu befragen, was auch unter Anwendung des § 573 Abs. 2 CPO. geschehen kann (Gaupp-Stein, Komm. z. CPO. 4. Aufl. § 569 Anm. 2 Note 5; Petersen-Anger, Komm. z. CPO. 4. Aufl. § 569 Ziff. 6; Neukamp, Handausg. d. CPO. § 569 Ziff. 1c; Freudenthal, Handausg. d. CPO. § 569 Ziff. 3; Seuffert 42 Nr. 267). Vorliegend ist die Erklärung des A. zweifelhaft; er hat zwar durchblicken lassen, daß er sich bei der Abweisung seiner Gesuche [um Armenrecht] nicht beruhigen wolle, aber einen endgiltigen Beschluß bis nach Empfang der Mitteilung, wohin er sich wenden solle, sich vorbehalte. Da er im Falle der Zurückweisung der Beschwerde gemäß § 47 Abs. 3 GKG. in die bei der Höhe der Streitsumme nicht unerheblichen Kosten verurteilt werden müßte, erscheint es angezeigt, zunächst eine bestimmte Kundgebung desselben darüber, ob er Beschwerde einlegen will, zu erholen. Sch.

c) **Zulässigkeit der Beschwerde gegen den Beschluß, der die Eidesabnahme ablehnt, weil das Urteil noch nicht rechtskräftig sei. — Notwendige Streitgenossenschaft zwischen Gesellschaftern einer aufgelösten Handelsgesellschaft.**

Kammergericht, V. CS. Beschluß v. 10. April 1901.

Dem Kläger, der die beiden Beklagten auf Bezahlung einer Schuld der aufgelösten Handelsgesellschaft L. & S. als deren Gesellschafter verklagt hatte, war ein Eid, daß die Schuld durch die Gesellschaft nicht bezahlt sei, auferlegt worden. Gegen dieses Urteil hatte der Erstbeklagte Berufung eingelegt, der Zweitbeklagte dagegen darauf verzichtet, worauf ihm gegenüber das Zeugnis der Rechtskraft erteilt wurde. In dem zur Eidesleistung vom Landgerichte bestimmten Termine, zu dem der Kläger beide Beklagte geladen hatte, wurde die Abnahme des Eides abgelehnt, weil das Urteil, da notwendige Streitgenossenschaft vorliege, infolge der Berufung des ersten Beklagten nicht rechtskräftig geworden sei. Die hiergegen eingelegte Beschwerde ist, wenn auch nicht auf Grund der allgemeinen Bestimmungen des § 567 CPO. (denn der angefochtene zurückweisende Beschluß erforderte vorgängige mündliche Verhandlung), so doch deshalb zulässig, weil die Ablehnung der Eidesabnahme in ihrer Wirkung thatsächlich eine Aussetzung des Verfahrens mittelbar herbeiführt und daher nach der besonderen Bestimmung des § 252 die Beschwerde stattfindet.[1] — Die Beschwerde ist aber unbegründet, weil die Beklagten als Gesamtschuldner wegen einer Schuld der Handelsgesellschaft in Anspruch genommen werden und von ihnen nicht in ihrer Person begründete Einwendungen (§ 129 HGB.), sondern Einwendungen gegen den Bestand und Umfang der Gesellschaftsschuld als solcher, gegründet auf das Verhältnis der Gesellschaft gegen den Kläger, geltend gemacht werden, deshalb aber das streitige Rechtsverhältnis beiden Beklagten gegenüber nur einheitlich festgestellt werden kann (vgl. JW. 1898 S. 113). Da hiernach aber die Beklagten notwendige Streitgenossen sind, so ist der Eintritt der Rechtskraft des Urteiles durch die Berufung des ersten Beklagten gehindert, obwohl der zweite Beklagte auf die Berufung verzichtet hat; denn dieser Verzicht des einen Beklagten, der in dieser Beziehung nicht in Vertretung des anderen, der weder einen Termin noch eine Frist versäumt hat, handeln durfte, steht der Einlegung der Berufung durch den anderen nicht entgegen. R.

d) **Im Beschwerdeverfahren kann die Entscheidung von einem durch Beschluß auferlegten, zugeschobenen oder richterlichen Eide abhängig gemacht werden. CPO. §§ 570, 460, 475, 477 Abs. 3.**

OLG. Hamburg, II. CS. Beschluß v. 22. Juni 1901.

In der Litteratur und Judikatur herrscht Streit darüber, ob im Beschwerde-

[1] Vgl. hierzu JW. 1897 S 107 u. 367, 1899 S. 431 Nr. 2. D. H.

verfahren die Eideszuschiebung und die Auferlegung eines richterlichen Eides uneingeschränkt zulässig, oder ob beides unzulässig, oder ob nur das eine oder das andere zulässig, oder nur in Beschränkung zulässig ist (vgl. Struckmann-Koch § 573 Anm. 2[4]; Petersen § 573 Anm. 6; Nöldeke in Busch, Zeitschr. 28 S. 444; Seuffert 41 Nr. 255 und 46 Nr. 78). Weshalb eine Eideszuschiebung schlechthin unzulässig sein sollte, ungeachtet § 570 CPO. neue Beweise unterschiedslos zuläßt, ist nicht ersichtlich. Dagegen wird mit einigem Scheine gegen den richterlichen Eid und die uneingeschränkte Zulassung der Eideszuschiebung geltend gemacht, daß ein richterlicher Eid und regelmäßig auch ein zugeschobener oder zurückgeschobener Eid nur durch bedingtes Urteil auferlegt werden dürfe, wovon nur bezüglich des zugeschobenen Eides in den Ausnahmefällen des § 461 abzuweichen erlaubt sei. Da es im Beschwerdeverfahren keine Urteile gebe, so könne darin kein richterlicher Eid vorkommen und regelmäßig auch keine Eideszuschiebung. Nöldeke, der mit anderen diese Ansicht verteidigt, macht mit Recht darauf aufmerksam, daß dadurch der Gebrauch des Eides im Beschwerdeverfahren nahezu ausgeschlossen werde, zumal im Falle des § 461 Abs. 1 der Gegner des Eidespflichtigen nur sein Einverständnis zu versagen brauche, um das Beweismittel der Eideszuschiebung illusorisch zu machen. Aber nicht allein dieses, sondern auch jedes andere Beweismittel, der Zeugen-, Urkundenbeweis u. s. w., wird überall, wo dadurch nicht voller Beweis geliefert wird, versagen, wenn die Unterstützung des Hilfseides ausgeschlossen bleibt. Das kann nicht die Meinung des Gesetzes sein, welches alle Beweismittel uneingeschränkt im Beschwerdeverfahren zuläßt (§ 570). Wenn die Verteidiger jener, die Wirksamkeit des § 570 unterbindenden Ansicht dafür, wie gesagt, auf die §§ 460, 477 Abs. 3 sich stützen, so übersehen sie, daß diese Vorschriften sich im dritten Buche befinden, welches vom „Verfahren in erster Instanz" handelt, und daß sie zunächst nur für dieses Verfahren, das landgerichtliche und (§ 495) das amtsgerichtliche, gegeben sind. Das vierte Buch erst handelt von den Rechtsmitteln. Hier sind die im dritten Buche für das Verfahren erster Instanz gegebenen Vorschriften (abgesehen von hier nicht in Betracht kommenden Abweichungen) auf die Berufungsinstanz ausgedehnt (§ 523), also auch die §§ 460, 477 Abs. 3. Für die Revisionsinstanz kommen sie nicht in Frage. Auf die Beschwerdeinstanz sind sie nicht ausgedehnt, und dies mit gutem Grunde, da hier das Verfahren wesentlich anders gestaltet ist, als in der ersten und in der Berufungsinstanz, infolgedessen jene Bestimmungen auch für die Beweiserhebung hier nicht passen. Der zugeschobene Haupteid und der bei Anwendung anderer Beweismittel nicht zu entbehrende richterliche Hilfseid sind in erster und in der Berufungsinstanz verknüpft worden mit der Institution des Urteiles, und da es an dieser in der Beschwerdeinstanz fehlt, so konnten die für jene Instanzen gegebenen Bestimmungen für die Form der Beweiserhebung auf die Beschwerdeinstanz nicht ausgedehnt werden. In dieser ist daher das Gericht in der Form des Beschwerdeverfahrens frei. Damit ist nicht ausgeschlossen, daß die für das Verfahren erster Instanz und der Berufungsinstanz aufgestellten, auf die Beweismittel bezüglichen Bestimmungen sachlicher Natur und auch die auf das Verfahren bezüglichen, insoweit das anders geartete Verfahren der Beschwerdeinstanz nicht entgegensteht, auch in dieser eine entsprechende Anwendung finden, obgleich dies nicht ausdrücklich vorgeschrieben ist. Immer bleibt es aber nur eine entsprechende Anwendung, die da ihre Grenze findet, wo die Verhältnisse nicht entsprechend liegen. Das Gericht trägt daher kein Bedenken, dem Beklagten den Eid, welchen die materielle Beweiswürdigung mit sich bringt, durch Beschluß aufzuerlegen. M. M.

39

a) Vollstreckbare Urkunden. Zulässige Einwendungen gegen die Vollstreckungsklausel. Beweis der die Vollstreckung bedingenden Thatsache. CPO. §§ 726, 768, 794[5].

Kammergericht, VI. CS. Urteil v. 22./29. April 1901.

Der Kläger hat sich wegen der auf seinen vier Grundstücken für die Beklagte eingetragenen Darlehnshypothek von 300 000 Mark in notarieller Urkunde folgenden Bedingungen unterworfen:

„Ich erkenne an, daß das Kapital von 300 000 Mark sofort fällig wird, sobald die Zinsen desselben oder die Zinsen für die erststellig eingetragenen 70 000 Mark nicht pünktlich bezahlt werden. Ich unterwerfe mich bezüglich dieser Verpflichtung der sofortigen Zwangsvollstreckung und gebe meiner Gläubigerin die Befugnis, sich für den Eintritt der Fälligkeit eine vollstreckbare Ausfertigung bezüglich der fälligen Kapitalsforderung erteilen zu lassen. Die Vollstreckungsklausel soll der Gläubigerin erteilt werden auf die bloße unbescheinigte Behauptung, daß Zahlung ausgeblieben sei."

Die Beklagte hat am 5. Juni 1900 eine vollstreckbare Ausfertigung dieser Verhandlung wegen des Kapitales erhalten und die vier Grundstücke zur Zwangsversteigerung und Zwangsverwaltung gebracht. Der Kläger macht geltend, daß die Erteilung der Vollstreckungsklausel vom 5. Juni 1900 unzulässig gewesen sei, und stützt sich auf § 768 CPO. und auf § 767 verbunden mit §§ 795, 797. Nach § 768 kann ein Schuldner Einwendungen geltend machen, wenn er „in den Fällen des § 726 Abs. 1 den als bewiesen angenommenen Eintritt der Voraussetzung für die Erteilung der Klausel bestreitet". Der Eintritt der Voraussetzung ist aber nach § 726 Abs. 1 „der Eintritt einer nach dem Inhalt der zu vollstreckenden Urkunde vom Gläubiger zu beweisenden anderen Thatsache als einer Sicherheitsleistung". Somit kann die Klage nur darauf gegründet werden, daß eine Thatsache, von deren Eintritt die Vollstreckung aus der notariellen Urkunde abhängt, nicht eingetreten sei. Alle anderen Gründe, welche nach der Meinung des Klägers die Vollstreckungsklausel als unzulässig erscheinen lassen, sind im Wege des durch § 732 mit § 797 Abs. 3 gewährten Rechtsbehelfes geltend zu machen (vgl. Motive zu § 668; Struckmann-Koch zu § 732; Wilmowski-Levy zu § 668; Neukamp, Anm. 2 zu § 768). Nach dem Inhalt der Urkunde ist die einzige Voraussetzung für die Vollstreckung aus ihr die nicht pünktliche Zinszahlung und die dadurch von selbst herbeigeführte Fälligkeit des Kapitales. Hieraus ergiebt sich, daß die Einwendung des Klägers, der Antrag auf die Klausel sei nicht ordnungsgemäß gestellt, weil die Beklagte dabei nicht erklärt habe, „Zahlung der Zinsen sei ausgeblieben“, und die fernere Einwendung, der Notar habe sich, dem § 726 entgegen, den Eintritt der Voraussetzung für die Vollstreckung nicht durch öffentliche oder öffentlich beglaubigte Urkunden führen lassen, im Prozeß unbeachtlich ist. Damit wird nicht das Vorhandensein der nach § 726 erforderlichen Voraussetzung gemäß § 768 bestritten, vielmehr die Art und Weise, wie die Klausel beantragt worden, und wie der Notar den Eintritt der Voraussetzung für erbracht erachtet hat, bemängelt. — Wollte man aber hiervon absehen, so müßten die Einwendungen doch für unbegründet erachtet werden.... Der Antrag der Beklagten enthielt allerdings nicht die direkte Behauptung, daß Zahlung ausgeblieben sei. Nach der ganzen Sachlage, besonders auch in Anbetracht der Bitte um Ausfertigung wegen des **Kapitales** mußte aber der Notar entnehmen, daß die Beklagte eine neue Ausfertigung wünsche, weil Zahlung des Kapitales nicht erfolgt sei, und daß das Kapital infolge nicht pünktlicher Zinszahlung fällig geworden sei, zumal ihm bereits vorher mitgeteilt worden war, „daß die am 1. Oktober 1899 fällig gewordene Zinsrate rückständig sei.“

Die fernere Rüge, der Notar habe sich den Eintritt der Fälligkeit des Kapitales nicht durch öffentliche oder öffentlich beglaubigte Urkunden beweisen lassen, kann nur dann von Belang sein, wenn der Beklagten der Beweis für die Fälligkeit obgelegen hätte. Aus § 726 ist für eine solche Beweispflicht nichts zu entnehmen. Der daselbst enthaltene Passus „durch den Gläubiger zu beweisende Thatsache“ kann allerdings an sich den Sinn haben: der Gläubiger hat die Thatsache stets zu beweisen. Er kann aber auch dahin aufgelöst werden: vorausgesetzt, daß der Gläubiger die Thatsache zu beweisen hat. Hätte das Gesetz die erstere Auslegung gewollt, also die Beweislast regeln wollen, so hätte es diese Absicht deutlicher ausgesprochen. Gegen jene Auslegung spricht aber auch, daß es im § 726 heißt: „**nach dem Inhalt**“ (des Urteiles bezw. der Urkunde) von der „durch den Gläubiger zu beweisenden“ Thatsache. Hält man die Worte „nach dem Inhalt“ und „zu beweisenden“ zusammen, wodurch dem Wortlaut keineswegs ein Zwang angethan wird, so kann es nicht zweifelhaft sein, daß eine Regelung der Beweislast nicht gegeben ist, daß es vielmehr auf das materielle Recht ankommt, ob dem Gläubiger der Beweis für den Eintritt der die Erteilung der Klausel bedingenden Thatsache obliegt (vgl. Archiv für civ. Prax. 80 S. 184, 186; **Busch**, Zeitschr. 16 522, 525; **Wengler's** Archiv N. F. 2 S. 772; **David**, vollstreckbare Urkunden S. 61). Nicht beizutreten ist der von **Eccius**, Privatrecht 1 § 107 Anm. 29 und **Falkmann**, Zwangsvollstreckung 2. Aufl. S. 121 vertretenen Ansicht, es sei, wie sich aus der Entstehungsgeschichte ergebe, der § 726 dahin zu verstehen, daß, wenn nach dem Urteil (der Urkunde) die

Vollstreckung von einer Thatsache abhänge, der Eintritt dieser Thatsache unter allen Umständen dem Richter zu erweisen sei, auch wenn im Prozesse die Beweislast dem Gegner obliegen würde, daß also ohne diesen (durch öffentliche Urkunde zu führenden) Beweis die Erteilung der vollstreckbaren Ausfertigung abgelehnt werden müsse. Nach § 651 des hann. Entwurfes war die Erteilung der Klausel dann gestattet: „wenn der Nachweis des erfolgten Eintrittes, soweit er dem Gläubiger obliege, von diesem durch öffentliche Urkunde geliefert werde.“ Im nordd. Entwurfe erhielt die Bestimmung folgende, demnächst wörtlich in die CPO. aufgenommene Fassung: „Bei Urteilen, deren Vollstreckung nach Inhalt derselben von dem durch den Gläubiger zu beweisenden Eintritt einer Thatsache abhängt, darf ....“ Diese Fassung stimmt mit der des hann. Entwurfes überein, wenn man die Worte „zu beweisenden“ richtig dahin auflöst: „wenn nach dem Inhalt des Urteiles der Gläubiger den Eintritt zu beweisen hat“. Allerdings war bei der Beratung des nordd. Entwurfes auf Vorschlag des Referenten folgende Fassung angenommen: „Ist die Vollstreckung nach dem Urteil von dem Eintritt einer Thatsache abhängig, so hat der Gläubiger durch öffentliche Urkunden den Nachweis zu führen, daß die Thatsache eingetreten sei.“ Es ist aber zur Begründung dieser Bestimmung lediglich auf § 651 des hann. Entwurfes verwiesen und muß daher angenommen werden, daß eine materielle Änderung der letzteren nicht beabsichtigt gewesen ist, es sich vielmehr nur um eine mangelhafte Fassung gehandelt hat, sowie, daß diese durch den nordd. Entwurf selbst richtig gestellt und mit dem § 651 cit. wieder in Übereinstimmung gebracht worden ist (Protokolle S. 1968, 1974, 2608; Busch, Zeitschr. a. a. O.). Danach aber findet § 726 CPO. überhaupt keine Anwendung und ist die Klausel ohne weiteres zu erteilen, wenn zwar nach dem Inhalt des Urteiles die Vollstreckung von einer Thatsache abhängt, der Eintritt dieser Thatsache aber nach dem gemäß dem Inhalt des Urteiles (der Urkunde) zu beurteilenden materiellen Rechte vom Gläubiger nicht zu beweisen ist.

Nach den Regeln des materiellen Rechtes hatte aber die Beklagte als Gläubigerin nicht zu beweisen, daß die Fälligkeit des Kapitales durch nicht pünktliche Zinszahlung eingetreten war. In der Wissenschaft und Rechtsprechung herrscht allerdings Streit darüber, ob bei der kassatorischen Klausel der den Anspruch auf Fälligkeit erhebende und demgemäß die Erteilung der Klausel beantragende Gläubiger die nicht pünktliche Zinszahlung nachweisen müsse. Mit der herrschenden Ansicht ist aber die Beweispflicht des Gläubigers zu verneinen. Allerdings hat im allgemeinen der Gläubiger diejenigen Thatsachen darzuthun, von denen es abhängt, ob sein Anspruch überhaupt und zu dieser Zeit begründet sei, und es macht dabei keinen Unterschied, ob es sich um positive oder um negative Thatsachen handelt. Insbesondere muß auch der Gläubiger, wenn sein Anspruch vom Eintritt einer Bedingung abhängt, diesen Eintritt beweisen. Die kassatorische Klausel ist aber keine Bedingung; die Nichtzahlung der Zinsen wird nicht als Bedingung, unter welcher die

Rechtsfolge der Fälligkeit eintreten soll, vereinbart. Vielmehr ist für die Fälligkeit des Anspruches in erster Linie die Übernahme der Verpflichtung durch den Schuldner, die versprochenen Leistungen (Zinszahlungen) bei Vermeidung der vereinbarten Folgen (der Fälligkeit) zu beschaffen, die rechtserzeugende Thatsache, und daher braucht der Gläubiger nur diese Verpflichtungsübernahme zu beweisen. Dem Schuldner liegt ob, die sich als rechtserzeugend darstellende Thatsache durch den Beweis, daß er erfüllt (Zinsen gezahlt) habe, als in Wirklichkeit unrichtig zu vernichten (**Seuffert** 43 S. 20; Entsch. des RG. 41 S. 223; **Bolze** 10 Nr. 844; vgl. auch § 358 BGB. und Motive zum BGB. 2 S. 279; anders, aber nur mit Rücksicht auf den früheren Mandatsprozeß: **Striethorst** 27 S. 335). Demnach genügte hier die Beklagte ihrer Beweispflicht dem Notar gegenüber, wenn sie die Urkunde vorlegte, in der sich der Kläger für den Fall nicht pünktlicher Zinszahlung der sofortigen Zwangsvollstreckung wegen des dann fällig werdenden Kapitales unterworfen hatte. Außerdem war aber auch hier vereinbart, daß die bloße unbescheinigte Behauptung der Beklagten, daß Zahlung ausgeblieben sei, genügen sollte. Dadurch würde, auch wenn man dem Gläubiger die Beweislast aufbürden wollte, diese hier zu Gunsten der Beklagten dahin eingeschränkt worden sein, daß schon bei bloßer Behauptung der Beklagten die nicht pünktliche Zinszahlung als bewiesen gelten solle, und danach wäre lediglich diese von der Beklagten aufgestellte Behauptung erforderlich gewesen (**Busch**, Zeitschr. 15 S. 523).... B.

b) Nachpfändung wegen Unsicherheit des Erfolges der ersten Pfändung. CPO. § 803.

OLG. Rostock, I. CS. Beschluß v. 10. Juni 1901.

Der § 803 CPO. enthält die positive Vorschrift, daß so viel Sachen gepfändet werden sollen, daß nach Lage des Einzelfalles der Erlös der gepfändeten Sachen nach durchgeführter Zwangsvollstreckung zur Deckung der Forderung des Gläubigers und der Kosten voraussichtlich reichen wird. Der Gerichtsvollzieher muß also den voraussichtlichen Erfolg der Zwangsvollstreckung abschätzen. Für diese Abschätzung ist aber nicht nur der Wert der einzelnen gepfändeten Sachen, sondern auch der Umstand entscheidend, ob mit der Möglichkeit gerechnet werden muß, daß einzelne gepfändete Sachen wegen berechtigter Ansprüche Dritter ganz ausgeschieden werden. Es ist deshalb durch § 64 Abs. 2 der (mecklenb.) Geschäftsanweisung vom 4. Oktober 1899 den Gerichtsvollziehern zur Pflicht gemacht, „bei der Beurteilung, wie weit die Pfändung auszudehnen sei, um die Befriedigung des Gläubigers zu sichern, auf die Möglichkeit Rücksicht zu nehmen, daß die erhobenen Ansprüche Dritter nach § 771ff. CPO. für begründet erachtet werden könnten." Danach hat der Gerichtsvollzieher, wenn bei der Pfändung Ansprüche Dritter erhoben werden, und wenn nach seinem pflichtgemäßen Ermessen anzunehmen ist, daß solche Ansprüche oder doch einzelne derselben berechtigt sind, die Pfändung soweit auszudehnen, daß die Deckung der Forderung des Gläubigers auf alle Fälle gesichert erscheint. Dieser Pflicht des Gerichtsvollziehers entspricht das Recht des Gläubigers, eine solche Ausdehnung der Pfändung begehren zu können. Tritt nun nicht sofort bei der Pfändung, sondern nachträglich ein Dritter mit seinem Anspruche hervor, und wird dadurch der Ausfall der bisherigen Pfändung dahin, daß die Forderung des Gläubigers gedeckt wird, zweifelhaft, so muß dem Gläubiger das Recht zugestanden werden, nachträglich eine weitere Ausdehnung der Pfändung zu begehren. Die im angefochtenen Beschlusse angezogene Entscheidung (Busch, Zeitschr. 19 S. 467) bezielt den Fall, daß der Gläubiger sich darauf beruft, er könne nicht wissen, ob nicht Ansprüche Dritter geltend gemacht würden. Eine solche fernliegende Möglichkeit kann die Ausdehnung der Pfändung nicht begründen. Vorliegend hat aber R. die Interventionsklage erhoben, und aus dieser Klagerhebung ist, zumal widersprechende Umstände nicht erkennbar sind, jedenfalls der Schluß zu ziehen, daß die Deckung der Forderung des Gläubigers durch eine auf die gepfändeten und von R. in Anspruch genommenen Pferde beschränkte Zwangsvollstreckung gefährdet erscheint. Aus dieser Gefährdung folgt das Recht des Gläubigers auf Nachpfändung. Es kann ihm auch nicht zugemutet werden, daß er die von der ersten Pfändung ergriffenen und jetzt vom Dritten in Anspruch genommenen Sachen zuvor von der Pfändung frei geben müsse, bevor er eine weitere Nachpfändung begehren könne. Denn es bleibt die Möglichkeit, daß die Interventionsklage ganz oder teilweise unbegründet ist und Gläubiger aus den zuerst gepfändeten Sachen ganz oder teilweise Befriedigung finden wird. Es ist nicht ersichtlich, aus welchem Grunde der Gläubiger auf diese Möglichkeit verzichten soll. Das Interesse des Gläubigers, der mit Recht Befriedigung aus dem Vermögen des Schuldners fordert und deshalb zunächst eine ihn wegen seiner Forderung sichernde Ausdehnung der Pfändung begehrt, ist in erster Linie zu berücksichtigen, und das Interesse des Schuldners, der seiner Verpflichtung dem Gläubiger gegenüber nicht nachgekommen ist und die Folgen dieser Pflichtwidrigkeit tragen muß, muß zurücktreten. — Wie weit die Nachpfändung auszudehnen ist, steht im pflichtgemäßen Ermessen des Gerichtsvollziehers. Es wird davon abhängen, wie weit trotz der Interventionsklage ein Erlös aus den Sachen der ersten Pfändung zu erwarten ist. S.

c) **Gegen eine Einwendung aus § 811 CPO. kann nicht vorgebracht werden, die Pfandsachen gehörten dem Schuldner.**

OLG. Kiel, II. CS. Beschluß v. 7. Mai 1901.

Der Schuldner ist als herumziehender Zirkusbesitzer zu den Personen zu zählen, welche aus persönlichen Leistungen ihren Erwerb ziehen, es ist auch festgestellt, daß er die beiden gepfändeten Pferde selbst vorzuführen und vorzureiten pflegt, und daß ihm diese, da er weitere dressierte Pferde nicht besitzt, zur persönlichen Fortsetzung der Erwerbsthätigkeit unentbehrlich sind. Damit sind die Voraussetzungen des § 811[5] gegeben. Der Hinweis des Beschwerdeführers auf die Möglichkeit, daß die beiden Pferde nicht im Eigentume des Arrestbeklagten ständen, ist zur Begründung der Beschwerde nicht geeignet, da die Pfändung gegen den Schuldner gerichtet ist, also gerade dessen Eigentum an den Pfandsachen die Grundlage der Pfändung bildet. G.

d) **Ausschluß der Pfändung nach § 811⁵ CPO.**

OLG. Kiel, I. CS. Beschluß v. 16. Mai 1901.

Es kann dahin gestellt bleiben, ob eine Singer-Säulen-Nähmaschine von jedem Schuhmacher zur Ausübung des Gewerbes notwendig gebraucht wird, weil sie vorliegend dem Schuldner zur Fortsetzung seiner Erwerbsthätigkeit, die in der Anfertigung von Schuhwaren für Händler besteht, unentbehrlich ist. G.

e) **§ 850³ CPO. ist auf eine vor 1900 wegen einer Körperverletzung zuerkannte Geldrente nicht anwendbar.**

OLG. Stettin, III. CS. Beschluß v. 28. Mai 1901.

Die hier gepfändete Forderung des Schuldners gegen die Königl. Regierung [auf Auszahlung einer in einer anderen Sache hinterlegten Streitsumme] soll zwar dazu dienen, ihm wegen einer Rentenforderung, die ihm wegen einer Körperverletzung gegen den Mann der Gläubigerin zusteht, Befriedigung zu verschaffen, sie ist aber keineswegs mit dieser Forderung identisch. Davon abgesehen ist die Rente aber auch nicht nach § 843 BGB. zu entrichten. Sie ist dem Schuldner zuerkannt durch ein Urteil vom 1. Juli 1897, und es handelt sich außerdem um Rentenbeträge, die vor Inkrafttreten des BGB. fällig geworden waren. Hätte das Gesetz die Vergünstigung der beschränkten Pfändbarkeit auch für dergleichen unter der Herrschaft des bisherigen Rechtes zugesprochene Renten einführen wollen, so würde es nicht ausdrücklich auf den § 843 BGB. verwiesen, sondern ganz allgemein ausgesprochen haben, daß die wegen einer Körperverletzung zu entrichtenden Geldrenten nur der beschränkten Pfändung unterworfen sein sollten. Daß aber das Gegenteil beabsichtigt ist, ergiebt sich daraus, daß in dem durch Art. 42 EG. zum BGB. veränderten § 7² Haftpflichtges. ausdrücklich die Vorschriften des § 843 Abs. 2 bis 4 und des § 749 [jetzt 850] Abs. 3 und Abs. 1³ auf die nach diesem Gesetze zu entrichtenden Renten für anwendbar erklärt sind. Dies wäre nicht geschehen, wenn angenommen wäre, daß die Rente aus § 7 Haftpflichtges. ohne weiteres unter den § 843 BGB. fiele. Ist dies bezüglich des Haftpflichtgesetzes nicht angenommen, so muß das Gleiche auch von allen anderen Bestimmungen des bisherigen Rechtes gelten, die sich über die Gewährung einer Rente wegen einer Körperverletzung verhalten. M.

f) **Einrechnung des Arbeitsverdienstes der Frau in die der Zwangsvollstreckung unterworfenen Einkünfte ihres Mannes.**

OLG. Kiel, II. CS. Beschluß v. 19. März 1901.

Der Beklagte A. bedarf zur Bestreitung seines notdürftigen Unterhaltes und zur Erfüllung der ihm seiner Frau und seinen Kindern gegenüber gesetzlich obliegenden Unterhaltspflicht neben freier Wohnung eine wöchentliche Einnahme von 15 Mark. Insoweit seine Forderung gegen seinen Arbeitgeber diesen Betrag überschreitet, unterlag sie nach § 850³ der Pfändung. Unerheblich ist, ob die gepfändete Forderung nur in Höhe von 11 Mark wöchentlich dem Manne A., in Höhe der restlichen 5 Mark aber dessen in getrennten Gütern lebenden Frau als deren Arbeitslohn zusteht; denn nach § 1427 Abs. 2 BGB. wäre die Frau verpflichtet, diese 5 Mark wöchentlichen Ertrag ihrer Arbeit als angemessenen Beitrag zur Bestreitung des ehelichen Aufwandes dem Manne zu leisten, sodaß auch in diesem Falle der Mann eine Einnahme von 16 Mark wöchentlich hätte, von welcher 1 Mark gepfändet werden kann. G.

g) Vollstreckung eines Urteiles auf Sicherheitsleistung. CPO. § 887.

Kammergericht, XIII. CS. Beschluß v. 1. Juli 1901.

Der Schuldner ist auf Grund des Art. 29 WO. verurteilt, für die Bezahlung eines Wechsels über 400 Mark Sicherheit zu leisten. Der Antrag des Gläubigers, ihn zur Leistung der Sicherheit zu ermächtigen und den Schuldner zur Vorausbezahlung von 400 Mark zu verurteilen, ist abgewiesen worden, weil der Gläubiger für berechtigt erachtet worden ist, die Zwangsvollstreckung auf eine Zahlung zu richten. Die sofortige Beschwerde des Gläubigers ist begründet. Zunächst ist das Urteil als ein auch seinem sachlichen Inhalt nach zur Zwangsvollstreckung geeigneter Titel anzusehen, der Auffassung Rehbein's (6. Aufl. Anm. 5 zu Art. 25—28 WO.), Staub's (2. Aufl. §§ 7, 10 zu Art. 26), daß Art und Höhe der Sicherheit im Urteil näher bestimmt werden müßte, ist in Übereinstimmung mit Bernstein (Anm. 3, 4 zu Art. 26) nicht beizutreten. Es ist abweichend von Staub mit Rehbein davon auszugehen, daß sich die Art. 25, 29 WO. erwähnte genügende Sicherheit oder Sicherheit nach ihrem Inhalte nach bürgerlichem Recht bestimme. Das Urteil legt dem Schuldner somit auf, eine der in § 232 BGB. vorgeschriebenen Sicherheiten zu leisten. — Wegen der Vollstreckung dieses Urteiles muß der Gläubiger den im § 887 CPO. vorgeschriebenen Weg betreten, da die Erfüllung der Verpflichtung zur Vornahme einer Handlung in Frage steht, und zwar auch dann, wenn Gläubiger oder Schuldner die Hinterlegung von Geld wählen sollten. Die von Wilmowski-Levy zu § 773 CPO. vorausgesetzte Verurteilung zur Hinterlegung von Geld ist hier nicht erfolgt, es liegt daher kein Anlaß vor, die von diesen Kommentatoren vertretene Ansicht zu erörtern. Die von ihnen angeführten Entscheidungen des RG. (13 S. 341, 19 S. 207) stehen der hier zu Grunde gelegten Auffassung nicht entgegen. Der Inhalt der Verpflichtung des Beklagten ist die Leistung der Sicherheit, nicht eine Mehrzahl wahlweise vom Schuldner geschuldeter Leistungen (§ 262 BGB., vgl. dazu Planck); der Gläubiger kann daher nicht gezwungen werden, seinen Antrag schon jetzt auf eine bestimmte Art von Sicherheitsleistung einzuschränken, er hat nach erfolgter Ermächtigung nach sinngemäßer Anwendung von § 264 BGB. die Wahl zwischen den verschiedenen Arten der Sicherheitsleistung unbeschadet des Rechtes des

Schuldners, sich, so lange die Sicherheit nicht thatsächlich geleistet worden ist, durch jede andere zulässige Art der Sicherheitsleistung zu befreien. v. W.

b) Auf Zahlung an den Pfändungsgläubiger kann der gepfändete Schuldner gegen den Drittschuldner nicht klagen.

OLG. Hamburg, IV. CS. Urteil v. 12. April 1901.

Wenn auch die Ansprüche an sich trotz der Überweisung im Vermögen des Schuldners geblieben sind, so steht ihm doch kein Recht zu, auf Zahlung an den Pfändungsgläubiger zu klagen. Eine solche Klage würde allerdings die Rechte dieser aus der Überweisung nicht verkümmern. Allein der Drittschuldner, der der Klage aus materiellen wie formellen Gründen widersprochen hat, ist doch nicht verpflichtet, solange die Überweisung besteht, an jemand anders als an die Pfandgläubiger zu bezahlen. Eine Feststellungsklage zwischen dem Schuldner und dem Drittschuldner in Bezug auf die gepfändeten Ansprüche wäre unbedenklich gewesen. Ebenso hat das Reichsgericht (Entsch. 17 S. 291) erkannt, daß eine Klage des Schuldners gegen den Drittschuldner auf Hinterlegung gerichtet werden dürfe. Eine Klage des Schuldners gegen den Drittschuldner auf Zahlung an den Pfandgläubiger dagegen ist niemals verstattet worden, um so mehr mit Recht, als in der Reichstagskommission bei Beratung der CPO. gestellte Anträge, dem Schuldner die Klage auf Zahlung gegen den Drittschuldner frei zu geben, abgelehnt worden sind. Allerdings würde solche Zulassung den Schutz des Pfandgläubigers erheblich zu beeinträchtigen geeignet gewesen sein, auch der Fall einer Klage des Schuldners gegen den Drittschuldner auf Zahlung an den Pfandgläubiger in dieser Beziehung nicht gleich liegen. Allein der Drittschuldner braucht sich nicht gefallen zu lassen, von einem Anderen als dem Pfändungsgläubiger, dem die Forderung überwiesen ist, auf Zahlung in Anspruch genommen zu werden. Seine Rechtsstellung darf durch die Überweisung keine Verschlechterung erfahren. Aus diesen allgemeinen Rechtsgrundsätzen ist dann aber weiter zu folgern, daß auch eine Klage des Schuldners gegen den Drittschuldner auf Zahlung an den Pfandgläubiger nicht verstattet werden darf. M. M.

40

a) Ein Schiedsvertrag, welcher die Feststellung des Zustandes der Kaufsache zum Gegenstand hat, fällt nicht unter §§ 1025 ff. CPO.

OLG. Hamburg, II. CS. Urteil v. 11. Juni 1901.

Nach dem Briefwechsel ... soll die Frage der kontraktlichen oder nichtkontraktlichen Beschaffenheit der Preise von den Sachverständigen, eventuell unter Angabe der einzelnen Mängel in einer die Parteien definitiv bindenden Weise entschieden werden. Eine dahin gehende Vereinbarung ist aber kein „Schiedsvertrag" und die demgemäß abgegebene Entscheidung kein „Schiedsspruch" im Sinne des 10. Buches der CPO. Hier ist vielmehr nur die Rede von der „Entscheidung eines Rechtsstreites" durch Schiedsrichter, und ebenso ist die prozeßhindernde Einrede des § 274 die Einrede, daß die „Entscheidung des Rechtsstreites durch Schiedsrichter erfolgen solle." Der Gegenstand des vorliegenden Rechtsstreites ist die Rückgängigmachung (Wandelung) des Kaufes; der Beklagte soll nach dem Klagantrage die Presse zurücknehmen und den empfangenen Kaufpreis zurückerstatten. Für die Entscheidung dieses Rechtsstreites bildet die Beantwortung der Frage nach der vertragsmäßigen Beschaffenheit der Presse ein Element; sie deckt sich aber nicht mit der Entscheidung des Rechtsstreites; für diese können andere streitige Punkte verschiedener Art in Betracht kommen, wie wegen rechtzeitiger und ordnungsmäßiger Monitur, wegen Verjährung u. a. m., und es steht zur Zeit, wo zur Hauptsache noch nicht verhandelt worden ist, völlig dahin, ob diese und etwaige andere für den Rechtsstreit erhebliche Angriffs- oder Verteidigungsmittel werden geltend gemacht werden oder nicht.... Andererseits kann die Entscheidung jener Frage auch für andere Rechtsstreitigkeiten als die vorliegende ein erhebliches Moment bilden, so für die Minderungs-, die Schadensersatz- und vielleicht für andere Klagen (vgl. Entsch. des RG. 24 S. 411; Seuffert 41 Nr. 185). M. M.

b) **Schiedsvertrag bezüglich einzelner Rechtsfragen.**[1]

OLG. Hamburg, III. CS. Urteil v. 7. Mai 1901.

Ob, wenn die Beklagte nach dem ergehenden Spruche des Schiedsgerichtes noch zur Abnahme des Restquantums verpflichtet sein sollte, weiterer Streit über den klägerischen Selbsthilfeverkauf des einen Teiles der Ware oder etwa über die Vertragsmäßigkeit ihrer Beschaffenheit oder sonstwie entstehen wird, erscheint hier gleichgültig. Die Notwendigkeit eines demnächstigen Angehens der ordentlichen Gerichte wegen weiterer, aus der Sache noch entstehender Streitpunkte spricht nicht dagegen, daß über einen vorher wegen anderer Punkte entstandenen Streit durch ein wirkliches Schiedsgericht entschieden wird. Ein Rechtsstreit kann auch bloß bezüglich einzelner Rechtsfragen der schiedsgerichtlichen Entscheidung unterbreitet werden. Das war nicht nur früher Rechtens; auch in der seit dem 1. Januar 1900 bestehenden Rechtsordnung — § 1025 CPO. (neue Fassung) wiederholt lediglich den Inhalt des früheren § 851 — ist Abweichendes nicht bestimmt (vgl. Struckmann-Koch, Anm. 2 zum § 1025 CPO.). M. M.

c) **Ein Schiedsrichter ist vollständig frei in der Beweiswürdigung.**

OLG. Hamburg, III. CS. Urteil v. 2. März 1901.

... Gerade solchen von den Parteien selbst gewählten Richtern, denen diese freiwillig aus Vertrauen wichtige Interessen anheimgegeben, muß die weitgehendste Freiheit in Bezug auf die Grundlagen der zu treffenden Entscheidung zuerkannt werden. „Der Schiedsrichter muß möglichst unbefangen und frei von der Furcht, nach Abgabe des Schiedsspruches wegen eines Verfahrens in Anspruch genommen zu werden, seine Aufgabe erfüllen

[1] Vgl. JW. 1893 S. 424 Nr. 7, Seuffert 41 S. 281. D. H.

können" (Entsch. d. RG. 41 S. 255). Es ist auch in Deutschland ganz gewöhnlich und entspricht recht eigentlich dem Zwecke der Einsetzung von Schiedsgerichten, nämlich einer rascheren und fachmännischen Entscheidung, daß die Schiedsrichter sich an keinerlei prozessuale Regeln bei der Beweisaufnahme gebunden erachten und daß sie lediglich auf Grund von Briefen oder Verträgen — ohne Anhörung der über das Zustandekommen derselben benannten Zeugen — entscheiden, namentlich aber auch, daß sie scheinbar unjuristisch, aber höchst praktisch schwer zu lösende Auslegungszweifel in der Weise, wie hier geschehen, lösen, also beim Zweifel, welcher von zwei Terminen für einen Preis maßgebend sei, die Mitte zwischen beiden Preisen für maßgebend erklären. Das ist das gute Recht der Schiedsrichter, denen die Parteien sich einmal anvertraut haben, und diese müssen, wenn die Entscheidung ihnen nachher nicht zusagt, sich stets vor Augen halten, daß sie auf die ordentlichen Gerichte verzichtet und daher auf die vor diesen zu beobachtenden Förmlichkeiten und Rechtssätze keinen Anspruch haben. M. M.

d) **Bürgermeister als Schiedsrichter in Streitigkeiten der Gemeinde.**

OLG. Karlsruhe, I. CS. Urteil v. 24. Oktober 1900.

Zwischen der Elektrizitätsgesellschaft und der Stadt T. liegt, soweit der Rechtsstreit sich darum dreht, ob die thatsächlichen Voraussetzungen zur Verhängung von Vertragsstrafen gegeben waren, ein gültiger Schiedsvertrag nicht vor. Die Parteien haben allerdings aus Zweckmäßigkeitsrücksichten vereinbart, daß die Entscheidung in dieser Beziehung dem Bürgermeister von T. als Schiedsrichter zustehen soll. Allein diese Bestimmung muß für nichtig [illegible] öffentlichen Ordnung zuwiderläuft. Nicht nur [illegible]richter sein (vgl. Entsch. [illegible]cher Vertreter. Zu den [illegible]ifellos der Bürgermeister. [illegible] Gemeinderates, welche [illegible] als gesetzliche Vertreter [illegible]mäßig der Gemeinderat

Dr. E.

a) **Streitwert bei Beseitigung [illegible]hung einer Mauer.**

OLG. Hamburg, II. CS. Beschluß v. 4. Juni 1901.

Das Landgericht hat den Streitwert auf 3285 Mark festgesetzt, weil auf diesen Betrag die notwendigen Kosten der Beseitigung der Mauerausweichung zu veranschlagen seien. Allein Gegenstand des Rechtsstreites ist die Beseitigung der Mauerausweichung aus dem Luftraume des Klägers. Was diese ihm wert ist, oder m. a. W. das Maß der Entwertung seines Eigentumes durch den widerrechtlichen Eingriff in dasselbe stellt den Streitwert dar; was der Beklagte aufzuwenden hat, um den bestehenden Zustand zu beseitigen, ist dafür gleichgültig. Wo der Streitwert nicht unmittelbar gegeben ist und daher auf eine Schätzung des Interesses zurückgegriffen werden muß, ist das klägerische Interesse daran, daß der rechtmäßige Zustand hergestellt werde, maßgebend, nicht das Interesse, welches der Beklagte daran hat, den rechtswidrigen Zustand bestehen zu lassen (vgl. Entsch. des RG. 24 S. 428). M. M.

b) Streitwert bei der Klage gegen den Ehemann auf Duldung der Zwangsvollstreckung.

OLG. Dresden, II. CS. Beschluß v. 28. September 1900.

Die Kläger haben gegen die Frau des Beklagten ein vollstreckbares Urteil erlangt, worin sie zur Zahlung von 10000 Mark verurteilt wird. Nachdem die Kläger sodann den Beklagten erfolglos aufgefordert hatten, sich urkundlich mit der Vornahme der Zwangsvollstreckung in das Vermögen seiner Frau einverstanden zu erklären, haben sie gegen ihn Klage erhoben und beantragt, ihn wegen jener Forderung zur Duldung der Zwangsvollstreckung in das seinem Nießbrauche und seiner Verwaltung unterstehende Vermögen seiner Frau zu verurteilen. In der Klagschrift ist der Streitwert auf 400 Mark beziffert, da das Interesse des Beklagten an der Nutznießung des Vermögens der überschuldeten Frau nicht höher sei. Der Beklagte ist antragsgemäß verurteilt worden. Das Landgericht hat aber den Streitwert auf 10000 Mark festgesetzt. Hiergegen haben die Kläger Beschwerde eingelegt mit dem Antrage, den Streitwert auf 400 Mark festzusetzen.

Die Beschwerde ist unbegründet. Die Bewertung des Streitgegenstandes hat nach § 3 CPO. zu erfolgen. Das Streitinteresse ist jedoch nicht nach den in der Beschwerde aufgeführten Gesichtspunkten abzuschätzen, vielmehr muß in den Vordergrund gestellt werden, daß die Verurteilung des Mannes zur Duldung der Zwangsvollstreckung unbedingte Voraussetzung für die Zulässigkeit der Zwangsvollstreckung in das eingebrachte Gut ist, und weiter, daß vorliegend nach dem Inhalte des Klaganführens für den Zugriff der Kläger ausschließlich das Eingebrachte in Frage kommt, also die Möglichkeit einer Vollstreckung in Vorbehaltsgut oder sonstige Befriedigung aus solchem nicht zu berücksichtigen ist. Unter diesen Umständen hat das Landgericht den Streitwert sachgemäß auf 10000 Mark geschätzt. (Nach Annalen 22 S. 268.)

c) Erinnerung und Beschwerde der Staatskasse gegen die Streitwertsfestsetzung. GKG. § 4 Abs. 1 und 2.

OLG. Karlsruhe, I. CS. Beschluß v. 16. Januar 1901.

Die badische Steuerdirektion als Vertreterin der Staatskasse hat nach § 4 GKG. gegen den zu niedrigen Ansatz der Entscheidungsgebühr in einem Rechtsstreite, in welchem das Landgericht den Streitwert für das Kostenurteil durch Beschluß festgesetzt hatte, Erinnerung erhoben. Das Landgericht hat diese als unzulässig verworfen, wobei es ausführte: Gegenstand der Erinnerung sei nur der „Ansatz" von Kosten, also das Ergebnis derjenigen Thätigkeit, welche bei den badischen Gerichten durch den Kostenbeamten besorgt werde; hier stütze sich der durch den Kostenbeamten stattgehabte Ansatz auf einen Gerichtsbeschluß, so daß sich die Erinnerung nicht gegen den „Ansatz" der Entscheidungsgebühr, welche an sich richtig bemessen sei, sondern im Effekte als gegen den diesem Ansatze zu Grunde liegenden Gerichtsbeschluß richte; hiergegen sei aber nach § 16 Abs. 2 GKG. nur die Beschwerde und auch nur den Parteien gegeben. — Der hiergegen erhobenen Beschwerde der Staatskasse wurde stattgegeben. Aus den Gründen:

Nach § 4 sind Erinnerungen gegen den Ansatz von Gebühren oder Auslagen sowohl von den Zahlungspflichtigen, als auch von der Staatskasse zulässig. Es ist aber unter „Ansatz" nicht nur der aus dem Kostentarife entnommene bestimmte Geldbetrag zu verstehen, es fällt darunter vielmehr auch der Streitwert (vgl. Gruchot 28 S. 1178, Blum's Annalen 9 S. 272). Der § 4 ist deshalb auch nicht auf diejenigen Fälle beschränkt, in welchen die Höhe angesetzter Gebühren oder die Notwendigkeit angesetzter Auslagen den Gegenstand der Erinnerung bildet; er bezieht sich vielmehr auf alle Fälle, in denen durch Erinnerung eventuell im Beschwerdewege geltend gemacht wird, daß Kosten unter Verletzung von Normen des GKG. angesetzt seien; dieses nennt selbst als Faktoren für die qualitative Berechnung der Gebühren in bürgerlichen Rechtsstreitigkeiten und Konkurssachen die aus der Festsetzung des Streitgegenstandes sich ergebende Wertsklasse und den Gebührenansatz (vgl. §§ 8, 49, 50 GKG., Entsch. des RG. 16 S. 291/92, 296). Die Streitwertsfestsetzung bezüglich des Kostenurteiles ist keineswegs unabänderlich, sondern sogar, wenn auch zeitlich begrenzt, der Abänderung von Amts wegen zugänglich (§§ 14, 16). Nachdem vorliegend aus den erst nach der Streitwertsfestsetzung hervorgetretenen Umständen, nämlich aus der Kostenliquidation, die Höhe der Kosten sich mit Sicherheit ersehen ließ und daraus nunmehr ein Grund erwuchs, eine Änderung der Festsetzung des Kostenstreitwertes eintreten zu lassen, während diese Änderung nicht vorgenommen wurde, steht der Staatskasse nach § 4 in Verbindung mit § 16 das Recht zu, im Wege der Erinnerung den nach dem wirklichen Streitwerte sich ergebenden Gebührenansatz zu veranlassen (vgl. Rittmann 2. Aufl. S. 16[5]). Dr. E.

d) **Anwendbarkeit des § 9a GKG. auf die Berechnung aller nach 1. Januar 1900 fällig gewordenen Gerichtskosten.**[1]

Kammergericht, III. CS. Beschluß v. 15. März 1901.

Der Klagantrag fordert eine zeitlich unbeschränkte Alimentation der Klägerin in Höhe von monatlich 30 Mark. Für die Wertberechnung muß aber der Umstand, daß das etwa vier Monate nach der Klagerhebung in Kraft getretene BGB. eine Unterhaltspflicht zwischen Geschwistern nicht kennt, ohne Belang bleiben, weil nur die den zur Zeit der Klagerhebung bestehenden Gesetzen entsprechende Existenz und Beschaffenheit des beanspruchten Rechtes hierfür maßgebend sein kann (vgl. § 4 CPO., Entsch. des RG. 44 S. 372). Mithin ist der Klaganspruch als ein gesetzlicher Alimentationsanspruch von

[1] Vgl. Rsp. 1 S. 41.

unbestimmter Dauer zu erachten und die Festsetzung des Streitwertes auf 120 Mark daher zu Unrecht erfolgt. Andererseits ist der Rechtsstreit erst nach 1. Januar 1900 beendet worden, und deshalb sind nach § 93 GKG. die Gerichtskosten auch erst nach diesem Zeitpunkte fällig geworden. Für die Berechnung der Gerichtskosten muß aber der Zeitpunkt der Fälligkeit als entscheidend angesehen werden, wofür auch die öffentlich-rechtliche Natur und der gesetzgeberische Zweck des Art. 4 EG. zur CPO.-Novelle spricht, sodaß ein früherer Zeitpunkt, in welchem der Anspruch der Staatskasse auf die Kosten erwachsen wäre (vgl. JW. 1900 S. 345[14], 526[19]), nicht als maßgebend für die Kostenliquidation gelten kann. Deshalb war hier der Streitwert nicht nach § 9, sondern nach dem am 1. Januar 1900 in Kraft getretenen § 9a GKG. auf den fünffachen Jahreswert der verlangten Rente festzusetzen.
Z.

e) **Fortdauer der Kostenvorschußpflicht auch nach gänzlicher Erledigung des Rechtsstreites. GKG. §§ 81, 90.**

OLG. Karlsruhe, I. CS. Beschluß v. 12. Dezember 1900.

Durch die Erhebung der Widerklage von 2000 Mark wurde nach § 81[2] der Beklagte vorschußpflichtig für 44 Mark. Diese Verpflichtung ist dadurch, daß der Kläger im Urteile zur Tragung aller Kosten des Rechtsstreites verurteilt wurde, nicht alteriert worden, da nach § 90 GKG. die Verpflichtung zur Zahlung der vorzuschießenden Beträge bestehen bleibt, wenn auch die Kosten des Verfahrens einem Anderen auferlegt sind. Das Gesetz hat ganz allgemein ohne die Beschränkung, daß der Vorschuß im Laufe des Prozesses auch eingefordert sein müsse, den Antragsteller zur Vorschußleistung verpflichtet und diese Verpflichtung als eine so selbständige hingestellt, daß sie trotz anderweiter Entscheidung bestehen bleibt. Liegt hiernach der Rechtsgrund der Verpflichtung allein in dem Antrage, und bezeichnet das Gesetz die unterlassene Einforderung des Vorschusses während des Prozesses nicht als einen Grund für die Aufhebung dieser Verpflichtung, so ist die Nichteinforderung des Vorschusses während des Prozesses ohne Einfluß auf diese Verpflichtung; auch aus dem Begriffe „Vorschuß" kann nicht abgeleitet werden, daß er nur im voraus, nicht aber hinterher als ein Teil der einem Anderen auferlegten Kosten eingefordert werden könne (vgl. JW. 1889 S. 209[18]). Dr. E.

f) **Wer ist Antragsteller im Sinne des § 89 GKG. bei Erhebung einer Widerklage?**

OLG. Dresden, III. CS. Beschluß v. 24. April 1900.

Die Kassenverwaltung des Landgerichtes hat vom Kläger auf Grund der Bestimmungen in §§ 89, 94[1] GKG. die gesamten, in erster Instanz entstandenen Kosten einschließlich der der Widerklage eingezogen. In dem angefochtenen Beschlusse ist das Gesuch des Klägers, ihm denjenigen Betrag zurückzuzahlen, der durch die Widerklage entstanden ist, abgewiesen. Die Entscheidung der ersten Instanz steht im Einklang mit dem in den Annalen des OLG. 8 S. 284 ff. abgedruckten Beschlusse des OLG., dem Pfafferoth, GKG. 6. Aufl. S. 262 beigetreten ist.

Dieser Beschluß geht davon aus, daß der Kläger auch für die durch die Widerklage entstandenen Kosten hafte, weil durch seinen Antrag das gesamte, im Sinne des GKG. zur Instanz gehörige Verfahren als Ganzes veranlaßt worden sei, ohne daß es darauf ankomme, wer die Anregung zu den einzelnen innerhalb der Instanz liegenden Prozeßhandlungen gegeben habe. Das OLG. hat bei anderweiter Erwägung der Frage die in dem Beschlusse begründete Ansicht nicht aufrecht erhalten können.

§ 89 GKG. bestimmt: „In Ermangelung eines anderen Schuldners (§ 86) ist derjenige, welcher das Verfahren der Instanz beantragt hat, Schuldner der entstandenen Gebühren und Auslagen". Der Paragraph sagt, daß Schuldner derjenige sei, der das Verfahren der Instanz, nicht, der die Instanz beantragt hat. Beides ist nicht dasselbe. Als Antragsteller der Instanz würde nur der Kläger, nicht auch der Widerkläger gelten können. Nicht aber ist der Kläger als Antragsteller der Instanz auch Antragsteller des ganzen in dieser abgesetzten Verfahrens. Damit, daß jemand durch seinen Antrag eine Instanz eröffnet hat, hat er noch nicht das ganze dazu gehörige Verfahren beantragt. Denn dieses kann auch auf Anträgen der Gegenpartei beruhen, und soweit dies der Fall ist, ist er nicht Antragsteller. Der hier festgehaltene Unterschied ist dem Gesetze nicht fremd. § 81 Abs. 1 legt die Vorschußpflicht dem Antragsteller der Instanz auf, und da hierunter der Widerkläger nicht verstanden werden kann, ist dessen Vorschußpflicht in Abs. 2 dieses Paragraphen besonders geregelt. Es ist danach wohl anzunehmen, daß § 89, wenn er nicht das Verfahren der Instanz, sondern die Instanz im Auge gehabt hätte und nicht willens gewesen wäre, den Widerkläger haftpflichtig zu machen, wie § 81 Abs. 1, nur von der Instanz gesprochen haben würde. Weiter ist in § 89 als Schuldner nicht derjenige bezeichnet, der das Verfahren der Instanz veranlaßt, sondern der, der es beantragt hat. Zweifellos beruht aber im vorliegenden Falle das Verfahren der ersten Instanz nur insoweit auf dem Antrage des Klägers, als es den Klaganspruch betrifft. Das Verfahren über die Widerklage ist vom Beklagten beantragt, der hierin genau dieselbe Stellung einnimmt, wie der Kläger in dem auf den Klagantrag bezüglichen Verfahren. Es läßt sich nun auch weiter nicht sagen, daß der Klagantrag die Widerklage veranlaßt habe und aus diesem Grunde das Verfahren über diese, wie das über eine vom Beklagten zu seiner Vertheidigung vorgeschützte Einrede, als ein vom Kläger beantragtes Verfahren zu behandeln sei. Denn mit der Widerklage wird die Feststellung eines vom Beklagten beanspruchten Rechtes verfolgt, die nicht durch das Bedürfnis, die Klage abzuwehren, geboten ist. Zu einer derartigen Abwehr bedarf es keiner Widerklage. Vielmehr dient die Feststellung anderen, von dem bezeichneten Bedürfnisse unabhängigen Interessen des Beklagten, deren Wahrung im Wege der Widerklage ihm durch die Klage ermöglicht wird.

Dies genügt nicht, um das Verfahren der Instanz über einen Widerklagantrag als ein vom Kläger beantragtes Verfahren der Instanz ansehen zu können. Die Klage und die Widerklage beruhen nun zwar im vorliegenden Falle ganz auf demselben Rechtsverhältnis, und insofern besteht diese, wie die erste Instanz hervorhebt, nicht für sich. Man kann aber deshalb nicht die Klage als Veranlassung der Widerklage bezeichnen. Denn die für beide bestehende Gemeinsamkeit des Rechtsgrundes begründete für die Rechtsverteidigung des Beklagten gegen die Klage nicht die Notwendigkeit, Widerklage zu erheben. Auf die von ihm erstrebte Klagabweisung ist die Erhebung der Widerklage völlig einflußlos.

Die Meinung, daß der Kläger nicht als Antragsteller des Widerklagverfahrens angesehen werden könne (vgl. Hörkens, Gerichtskostengesetze S. 196), wird durch die Motive des Gesetzes vollkommen bestätigt. Es wird darin S. 98 ff. bei der Erörterung der Grundsätze, nach denen der Schuldner der entstandenen Gebühren und Auslagen der Staatskasse gegenüber zu bestimmen sei, folgendes ausgeführt: An sich habe im allgemeinen der Antragsteller als diejenige Person zu haften, die die richterliche Thätigkeit veranlaßt habe. Bei Anwendung dieses Prinzips entstehe die Frage, ob die Partei, die ein Verfahren beantragt habe, ohne weiteres als Antragsteller der zu diesem gehörigen Prozeßhandlungen angesehen werden könne, die zugleich durch den Entschluß der Gegenpartei hervorgerufen worden seien. Bei Entscheidung dieser Frage müsse geprüft werden, ob der einen oder anderen Partei überwiegend die Rolle des betreibenden Teiles zufalle. Es wird weiter bemerkt, daß auch in der durch die Klage eingeleiteten Instanz der Beklagte als vorwiegend aktiver Teil auftreten könne. Als ein solcher Fall wird hervorgehoben, wenn der Kläger nach Beginn der mündlichen Verhandlung des Beklagten zur Hauptsache die Klage zurücknehmen will, der Beklagte aber durch seinen Widerspruch die Fortsetzung des Verfahrens hervorruft (§ 243 CPO.). Damit nun, daß in der Instanz beide Parteien äußerlich bald in größerem, bald in geringerem Umfange als Antragsteller erscheinen, und aus der hiermit gegebenen Schwierigkeit, den Antragsteller zu bestimmen, wird es begründet, daß das Gesetz erst dann, wenn es an einer Feststellung des kostenpflichtigen Teiles auf dem in § 78 (§ 86 des Gesetzes) angegebenen Wege fehlt, denjenigen, der das Verfahren der Instanz beantragt hat, als Schuldner der entstandenen Gebühren und Auslagen in Anspruch nimmt.

Aus den Ausführungen der Motive ergiebt sich folgendes: § 89 GKG. versteht unter der Person, die das Verfahren beantragt hat, nicht schlechthin denjenigen, der durch seinen Antrag das gesamte, im Sinne des GKG. zur Instanz gehörige Verfahren als Ganzes veranlaßt hat. Vielmehr soll diese Person nach der Stellung bestimmt werden, die die Parteien zu den einzelnen zur Instanz gehörigen Prozeßhandlungen einnehmen. Da nun dem Beklagten als Widerkläger für die zum Widerklagverfahren gehörigen

Prozeßhandlungen ohne Zweifel überwiegend die Rolle des betreibenden Teiles zufällt, so nimmt er bei diesen die Stellung ein, die nach den Motiven für die Bestimmung des Antragstellers wesentlich ist.

Auch aus § 81 GKG. läßt sich, abgesehen von dem bereits erörterten Punkte, schließen, daß im Sinne des § 89 hier für das Widerklagverfahren nicht der Kläger, sondern der Beklagte Antragsteller ist. Dem § 81 liegt ebenfalls der Gedanke zu Grunde, daß der Antragsteller vorschußpflichtig ist. Trotzdem ist in § 81 der Widerkläger für vorschußpflichtig erklärt. Nun sind zwar Kostenpflicht und Vorschußpflicht keineswegs gleichbedeutend. Aber beide stehen doch im engsten Zusammenhange. Die Vorschußpflicht ist nur die Kostenpflicht, einen Teil der Kosten voraus zu bezahlen. Warum das Gesetz unter Antragsteller bei Regelung der Kostenpflicht etwas Anderes verstehen sollte, als bei der Regelung der Vorschußpflicht, ist nicht einzusehen. Die Motive ergeben auch in der That, daß dem Gesetze eine derartige Absicht fern gelegen hat. Es wird in diesen ausdrücklich gesagt, daß der vorher für die Kostenpflicht gerechtfertigte Standpunkt, nach welchem ohne Rücksicht auf den Ausgang der Sache die Kosten von dem Antragsteller zu fordern seien, für die Frage der Vorschußpflicht festgehalten werden müsse. Hieraus erhellt gleichzeitig, daß die Bestimmung in § 81 Abs. 2 nicht als eine auf fiskalischem Interesse beruhende Ausnahme zu bezeichnen ist, sondern daß sie vielmehr sich als eine Anwendung des den § 81 beherrschenden allgemeinen Grundgedankens darstellt. Endlich spricht dafür, daß der Kläger nicht als Antragsteller des Widerklagverfahrens gelten könne, sehr erheblich § 94 Ziff. 2 GKG. Hierin wird in den Fällen der Widerklage das Verfahren auf die Klage als ein vom Kläger und das auf die Widerklage als ein vom Widerkläger beantragtes Verfahren angesehen. Da diese Auffassung, obwohl nur im Falle des § 94 Ziff. 2 ausgesprochen, doch auf diesen Fall weder nach den Worten des Gesetzes noch der Natur der Sache nach beschränkt ist, so kann man wohl davon ausgehen, daß hierin eine Ansicht des Gesetzgebers zum Ausdruck gekommen ist, die man auch in anderen Fällen anwenden kann. Die in § 11 GKG. vorgeschriebene einheitliche Berechnung des Streitgegenstandes der Klage und Widerklage liefert keinen durchschlagenden Grund für die in der früheren Entscheidung des Oberlandesgerichtes festgehaltene Ansicht. Denn hiermit wird nur eine Vorschrift für die Höhe der Gebührenberechnung gegeben, die mit der Frage, wer der Schuldner der danach berechneten Gebühren ist, und wer insbesondere als Antragsteller dafür haftet, nichts zu thun hat. Weder bringt das Gesetz den in § 11 aufgestellten Grundsatz mit dieser Frage in Zusammenhang, noch besteht ein solcher durch die Natur der Sache. Denn die sich aus § 11 ergebende Berechnungsweise hindert nicht die Feststellung, welche Kosten durch die Klage und welche durch die Widerklage entstanden sind. Da somit der Kläger nicht als Antragsteller des Widerklagverfahrens zu bezeichnen ist, so kann er auch nicht aus § 89 GKG. für die Kosten der Widerklage haftbar gemacht werden. (Annalen 22 S. 275.)

g) **Nichtzahlung des Ausländervorschusses. GKG. § 85.**

OLG. Karlsruhe, III. CS. Beschluß v. 17. Juni 1901.

Nach § 85[5] hat das Gericht, solange der Gebührenvorschuß nicht bezahlt ist, die Vornahme jeder Handlung abzulehnen; es darf also insbesondere den Kläger nicht zur Verhandlung zulassen. Daraus folgt aber nicht, daß, solange das vom Kläger verschuldete Hindernis besteht, auch der Beklagte in gleicher Weise zu behandeln ist (vgl. JW. 1890 S. 256[6]); vielmehr kann er gegen den Kläger, der nicht verhandeln darf und deshalb einer nicht erschienenen Partei gleich zu erachten ist, die Erlassung des Versäumnisurteiles beantragen. Das Gleiche gilt auch dann, wenn, wie hier, der Kläger, der zur Verhandlung nicht zugelassen werden darf, thatsächlich im Termine ausgeblieben ist. Dr. E.

h) **Zur Auslegung der §§ 86, 87 GKG.**

Kammergericht, VIII. CS. Beschluß v. 2. März 1901.

Nachdem der Kläger kostenpflichtig abgewiesen worden war, verglichen sich in der Berufungsinstanz die Parteien außergerichtlich und zeigten dem Berufungsgerichte an, daß die Gerichtskosten von jeder Partei zur Hälfte getragen würden. Darauf beantragte der Kläger, die erstinstanzliche Kostenrechnung, welche noch nicht bezahlt war, dem Vergleiche entsprechend abzuändern, wurde aber vom Gerichtsschreiber und sodann vom Landgerichte abschlägig beschieden. Der Beschwerde wurde jedoch stattgegeben. Aus den Gründen:

... § 86 GKG. unterscheidet als Fälle zur Begründung der Kostenschuld nebeneinander die gerichtliche Entscheidung und die Parteierklärung. § 87 bestimmt, und zwar ganz allgemein, daß die im ersteren Falle begründete Verbindlichkeit insoweit erlischt, als die Entscheidung aufgehoben oder abgeändert wird. Davon, daß diese Aufhebung oder Abänderung nur durch eine weitere gerichtliche Entscheidung erfolgen könne, ist im § 87 nichts gesagt. Es ist deshalb anzunehmen, daß die Parteien, welche sich durch die Einlegung des Rechtsmittels das Recht erhalten, sich über den gesamten Streitgegenstand einschließlich der Kosten zu vergleichen, auch befugt sind, die Entscheidung des ersten Richters nicht nur hinsichtlich des Hauptgegenstandes, sondern auch hinsichtlich der Kosten abzuändern. Warum ein solcher Vergleich nur zwischen den Parteien und nicht auch der Staatskasse gegenüber Rechtswirksamkeit haben soll, ist namentlich in Hinblick auf § 86 nicht erkennbar, in welchem die Erklärung der Parteien der gerichtlichen Entscheidung in betreff der Kosten gleichgestellt ist. — Der Gefahr, daß die nachträgliche Übernahme der Kosten seitens einer Partei der Staatskasse zum Nachteil gereichen könnte, ist der Gesetzgeber durch § 88 begegnet. Danach haftet, falls eine Zwangsvollstreckung in das bewegliche Vermögen der nach § 86 zahlungspflichtigen Partei erfolglos geblieben ist, jede Partei für die Hälfte der entstandenen Gebühren und Auslagen, und nur insoweit steht die Vereinbarung der Parteien hinsichtlich der Pflicht zur Erstattung der Gerichtskosten der gerichtlichen Entscheidung nicht gleich. Aus der Begründung des

GKG. (Drucks. des Reichstages 1878 Bd. 2 Nr. 76 S. 99) läßt sich zu Gunsten der entgegengesetzten auch von Pfafferoth vertretenen Ansicht nichts entnehmen. Der darin enthaltene Satz: „Einer Übereinkunft der Parteien glaubt der Entwurf hiergegen unbedingt maßgebende Bedeutung für die Staatskasse nicht beilegen zu dürfen", bezieht sich nur auf § 88 GKG. Andererseits spricht der darin bei der Erörterung dieser Vorschriften aufgestellte allgemeine Grundsatz, daß der Umweg des Rückgriffes der zahlenden auf die kostenpflichtige Partei thunlichst vermieden werden solle, für die hier vertretene Auffassung. Vorliegend würde die gegenteilige Ansicht zu dem sonderbaren Ergebnisse führen, daß die Staatskasse die Hälfte der Gerichtskosten, welche sie nach dem Vergleiche von dem zahlungsfähigen Beklagten sofort einziehen könnte, erst nach erheblich längerer Zeit vom Kläger empfangen würde, weil diesem die Kosten wegen seiner schlechten Vermögensverhältnisse gestundet sind, und daß der Rückgriff des Klägers wegen der Kosten weitere Umständlichkeiten erfordern würde. M.

42

a) Kosten einer Mahnung vor Klagerhebung. GebO. für RA. §§ 1 ff.

OLG. Karlsruhe, III. CS. Versäumnisurteil v. 2. Mai 1901.

Die Frage, ob dem Rechtsanwalte für die vor der Klagerhebung bewirkte Mahnung des Schuldners überhaupt eine besondere Gebühr zusteht, ist sehr bestritten. Ebenso streitig ist, nach welchen Normen sich die Höhe der fraglichen Gebühr bemißt, indem nach der einen Auffassung die Gebühr unter Anwendung des § 89 GebO. entsprechend den §§ 38 und 47 auf $^{3}/_{10}$ der Prozeßgebühr bemessen werden soll, während die andere Ansicht, nach welcher die Thätigkeit des Anwaltes bei Besorgung einer Mahnung nicht zum Prozeßbetriebe gehört und überhaupt nicht in den in § 1 begrenzten Geschäftskreis fällt, die Gebühr für solche Mahnschreiben u. s. w. auf der Grundlage der landesgesetzlichen Normen und in Ermangelung solcher nach freiem Ermessen bestimmt wissen will. Die bad. GebO. v. 16. September 1879 enthält indessen keine Bestimmung hierüber, während die preuß. v. 27. September 1899 (Art. 9) für Mahnungen u. dgl. „Schreiben an Privatpersonen" $^{1}/_{10}$ der vollen Gebühr (Art. 3 ebenda) gewährt, jedoch nicht neben der Prozeßgebühr. — Nicht minder bestritten ist die weitere Frage, ob solche Kosten für Mahnschreiben zu den „Prozeßkosten" gehören und als solche im Festsetzungsverfahren geltend zu machen sind, oder ob sie als außerhalb des Prozesses stehend mit der Klage angefordert werden dürfen oder müssen (vgl. JW. 1901 S. 118—120; Bad. Rechtspraxis 1901 S. 70, 77, 1899 S. 273, 1900 S. 351; Willenbücher, 5. Aufl. S. 21 u. 111). — Vorliegend kann die Frage, ob dem mit der Mahnung beauftragten Rechtsanwalte gegenüber der Auftraggeberin (Klägerin) ein Gebührenanspruch zusteht, und ob er sich in der angesetzten Höhe der halben Prozeßgebühr rechtfertigen ließe, dahingestellt bleiben, weil jedenfalls die Erstattungspflicht des Beklagten verneint werden muß. Auszugehen ist davon, daß

Auslagen für die vor der Klagerhebung an den Schuldner ergangenen Mahnungen nicht zu den eigentlichen „Prozeßkosten“ gehören,[1] vielmehr als eine mit dem Hauptanspruch in unmittelbarem rechtlichen Zusammenhange stehende Nebenforderung anzusehen sind, wie denn auch — in § 4 CPO. — neben den Früchten, Nutzungen, Zinsen ausdrücklich auch „Schäden“ und „Kosten“ als Nebenforderungen erwähnt sind. Im Sinne der erhobenen Klage stellt sich der Anspruch auf Erstattung der durch die Zahlungsaufforderungen erwachsenen Auslagen nur als eine durch das Verschulden des Beklagten und durch dessen Verzug entstandene Erweiterung des eingeklagten Hauptanspruches, als ein unter dem Gesichtspunkte der Interesseleistung geltend gemachter Zuwachs des Erfüllungsanspruches dar. Es liegt daher kein Grund vor, diesen Nebenanspruch, dessen Geltendmachung mit der Klage an sich zulässig ist, auf das „Kostenfestsetzungsverfahren“ zu verweisen, es war vielmehr dessen materielle Begründung zu prüfen. Da der Kaufpreis vereinbarungsgemäß am 23. Mai 1900 fällig war, so war eine Mahnung überhaupt nicht erforderlich, um den Beklagten in Verzug zu setzen (§ 284 Abs. 2 BGB.). Die Klägerin hatte aber, ehe sie den Rechtsanwalt mit einer Zahlungsaufforderung beauftragte, schon von sich aus den Beklagten gemahnt. Einer weiteren Zahlungsaufforderung bedurfte es daher unter dem Gesichtspunkte einer Verzugssetzung nicht. Jedenfalls aber war es nach der Sachlage nicht notwendig, mit einer solchen Mahnung einen Rechtsanwalt zu betrauen. Wenn daher die Klägerin — eine kaufmännische Handelsfirma —, sei es aus Bequemlichkeit oder sonstigen Beweggründen, zur Besorgung eines Mahnschreibens an einen säumigen Geschäftskunden bei der denkbar einfachsten Sach- und Rechtslage einen Anwalt bemühte, so that sie das auf ihre Kosten und kann die hierdurch erwachsenen Gebührenauslagen keinesfalls dem Beklagten aufbürden. Aus dem Verzuge des Beklagten folgt allerdings dessen Verpflichtung zum Ersatze der der Klägerin infolge verspäteter Erfüllung entstandenen Kosten; allein diese Verpflichtung erstreckt sich nur auf die vom Beklagten schuldhaft verursachten Kosten und kann nicht ausgedehnt werden auf unsachliche und überflüssige Aufwendungen, welche ihren Grund nur in einer ungeeigneten Art der Rechtsverfolgung haben. ... Die Zuziehung eines Anwaltes kann auch unter obwaltenden Umständen nicht durch die „Erfahrungsthatsache“ begründet werden, daß Mahnschreiben, welche von Anwälten ausgehen, auf säumige Schuldner mehr „Eindruck“ machen, als die vom Gläubiger selbst erlassenen. Dr. E.

b) OLG. Darmstadt, II. CS. Beschluß v. 14. März 1901.

Nachdem der Kläger im ersten Verhandlungstermine die Berufung zurückgenommen hatte und auf Antrag gemäß § 515³ CPO. des Rechtsmittels für verlustig erklärt worden war, berechnete der Gegner für diese Verhand-

[1] Ebenso OLG. Braunschweig, II. CS. Beschl. v. 23. Okt. 1900 (Braunschw. Zeitschr. f. Rpfl. 1901 S. 38). Das Gleiche gilt von Kündigungsschreiben. Beschl. desselben Senats v. 14. Dezember 1900 (das. S. 39). D. H.

lung $^5/_{10}$ der Gebühr. Es wurden ihm aber nur $^5/_{20}$ festgesetzt und seine Beschwerde hiergegen zurückgewiesen. Aus den Gründen:

Die durch die Gebühr zu vergütende Thätigkeit betraf ausschließlich die Zurücknahme eines Rechtsmittels, also einen im § 26⁵ GKG. bezeichneten Gegenstand. Nach § 20 GebO. erhält der Rechtsanwalt dafür $^5/_{10}$ der „in den §§ 13—18 bestimmten Gebühren". Schon aus diesem Wortlaute ergiebt sich, daß die $^5/_{10}$ in manchen Fällen nach der vollen Gebühr, in manchen Fällen aber auch nach der Hälfte der vollen Gebühr zu bemessen sind. Gemäß § 13 GebO. wären die $^5/_{10}$ nach der vollen Gebühr des § 9 zu bemessen, wenn eine kontradiktorische Verhandlung stattgefunden hätte. Gemäß § 16 GebO. aber sind die $^5/_{10}$ nach der halben Gebühr des § 9 zu bemessen, wenn die Verhandlung eine nichtkontradiktorische war. Letzteres trifft hier zu, denn bei der Verhandlung über die Zurücknahme der Berufung sind einander widersprechende Anträge nicht gestellt worden. Mit dieser schon aus dem Wortlaute sich ergebenden Auslegung stimmen die Kommentatoren der GebO. sowie die Rechtsprechung (JW. 1894 S. 85[14], 1900 S. 71[4]) überein. Auch das Oberlandesgericht hat bereits am 27. November 1899 entschieden, daß in einem Fall wie dem vorliegenden die Gebühr nur $^5/_{10}$ von $^5/_{10} = {}^5/_{20}$ der vollen Gebühr beträgt, daß aber als Streitgegenstand nicht etwa der Betrag der Kosten, sondern — wie hier geschehen — die Hauptsache in Betracht kommt, weil es sich um die Beseitigung der Wirkungen der Einlegung des Rechtsmittels, um Verlustigerklärung der Berufung, um die Kosten aber nur als Nebensache handelt. Dr. B.

c) **Rückerhebung prozessualer Sicherheiten.**

OLG. Karlsruhe, III. CS. Beschluß v. 23. März 1901.

... Ein besonderer Gebührenansatz für die Thätigkeit des Anwaltes zwecks Rückerhebung prozessualer Sicherheiten kann nach der Novelle vom 17. Mai 1898 nur in den Fällen des § 109 Abs. 1 und 2 CPO. in Frage kommen, weil durch §§ 23¹, 30³ GebO. in Verbindung mit § 38² GKG. für Anträge der in § 109 bezeichneten Art eine besondere Gebühr ($^3/_{10}$) festgesetzt und diese Anträge von der „Instanz" ausdrücklich ausgeschlossen sind, somit auch die spätere Rückgabe der Sicherheit nicht mehr zur Instanz gerechnet werden kann. Das Gleiche dürfte auch (vgl. Willenbücher S. 111) für die in § 47¹⁶ GKG. angeführten Fälle des § 715 CPO. zutreffen, da § 29⁶ GebO. als zur „Instanz gehörig" nur die in § 47 Ziffer 1 bis 12 GKG. genannten Streitpunkte und Anträge bezeichnet, nicht aber die in § 47¹⁶ bezeichneten Anträge auf Anordnung der Rückgabe einer Sicherheit im Falle des § 715 CPO. Diese Ausnahmen stehen aber hier nicht in Frage.... Dr. E.

43

a) **Wer ohne Gerichtsbeschluß durch Versehen als Zeuge geladen ist, hat keinen Anspruch auf Zeugengebühren gegen die Staatskasse.**

Kammergericht, XII. CS. Beschluß v. 4. Mai 1901.

Das Prozeßgericht hatte die Vernehmung der Frau Antonie C. als Zeugin beschlossen; durch Versehen des Gerichtsschreibers wurde Frau Marianne C. geladen. Letztere erschien auch im Termine, wurde aber unvernommen entlassen. Ihr Anspruch auf Zeugengebühren wurde zurückgewiesen. Aus folgenden Gründen:

Der erste Abschnitt des zweiten Buches der CPO. behandelt das Verfahren vor den Landgerichten und in diesem der 5.—12. Titel die Grundsätze über die Beweiserhebung. Hiervon regelt zunächst der 5. Titel die „allgemeinen Bestimmungen über die Beweisaufnahmen", und zwar ist hier unter anderem in § 358 bestimmt, daß, wenn die Beweisaufnahme ein besonderes Verfahren erfordert, dasselbe durch Beweisbeschluß anzuordnen ist, während § 359 den Inhalt des Beschlusses angiebt und insbesondere bestimmt, daß derselbe die Bezeichnung der Beweismittel unter Benennung der zu vernehmenden Zeugen und Sachverständigen zu enthalten hat. Wenn dann im siebenten, speziell vom Zeugenbeweise handelnden Titel der § 401 bestimmt, daß jeder Zeuge nach Maßgabe der Gebührenordnung auf Entschädigung und Erstattung von Reisekosten Anspruch hat, so können nach dem im vorstehenden dargelegten Zusammenhange als Zeugen, welchen der Gebührenanspruch nach § 401 zusteht, nur diejenigen gemeint sein, deren Vernehmung von dem Prozeßgerichte nach Maßgabe der §§ 358, 359 angeordnet ist. Das ist im vorliegenden Falle der Antragstellerin nicht der Fall. Eine Vorschrift aber, daß die Staatskasse ein Versehen des Gerichtsschreibers bei der Ladung so gegen sich gelten lassen müsse, als ob die versehentlich geladene Person als eine solche anzusehen sei, deren Ladung durch das Prozeßgericht angeordnet ist, besteht nicht. Insbesondere kann keine Rede davon sein, daß der Gerichtsschreiber bei der Bewirkung der Ladung Willensorgan des Staates ist, da ihm bei der Ausführung des Beweisbeschlusses (§ 377 CPO.) jede Selbständigkeit fehlt (vgl. Beschluß des RG. v. 15. Juni 1881, Seuffert's Arch. 37 S. 47).

F.

b) **Vergütung des Gerichtsvollziehers als Zeugen für Zeitversäumnis.**

OLG. Stettin, V. CS. Beschluß v. 2. Juli 1901.

Die an den Gerichtsvollzieher als Zeugen im Termin am 5. Januar 1901 gezahlten 2 Mark Entschädigung für zwei Stunden Zeitversäumnis würden, da der Ausnahmefall des § 2 Abs. 3 GebO. für Zeugen nicht vorliegt, nach § 2 Abs. 1 u. 2 das. mit Recht nur gezahlt sein, wenn ein Erwerb versäumt wäre. Dieses Erfordernis ist in Ansehung der Gerichtsvollzieher für Preußen seit 1. Oktober 1900 nur unter besonderen Verhältnissen gegeben. Nach der seitdem geltenden Gerichtsvollzieherordnung (JMBl. S. 345 § 82) beziehen die Gerichtsvollzieher ein festes Gehalt und den gesetzlichen Wohnungsgeldzuschuß; ihre Gebühren fließen zur Staatskasse; ihr Anspruch auf Vergütung an baren Auslagen gebührt der Staatskasse (§§ 22, 32). Neben diesem festen, von größerer oder geringerer Erwerbsthätigkeit unabhängigen Einkommen stehen dem Gerichtsvollzieher noch Bezüge zu, die sich nach dem Umfange seines Geschäftsbetriebes und seiner Mühewaltung bestimmen. Für die Erledigung von amtlichen Aufträgen wird eine Entschädigung, die den thatsächlichen Aufwand deckt, und für die Erhebung von Kosten, Geldstrafen und anderen dem Staate gebührenden Geldbeträgen wird eine besondere, von der erfolgreichen Durchführung des Auftrages abhängige Gebühr gewährt (§ 24 GerVollzO., JMBl. 1900 S. 385 I 2). Ferner ist der Gerichtsvollzieher auch jetzt noch an der erfolgreichen Durchführung von Parteiaufträgen interessiert. Denn er bezieht von den aus solchen Aufträgen zur Staatskasse thatsächlich vereinnahmten Gebühren einen Gebührenanteil von 24 %, wovon 14 % als Vergütung für Dienstaufwand (Geschäftslokal, Formulare, Gehilfenlohn u. s. w.) und 10 % zur Anspornung des Diensteifers bestimmt sind (D. Jur.-Zeit. 1900 S. 453; Schönfeld, Gerichtsvollzieher 5. Aufl. S. 392; Verhandl. des Abg.-Hauses 1900 Bd. 2 S. 1091, 3 S. 1517ff. u. Anlagen 2 S. 2054, Denkschrift S. 56). Aus diesen Sondereinnahmen folgert die Deutsche Gerichtsvollzieher-Zeitung 1901 S. 51, gestützt auf Beschlüsse des Landgerichtes in Düsseldorf und des Landgerichtes I in Berlin, der Gerichtsvollzieher als Zeuge habe Entschädigung für Zeitversäumnis zu beanspruchen, ohne daß es des Nachweises einer Zeitversäumnis bedarf. Dieser Ansicht ist nicht beizustimmen. Die Stellung des Gerichtsvollziehers nämlich ist seit 1. Oktober 1900 auch noch dadurch wesentlich anders geworden, daß jedem Gerichtsvollzieher ein örtlich abgegrenzter Bezirk zugewiesen ist. Der bezeichnete Sondererwerb kann ihm, auch wenn er zeitweise behindert ist, nicht entgehen, weil nur er für seinen Bezirk zuständig ist, und weil er durch die Konkurrenz anderer Gerichtsvollzieher nicht beeinträchtigt werden kann. Grundsätzlich ist mithin jetzt davon auszugehen, daß der Gerichtsvollzieher einen Erwerb nicht versäumt; die Auftraggeber, die ihn zur Zeit nicht antreffen, müssen wiederkommen. Ausnahmsweise freilich kann ein Erwerb versäumt werden. Denn die Bezirkseinteilung besteht nicht für Wechselproteste und nicht für dringliche Aufträge (§ 17 Nr. 4 u. 5). Ferner ist, wenn die Erledigung eines Auftrages mehrere Bezirke berührt, jeder Gerichtsvollzieher eines dieser Bezirke zuständig (§ 18 Nr. 2). Endlich verliert der Gerichtsvollzieher, wenn eine Stellvertretung eintritt, seinen Gebührenanteil an den Stellvertreter (§§ 31, 17 Nr. 2 Satz 3, § 44 Nr. 1, 3, 4, § 66 Nr. 12 und JMBl. 1900 S. 388 zu III). Weitere Besonderheiten können, wenn ein „Gerichtsvollzieher kraft Auftrags“ Zeuge ist, vorliegen (§§ 38, 39, 43, 44). Der vorliegende Fall gehört zu diesen Ausnahmen nicht. . . . Gr.

c) **„Schwierige Untersuchungen und Sachprüfungen“.**[1]

Kammergericht, IV. CS. Beschluß vom 4. Februar 1901.

Die Entstehungsgeschichte des § 4 ergiebt, daß der Gesetzgeber die über

[1] Vgl. Rsp. 1 S. 468 Nr. 292.

die Normalsätze der hinausgehenden „üblichen Preise" nur dann gewähren wollte, wenn die Untersuchungen und Sachprüfungen von einer erheblichen Schwierigkeit sind. Der Entwurf zur GebO. vom 30. Juni 1878 — aus welcher der § 4 unverändert in die GebO. vom 20. Mai 1898 übernommen ist — hatte bestimmt: „Auf Verlangen des Sachverständigen ist ihm für die aufgetragenen Leistungen eine Vergütung nach dem gewöhnlichen Satze derselben zu gewähren." Dies wurde in den Motiven damit begründet, daß dem Sachverständigen für seine Mühewaltung grundsätzlich eine gleiche Vergütung zu gewähren sei, als wenn die Leistung außerhalb eines gerichtlichen Verfahrens einem Privaten gemacht würde, daß jedoch für die Feststellung der Vergütung eine Schwierigkeit daraus entstünde, daß die Leistung in sehr vielen Fällen eine solche sei, welche außerhalb des gerichtlichen Verfahrens regelmäßig nicht vorkomme, und daß es sich deshalb empfehle, die Vergütung prinzipaliter nach Maßgabe der erforderlichen Zeitversäumnis und der Erwerbsverhältnisse des Sachverständigen, ähnlich wie die Versäumnisgebühr der Zeugen, zu bemessen und nur eventuell dem Sachverständigen die Liquidation des nachweisbaren gewöhnlichen Preises seiner Leistung zu überlassen. Dagegen hat der Reichstag auf Vorschlag seiner Kommission dem Paragraphen seine jetzige Fassung gegeben, die demnächst die Zustimmung der anderen Gesetzesfaktoren gefunden hat. Daraus folgt aber, daß der im Entwurfe zum Ausdruck gebrachte Grundsatz verlassen ist, und daß nur ausnahmsweise den Sachverständigen gestattet sein sollte, die „üblichen Preise" für ihre Gutachten zu liquidieren, nämlich nur dann, wenn die Untersuchungen und Sachprüfungen besondere Schwierigkeiten machen. — Solche Schwierigkeiten lagen im Streitfalle, wo es sich lediglich um Besichtigungen handelte, nicht vor. Der Umstand, daß andere Gerichte dem Sachverständigen Gebühren nach der von dem Verbande der Architekten- und Ingenieur-Vereine aufgestellten Honorarnorm bewilligt haben, war nicht maßgeblich. Ebenso hatte es keine Bedeutung, daß das Gutachten ein auswärtiges Grundstück betroffen hat, daß vorher vernommene Sachverständige keine auskömmlichen Gutachten erstattet hatten, und daß der Sachverständige dem Prozeß eine andere Wendung gegeben hat. E.

44

Kann nach BGB. ein Miterbe, der zugleich Nachlaßschuldner ist, vor geschehener Auseinandersetzung insbesondere vom Testamentsvollstrecker auf Erfüllung oder nur auf Anerkennung seiner Schuld in Anspruch genommen werden?

OLG. Marienwerder, II. CS. Urteil v. 25. Juni 1901.

Da die Frau R. in ihrem Testamente mehrere Personen als ihre Erben eingesetzt hat, so ist ihr Nachlaß nach § 2032 Abs. 1 BGB. gemeinschaftliches Vermögen der Erben geworden. Auch die in Rede stehende Wechselforderung der Erblasserin an den Beklagten steht nunmehr den Erben gemeinschaftlich zu. Das Schuldverhältnis, in dem der Beklagte auf Grund des angenommenen Wechsels zu der Erblasserin stand, ist nicht etwa dadurch untergegangen, daß sich in der Person des Beklagten infolge des Erbfalles Wechselschuld und Erbteilsforderung vereinigt, vielmehr besteht die Wechselschuld, wie sich aus dem Wesen der vom BGB. angenommenen Gemeinschaft zur gesamten Hand ergiebt, bis zur Auseinandersetzung als ein selbständiger Nachlaßanspruch fort. Es fragt sich, wie dieser Anspruch von den Erben, beziehungsweise von den sie vertretenden Testamentsvollstreckern gegen den schuldnerischen Miterben während der Gemeinschaft geltend zu machen ist.

Nach § 2032 Abs. 2 BGB. gelten bis zur Auseinandersetzung die Vorschriften der §§ 2033—2041. Gehört ein Anspruch zum Nachlasse, so kann nach § 2039 Satz 1 der Verpflichtete nur an alle Erben gemeinschaftlich leisten und jeder Miterbe nur die Leistung an alle Erben fordern. Diese Bestimmung unterscheidet nicht, ob der Anspruch dem Nachlasse gegen einen Miterben oder gegen einen Dritten zusteht; sie bezieht sich daher sowohl auf Ansprüche gegen Dritte, wie auf Ansprüche gegen Miterben. Sie enthält aber keine Entscheidung für die vorliegende Streitfrage. Auch sonst findet sich ein Ausspruch hierüber weder im Gesetze selbst noch in den Vorarbeiten.

Das preußische ALR. I 16 bestimmte im § 491, daß ein Miterbe zur Berichtigung seines Erbteiles die Anweisung an das, was er selbst der Masse schuldig sei, soweit dasselbe hinreiche, annehmen müsse. Der Miterbe war also verpflichtet, sich wegen seines Erbteiles durch Überweisung der von ihm geschuldeten Nachlaßforderung, soweit dieselbe reichte, befriedigen zu lassen und es war ihm insoweit versagt, Auszahlung seines Erbteiles zu beanspruchen. Im Anschluß an diese Bestimmung hat das preußische Obertribunal wiederholt angenommen, daß der Miterbe, der zugleich Schuldner des Nachlasses sei, nicht nur die Pflicht, sondern auch das Recht habe, seine Schuld mit seinem Erbteile aufzurechnen. Der Miterbe sollte sich die Anweisung seiner Schuld auf seinen Erbteil nicht nur gefallen lassen müssen, sondern er sollte sie auch verlangen dürfen. Nachdem schon in den Entscheidungen vom 7. September 1844 (Entsch. d. OT. 11 S. 312), 11. Oktober 1858 (Entsch. d. OT. 39 S. 101), 5. November 1858 (Strieth. Arch. 31 S. 123) und 2. März 1860 (Strieth. Arch. 37 S. 81) darauf hingewiesen worden war, daß die Eigenschaft des Schuldners als Miterben bei der Einziehung von Nachlaßforderungen nicht gänzlich außer Betracht bleiben dürfe, und daß vermöge dieser Eigenschaft der Schuldner verlangen dürfe, daß ihm seine Schuld auf seinen Erbteil überwiesen werde, wurde in der Entscheidung vom 29. Januar 1875 (Strieth. Arch. 93 S. 176) nur die Klage auf Anerkennung zugelassen, die Klage auf Zahlung aber abgewiesen, weil der Schuldner, der zugleich Miterbe sei, in seinem persönlichen Rechte benachteiligt werde, wenn er das Geld einzahlen solle, zu welchem er mitberechtigt sei, und bevor durch die Auseinandersetzung über das gemeinschaftliche Eigentum die Rechte und Pflichten der einzelnen Erben festgestellt worden seien; denn vor dieser Feststellung lasse sich nicht ermessen, ob der Erbe überhaupt irgend eine Zahlung in Gelde zu leisten haben werde. Der Miterbe werde, wie Rehbein (Entsch. d. OT. 3 S. 292, 293 Anmerk.) ausführt, beschwert, wenn er vor der Teilung zur Zahlung gezwungen werde, die vielleicht nicht nötig, weil die Schuld durch den Erbanspruch gedeckt werde; dagegen werde er auf Zahlung belangt werden können, falls es die Deckung der Nachlaßschulden erfordere. Die oben erwähnte Entscheidung des Obertribunals vom 5. November 1858 deutet an, daß auch in anderen Fällen die Klage auf Zahlung begründet sein könne, so z. B. wenn sie sich darauf stützt, daß das Kapital nicht sicher stehe, der Verlust der Forderung zu besorgen sei oder ein besonderes Interesse — wofür die Feststellung der Nachlaßmasse und die Vorbereitung der Teilung nicht gelten könnten — das Verlangen der Zahlung rechtfertigen.

Von den neueren Schriftstellern haben sich Planck-Ritgen und Strohal mit der vorliegenden Frage beschäftigt. Planck-Ritgen (BGB. 1. u. 2. Aufl. Anm. 4 zu § 2039) führen unter Bezugnahme auf Rehbein (Entsch. d. OT. 3 S. 291—293) aus, daß dasselbe, was das Obertribunal für das preußische Recht angenommen hat, auch für das BGB. anzunehmen sein werde. Aus den Vorschriften der §§ 752 u. f. und des § 2046 Abs. 3 sei — heißt es weiter — die Absicht des Gesetzes zu entnehmen, daß die vorhandenen Nachlaßgegenstände nicht in weiterem Umfange, als es zur Berichtigung der Verbindlichkeiten und zur Durchführung der Auseinandersetzung notwendig sei, veräußert, vielmehr nach Möglichkeit in Natur erhalten werden sollen. Strohal (Das deutsche Erbrecht, 2. Aufl. § 64 S. 343) lehrt, und zwar ebenfalls unter Hinweis auf die frühere preußische Rechtsprechung, daß ein Miterbe, der Schuldner einer zum Nachlasse gehörenden Forderung sei, während der Erbengemeinschaft nur insoweit zur Leistung werde angehalten werden können, als ihre Bewirkung zur Befriedigung von Nachlaßverbindlichkeiten erforderlich oder sonst durch ein gerechtfertigtes Interesse der Miterben geboten sei, anderenfalls in dem Zahlungsbegehren eine unzulässige Chikane (§ 226 BGB.) zu erblicken wäre.

Das Berufungsgericht schließt sich dieser Auffassung an. Der Beklagte behauptet, daß er bei richtiger Berechnung der Erbteile aus dem Nachlasse mehr zu erhalten habe, als er ihm aus Wechseln einschließlich des Klagewechsels schulde. Wäre das richtig, so könnte er vor der Auseinandersetzung weder von den Miterben, noch von den Testamentsvollstreckern, deren Befugnis in dieser Beziehung nicht weiter reicht, als die der Miterben, auf Zahlung zur Nachlaßmasse in Anspruch genommen werden. Gerade weil er berechtigt ist, bei der künftigen Auseinandersetzung seine Erbteilsforderung zur Aufrechnung gegen die Wechselschuld zu stellen, darf ihm dies Recht nicht ohne zwingenden Grund dadurch verkümmert werden, daß er gezwungen wird, die Schuld schon vorher zu bezahlen. H.

45

Feststellung der Persönlichkeit der Beteiligten bei der Aufnahme öffentlicher Urkunden. FrGG. § 176³.

Kammergericht, Ferien-CS. Beschluß v. 26. Juli 1901.

In einem Notariatsprotokolle war bezüglich der Feststellung der Persönlichkeit des eine Eintragung bewilligenden Grundstückseigentümers bemerkt: „Die Persönlichkeit des Erschienenen wurde durch den mir bekannten Bankbeamten E. G. zu W. anerkannt, wie dieser durch seine Unterschrift bescheinigt.“ Das Amtsgericht beanstandete diese Art der Identitätsfeststellung, indem es die Beurkundung vermißte, daß der Notar sich in betreff der Persönlichkeit Gewißheit verschafft habe. Das Landgericht wies die Beschwerde zurück. Aus den Gründen:

Der § 176 Abs. 3 FrGG. giebt Vorschriften über die Feststellung der Identität der bei der Aufnahme einer gerichtlichen oder notariellen Urkunde beteiligten Personen. Wie der Wortlaut ergiebt, handelt es sich hierbei um eine bloße Ordnungsvorschrift, deren Nichtbeachtung die Rechtswirksamkeit der Erklärung als einer öffentlich beurkundeten nicht beeinträchtigt. Da aber eine Urkunde nicht mehr beweist, als ihr Inhalt besagt, so kann, sofern sich aus der Urkunde die Identität eines Beteiligten nicht ergiebt, diese nicht als festgestellt angesehen werden (Jahrb. 20 S. 178; Schultze-Görlitz, FrGG. § 176 N. 3; Jastrow, Formularbuch S. 42 N. 17). Die abweichende Ansicht von Rausnitz (FrGG. § 176 Anm. 22 Abs. 3) und Weißler (FrGG. § 176 S. 215 und Zeitschr. d. deutsch. Notariatsvereins 1901 S. 112), daß das ganze Feststellungsverfahren einschließlich der Beurkundung eine unwesentliche Form sei und deshalb Mängel die Beweiskraft der Urkunde nicht beeinträchtigten, entbehrt der Begründung.

Das Gesetz unterscheidet hinsichtlich der Art der Feststellung der Persönlichkeit 3 Fälle: 1. die Beteiligten sind dem Richter oder Notar zur Zeit der Aufnahme der Verhandlung bereits bekannt; 2. sie sind ihm zwar nicht bekannt, aber er vermag sich Gewißheit über dieselben zu verschaffen; dann soll das Protokoll angeben, in welcher Weise er sich die Gewißheit verschafft hat; 3. er kann sich diese Gewißheit nicht verschaffen; wird dann die Aufnahme trotzdem verlangt, so sollen der Sachverhalt und dasjenige, was zur Feststellung der Persönlichkeit beigebracht ist, in das Protokoll aufgenommen werden. Die beiden ersten Fälle haben dasjenige miteinander gemein, daß die Persönlichkeit des Beteiligten durch den Richter oder Notar festgestellt wird, und daß diese Feststellung als eine öffentlich beurkundete bis zum Beweise des Gegenteiles allgemein zu gelten hat, während im Falle zu 3 eine solche Feststellung nicht getroffen wird. Die Urkunde ist zwar auch in diesem Falle gültig und beweist das, was sie bezeugt. Wird aber die Identität streitig, bezw. muß sie, wie vor dem Grundbuchrichter, von Amts wegen geprüft werden, so muß derjenige, der sich darauf beruft, sie nachweisen. Wie die Urkundsperson im Falle zu 2 die Persönlichkeit des Beteiligten feststellt, ist ihrem freien Ermessen überlassen. Nur soll das Protokoll darüber, in welcher Art und Weise sie sich Gewißheit über die Persönlichkeit verschafft hat, eine Angabe enthalten. Daraus folgt von selbst, daß sich aus dem Protokolle ergeben muß, daß sie sich Gewißheit über die Persönlichkeit verschafft hat, denn wenn jemand angeben soll, wie er sich Gewißheit verschafft hat, so ist das begrifflich unmöglich, wenn nicht gleichzeitig erhellt, daß er sich überhaupt Gewißheit verschafft hat. Darin liegt gerade der Unterschied von Nr. 3. Auch in diesem Falle soll alles das, was der Beteiligte zu seiner Identifizierung vorgebracht hat, in das Protokoll aufgenommen werden. Je nachdem nun diese Unterlagen der Urkundsperson die Gewißheit verschaffen, daß der Beteiligte derjenige ist, für welchen er sich ausgiebt, macht sich die etwa gedachte Beweiskraft der Feststellung der Persönlichkeit geltend, und es muß deshalb notwendig aus dem Protokoll ersichtlich sein, ob die Urkundsperson durch das, was der Beteiligte zur Feststellung seiner Persönlichkeit beigebracht hat, Gewißheit über die Identität erlangt hat oder nicht. Die Erklärung, daß er letztere erlangt habe, ist für die Urkundsperson keineswegs eine rein formelle, bedeutungslose, sie erhöht vielmehr ihre Verantwortlichkeit und deshalb die Sicherheit jedes Dritten, welcher aus der Urkunde Rechte erwirbt. Erklärt z. B. der Notar auf Grund der Rekognoszierung durch eine ihm zwar persönlich, aber zugleich auch als unglaubwürdig bekannte Person, daß er Gewißheit über die Persönlichkeit des Rekognoszierten erlangt habe, so wird er, falls die Rekognoszierung sich späterhin als falsch erweist, regreßpflichtig werden, während, wenn er den Rekognoszenten für eine glaubwürdige Person hielt und halten durfte, ihn regelmäßig ein Regreß nicht treffen wird. Auch das weist darauf hin, daß sich aus der Urkunde ergeben muß, ob das zur Feststellung der Persönlichkeit Beigebrachte dem Richter oder Notar die Gewißheit über die Persönlichkeit verschafft hat. Wollte man das nicht annehmen, dann wäre zwischen dem Falle zu 2 und 3 äußerlich kein Unterschied mehr wahrnehmbar.

Nun ist zugegeben, und das ist auch vom Landgerichte nicht verkannt, daß es nicht gerade notwendig der Anführung der Gesetzesworte: der Richter oder Notar habe sich Gewißheit über die Persönlichkeit des Beteiligten verschafft, bedarf, daß es vielmehr ausreicht, daß aus der Urkunde mit Sicherheit zu entnehmen ist, daß die Urkundsperson hat zum Ausdruck bringen wollen, daß sie auf Grund der beigebrachten Rekognitionsmittel Gewißheit über die Persönlichkeit sich verschafft hat. Fehlt es an einer ausdrücklichen Erklärung, so muß im Wege der Auslegung festgestellt werden, ob die Urkundsperson die in der Urkunde aufgeführten Rekognitionsmittel im Sinne der obigen Nr. 2 oder 3 aufgenommen hat. Dieser Prüfung hat sich der Vorderrichter unterzogen. Allein seinen Ausführungen, welchen die Auffassung zu Grunde liegt, daß der Grundbuchrichter nachzuprüfen habe, ob der Notar auf Grund der ihm beschafften Mittel zur Feststellung der Persönlichkeit auch wirklich die Identität habe annehmen dürfen, daß er insbesondere bei Rekognitionszeugen angeben müsse, ob diese glaubwürdig seien, so daß der Grundbuchrichter zu prüfen in der Lage sei, daß aus ihrem Zeugnisse die Identität der rekognoszierten Person hergeleitet werden dürfe und müsse, beruhen auf Rechtsirrtum, indem sie von einer unrichtigen Auslegung des § 176³ FrGG. ausgehen. Das Gesetz erfordert lediglich, daß die Urkundsperson bescheinigt, daß sie sich Gewißheit über die Persönlichkeit des Beteiligten verschafft habe, und die Thatsache angiebt, auf Grund deren sie sich die Gewißheit verschafft hat. Über die Würdigung der Rekognitionsmittel hat sie nach freiem Ermessen zu entscheiden. Eine Nachprüfung durch den Grundbuchrichter findet nicht statt. Maßgebend ist ausschließlich, ob das Ergebnis des Beweises für sie die Gewißheit über die Identität erbringt (Jastrow a. a. O., Schultze-Görlitz, Weißler, Rausnitz zu § 176 FrGG.). Beurkundet der Richter oder Notar, daß er Gewißheit erlangt habe, obwohl ihm eine pflichtmäßige Würdigung eine Gewißheit nicht verschaffen durfte, so ist er zwar dafür verantwortlich; seine Erklärung, daß er sich auf Grund der angegebenen Beweise Gewißheit verschafft habe, genügt aber bis zum Beweise des Gegenteiles zur Feststellung der Identität.

... Bei der erneuten Prüfung des Landgerichtes, ob aus der Urkunde hervorgeht, ob der Notar in derselben zu erkennen gegeben hat, daß er sich Gewißheit über die Persönlichkeit des B. verschafft hat, oder ob der Fall des Schlußsatzes des Abs. 3 vorliegt, wird zu berücksichtigen sein, daß es sich bei dem Rekognoszenten um einen Bankbeamten handelt, also eine präsumtiv vertrauenswürdige Person, daß der Notar, welcher dieselbe als ihm bekannt bezeichnet, gegen ihre Glaubwürdigkeit kein Bedenken äußert, und daß er nichts darüber vermerkt, daß er sich Gewißheit über die Person des Rekognoszierten nicht habe verschaffen können. F.

46

Die in GrBO. § 41 gemachte Ausnahme vom Eintragungszwange des § 40 beschränkt sich auf den unmittelbaren Erben des eingetragenen Berechtigten.

Kammergericht, Ferien-CS. Beschluß v. 26. Juli 1901.

Für eine Frau S. standen auf einem Grundstücke in Schöneberg in Abt. III unter Nr. 1 60000 Mark und unter Nr. 2 15000 Mark hypothekarisch eingetragen. Frau S. war verstorben und hat als ihre gesetzlichen Erben ihren Ehemann und 5 Kinder hinterlassen. Nach etwa 2 Jahren verstarb auch der Ehemann S. und hinterließ dieselben 5 Kinder als seine testamentarischen Erben. Diese bewilligten die Löschung der Post Nr. 2 und traten die Post Nr. 1 an einen gewissen K. ab. Der Löschungsantrag des Grundstückseigentümers und der Umschreibungsantrag des K. wurden aber von beiden Vorinstanzen deshalb zurückgewiesen, weil nach § 41 GrBO. nur die unmittelbaren Erben des eingetragenen Berechtigten über ein eingetragenes Recht verfügen könnten, ohne sich vorher selbst eintragen zu lassen, während die Geschwister S. die streitigen Hypotheken zum Teil erst als Erbes-Erben der eingetragenen Frau S. erworben hatten. Die weitere Beschwerde des Notars berief sich darauf, daß, wie nach § 40 Abs. 2 GrBO. eine ununterbrochene, auf den eingetragenen Berechtigten zurückführende Reihe von Abtretungen (Singular-Successionen) auch ohne Eintragung des letzten Erwerbers zur Verfügung über das Recht legitimiere, so nach § 41 a. a. O. auch bei einer ununterbrochenen Reihe von Erbfällen (Universal-Successionen) das Gleiche gelten müsse; speziell bei einem Fall wie dem vorliegenden, wo nur ein Miterbe ausgeschieden und von den übrigen Miterben beerbt sei, sei schon unter der Herrschaft des § 5 preuß. EEG. vom 5. Mai 1872 angenommen, daß die Miterben sich vor der Auflassung nicht eintragen zu lassen brauchten. — Die weitere Beschwerde ist zurückgewiesen.

Wie bereits in früheren Entscheidungen des Kammergerichtes (vgl. Jahrb. 1 S. 300 und Entscheid. der Oberlandesgerichte, zusammengestellt vom Reichsjustizamte, 2 S. 46) angenommen ist, muß die in § 41 GrBO. zugelassene Ausnahme von dem in § 40 Abs. 1 aufgestellten Prinzipe des Eintragungszwanges auf den unmittelbaren Erben des eingetragenen Berechtigten beschränkt bleiben. Diese Interpretation wird auch durch die jetzigen Ausführungen der weiteren Beschwerde nicht erschüttert: Der von dem Beschwerdeführer konstruierte Parallelismus zwischen den §§ 40 Abs. 2 und 41 GrBO. dahin, daß § 40 die Ausnahme für Singular-Successionen, und § 41 die gleiche Ausnahme für Universal-Successionen statuiere, besteht in Wirklichkeit gar nicht und ist auch vom Gesetzgeber gar nicht beabsichtigt. Andernfalls würde dieser Parallelismus sicher einen klaren und bestimmten Ausdruck gefunden haben, zumal ja gerade das BGB. und die sich ihm anschließenden Gesetze mit Vorliebe analoge Bestimmungen als solche auch durch eine analoge Wortfassung erkennbar machen. Es hätte doch auch sehr nahe gelegen, — wenn der Gesetzgeber die im Interesse des rechtsgeschäftlichen Verkehrs mit Briefhypotheken in § 40 Abs. 2 GrBO. und § 1155 BGB. zugelassene Ausnahme von dem Eintragungsprinzipe ganz allgemein auch auf den Erwerb von Todes wegen hätte ausdehnen wollen, — dies in der vom Beschwerdeführer selbst angegebenen Weise auszusprechen und der „zusammenhängenden, auf einen eingetragenen Gläubiger zurückführenden Reihe von Abtretungserklärungen" (§ 1155 BGB.) eine ebensolche Reihe von Erbfällen gleichzustellen oder in § 41 Abs. 1 GrBO. neben dem „Erben" auch den Erbes-Erben zu erwähnen.

In Wahrheit handelt es sich aber in § 40 Abs. 2 und in § 41 GrBO. um zwei völlig voneinander unabhängige Ausnahmebestimmungen, welche eine analoge oder ausdehnende Interpretation nicht zulassen: in § 40 Abs. 2 ist nur für verbriefte Realrechte, bei denen der Brief in gewissem Sinne der Träger des Rechtes ist, der Besitz des Briefes in Verbindung mit der nach § 1155 BGB. geführten Legitimation zum Besitze, für den Verkehr unter Lebenden, der Eintragung im Grundbuche gleichgestellt, — und der § 41 GrBO. begünstigt „den Erben des eingetragenen Berechtigten" insofern, als er ein für seinen Erblasser eingetragenes Recht übertragen und aufheben kann, ohne sich selbst vorher im Grundbuche eintragen zu lassen. Daß hierbei nur an den unmittelbaren Erben gedacht ist, ergiebt die Entstehungsgeschichte dieser Bestimmung, die zuerst in § 869 des ersten Entwurfes zum BGB. dahin gefaßt war: „Ist der eingetragene Eigentümer verstorben, so ist zur Auflassung die vorgängige Eintragung seines Erben als Eigentümer nicht erforderlich."

Auch die Motive zum § 869 BGB. (3 S. 317) zeigen deutlich, daß man diese Erleichterung nur den unmittelbaren Erben im Interesse der Erleichterung der Nachlaßregulierung und Erbauseinandersetzung gewähren wollte, falls sie das ererbte Grundstück nicht behalten, sondern veräußern wollen. Der § 869 des ersten Entwurfes ist dann von der Reichstagskommission im BGB. gestrichen und in die GrBO. verwiesen (vgl. Protokolle der zweiten Lesung, Ausgabe von Achilles und Spahn 3 S. 181); der so entstandene § 41 GrBO. hat die Begünstigung des Erben zwar insofern noch erweitert, als die Verfügungsbefugnis auf alle eingetragenen Rechte ausgedehnt ist; bestehen geblieben ist aber die Beschränkung, daß der nicht eingetragene Erbe nur zur Übertragung (bezw. Aufhebung), aber nicht auch zur Belastung legitimiert ist, d. h. aber nur zu solchen Grundbuchoperationen, welche im Interesse einer Versilberung und Regulierung des Nachlasses notwendig zu sein pflegen. Gerade dieser rechtspolitische Grund der Ausnahmebestimmung des § 41 spricht aber dafür, daß jene Begünstigung nur den unmittelbaren Erben des eingetragenen Berechtigten zusteht, dagegen dann nicht mehr beansprucht werden kann, wenn die Erben das eingetragene Recht zunächst behalten haben und erst längere Zeit nach dem Tode des eingetragenen Berechtigten und nach Eintritt eines weiteren Erbfalles zur Auseinandersetzung schreiten. Nach den Intentionen der Reichsgesetzgebung sollen doch durch das Grundbuch in der Regel die wirklich Berechtigten festgestellt werden können; dieser Zweck des Grundbuches wurde aber bei der vom Beschwerdeführer gewollten Interpretation des § 41 bedenklich in Frage gestellt, da danach in solchen Fällen, wo Grundstücke und Hypotheken sich in einer Familie durch mehrere Generationen vererben, oft jeder Antrieb zur Berichtigung des Grundbuches fehlen würde. —

Zu Unrecht beruft sich der Beschwerdeführer auch auf den § 5 des preuß. EEG. vom 5. Mai 1872; allerdings knüpfte der § 869 des ersten Entwurfes zum BGB. und der § 41 GrBO. an diese Bestimmung des preußischen Rechtes an. Aber den Verfassern der neueren Reichsgesetze waren doch sicher auch die Zweifel, zu welchen jener § 5 a. a. O. in der Rechtsanwendung Anlaß gegeben hatte, wohlbekannt, und sie würden gerade darum zur Beseitigung jener Kontroversen in unzweideutiger Weise die Vergünstigung des § 41 auch den Erbes-Erben zugesprochen haben, wenn eine solche Ausdehnung beabsichtigt gewesen wäre. Letzteres muß aber umsomehr bezweifelt werden, als der Gesetzgeber damals (vgl. Motive zum BGB. 3

S. 317 Abs. 2 und Anm. 3) auch auf das in anderen Bundesstaaten bestehende Grundbuchrecht Rücksicht nehmen mußte, welchem zum Teil sogar jede Befreiung des Erben von dem Eintragungszwange unbekannt war. Es kann daher die Praxis der preußischen Gerichte, wie sie sich im Anschlusse an den § 5 a. a. O. gestaltet hat, für die Interpretation der jetzigen Reichsgesetze nicht unbedingt entscheiden. B.

47

Zulässigkeit der Sicherung des Hypothekengläubigers gegen Pfändung von Mieten durch einstweilige Verfügung. BGB. § 1123.

OLG. Dresden, VII. CS. Beschluß v. 27. Oktober 1900.

Der Antragsteller hat sich voraussetzlich durch die allgemeine Fassung von § 1123 Abs. 1 BGB. zu der Annahme verleiten lassen, das Recht des Hypothekengläubigers auf die Mietzinsforderungen sei in keiner Weise beschränkt und habe den Ansprüchen nichthypothekarischer Gläubiger gegenüber unter allen Umständen den Vorrang zu beanspruchen. Bei dieser Auffassung ist nicht genügend berücksichtigt, daß die Befugnisse der Hypothekengläubiger auf der einen, der Pfändungspfandgläubiger auf der anderen Seite durch § 865 Abs. 2 CPO. verb. mit § 1124 BGB. bestimmt und gegen einander abgeschieden worden sind. Danach wird die Grenzlinie durch die Beschlagnahme des Pfandgrundstückes im Sinne von § 148 Abs. 1 ZwVerstG. gebildet in der Weise, daß der Hypothekengläubiger vor der Beschlagnahme ergehende Forderungspfändungen mit einer bestimmten zeitlichen Wirksamkeit gegen sich gelten zu lassen hat. Hiernach kann er sich gegen die Zugriffe anderer Gläubiger nur dadurch schützen, daß er auf Grund eines vollstreckbaren Schuldtitels die Zwangsverwaltung des Pfandgrundstückes und infolgedessen auch die Beschlagnahme der Miet- und Pachtzinsforderungen erwirkt. In der Zeit, die zur Erreichung dieses Endzieles erforderlich ist, muß er Mietzinspfändungen über sich ergehen lassen; allein auch insoweit werden die beiderseitigen Interessen dadurch ausgeglichen, daß den Pfändungen eine — verhältnismäßig eng begrenzte — zeitliche Wirksamkeit beigelegt wird. Aus diesen Darlegungen erhellt, daß für eine einstweilige Verfügung, wie sie der Antragsteller erstrebt, kein Raum vorhanden ist. Solange die Beschlagnahme des Pfandgrundstückes in dem eben dargelegten Sinne nicht erfolgt ist, hat er kein Recht, die Zugriffe anderer Gläubiger abzuwehren, und die Anordnung der erbetenen einstweiligen Verfügung würde geradezu die Folge haben, daß die gesetzliche Grenzlinie zu Gunsten des Hypothekengläubigers verschoben und die den anderen Gläubigern verbriefte Pfändungsbefugnis gemindert würde. (Annalen 22 S. 95.)

48

Haftung des Eigentümers wegen Geräusche durch den Gewerbebetrieb seines Pächters.[1]

OLG. Celle, II. CS. Urteil v. 4. Februar 1901.

Die beklagte Genossenschaft ist Eigentümerin des „Keglerheims" zu H., eines Grundstückes, dessen Vorderhaus dem Betriebe einer Schankwirtschaft dient und in der oberen Etage einen größeren Saal hat, in dem vielfach bis tief in die Nacht hinein Festlichkeiten abgehalten wurden. Konzessionierter Inhaber der Wirtschaft ist F., der Vorsitzende des Vorstandes der Beklagten. Thatsächlich werden die Wirtschaftsgeschäfte besorgt durch Sch., betreffs dessen in erster Instanz unbestritten war, daß er von der Beklagten als Ökonom zur Versehung der Wirtschaft eingesetzt worden sei und als Vertreter des F. die Wirtschaftsgeschäfte besorge, in zweiter Instanz aber von der Beklagten eingewendet wurde, daß er Pächter der Wirtschaft sei.

Auf die aus §§ 1004, 906 BGB. erhobene Klage eines Anwohners hin, die darauf gestützt war, daß von den in dem erwähnten Saale feiernden Gästen zu wiederholten Malen ein unerträglicher und die Nachtruhe raubender Lärm verursacht worden sei, ist die Beklagte dem Klagantrage entsprechend verurteilt worden, „dafür zu sorgen, daß kein übermäßiger Lärm aus ihrem Grundstücke auf das des Klägers dringe". Ihre Berufung ist zurückgewiesen.

Unbegründet ist es, wenn die Beklagte ihre Passivlegitimation bestreitet. Zuzugeben ist zwar, daß die negatorische Klage nicht notwendigerweise stets gegen den Eigentümer des Grundstückes, von dem die Störung ausgeht, gegeben ist, sondern vielmehr gegen denjenigen geht, der das Eigentum des benachbarten Grundstückseigentümers partiell verletzt, also z. B. auch gegen den Pächter. Indessen wenn auch im vorliegenden Falle Sch. die Wirtschaft gepachtet haben sollte, so steht doch fest, daß zur Zeit der angeblichen Störungen und der Erhebung der Klage F. in seiner Eigenschaft als Vorsitzender des Vorstandes der Beklagten der Konzessionierte und allein Verantwortliche war. Sollte deshalb auch das innere Verhältnis der Beklagten zu Sch. das des Verpächters und Pächters gewesen sein, so doch äußerlich nicht. F. war stets noch der „Wirt", und die Beklagte bestreitet selbst nicht, daß F.'s Verantwortung die ihre war. Endlich ist aber auch anzunehmen, daß bei Lage der Sache hier die Beklagte auch als Eigentümerin haftet. Die Beklagte ist hier als Eigentümerin zugleich die Urheberin der Störung, denn das Haus des Keglerheims ist für die Zwecke der Gastwirtschaft errichtet, es enthält große Kegelhallen und einen zur Abhaltung von Festlichkeiten großen Umfanges bestimmten, den hier fraglichen Saal, und dieser Saal ist Wand an Wand mit dem Hause des Klägers. Dies sind dauernde Zwecke und Eigenschaften des Hauses, welche es notwendig mit sich bringen oder doch leicht eintreten lassen, daß Geräusche in das Nachbarhaus dringen, und zwar auch

[1] Rsp. 2 Nr. 137d, 3 Nr. 4f, Entsch. des RG. 45 S. 297.

dergestalt, daß das Maß des Erlaubten überstiegen wird. In solchen Fällen aber ist auch der Eigentümer nicht nur verpflichtet, die Beseitigung der eventuellen Störung durch den Gestörten sich gefallen zu lassen, sondern er muß selbst die Störung beseitigen, denn in der von ihm bewirkten Anlage liegt — unter Hinzutritt anderer Momente — die Ursache der Störung.

Kommt Sch. — wie das Urteil erster Instanz annimmt — nicht als Pächter in Betracht, so steht fest, daß die Beklagte in der Person des Vorsitzenden ihres Vorstandes die Schankwirtschaft selbst betreibt. Daß die Konzession auf den Namen dieses Vorstandsvorsitzenden F. lautet, ist dann in Ansehung der rechtlichen Stellung derartiger Genossenschaften unwesentlich. In Ausübung der Wirtschaft aber ist auf dem Grundstücke der Beklagten der Lärm verursacht. Als die Gastwirtschaft selbst betreibender Teil bezw. als der, welcher den „Ökonomen Sch. eingesetzt hatte", muß sie für alle von den Wirtschaftsräumen ausgehenden, im Betriebe der Wirtschaft verursachten Störungen des Eigentums anderer verantwortlich sein. Sie war in der Lage, das Eindringen übermäßigen Lärmes in das Grundstück des Klägers durch Einwirken auf die Gäste oder irgend welche andere Maßnahmen wirksam zu verhindern. Wenn sie die Störung trotzdem duldete, so ist sie selbst der Klage wegen Beeinträchtigung des Eigentums des Klägers unterworfen.

Wenn die Beklagte einwendet, daß die Bewohner einer Großstadt, insbesondere die Nachbarn eines solchen Etablissements wie des Keglerheims, nicht dieselbe Ruhe verlangen könnten, wie die Bewohner eines Landstädtchens, so ist dies nur so lange zuzugeben, als der Lärm der Großstadt und das mit dem Betriebe einer solchen Gastwirtschaft naturgemäß verbundene Geräusch nicht das gegebene übliche Maß überschreitet (BGB. § 906)....

Die Behauptung der Beklagten, daß sie nunmehr (während des Prozesses) alles gethan habe, was zur Verhütung des Eindringens von Lärm in das Grundstück des Klägers nötig sei, ist von letzterem bestritten. Aber selbst wenn die Behauptungen der Beklagten im Einzelnen bewiesen würden, so würde doch der Schluß der Beklagten, daß die Klage nunmehr materiell gegenstandslos geworden sei, als nicht richtig erscheinen. Denn die Maßnahmen, die die Beklagte getroffen haben will, sind nicht derartig, daß sie eine dauernde Verhinderung der Beeinträchtigung garantieren. Die Gummipuffer an den Thüren, die Gummiplatte, auf der das Klavier stehen soll &c, das ist alles oder größtenteils leicht wieder fortzunehmen, somit der Kläger der täglichen Willkür der Beklagten unterworfen; der Kläger kann aber gewährleistende Anordnungen verlangen, und die Basis dafür giebt ihm, sofern die Beklagte nicht absolut dauerhafte und radikale Beseitigung der Störungsursachen schafft, nur ein Urteil. Es war deshalb der von der Beklagten angebotene Beweis — ganz abgesehen davon, ob es überhaupt auf den jetzigen Zustand ankommen kann — nicht zu erheben.[1] H.

---

[1] Vgl. Entsch. d. RG. 36 S. 178, JW. 1898 S. 610[4], Gruchot 44 S. 866.

49

Spezifikationskauf, Abnahmeverzug, Annahmeverzug, Leistung.

OLG. Breslau, II. CS. Urteil v. 24. Juni 1901.

Der Kläger behauptet den Abschluß eines unbedingten Spezifikationskaufes, der Beklagte den eines Kaufes auf Probe. Es bedurfte indessen einer Beweisaufnahme über diesen Streitpunkt nicht, da selbst bei der Annahme eines unbedingten Kaufes der Klaganspruch unbegründet ist.

Bei dem in Rede stehenden Kaufe war die nähere Bestimmung über die Farbe der Ware und die Lieferfristen vorbehalten worden, der Beklagte war daher nach § 375 HGB. verpflichtet, die vorbehaltene Bestimmung zu treffen, und da er damit im Verzuge war, so konnte der Kläger die Bestimmung statt des Beklagten vornehmen oder gemäß § 326 BGB. Schadensersatz wegen Nichterfüllung fordern oder vom Vertrage zurücktreten. In dem Schreiben vom 13. Juli 1900 hat der Kläger nun nicht etwa nur die Spezifikation angedroht, sondern er hat sie in der That unter Beobachtung der gesetzlichen Vorschriften des § 375 Abs. 2 Satz 2 HGB. vorgenommen. Er schreibt: „Ich stelle Ihnen eine Frist bis zum 20., um die Einteilung der Farben vorzunehmen, im anderen Falle werde ich mir gestatten, die Stücke in der von ihnen aufgegebenen Qualität in schwarzer Farbe anzufertigen und Ihnen zugehen zu lassen.“ Da nach § 133 BGB. bei der Auslegung einer Willenserklärung der wirkliche Wille zu erforschen und nicht an dem buchstäblichen Sinne des Ausdruckes zu haften ist, so kann aus dem Umstande, daß der Kläger schreibt, er werde für den Fall des Fristverlaufes ohne Erklärung des Beklagten die Bestimmung an Stelle des Käufers treffen, während der Wortlaut des Gesetzes verlangt, daß er die getroffene Bestimmung dem Käufer mitzuteilen und ihm zugleich eine angemessene Frist zu setzen habe, nichts für die Auffassung des Klägers entnommen werden, denn es kann ein Bedenken darüber nicht obwalten, daß er mit dieser Erklärung der Bestimmung des § 375 Abs. 2 HGB. entsprechen wollte. Hat er also mit dieser Erklärung die Bestimmung statt des Käufers getroffen, so hat er mit fruchtlosem Ablaufe der Frist sein Recht endgültig ausgeübt, und es ist nach § 375 Abs. 2 Satz 3 HGB. die von ihm getroffene Bestimmung maßgebend. Wie bereits die Denkschrift zum Entwurfe des HGB. (1896) S. 218 hervorhebt, darf in diesem Falle der Verkäufer „nicht etwa nachträglich noch wegen des Verzuges des Käufers in der Vornahme der Spezifikation Schadensersatz wegen Nichterfüllung fordern oder vom Vertrage zurücktreten, sondern er muß nunmehr auf Grund seiner Spezifikation liefern, wie wenn der Vertrag von vornherein über die betreffenden, genau bestimmten Waren abgeschlossen wäre“ (vgl. auch Staub Anm. 19 zu § 375 HGB.). War somit durch diese Erklärung sein Wahlrecht erloschen, so konnte er es durch sein späteres Schreiben vom 27. Oktober 1900 nicht wieder aufleben lassen, indem er darin dem Beklagten eine neue Frist zur Spezifikation stellte mit der nunmehrigen Androhung, daß er nach dem fruchtlosen Ablaufe der Frist die Dispositionen des Beklagten über die Ware nicht mehr annehmen, sondern Schadensersatz wegen Nichterfüllung des Vertrages fordern werde. Hieraus ergiebt sich, daß der Anspruch auf Schadensersatz wegen Nichterfüllung, soweit er auf § 375 HGB. gestützt wird, unbegründet ist. Mit Recht bemerkt die Denkschrift (a. a. O.): „Selbstverständlich kann er aber die im § 320 des BGB. (§ 326) bezeichneten Rechte von neuem geltend machen, wenn der Käufer später mit der Zahlung in Verzug kommt." Dieser Fall liegt aber nicht vor, da dem Beklagten ein zweimonatiges Zahlungsziel vom Tage der Faktura bewilligt war, eine Rechnung ihm aber überhaupt nicht zugegangen ist.

Nach § 433 Abs. 2 BGB. ist der Käufer verpflichtet, dem Verkäufer den vereinbarten Kaufpreis zu zahlen und die gekaufte Sache abzunehmen, d. h. die ihm vertragsmäßig angebotene Sache thatsächlich wegzunehmen (vgl. Planck § 433 Note 7 BGB., Motive z. Entw. eines BGB. 1888 S. 318, Staub Anm. 42 zum Exkurs vor § 373 HGB.). Dadurch, daß der Beklagte auf das Schreiben vom 13. Juli 1900 durch Schreiben vom folgenden Tage nicht nur die Vornahme der Spezifikation verweigerte, sondern auch von vornherein erklärte, die Ware nicht brauchen zu können, wurde der Kläger zwar gemäß § 295 BGB. von der Verpflichtung der thatsächlichen Anbietung der Ware (§ 294 a. a. O.) befreit, und er hätte seiner Pflicht durch wörtliches Angebot genügt unter der Voraussetzung, daß er zur Zeit dieses Angebotes auch imstande gewesen wäre, die Leistung zu bewirken (vgl. Planck § 295 BGB. Note 6). Abgesehen von der Schlußbemerkung im Schreiben vom 5. September 1900: „Ich werde Ihnen eventuell genau nach der Ihnen vorgelegenen Probe liefern", die nur die Bereitwilligkeit des Klägers zu probemäßiger Lieferung zum Ausdrucke bringt, enthält die Korrespondenz kein ausdrückliches Angebot, so daß es auf die bestrittene Behauptung, daß der Kläger die Ware angefertigt hatte, nicht mehr ankommen kann. Der Beklagte befand sich daher auch nicht im Abnahmeverzug. Aber auch wenn dies der Fall gewesen wäre, so würde der Kläger daraus keinen Anspruch auf Schadensersatz wegen Nichterfüllung erlangt haben, da bei dem Abnahmeverzuge § 326 BGB. überhaupt keine Anwendung findet (vgl. Staub Anm. 145 zum Exkurs zu § 374 HGB. und Denkschrift a. a. O. S. 218).

Ebensowenig liegt ein Annahmeverzug des Beklagten vor, da nach § 293 BGB. der Gläubiger nur in Verzug gerät, wenn er die ihm angebotene Leistung nicht annimmt, ein, wenn auch nur wörtliches, Angebot, wie bereits ausgeführt, aber nicht stattgefunden hat und die in dem Schreiben der Beklagten vom 14. Juli 1900 enthaltene Annahmeverweigerung, wie mit Staub (Anm. 76 zum Exkurs zu § 374 HGB.) angenommen werden muß, den Beklagten nicht ohne weiteres in Annahmeverzug gesetzt hat. Der Annahmeverzug ist ferner ein Gläubigerverzug, der Gläubiger ist nicht verpflichtet, die Leistung anzunehmen (vgl. Planck Note 1 vor § 293 CPO.). Wenn nun zwar eine Leistung auch in einem Unterlassen bestehen kann, so ist doch die unterlassene Annahme der Leistung keine Leistung, da eine Handlung oder

Unterlassung nur insofern eine Leistung ist, als eine Verpflichtung zu derselben besteht (§ 241 BGB.). Es kann daher der § 326 BGB. auch auf den Annahmeverzug, sobald derselbe nicht mit dem Zahlungsverzuge verbunden ist, keine Anwendung finden, da der mit der Annahme im Verzuge befindliche Käufer nicht mit einer „ihm obliegenden Leistung im Verzug" ist. Das HGB. gewährt im § 373 dem Verkäufer gewisse Rechte gegenüber dem Annahmeverzuge des Käufers, die hier unerörtert bleiben können, da der Kläger davon keinen Gebrauch gemacht hat. Außerdem verbleiben für diesen Fall, wie § 374 bemerkt, dem Verkäufer, auch wenn ein Handelsgeschäft vorliegt, die ihm nach dem BGB. zustehenden Befugnisse, zu denen aber, wie gezeigt, solange nur Annahmeverzug und nicht zugleich Leistungsverzug des Käufers vorliegt, die Geltendmachung von Schadensersatzansprüchen wegen Nichterfüllung aus § 326 BGB. nicht gehört (vgl. auch Staub, Note 2, 3 zu § 374 HGB.). S.

50

a) Unzulässigkeit der weiteren Beschwerde gegen Entscheidungen, die dem Ermessen des Gerichtes anheimgegeben sind. FrGG. § 27. Zulässigkeit der weiteren Beschwerde wegen Verletzung von Soll- oder Ordnungsvorschriften.

Bayer. Oberstes Landesgericht, I. CS. Beschluß v. 13. Juli 1901.

Das Vormundschaftsgericht bestellte der Witwe S. bezüglich ihrer minderjährigen Kinder auf Grund des § 1687[3] BGB. einen Beistand für die Vermögensverwaltung, weil das Vermögen von beträchtlicher Größe, die Verwaltung nicht ganz einfach und wegen des Verhaltens der Mutter eine Überwachung erforderlich sei. Die von der Mutter eingelegte Beschwerde wurde aus den gleichen Gründen und mit dem Beifügen zurückgewiesen, daß die Anhörung von Verwandten im Sinne des § 1673 bezw. § 1686 BGB. nicht erforderlich gewesen sei, weil die Bestellung eines Beistandes nur aus sachlichen Gründen erfolgt sei. Auf die weitere Beschwerde der Mutter wurde die Sache an das Beschwerdegericht zurückverwiesen. Aus den Gründen:

Ob die teils aus der Beschaffenheit des Vermögens der Kinder, teils aus der Person der Mutter hergeleiteten Bedenken gewichtig genug sind, um die Bestellung eines Beistandes im Interesse der Kinder nötig zu machen, haben die Gerichte unter vernünftiger Erwägung der Umstände nach freiem Ermessen zu entscheiden. Das für die weitere Beschwerde zuständige Gericht ist nach § 27 FrGG. nicht berufen, die Angemessenheit der getroffenen Entscheidung zu untersuchen, sondern hat nur zu prüfen, ob die Entscheidung nicht auf der Verletzung des Gesetzes beruht, ob der Inhalt der gesetzlichen Vorschrift, insbesondere der Begriff der besonderen Umstände im Sinne des § 1687[3] richtig erfaßt worden ist. In dieser Beziehung giebt die angefochtene Entscheidung zu einem Bedenken keinen Anlaß. — Dagegen hat das Beschwerdegericht mit Unrecht die Anhörung von Verwandten der Kinder für nicht erforderlich erachtet, weil die Bestellung eines Beistandes nicht wegen eines Mangels in der Person der Mutter, sondern aus sachlichen Gründen angeordnet worden sei. Diese Unterscheidung, deren Durchführung die größten Schwierigkeiten bereiten müßte, ist dem Gesetze nach seinem Wortlaute und seinem Zwecke fremd, trifft aber im vorliegenden Falle auch nicht zu, weil die Anordnung auch wegen Bedenken erfolgt ist, zu denen das Verhalten der Mutter Anlaß gegeben hat. Die Vorschrift des § 1673 Abs. 2 ist zwar nur eine Ordnungsvorschrift; daraus darf aber nicht mit einigen Schriftstellern (Dorner, FrGG. S. 157; Birkenbihl S. 100) gefolgert werden, daß die weitere Beschwerde auf die Verletzung dieser Vorschrift nicht gestützt werden könne. Dieser Anschauung sind Rausnitz S. 166, Schultze-Görlitz S. 70, Jastrow in Busch's Zeitschr. 25 S. 527 mit zutreffenden Gründen entgegengetreten. Auch die Ordnungsvorschriften sind Rechtsnormen im Sinne des § 550 CPO.; werden sie nicht beachtet, so wird das Gesetz verletzt, und es kommt nur darauf an, ob die angefochtene Entscheidung auf dieser Verletzung beruht. Dies muß hier angenommen werden [folgt die nähere Ausführung]. M.

b) **Formfreiheit der von einem Notar in eigenem Namen eingelegten weiteren Beschwerde.**[1] — **Von wem wird der zur Errichtung eines Erbvertrages zugezogene Dolmetscher beeidigt?**

OLG. Colmar, I. CS. Beschluß v. 26. Juni 1901.

Der die weitere Beschwerde enthaltende Schriftsatz ermangelt zwar der im § 29 Satz 2 FrGG. vorgeschriebenen Unterzeichnung durch einen Rechtsanwalt. Allein obgleich die Beschwerde weder von einer Behörde noch von einem solchen Notar eingelegt ist, „der in der Angelegenheit für den Beschwerdeführer einen Antrag bei dem Gericht erster Instanz gestellt hat," ist die Ausnahmebestimmung des Satz 3 Abs. 1 hier dennoch anwendbar. Denn nach den Materialien verdankt der Satz 3 seine Entstehung einem Vorschlage der Reichstagskommission, welcher darauf beruht, daß es in einem sehr großen Teile Deutschlands Notare gebe, welche nicht zugleich Rechtsanwälte seien, und daß gerade sie die Angelegenheiten der freiwilligen Gerichtsbarkeit einschließlich der dabei erforderlich werdenden Beschwerden bearbeiteten; auch im Falle der weiteren Beschwerde würden sie den einzureichenden Schriftsatz verfassen; darum sei es nicht nur für die Sache überflüssig, sondern auch für die Person des Notars herabsetzend, wenn er zur bloßen Unterzeichnung der Beschwerdeschrift einen Rechtsanwalt angehen müsse. Diese Erwägungen galten zunächst nur für einen im Auftrage der Beteiligten auftretenden Notar. Umsomehr treffen sie auf den in eigenem Namen Auftretenden zu. Eigenen

[1] Beschluß des bayer. Obersten LG. v. 18. April 1901: Der § 29 setzt voraus, daß der Notar den Antrag gestellt hat, bevor die Angelegenheit in erster Instanz erledigt worden; er ist daher nicht anwendbar, wenn die Thätigkeit des Notars erst mit der Einlegung der Beschwerde gegen die Verfügung des Amtsgerichts beginnt, vielmehr bedarf die weitere Beschwerde dann der Unterzeichnung durch einen Rechtsanwalt.

Namens aber hat der Notar S. den von ihm dem ersten Richter unterbreiteten Antrag eingereicht, und auch die weitere Beschwerde ist, gegenüber der Anforderung des zweiten Richters, daß sich S. als Bevollmächtigter der künftigen Kontrahenten des Erbvertrages habe ausweisen müssen, ausdrücklich und zutreffenderweise darauf gestützt, daß er eigenen Namens die Beeidigung des Dolmetschers beantragt habe.

Dagegen scheitert die Beschwerde an dem Mangel der Sachlegitimation des Beschwerdeführers. Nach § 20 FrGG. steht nämlich die Beschwerde jedem zu, dessen Recht durch die angefochtene Verfügung beeinträchtigt ist. Eine Beeinträchtigung aber ist dem Notar S. durch die [seinen Antrag auf amtsgerichtliche Beeidigung des Dolmetschers ablehnende] Entscheidung darum nicht widerfahren, weil er ohne Anrufung des Gerichtes selbständig zur Beeidigung eines Dolmetschers für den von ihm aufzunehmenden Erbvertrag befugt erscheint. Die §§ 2276, 2244 BGB., welche für den Abschluß eines solchen Vertrages vorschreiben, „daß ein vereideter Dolmetscher zugezogen werde", lassen nämlich die Beantwortung der Frage offen, wem die Beeidigung obliegt. Nach Inhalt der Motive (5 S. 278) wurde die Zuziehung eines gerichtlich vereideten Dolmetschers darum nicht verlangt, weil kein ausreichender Grund vorliege, den Landesgesetzen entgegenzutreten, soweit sie solche Dolmetscher zulassen, die von Verwaltungsbehörden bestellt oder eidlich in Pflicht genommen sind oder, soweit sie den Notaren die Befugnis einräumen, im Falle des Bedürfnisses Personen als Dolmetscher zu vereidigen. Nach Art. 86 des preuß. FrGG. erfolgt die bei einer Amtshandlung des Notars erforderliche Beeidigung eines Dolmetschers durch das Amtsgericht ... in dringenden Fällen auch durch den Notar. Im elsaß-lothringischen Gesetze vom 6. November 1899 findet sich jedoch eine ähnliche Bestimmung nicht vor, obgleich in § 49 die Frage der Zuziehung einer Vertrauensperson für einen annähernd verwandten Fall ausdrücklich geregelt ist. Es ist anzunehmen, daß die Regelung der im vorliegenden Beschwerdeverfahren streitig gewordenen Frage nicht übergangen worden wäre, wenn etwas von der bisherigen Praxis Abweichendes hätte angeordnet werden sollen. Diese aber gewährte dem Notar das Recht, den von den Parteien gewählten Dolmetscher zu vereidigen (Amiaud, traité du notariat 1 Nr. 117). Gegen Aufrechterhaltung dieser Praxis walten keine Bedenken ob. Endlich läßt sich auch aus § 194 Abs. 4 FrGG. eine Verpflichtung des Amtsgerichtes, dem Antrage des Notars auf Beeidigung des Dolmetschers stattzugeben, nicht herleiten, denn § 194 kommt hier überhaupt nicht in Betracht, weil Rechtshilfe nur da geleistet wird, wo die ersuchende Behörde selbst außer stande ist, die von ihr nachgesuchte Handlung vorzunehmen. Gerade diese Voraussetzung aber trifft für den vorliegenden Fall nicht zu. F.

51

Wie ist ein Parzellierungsauftrag zu beurteilen, wenn der Auftraggeber verpflichtet sein soll, sein Grundstück an die ihm vom Beauftragten innerhalb eines bestimmten Zeitraumes bezeichneten Personen zu verkaufen und aufzulassen?

OLG. Marienwerder, II. CS. Urteil v. 5. Juli 1901.

Die Berechtigung der vom Kläger erhobenen Ansprüche beurteilt sich nach den Vorschriften des BGB., da die sämtlichen thatsächlichen Vorgänge, aus denen sie hergeleitet werden, sich erst im Laufe des Jahres 1900 ereignet haben. — Nach diesen sind jedoch die erhobenen Ansprüche nicht begründet.

Zieht man zunächst nur den prinzipalen Anspruch in Betracht, so ist derselbe nach dem vorausgeschickten Sachverhalt in erster Linie davon abhängig, daß die Beklagten rechtswidrig gehandelt haben, als sie sich weigerten, an die ihnen von dem Kläger bezeichneten Personen ihre Grundstücke in rechtsverbindlicher Form zu veräußern bezw. aufzulassen, und zugleich die dem Kläger erteilte Vollmacht widerriefen. Der Kläger und mit ihm der Vorderrichter bejaht dies, indem sie annehmen, daß diese Weigerung der Beklagten, sowie der im Anschluß daran erfolgte Widerruf der Vollmacht nach dem Inhalt des zwischen den Parteien geschlossenen Vollmachtsvertrages unberechtigt war. Dem ist jedoch nicht beizutreten.

Das BGB. versteht unter „Vollmacht" eine durch Rechtsgeschäft erteilte Vertretungsmacht (§ 166 Abs. 2). Die Erteilung der Vollmacht, so bestimmt § 167 Abs. 1, erfolgt durch Erklärung gegenüber dem Bevollmächtigten oder dem Dritten, dem gegenüber die Vertretung stattfinden soll. — Das Rechtsgeschäft, durch welches die Erteilung der Vollmacht erfolgt, ist demnach im Sinne des BGB. ein einseitiges, empfangsbedürftiges Rechtsgeschäft, aber kein Vertrag. — Völlig verschieden von diesem Rechtsgeschäft ist dasjenige Rechtsverhältnis, welches der Vollmachtserteilung zu Grunde liegt; dieses kann ein Vertrag oder auch ein Rechtsverhältnis anderer Art sein. — Das BGB. hält beide Rechtsverhältnisse scharf auseinander (vergl. die Denkschrift zum BGB. S. 44), und vom Standpunkte derselben kann man daher von einem Vollmachtsvertrag nur in dem Sinne sprechen, daß damit das der Vollmachtserteilung zu Grunde liegende Rechtsverhältnis bezeichnet wird. Diese Unterscheidung zwischen dem Rechtsgeschäft, durch welches die Erteilung der Vollmacht erfolgt, und dem der Erteilung zu Grunde liegenden Rechtsverhältnis gewinnt besondere Bedeutung, insoweit es sich um das Erlöschen bezw. den Widerruf der erteilten Vollmacht handelt. — Denn § 168 bestimmt, daß das Erlöschen der Vollmacht sich nach dem ihrer Erteilung zu Grunde liegenden Rechtsverhältnis bestimmt, und daß eine Vollmacht während des Fortbestehens des Rechtsverhältnisses zwar an sich jederzeit widerrufen werden, daß jedoch aus dem letzteren sich das Gegenteil ergeben kann. — Zur Prüfung der klägerischen Behauptung, daß von den Beklagten die dem Kläger erteilte Vollmacht zu Unrecht widerrufen worden sei, bedarf es demnach einer Erörterung derjenigen Abmachungen, die der Erteilung der Vollmacht vorausgegangen sind, und auf Grund deren die letztere erteilt ist.

Über ihren Inhalt gehen die Anführungen der Parteien weit auseinander; es bedarf indessen einer Beweiserhebung nach dieser Richtung hin nicht, da, auch wenn man die klägerischen Angaben als richtig unterstellt, sich ergiebt, daß die Beklagten zum Widerruf der von ihnen erteilten Vollmacht und zur Weigerung, ihren Grundbesitz an die vom Kläger bezeichneten Personen zu veräußern bezw. aufzulassen, berechtigt waren. Nach den Angaben des Klägers bestand der wesentliche Inhalt dieser Abmachungen darin, daß er berechtigt, aber nicht verpflichtet sein sollte, die beabsichtigte Parzellierung innerhalb eines gewissen Zeitraumes vorzunehmen, daß aber die Beklagten gehalten sein sollten, einmal ihm im Falle des Gelingens der Parzellierung den über einen bestimmten Betrag erzielten Mehrerlös zu überlassen, sodann bis zum Ablauf der gesteckten Frist die ihm erteilte Ermächtigung zur Parzellierung nicht zurückzunehmen. Mit letzterer Bestimmung sollte gesagt sein, wie Kläger ausdrücklich hervorhebt und sich auch von selbst ergiebt, daß die Beklagten verpflichtet sein sollten, ihren Grundbesitz an diejenigen Käufer, die ihnen der Kläger innerhalb des bestimmten Zeitraumes bezeichnen würde, zu veräußern bezw. aufzulassen. — Dieses Abkommen stellt keines derjenigen Schuldverhältnisse dar, für welche im siebenten Abschnitte des 2. Buches besondere Vorschriften gegeben sind. Ein Auftrag im Sinne der §§ 662—676 ist es nicht, weil Kläger die ihm übertragene Parzellierung nicht unentgeltlich besorgen sollte und wollte. Auch ein suspensiv bedingter Kaufvertrag liegt nicht vor, weil Kläger ja das Grundstück nicht selbst kaufen, sondern nur dessen Verkauf an dritte Personen durchführen wollte. — Ebensowenig ist ein Dienst- oder Werkvertrag gegeben, da Kläger zur Durchführung der Parzellierung wohl berechtigt, aber nicht verpflichtet sein sollte. Am ehesten kommt noch ein Mäklervertrag (§§ 652 ff.) in Frage. Allein der Mäkler vermittelt nur den Abschluß des Vertrages, ist aber kein Bevollmächtigter (Rehbein, BGB. S. 263 Anm 2). — Außerdem geht auch der Inhalt des Abkommens über den Rahmen eines Mäklervertrages hinaus; denn die Verpflichtung der Beklagten, die von ihnen erteilte Vollmacht vor Ablauf eines bestimmten Zeitraumes nicht zu widerrufen, hat mit dem Mäklervertrage nichts zu thun. Beim Mäklervertrag steht vielmehr dem Auftraggeber der Widerruf des Vermittelungsauftrages jederzeit zu (Leske, BGB. S. 270). Im übrigen kann dahingestellt bleiben, wie man das zwischen den Parteien bethätigte Abkommen, so wie es Kläger darstellt, bezeichnen will; für die hier zu entscheidende Frage ist nur von Bedeutung, daß ein wesentlicher Bestandteil desselben war, daß die Beklagten verpflichtet sein sollten, ihren Grundbesitz an diejenigen Personen zu veräußern bezw. aufzulassen, die ihnen Kläger namhaft machen würde. Denn diese Abmachung stellt sich als einen Vertrag dar, durch den sich die Beklagten verpflichteten, das Eigentum an ihren Grundstücken zu übertragen, und bedurfte somit gemäß

§ 313 BGB. bei Vermeidung seiner Nichtigkeit (§ 125) der gerichtlichen oder notariellen Beurkundung.

Die Vorschrift des § 313 hat, wie schon seine allgemeine Fassung und seine Ausführung im allgemeinen Teile ergiebt, zugleich aber auch die Materialien — vgl. Denkschrift S. 72 — bestätigen, keineswegs nur den Kauf- oder Tauschvertrag im Auge, sondern umfaßt jede vertragsmäßige Bestimmung, durch welche jemand sich zur Übertragung des Eigentumes an einem Grundstücke verpflichtet. — Dabei ist es völlig unerheblich, ob eine solche Verpflichtung den ausschließlichen Inhalt des Vertrages oder nur einen Bestandteil desselben bildet. — Letzteres ist nur insofern von Bedeutung, als dann gemäß § 139 zu beurteilen ist, ob das ganze Rechtsgeschäft nichtig ist oder nicht (vgl. auch die einen im wesentlichen ganz gleich liegenden Fall betreffende Entsch. d. OLG. Königsberg [Rsp. 2 S. 463]). Eine solche Verpflichtung liegt nun aber, mag man das Abkommen rechtlich bezeichnen, wie man will, hier vor. Hervorgehoben mag noch werden, daß die Anwendung der Vorschrift des § 313 auf den vorliegenden Fall auch nicht etwa dadurch ausgeschlossen wird, daß die von den Beklagten übernommene Verpflichtung nur eine bedingte und davon abhängig war, daß es dem Kläger gelang, geeignete Käufer zu finden. Denn § 313 unterscheidet nicht zwischen einer bedingten und unbedingten Verpflichtung (vgl. auch Entsch. d. OLG. Jena in Seuffert's Archiv 56 S. 125). Aus alledem ergiebt sich, daß das vom Kläger behauptete Abkommen zwischen ihm und den Beklagten jedenfalls insoweit nichtig war, als es die Beklagten verpflichten sollte, die dem Kläger erteilte Vollmacht nicht zu widerrufen und ihre Grundstücke an die ihnen von diesem bezeichneten Personen zu veräußern bezw. aufzulassen. Daraus folgt dann aber ohne weiteres, daß auch die Beklagten berechtigt waren, die von ihnen verlangte Veräußerung ihrer Grundstücke abzulehnen und die erteilte Vollmacht zu widerrufen. Haben aber die Beklagten insoweit nicht widerrechtlich gehandelt, so entfällt damit auch der vom Kläger darauf gestützte Schadensersatzanspruch.

Es kann sich nur noch fragen, ob Kläger wenigstens Ersatz für seine aufgewendeten Bemühungen beanspruchen kann. Auch das ist zu verneinen. Nach dem Vortrag des Klägers war das vorbezeichnete nichtige Abkommen ein so wesentlicher Bestandteil des ganzen Vertrages, daß Kläger sich auf die Parzellierung ohne diese Verpflichtung der Beklagten überhaupt nicht eingelassen haben würde. Das Gleiche gilt aber auch vom Standpunkte der Beklagten aus, die ja sogar der Meinung gewesen sein wollen, daß Kläger ihr Besitztum fest gekauft habe. Unter diesen Umständen greift aber der § 139 BGB. Platz, wonach das ganze Rechtsgeschäft nichtig ist, auch wenn nur an sich ein Teil nichtig ist, da hier nicht anzunehmen ist, daß es auch ohne den nichtigen Teil vorgenommen sein würde. Abgesehen hiervon könnte die Thätigkeit des Klägers doch nur in analoger Anwendung der Vorschriften über den Mäklervertrag (§§ 652 ff.) beurteilt werden. Nach § 652 Abs. 2

sind aber Aufwendungen dem Mäkler nur zu ersetzen, wenn es vereinbart ist, und dies gilt auch dann, wenn ein Vertrag nicht zu stande kommt. Auch aus dem allgemeinen Gesichtspunkte, daß ihn die Beklagten zu Aufwendungen in der Erwartung, daß sie ihrem Versprechen gemäß ihre Grundstücke an die Parzellenkäufer auflassen würden, verleitet hätten, kann der Kläger keinerlei Ansprüche herleiten, da Kläger wissen mußte, daß das Abkommen nichtig war, und Beklagte jederzeit die erteilte Vollmacht widerrufen konnten (§ 122 Abs. 2). [Vgl. Rsp. 2 S. 463 Nr. 183.] H.

52

Inwieweit ist die Anfechtung der Ehelichkeit eines Kindes durch einen andern als den präsumtiven Vater zulässig? BGB. § 1593.

Kammergericht, XII. CS. Beschluß v. 18. September 1901.

Die Witwe des am 13. Juli 1900 verstorbenen Arbeiters P. hat am 17. April 1901 einen Knaben, den zu verklagenden Julius Fritz P., geboren. Der Arbeiter H. nun behauptet, daß er der Vater des Kindes sei. Er will die Mutter heiraten und das Kind legitimieren, zu diesem Behuf aber vorher durch Klage gegen das Kind eine richterliche Feststellung herbeiführen, daß das Kind ein uneheliches ist. Hierzu hat er das Armenrecht erbeten. Das Landgericht hat letzteres versagt, weil Antragsteller nach § 1593 BGB. zur Klage nicht befugt sei. Hiergegen hat der Antragsteller Beschwerde eingelegt. Dieselbe ist nicht begründet.

§ 1593 BGB. gewährt das Recht zur Feststellung, daß ein nach gesetzlicher Präsumtion eheliches Kind thatsächlich ein uneheliches ist, grundsätzlich nur dem Vater, als dessen eheliches Kind es gilt. Nur wenn dieser, ohne das Anfechtungsrecht verloren zu haben, stirbt, hat das Gesetz es im Anschluß an die herrschende Lehre des gemeinen Rechtes in Ansehung des Rechtes, die Unehelichkeit des Kindes geltend zu machen, bei den allgemeinen Grundsätzen belassen (Mot. 4 S. 661); die Anfechtung steht also nicht bloß den Erben des Verstorbenen, sondern auch dem Kinde selbst und jedem Dritten zu. Dieselbe hat zu erfolgen, wie es in den Motiven 4 S. 658 heißt, „nach Maßgabe der allgemeinen Grundsätze".

Nun steht aber nach allgemeinen Grundsätzen jemandem ein Klagerecht nur zu, wenn er durch eine Handlung oder einen Zustand in seinen Rechten verletzt ist. Die Thatsache aber, daß ein Kind nach gesetzlicher Vermutung als eheliches oder uneheliches gilt, verletzt nicht unmittelbar die Rechte Dritter, sondern nur in seinen Wirkungen, z. B. auf die Namensführung, auf Teilnahme an einer Erbschaft oder sonstigen Vermögensrechten u. dergl. Die Feststellung der Ehelichkeit bildet also einen Präjudicialpunkt für irgend ein anderes Rechtsverhältnis, der im Wege einer selbständigen Feststellungsklage oder auch in Verbindung mit der Entscheidung des Anspruches selbst zur richterlichen Entscheidung gebracht werden kann. Der Antragsteller hat aber kein ihm zustehendes Recht behauptet, welches durch die Thatsache, daß Julius

Fritz P. als eheliches Kind des Arbeiters P. gilt, verletzt wird. Dem unehelichen Vater steht ein Recht schlechthin, daß festgestellt wird, daß ein Kind von ihm als uneheliches erzeugt ist, nicht zu. Diese Feststellung würde für den Vater lediglich die Feststellung einer Thatsache ohne rechtliche Wirkungen für ihn bedeuten (§§ 1705 ff. BGB). Fehlt es aber hiernach für den Antragsteller an einem Rechtsanspruche, so hat er auch kein Klagerecht.

Wenn Antragsteller geltend macht, daß er die Mutter heiraten und das Kind legitimieren wolle, so mag er hieran ein thatsächliches Interesse haben. Dieses giebt ihm aber keinen Rechtsanspruch darauf, daß zur Befriedigung dieses thatsächlichen Interesses das Kind vorgängig als nichteheliches seines gesetzlichen Vaters erklärt wird. Ob dies anders liegen würde, wenn der Antragsteller zunächst die Mutter heiratete und er alsdann behauptete, daß infolge der Verheiratung das Kind von selbst als sein eheliches zu gelten habe (§ 1719 BGB.), ein Dritter aber sich mit dieser Behauptung in Widerspruch setzt, kann dahingestellt bleiben. F.

53

a) Zu Auflassungen genügt eine öffentlich beglaubigte Vollmacht.

Kammergericht, I. CS. Beschluß v. 8. Juli 1901.

Die Beschwerdeführer in ihrer Eigenschaft als Erben des eingetragenen Eigentümers haben 1901 dem X. in einer mit notarieller Beglaubigung der Unterschriften versehenen Urkunde Vollmacht zur Auflassung erteilt. Der Antrag auf Anberaumung eines Termines zur Auflassung ist zurückgewiesen worden, weil die Vollmacht nicht durch eine öffentliche Urkunde nachgewiesen sei, dieselbe aber als eine Voraussetzung der Eintragung angesehen werden müsse, welche nicht unter Satz 1, sondern unter Satz 2 § 29 GrBO. falle. Die weitere Beschwerde wegen Verletzung des § 29 ist — vgl. Beschluß vom 28. Mai 1900 Jahrb. 20A S. 125, Rsp. 1 S. 199 — zulässig und begründet.

Das Amtsgericht geht zur Begründung seiner Auffassung von der Denkschrift zum Entwurfe einer GrBO. aus, welche dem Reichstage unterm 22. Januar 1897 zuging. Dort ist zu § 28 unter der Rubrik „Nachweis der Voraussetzungen einer Eintragung" ein Unterschied zwischen der Eintragungsbewilligung und den sonstigen zur Eintragung erforderlichen Erklärungen einerseits (Abs. 1) und andererseits denjenigen Voraussetzungen der Eintragung (Abs. 2) gemacht, die nicht in Erklärungen bestehen. Dabei wird zu Abs. 1 bemerkt, daß die im Entwurf für Erklärungen enthaltenen Bestimmungen mit der Mehrzahl der bestehenden Gesetze im Einklange ständen; hinsichtlich der Eintragungsverträge und der Vollmachten zur Stellung solcher Anträge ist daneben auf die in § 29 (Ges. § 30) enthaltenen erleichternden Bestimmungen hingewiesen. Schon diese Umstände genügen, um die Unhaltbarkeit des von den Vorinstanzen eingenommenen Standpunktes darzuthun. Es hätte sicher der Erwähnung bedurft, wenn für die hier in Rede stehenden Vollmachten dem § 33 preuß. GrBO. entgegen die Unterschriftsbeglaubigung für unzureichend erachtet werden sollte. Ebenso hätte es der Hervorhebung bedurft, wenn das Gesetz dem Sprachgebrauch und der Natur der Sache zuwider davon ausgegangen wäre, daß eine Vollmachtserteilung nicht in einer Erklärung (rechtsgeschäftlichen Erklärung) bestehe. Der Inhalt des Abs. 1 der hier gedachten Stelle der Denkschrift beweist aber auch direkt, daß man die Vollmachten zu den für eine Eintragung erforderlichen Erklärungen selbst als Erklärungen angesehen hat, für welche die erleichterte Form der Unterschriftsbeglaubigung gegeben ist. Denn der Hinweis darauf, daß eine Vollmacht zur Stellung eines Eintragungs**vertrages** nach § 29 des Entwurfes im allgemeinen nur der Schriftform bedürfen werde (das bedeutet der Ausschluß der Bestimmungen des § 28), wäre sinnwidrig, wenn nicht davon ausgegangen worden wäre, daß die Vollmachten zu anderweitigen, die Eintragung begründenden Erklärungen dem Satz 1 des Entwurfes zu § 28 unterfielen. Wenn ferner die Begründung zu Satz 2 § 28 darauf hinweist, daß sich der Entwurf bezüglich des Nachweises sonstiger Eintragungsvoraussetzungen den auf die Ausstellung des Erbscheines bezüglichen Vorschriften des § 2356 Abs. 1 und 3 BGB. anschließe, so folgt hieraus ohne weiteres, daß Willenserklärungen der Beteiligten, wie sie in Vollmachten enthalten sind, dem § 28 Satz 2 und dem ihm gleichlautenden § 29 Satz 2 GrBO. nicht unterfallen. § 2356 Abs. 1 und 3 BGB. haben, wie das Citat des § 2354 Abs. 1 Ziff. 1 und 2 und Abs. 2 beweist, vom Willen der Beteiligten unabhängige Thatsachen (den Tod oder Wegfall einer Person, das Vorhandensein einer letztwilligen Verfügung 2c) im Auge. Endlich ist der Umstand, daß die Begründung (zu § 28 Abs. 2) den Nachweis der Bestellung eines gesetzlichen Vertreters erwähnt, in keinem Falle für die Auffassung der Vorinstanzen verwendbar. Eine derartige Vertretungsbefugnis beruht auf dem Gesetz — also einer vom Willen des Beteiligten unabhängigen Thatsache —, während der Bevollmächtigte seine Vertretungsmacht auf eine Erklärung (Willenserklärung) des Vertretenen gründet. Erweist sich hiernach die von **Schultze-Görlitz** zu § 107 FrGG. in Anm. 2 für eine gleichartige Formfrage des Schiffspfandrechtes bewirkte Gleichstellung der Vollmacht und der Legitimation eines gesetzlichen Vertreters 2c unzutreffend, so ist ferner nicht zu billigen, wenn das Landgericht für die Anwendung des § 29 Satz 1 GrBO. einen Unterschied zwischen den für eine Eintragung unmittelbar notwendigen (d. h. begrifflich zu erfordernden) Erklärungen und anderen nur durch die konkrete Sachlage bedingten Erklärungen unterscheiden will. Es fehlt für eine derartige Unterscheidung an jedem gesetzlichen Anhalt. Auch widerspricht der § 167 Abs. 2 BGB. der Annahme, daß für Auflassungsvollmachten wegen § 925 BGB. eine Ausnahme vom § 29 Satz 1 zu machen sei. Für derartige Vollmachten ist daher (in Übereinstimmung mit **Predari**, GrBO. S. 86 Anm. 2A, **Oberneck** S. 276, **Achilles-Strecker** S. 227 Anm. 2a, **Turnau-Förster**, Liegenschaftsrecht S. 323[6]) neben der Erteilung in öffentlichen Urkunden auch die in öffentlich beglaubigten Urkunden zulässig und ausreichend. Z.

b) **Die Eintragung der Konkurseröffnung bei für den Gemeinschuldner eingetragenen Briefhypotheken ist auch ohne Vorlegung des Briefes vorzunehmen. GrBO. §§ 39, 42.**

OLG. Hamburg, Ferien-CS. Beschluß v. 9. August 1901.

Allerdings ist, falls gemäß § 39 GrBO. eine Behörde das Grundbuchamt um die eine Rechtsänderung bewirkende Eintragung ersucht, alsdann auch von der ersuchenden Behörde den allgemeinen Eintragungsvorschriften, unter welche diejenige des § 42 GrBO. fällt, zu genügen. Wenn aber gemäß § 113 KO. das Konkursgericht um die Eintragung des Konkursvermerkes ersucht, so handelt es sich nur darum, daß es der ihm in § 113 Abs. 2 zur Pflicht gemachten Fürsorge gemäß auf die Beobachtung des in der KO. erlassenen Eintragungsgebotes seitens des Grundbuchamtes hinwirkt. Die Eintragung der Konkurseröffnung läßt die Frage gänzlich unberührt, ob dem Gemeinschuldner noch Rechte aus der Eintragung zustehen, sie registriert nur im Grundbuche die Thatsache der Konkurseröffnung, damit die aus der letzteren sich ergebende Verfügungsbeschränkung des Gemeinschuldners aus dem Grundbuche ersichtlich wird. Bei dem Ersuchen um Vornahme dieser in der KO. angeordneten Eintragung steht das Konkursgericht nicht dem Grundbuchamte als Partei gegenüber, sondern als Behörde, welche pflichtmäßig die Nachachtung des reichsgesetzlich für das Grundbuchamt erlassenen Eintragungsgebotes veranlaßt. Daher findet in diesem Falle die in § 42 GrBO. betreffend die Vorlegung des Hypothekenbriefes erlassene Vorschrift nicht Anwendung. Im Gegenteile wird bei Hypotheken und Grundschulden, über welche ein Brief erteilt ist, nur dann die Eintragung der Konkurseröffnung, welche § 113² KO. ja nur für den Fall sonst zu besorgender Nachteile für die Konkursgläubiger vorschreibt, einzutreten haben, wenn der Brief fehlt, wie es hier aus dem Grunde der Fall ist, weil der flüchtige Gemeinschuldner die Briefe dem Verwalter vorenthalten hat. Daß bei Briefhypotheken nur im Falle Fehlens des Briefes das in § 113² vorausgesetzte Bedürfnis für Eintragung des Konkursvermerkes besteht, hebt auch die Begründung des Entwurfes S. 55 ausdrücklich hervor, indem sie bemerkt, daß, falls ein Brief erteilt sei, sich die betr. Rechte der Verfügung des Gemeinschuldners schon dadurch entziehen lassen, daß der Verwalter den Brief in Besitz nehme. Die Motive erblicken also gerade die praktische Bedeutung der fraglichen Vorschrift darin, daß diese in den Fällen gegen Verfügungen des Gemeinschuldners sichert, in denen der Verwalter den Besitz des Briefes nicht erlangen kann. Darin folgen ihnen auch Kleinfeller zu § 113 KO. Note 3 und Förster, Handbuch des formellen Grundbuchrechtes § 59 II Nr. 2. M. M.

c) **Eintragung einer Verfügung des Kridars nach der Konkurseröffnung. KO. §§ 6, 7, 113.**

Kammergericht, I. CS. Beschluß v. 6. Mai 1901.

Auf dem Grundstücke der Eheleute X. ist eine Grundschuld für den Ehemann eingetragen. Nachdem über dessen Vermögen am 14. der Konkurs eröffnet und am 19. November 1900 in Abt. II vermerkt worden war, überreichte der Beschwerdeführer den Grundschuldbrief mit notarieller Abtretungserklärung vom 20. September 1900 zur Umschreibung. Der Antrag wurde abgelehnt, der weiteren Beschwerde jedoch aus folgenden Gründen stattgegeben:

Es handelt sich um die Übertragung einer Briefgrundschuld außerhalb des Grundbuches; sie konnte nach §§ 1154, 1192, 1117 BGB. durch schriftliche Abtretungserklärung und Übergabe des Briefes erfolgen. Erstere datiert aus der Zeit vor der Konkurseröffnung. Wenn es nun auch darin heißt, die Abtretung erfolge unter Übergabe des Briefes, so ist damit doch nicht erwiesen, wann der Brief thatsächlich übergeben ist. Man muß also die Möglichkeit, daß die Übergabe des Briefes erst nach der Konkurseröffnung geschehen, mitberücksichtigen. Doch hat das für die Umschreibung der Grundschuld keine Erheblichkeit.... Mit der Befugnis zur Verfügung verliert der Gemeinschuldner noch nicht die Verfügungsfähigkeit, er kann also auch nach der Konkurseröffnung noch über das zur Konkursmasse gehörige Vermögen verfügen. Nur den Konkursgläubigern gegenüber wirkt die Verfügungsbeschränkung des Gemeinschuldners, nur ihnen gegenüber sind deshalb seine nach der Konkurseröffnung vorgenommenen Rechtshandlungen grundsätzlich unwirksam; dies entspricht durchaus dem in § 135 BGB. aufgestellten Prinzipe. Vorliegend würde aber wegen des Glaubens des Grundbuches die Unwirksamkeit der Abtretung vom Konkursverwalter nur dann geltend gemacht werden können, wenn — abgesehen von der Übergabe des Briefes nach der Konkurseröffnung — zur Zeit der Übertragung des Briefes die Konkurseröffnung dem Erwerber bekannt war.

Dagegen sind Verfügungen des Gemeinschuldners über Gegenstände der Konkursmasse im Verhältnisse zwischen ihm und dem Erwerber und ebenso in Ansehung Dritter, die nicht zu den Konkursgläubigern gehören, nicht ihrer Wirksamkeit beraubt; sie sind, wenn ihnen sonstige Mängel nicht anhaften, wirksam und bleiben es, wenn die Unwirksamkeit nicht vom Konkursverwalter geltend gemacht wird, auch den Konkursgläubigern gegenüber. Es steht deshalb auch der Eintragung solcher Verfügungen in das Grundbuch aus dem Umstande des schwebenden Konkurses nichts im Wege, denn selbst durch die Eintragung der Konkurseröffnung wird das Grundbuch gegen Eintragungen, welche nur den Konkursgläubigern gegenüber unwirksam sind, nicht gesperrt. Das Grundbuchamt ist mit der Prüfung der Tragweite der Verfügungsbeschränkung des Gemeinschuldners nicht befaßt. Die Eintragung einer auf einer Verfügung des Gemeinschuldners beruhenden Rechtsänderung erfolgt, wenn ihren allgemeinen Erfordernissen entsprochen ist. Der Umstand, daß möglicherweise die Übergabe des Grundschuldbriefes erst nach der Konkurseröffnung und in Kenntnis des Erwerbers von derselben erfolgt ist, konnte daher die beantragte Umschreibung auf die Kreditanstalt nicht hindern.... Bei der erneuten Prüfung ist zu erwägen: Nach § 113 KO. ist die Konkurseröffnung nicht nur bei den Grundstücken, sondern auch bei seinen Rechten an Grundstücken einzutragen. ... Vorliegend fehlt allerdings ein ausdrückliches Ersuchen des Konkursgerichtes oder ein Antrag des Verwalters; das Konkursgericht hat nur Nachricht von der Konkurseröffnung an das Grundbuchamt gegeben. Letzteres hat aber diese Benachrichtigung, wogegen auch nichts zu erinnern, als ein Ersuchen um Eintragung aufgefaßt und die Konkurseröffnung in Abt. II eingetragen. Dieser Vermerk berührt die Grundschuld nicht. Das Grundbuchamt wird daher auch die Frage prüfen müssen, ob nicht im Schreiben des Konkursgerichtes ein allgemeines Ersuchen um Eintragung der Konkurseröffnung bei den Grundstücken und den Rechten zu finden, und ob deshalb der Konkursvermerk auch noch bei der Grundschuld und zwar mit der Priorität vor der Eintragung der Abtretung, die erst nach dem Eingange der Nachricht des Konkursgerichtes beantragt worden, einzutragen ist. Diese Eintragung hindert die Eintragung der Abtretung nicht, sie vermag auch den Beschwerdeführer nicht in seinen Rechten zu beeinträchtigen, falls die Abtretung den Konkursgläubigern gegenüber wirksam ist. Sollte dies nicht der Fall sein, so kann durch die Eintragung des Konkursvermerkes eine wirksame Weiterabtretung der Grundschuld zum Nachteile der Konkursgläubiger verhindert werden. Die etwaige Eintragung des Konkursvermerkes bei der Grundschuld ist zur Erhaltung der Übereinstimmung des Grundschuldbriefes mit dem Grundbuche von Amts wegen in den Brief aufzunehmen (GrBO. §§ 42, 43, 62, 70). P.

d) **Eine Kautionshypothek kann nachträglich auch für die Forderungen eines anderen Gläubigers zur Sicherheit bestellt werden. BGB. §§ 1180, 1190.**

Kammergericht, I. CS. Beschluß v. 17. Juni 1901.

Eine Sicherungshypothek von 25 000 Mark ist für die Forderungen der Kreditbank aus ihrer Geschäftsführung mit dem Grundstückseigentümer X. eingetragen. Unter Zustimmung der Kreditbank erklärte X. in notarieller Urkunde, die Sicherungshypothek solle an zweiter Stelle auch der Witwe A. für ihre Forderungen aus dem Geschäftsverkehre mit X. haften, während sie an erster Stelle der Kreditbank verhaftet bleiben solle. Die Eintragung dieser Erklärung wurde abgelehnt, der weiteren Beschwerde jedoch aus folgenden Gründen stattgegeben:

Daß eine Sicherungshypothek (Maximalhypothek) nicht nur zur Sicherheit für die Forderungen eines Gläubigers, sondern gleichzeitig zur Sicherheit für die Forderungen verschiedener Gläubiger bestellt wird, dergestalt, daß sie für die Forderungen des einen Gläubigers erst dann und nur dann haften soll, wenn und insoweit der eingetragene Höchstbetrag die — z. B. durch endgültige Abrechnung festgestellten — Forderungen des anderen Gläubigers übersteigt, widerspricht den gesetzlichen Vorschriften nicht. Der § 1190 verlangt nur, daß der Höchstbetrag, bis zu dem das Grundstück haften soll, bestimmt wird. Diesem Erfordernis ist aber, auch wenn die Sicherungshypothek für die Forderungen mehrerer Gläubiger nacheinander haften soll, durch die

Eintragung eines Betrages als Höchstbetrag genügt. Dieser Höchstbetrag gilt auch für denjenigen Gläubiger, für dessen Forderungen die Hypothek erst an zweiter Stelle haften soll. Ungewiß ist für diesen nur, welcher Betrag der Hypothek ihm schließlich haften wird; das hängt von der Höhe der Forderungen des an die erste Stelle gesetzten Gläubigers ab.

Die Bedenken der Vorinstanzen richten sich auch nicht sowohl gegen eine solche Gestaltung des Rechtsverhältnisses überhaupt, als vielmehr gegen die nachträgliche Einschiebung eines zweiten Gläubigers unter die Sicherheit der Hypothek während ihres Bestehens. Die Zulässigkeit einer solchen Verfügung kann aber angesichts des § 1180 nicht beanstandet werden. Nach § 1180 kann an die Stelle der Forderung, für welche die Hypothek besteht, eine andere Forderung gesetzt werden; eine Vorschrift, die auf das Recht der Sicherungshypothek angewendet die Bedeutung hat, daß an Stelle des Schuldverhältnisses, für welches die Sicherungshypothek bestellt ist, ein anderes Schuldverhältnis gesetzt, oder auch die Sicherungshypothek dergestalt geteilt werden kann, daß sie nur noch mit dem einen Teil für das Schuldverhältnis, für welches sie ursprünglich bestellt war, haftet, während für den danach verbleibenden Rest der Sicherungshypothek ein neues Schuldverhältnis an die Stelle des früheren gesetzt wird. In allen diesen Fällen, welche sich aus dem § 1180 unmittelbar herleiten lassen, giebt der Gläubiger die bestehende Hypothek ganz oder teilweise auf, die dann mit einer anderen Forderung oder mit einem anderen Schuldverhältnis verbunden wird. Die vorliegende Grundbuchsache liegt ganz analog. Hier sollen für den Fall, daß Forderungen des Hypothekengläubigers nicht entstehen oder den Betrag der Sicherungshypothek nicht erreichen und die Hypothek infolgedessen ganz oder für den überschießenden Betrag nach dem Gesetze für den Eigentümer frei wird, soweit die Hypothek frei geworden, an die Stelle des Forderungsverhältnisses, für welches sie bestellt war, die Forderungen eines anderen Gläubigers treten. Ein Unterschied liegt nur äußerlich darin, daß in den Fällen der ersterwähnten Art der Eigentümer die freiwerdende Hypothek mit einer anderen persönlichen Forderung unmittelbar verbindet, während hier das zweite Schuldverhältnis mit der Hypothek für den Fall und unter der Voraussetzung ihres gänzlichen oder teilweisen Freiwerdens verbunden wird. Der neue Gläubiger erlangt in den ersteren Fällen ein unbedingtes, im vorliegenden Falle ein bedingtes Recht.

Was das Recht des Eigentümers zur Bewilligung der Hypothek anlangt, welches das Landgericht bestreitet, so ist soviel richtig, daß er nach dem Grundbuchrechte des BGB. zwar zugleich als eventuell eingetragener Inhaber der ihm zufallenden Eigentümerhypotheken zu gelten hat und mit dem Eintritt der Voraussetzungen, unter denen nach dem BGB. die Eigentümerhypothek entsteht, von selbst auf Grund des Gesetzes Eigentümerhypothekar wird [Rsp. 1 S. 303 Nr. 188], daß er aber aus dem Eventualrecht noch nicht zur Bewilligung der Eintragung befugt erscheint, da zur Zeit der in

Ansehung der Hypothek ausschließlich Berechtigte der Gläubiger ist, für den sie besteht. Die Einwilligung des Berechtigten macht jedoch die Verfügung des Eigentümers über die Hypothek nach § 185 Abs. 1 BGB. wirksam; und diese Einwilligung ist beigebracht. Daß der Gläubiger der Sicherungshypothek dabei von seinem materiellen Rechte nichts aufgiebt, ist unerheblich. Pr.

e) **Der dem Grundstückseigentümer eventuell zufallende Betrag einer Kautionshypothek kann von dessen Gläubigern gepfändet und die Pfändung im Grundbuche eingetragen werden.**

OLG. Jena, Ferien-CS. Beschluß v. 31. Juli 1901.

Auf dem Grundstücke des Schuldners sind wegen der Ansprüche des X. „aus laufendem Kredit" 50000 Mark Kautions- oder Maximalhypothek im Sinne des § 1190 BGB. eingetragen. Laut Beschluß des Amtsgerichtes sind zu Gunsten der Gläubigerin gepfändet worden: a) der Anspruch des Schuldners, diese Kautionshypothek, insoweit sie von X. nicht beansprucht wird oder werden kann, als Eigentümerhypothek auf seinen Namen umschreiben zu lassen und im Falle einer Zwangsversteigerung oder sonstigen Veräußerung auch die Auszahlung der auf diese Eigentümerhypothek entfallenden Beträge zu fordern, und b) das Recht des Schuldners, über diese Eigentümerhypothek anderweit zu verfügen, namentlich durch Abtretung, Verpfändung oder sonstige Veräußerung derselben. — Der Antrag, diese Pfändung im Grundbuche zu verlautbaren, wurde abgelehnt, der weiteren Beschwerde jedoch stattgegeben. Aus den Gründen:

1. Das Landgericht meint, die Zurückweisung des Antrages werde durch § 40 GrBO. gerechtfertigt. Nach diesem Paragraphen solle eine Eintragung nur erfolgen, wenn derjenige, dessen Recht durch sie betroffen werde, als der Berechtigte im Grundbuche eingetragen sei; durch den beantragten Pfändungseintrag nun werde das Recht des Schuldners als Inhaber der Eigentümerhypothek betroffen, als solcher sei der Schuldner aber nicht eingetragen. Zutreffend hat jedoch das Kammergericht im Beschlusse vom 11. Juli 1900 [Rsp. 1 S. 303] ausgeführt, daß der eingetragene Eigentümer eines Grundstückes, das mit Hypotheken belastet ist, als eventuell eingetragener Inhaber der ihm nach § 1163 BGB. zufallenden (Eigentümer-)Hypotheken zu gelten habe, und daß die Eintragung einer Verfügung desselben über diese Hypotheken — der Löschung oder Abtretung derselben — nicht seine vorherige Eintragung als Gläubiger der Eigentümerhypotheken zur Voraussetzung habe. Was von der Löschung und Abtretung gilt, muß selbstverständlich auch von der Pfändung gelten.[1]

2. Ebensowenig berechtigt ist die Ablehnung des Antrages aus Gründen des materiellen Rechtes. Nach § 1163 BGB. steht bei der gewöhnlichen

[1] Beschluß des Kammergerichts, I. CS. v. 29. April 1901: Die Pfändung einer Eigentümerhypothek kann aber nur eingetragen werden, wenn die Entstehung dieser Hypothek urkundlich nachgewiesen wird; denn der Pfändungsbeschluß ersetzt nur die Eintragungsbewilligung des Verpfänders. (Jahrb. 22 A S. 171.)

Hypothek immer objektiv fest, wer als Gläubiger berechtigt ist, ob dies der Hypothekengläubiger oder der Eigentümer des Grundstückes ist. Letzterer ist — vom Fall des Abs. 2 des § 1163 abgesehen — als Inhaber der Hypothek berechtigt, wenn die Forderung, für welche die Hypothek bestellt ist, nicht zur Entstehung gelangt ist (§ 1163 S. 1) oder wenn und soweit sie erlischt (§ 1163 S. 2, dazu § 1176). Die Rechte des Eigentümers als Inhabers einer Eigentümerhypothek unterliegen der Pfändung nach § 857 der CPO. (Petersen-Anger § 857 Anm. 5e; Reincke § 857 Anm. I 6; Jäckel, Zwangsversteigerung § 23 Anm. 3a). Zur Pfändung ist nach § 830 CPO., den der § 857 Abs. 1 für entsprechend anwendbar erklärt, bei einer Hypothek, wo die Erteilung des Briefes ausgeschlossen ist, die Eintragung der Pfändung in das Grundbuch erforderlich (vgl. auch § 1177 BGB. und § 857 Abs. 6 CPO.). Selbstverständlich ist die Eintragung der Pfändung nur zulässig, wenn der Nachweis erbracht wird, daß die condicio juris erfüllt, daß die Forderung nicht zur Entstehung gelangt oder erloschen ist (Rsp. 1 S. 264). Die Vorschrift des § 1163 Abs. 1 findet auch bei Kautionshypotheken Anwendung. Auch diese Hypotheken können zu Eigentümerhypotheken werden; indessen nicht in allen Fällen, in denen sich eine gewöhnliche Hypothek in eine Eigentümerhypothek verwandelt (Biermann, Sachenrecht § 1163 Anm. 2, § 1190 Anm. 2). Was den § 1163 S. 1 anlangt, so wird zu beachten sein, daß Kautionshypotheken oft für künftige oder bedingte Forderungen bestellt werden. Dies ist aber keine Besonderheit der Kautionshypothek (§ 1113 Abs. 2).

Die Besonderheit der Kautionshypothek zeigt sich bei der Betrachtung des Satzes 2 § 1163: „Erlischt die Forderung, so erwirbt der Eigentümer die Hypothek." Bei der gewöhnlichen Hypothek wird für eine bestimmte, wenn auch vielleicht künftige oder bedingte Forderung Hypothek bestellt (§ 1113 BGB), bei der Kautionshypothek dagegen wird nur der Höchstbetrag, bis zu dem das Grundstück haften soll, bestimmt, im übrigen aber die Feststellung der Forderung vorbehalten (§ 1190). Diese Lockerung des Bandes zwischen der dinglichen Gebundenheit und der Forderung bei der Kautionshypothek ist von Einfluß auf die Frage, wann durch Erlöschen der Forderung der Grundeigentümer die Kautionshypothek als Eigentümerhypothek erwirbt. Erlischt bei einer gewöhnlichen Hypothek von 10000 Mark die Forderung in Höhe von 2000 Mark durch Zahlung dieser Summe von seiten des Eigentümers, so erwirbt dieser die Hypothek in dieser Höhe als Eigentümerhypothek. Nicht so bei der Kautionshypothek wegen Ansprüche aus laufendem Kredit (v. Staudinger, BGB. § 1190 Anm. 2a). Hier hat nicht jede Zahlung diese Wirkung. Ist z. B. der Höchstbetrag auf 10000 Mark bestimmt, während die Forderung, zu deren Sicherung die Kautionshypothek bestellt wurde, augenblicklich 12000 Mark beträgt, so leuchtet ohne weiteres ein, daß durch Zahlung von 2000 Mark der Eigentümer nicht Inhaber der Kautionshypothek als Eigentümerhypothek in Höhe des gezahlten Betrages wird (Biermann § 1190 Anm. 2). Aber auch, wenn und soweit durch die Zahlung die Forderung unter den Höchstbetrag herabsinkt, erhält der Eigentümer nicht die Kautionshypothek als Eigentümerhypothek. Nach der Intention der Vertragschließenden soll die dingliche Haftung (ziffernmäßig) fest bestehen bleiben, während der Betrag der Forderung selbst — leicht beweglich — steigen oder fallen mag. Daraus ergiebt sich, daß der Eigentümer während der Dauer des Vertragsverhältnisses — wo die Möglichkeit besteht, daß die augenblicklich geschuldete Summe wieder größer wird — nicht unter Berufung auf eine Zahlung, die er geleistet hat, die Differenz zwischen Kautionssumme und Forderungsbetrag als Eigentümerhypothek in Anspruch nehmen kann. Nur die endgültige Abrechnung entscheidet; nur dann, wenn dabei die Forderung weniger beträgt als der Eintrag, erhält der Eigentümer das Plus als Eigentümerhypothek (v. Staudinger Anm. 5 a; Hachenburg, Vorträge S. 598; Böhm, Reichsgrundbuchrecht S. 295). Der Eigentümer erwirbt also nicht, wie bei der gewöhnlichen Hypothek, diese ganz oder zum Teil unbedingt durch gänzliche oder teilweise Bezahlung der Forderung, der Erwerb steht vielmehr unter der (wirklichen, nicht Rechts-) Bedingung, daß bei Beendigung des der Hypothekbestellung zu Grunde liegenden Rechtsverhältnisses, bei der endgültigen Abrechnung, die Forderung geringer ist, als der Kautionsbetrag. Es handelt sich hiernach um ein dem Eigentümer in der bezeichneten Weise bedingt zustehendes Recht.

Dieses Recht hat unter Umständen einen erheblichen ökonomischen Wert. Mit Unrecht sagt das Landgericht, eine „möglicherweise vorhandene oder gar erst später entstehende, möglicherweise aber auch nicht vorhandene oder entstehende“ Eigentümerhypothek könne nicht Pfandobjekt sein. Denn das, was zum Vermögen des Schuldners, wenn auch nur bedingt oder betagt gehört, unterliegt der Zwangsvollstreckung (Petersen § 857 Anm. 2 und 3, § 829 Anm. 2). — Das Bedenken des Landgerichtes wäre nur dann berechtigt, wenn das Recht des Eigentümers betreffs der Eigentümerhypothek nicht bereits zu seinem Vermögen — wenn auch nur bedingt — gehörte, sondern sich als Hoffnung auf einen künftigen Erwerb darstellte. Dies ist aber nicht der Fall. Der Eigentümer, der eine Hypothek bestellt, scheidet damit den durch die Hypothek repräsentierten Wertsteil seines Grundstückes nicht aus seinem Vermögen in der Weise aus, daß dieser Teil zu seinem Vermögen nicht mehr gehört, vielmehr bindet er ihn nur fest für einen ganz bestimmten Zweck. Diese Bindung kann die Ausscheidung zur Folge haben, ist aber noch nicht die Ausscheidung selbst. Gelangt später bei Lösung des Bandes etwas von dem festgelegten Vermögensteil an den Eigentümer des Grundstückes zurück, so handelt es sich nicht um Erwerb von etwas, was dem Grundstückseigentümer bisher nicht gehörte, vielmehr zeigt sich dann nur, daß die Bindung des Vermögensteiles zur Ausscheidung desselben aus dem Vermögen des Grundstückseigentümers nicht geführt hat. Ganz zutreffend wurde deshalb bei Beratung der Eigentümerhypothek in der zweiten Kommission gesagt:

„Was der Eigentümer bei der Zwangsvollstreckung in sein Grundstück als Inhaber der Eigentümerhypothek erhält, empfängt er nicht als Gläubiger, sondern als „Eigentümer", erhält er nicht als „Befriedigung", weil ihm nicht etwas geleistet wird, was bisher außerhalb seines Vermögens war, sondern weil lediglich ein Bestandteil seines Vermögens in Geld umgesetzt wurde". (Prot. 3 S. 573 und 723; auch Hachenburg, Beiträge S. 19, Vorträge S. 522; Böhm S. 239f. und Endemann Lehrbuch 2 S. 456).

Was von der gewöhnlichen Eigentümerhypothek gilt, gilt ganz besonders von der Eigentümerhypothek bei den Kautionshypotheken. Bei diesen hat ja überdies der Eigentümer, wie gezeigt, den Kautionsbetrag nur bedingt — wenn und soweit die Forderung bei der endgültigen Abrechnung, bei der Geltendmachung der Hypothek, den Kautionsbetrag erreicht — dem Gläubiger zur Verfügung gestellt, so daß die schließliche Differenz zwischen Kautionsbetrag und Forderung überhaupt aus seinem Vermögen nicht ausscheiden sollte.

Daß der Eigentümer nach der Pfändung unter Umständen in der Lage ist, die gepfändete Eigentümerhypothek durch Ausnutzung des ihm bewilligten Kredits wertlos zu machen, steht der Zulässigkeit der Pfändung nicht entgegen. Denn einmal kann die Sachlage auch so sein, daß selbst bei voller Inanspruchnahme des eröffneten Kredits die Höhe des Kautionsbetrages nicht erreicht wird und deshalb Raum für die Eigentümerhypothek bleibt, und dann gehört doch auch im entgegengesetzten Falle die Mitwirkung des Kreditgebers dazu, um die Eigentümerhypothek wertlos zu machen. Jedenfalls läßt sich nicht sagen, eine Pfandhaftung des Grundstückseigentümers als Pfandschuldners bestehe um deswillen nicht, weil es ausdrücklich in sein Belieben gestellt sei, ob er haften wolle (Windscheid § 93).

Hiernach erscheint die Pfändung der dem Schuldner als eventuellem Inhaber der Kautionseigentümerhypotheken bedingt zustehenden Rechte zulässig. Diese Pfändung ist, da bei der Kautionshypothek die Erteilung eines Briefes ausgeschlossen ist (§§ 1185 Abs. 1 und 1190 Abs. 3 BGB.), nach dem früher Ausgeführten in das Grundbuch einzutragen. Durch die Pfändung erlangt die Gläubigerin das Pfandrecht an den Eigentümerhypotheken und an dem, was bei einer Zwangsvollstreckung ꝛc auf diese Hypotheken entfällt (Pfändungsbeschluß unter a). Auch wird dem Schuldner durch die Pfändung die Befugnis genommen, über die Eigentümerhypotheken selbständig unter Verletzung der Rechte der Gläubigerin zu verfügen (Pfändungsbeschluß unter b). B.

f) Sollen mehrere Grundstücke mit einer Sicherungshypothek belastet werden, so kann auf den einzelnen Grundstücken auch eine Hypothek unter 300 Mark eingetragen werden. CPO. §§ 866³, 867².

OLG. Dresden, Ferien-CS. Beschluß v. 26. August 1901.

Der Gläubiger hat auf Grund eines vollstreckbaren Urteiles und Kostenfestsetzungsbeschlusses wegen 478 Mark die Eintragung gleichanteiliger Sicherungshypotheken auf vier Grundstücken seines Schuldners beantragt. Die Vorinstanzen haben den Antrag abgelehnt; sie halten den § 866 Abs. 3 für anwendbar, weil die Zwangsvollstreckung in eine Mehrheit von Grundstücken betrieben wird und gemäß § 867 Abs. 2 die einzelnen Grundstücke mit Beträgen zu belasten sein würden, welche 300 Mark nicht übersteigen, folglich als selbständige Forderungsbeträge im Wege der Zwangsvollstreckung nicht eintragsfähig sein würden.

Für diese ausdehnende Auslegung des § 866 Abs. 3 läßt sich allerdings mit einigem Anscheine geltend machen, daß eine Verteilung des Betrages der vollstreckbaren Forderung auf eine Mehrzahl von Grundstücken in Gestalt der Eintragung von Einzelhypotheken auch eine entsprechende Anzahl von Einzelforderungen zur Entstehung bringen. Allein abgesehen davon, ob dieser Schluß gegenüber der rechtlichen Natur bloßer Sicherheitshypotheken (§ 1184 BGB.) zulässig ist, so kann doch für die gegenwärtig zu entscheidende Frage des Vollstreckungsrechtes die materiellrechtliche Wirkung der fraglichen Vollstreckungsmaßregeln jedenfalls nicht ausschlaggebend sein. Vielmehr sind die §§ 866, 867 CPO. in erster Linie als Vorschriften der Zwangsvollstreckung zu erfassen.

Für die Richtigkeit des von den Vorinstanzen eingenommenen Standpunktes bietet aber schon die Entstehungsgeschichte der fraglichen Bestimmungen nicht den mindesten Anhalt. Beide Vorschriften enthalten allerdings Beschränkungen der Gläubigerrechte zu Gunsten des Schuldners. Sie stehen aber unter sich in keinerlei innerem Zusammenhange. Während § 866 Abs. 3 im wesentlichen auf der Erwägung beruht, daß geringfügige Forderungen bei vernünftiger Wirtschaft überhaupt vom Realkredit auszuschließen sind, bezweckt § 867 Abs. 2 nach der Begründung (Hahn, Mat. 8 S. 166) ohne jede Rücksicht auf den Forderungsbetrag (entspr. § 803 Abs. 1 Satz 2) die Vermeidung von Überpfändungen. Die Gesichtspunkte für die beiden Vorschriften sind demnach völlig verschieden, wie denn auch die Bestimmung des § 867 Abs. 2 bereits im Entwurfe enthalten war, während § 866 Abs. 3 erst auf Grund der Kommissionsberatungen eingeführt worden ist. Insbesondere ist der Gedanke abzuweisen, daß etwa durch § 867 Abs. 2 die Bestimmung in § 866 Abs. 3 eine weitere Verschärfung habe erfahren sollen. § 867 Abs. 2 enthält in der Gestalt des Gebotes eine Verteilung des Judikatsanspruches auf die mehreren Grundstücke des Schuldners lediglich das Verbot der Gesamthypothek, also eine Beschränkung des Gläubigers bloß hinsichtlich des Umfanges, in welchem er jedes der mehreren Grundstücke in Anspruch nehmen kann, wenn er die Zwangsvollstreckung durch Eintragung einer Sicherungshypothek betreiben will. Dabei ist — unbeschadet des Rechtes des Vollstreckungsgläubigers, im Wege der Zwangsversteigerung und Zwangsverwaltung die Befriedigung nach seinem Belieben aus jedem der Grundstücke ganz oder zu einem Teile zu suchen (§ 866 Abs. 1 CPO.), wie bei der Gesamthypothek (§ 1132 Abs. 1 Satz 2 BGB.) — die Verteilung der Forderung auf die einzelnen Grundstücke bloß als eine Maßnahme gedacht, die eben zur Vermeidung der Entstehung einer wirklichen Gesamthypothek dienen und für die Eintragung von Einzelhypotheken die äußerliche (formelle) Grundlage bilden soll, mit der Wirkung, daß jedes Grundstück — ähnlich wie im Falle der Verteilung einer Gesamthypothekenforderung gemäß § 1132 Abs. 2 BGB. — nur für den zugeteilten Betrag hypothekarisch haftet. Dadurch ist die Behandlung der Teilhypothekenbeträge als eines einheitlichen Vollstreckungsaktes nicht ausgeschlossen. Dieser Auffassung entspricht es vielmehr, wenn § 867 Abs. 2 mit den Worten einsetzt: „Sollen mehrere Grundstücke des Schuldners mit der Hypothek belastet werden". Im Sinne der Zwangsvollstreckung entsteht durch den Eintrag der Teilbeträge die Sicherungshypothek des § 866 Abs. 3. Der Eintragung geringfügiger Teilbeträge einer mehr als 300 Mark betragenden Forderung steht auch thatsächlich das bereits erwähnte volkswirtschaftliche Bedenken nicht entgegen, welches zur Aufnahme des § 866 Abs. 3 geführt hat. Wenn übrigens § 866 Abs. 3 nebenher zugleich auf der Erwägung beruht, daß es nicht wünschenswert sei, die Grundbücher mit Einträgen geringfügiger Beträge zu belasten, so läßt sich hieraus zu Gunsten der Vorinstanzen schon deshalb nichts folgern, weil vorliegend die Geringfügigkeit der einzutragenden Beträge nicht auf der wirtschaftlichen Unerheblichkeit der vollstreckbaren Forderung beruht, sondern bloß als Folge einer Maßnahme zur Vermeidung der Überpfändung sich darstellt.

Abgesehen hiervon läßt sich aber in keinem Falle annehmen, daß das Recht auf Erlangung einer Sicherungshypothek von dem zufälligen Unterschiede abhängig gemacht werden sollte, ob die mehreren Grundstücke des Schuldners als einheitliches Grundstück gebucht sind, welchenfalls eine Verteilung der vollstreckbaren Forderung auf die einzelnen Parzellen überhaupt nicht erforderlich ist (Rsp. 1 S. 75), oder ob für sie mehrere selbständige Blätter angelegt sind. Namentlich bei Gesamtschuldverhältnissen würde diese Unterscheidung zu unhaltbaren Ergebnissen führen.

Hiernach ist davon auszugehen, daß es der Verteilung des Forderungsbetrages gemäß § 867 Abs. 2 nicht entgegensteht, wenn auf die einzelnen Grundstücke ein 300 Mark nicht übersteigender Betrag entfällt, daß es vielmehr genügt, wenn die vollstreckbare Forderung des Gläubigers ausweislich des Schuldtitels unter Zugrundelegung der §§ 4 und 5 CPO. mehr als 300 Mark beträgt[1] (vgl. auch Achilles-Strecker, GrBO. S. 97; Turnau-Förster, Liegenschaftsrecht 1 S. 785). Sch.

54

a) Rücktrittsrecht des Verkäufers eines übergebenen, aber noch nicht aufgelassenen Grundstückes, wenn der Käufer nach Leistung einer

[1] Beschluß des Bayer. OLG. v. 1. Febr. 1901: Der Gläubiger, der für seine Forderung eine Vollstreckungshypothek auf einem Grundstücke erlangt hat, kann hierauf verzichten und eine neue Vollstreckungshypothek an demselben und anderen Grundstücken des Schuldners unter Verteilung der Forderung auf die einzelnen Grundstücke beantragen. (Sammlung 2 S. 64.)

Anzahlung mit Zahlung des Restkaufpreises im Verzuge. Rücktrittserklärung durch Zustellung der Klagschrift. Gegenansprüche des Käufers. BGB. §§ 326, 347.

OLG. Kiel, II. CS. Urteil v. 11. Juni 1901.

Gegenüber dem durch das klägerische Eigentum an sich gerechtfertigten Klagantrage ist das Recht des Beklagten, die Räumung des Grundstückes überhaupt zu verweigern, von der Frage abhängig, ob nach § 326 Satz 3 der Verkäufer, der bereits eine Anzahlung auf den Kaufpreis erhalten hat, vom ganzen Vertrage zurücktreten kann, wenn der Käufer mit einem weiteren Kaufpreisteile in Verzug gerät und die ihm danach gesetzte Nachfrist nutzlos verstreichen läßt. Das Berufungsgericht bejaht diese Frage. Zwar könnte der Wortlaut jener Vorschrift zu anderer Auffassung Anlaß geben. Man könnte meinen, daß danach der Umfang des Rücktrittsrechtes ausschließlich bestimmt werde durch den Betrag, zu dessen Zahlung die Nachfrist gesetzt ist, so daß, wenn die Nachfrist nach Empfang der Anzahlung gesetzt wird, der Verkäufer niemals vom ganzen Vertrage zurücktreten könnte. Aber die Entstehungsgeschichte des § 326 zeigt, daß die Auslegung dem wahren Sinne des Gesetzes nicht gerecht werden würde. Wie aus dem Gange der Beratungen zweiter Lesung entnommen werden muß, wollte man dem schon im Entwurfe I berücksichtigten Fall des Rücktrittes vom Vertrage bei Unmöglichwerden der Leistung infolge eines vom Schuldner zu vertretenden Umstandes den Fall des erfolglosen Ablaufes einer nach eingetretenem Verzuge gesetzten Nachfrist gleichstellen. Die selbstverständliche Folge war, daß man auch dem Falle des teilweisen Unmöglichwerdens den Fall der teilweisen Nichtleistung zur Seite stellen mußte. Das geschah durch die Aufnahme der Vorschrift in § 326 Satz 3, deren Fassung seitdem unverändert geblieben ist. Man wird dabei vorwiegend den nächstliegenden Fall im Auge gehabt haben, daß der Schuldner mit seiner ganzen Vertragsleistung im Verzuge ist, der Gläubiger also die Nachfrist für die ganze Schuld setzt, er freiwillig während der Frist eine Teilleistung annimmt und bei Fristablauf noch nicht das Ganze erhalten hat. Daß damit beabsichtigt wäre, über die sich von selbst ergebenden Unterschiede zwischen dem Fall des teilweisen Unmöglichwerdens und dem der teilweisen Nichtleistung hinaus noch weitere Abweichungen beider Vorschriften voneinander festzulegen, dafür läßt sich aus den Beratungen ein Anhaltspunkt nicht gewinnen. Insbesondere kann also nicht beabsichtigt sein, die Anwendung des Satzes 3 § 326 auf den Fall, daß der Schuldner bereits einen Teil geleistet hat, mit dem Reste oder auch nur einem weiteren Teile der Gesamtleistung im Verzuge ist und die danach gesetzte Nachfrist ganz oder teilweise erfolglos verlaufen läßt, auszuschließen, — während doch, wie angesichts der Bestimmung des § 325 Satz 2 nicht zu bezweifeln, der Umstand, daß ein Teil der Leistung erst nach vorangegangener Bewirkung des oder eines anderen Teiles unmöglich wird, den Rücktritt des Gläubigers vom ganzen Vertrage nicht hindert. Die sich von selbst ergebenden Unterschiede in den Voraussetzungen beider Fälle sind demnach die: hier teilweises Unmöglichwerden, dort nicht volle Leistung zur Zeit erfolglosen Verlaufes einer Nachfrist, — dort kein Interesse an dem möglichen Teile der Vertragserfüllung, hier kein Interesse an dem Teil der Vertragserfüllung, der entspricht demjenigen Reste der überhaupt geschuldeten Leistung, mit welchem der Schuldner zur Zeit des Ablaufes der Nachfrist nicht im Verzuge ist. Übrigens ist auch im Laufe der zweiten Lesung von einem Antragsteller ausdrücklich darauf hingewiesen, daß der Empfang einer Anzahlung dem Gläubiger das Recht des Rücktrittes vom ganzen Vertrage nicht nehmen solle (vgl. ferner Staub, HGB. § 374 Anm. 109 ff.). Es bleibt daher nur zu prüfen, ob hier der Kläger an der teilweisen Erfüllung des Vertrages, soweit sie dem nach Abzug der beschafften Anzahlung sich ergebenden Reste des Kaufpreises entspricht, keine Interesse hat. Auch dies muß zu Ungunsten des Beklagten beantwortet werden. Die Verneinung des klägerischen Interesses folgt schon aus dem Umstande, daß das verkaufte Villengrundstück unteilbar ist; der Kläger würde im Falle einer dem nicht verzögerten Kaufpreisteile entsprechenden teilweisen Vertragserfüllung genötigt sein, dem Käufer ideelle Teile des Hauses zu überlassen und die übrigen ideellen Teile anderweit zu verwerten. Dadurch würden seine Interessen offensichtlich allzu sehr geschädigt. Für diese Beurteilung läßt sich gleichfalls auf die Entstehungsgeschichte des Gesetzes hinweisen. Diese Vorschriften des BGB. sollten denen des HGB. angepaßt werden, und dort ist im Art. 359 das Recht des Rücktrittes vom ganzen Vertrage im Falle der Unteilbarkeit der Vertragserfüllung ausdrücklich gewahrt (vgl. Staub zu § 374 Anm. 112 ff.). — Auch die erfolgte Übergabe des Grundstückes auf Grund des Kaufvertrages steht dem Rücktrittsrechte nicht entgegen, weil § 454 BGB. voraussetzt, daß der Verkäufer im wesentlichen erfüllt hat. Letzteres läßt sich nicht schon dann behaupten, wenn der Verkäufer eines Grundstückes dies zwar übergeben, aber noch nicht aufgelassen hat (Planck § 454 Anm. 2). Ebenso kann ein Verzicht des Klägers in seiner Aufforderung an den Beklagten zur Bezahlung der Grundsteuer nicht gefunden werden; diese Aufforderung ist mit dem Fortbestehen der Absicht des Rücktrittes vereinbar, da der Beklagte das Kaufobjekt damals benutzte und noch jetzt benutzt. Wenngleich ferner aus dem Parteivorbringen nicht erhellt, daß der Kläger nach Ablauf der bis zum 10. Februar 1901 gesetzten Nachfrist die in § 349 BGB. bezeichnete Rücktrittserklärung gegenüber dem Käufer vor der Klagerhebung noch besonders abgegeben hat, so kann daraus für den Kläger kein Nachteil erwachsen, weil die Erklärung des Rücktrittes auch durch die Zustellung der Klage an die Käuferin genügend erfolgt ist (vgl. dazu § 132 BGB.).

Ist hiernach die Verurteilung zur Räumung des Grundstückes aufrecht zu erhalten, so ist doch die Berufung des Beklagten insoweit begründet, als er ein Zurückhaltungsrecht auf Gegenansprüche stützt. Hierbei kommen nicht etwa allein die Grundsätze über Gegenansprüche gegen die Eigentumsklage

(§§ 273, 274, 1000), sondern zunächst diejenigen der §§ 347, 348 und 320, 327 über die Folgen des Rücktrittes vom Vertrage zur Anwendung. Denn wenn auch der Kläger, da er trotz Übergabe des Kaufobjektes doch Eigentümer geblieben ist, in der Lage war, seinen Klaganspruch vorerst ausschließlich auf sein Eigentum zu gründen, so reicht doch das Eigentum nicht aus, die auf den Kaufvertrag gestützte Einrede des Rechtes zum Besitze zu überwinden. Dazu war der Rücktritt vom Kaufvertrage nötig. Also sind hier auch die Bestimmungen über die Wirkungen des Rücktrittes maßgebend. Als praktische Folgen ergeben sich hieraus einerseits, daß vom Empfange der beiderseitigen zwecks Erfüllung des Kaufvertrages gemachten Leistungen ab die Ansprüche auf deren Rückgabe nach § 347 als rechtshängig anzusehen sind, und andererseits, daß der § 273 Abs. 3, wonach das Zurückbehaltungsrecht durch Sicherheitsleistung abgewendet werden kann, hier nicht gilt, weil der nach § 348 anwendbare § 320 die Sicherheitsleistung ausdrücklich ausschließt. Danach hat der Kläger an den Beklagten die angezahlten 6000 Mark mit 4 % Zinsen vom Empfangstage an zurückzuzahlen. Dagegen hat der Beklagte ein Recht auf den Ersatz der für die Anlegung einer Centralheizung von ihm aufgewendeten 4000 Mark nicht, weil diese Verwendung nach dem Vorbringen des Beklagten erst nach dem Empfange des Kaufobjektes, also im Sinne des § 347 BGB. nach dem Eintritte der Rechtshängigkeit gemacht ist, und für Verwendungen nach diesem Zeitpunkte zufolge der §§ 994, 996 BGB. nur dann Ersatz beansprucht werden kann, wenn sie — neben anderen Erfordernissen — notwendig waren. Die Anlage einer Centralheizung war aber nach den Regeln einer ordnungsmäßigen Wirtschaft nicht geboten, also nicht notwendig, da das Kaufobjekt vor der Anlage der Centralheizung mit Öfen versehen war. An diesem Ergebnisse kann die Zustimmung des Klägers zu der Anlage nichts ändern. In dieser Zustimmung liegt nicht die Zusage des Ersatzes für den Fall des Rücktrittes vom Vertrage. Gr.

b) **Bestellung „genau nach Muster“.**

OLG. Hamburg, II. CS. Urteil v. 4. Juli 1901.

Unhaltbar ist die Meinung des Beklagten, es sei, da er Lieferung einer mit dem Muster genau übereinstimmenden Ware verlangt habe, Pflicht des Klägers gewesen, den Beklagten darauf aufmerksam zu machen, daß es unmöglich sei, genau nach der Farbe und Maserung des Musters zu liefern. Der Fabrikant kann, wenn ein Kaufmann, auch wenn er Großhändler ist, eine von ihm fabrizierte Ware bestellt, davon ausgehen, daß der Besteller genügende Kenntnis von der Ware besitzt, oder wenn er sie nicht besitzt, sich durch Andere, Sachverständige, verschafft hat, um beurteilen zu können, ob im Handel mit der Ware eine absolute oder nur eine relative Übereinstimmung zwischen Muster und Ware für die Probemäßigkeit der zu liefernden Ware entscheidend ist. War Beklagter zur Zeit des Geschäftsabschlusses, wie er behauptet, ein Neuling im Handel mit Celluloidplatten, und wußte er nicht, daß Herstellung von Celluloid in absoluter Übereinstimmung mit einem vorgelegten Muster unmöglich sei, so hat er die Folgen seiner Geschäftsunkenntnis selbst zu tragen und kann sie nicht auf den Fabrikanten abwälzen. In gleichem Sinne hat das RG. (Entsch. 20 S. 16) einen gleichliegenden Fall beurteilt. Auch Staub (HGB. § 382 Anm. 6) steht auf demselben Standpunkte. M. M.

c) **Wahrung der Probefrist beim Kaufe. BGB. § 495.**

OLG. Bamberg, II. CS. Urteil v. 25. Juni 1901.

Der Kläger hat dem Beklagten Pferde unter Vereinbarung einer 14 tägigen Probezeit verkauft und am 5. des betreffenden Monats übergeben. Beklagter gab die briefliche Erklärung, die Pferde paßten ihm nicht, am 19. dess. M. zu einer Zeit ab, die das Eintreffen beim Kläger erst am nächsten Tage ermöglichte, und wurde wegen unbenutzten Ablaufes der nach BGB. §§ 187[1], 188 berechneten Frist zur Zahlung verurteilt. Nach § 495 BGB. steht beim Kaufe auf Probe die Billigung des gekauften Gegenstandes zwar im Belieben des Käufers, die Billigung kann aber nach § 496 nur innerhalb der vereinbarten Frist erklärt werden, und wenn der Kaufgegenstand dem Käufer zum Zwecke der Probe übergeben ist, gilt sein Schweigen als Billigung. Im Falle der Übergabe des Kaufgegenstandes zur Probe an den Käufer hat also dessen mißbilligende Erklärung die Bedeutung einer auflösenden Bedingung (vgl. Endemann, Lehrb. 1 § 62 N. 6). Die Abgabe der Erklärung dem Verkäufer gegenüber hindert daher allein die Vollendung des Kaufvertrages. Nach § 130 BGB. wird aber eine Willenserklärung, die einem Anderen gegenüber abzugeben ist, wenn sie in seiner Abwesenheit abgegeben wird, erst in dem Zeitpunkte wirksam, in welchem sie ihm zugeht. Zugehen bedeutet nach BGB. die Ankunft der Erklärung beim Adressaten in der Weise, daß dieser von derselben Kenntnis erlangt oder wenigstens in der thatsächlichen und rechtlichen Lage ist, von der Erklärung Kenntnis zu nehmen und sie sich anzueignen (vgl. Motive 1 S. 157; Endemann 1 § 67 N. 2, 3; Cosack, Lehrb. § 59 II Nr. 1 N. 5 u. Nr. 2). Die Äußerung Cosack's (§ 132 I 4 a. E.), daß die Gefahr bei rechtzeitiger Absendung der Erklärung des Käufers den Verkäufer treffe, wenn diese Erklärung verspätet oder gar nicht eintreffe, kann nur dahin verstanden werden, daß die Erklärung so rechtzeitig zur Übermittelung an den Verkäufer dem Boten oder der Post übergeben sein muß, daß sie bei regelmäßigen Beförderungsverhältnissen innerhalb der Probefrist bei demselben eintreffen konnte. Grundlos behauptet Beklagter, daß, wie nach dem HGB. die rechtzeitige Abschickung der Mängelanzeige genüge, dies auch von der Mißbilligungserklärung des Käufers innerhalb der 14 tägigen Probefrist gelte; denn § 377 HGB. macht nach seinem Wortlaute die Wirkung der Mängelrüge von der unverzüglichen Anzeigeerstattung abhängig und unterscheidet sich daher wesentlich von dem Wortlaute der §§ 496, 130 BGB. Z.

d) **Begriff der Kundenrimessen.**

OLG. Zweibrücken, II. CS. Urteil v. 22. Mai 1901.

In dem Vertrage v. . ., zufolge dessen die Klägerin dem Beklagten den Alleinverkauf ihrer Fabrikate für einen bestimmten Bezirk übertrug und der Beklagte seinen ganzen Bedarf allein von der Klägerin zu beziehen hatte, ist bestimmt: „Zahlungen haben durch Kassa oder Kundenrimessen zu erfolgen. Die Kundenrimessen, welche an Reichsbankplätzen domiziliert sein und die Notadresse des Beklagten enthalten müssen, werden zum jeweiligen Reichsbankdiskont diskontiert." Als Kundenrimessen gab der Beklagte vielfach unacceptierte Tratten auf seine Kunden, während die Klägerin Wechsel verlangt, welche von den Kunden acceptiert oder ausgestellt und vom Beklagten an die Klägerin giriert seien. Aus den Gründen:

Rimessen im weiteren Sinne sind Sendungen von Werten, insbesondere von Geld, Wertpapieren und Wechseln, an einen Kaufmann zur Gutschrift (vgl. Grünhut, Wechselr. 2 S. 428; Dernburg, Preuß. Privatr. 2 S. 844 und bürg. Recht 2 S. 308; Wächter, Wechselr. S. 1, 398 und Canstein, Wechselr. S. 357). Im engeren Sinne versteht man unter einer Rimesse einen gewöhnlichen gezogenen Wechsel, welcher von einem Inhaber einem Giranten dieses Wechsels als Deckung oder Zahlung einer Forderung zugesendet wird, welche der Girant gegen den Inhaber hat oder haben wird. Bei der weiteren Begriffsbestimmung ist zwischen angenommenen und nicht angenommenen Tratten nicht zu unterscheiden. Als Girant kann auf der anderen Seite bei der Rimesse im engeren Sinne nur der frühere Indossant oder Aussteller des Wechsels in Betracht kommen (Gareis, Handelsr. S. 889). Eine solche wechselrechtlich verpflichtete Person ist die Klägerin bei der Zusendung der betreffenden Wechsel zu ihrer Bezahlung nicht. Aus dem Begriffe der Rimesse kann deshalb eine Schlußfolgerung zu Gunsten der klägerischen Auslegung nicht gezogen werden. Eine solche ergiebt sich aber auch nicht aus der Verbindung des Wortes „Rimesse" mit dem Worte „Kunden". Das Wort „Kunde" in Kundenrimesse bringt nur zum Ausdruck, daß es sich um Wechsel handelt, welche auf einen Kunden gezogen sind. Einem Kundenwechsel muß ein wirkliches Schuldverhältnis zwischen einem Lieferanten und einem Kunden zu Grunde liegen. Aus der Wortbedeutung folgt aber keineswegs mit Notwendigkeit, daß der Wechsel als Tratte vom Kunden acceptiert sein oder daß der Kunde einen Eigenwechsel ausgestellt haben muß.

Nach Wechselrecht muß die Domizilierung vom Aussteller ausgehen. Erforderlich ist zwar nicht, daß der Aussteller den Vermerk persönlich auf den Wechsel setzt. Die Erlaubnis zur Domizilierung kann auch auf andere Personen, auch auf den Acceptanten, und zwar selbst durch konkludierte Handlungen, übertragen werden. Daß die bezogenen Kunden nur solche Erlaubnis hatten, ist nicht dargethan. Viele Wechsel zirkulieren auch ohne Accept, und im Wechselverkehr sieht der Erwerber eines Wechsels in der Regel nur auf die Kreditwürdigkeit des Indossanten und des Trassanten, nicht auf das Accept (Grünhut 2 S. 198). Auch bei domizilierten Tratten ist nicht erfordert, daß sie vor ihrem Eintritt in den Wechselverkehr acceptiert sind. Dies ergiebt sich aus Art. 24 Abs. 2 WO. Aus der Vertragsbestimmung, daß die Kundenrimessen auf Reichsbankplätze domiziliert sein müssen, folgt also ebenfalls nicht, daß die Kunden die Wechsel vor ihrer Begebung zu acceptieren haben. — Ebensowenig aber endlich aus der weiteren Verfügung, daß seine Rimessen bei der Reichsbank zum jeweiligen Reichsbankdiskont diskontiert werden. Nach den allgemeinen Bestimmungen über den Geschäftsverkehr mit der Reichsbank erfordert nämlich allerdings die Deutsche Reichsbank für den Ankauf eines Wechsels auf einen inländischen Platz die Unterschrift von mindestens zwei als zahlungsfähig bekannten Personen oder Firmen. Der Diskontant wird aber im allgemeinen schon in der Regel an den Diskontisten girieren. Die Reichsbank insbesondere schreibt ferner ausdrücklich vor, daß beim Diskontieren Wechsel auf Plätze, an welchen sich Reichsbankhauptstellen oder Reichsbankstellen befinden, direkt, die Wechsel auf Nebenplätze aber an die betreffende Unteranstalt giriert werden (Wächter, Wechselr. S. 91). Mußte demzufolge aber Klägerin girieren, so gelangte dadurch die Reichsbank in den Besitz der Unterschrift des Trassanten und der Klägerin, also der vorgeschriebenen Unterschrift von mindestens zwei Personen.

Hiernach können aus dem Begriffe der Rimesse, der Wortbedeutung der Kundenrimesse und der Vertragsbestimmung über Domizilierung und Diskontierung nicht, wie Klägerin glaubt, Schlüsse zu Gunsten ihrer Auslegung gezogen werden. Es ist demgemäß an der Hand der übrigen Momente zu prüfen, welches der Parteiwille in Bezug auf die Wechsel beim Abschlusse jenes Vertrages gewesen ist. . . Hierbei kommt insbesondere in Betracht, daß die Rimessen weiter die Notadresse des Beklagten enthalten müssen. Die Notadresse ist die Bezeichnung einer anderen Person als des Trassaten für den Fall, daß der Bezogene die Tratte nicht trassiertermaßen acceptiert oder nicht zahlt. Für diesen Fall wird jene andere Person zur Acceptation sowie zur Zahlung aufgefordert. Die bezeichnete Bestimmung drängt demgemäß zur Annahme, daß die Kundenrimessen bei der Hingabe an Klägerin nicht unbedingt acceptiert sein mußten. Dr. Kr.

55

a) **Zurückforderung des auf den Kaufpreis eines Grundstückes gezahlten Betrages, wenn der Kauf nur mündlich vereinbart ist und Käufer wußte, daß der mündliche Vertrag in Ermangelung der gesetzlichen Form rechtsunwirksam sei. BGB. §§ 812, 814.**

OLG. Kiel, II. CS. Urteil v. 9. Juli 1901.

Die Parteien haben über ein dem Beklagten gehöriges Grundstück einen mündlichen Kaufvertrag geschlossen und der Kläger hat auf den bedungenen Kaufpreis sofort 1600 Mark angezahlt, obwohl ihm bekannt war, daß die Gültigkeit des Vertrages von gerichtlicher oder notarieller Beurkundung abhing. Die Parteien hatten aber bei dem Vertragsabschlusse vereinbart, daß sie am folgenden Tage den Vertrag bei dem Notar O. beurkunden wollten.

Dieser Vereinbarung ist Beklagter trotz Aufforderung nicht nachgekommen. Der auf Rückzahlung der Anzahlung gerichteten Klage setzte Beklagter den Einwand aus § 814 BGB. entgegen; er wurde jedoch nach dem Klagantrag verurteilt.

Die Annahme, daß der Kläger zum Zwecke der Erfüllung einer aus dem rechtsunwirksamen Vertrage für ihn entstandenen Verbindlichkeit in Kenntnis der Rechtsunwirksamkeit dieser Verbindlichkeit gezahlt habe, ist nach Lage der Sache ausgeschlossen; sie würde voraussetzen, daß es die Absicht des Klägers gewesen sei, dem Beklagten entweder überhaupt oder doch für den Fall, daß der Kaufvertrag in einer rechtswirksamen Weise nicht zu stande kommen sollte, eine Schenkung zu machen. Vielmehr hat der Kläger offensichtlich in der Erwartung gezahlt, daß auf der Grundlage des mündlichen Vertrages ein rechtswirksamer Vertrag demnächst abgeschlossen werde. Die Sachlage ist die gleiche, als wenn der Kläger in der Erwartung eines demnächstigen Geschäftsabschlusses vor der erzielten Einigung über die Bedingungen des Kaufes gezahlt hätte. Der § 814 findet daher keine Anwendung.

Da auch die Voraussetzungen des § 815 nicht gegeben sind, insbesondere auch aus dem Vorbringen des Beklagten nicht zu entnehmen ist, daß der Kläger wider Treue und Glauben das Zustandekommen eines rechtswirksamen Vertrages verhindert habe, ist der Anspruch des Klägers nach § 812 begründet. Gr.

b) **Bedeutung des § 825 BGB.**

OLG. Hamburg, II. CS. Urteil v. 6. Juli 1901.

Daß die Klägerin zum Beklagten, von dem sie zu seiner persönlichen Bedienung und Instandhaltung seiner Wohnung gegen eine Vergütung und freie Wohnung für sich, ihren Mann und ihr Kind in Dienst genommen ist, in einem Abhängigkeitsverhältnisse steht, ist anzuerkennen. — Die andere Voraussetzung des § 825: Bestimmung der Frauensperson zur außerehelichen Beiwohnung unter Mißbrauch dieses Abhängigkeitsverhältnisses, ist aber nicht schon dann in allen Fällen gegeben, wenn der Dienstherr eine Frauensperson, die in einem Abhängigkeitsverhältnis zu ihm steht, zum Geschlechtsverkehr überredet. Hätte das Gesetz dies gewollt, so hätte es sich anders ausdrücken müssen, etwa dahin: „wer eine Frauensperson, die zu ihm in einem Abhängigkeitsverhältnis steht, zur Gestattung der außerehelichen Beiwohnung bestimmt". Indem das Gesetz verlangt, daß die Bestimmung der Frauensperson zum Geschlechtsverkehr „unter Mißbrauch des Abhängigkeitsverhältnisses" geschehen sein müsse, giebt es deutlich zu erkennen, daß dieser Mißbrauch das alleinige, oder doch wenigstens eins der Mittel sein müsse, durch welche der Entschluß der weiblichen Person, sich ihrem Dienstherrn hinzugeben, bestimmt werde. Es muß also ein Kausalzusammenhang stattfinden zwischen jenem Mißbrauch und der Duldung des geschlechtlichen Verkehrs. Davon kann aber nur die Rede sein, wenn bei der Überredung von seiten des Dienstherrn auf das Abhängigkeitsverhältnis in solcher Weise Bezug genommen ist, daß dadurch ein Einfluß auf die Entschließung der Frauensperson ausgeübt werden kann, und wenn die Frauensperson dadurch thatsächlich zu ihrem Entschluß bestimmt oder doch mit bestimmt worden ist. Am wirksamsten wird durch den Mißbrauch des Abhängigkeitsverhältnisses ein Einfluß auf die Willensbestimmung der Frau ausgeübt werden können, wenn die Aufforderung zum Geschlechtsverkehr mit der ausdrücklichen oder stillschweigenden Androhung verbunden wird, daß im Weigerungsfall die abhängige Person aus dem Dienstverhältnis werde entlassen werden, oder wenn ihr andere Nachteile angedroht werden. Es lassen sich aber auch noch weniger drastische Fälle jenes Mißbrauches denken, welche die Anwendung des Gesetzes zur Folge haben würde. . . . M. M.

56

a) Kostenpflicht, wenn der Beklagte während des Prozesses in Konkurs gerät und nunmehr der Anspruch festgestellt wird. CPO. § 91.

OLG. Dresden, III. CS. Urteil v. 12. Juli 1901.

Die Klage auf Erfüllung des Grundstückskaufes wurde vom LG. abgewiesen, weil der Kaufsabschluß nicht bewiesen sei. Noch vor der Berufungsverhandlung geriet der Beklagte in Konkurs. Die Klägerin meldete dort 1200 Mark als Schadenersatz wegen Nichterfüllung des Kaufvertrages an unter dem Anführen: Das Grundstück sei zwangsweise versteigert und infolgedessen dem Beklagten die Kaufserfüllung unmöglich geworden; ihr Schaden bestehe u. a. darin, daß die Hypothek von 1200 Mark, die sie seiner Zeit in Anrechnung auf den Kaufpreis abgetreten habe und die ihr nun vom Beklagten infolge Hinfälligwerden des Kaufvertrages eigentlich zurückzucedieren sei, für sie verloren sei. Außerdem forderte sie vom Konkurse Erstattung ihrer Prozeßkosten. Die Hauptforderung von 1200 Mark wurde anerkannt; auch der Gemeinschuldner hat keinen Widerspruch erhoben. Der Kostenanspruch wurde dagegen vom Verwalter bestritten. Die Klägerin hat das Verfahren gegen den Verwalter aufgenommen und nach Aufhebung des Konkursverfahrens den Beklagten selbst geladen und beantragt, über die Kosten zu entscheiden. Das OLG. hat die Hauptsache für erledigt erklärt und dem Beklagten die Kosten beider Instanzen auferlegt. Aus den Gründen:

Es ist nicht zu bezweifeln, daß die Klägerin bei regelmäßigem Verlaufe des Rechtsstreites den ursprünglichen auf Kaufserfüllung gerichteten Klaganspruch trotz des Widerspruches des Beklagten durch den auf Schadenersatz wegen Nichterfüllung ersetzen konnte, nachdem jene Erfüllung infolge zwangsweiser Versteigerung des angeblich gekauften Grundstückes unmöglich geworden war. Denn in dieser durch die Veränderung der thatsächlichen Verhältnisse veranlaßten Umwandlung des Klaggesuches liegt nach § 268³ CPO. nicht eine Klagänderung und sie bedarf daher nicht der Zustimmung des Beklagten (§ 527 das.). Ebensowenig ist darin die Geltendmachung eines neuen Anspruches zu finden. Hieraus folgt aber auch weiter für die besondere Gestaltung, die der Rechtsstreit infolge des zum Vermögen des Beklagten eröffneten, unmittelbar wieder aufgehobenen Konkursverfahrens erfahren hat, daß der Beklagte der Wirkung, die das Anerkenntnis der Schädenforderung der Klägerin durch den Konkursverwalter und die Feststellung dieser Forderung zur Konkurstabelle nicht bloß gegenüber den übrigen Konkursgläubigern (§ 145² KO.), sondern bei fehlendem Widerspruche des Beklagten als Gemeinschuldner auch gegen diesen ausübt (vgl. §§ 144, 164² KO. und hierzu: Entsch. des RG. 16 S. 135, 35 S. 80; JW. 1897 S. 110f. Nr. 20), nämlich der Wirkung eines rechtskräftigen Urteiles, im gegenwärtigen gegen ihn fortgesetzten Rechtsstreite nicht schon deshalb entgehen kann, weil diese anerkannte und festgestellte Forderung an Stelle der ursprünglichen, auf Kaufserfüllung gerichtet gewesenen Klagforderung getreten ist. Daher ist unter diesen Umständen gegenwärtig für das Berufungsgericht kein Anlaß mehr zu der Prüfung gegeben, ob die ursprüngliche Klagforderung und demzufolge auch die an ihre Stelle getretene Schädenforderung bewiesen sei. Der Beklagte hat daher nicht nur die Kosten der ersten Instanz, sondern auch die des erfolgreichen Rechtsmittels der Klägerin zu tragen; denn daß das Obsiegen der Klägerin auf Vorgänge im Konkursverfahren zurückzuführen ist, ändert nichts an der für die Kostenentscheidung ausschlaggebenden Thatsache des Obsiegens. M.

b) **Auch im Falle der Anordnung eines Arrestes durch Beschluß ist der Gegner in die Kosten zu verurteilen. CPO. § 91.**

Bayer. Oberstes Landesgericht, I. CS. Beschluß v. 13. Juli 1901.

Während kein Streit darüber besteht, daß im Falle der Anordnung oder der Bestätigung des Arrestes durch Endurteil der Antragsgegner in die Kosten zu verurteilen ist, nimmt die herrschende Meinung (vgl. Petersen-Anger 2 S. 631; Struckmann-Koch S. 1035; Gaupp 2 § 802 a. F.; Wilmowski-Levy zu § 802 a. F.; Reincke zu § 922; Willenbücher, Kostenfestsetzungsverfahren S. 21), die allerdings nicht ohne Widerspruch geblieben ist (vgl. Seuffert S. 998; Falkmann in Busch, Zeitschr. 15 S. 63; Marcus im Arch. für civ. Praxis 79 S. 451), an, daß der Gegner, der gar nicht gehört worden ist, nicht als unterliegend gelten könne, der Antragsteller vielmehr die Kosten einstweilen vorzuschießen habe und sich den Ersatz, falls es nicht infolge eines Widerspruches des Gegners zu einem Endurteil kommt, dadurch verschaffen könne, daß er den Kostenanspruch entweder im Hauptprozesse oder etwa mittels einer besonderen Klage geltend macht. Der Senat vermag sich der herrschenden Anschauung nicht anzuschließen.

Das Arrestverfahren beginnt, wenn der Arrest durch Beschluß angeordnet wird, ähnlich wie das Mahnverfahren, mit der Erwirkung einer Entscheidung, bei deren Erlassung der Gegner nicht nur nicht gehört wird, sondern noch gar nicht an dem Verfahren beteiligt ist. Das Verfahren wird gegen ihn mit der Zustellung der im voraus erlassenen Entscheidung oder der Vollziehung des Arrestes eröffnet, das rechtliche Gehör wird ihm dadurch gewährt, daß er gegen die Entscheidung Widerspruch erheben kann. Der Umstand, daß der Gegner zur Zeit der Anordnung des Arrestes nicht am Verfahren beteiligt ist, hindert ebensowenig, ihm die Kosten aufzuerlegen, wie er im Mahnverfahren der Aufnahme einer Entscheidung dieses Inhaltes in den Zahlungsbefehl (§ 692) entgegensteht. Die Entscheidung wird für das gegen den Gegner zu eröffnende Verfahren im voraus erlassen, sie ist bestimmt, gegen den Gegner wirksam zu werden, und hat so zu lauten, wie es unter der Voraussetzung, daß die bei Erlassung der Entscheidung angenommenen Umstände mit der wirklichen Rechtslage übereinstimmen, dem Rechte des Antragstellers entspricht. Trifft diese Voraussetzung zu, so ist der Gegner der unterliegende Teil, der nach § 91 die Kosten zu tragen hat, soweit sie zur zweckentsprechenden Rechtsverfolgung notwendig waren. Über die Frage, ob die Voraussetzung zutrifft, wird, wenn der Gegner Widerspruch erhebt, durch Endurteil entschieden. Unterläßt er die Erhebung des Widerspruches, so läßt er sich die Behandlung als unterliegender Teil gefallen. Der ohne sein Gehör erlassene Arrestbeschluß ist dann die endgültige Entscheidung, als solche muß der Beschluß gemäß § 308 Abs. 2 CPO. auch über die Kosten entscheiden und diese Entscheidung muß, da er im voraus erlassen wird, im voraus getroffen werden.

Geschieht dies nicht, so kann der Antragsteller in einem Falle wie der vorliegende — der Arrest wurde erst auf Beschwerde nach Verkündung des Versäumnisurteiles in der Hauptsache angeordnet — nicht zur Erstattung der Kosten gelangen, sofern die von Planck, Civilprozeßr. 1 § 80 Note 25, § 53 Note 63, § 69 Note 50, 51 und vom Reichsgericht (Entsch. 22 S. 421) vertretene Ansicht zu billigen ist, daß über die Prozeßkosten nur der Prozeßrichter entscheiden kann, die Geltendmachung des Anspruches auf Kostenerstattung in einem selbständigen Rechtsstreit aber ausgeschlossen ist. Hiernach hätte das Beschwerdegericht zugleich mit der Anordnung des Arrestes aussprechen sollen, daß die Antragsgegner die Kosten des Arrestverfahrens zu tragen haben. Zu den dem Antragsteller zu erstattenden Kosten gehören aber auch die durch die weitere Beschwerde verursachten, weil sie notwendig waren, um einen dem Gesetz entsprechenden Arrestbeschluß zu erwirken. Die Entscheidung über die gesamten Kosten teilt die rechtliche Natur des Arrestbeschlusses, sie ist eine vorläufige Entscheidung, gegen die der Gegner Widerspruch erheben kann. M.

c) **Zur Anwendung des § 93 CPO.**

OLG. Karlsruhe, II. CS. Beschluß v. 6. Juli 1901.

Die Kläger **konnten** die Aufhebung der Vollstreckung des Arrestbefehls auf dem in §§ 928, 775[1], 776 CPO. vorgesehenen Wege und mittels unmittelbaren Angehens der Grundbuchbehörde herbeiführen. Ob sie nicht diesen Weg beschreiten **mußten**, und ob nicht ihre Klage auf Löschung des Eintrages eben im Hinblick auf jene Befugnis hätte abgewiesen werden müssen (sofern sich die Hauptsache selbst nicht durch die Löschung des Eintrages erledigte), kann dahingestellt bleiben. Denn jedenfalls erscheinen die Kläger im Hinblick auf § 93 CPO. als kostenfällig. Gerade weil ihnen der einfache und mit keinem wesentlichen Kostenaufwand verknüpfte Weg zur Beseitigung des Eintrages zur Verfügung stand, konnte die Beklagte annehmen, die Kläger machten von diesem Rechtsbehelfe Gebrauch, und von einer Thätigkeit ihrerseits absehen. Sache der Kläger war es, wenn sie die Löschung durch die Beklagte bewirkt haben wollten, dies der letzteren wenigstens mitzuteilen; sie durften aber nicht ohne weiteres mit Klagerhebung vorgehen.[1]

Dr. E.

d) Abhilfe auf Beschwerde gegen einen rechtskräftigen Kostenfestsetzungsbeschluß infolge diesem nachgängiger abweichender Streitwertsfestsetzung. Vollmachtspunkt hierbei. CPO. § 107.

OLG. Bamberg, II. CS. Beschluß v. 31. Mai 1901.

Das Landgericht als erste Instanz setzte für Widerspruchsklagen gegen verschiedene Pfändungsgläubiger den Streitwert in Höhe des Wertes der Pfändungsgegenstände fest, dementsprechend auch die der Klägerin zu erstattenden Kosten, minderte aber dann beschlußmäßig den Streitwert auf die Beträge der Pfändungsforderungen. Die Kostenfestsetzungsbeschlüsse wurden sämtlichen Beteiligten am 1., der Wertsherabsetzungsbeschluß nur den prozeßbevollmächtigten Rechtsanwälten am 12. Mai von Amts wegen zugestellt. Als dem Rechtsanwalte, der die Beklagte A. vertrat, der Kostenfestsetzungsbeschluß auf klägerisches Betreiben am 17. Mai wiederholt zugestellt worden war, legte er „Beschwerde, eventuell sofortige Beschwerde in Sachen X., Kläger, gegen A. und Genossen, Beklagte, vertreten durch ihn Rechtsanwalt", ein unter Anfügung der Ausfertigungen des Kostenfestsetzungsbeschlusses gegen A. und zugleich einer, der Beklagten W. selbst mangels anwaltschaftlicher Vertretung am 1. Mai zugestellten Ausfertigung des wider diese gerichteten Kostenfestsetzungsbeschlusses. Nach der Begründung der Beschwerde ließ sich ein Irrtum dahin annehmen, daß die beiderlei Beschlüsse gegen A. erlassen worden wären. Das Landgericht erklärte sich zur Abhilfe außer stande, weil die Kostenfestsetzungsbeschlüsse rechtskräftig seien und um die Beklagte W. es sich gar nicht handeln könne, wurde jedoch vom Beschwerdegerichte veranlaßt, über die Beschwerde sachlich zu befinden und ihr, soweit sie es begründet finde, abzuhelfen, sowie zu diesem Behufe eine Aufklärung des Rechtsanwaltes darüber zu verlangen, ob die Beschwerde auch für die Beklagte W. eingelegt sein sollte. Aus den Gründen:

Allerdings wird ein Kostenfestsetzungsbeschluß im Regelfalle zufolge

[1] Erkennt der Beklagte an, daß er für die gegen ihn geltend gemachte Schadensforderung (wegen Sinkens seiner Schute) mit Schiff und Fracht hafte, so treffen die Kosten den Kläger; allerdings war zur Herbeiführung des Verkaufs des Schiffes die Klagerhebung und die Beschaffung eines vollstreckbaren Titels erforderlich, doch sind die dadurch entstehenden Kosten Verkaufskosten, die aus dem Erlöse des Pfandes vorweg zu decken sind (Beschluß des OLG. Hamburg, I. CS. v. 14. Juni 1901, HansGZ. 1901 S. 211). D. H.

unterbliebener rechtzeitiger Einlegung der sofortigen Beschwerde und dadurch eingetretener Rechtskraft auch für das ihn erlassende Gericht derart bindend, daß diesem auf Grund einer hiernach unzulässigen, aber gleichwohl eingelegten Beschwerde eine Abänderungsbefugnis gemäß §§ 577 ^{3}, 571 CPO. nicht mehr erwachsen kann. Anders wird jedoch im Hinblick auf § 107 die Rechtslage durch eine dem Kostenfestsetzungsbeschlusse nachgehende anderweitige Festsetzung des Streitgegenstandswertes, derzufolge die Kostenfestsetzung durch das Gericht erster Instanz auf den, binnen eines Monats nach Zustellung oder Verkündung des Wertfestsetzungsbeschlusses anzubringenden Antrag entsprechend abzuändern ist. Diese Bestimmung wurde eingeführt, um auch gegenüber einem rechtskräftigen Kostenfestsetzungsbeschluß in dem besonders gearteten Fall abhelfen zu können. Da dieselbe hierfür nicht den Weg der Beschwerde eröffnet, so bleibt diese freilich nach wie vor unzulässig. Aber der Beschwerde kommt in den Fällen, wo die Abänderung der angefochtenen Entscheidung durch das sie erlassende Gericht zulässig ist, zugleich die Eigenschaft einer Gegenvorstellung, eines einfachen Antrages an dasselbe zu, und es hat alsdann, wenn es die Beschwerde für begründet erachtet, ihr abzuhelfen, wenngleich die Beschwerde als solche nicht zulässig sein sollte (vgl. Gaupp's Komm. § 571 Nr. 3, § 577 ^{4} S. 133 [4. Aufl.], Entsch. d. RG. 33, 377, Rechtspr. d. OLG. Bd. 2 S. 308. Hiernach hat, da die einmonatige Antragsfrist seit Zustellung des den Streitgegenstandswert anders festsetzenden Beschlusses noch nicht abgelaufen ist, das Landgericht über die beantragte Abänderung der Kostenfestsetzung nach Maßgabe §§ 571, 577 ^{3} sachlich zu befinden. Die in jedem Falle vorliegende Flüchtigkeit der Sachbehandlung des Rechtsanwaltes kann sich ebensogut wie auf irrige Heranziehung des gegen W. ergangenen Kostenfestsetzungsbeschlusses auf Übersehen der ausdrücklichen Einführung des „Genossen“ als Beschwerdeführers beziehen, nämlich der Beklagten W., von welcher ja die ihr zugestellte Ausfertigung jenes Beschlusses in den Besitz des Rechtsanwaltes gelangt ist. Da auch W. gegenüber — der der Wertsminderungsbeschluß aktenmäßig noch gar nicht zugestellt ist — die Abänderung der Kostenfestsetzung auf Antrag erfolgen muß, erscheint es angemessen, den Rechtsanwalt zur Klarstellung der zweifelhaften Fassung seiner Beschwerde zu veranlassen. Die unterbliebene Vorlage einer Vollmacht der im Hauptprozesse von ihm nicht vertretenen W. steht dem nicht im Wege, da es hier auch im Kostenerstattungsverfahren um den Bestandteil eines Anwaltsprozesses sich handelt — vgl. Recht 1901. S. 250 ff.[1] —, jedenfalls aber die Beschwerde im Gegensatze zum Festsetzungsantrage vom Anwaltszwange beherrscht wird (§§ 78, 88, 569 ^{2} CPO.; vgl. Entsch. 7 S. 403). Z.

e) **Geltungsgebiet des § 109 CPO.**

Kammergericht Berlin, XI. CS. Beschluß v. 9. Juli 1901.

Das Landgericht hat den Beklagten zur Zahlung von 10664 Mark

[1] Vgl. ebenda S. 380.

verurteilt und das Urteil gegen Sicherheitsleistung in Höhe des jedesmal beizutreibenden Betrages für vorläufig vollstreckbar erklärt, worauf der Kläger nach Hinterlegung von 6000 Mark Zwangsvollstreckung, jedoch fruchtlos, vornehmen ließ. Der Beklagte legte darauf Berufung ein und auf seinen Antrag hat das Berufungsgericht die Zwangsvollstreckung eingestellt, sofern er 13000 Mark hinterlegt. Nachdem diese Sicherheit geleistet worden, hat der Kläger behufs Rückerlangung der von ihm hinterlegten 6000 Mark das Verfahren nach §§ 109 ff. CPO. beantragt. Demgemäß hat das Landgericht dem Beklagten zu eventuellen Klageerhebung eine Frist bestimmt und nach deren fruchtlosem Ablauf auf weiteren Antrag die Rückgabe der 6000 Mark angeordnet. Die Beschwerde gegen diese Anordnung wurde zurückgewiesen. Aus den Gründen:

Da der Beklagte [dem Einstellungsbeschlusse gemäß] Sicherheit bestellt hat, ist dem Kläger eine Fortsetzung der Zwangsvollstreckung unmöglich gemacht. Die vorher vorgenommene Zwangsvollstreckung hat zu einer Pfändung nicht geführt, da sie fruchtlos ausgefallen ist. Die Veranlassung für die vom Kläger zwecks Vornahme der Zwangsvollstreckung bestellte Sicherheit ist hiernach weggefallen und der Kläger gemäß § 109 zum Antrage auf Rückgabe der Sicherheit berechtigt. Es ist nicht richtig, daß die vom Beklagten auf Grund des Einstellungsbeschlusses bestellte Sicherheit und die Vollstreckungskaution des Klägers sich gegenseitig bedingen. Ebensowenig ist zutreffend, wenn der Beklagte behauptet, daß das in § 109 angeordnete Verfahren während des Schwebens der Prozesse überhaupt nicht anwendbar sei, sondern voraussetze, daß das gegen Sicherheit vorläufig vollstreckbare Urteil rechtskräftig geworden sei. Die Begründung der Novelle spricht allgemein vom Wegfall der Veranlassung einer prozessualen Sicherheit, ohne einen Unterschied zwischen noch schwebenden und rechtskräftig entschiedenen Prozessen zu machen. Für den Fall der Rechtskraft eines für vorläufig vollstreckbar erklärten Urteils kann vielmehr nach der besonderen Bestimmung in § 715 CPO. die Rückgabe der Sicherheit schon nach Vorlegung eines Zeugnisses über die Rechtskraft des Urteiles angeordnet werden, ohne daß die § 109[1] vorgesehene Fristbestimmung erforderlich ist. Es folgt hieraus, daß der § 109 auf schwebende Prozesse wohl anwendbar ist, sofern nur, wie hier, die Veranlassung zur Bestellung der Sicherheit fortgefallen ist. Sch.

f) Durch Einreichung der Berufungsschrift mit dem Vermerk „Ich stelle selbst zu" wird die Notfrist nicht gewahrt.[1] CPO. § 207 Abs. 2.

OLG. Kiel, II. CS. Urteil v. 14. Juni 1901.

Nachdem das erste Urteil am 6. April 1901 zugestellt war, hat am

[1] Daß die Zustellung unter Vermittelung des Gerichtsschreibers erfolgen soll, muß in Anwaltsprozessen stets angenommen werden, wenn nicht in dem zuzustellenden Schriftsatze die Erklärung der Partei enthalten ist, daß sie selbst einen Gerichtsvollzieher beauftragen wolle: JW. 1901 S. 654[4]. Nicht erforderlich ist, daß die Zustellung auch wirklich unter Vermittelung des Gerichtsschreibers zur Ausführung gekommen ist: JW. 1901 S. 508[3], 654[4], 1901 S. 6[4], Entsch. 46 S. 390. D. H.

4. Mai 1901 der für die zweite Instanz vom Beklagten bestellte Anwalt die Berufungsschrift mit dem Vermerk „ich stelle selbst zu" bei der Gerichtsschreiberei zum Zwecke der Terminsbestimmung eingereicht. Diese Berufungsschrift ist dem Kläger am 7. Mai 1901 durch den Gerichtsvollzieher zugestellt worden. Darauf hat der Anwalt des Beklagten am 15. Mai 1901 den Gerichtsschreiber beauftragt, zuzustellen; dieser Auftrag ist am 17. Mai 1901 ausgeführt. Die Berufung ist als unzulässig verworfen, weil nicht in der gesetzlichen Frist eingelegt:

Die Berufungsfrist war durch die erste, durch Vermittelung des Gerichtsvollziehers am 7. Mai 1901 zugestellte Berufungsschrift jedenfalls nicht gewahrt. Aber auch nach § 207 Abs. 2 ist die Zustellung nicht rechtzeitig erfolgt. Denn der § 207 setzt voraus, daß bei dem Gerichtsschreiber jedenfalls vor Ablauf der Notfrist die Berufungsschrift zum Zwecke der Zustellung eingereicht wird. Das ist hier nicht geschehen. Der Bevollmächtigte des Beklagten hat vielmehr bei der Einreichung ausdrücklich erklärt, er wolle selbst zustellen. Die Einreichung erfolgte demnach lediglich zum Zwecke der Terminsbestimmung. Die wiederholte Einreichung zum Zwecke der Zustellung durch die Vermittelung des Gerichtsschreibers ist aber erst nach Ablauf der Notfrist erfolgt; die daraufhin erwirkte Zustellung ist ohne Einfluß. Gr.

g) **Beim vorbereitenden Verfahren hat der beauftragte Richter alle Punkte mit den Parteien durchzugehen, die in den vorbereitenden Schriftsätzen niedergelegt sind. Keine Heilung gemäß § 295 CPO.**

OLG. Köln, V. CS. Urteil v. 11. Mai 1901.

An sich steht der Anordnung eines neuen vorbereitenden Verfahrens in dieser Instanz nichts im Wege, denn die nach § 354 [bisher 319] Abs. 2 CPO. eintretende Ausschließung wirkt, wie allgemein anerkannt ist, nicht für die Berufungsinstanz (Seuffert § 319 Anm. 4; Struckmann-Koch § 529 Anm. 4; Gaupp § 354 II Anm. 7). Es erschien aber angezeigt, die Sache unter Anwendung des § 539 in die erste Instanz zurückzuverweisen, weil das Verfahren vor dem Landgerichte an einem wesentlichen Mangel leidet. Das vorbereitende Verfahren bezweckt eine schriftliche Instruktion und Festlegung des gesamten thatsächlichen Streitstoffes, der beauftragte Richter darf sich daher nicht darauf beschränken, dasjenige zu Protokoll zu nehmen, was die Parteien ihm aus freien Stücken vortragen, er muß vielmehr auch das Material, das sich aus den bereits vorliegenden Schriftsätzen der Parteien ergiebt, zur Erörterung bringen und nach Anleitung der zwingenden Vorschriften des § 350 Punkt für Punkt mit den erschienenen Parteien durchgehen. Dabei ist die ihm durch §§ 503, 139 auferlegte Pflicht, auf vollständige Erklärungen der Parteien hinzuwirken, noch verschärft durch §§ 319, 354 Abs. 1, wonach Erklärungen der erschienenen Parteien über Thatsachen, Urkunden, oder Eidzuschiebungen nur insoweit als unterblieben und damit als für die Instanz ausgeschlossen anzusehen sind, als die Partei vom Richter zur Abgabe einer Erklärung für dieselben aufgefordert worden ist.

Vorliegend hat der beauftragte Richter nicht nach diesen Grundsätzen verfahren; vielmehr nur den Beklagten ganz allgemein aufgefordert, „seine Einwendungen gegen die Teilung vorzubringen", anstatt die den Gegenstand der Klage und der Widerklage bildenden, aus der Klageschrift, der Klagebeantwortung und den weiter gewechselten umfangreichen Schriftsätzen der Parteien des Näheren sich ergebenden Streitpunkte mit beiden Parteien durchzugehen und die Erklärungen der letzteren zu jedem einzelnen Punkte, insbesondere ihre thatsächlichen Behauptungen und die für die bestrittenen Behauptungen auf Befragen angegebenen Beweismittel zu protokollieren. Die nach dem Protokoll vom Prozeßbevollmächtigten der Beklagten abgegebene Erklärung, daß er selbst „Einwendungen, die zu berücksichtigen seien", nicht erheben könne, kann, abgesehen von ihrer Unbestimmtheit, auch deshalb nicht in Betracht kommen, weil der beklagte Ehemann persönlich erschienen war und für die Verhandlung kein Anwaltszwang bestand. Die Feststellung im Protokoll, der Beklagte sei wiederholt vergeblich aufgefordert worden, genaue Einwendungen zu machen, er habe sich nur in allgemeinen Redensarten ergangen, daß die Teilung unrichtig sei ꝛc, es sei unmöglich gewesen, ihn zu bestimmten Angaben zu bewegen, kann nicht als eine den Vorschriften des § 350 entsprechende Feststellung angesehen werden. Zur Erklärung über das (im wesentlichen bereits in den Schriftsätzen niedergelegte) konkrete Streitmaterial ist von den vor dem beauftragten Richter erschienenen Parteien die eine (die Beklagten) nicht in der richtigen Weise, die andere (die Kläger) überhaupt nicht veranlaßt worden. Daß der beklagte Ehemann nicht gewillt war, seine Einwendungen gegen den Teilungsentwurf des Notars fallen zu lassen und daß auch eine Verständigung mit ihm kein Ding der Unmöglichkeit ist, ergiebt sich aus den Schriftsätzen seines Prozeßbevollmächtigten in dieser Instanz.

Dieser Mangel des Verfahrens ist wesentlich, weil er die Zusprechung der Klage und die Abweisung der Widerklage ohne materielle Prüfung der Streitigkeiten der Parteien zur Folge gehabt hat (vgl. Entsch. 37 S. 249). Allerdings ist der Mangel in der dem Urteile vorhergegangenen mündlichen Verhandlung von keiner Partei gerügt worden; der § 295 Abs. 1 kann aber hier nicht zur Anwendung kommen, weil es sich um die Verletzung von Vorschriften handelt, auf deren Befolgung die Parteien nicht verzichten konnten. Die prozeßrechtliche Gestaltung des vorbereitenden Verfahrens ist nach der Natur der Sache der Verfügung der Parteien entzogen; es kann den letzteren nicht gestattet sein, die vom Gericht für notwendig oder zweckmäßig erachtete Anordnung desselben illusorisch zu machen (Gaupp zu § 354 I Anm. 6). Dr. N.

57

Zulässigkeit der nach Erledigung der Hauptsache nur wegen der Kosten eingelegten Beschwerde. GrBO. § 71. FrGG. § 20. Preuß. GKG. § 25.

Kammergericht, I. CS. Beschluß v. 3. Juni 1901.

Nachdem das Amtsgericht einen Namens der Gesellschaft A. & B. gestellten Löschungsantrag der Kaufleute A. und B. mit der Begründung, daß ein zu deren Legitimation beigebrachter Registerauszug unzulänglich sei, zurückgewiesen hatte, überreichte der Notar einen neuen Registerauszug und bat um Niederschlagung der Kosten der vorhergehenden Verfügung, da auch der frühere Registerauszug genügt habe. Die Hypothek wurde nunmehr gelöscht, die Kostenniederschlagung jedoch abgelehnt und die Beschwerde hiergegen zurückgewiesen. Die weitere Beschwerde wurde zugelassen. Aus den Gründen:

Wiewohl die in § 25 des Preuß. GKG. gedachte Erinnerung und das ihr folgende Verfahren sowohl die Kostenhöhe als die Kostenpflicht betreffen können (Entsch. 16 S. 291), so greifen die Rechtsmittel dieses Gesetzes doch nur dann Platz, wenn behauptet wird, es seien Kosten unter Verletzung von Vorschriften jenes Gesetzes zum Ansatze gekommen. Letzteres ist hier aber nicht der Fall; vielmehr behaupten die Beschwerdeführer, es habe der Grundbuchrichter durch seine abweisende Verfügung zu Unrecht eine Sachlage geschaffen, nach welcher ihnen gemäß § 109[2] GKG. Kosten auferlegt werden mußten. Es handelt sich mithin jetzt um die Frage, ob in Grundbuchsachen nur wegen der Kosten einer gerichtlichen Entscheidung Beschwerde und weitere Beschwerde aus dem Fundament erhoben werden kann, daß jene Entscheidung zur Hauptsache unrichtig sei. Diese Frage ist bisher in mehrfachen Entscheidungen (Jahrbuch 3 S. 189) verneint worden; für das neue Recht läßt sich eine solche Verneinung aber nicht mehr aufrecht erhalten, ohne daß es einen Unterschied bedingt, ob Grundbuchsachen oder Angelegenheiten der freiwilligen Gerichtsbarkeit in Frage kommen. — Zunächst ist die Annahme zurückzuweisen, als enthalte § 99 Abs. 1 CPO. ein allgemeines und hier verwendbares Rechtsprinzip. Schon die Begründung (Hahn, Mat. 2 S. 200) läßt erkennen, daß jene, jetzt übrigens durch Abs. 2 beschränkte Regel auf Nützlichkeitserwägungen und der Eigenart des civilprozessualen Verfahrens beruht. Daraus folgt ohne weiteres, daß sie auf andere Gebiete der Rechtsanwendung nicht erstreckt werden kann, sofern dies nicht besonders vorgesehen ist. An solchen Vorschriften aber fehlt es für Grundbuchsachen und für das Gebiet der freiwilligen Gerichtsbarkeit im allgemeinen völlig. Auch läßt sich nicht behaupten, daß eine Nachprüfung der Sachentscheidung durch die höhere Instanz auf rein theoretische und damit zwecklose Erörterungen hinauslaufen müsse, sobald das Gericht diese Sachentscheidung (sei es wegen Mangel eines bezüglichen Antrages, sei es wegen sonstiger Erledigung der Hauptsache) nicht mehr abzuändern vermöge. Denn die Möglichkeit einer Abänderung der über die Kostenpflicht ergangenen Entscheidung bietet in solchen Fällen den praktischen, unter Umständen wirtschaftlich schwerwiegenden Zweck der Nachprüfung.

Abgesehen hiervon wird ferner angenommen werden müssen, daß für die hier besprochenen Gebiete der Rechtsanwendung das Gegenteil der Regel des § 99 Abs. 1 als Rechtsgrundsatz anzuerkennen, d. h. davon auszugehen ist, daß eine sachliche Entscheidung mit der Beschwerde und weiteren Beschwerde nur wegen der Kostenfrage von jedem angegriffen werden kann, der zur Beschwerde in der Sache selbst befugt ist, es sei denn, daß eine besondere gesetzliche Bestimmung diese Befugnis einschränkt. Letzteres liegt zweifellos insoweit vor, als die Entscheidung zur Hauptsache jeder Anfechtung durch das Gesetz entzogen ist.

Die GrBO. sowohl als das FrGG. und die in Preußen hierzu erlassenen landesgesetzlichen Vorschriften gehen ersichtlich davon aus, daß Abhilfe gegen Rechtsnachteile aus gerichtlichen Entscheidungen entsprechend den Geboten der Gerechtigkeit und Billigkeit insoweit verlangt werden kann, als nicht besondere gesetzliche Vorschriften entgegenstehen. So läßt § 71 GrBO. die Beschwerde gegen Entscheidungen des Grundbuchamtes (von Eintragungen abgesehen) ganz unbeschränkt zu, und man sucht im gedachten Gesetze vergeblich nach einer die Legitimation zur Beschwerdeführung einschränkenden Vorschrift. Eine solche ist im § 20 Abs. 2 FrGG. allerdings enthalten, interessiert aber hier nicht, wo es genügt, hervorzuheben, daß nach beiden erwähnten Gesetzen eine Beeinträchtigung des Rechtes des Beschwerdeführers allgemein, also auch bezüglich der in Betracht kommenden Kostenlastfrage, zur Beschwerdeführung berechtigt.

Noch klarer sind diese Grundsätze im preuß. FrGG. zum Ausdrucke gekommen. Dort heißt es im Art. 4, daß die Beschwerde gegen gerichtliche Entscheidungen erster Instanz nicht stattfinde, soweit sie durch besondere gesetzliche Vorschrift ausgeschlossen sei, eine Bestimmung, die mit größter Schärfe den oben aufgestellten Rechtssatz bestätigt, daß es auf dem hier erörterten Gebiete zur Beschränkung der Beschwerdeführung auf die Hauptsache einer ausdrücklichen Vorschrift bedürfen würde. Dazu kommt noch Art. 11, der die von ihm als selbstverständlich vorausgesetzte Beschwerde wegen der Kosten nur formell insoweit beschränkt, als die Beschwerde gegen die Entscheidung in der Hauptsache formellen Beschränkungen unterworfen ist. Der Umstand, daß hierbei wohl nur an die im Art. 9 erwähnte Entscheidung über die Kostenlastfrage zwischen mehreren Beteiligten gedacht ist, bleibt für die prinzipielle Auffassung ohne Erheblichkeit.

Darüber wird schließlich ein begründeter Zweifel nicht bestehen können, daß eine durch unrichtige Rechtsanwendung in der Hauptsache bedingte Belastung des Beschwerdeführers mit Gerichtskosten auch eine Beeinträchtigung des zur Hauptsache geltend gemachten Rechtes enthält. Denn dieses Recht erstreckt sich nicht nur darauf, daß die Hauptsache zutreffend entschieden werde, sondern umfaßt auch den Anspruch, nicht weiter mit gerichtlichen Kosten belastet zu werden, als eine zutreffende Entscheidung zur Hauptsache dies zur Folge haben würde. Daraus folgt weiter, daß es für die Zulässigkeit von Beschwerden der hier erörterten Art auch einen Unterschied nicht ausmacht, ob die Partei den zur Hauptsache in der Vorinstanz gestellten Antrag nicht aufrecht erhalten kann oder will. Inwieweit hieraus praktische Schwierigkeiten für die Rechtsprechung erwachsen können, ist eine lediglich de lege ferenda zu erörternde Frage. M.

58

Das nach ALR. verschlossen übergebene, sowie das gemäß § 2238 BGB. errichtete Testament ist, auch wenn die Schrift nicht dem Erblasser vorgelesen worden, eine öffentliche Urkunde. GrBO. § 36.

Kammergericht, I. CS. Beschluß v. 1. Juli 1901.

Der Antrag des Beschwerdeführers auf Umschreibung der ihm bei der Nachlaßteilung überwiesenen Nachlaßhypothek ist aus dem Grunde beanstandet, weil die beiden Testamente des Erblassers — das 1899 verschlossen dem Gerichte übergebene, sowie das 1900 dem Notar offen übergebene und von diesem mit dem Aufnahmeprotokoll in gerichtliche Verwahrung gebrachte — nicht in einer öffentlichen Urkunde enthalten seien. Die Vorinstanzen führen aus: Nach § 176² FrGG. soll eine Schrift, auf welche in einer Erklärung Bezug genommen und die dem Protokoll als Anlage beigefügt wird, als Teil des Protokolles gelten; deshalb müßten auch die allgemeinen Formvorschriften über das Beurkundungsprotokoll auf diese Anlage Anwendung finden und sie dem Beteiligten mit vorgelesen werden, widrigenfalls sie nicht mit als öffentlich beurkundet gelten könne. Ob diese Auffassung zutreffend ist, kann hier dahingestellt bleiben. Denn jedenfalls ist die Anwendbarkeit des § 176² auf die Errichtung von Testamenten ausgeschlossen. Im § 168 FrGG. ist vorgesehen, daß der 10. Abschnitt (über die gerichtlichen und notariellen Urkunden) nur gelten soll, unbeschadet der Vorschriften des BGB. über die Errichtung von Testamenten und Erbverträgen; allein das letztere hat gerade über die Bedeutung und Behandlung der bei der Testamentserrichtung überreichten Schrift bestimmte Vorschriften getroffen, welche die Anwendbarkeit des § 176 Abs. 2 (der auf das ältere Testament überhaupt nicht bezogen werden kann) auf die bei der Testamentserrichtung übergebene Schrift vollständig ausschließt.

Bei der Entscheidung ist auszugehen von § 36 GrBO.: „Beruht die Erbfolge auf einer Verfügung von Todes wegen, die in einer öffentlichen Urkunde enthalten ist, so genügt es, wenn an Stelle des Erbscheines die Verfügung und das Protokoll über die Eröffnung der Verfügung vorgelegt werden." Der zuerst gebrauchte Ausdruck „Verfügung von Todes wegen" ist nach seiner materiellen Seite zu verstehen: der letzte Wille muß in öffentlicher Form beurkundet, in einer öffentlichen Urkunde enthalten sein. Wenn der erste Richter darauf hinweist, daß es nahe gelegen hätte, in der GrBO. den Ausdruck der §§ 2231, 2232 BGB. zu gebrauchen (daß das Testament

„vor einem Richter oder Notar errichtet“ sein müsse), so übersieht er, daß § 36 auch auf solche letztwilligen Verfügungen bezogen werden muß, die nicht in der ordentlichen Testamentsform und nicht im Inlande errichtet sind. Es ist deshalb in § 36 mit Recht ein umfassenderer Ausdruck gewählt, der die in den angezogenen Paragraphen bezeichneten öffentlichen Testamentsformen mit in sich begreift.

Bei der Feststellung, ob die beiden vom Erblasser erklärten letztwilligen Verfügungen in öffentlichen Urkunden enthalten sind, kommt für den Begriff der öffentlichen Urkunde die Definition des § 415 CPO. maßgebend in Betracht. Es ist danach zu prüfen: erstens, ob beide Testamente von einer öffentlichen Behörde innerhalb der Grenzen ihrer Amtsbefugnisse oder von einer mit öffentlichem Glauben versehenen Person innerhalb des ihr zugewiesenen Geschäftskreises aufgenommen, und zweitens, ob dabei die vorgeschriebene Form beobachtet ist. Bei dieser Prüfung sind diejenigen gesetzlichen Vorschriften über die Zuständigkeit zur Testamentserrichtung und über die Form des Errichtungsaktes anzuwenden, die zur Zeit und am Orte derselben Geltung gehabt haben. Danach ist aber kein Zweifel, daß beide Testamente in öffentlichen Urkunden enthalten sind.

Das erste Testament entspricht den im ALR. vorgeschriebenen Formen. Das ALR. kannte beim ordentlichen Testamente nur die öffentliche, gerichtliche Form; das Testament konnte entweder zu gerichtlichem Protokoll erklärt oder dem Gerichte übergeben werden (§ 66 I. 12). Im letzteren Falle war eine Schrift, die vom Testator eigenhändig unterschrieben sein mußte, dem Gerichte entweder offen oder verschlossen zu übergeben; der Richter hatte durch Befragung des Testators festzustellen, ob die Schrift seinen letzten Willen enthalte und ob er sie unterschrieben habe (§§ 102, 107 ff.); wurde dies bejaht, so wurde die Schrift versiegelt und überschrieben (§ 103) und als das gerichtlich übergebene Testament zur Verwahrung genommen. Aus diesen Vorschriften folgt, daß die beiden Formen der gerichtlichen Aufnahme und der gerichtlichen Übergabe des Testamentes und bei letzterer wiederum die Unterformen der Übergabe eines offenen oder versiegelten Aufsatzes vollkommen gleichgestellt waren: sie waren sämtlich Formen der einzig zugelassenen gerichtlichen Testamentserrichtung. Die Übergabe des versiegelten Aufsatzes war ein Teil des Testamentsaktes, zu ihm trat die vor dem Richter abgegebene Erklärung über Anerkennung des versiegelten Aufsatzes als letzten Willen und über die eigenhändige Unterschrift hinzu: war aber diese Erklärung abgegeben, so wurde der übergebene und zur Verwahrung angenommene versiegelte Aufsatz ein Bestandteil des gerichtlichen Protokolls und als solcher eine öffentliche Urkunde. Das hier in Betracht kommende Testament ist durch Übergabe eines versiegelten Aufsatzes unter Wahrung dieser Vorschriften gerichtlich errichtet und deshalb in allen seinen Teilen als öffentlich beurkundet anzuerkennen.

Das zweite Testament ist 1900 errichtet, und demzufolge nach dem BGB.

zu beurteilen, ob es öffentlich beurkundet ist.. Für die ordentliche Testamentsform unterscheidet das BGB. das vor dem Richter oder Notar errichtete Testament von dem eigenhändig geschriebenen Testamente (§ 2231); nur das erstere ist ein öffentlich beurkundetes Testament. Die Errichtung desselben vor Gericht oder Notar kann entweder durch mündliche Erklärung zu Protokoll oder durch Übergabe einer offenen oder verschlossenen Schrift erfolgen, hinsichtlich welcher der Erblasser (in der Regel mündlich und nur im Ausnahmefalle des § 2243 schriftlich) zu erklären hat, daß sie seinen letzten Willen enthalte. Alle diese Formen — mündliche Erklärung zu Protokoll, Übergabe der offenen, der verschlossenen Schrift — sind auch hier einander völlig gleichgestellt, in allen Fällen wird ein öffentliches Testament errichtet. Die Übergabe der Schrift mitsamt der mündlichen Erklärung bilden den Errichtungsakt; dies folgt aus § 2238 ganz klar: „Die Errichtung des Testamentes erfolgt in der Weise, daß der Erblasser . . . eine Schrift mit der mündlichen Erklärung übergiebt, daß die Schrift seinen letzten Willen enthalte.“ Demgemäß müssen auch nach § 2241[3] in das Errichtungsprotokoll aufgenommen werden „die nach § 2238 erforderlichen Erklärungen des Erblassers und im Falle der Übergabe einer Schrift die Feststellung der Übergabe“. Die abgegebene Erklärung mit der übergebenen Schrift enthält das Testament, die Schrift ist also ein Bestandteil desselben und folglich in gleicher Weise eine öffentliche Urkunde, wie das Protokoll selbst. Dies geht auch äußerlich aus dem Umstande hervor, daß das Protokoll nebst der Schrift von Richter oder Notar mit dem Amtssiegel zu verschließen und in amtliche Verwahrung zu bringen ist (§ 2246). Die Motive bezeichnen es dementsprechend als selbstverständlich, daß die im Errichtungsprotokolle bezeichneten Anlagen als Teile des Protokolles anzusehen sind (Bd. 5 S. 295). M.

59

a) Zur Löschung einer Nachlaßhypothek genügt nicht die Bewilligung des Vorerben. BGB. § 2113.

Kammergericht, I. CS. Beschluß v. 10. Juni 1901.

Der 1900 verstorbene Hypothekengläubiger hat durch Testament 1885 seine Frau und seine sechs Kinder zu Erben ernannt, jedoch bestimmt, daß seine Frau, wenn sie nicht wieder heirate, die Haupterbin sein und den Kindern bestimmte Summen auszahlen, im Falle ihrer Wiederverheiratung aber bei der Auseinandersetzung nur Kindesteil erhalten solle. Die Witwe hat die Löschung der Post bewilligt und bekannt, daß der Eigentümer das Hypothekenkapital mit Zinsen bezahlt habe. Den Löschungsantrag des Eigentümers haben jedoch die Vorinstanzen abgelehnt, weil die Beschwerdeführerin als Vorerbin anzusehen und zur Löschung deshalb der Einwilligung der Kinder bedürfe. Die weitere Beschwerde erscheint nicht begründet.

Gegen die Auslegung des Landgerichtes, daß die Beschwerdeführerin — insofern sie im Falle ihrer Wiederverheiratung $^6/_7$ des Nachlasses an ihre

Kinder herauszugeben verpflichtet sein soll — als Vorerbin, die Kinder als Nacherben zu gelten hätten, ist rechtlich nichts zu erinnern (vgl. § 2103 BGB.); sie ist auch nicht angefochten. Es fragt sich daher nur, ob die für den Erblasser eingetragene Hypothek auf einseitige Bewilligung der Beschwerdeführerin gelöscht werden kann. Die Frage ist für das allein in Betracht kommende Recht des BGB. (Art. 213 EG. zum BGB.) zu verneinen. Es kann dies schon aus § 2113 BGB. gefolgert werden, nach welchem Verfügungen des Vorerben über ein zur Erbschaft gehörendes Recht an einem Grundstücke, insbesondere also über Hypotheken, für den Fall des Eintrittes der Nacherbfolge insoweit unwirksam sind, als sie das Recht des Nacherben vereiteln oder beeinträchtigen würden. Dem Nacherben muß somit die Möglichkeit gewahrt bleiben, die Unwirksamkeit einer Verfügung des Vorerben beim Eintritte des Nacherbfalles geltend zu machen. Diese Möglichkeit wird jedoch durch die Löschung eines eingetragenen Rechtes beseitigt. Eine vorläufige Löschung (mit Vorbehalt der Wiedereintragung für den Fall der Rüge der Unwirksamkeit und namentlich der Wiedereintragung mit dem alten Range) ist dem Gesetze unbekannt. Da der Grundbuchrichter demgemäß nicht zu übersehen vermag, ob eine Löschung sich mit dem Rechte des Nacherben in Widerspruch setzt, so lehnt er sie mit Fug ab, bis ihm die Zustimmung des Nacherben als eines Passivbeteiligten (§ 19 GrBO.) nachgewiesen ist. Nun bestimmt aber weiter der § 2114 BGB. ausdrücklich, daß zwar die Kündigung und Einziehung einer zur Erbschaft gehörenden Hypothekenforderung dem Vorerben zustehe, daß er jedoch nur verlangen könne, daß das Kapital an ihn nach Beibringung der Einwilligung des Nacherben gezahlt, oder daß es für ihn und den Nacherben hinterlegt werde. Diese Einschränkung der Verwaltungsbefugnisse des Vorerben wurde für notwendig gehalten, um eben das Recht des Nacherben nicht wertlos zu machen und ihn gegen nachteilige, in ihren Folgen nicht wieder zu beseitigende Verfügungen des Vorerben zu schützen (Motive 5 S. 97). Durch die Zahlung des Kapitals an den Vorerben allein wird hiernach die Hypothekenforderung nicht getilgt; der Vorerbe ist ohne Mitwirkung des Nacherben zur Empfangnahme des Geldes nicht befugt (Frommhold zu § 2114 BGB. Anm. 1). Seine Quittung reicht zum Nachweise des Erwerbes der Hypothek durch den Eigentümer nicht aus, wie auch seine Löschungsbewilligung zur Aufhebung der Hypothek nicht genügt; das Recht des Nacherben steht einer Belastung der Hypothek mit dem Rechte eines Dritten gleich (§§ 1177, 1163, 875, 876 BGB.). Fr.

b) **Löschung einer vom Vorbesitzer bezahlten Hypothek. GrBO. § 19.**

Kammergericht, Ferien-CS. Beschluß v. 16. August 1901.

Gegenwärtig eingetragener Eigentümer ist der Beschwerdeführer, der das Grundstück von den Erben des vorher eingetragenen Eigentümers A. Ende 1900 gekauft hat. Darauf steht für X. eine Hypothek eingetragen. Die Erben des verstorbenen Gläubigers haben anerkannt, daß die Hypothek schon zu Lebzeiten ihres Erblassers und zur Zeit, als noch A. Eigentümer war, bezahlt worden sei. Im Kaufvertrage vom Ende 1900 ist über die Post nichts bestimmt worden. Der Löschungsantrag des Beschwerdeführers ist abgelehnt und die weitere Beschwerde zurückgewiesen.

Die Vorinstanzen gehen mit Recht davon aus, daß, wenn eine Hypothek durch den Vorbesitzer des Grundstückes getilgt ist, dieser Vorbesitzer oder sein allgemeiner Rechtsnachfolger zu denjenigen Personen gehören, deren Rechte durch die Löschung betroffen werden, daß mithin nach § 19 GrBO. ihre Einwilligung zu der Löschung erforderlich ist. Ob diese Einwilligung, wie in der Entscheidung (Jahrb. 2 Nr. 80) angenommen ist, dann entbehrlich ist, wenn der Vorbesitzer sich urkundlich verpflichtet hat, die Hypothek zur Löschung zu bringen, mag dahingestellt bleiben. Jedenfalls müßte für die Anwendbarkeit des dort ausgestellten Rechtssatzes eine ausdrückliche Übernahme der Löschungsverpflichtung gefordert werden. Eine solche könnte vom Grundbuchrichter im Wege der Auslegung als eine Löschungsbewilligung aufgefaßt werden. Vorliegend ist die Hypothek, deren Löschung verlangt wird, im Kaufvertrage nicht erwähnt worden. Wenn auch nach § 439 BGB. der jetzige Eigentümer gegen die Rechtsnachfolger seines Vorbesitzers einen obligatorischen Anspruch auf Löschung der Hypothek haben mag, so sind doch, so lange die Hypothek im Grundbuche eingetragen ist, die Rechte der Rechtsnachfolger des Vorbesitzers an der Hypothek nicht völlig erloschen. Sie haben daher nicht aufgehört, zu den im § 19 GrBO. erwähnten Personen, deren Rechte durch die Löschung betroffen werden, zu gehören. Z.

c) **Eine Hypothek darf ohne Zustimmung des Eigentümers auch dann nicht gelöscht werden, wenn die Entstehung einer Eigentümerhypothek ausgeschlossen ist. GrBO. § 27.**

Kammergericht, Ferien-CS. Beschluß v. 3. September 1901.

Auf den Grundstücken 1 und 2 steht eine Hypothek von 900 Mark unter Hervorhebung der gegenseitigen Mithaft eingetragen. Durch notarielle Erklärung (von 1901) verteilten die Gläubiger den Betrag in der Weise, daß das Grundstück Nr. 1 für 680 Mark, Nr. 2 für 220 Mark haften solle; demgemäß wurde die Löschung von 220 Mark auf Nr. 1, von 680 Mark auf Nr. 2 beantragt. Die Vorinstanzen haben die Löschung von der Zustimmung der beteiligten Eigentümer abhängig gemacht; die weitere Beschwerde hatte ohne Erfolg zu bleiben.

Der § 27 GrBO. hat allerdings (Denkschrift S. 161) seinen Grund in den gesetzlichen Bestimmungen über die Entstehung der Eigentümerhypothek, darf aber nicht auf diese Fälle beschränkt werden und zwar in erster Linie nicht gegenüber der allgemeinen Fassung der Vorschrift — auf welche allein, aber unzutreffend Willenbücher, GrBO. § 59 Anm. seine diesbezügliche Ansicht stützt —, da sie für eine Unterscheidung keinen Raum läßt. — Auch § 49 Abs. 2: „Soweit eine Mitbelastung erlischt, ist dies von Amts wegen zu vermerken," trifft nicht zu, weil, wie aus seinem Zusammenhange mit Abs. 1 (entgegen Turnau-Förster, GrBO. S. 106b) gefolgert werden muß, er sich lediglich auf die

Löschung des die Mitbelastung des anderen Grundstückes ergebenden Vermerkes im Grundbuche bezieht. Dieses Ergebnis bleibt das gleiche bei der Annahme, daß vorliegend ein Anspruch auf Grundbuchberichtigung verfolgt werden kann, weil die fraglichen Hypothekenbeträge gem. §§ 1132, 1175 BGB. außerhalb des Grundbuches untergegangen sind. Denn, abgesehen von § 22 und 8 Abs. 2 GrBO., greift auch im Berichtigungsverfahren das Konsens- und Antragsprinzip durch, so daß bei Löschung einer Hypothek auch hier die Zustimmung des Eigentümers allgemein erforderlich ist (vgl. die Denkschrift S. 161 und Oberneck, Grundbuchrecht § 45 Nr. 5c). Ist nun auch zugegeben, daß es zur Verteilung des Betrages einer Gesamthypothek auf die einzelnen Grundstücke nach § 1132 Abs. 2 BGB. der Zustimmung der davon betroffenen Eigentümer nicht bedarf, so folgt daraus nicht ihre Entbehrlichkeit für die auf der Verteilung beruhenden Löschungen der Hypothekenbeträge im Grundbuche. Dr. M.

d) **Bei Gütergemeinschaft genügt alleiniger Antrag des Ehemannes zu Löschungen im Grundbuche. GrBO. § 27.**

Kammergericht, I. CS. Beschluß v. 29. Mai 1901.

Es ist richtig, daß nach § 27 Abs. 1 GrBO. eine Hypothek nur mit Zustimmung des Eigentümers des Grundstückes gelöscht werden darf, und ebenso ist daran festzuhalten, daß im Falle des Miteigentums alle Miteigentümer ihre Zustimmung zu erklären haben (Jahrbuch 20 A S. 209, Rsp. 1 Nr. 177). Mit diesem Grundsatze ist es jedoch nicht unvereinbar, daß unter besonderen Umständen die Zustimmung des einen Miteigentümers durch die des anderen ersetzt wird, und noch viel weniger, daß ein solcher Ersatz beim Gesamteigentum zulässig und geboten ist. Die Zustimmung, welche naturgemäß auch in dem der Form des § 29 GrBO. entsprechenden Löschungsantrage Ausdruck finden kann, wird vom Gesetz im Interesse der Vereinfachung der Grundbuchführung deshalb gefordert, weil der Nachweis der Unrichtigkeit des Grundbuches ohne eine diese anerkennende Erklärung des Eigentümers nur selten zu führen sein und abgesehen von dem Falle der Berichtigung des Grundbuches das Recht des Eigentümers vermöge der Vorschriften des BGB. über die Eigentümerhypothek durch die Löschung stets betroffen werde (Denkschrift bei Hahn-Mugdan S. 161). Der Grund, aus welchem allgemein die Mitwirkung des Eigentümers bei der Löschung einer Hypothek verlangt wird, ist mithin, daß es sich hierbei regelmäßig um eine Verfügung des Eigentümers über die Post, nämlich um eine unmittelbar auf die Beseitigung des Hypothekenrechtes gerichtete Willenserklärung, handle. Dieser Grund trifft nicht zu, wenn der Eigentümer oder einer von mehreren Eigentümern nicht berechtigt oder nicht fähig ist, über die Hypothek zu verfügen. Wollte das Gesetz hier dennoch auch seine Einwilligung in die Löschung fordern, so würde dies auf einen überflüssigen Formalismus hinauslaufen, der nicht als Absicht des Gesetzgebers unterstellt werden kann. Es versteht sich vielmehr von selbst, daß die Erklärung des nicht verfügungsberechtigten

Eigentümers durch die Erklärung desjenigen ersetzbar ist, welcher das Verfügungsrecht mit Wirkung für jenen, sei es als Vertreter, sei es aus eigenem Rechte, ausübt. Wie es unbedenklich ist, daß die Zustimmung aller Miteigentümer im Sinne des § 27 Abs. 1 GrBO. vorliegt, wenn die mit ihren Kindern in elterlicher Gewalt eingetragene Mutter die Löschung einer Post in beglaubigter Form beantragt hat, so genügt auch die Zustimmung eines von mehreren Eigentümern, sofern dieser mit Ausschluß des andern über die Hypothek zu verfügen befugt ist. Ein solcher Fall ist insbesondere bei der Gütergemeinschaft gegeben. Der Mann ist, abgesehen von hier nicht in Betracht kommenden Ausnahmen, berechtigt, über das Gesamtgut, mit Ausschluß der Frau, aber mit Wirksamkeit für das Gesamtgut auch hinsichtlich des Anteils der Frau, zu verfügen, namentlich Hypotheken zu veräußern und, löschen zu lassen (§ 1443 BGB., Planck Anm. 2 dazu, Anm. 2 zu § 1445 BGB.). Hat er mithin den Löschungsantrag gestellt, so ist auch die Frau an diese Erklärung gebunden. Sie kann ihrerseits die Zustimmung gar nicht verweigern und braucht sie daher ebensowenig zu erteilen. Die Gütergemeinschaftsgenossen haben zugestimmt, sobald die entsprechende Willensäußerung des Mannes beigebracht ist. In dem im Jahrbuch Bd. 20 A S. 209 abgedruckten Falle handelte es sich um gewöhnliches Miteigentum nicht in Gütergemeinschaft lebender Eheleute; diese Entscheidung berührt daher die gegenwärtige Frage nicht. Dr. H.

Dazu: Kammergericht, Ferien-CS. Beschluß v. 19. August 1901.

Das LG. hat die von der Generalkommission beantragte Löschung einer Hypothek abgelehnt, weil die besondere Zustimmung des Eigentümers fehlte. Dies ist rechtsirrig. Denn diese Zustimmung wird nach § 39 GrBO. durch das Ersuchen der Behörde ersetzt. Den allgemeinen Eintragungsvorschriften ist die Bestimmung in § 27 GrBO. nicht beizuzählen (vgl. Willenbücher Anm. 2 zu § 39). 3.

c) Begriff des Eintragungsantrages.[1] GrBO. §§ 29, 30.

Kammergericht, I. CS. Beschluß v. 10. Juni 1901.

Der alleinige Erbe des Hypothekengläubigers hat mit privatschriftlicher Eingabe die Ausfertigung der Erbbescheinigung und den über die Post gebildeten Brief eingereicht und beantragt, den Übergang der Hypothek im Grundbuche zu vermerken. Der Antrag wurde, weil nicht öffentlich beglaubigt, zurückgewiesen; der weiteren Beschwerde ist stattgegeben. Aus den Gründen:

Die Vorinstanzen verkennen den in der GrBO. (§§ 13—18, 30) präzisierten Begriff des Eintragungsantrages. Er ist das von einem Interessenten an das Grundbuchamt gerichtete Ersuchen, in Grundbuchsachen thätig zu sein. Solchem Ersuchen kann das Grundbuchamt nur stattgeben, wenn ihm die gesetzlichen Voraussetzungen für die beantragte Veränderung des Buchbestandes

[1] Vgl. Rsp. 2 Nr. 114a.

nachgewiesen werden. Dieser Nachweis ist nach der Ordnungsvorschrift des § 29 durch öffentliche Urkunden und, soweit die Voraussetzung der Veränderung in der Bewilligung desjenigen besteht, dessen Recht durch die Veränderung betroffen wird (§ 19), durch öffentliche oder öffentlich beglaubigte Urkunden zu erbringen. Ist diese sachliche Grundlage für die in das Buch aufzunehmende Rechtsveränderung in dieser gesetzlichen Form nachgewiesen, so bedarf der Eintragungsantrag grundsätzlich keiner besonderen Form, insbesondere nicht derjenigen der öffentlichen Beurkundung oder öffentlichen Beglaubigung (§ 30). Es ist keine Ausnahme von diesem Grundsatze, wenn § 30 weiter vorschreibt, daß die Formvorschrift des § 29 auf den Eintragungsantrag Anwendung findet, falls durch den Antrag zugleich eine zur Eintragung erforderliche Erklärung ersetzt werden soll. Ist nämlich zur Eintragung eine Erklärung erforderlich, so bildet diese begriffsmäßig die sachlich notwendige Unterlage für die beantragte Rechtsveränderung; wenn also der Eintragungsantrag zugleich eine solche zur Eintragung notwendige Erklärung in sich schließt, so ist in ihm die sachliche Grundlage für die einzutragende Rechtsveränderung mitenthalten und aus diesem Grunde für ihn die öffentliche Form des § 29 vorgesehen. Das naheliegende Beispiel eines solchen Antrages bietet der vom Eigentümer gestellte Antrag auf Löschung einer von ihm getilgten und dadurch zur Eigentümergrundschuld gewordenen Hypothek. Enthält aber der Eintragungsantrag keine derartige sachliche Vorbedingung für die verlangte Rechtsänderung, so ist er formfrei.

Im vorliegenden Falle besteht die gesetzlich erforderliche sachliche Unterlage für die beantragte Veränderung des Buchbestandes (neben der Vorlegung des Briefes) lediglich in der Nachweisung des Todes des eingetragenen Gläubigers und seiner Beerbung durch den Beschwerdeführer. Dieser Nachweis wurde durch den gerichtlich ausgefertigten Erbschein erbracht (§ 36 GrBO.); irgend welche weitere Erklärung war nicht erforderlich. Der Eintragungsantrag hatte folglich nur den Inhalt, dem Grundbuchamte die Anregung zur Eintragung der durch die Vorlegung der Erbbescheinigung und des Briefes nachgewiesenen Veränderung zu geben, und bedurfte also nicht der öffentlichen Beglaubigung oder Beurkundung. Es handelt sich um eine Berichtigung des Grundbuches gemäß § 894 BGB., § 14 GrBO. (also nicht um eine Eintragung, durch welche die Rechtsänderung erst bewirkt werden soll). Der Inhalt des Grundbuches steht in Ansehung der Hypothek zur Zeit mit der wirklichen Rechtslage nicht in Einklang, weil die eingetragenen Gläubiger verstorben und die Hypothek durch Erbgang auf den Beschwerdeführer übergegangen ist; das Grundbuch soll durch die Nachtragung dieser eingetretenen Veränderung berichtigt werden. Sind die sachlichen Voraussetzungen dieser Veränderung durch öffentliche Urkunden nachgewiesen, so bedarf das Ersuchen an das Grundbuchamt, daraufhin die Eintragung des neuen Gläubigers vorzunehmen, keiner öffentlichen Beurkundung oder Beglaubigung. Dr. H.

60

a) **Angabe des Vornamens ist zur Bezeichnung des Berechtigten im Grundbuche nicht unbedingt erforderlich.**

BGB. § 873. Allg. Verf. v. 20. November 1899 (Pr. JMBl. S. 349).

Kammergericht, I. CS. Beschluß v. 21. Juni 1901.

Das Kammergericht hat sich bereits in einem Beschlusse vom 29. Mai 1901 dahin ausgesprochen, daß der § 4 Abs. 1 Ziff. 1 der Allgemeinen Verfügung vom 20. November 1899 keine für alle Fälle bindenden Vorschriften habe geben sollen. Er enthält für die Eintragung von Hypotheken die nähere Ausgestaltung des § 1115 BGB., insofern er klarstellt, was regelmäßig zur Bezeichnung der Person des Gläubigers als geeignet anzusehen ist. In dieser Hinsicht kommt auch der Vorname in Betracht, der mit dem Familiennamen zur Unterscheidung der Persönlichkeit vor allem dienlich ist. Daß aber die Angabe des Vornamens nicht unter allen Umständen vom Grundbuchrichter gefordert werden könne, geht aus dem Zusatze: „soweit diese Angaben nicht thunlich oder nicht ausreichend sind" hervor. Wenn die Beteiligten den Vornamen des Gläubigers angegeben haben, ist es nach dem § 4 a. a. O. die Pflicht des Grundbuchrichters, diese Angabe zum Grundbuchinhalte zu machen, nicht aber soll durch jene Bestimmung den Parteien der Zwang auferlegt werden, die Person des Gläubigers stets und selbst für den Fall unter Mitteilung des Vornamens zu kennzeichnen, daß bereits die angegebenen Merkmale die Identität völlig außer Zweifel stellen. Vorliegend ist nicht nur der Vorname abgekürzt beigefügt, sondern auch durch den Zusatz, daß der Gläubiger alleiniger Inhaber der Firma E. de la S. & K. sei, jedes Bedenken über die Persönlichkeit des Berechtigten beseitigt. Der Zweck des § 4 ist auf die Erleichterung, nicht auf die Erschwerung des Grundbuchverkehrs gerichtet. M.

b) **Nachträgliche Änderung des Rangverhältnisses.**[1] **BGB. § 880.**

Kammergericht, I. CS. Beschluß v. 4. März 1901.

Auf dem Grundstücke des X. sind hinter drei Hypotheken von zusammen 4000 Mark weitere 8000 Mark unter Nr. 4 für A. eingetragen; dabei ist am 24. Oktober 1900 vermerkt: „Der Post Nr. 5 und den vom Eigentümer noch aufzunehmenden Darlehnen bis zu 6300 Mark ist der Vorrang eingeräumt." Dem Vermerke liegt die Erklärung des A. vom 5. Oktober 1900 zu Grunde: „Ich räume ... den Vorrang den von X. aufzunehmenden Darlehnen ein, sofern damit die meiner Hypothek vorgehenden Hypothekenschulden bezahlt und zur Löschung gebracht werden, so daß meiner Forderung von 8000 Mark nur die noch aufzunehmenden 7000 Mark nebst Zinsen im Range

[1] Da die Rangänderung eine Verfügung nicht über das Grundstück, sondern über die zurücktretende Post enthält, so bedarf die Zustimmung des Eigentümers, der in gütergemeinschaftlicher Ehe lebt, nicht der Einwilligung der Frau, wie er denn auch ohne diese Einwilligung die zum Gesamtgute gehörige Hypothek abtreten kann; zur Eintragung der Rangänderung ist deshalb die Eintragung der GG. nicht geboten. (Kammergericht, I. CS. Beschluß v. 1. April 1901, Jahrb. 22 S. 134.)

vorstehen werden.“ Nachdem A. am 9. Oktober der Post Nr. 5 von 700 Mark den Vorrang eingeräumt hatte, hat am 6. Dezember 1900 X. die Eintragung einer Hypothek von 1700 Mark mit dem Vorrang vor den 8000 Mark bewilligt und beantragt. Der Antrag wurde zurückgewiesen; die weitere Beschwerde blieb erfolglos. Aus den Gründen:

Das BGB. kennt nur zwei Formen der Rangänderung eingetragener Rechte, den Vorrangsvorbehalt des Eigentümers für ein erst zur Entstehung kommendes Recht (§ 881), und die nachträgliche Änderung des Rangverhältnisses unter zwei Rechten (§ 880). Der erstere Fall kommt hier nicht in Frage, da der Eigentümer bereits bei der Belastung des Grundstückes mit dem Recht, welches demnächst zurücktreten soll, den Vorbehalt machen muß. Vorliegend hat sich der Eigentümer aber bei der Bewilligung und Beantragung der Hypothek für A. die Eintragung einer weiteren Hypothek mit dem Vorrang vor jener Hypothek nicht vorbehalten. Vielmehr ist die Hypothek für A. vorbehaltlos am 27. März 1900 eingetragen, während die Vorrangseinräumung, und zwar auf Bewilligung und Antrag des A., erst am 24. Oktober 1900 vermerkt worden ist. Es würde sich demnach hier nur um eine Rangänderung im Sinne des § 880 handeln können. Eine solche setzt voraus die Einigung zwischen dem zurücktretenden und dem vorrückenden Gläubiger, die Zustimmung des Eigentümers und die Eintragung. Aus diesen Erfordernissen, sowie aus der Ausdrucksweise des Gesetzes, daß das Rangverhältnis nachträglich geändert werden könne, ist zu entnehmen, daß diese Art der Rangänderung grundsätzlich nur unter bereits eingetragenen Rechten oder höchstens auch dann stattfinden kann, wenn dasjenige Recht, welches vorrücken soll, wenigstens gleichzeitig mit dem Vermerk des Vorranges durch Eintragung entsteht. Doch entscheiden diese Ausführungen nur über die Wirksamkeit der Rangänderung, sie stehen aber dem nicht entgegen, daß bei demjenigen Recht, dessen Inhaber zurücktreten will, die Eintragung wegen der Rangänderung auf Grund entsprechender Bewilligung bezw. Antrages des zurücktretenden Gläubigers mit Zustimmung des Eigentümers schon erfolgt, bevor die zum Vortreten im Rang bestimmte Hypothek bestellt und eingetragen ist. Wenn man von den hier nicht in Betracht kommenden §§ 925, 1015 BGB. absieht, so stehen Einigung und Eintragung nicht in einer derartigen Abhängigkeit voneinander, daß die erstere der letzteren notwendig vorausgehen müßte, oder daß die letztere nur auf Grund des Nachweises der ersteren erfolgen dürfte. Nur für die Entstehung des Rechtes oder der Rechtsänderung, für welche das BGB. Einigung und Eintragung fordert, ist das Zusammentreffen beider erforderlich, es kommt aber regelmäßig nicht darauf an, in welcher Reihenfolge sie erfolgt sind. Deshalb hat in den Fällen, in denen das Gesetz zur Entstehung eines Rechtes oder für eine Rechtsänderung Einigung der Beteiligten und Eintragung fordert, der Grundbuchrichter nicht zu prüfen, ob die Einigung stattgefunden hat, für die Eintragung genügt vielmehr — immer abgesehen von den §§ 925, 1015 — die Bewilligung derjenigen, deren Rechte von der Eintragung betroffen werden. Auch vorliegend konnte deshalb die Vorrangseinräumung auf die Bewilligung und Beantragung des Hypothekengläubigers A. und mit Zustimmung des Eigentümers eingetragen werden, bevor diejenige Hypothek, welche im Range vortreten soll, eingetragen war. Weshalb dabei übrigens die Eintragung mit einem der Bewilligung nicht entsprechenden Inhalt [unter Weglassung der Bedingung, unter welcher allein die Vorrangseinräumung geschehen sollte] erfolgt ist, erscheint unerfindlich (vgl. über die Eintragung der Bedingungen, unter denen eine Rangänderung erfolgt, Turnau-Förster, Liegenschaftsrecht, und Planck zu § 880). Es kommt jedoch hier auf diesen Umstand nicht an. Ebenso kann die Frage dahingestellt bleiben, ob die Eintragung der Vorrangseinräumung nicht die genauere Bezeichnung einer bestimmten Hypothek erfordert, und ob die vortretende Hypothek deshalb durch die hier allein vorliegende Angabe einer bestimmten Summe ausreichend konkretisiert ist. Denn der Eigentümer erwirbt aus einer Vorrangseinräumung gemäß § 880 überhaupt nicht das Recht, die Eintragung einer Hypothek mit dem Vorrang vor der zurücktretenden Post zu bewilligen und zu beantragen; das kann nur im Falle des § 881 geschehen. Da jedoch der Eigentümer trotzdem hier die Eintragung der Hypothek mit dem Vorrang bewilligt und beantragt hat, und da der Antrag offenbar einheitlich gemeint war, so ist die ganze Eintragung schon um deswillen mit Recht abgelehnt worden.

Abgesehen hiervon, haben die Vorinstanzen die Ablehnung damit begründet, der Vorrang sei nur unter der bis jetzt nicht erfüllten Bedingung bewilligt, daß mit den aufzunehmenden Darlehnen die Hypotheken Nr. 1—3 getilgt würden. Die Bedingung ist demnach dahin ausgelegt, daß mit den aufzunehmenden Darlehnen im Gesamtbetrage von 7000 Mark zunächst die vorgehenden Posten von 4000 Mark getilgt werden sollten. Ob die Bedingung wirklich in diesem Sinne gemeint gewesen ist, mag hier dahingestellt bleiben. Jedenfalls läßt diese Auslegung keinen Rechtsirrtum erkennen. Wenn man hiernach von der thatsächlichen Feststellung der Vorinstanzen über den Sinn und die Bedeutung der Bedingung ausgehen muß, dann rechtfertigen auch die Gründe des angefochtenen Beschlusses die Ablehnung der Eintragung. Übrigens würde die Eintragung der Rangänderung bei der Post Nr. 4 der Bestellung weiterer Hypotheken schlechthin (d. h. ohne besondere Bestimmungen wegen des Vorranges) selbstverständlich nicht entgegenstehen. In welches Rangverhältnis solche Hypotheken buchmäßig zur Post Nr. 4 treten würden, darauf ist hier nicht näher einzugehen. W.

Dazu: **Auch auf den durch eine Hypothekenvormerkung begründeten Vorrang kann verzichtet werden.**

Kammergericht, I. CS. Beschluß v. 17. Juni 1901.

Auf dem Grundstücke des Beschwerdeführers ist für A. im Oktober 1900 eine Vormerkung zur Sicherung des Anspruches auf eine Sicherungshypothek von 14000 Mark eingetragen worden. A. hat 1901 die Löschung der

„Sicherungshypothek" in Höhe von 8000 Mark bewilligt und mit dem Reste einem aufzunehmenden Darlehn von 20000 Mark den Vorrang eingeräumt. Die Eintragung des Vorranges wurde, weil der Vorrang kein dingliches Recht sei, beanstandet, die weitere Beschwerde jedoch für begründet erachtet:

Die rechtliche Natur der Vormerkung kann auf sich beruhen; mag man sie als bedingte Hypothek oder nur als dingliches Sicherungsmittel für die vorgemerkte Forderung betrachten, jedenfalls steht durch positive Gesetzesvorschrift fest, daß sich der Rang des Rechtes, auf dessen Einräumung der Anspruch gerichtet ist, also hier der Hypothek, endgültig nach der Eintragung der Vormerkung bestimmt (§ 883 Abs. 3 BGB.). Insoweit wirkt die Hypothekenvormerkung gleich einer endgültigen Belastung des Grundstückes, wie dies bei der Zwangsversteigerung dadurch hervortritt, daß bei Feststellung des geringsten Gebotes vorgemerkte Ansprüche wie eingetragene Rechte zu berücksichtigen sind (§ 48 des ZwVG.). Befindet sich demgemäß die Vormerkung mit den übrigen Eintragungen im Grundbuche in einem Rangverhältnisse, so erscheint die entsprechende Anwendung des § 880, der die nachträgliche Änderung dieses Verhältnisses zwischen mehreren, ein Grundstück belastenden Rechten zuläßt (§ 879), unabweisbar. Die Natur der Vormerkung ist dem nicht entgegen, da sie, wenn schon kein dingliches Recht, so doch im Punkte des Ranges einem solchen gleich steht. Ebensowenig ist die Rangänderung in Bezug auf Vormerkungen durch das Gesetz verboten. Für die Zulässigkeit spricht dagegen das dringende Bedürfnis des Realkredits, welches erheischt, daß auch der bloß vorgemerkte Hypothekengläubiger rechtlich befähigt sein muß, die für den Fall der Feststellung des gesicherten Anspruches ihm schon jetzt gewährte Rangstellung zu Gunsten eines anderen Berechtigten aufzugeben und so dem Eigentümer die Möglichkeit weiteren Kredits zu gewähren. Bei Turnau-Förster (1 S. 156ff.) wird auch keineswegs die Frage verneint, sondern nur ausgeführt, daß die Hypothekenvormerkung kein bedingtes Realrecht begründe; damit ist nicht gesagt, daß der vorgemerkte Gläubiger nicht auf den der Vormerkung zustehenden Rang verzichten könne.

c) **Begriff der Zahlungsbedingungen. BGB. § 1115.**

Kammergericht, Ferien-CS. Beschluß v. 27. August 1901.

Der Eigentümer ist rechtskräftig verurteilt, die Darlehnshypothek des Beschwerdeführers in der Weise zu tilgen, daß Schuldner seinen gesamten Bedarf an Bier von der Brauerei des Gläubigers zum Preise von 16 Mark pro Hektoliter frei ins Haus bezieht und bei jeder Bierlieferung als Abschlagszahlung einen Aufschlag von je 1 Mark zahlt; auch wird der restierende Kapitalsbetrag sofort fällig, falls Schuldner oder sein etwaiger Pächter seinen Bierbedarf aus einer anderen Brauerei bezieht oder ein Wechsel im Eigentume des Pfandgrundstückes eintritt. Der Antrag auf Eintragung dieser Zahlungsbedingung wurde zurückgewiesen; der weiteren Beschwerde ist stattgegeben.

Das LG. lehnt die Eintragung ab, weil das Verlangen: einzutragen, daß der Eigentümer seinen gesamten Bedarf an Bier zum Preise von 16 Mark frei ins Haus beziehe, eine Verpflichtung zur Entnahme von Bier enthalte, die unter den obwaltenden Umständen nicht eintragungsfähig sei. Allein ein Antrag auf Eintragung der Verpflichtung zur Bierentnahme ist nicht gestellt, sondern nur auf Eintragung der Zahlungsbedingungen nach Maßgabe des Urteils. Daß aber die Eintragung der Änderung der Zahlungsbedingungen zulässig ist, folgt aus § 1115 BGB., § 1 Abs. 2 GrBO., § 12 der Verf. v. 20. Nov. 1899 und dem im JMBl. von 1899 S. 359 ff., insbesondere S. 366—369 enthaltenen GrB.-Formular. Nach § 19 GrBO. erfolgt eine Eintragung, wenn derjenige sie bewilligt, dessen Recht von ihr betroffen wird. Diese Einwilligung wird ersetzt durch ein Urteil, welches den Betreffenden zur Abgabe der Bewilligung rechtskräftig verurteilt (§ 894 CPO.). Ein solches Urteil zu Gunsten der Gläubigerin liegt hier vor. ... Zulässig erscheint aber die im Tenor enthaltene Verurteilung: eintragen zu lassen, daß: a) auf das Kapital beim Bezuge von Bier eine Abschlagszahlung von je 1 Mark zu leisten, b) das Kapital oder dessen Rest sofort fällig ist, wenn eine der näher bezeichneten Bedingungen eingetreten ist. Dr. M.

d) Abtretung der vom Ersteher und gleichzeitigen Hypothekar übernommenen Hypothek. BGB. § 1177.

Kammergericht, I. CS. Beschluß v. 9. Juli 1901.

Das Grundstück, auf dem für den Beschwerdeführer eine Darlehnsbriefhypothek von 20000 Mark eingetragen war, wurde infolge eines im Dezember 1899 gestellten Antrages zwangsweise versteigert und am 7. März 1900 dem Beschwerdeführer zugeschlagen. Die für ihn haftende Post kam mit 15000 Mark aus den bar zu zahlenden Kaufgeldern zur Hebung. Der Ersteher erklärte im Verteilungstermine (10. April 1900), daß er diesen Betrag mit einem gleich hohen Betrage der von ihm zu zahlenden Kaufgelder verrechne. Er hat demnächst die Hypothek, von der 5000 Mark gelöscht sind, in beglaubigter Urkunde vom 6. Mai 1901 nebst den auf 5 % erhöhten Zinsen seit 17. April 1901 an X. ohne Gewährleistung abgetreten. Die Vorinstanzen haben die Umschreibung abgelehnt, weil die Hypothek sich in eine Grundschuld verwandelt habe und daher als Hypothek nur nach Wiederumwandlung in eine solche abgetreten werden könne. Die weitere Beschwerde erscheint nicht begründet.

Es ist dem Landgerichte darin beizutreten, daß die Wirkung der vom Ersteher und gleichzeitigen Hypothekengläubiger vollzogenen Verrechnung auf den Inhalt der Hypothek sich nach dem neuen Rechte richtet, und daß daher die Hypothek zur Grundschuld geworden ist. Die Antwort auf die Frage, ob der Hypothekengläubiger und gleichzeitige Ersteher des belasteten Grundstückes das Bestehenbleiben der Hypothek verlangen könne, ist freilich zunächst aus dem Zwangsversteigerungsrechte zu entnehmen. In diesem Punkte besteht jedoch kein Unterschied zwischen dem bisherigen und dem jetzigen Rechte. Man ging davon aus, daß die Aufrechnung, die der Ersteher als Schuldner des Kaufgeldes mit der ihm gegen die Barmasse zustehenden Hypothekenforderung vollziehe, einer freiwilligen Übernahme der Hypothek in Anrechnung auf die Kaufgelder gleichstehe, zu welcher es bei der Identität von Gläubiger und Ersteher einer besonderen Vereinbarung nicht bedürfe. Die Übernahme wirkte — und das ist für die gegenwärtige Sache das Wesentliche — wie die Befriedigung aus dem Grundstücke; die persönliche Schuldverbindlichkeit erlosch (§§ 116, 124[2] des Ges. vom 13. Juli 1883; Turnau 5. Aufl. S. 533, 534; Krech-Fischer, ZwVG. 3. Aufl. S. 388, 403). Das Gleiche wird nach dem Reichsgesetze vom 24. März 1897 anzunehmen sein (§§ 91, 118; Jäckel Anm. 1 zu § 117, Anm. 2 zu § 118). Darüber aber, wie die bestehenbleibende Hypothek rechtlich zu beurteilen ist und welche Befugnisse sie gewährt, enthalten die Zwangsversteigerungsgesetze nichts. Es entscheidet lediglich das materielle Grundbuchrecht. Dies war bisher der § 66 EEG.; nunmehr ist die maßgebende Norm der § 1177 BGB. Da im hier fraglichen Bezirke das neue Liegenschaftsrecht mit 1. Januar 1900 Geltung erlangt hat, kann von der Anwendung des aufgehobenen alten Rechtes keine Rede sein (Art. 89[1], 28 Ausf.-G. zum BGB.); eine Übergangsbestimmung für den vorliegenden Fall fehlt. — Danach ist die vom Ersteher-Gläubiger übernommene Hypothek dem Abs. 1 § 1177 BGB. zu unterstellen. Die Forderung ist, wie erörtert, erloschen, gleichviel ob der Subhastat oder ein Dritter persönlicher Schuldner war; der Ersteher kann sie nicht gegen sich selbst erworben haben, er ist aus dem Grundstücke befriedigt. Wie bei dieser Rechtslage die Eigentümerhypothek nach früherem Rechte zu konstruieren gewesen wäre, kann dahingestellt bleiben. Nach geltendem Gesetze, das auf die unter seiner Herrschaft entstandene Eigentümerhypothek Anwendung findet, ist sie lediglich als **Grundschuld** anzusprechen. Daraus folgt, daß der Ersteher nicht die — untergegangene — Forderung abtreten kann, sondern nur die Post entweder als Grundschuld oder nach Ersatz der beseitigten Forderung durch eine andere als Hypothek.

Z.

61

a) Sogenannte Dekorationspflanzen als Zubehör eines Gärtnereianwesens. BGB. § 97, CPO. § 865[2].

OLG. Bamberg, I. CS. Beschluß v. 8. Juni 1901.

Zubehör ist nach BGB. jede bewegliche Sache, welche kein Bestandteil der Hauptsache, jedoch zu ihr in räumliche Verbindung gebracht, der Hauptsache nach ihrem wirtschaftlichen Zwecke dauernd zu dienen bestimmt ist. Hierbei ist es gleichgültig, ob die bewegliche Sache von der Hauptsache gewonnen wurde, ob sie zeitweilig von ihr örtlich getrennt ist, ob nachträglich ihre Benützung als Zubehör unmöglich werden kann oder ob der Eigentümer der Hauptsache im stande ist, die Bestimmung der Nebensache später zu ändern, z. B. sie von der Hauptsache ganz zu trennen und zu veräußern. Im vorliegenden Falle ist die Hauptsache ein vom Schuldner zum Betrieb einer Kunstgärtnerei ausschließlich bestimmtes und benütztes landwirtschaftliches Grundstück. Der Boden und das Geschäft hängen daher unlösbar zusammen und bilden vereint das Gärtnereianwesen; ferner ist jede regelmäßig auf dem Grundstücke befindliche bewegliche Sache, welche nach dem Willen des Schuldners dauernd in seinem Gewerbe benützt wurde, Zubehör des Anwesens geworden. Auf diese Weise sind auch die gepfändeten Topfpflanzen Zubehör des schuldnerischen Gartens und infolgedessen nicht selbständig pfändbar gewesen. Schon das Pfändungsprotokoll bezeichnet sie zutreffend als „Dekorationspflanzen". Dieselben Arten werden von den Kunstgärtnern in Deutschland mit Vorliebe zur Schmückung von Sälen, Kirchen, Gräbern u. s. w. je nach Bestellung benutzt und eignen sich wegen ihres ganzen Habitus (dichte, wohlgestaltete, meistens immergrüne und glänzende Blätter) und wegen ihrer Widerstandsfähigkeit vorzüglich zu dem beschriebenen Zwecke. Mehrere der gepfändeten Arten (Rosen, Kamelien, Rhododendren, Hollunder u. s. w.) finden auch in der Blumenbinderei reichliche Verwendung und waren so dem Schuldner doppelt nötig. Lorbeerbäume, Evonymus und Aukuba's von den Dimensionen, wie sie beim Schuldner vorgefunden und gepfändet wurden, stehen verhältnismäßig hoch im Preise, finden an Privaten selten Käufer und werden von Kunstgärtnern nur zu ihrem eigenen Bedarfe gehalten. Gläubiger selbst giebt zu, daß Schuldner einen Teil dieser Stücke für sich gekauft habe. Letzterer stand ausweislich des beiderseitigen Vorbringens schon längere Zeit in schlechten Vermögensverhältnissen und hatte schon vor der Pfändung alle ihm entbehrlichen Pflanzen veräußert, ja sogar schon einige Dekorationspflanzen hergegeben. Es läßt sich daher mit Sicherheit annehmen, daß er bei der Pfändung nur noch die ihm ganz unentbehrlichen Dekorationspflanzen besessen hat. (Die weitere Beschwerde gegen die vom Landgerichte beschlossene Aufhebung ihrer Pfändung wurde deshalb zurückgewiesen unter Ausführung darüber, daß dem Schuldner das Recht zur Verfolgung seiner Einwendungen gegen die Pfändung auch nach der inzwischen vorgenommenen Veräußerung seines Anwesens samt den gepfändeten Pflanzen verblieb.) Z.

b) **Zum Wirtschaftsbetriebe erforderliches Vieh im Sinne des § 811 Nr. 4 CPO. [§ 98² BGB.].**

OLG. Rostock, II. CS. Beschluß v. 29. Juni 1901.

Der Gerichtsvollzieher hat gegen einen Erbpächter auf dessen Hufe fünf tragende Säue gepfändet. Das Landgericht hat in dem angefochtenen Beschluß angenommen, daß die gepfändeten Tiere zum Wirtschaftsbetriebe für die Erbpachthufe bestimmt sind. Dem ist beizutreten. Denn wenn auch die gepfändeten Säue nicht bestimmt sein mögen, späterhin als Schlachttiere oder durch die von ihnen zu erwartenden Ferkel das Fleisch zu liefern, das auf der Erbpachthufe gebraucht wird, so rechtfertigt doch die Erfahrung die Annahme, daß sie bestimmt sind, die Produkte der Wirtschaft, das auf der Erbpachthufe gebaute Futter, die Milch und die Abfälle der Wirtschaft angemessen zu verwerten. Der Wirtschaftsbetrieb bei einer Erbpachthufe beschränkt sich nicht auf die Gewinnung von Bodenfrüchten, sondern umfaßt auch die Viehzucht und Milchwirtschaft; Ackerbau und Viehzucht greifen dabei derart ineinander, daß sie ein geschlossenes Ganzes, einen Wirtschaftsbetrieb, bilden (vgl. Rsp. 2 Nr. 147c). Wieweit in dieser Beziehung die Ansicht der Kommission für die zweite Lesung des BGB. ging, ergiebt sich aus folgendem Satz der Protokolle 3 S. 18: es werde nicht verkannt werden, daß auch solche Sachen, welche, wie das zum Verkauf bestimmte Jungvieh, an sich nur vorübergehend den wirtschaftlichen Zwecken eines Grundstückes dienen, als Zubehör des Grundstückes anzusehen seien. Die auf der Erbpachthufe gepfändeten Säue befinden sich aber zweifellos auch in einem räumlichen Verhältnisse, welches ihrer Bestimmung, dem Zwecke der Hufe zu dienen, entspricht. Die sind demgemäß nach § 97 BGB. Zubehör des Landgutes und damit nach § 865 CPO. der Mobiliarpfändung entzogen. P.

62

Dem Vermieter, welcher auf unbestimmte Zeit vermietet hat, steht ein Pfandrecht wegen des Mietzinses für das laufende und das folgende Mietjahr zu. BGB. §§ 559, 563.

OLG. Hamburg, II. CS. Beschluß v. 19. September 1901.

Die Entscheidung hängt lediglich von der Beantwortung der Rechtsfrage ab, ob im Falle eines auf unbestimmte Zeit geschlossenen Mietvertrages über ein Grundstück das Pfandrecht des Vermieters sich auf den Mietzins für ein volles Jahr über das laufende Mietjahr hinaus erstreckt und somit auch einem pfändenden Gläubiger des Mieters gegenüber in diesem Umfange geltend gemacht werden kann, oder ob es nur für den bis zum nächsten gesetzlichen oder vertragsmäßigen Kündigungstermine laufenden Mietzins wirksam ist und folgeweise auch nur insoweit vom Vermieter dem pfändenden Gläubiger gegenüber ein Vorzugsrecht in Anspruch genommen werden kann. Die letztere Ansicht wird vertreten von Mittelstein (Miete § 51 [3]). Das Landgericht dagegen hat in dem angefochtenen Urteil die entgegengesetzte Ansicht angenommen, und auch das jetzt erkennende Gericht tritt dem bei. Es ist dem Landgericht darin beizupflichten, daß eine Unterscheidung zwischen einem auf bestimmte (das laufende Mietjahr um mindestens ein Jahr überdauernde) Zeit und einem auf unbestimmte Zeit abgeschlossenen Mietvertrag dem § 559 nicht zu entnehmen ist, und in beiden Fällen muß daher dem Vermieter dem pfändenden Gläubiger gegenüber das gleiche Recht zustehen. Denn die rechtliche Unterlage für den Anspruch auf den Mietzins für das „laufende und folgende Mietjahr", um dessen Sicherung es sich handelt, ist auch bei einem auf unbestimmte Zeit geschlossenen Mietvertrage schon geschaffen. Wird der Mietvertrag nicht durch Kündigung aufgehoben, so ist der Mietzins auch für die spätere Zeit immer auf Grund dieses Vertrages zu zahlen. Die Ungewißheit, ob nicht schon vor Ablauf des so bestimmten Zeitraumes eine Aufhebung des Mietvertrages durch Kündigung erfolgen wird, kann nicht dahin führen, für den Fall, daß dies nicht geschieht, das durch das Gesetz dem Vermieter gewährleistete Recht zu schmälern; vielmehr wird, wenn es zur Zeit der Verteilung des aus den Pfandstücken erzielten Erlöses noch ungewiß ist, ob eine Mietzinsforderung zu dem vollen Betrage, für welchen das Mietpfandrecht gemäß § 559 geltend gemacht worden ist, zur Entstehung kommen wird, ein entsprechender Betrag bis dahin, wo sich dies entschieden haben wird, zurückzubehalten sein.[1] M. M.

63

Die Fürsorgeerziehung ist abzulehnen, wenn die Hilfsbedürftigkeit des Minderjährigen klar erhellt und die Armenpflege eintreten muß oder durch andere Maßnahmen der Verwahrlosung vorgebeugt werden kann. BGB. § 1666. Ges. v. 2. Juli 1900 § 1[1].

Kammergericht, I. CS. Beschluß v. 23. September 1901.

Auf den Antrag des Magistrats ordnete das Amtsgericht die Unterbringung des Schülers A. zur Fürsorgeerziehung an, nachdem es folgende Thatsachen festgestellt hatte: Die Mutter des Knaben ist seit 7 Jahren tot; sein Vater ist dem Trunke ergeben, kümmert sich nicht um seinen Sohn und ernährt sich als Gelegenheitsarbeiter. Der Knabe ist im Interesse seiner Erziehung im Oktober 1900 im städtischen Armenhause untergebracht worden und besucht die Schule regelmäßig und mit gutem Erfolge; er kann indes im Armenhause nicht auf die Dauer bleiben und ist in Gefahr, der Verwahrlosung anheimzufallen, wenn der Ortsarmenverband seinen Vater zwingen würde, ihn bei sich aufzunehmen. — Dieser Beschluß wurde auf Beschwerde des Landeshauptmanns aufgehoben, weil die Gefahr der Verwahrlosung durch die im Wege der öffentlichen Armenpflege bewirkte Unterbringung des Knaben im städtischen Arbeitshause zur Zeit abgewendet und daher kein Grund zur Anordnung der Fürsorgeerziehung gegeben sei. Die weitere Beschwerde des Magistrats ist begründet.

Nach § 1[1] des Ges. vom 2. Juli 1900 kann ein Minderjähriger, welcher das 18. Lebensjahr noch nicht vollendet hat, der Fürsorgeerziehung überwiesen werden, wenn die Voraussetzungen des § 1666 oder des § 1838 BGB. vorliegen und die Fürsorgeerziehung erforderlich ist, um die Verwahrlosung des Minderjährigen zu verhüten. Es muß daher nicht bloß das geistige oder leibliche Wohl des Kindes dadurch gefährdet sein, daß der Vater das Recht der Sorge für die Person des Kindes mißbraucht, das Kind vernachlässigt oder sich eines ehrlosen oder unsittlichen Verhaltens schuldig macht, sondern es muß weiter das Bedürfnis des Einschreitens geboten sein, weil sonst eine Verwahrlosung des Minderjährigen einträte. Im Falle des § 1666 BGB. — der § 1838 kommt hier nicht in Betracht — bildet die vormund-

[1] Die preußische Praxis pflegte das Pfandrecht, das nach ALR. dem Vermieter für die ganze Mietdauer zustand, bei unbestimmten Mietverträgen doch nur für den Zeitraum zu gewähren, zu welchem gekündigt werden konnte, weil nur bis dahin eine Bindung der Parteien bestand. Denselben Standpunkt nahm offenbar der Entw. I § 521 ein. Die II. Kommission wich ab, aber nur weil sie die Rechte des Vermieters beschränken wollte. D. H.

schaftsgerichtliche Zwangserziehung das letzte Mittel, um den von der Verwahrlosung bedrohten Minderjährigen aus seiner verderblichen Umgebung zu retten und ihn einer geregelten und seelisch wie körperlich bessernd einwirkenden Erziehung zu unterwerfen (vgl. Motive 4 S. 803 ff.; Prot. 4 S. 623 ff.). Das BGB. hat keine Anordnung darüber getroffen, wie jene Zwangserziehung ausgeführt werden soll, wenn die dazu erforderlichen Mittel weder aus dem Vermögen des Kindes, noch von den zu seinem Unterhalte Verpflichteten aufgebracht werden können. Diese Lücke auszufüllen ist die erwähnte Vorschrift bestimmt; sie soll „die Durchführung der vormundschaftlichen Zwangserziehung in allen Fällen, wo sie sonst aus Mangel an materiellen Mitteln unterbleiben müßte, sicherstellen“ (Begründung zum Entwurfe, Drucksachen des Herrenhauses Nr. 8 S. 30). Schon hieraus erhellt, daß die Fürsorgeerziehung das letzte Mittel zur Herbeiführung einer geordneten Erziehung bildet. Das ist auch in der Begründung zum Ausdrucke gebracht. „Sie soll,“ so heißt es daselbst (a. O. S. 30), „nur im äußersten Notfalle zur Anwendung kommen, wenn alle anderen dem Vormundschaftsrichter zu Gebote stehenden Maßregeln versagen.“ Die nämliche Auffassung ist bei der Beratung im Abgeordnetenhause zum Ausdrucke gekommen, wo die Fürsorgeerziehung als die ultima ratio bezeichnet worden ist (Drucksachen S. 4576). In demselben Sinne äußern sich die am 18. Dezember 1900 erlassenen Ausführungsbestimmungen. Das Kammergericht hat sich deshalb bereits im Beschlusse vom 8. Juli 1901 (Y. 531. 01) dahin ausgesprochen, daß die Fürsorgeerziehung aus § 1[1] nicht angeordnet werden dürfe, wenn andere Maßnahmen, wie insbesondere die öffentliche Armenpflege, hinreichen, der Verwahrlosung des Minderjährigen vorzubeugen. Hieran ist auch festzuhalten. Wenn ein Kind im Wege der Armenpflege untergebracht worden ist, kann der unterstützungspflichtige Armenverband nicht verlangen, daß ihm die Last der Pflege abgenommen und zu diesem Behufe die Fürsorgeerziehung angeordnet werde. Das Gesetz ist nicht dazu bestimmt, den Armenverbänden die Sorge für die Kinder, die ihnen sonst obliegen würde, abzunehmen; sie dürfen diese nicht auf die Kommunalverbände abwälzen, welche die Kosten der Fürsorgeerziehung zu bestreiten haben. Daß das nicht angängig, ist schon bei der Beratung im Abgeordnetenhause betont worden (Drucksachen S. 3952). Aber auch dann wird die Fürsorgeerziehung nicht einzuleiten sein, wenn das Kind zwar nicht im Wege der Armenpflege untergebracht, aber offenbar hilfsbedürftig ist und der Armenverband sich sichtlich ohne Grund weigert, seine Schuldigkeit zu thun; denn wird in diesem Falle bei Wahrnehmung der gesetzlichen Pflicht der Verwahrlosung vorgebeugt, so gebricht es an einer der Voraussetzungen für die Anordnung der Fürsorgeerziehung. Obschon der Vormundschaftsrichter zur Entscheidung der Frage, ob Hilfsbedürftigkeit im armenrechtlichen Sinne vorliegt, nicht endgültig berufen ist, diese vielmehr im Streitfalle zur Kompetenz der dem Armenverbande vorgesetzten Verwaltungs- oder Aufsichtsbehörde gehört (vgl. Eger, Unterstützungswohnsitz 4. Aufl. S. 13), so wird er doch überall da, wo die Hilfsbedürftigkeit des Minderjährigen klar erhellt und die Armenpflege zweifellos eintreten muß, die Fürsorgeerziehung ablehnen dürfen. Dagegen darf die Fürsorgeerziehung nicht unterbleiben, wenn ein Minderjähriger zwar auf Kosten des Armenverbandes, aber nur vorläufig, ohne gesetzliche Verpflichtung, so untergebracht ist, daß gerade zur Zeit des Erlasses des vormundschaftsgerichtlichen Beschlusses die Gefahr einer Verwahrlosung nicht besteht. Dieser Fall wäre dem der privaten Liebesthätigkeit gleichzustellen. Wie hier die Fürsorgeerziehung bei dem Vorhandensein der sonstigen Voraussetzungen nur so lange sich erübrigt, als der Privatmann sich des Kindes wirklich annimmt und seinen Unterhalt bestreitet, hingegen eintritt, sobald er sich der Sorge für das Kind entschlägt, so kann auch der Armenverband die Anordnung der Fürsorgeerziehung begehren, wenn ein Fall der Hilfsbedürftigkeit nicht vorliegt und er nur vorläufig, bis die Fürsorgeerziehung eintritt, sich eines vernachlässigten Kindes in dessen Interesse angenommen hat. Denn er ist nur nach Maßgabe des Gesetzes zur Hilfeleistung verpflichtet, und nach § 1 des preuß. Ausf.-G. vom 8. März 1871 ist nur dem hilfsbedürftigen Deutschen von dem zur Unterstützung verpflichteten Armenverbande die nötige Hilfe zu gewähren. Damit stehen die Ausführungsbestimmungen des Ministers des Innern vom 18. Dezember 1900 im Einklange, wenn sie sagen: „Hat die Verwahrlosung ihren Grund in wirtschaftlicher Not der Eltern oder Erzieher oder in mangelhafter Fürsorge für ein verwaistes Kind, so sind die verpflichteten Armenbehörden von Aufsichtswegen anzuhalten, ihre Schuldigkeit zu thun." Der Armenverband, soweit für ihn eine Unterstützungspflicht besteht, darf sich dieser nicht unter Berufung auf das Fürsorgeerziehungsgesetz entziehen. Von dieser Voraussetzung gehen auch vorliegend sowohl der Landeshauptmann als der Beschwerderichter aus. Der erstere machte geltend, daß, solange der verpflichtete Armenverband seine Schuldigkeit thue, eine Verwahrlosung nicht zu befürchten sei. Der letztere stellt ausdrücklich fest, daß das Kind im Wege der Armenpflege, d. h. also auf Grund einer gesetzlichen Verpflichtung des Armenverbandes untergebracht sei. Diese Annahme entspricht indes nicht den Thatsachen. Denn der Magistrat hatte von vornherein erklärt, daß die Unterbringung des Kindes nur vorläufig und im Interesse seiner Erziehung erfolgt sei, und betont auch jetzt, daß das Kind für den Fall der Ablehnung der Fürsorgeerziehung sofort aus dem Arbeitshause entlassen werden solle, weil der Fall der Hilfsbedürftigkeit nicht vorliege. Wenn der Magistrat diese Drohung ausführte und seine Unterstützungspflicht mit Grund verneinte, wäre das Kind nach dem vom Amtsgerichte festgestellten Sachverhalte unbedenklich der Gefahr der Verwahrlosung ausgesetzt, und der Vormundschaftsrichter wäre dann zweifellos zur Anordnung der Fürsorgeerziehung verpflichtet. Daß aber der Vormundschaftsrichter, bevor er diese Maßregel ergreift, abwarten dürfte, bis der Magistrat seine Drohung wahrmacht, das Kind entläßt und der Verwahrlosung preisgiebt, entspräche sicher nicht dem Gesetze, dessen

Tendenz gerade darauf gerichtet ist, daß der Vormundschaftsrichter der Verwahrlosung rechtzeitig vorbeugt und nicht wartet, bis sie eingetreten ist.

Bei dem Bestreiten der Hilfsbedürftigkeit durch den Armenverband mußte hiernach das Landgericht feststellen, ob Hilfsbedürftigkeit vorlag. Nur in diesem Falle, wenn der Magistrat sich seiner gesetzlichen Unterstützungspflicht entziehen wollte, könnte es den Beschluß des Amtsgerichtes abändern. Daß seine Feststellung die Verwaltungsbehörde nicht bindet, ist schon erörtert worden. Sie bildet aber die rechtliche Grundlage für die Anordnung oder Ablehnung der Fürsorgeerziehung. Sollten die zur endgültigen Entscheidung dieser Frage berufenen Verwaltungsbehörden demnächst die Hilfsbedürftigkeit des Kindes und damit eine gesetzliche Unterstützungspflicht des Armenverbandes verneinen, so würde dann allerdings die Fürsorgeerziehung eintreten müssen. Sch.

64

a) **Unterhaltsanspruch der vor dem 1. Januar 1900 geschiedenen Frau.**[1] **BGB. § 1360, 1578 ff. EG. zum BGB.**

OLG. Dresden, III. CS. Urteil v. 26. April 1901.

Materiell ist der Unterhaltsanspruch der geschiedenen Beklagten gegen ihren früheren Mann auch für die Zeit vom 1. Januar 1900 ab durchgängig und daher auch hinsichtlich der Frage, ob die vom Kläger beantragte Herabsetzung einzutreten habe, nicht nach Reichsrecht, sondern nach bisherigem Rechte und zwar, da die Parteien von der Eheschließung bis jetzt ihren Wohnsitz ununterbrochen im Königreiche Sachsen gehabt haben (vgl. RG. 5, 196, andererseits Wenglers Arch. N. F. 11 S. 779), nach dem sächs. BGB. zu beurteilen. Denn das BGB. regelt in den §§ 1578 ff. den Unterhaltsanspruch der geschiedenen Frau wie das sächs. BGB. in § 1750 nicht aus dem Gesichtspunkte der Entschädigung für den durch die Scheidung verursuchten Verlust der mit der Ehe verbunden gewesenen Vorteile, sondern als gesetzliche Folge der Scheidung selbst. Der Anspruch hat seinen Grund in der aus Rücksichten auf die Billigkeit und das öffentliche Interesse angenommenen beschränkten Fortwirkung der während der Ehe dem Manne nach § 1360 BGB. und § 1634 sächs. BGB. obliegenden Unterhaltspflicht. Er gehört sonach nach dem Rechte beider Gesetzbücher zu denjenigen Rechtsbeziehungen der geschiedenen Eheleute, die sich an die Thatsache der Scheidung knüpfen, und untersteht daher demjenigen Rechte, das zu der Zeit galt, wo das Scheidungsurteil die Rechtskraft erlangte. Dr. v. F.

b) **Die Frau kann für die Unterhaltsrente aus § 1361 BGB. keine Sicherheitsleistung fordern.**

OLG. Hamburg, IV. CS. Urteil v. 1. Juli 1901.

Eine Bestimmung dahin, daß der Mann eine, seiner Frau gemäß § 1361 zu zahlende Geldrente sicherzustellen habe, enthält das BGB. nicht, wie

[1] Rsp. 1 Nr. 125, 169.

auch der, die Unterhaltspflicht der Verwandten regelnde Titel 3 Abs. 2 eine Sicherstellung des Anspruches auf Gewährung des Unterhaltes nicht kennt. Wenn der, die Unterhaltspflicht nach erfolgter Scheidung regelnde § 1580 unter Umständen den Anspruch auf Sicherstellung Rente zuläßt, so ist dafür, wie die Motive und die Kommissionsprotokolle ergeben, die Erwägung entscheidend gewesen, daß es sich um eine dauernde Verpflichtung des einen Teiles zur Gewährung des Unterhaltes an den anderen Teil handelt, deren Erfüllung unter den gegebenen Verhältnissen leicht durch Beiseiteschaffung der vorhandenen Vermögensobjekte in Frage gestellt werden könnte, und daß eine solche Gefahr eben durch die, infolge der Scheidung zwischen den früheren Ehegatten eingetretene Entfremdung nahe liege. Daraus, daß das Gesetz für den Fall des § 1361 eine entsprechende Bestimmung nicht enthält, folgt ohne weiteres, daß die Sicherstellung einer, während bestehender Ehe zu zahlenden Unterhaltsrente überhaupt nicht soll beansprucht werden können. M. M.

c) **Das Berufungsgericht des Scheidungsprozesses kann den getrennt lebenden Mann durch einstweilige Verfügung nicht zur Herausgabe des Mobiliareinbringens der Frau anhalten.**

OLG. Darmstadt, II. CS. Urteil v. 28. Juni 1901.

Während der Scheidungsprozeß in der Berufungsinstanz anhängig war, beantragte die Frau durch einstweilige Verfügung die Herausgabe ihres Mobiliareinbringens an sie, weil es in den Händen des Mannes gefährdet sei, aufzugeben. Der Antrag wurde aus folgenden Gründen abgewiesen:

Zur Begründung des Antrages auf § 627 CPO. verb. mit § 1361 BGB. sowie §§ 935, 940 CPO. Bezug genommen worden. Keine dieser Gesetzesstellen kann aber den Erlaß jener Verfügung durch das Berufungsgericht rechtfertigen. § 627 CPO. ermächtigt das Gericht und damit an sich auch das Berufungsgericht, solange der Rechtsstreit bei ihm anhängig ist, im Scheidungsprozesse auf Antrag eines der Ehegatten durch einstweilige Verfügung für die Dauer des Rechtsstreites u. a. die gegenseitige Unterhaltspflicht der Ehegatten nach Maßgabe des § 1361 BGB. zu ordnen, also unter gewissen Voraussetzungen Gewährung des Unterhaltes durch Entrichtung einer Geldrente an die getrennt lebende Frau zu verfügen oder auch Herausgabe der zur Führung eines abgesonderten Haushaltes erforderlichen Sachen aus dem gemeinschaftlichen Haushalte zum Gebrauche an dieselbe zu verordnen. Um etwas Derartiges handelt es sich aber hier nicht. Die Klägerin begehrt nicht einzelne dem Manne entbehrliche Sachen aus dem gemeinschaftlichen Haushalte zur Führung ihres abgesonderten Haushaltes, sie führt auch einen solchen nicht, hält sich vielmehr bei ihrem Vater auf; sie beansprucht vielmehr Herausgabe ihres gesamten Mobiliareinbringens, weil dieser Anspruch gefährdet erscheine. Für eine solche Anordnung bietet § 627 keine gesetzliche Grundlage. Eine Sicherstellung des Vermögens der Frau ist nicht Gegenstand dieses Interimistikums, in dieser Beziehung sind vielmehr nur die allgemeinen Vorschriften über einstweilige Verfügungen (§ 935 ff.) maßgebend (vgl. **Planck**, BGB. 4 Anm. III. 2a vor § 1323).

Nach §§ 935, 940 CPO. können einstweilige Verfügungen in Beziehung auf den Streitgegenstand unter bestimmten Voraussetzungen erlassen werden. Abgesehen von der Zuständigkeit des Amtsgerichtes für derartige Anordnungen in dringenden Fällen (§ 942) ist gemäß § 937 das Gericht der Hauptsache, d. i. das Gericht der ersten Instanz und, wenn die Hauptsache in der Berufungsinstanz anhängig ist, das Berufungsgericht (§ 943) ausschließlich (§ 802) zuständig. Die Hauptsache zu dem gestellten Antrag wäre die Klage auf Herausgabe des Mobiliareinbringens nach erfolgter Scheidung. Ein solcher Rechtsstreit ist aber bis jetzt überhaupt nicht, namentlich nicht bei dem Berufungsgerichte anhängig, er könnte nur in erster Instanz anhängig gemacht werden. Der bei dem Berufungsgerichte zur Zeit anhängige Rechtsstreit über die Scheidung ist nicht die Hauptsache zu dem gestellten Antrage. Diese Hauptsache, die Klage auf Herausgabe des Mobiliars, könnte sogar mit der Scheidungsklage nach § 615 Abs. 2 nicht einmal verbunden werden. Aus diesen Gesichtspunkten ermangelt es sonach dem Berufungsgerichte an der Zuständigkeit. Bch.

d) Passivlegitimation der gütergemeinschaftlichen Frau.

OLG. Stettin, V. CS. Urteil v. 17. September 1901.

Nach § 1443 BGB. hat der Mann Rechtsstreitigkeiten, die sich auf das Gesamtgut beziehen, im eigenen Namen zu führen, und zwar Aktiv- und Passivprozesse. Zur Zwangsvollstreckung in das Gesamtgut ist ein gegen den Mann ergangenes Urteil erforderlich und genügend (§ 740 CPO.). Ein solcher nur gegen den Mann erlangter Vollstreckungstitel soll nach § 48 Nr. 2c und Nr. 3 der preuß. Geschäftsanweisung für die Gerichtsvollzieher vom 1. Dezember 1899 (JMBl. S. 650) und nach den hierzu (das. 1900 S. 22) gegebenen Ausführungen auch dann ausreichen, wenn beispielsweise eine zum Gesamtgute gehörende Sache sich im ausschließlichen Besitze der Frau befindet. Ist im Grundbuche ein zum Gesamtgute gehörendes Recht ausschließlich auf den Namen der Frau eingetragen, so müßte folgerichtig ein nur gegen den Mann erlangtes Urteil ebenfalls zur Zwangsvollstreckung in dieses Recht genügen. Dieser in der Juristenzeitung 1900 S. 175, 356 von **Falkmann** und auch von **Leske** (vergl. Darstellung § 190 V. Note 2) gebilligten Ansicht ist gestützt auf die Begründung zur CP.-Novelle § 670 f., sowie auf die Motive zum BGB. 4 S. 369, **Planck** in der Juristenzeitung 1900 S. 78, 246 mit beachtenswerten Gründen unter Zustimmung von **Petersen-Anger**, CPO. Note 2 zu § 740 entgegengetreten. Angesichts dieser die Vollstreckung des Urteils erschwerenden Auslegungsbedenken ist das an sich nicht erforderliche Mitbeklagen der Gütergemeinschaftsgenossin jedenfalls zweckmäßig. Es ist bei dem nicht zu verkennenden Interesse des Klägers, einen thunlichst einwandfreien Vollstreckungstitel sich zu beschaffen, für zulässig zu halten, wenn es sich auch nicht um die persönliche Haftung der Frau, sondern nur um ihre

Haftung in Ansehung des Gesamtgutes handelt (Juristenzeitung 1900 S. 178). Dieser Behelf wird freilich für § 1443 BGB. anscheinend bezweifelt in der bezeichneten Abhandlung des JMBl. 1900 S. 28 oben, sowie bei Gruchot 45 S. 43. Die frühere Rechtsprechung, der die streitige, vor 1. Januar 1900 rechtshängig gewordene Gesamtgutsverbindlichkeit nach Art. 59 §§ 3, 6, 8 des preuß. Ausf.-G. zum BGB. unterliegt, hat das Mitbeklagen der gütergemeinschaftlichen Frau auch wegen reiner Gesamtgutsverbindlichkeiten nicht ausgeschlossen (D. Jur.-Ztg. 1900 S. 178 Note 1).[1] Die Beklagten haben nichts erinnert. Die Passivlegitimation ist daher gegeben. Freilich hat der Vorderrichter verurteilt, ohne die Haftung der Frau auf das Gesamtgut einzuschränken. Dies ist nicht unbedenklich. Ein Vorbehalt ist freilich in § 786 CPO. nur für Fälle der fortgesetzten Gütergemeinschaft (BGB. § 1489) und der Auseinandersetzungsgemeinschaft (§§ 1480, 1504) vorgesehen. Die Gütergemeinschaft bei noch bestehender Ehe ist offensichtlich aber nur deshalb unerwähnt geblieben, weil § 740 CPO. das Mitbeklagen der Frau nicht erfordert. Wird die Frau dennoch mitbeklagt und verurteilt, so ist in Anlehnung an §§ 786, 781, 785 ein Vorbehalt keineswegs ausgeschlossen. Die Partei hat ihn jedoch nicht besonders verlangt; auch fehlt jeder Anhalt, daß die Beklagte außer dem Gesamtgute noch Vermögen hat. Es kann daher auch in diesem Punkte bei der Vorentscheidung bleiben. Gr.

e) **Recht des im Rechtsstreite gegen seine Frau obsiegenden Mannes, seine Prozeßkosten aus ihrem Eingebrachten zwangsweise beizutreiben. Ihre auf § 1416 BGB. gestützte Einwendung gegen die Pfändung von Eingebrachtem und ihre Verweisung des Mannes auf ihr Vorbehaltsgut ist nicht auf dem Wege des § 767, sondern des § 766 CPO. geltend zu machen.**

OLG. Colmar, Ferien-CS. Beschluß v. 22. August 1901.

Die weitere Beschwerde der Schuldnerin richtet sich dagegen, daß der zweite Richter den Beschluß des ersten Richters aufgehoben und ihre auf § 1416 Abs. 1 BGB. gestützte Einwendung gegen die Pfändung, die ihr Mann auf Grund des Kostenfestsetzungsbeschlusses in ihr Klavier hat vornehmen lassen, als unbegründet zurückgewiesen hat.... Von den verschiedenen einem Schuldner gegen die Zwangsvollstreckung zustehenden Rechtsbehelfen können hier nur die in den §§ 766, 767 CPO. gewährten in Betracht kommen. Wenn es sich bei der vorliegenden Einwendung um eine solche handeln würde, die den durch das Urteil bezw. den Festsetzungsbeschluß (§§ 794, 795 CPO.) festgestellten Anspruch selbst betrifft, hätte sie von vornherein aus dem Grunde zurückgewiesen werden müssen, weil der ausschließliche Weg zu ihrer Erhebung derjenige der Klage wäre. Indessen, soweit auch der Rahmen der unter § 767 fallenden Einwendungen gezogen werden

[1] Ebenso Gruchot 35 S. 507 N. 60, Busch Zeitschr. 22 S. 414 (OLG. Königsberg), Puchelt's Zeitschr. 27 S. 277 (OLG. Köln), anders Busch Zeitschr. 22 S. 395 N. 6. D. H.

möge (vgl. Entsch. 33 S. 378), würde die vorliegende doch nicht darunter gehören. Die Schuldnerin ist nämlich laut Ehevertrag von 1896 mit dem Gläubiger unter dem System der auf die Errungenschaft beschränkten Gütergemeinschaft verheiratet. Nach § 144 des elsaß-lothr. Ausf.-G. zum BGB. finden auf diesen Güterstand die Vorschriften des BGB. über die Errungenschaftsgemeinschaft Anwendung. Die Schuldnerin verlangte nun die Aufhebung der Pfändung ihres unbestritten eingebrachten Klaviers deshalb, weil ihr Mann nach §§ 1525 Abs. 2, 1416 Abs. 1 BGB. nur aus ihrem Vorbehaltsgut Befriedigung für die Kosten der von ihr gegen ihn erfolglos angestrengten Gütertrennungsklage suchen dürfe. Diese Einwendung ist zwar materiellrechtlichen Ursprunges. Sie ist aber keine solche, „die das ihr gegenüberstehende Recht in seiner Existenz angreift oder für immer oder auch nur zur Zeit unwirksam macht" (Entsch. 33 S. 379). Vielmehr läßt sie den Kostenerstattungsanspruch des Gläubigers sowohl seinem Grunde als seinem Umfange nach unversehrt und will nur den Umfang seiner zwangsweisen Beitreibung beschränken, indem sie unter den beiden güterrechtlichen Vermögensmassen der Schuldnerin, dem eingebrachten und dem Vorbehalts-Gut, das erstere als Befriedigungsmittel des Gläubigers ausgeschieden wissen will. Sie macht mithin aus dem materiellen Grunde des § 1416 BGB. die Unpfändbarkeit ihres Eingebrachten geltend und beanstandet dadurch die Art und Weise der Zwangsvollstreckung ebenso, wie wenn sie eine der aus §§ 811, 850—852 CPO. zugelassenen Ausnahmen von der Pfändbarkeit für sich angerufen hätte. Es handelt sich daher hier um eine Einwendung nach § 766. Ihr kann jedoch nicht stattgegeben werden. Mit Recht tritt das LG. der Auslegung entgegen, daß § 1416[1] BGB. eine besondere Vorschrift zu Gunsten des eingebrachten Gutes enthalte, und daß sich, solange die Gemeinschaft nicht aufgehoben sei, der Mann für die Kosten seines mit der Frau geführten Rechtsstreites nur an ihr Vorbehaltsgut halten könne. Denn selbst einem dritten Gläubiger gegenüber haftet nach § 1412 Abs. 2 das Eingebrachte für die Kosten des Rechtsstreites mit ihm — selbst dann, wenn das Urteil dem Manne gegenüber in Ansehung des Eingebrachten nicht wirksam ist. Umsomehr haftet es dem Manne für die Kosten des von ihm selbst mit ihr geführten Rechtsstreites. Der Abs. 1 § 1416, welcher im Verhältnis der Ehegatten zu einander die Kosten eines Rechtsstreites zwischen ihnen dem Vorbehaltsgut zur Last legt, soweit nicht der Mann sie zu tragen hat, bedeutet nicht, daß der Mann bloß darauf angewiesen ist, sich für seine Kosten aus dem Vorbehaltsgut bezahlt zu machen. Er bedeutet vielmehr, daß, nachdem der Mann die seiner Frau auferlegten Kosten aus dem Eingebrachten gedeckt hat, hierfür vom Vorbehalts- an das eingebrachte Gut Ersatz zu leisten ist (vgl. Mugdan, Mat. 4 S. 1154 unten). Irrtümlich ist auch die fernere Annahme des ersten Richters, daß eine Zwangsvollstreckung des Gläubigers in das Eingebrachte der Schuldnerin hier deshalb unmöglich sei, weil er, der Beklagte im Gütertrennungsprozesse, nicht seine eigene Verurteilung zur Duldung der Zwangsvollstreckung in ihr Eingebrachtes hätte erzielen können. Der erste Richter übersieht, daß der von ihm hierbei ins Auge gefaßte § 739 CPO., der die Zwangsvollstreckung in das Eingebrachte der Frau von ihrer Verurteilung zur Leistung und von der Verurteilung des Mannes zur Duldung der Zwangsvollstreckung in ihr Eingebrachtes abhängig macht, den Schutz der dem Manne an dem Eingebrachten zustehenden Rechte bezweckt. Einerseits kann er Dritten gegenüber gemäß § 794 Abs. 2 CPO. durch die Bewilligung sofortiger Zwangsvollstreckung in die seinem Rechte unterworfenen Gegenstände auf den ihm gesetzlich zugedachten Schutz verzichten. Andererseits kann er nicht nur ohne Beeinträchtigung, sondern gerade in wirksamer Ausübung desselben eine ihm gegen seine Frau zustehende Judikatforderung aus dem Eingebrachten zwangsweise beitreiben und dadurch, ohne die sonst etwa erforderliche Zustimmung der Ehefrau, die Veräußerung von Bestandteilen des Eingebrachten erzwingen (Planck Anm. 7 a. F. zu § 1411). Fr.

f) **Ein Ehegatte kann im Klagewege verlangen, daß der andere Ehegatte über seine Geschlechtskrankheit zuverlässige Auskunft giebt, insbesondere seinen Arzt von der Verpflichtung zur Verschwiegenheit entbindet.**

OLG. Hamburg, I. CS. Zwischenurteil v. 14. Juni 1901.

Der im Wesen und in den Zwecken der ehelichen Lebensgemeinschaft begründete Geschlechtsverkehr der Gatten, dem kein Teil sich ohne triftigen Grund entziehen soll und ohne eventuelle Rechtsnachteile nicht entziehen kann, hat zur selbstverständlichen Voraussetzung, daß kein Teil den anderen durch Geschlechtskrankheit gefährden darf. Daraus ergiebt sich, daß jeder Teil gegen den anderen begründeten Anspruch hat, über Entstehung und Charakter einer sich bei dem anderen zeigenden Geschlechtskrankheit verläßlichen Aufschluß zu erhalten, da die Geschlechtskrankheiten im allgemeinen ansteckend sind, und es eine besondere Geschlechtskrankheit, die Syphilis, giebt, welche die mit dem erkrankten Manne geschlechtlich verkehrende Frau nicht nur einer vorübergehenden persönlichen Gesundheitsstörung, sondern sogar einer dauernden, als unheilbar geltenden Vergiftung des Blutes und der folgenschweren Gefahr einer sich fortpflanzenden Verseuchung ihrer Nachkommenschaft aussetzt. Unter diesen Umständen muß der Frau eines geschlechtskrank gewordenen Mannes, der sich in ärztliche Behandlung begeben hat, das Recht zugestanden werden, von diesem Arzte wahrheitsgemäße und sachkundige Auskunft über die Krankheit ihres Mannes fordern zu dürfen. — Andererseits kann dem Arzte aber nicht zugemutet werden, daß er ohne durch seinen Patienten von der ihm durch das Gesetz (StGB. § 300) schlechthin und ohne unterscheidende Einschränkungen auferlegten Verschwiegenheitspflicht entbunden zu sein, seinerseits entscheiden soll, ob er nach Lage der Umstände trotzdem reden und Auskunft geben darf. Er braucht nicht auf eigenes Risiko zu handeln und sich nicht der Möglichkeit, eventuell durch seinen Patienten in strafrechtliche

Weiterungen verstrickt werden zu können, im Vertrauen darauf, daß er nach Sachlage nicht strafbar sei, auszusetzen. Es ist sein gutes Recht, so lange er von der Verschwiegenheit nicht entbunden ist, der Frau gegenüber jede Auskunft und eventuell vor Gericht sein Zeugnis auf Grund des Gesetzes (CPO. § 383[5]) zu verweigern, wie dies hier Dr. H. gethan hat. In solchem Falle muß also die Frau, um vom Arzte ihres Mannes die für sie persönlich, wie im Interesse ihrer Nachkommenschaft notwendige Auskunft erhalten zu können, von ihrem Manne beanspruchen, daß er seinen Arzt ihr gegenüber von der diesem gesetzlich obliegenden Pflicht zur Wahrung der ihm in seiner Berufsausübung anvertrauten Privatgeheimnisse entbinde, da, sobald dies geschehen ist, der Arzt seine Auskunft, jedenfalls als Zeuge vor Gericht (CPO. § 385, Schlußsatz) nicht mehr verweigern darf. Dieser Anspruch ist auch im Rechtswege verfolgbar.

Die durch eine Geschlechtskrankheit des Mannes gefährdete Gesundheit der Frau und die Gesundheit ihrer Nachkommenschaft sind Rechtsgüter, denen gegenüber von einer bloß sittlichen Pflicht des Mannes, sie nicht zu schädigen, keine Rede sein kann. Handelt es sich aber um eine Rechtspflicht, so muß auch anerkannt werden, daß dieser noch keineswegs dadurch genügt werden kann, daß der Mann sich des ehelichen Beischlafes mit der Erklärung enthält, er leide an einer Krankheit, die ihm den Beischlaf nicht gestatte. Denn der eheliche Geschlechtsverkehr ist andererseits ein unbezweifelbares Recht der Frau. Ihr darf daher weder zugemutet werden, sich die Entziehung dieses Rechtes für immer oder für längere Zeit auf Grund laienhafter Angaben des Mannes über eine vielleicht nur vorgeschützte oder eingebildete oder grundlos übertriebene Krankheit, gefallen lassen, noch andererseits auf Grund solcher laienhaften und die Gefahr des Unverstandes, wie der Beschönigung in sich schließenden Angaben den eventuell ihre und ihrer Nachkommen Gesundheit aufs schwerste und unheilbar zerrüttenden Geschlechtsverkehr noch fortsetzen oder wieder aufnehmen zu sollen. Der den Mann behandelnde Arzt aber muß in der Lage sein, der Frau sowohl die zu ihrer Beruhigung im einen, wie die zu ihrer persönlichen Sicherheit vor dauernder Gesundheitszerstörung im anderen Falle erforderliche Auskunft geben zu können. Bei solcher Sachlage hat der Mann kein Recht, seiner Frau die Möglichkeit dieser für sie notwendigen Auskunft dadurch zu entziehen, daß er sich weigert, den Arzt von der Verschwiegenheitspflicht zu entbinden. Daß ihm aus der Auskunft des Arztes voraussichtlich rechtliche Nachteile entstehen werden, ist keineswegs ein Grund, der die Weigerung legitimieren kann. So wenig der Ehemann, dem die Verwaltung des Vermögens seiner Frau anvertraut, und der nach § 1394 BGB. verpflichtet ist, der Frau über den Stand der Verwaltung auf Verlangen Auskunft zu geben, von dieser Verpflichtung dadurch frei wird, daß er sich zu einer Veruntreuung oder Verwahrlosung des Vermögens bekennen müßte, so wenig kann der durch die Auskunft für ihn zu befürchtende persönliche Nachteil ihn hier zur Auskunftsweigerung berechtigen, wo es sich um das durch die eheliche Gemeinschaft und in dieser der Fürsorge beider Gatten gleichmäßig anvertraute höhere und unschätzbare Gut der beiderseitigen leiblichen Gesundheit und der Gesundheit ihrer noch eventuell zu erwartenden ehelichen Nachkommenschaft handelt. Daß diese Auskunft hier besonderen Sachverstand erfordert, der bei dem Ehemanne, wenn er nicht zufällig selber Arzt ist, nicht erwartet werden kann, und daher die Auskunft nicht bei ihm persönlich, sondern nur bei dem ihn behandelnden Arzte zu holen ist, und daß sich deshalb hier die durch die eheliche Gemeinschaft begründete Auskunftspflicht des Mannes so gestaltet, daß er ihr nur durch die dem Arzte von ihm einzuräumende Berechtigung zur Auskunftserteilung genügen kann und muß, ist eine Komplikation, die den wesentlichen Punkt der Frage, ob die Beschaffung der erforderlichen, von der Frau begehrten, wahrheitsgemäßen Auskunft verweigert werden darf, nicht berührt.

Steht aber solches Recht, und zwar als ein eventuell im Rechtswege verfolgbares, überhaupt der Frau zu, so muß es ihr auch, nachdem es zwischen den Gatten zum Rechtsstreite über den weiteren Fortbestand ihrer Ehe gekommen ist, unverkümmert gewahrt werden. Der Streit zwischen den Parteien über die Statthaftigkeit der Ausübung des Rechtes der Frau, bezw. über die Berechtigung oder Nichtberechtigung des Mannes, die zur wirksamen Rechtsausübung der Frau seinerseits erforderliche Willenserklärung dem Arzte gegenüber zu verweigern, bildet solchenfalls einen Zwischenstreit und ist durch Zwischenurteil zu erledigen. Ein Zwischenurteil ist die Entscheidung aber nur nach der formalen Seite hin, weil sie im Rahmen des anderweitig zwischen den Parteien schon anhängigen Rechtsstreites und um dessen Fortgang zu ermöglichen erfolgt. Sie erschöpft sich nicht in der Bedeutung eines bloß prozeßrechtlichen Zwischenbescheides für den anhängigen Prozeß, sondern ist materiell ein wirkliches Endurteil in einem Streite der Parteien über ein selbständig klagbares Recht der Klägerin gegen den Beklagten und ist um deswillen auch selbständiger Rechtskraft fähig. M. M.

65

a) Aussteuer einer Tochter. BGB. § 1620.

OLG. Hamburg, IV. CS. Urteil v. 7. Juni 1901.

Nach § 1620 ist der Vater verpflichtet, seiner Tochter im Falle ihrer Verheiratung eine angemessene Aussteuer zu gewähren, d. h. er hat ihr die zur Einrichtung des Hauswesens erforderlichen beweglichen Sachen, oder nach seiner Wahl den zur Anschaffung erforderlichen Geldbetrag, zu geben. Bei Beurteilung der Angemessenheit kommen in erster Linie die Vermögensverhältnisse des Vaters in Betracht. Da aber die Aussteuer den Zweck hat, der Tochter die Führung des ihren ehelichen Verhältnissen entsprechenden Hauswesens zu ermöglichen, so ist daneben auch der Stand ihres Mannes zu berücksichtigen. Vorliegend hat sich der Beklagte darauf beschränkt, mit einem Kostenaufwande von 800 Mark die Klägerin nur teilweise mit denjenigen Sachen zu versehen, welche sie zur Führung des Hauswesens in ihrer Ehe nötig hat.... Daß der Mann der Klägerin gegenwärtig nur ein jährliches Einkommen von 1000 Mark hat, ist kein Grund für die Ehegatten, sich mit den selbst für ein kleinbürgerliches Hauswesen unzulänglichen Sachen zu begnügen. Klägerin braucht sich auch nicht auf diejenigen Gegenstände verweisen zu lassen, welche zur Zeit sich noch, aus der ersten Ehe ihres Mannes stammend, in der ehelichen Wohnung befinden. Denn ihre Berechtigung, die Aussteuer zu verlangen, setzt nur voraus, daß sie nicht selbst ein zur Beschaffung derselben ausreichendes Vermögen besitzt. M. M.

b) **Zur Auslegung des § 1629 BGB. Wirkung der Umschreibung einer Post auf den Namen einer bereits verstorbenen Person.**

OLG. Königsberg, II. CS. Beschluß v. 9. Oktober 1901.

Klägerin zu 1 ist rechtskräftig von ihrem Mann, dem Beklagten, geschieden. Bei der 1897 erfolgten Auseinandersetzung wurde ihr ein auf dem gütergem. Grundstücke zur Sicherung ihres Eingebrachten vorgemerkter Betrag von 5000 Mark überwiesen, und zwar 1000 Mark zu freiem Eigentum; den Rest sollte sie lediglich zur Erziehung und zum Unterhalte ihrer vier Kinder verwenden, während sie über das Kapital nur unter Zuziehung eines Pflegers sollte verfügen dürfen. Nachdem Klägerin und der Pfleger (Kläger zu 2) dem jetzigen Eigentümer des Pfandgrundstückes 1000 Mark gekündigt, um davon Schulden, welche im Interesse der Erziehung der Kinder gemacht waren, zu tilgen, hat der Schuldner seinerseits das ganze, 1900 auf den Namen der vier Kinder, von denen eines 1899 gestorben war, umgeschriebene Restkapital gekündigt. Kläger verlangen, daß Beklagter in Auszahlung des Kapitals und dessen Löschung willige. Der Rechtsstreit ist in der Hauptsache erledigt, die Kosten sind in erster Instanz dem Kläger auferlegt. Aus den Gründen:

Der erste Richter erkärt sich für unzuständig, weil es sich um eine Meinungsverschiedenheit zwischen Vater und Pfleger handele. Zuzugeben ist, daß nach BGB. dem Vater auch nach geschiedener Ehe die Vertretung der minderjährigen Kinder obliegt, solange sie ihm nicht durch eine Anordnung der Vormundschaftsbehörde entzogen ist, daß auch in Bezug auf dieses Recht, welches nach der Auffassung des BGB. zugleich eine Pflicht enthält, die Vertragsfreiheit beschränkt ist, so daß hierüber rechtsgültige Abmachungen nicht getroffen werden können (vgl. Planck Anm. 4 zu § 1627). Hier kommt jedoch in Betracht, daß — schon vor dem Inkrafttreten des BGB. — dem Vater die Vertretung der Kinder in Bezug auf das in Rede stehende Kapital dadurch entzogen war, daß eine Pflegschaft zwecks Einziehung anderweiter Anlegung und Verwaltung des Kapitals eingeleitet war. Die dadurch eingetretene Beschränkung ist nach Art. 204 EG. bestehen geblieben. Das Recht und die Pflicht des Beklagten erstreckt sich sonach nicht auf die Angelegenheiten der Kinder, für die der Pfleger bestellt ist (vgl. § 1628). Allerdings fügt § 1629 die Einschränkung hinzu, daß, falls die Sorge für die Person oder für das Vermögen einem Pfleger zusteht, bei einer Meinungsverschiedenheit zwischen dem Vater und dem Pfleger über die Vornahme einer sowohl die Person als auch das Vermögen des Kindes betreffenden Handlung dem Vormundschaftsgericht die Entscheidung zustehen soll; und diese Vorschrift findet nach Art. 210 EG. auch Anwendung auf bereits bestehende Pflegschaften. § 1629 setzt also eine Meinungsverschiedenheit über die Vornahme einer Handlung voraus, welche nicht nur das Vermögen, sondern auch die Person des Kindes betrifft, m. a. W. eine Meinungsverschiedenheit über eine Erziehungs- und Verwaltungsmaßregel. Es kann dahingestellt bleiben, ob dieser Fall vorliegen würde, wenn Kläger mit Rücksicht darauf, daß 1000 Mark zur Erziehung der Kinder verwendet, 1000 Mark dem Schuldner des Kindesvermögens gekündigt und der Vater dieser Kündigung widersprochen hätte. Denn die Anwendung des § 1629 würde nur zur Folge haben können, daß alsdann der Pfleger auf Anweisung des Vormundschaftsgerichtes die Kündigung zurücknähme, die Maßregel also aufgehoben würde. Keinesfalls hätte das Vormundschaftsgericht über die Rechtsfrage zu entscheiden, an wen — bei unangefochten gebliebener Kündigung — die Zahlung zu erfolgen habe und ob Beklagter zur Bewilligung der Löschung eines entsprechenden Betrages im Grundbuche verpflichtet sei. Am allerwenigsten aber sind die Voraussetzungen des § 1629 gegeben, wenn, wie hier, der Schuldner selbst das ganze Kapital kündigt und unter den Parteien die Rechtsfrage streitig ist, ob Beklagter gehalten ist, seine Einwilligung in die Auszahlung der Summe und in die Löschung zu erteilen. Denn dann handelt es sich eben nicht um eine Meinungsverschiedenheit über eine Erziehungs- und Verwaltungsmaßregel, sondern über eine Rechtsfrage. Die Entscheidung über eine solche aber ist durch § 1629 dem Prozeßrichter nicht entzogen. Sie kann jedoch nur zu Ungunsten des Beklagten ausfallen. Denn da zum Zwecke der Einziehung, Anlegung und Verwaltung des Kapitals eine Pflegschaft eingeleitet ist, so ist insoweit die Vertretungsmacht des Beklagten als Gewalthabers ausgeschlossen. Der Schuldner ist verpflichtet, das gekündigte Kapital an den Pfleger und die Klägerin zu 1 — an letztere als Eigentümerin der Post — zu zahlen, und diese sind verbunden, löschungsfähig zu quittieren, gleichviel, ob Beklagter seine Einwilligung erteilt oder nicht. Insoweit war die Klage gegen den Beklagten als Inhaber der elterlichen Gewalt unnötig, und es hätten den Klägern die Kosten der überflüssigerweise erhobenen Klage zur Last gelegt werden müssen, wenn nicht noch der Gesichtspunkt in Frage käme, daß Beklagter Miterbe nach seiner Tochter J. geworden ist.

In dieser Beziehung ist jedoch zu erwägen, daß die Tochter J. nach dem Auseinandersetzungsvertrage von 1897 keine Rechte an der fraglichen Post erlangt hat. (Es folgt die nähere Ausführung.) Eine eigentümliche Gestaltung hat die Sache aber dadurch erfahren, daß 1900 nach Löschung eines Teilbetrages der Rest der Post auf den Namen der vier Geschwister S. umgeschrieben worden ist. Damals war nämlich eine dieser Schwestern, J. V., bereits verstorben. Hatte sie zu Lebzeiten kein Recht an dieser Post besessen, so konnte sie nach ihrem Tode aus dieser Eintragung kein Recht erwerben. Es läßt sich auch nicht etwa geltend machen, daß Beklagter und seine Ehefrau ohne weiteres als Erben an ihre Stelle getreten seien. Das durch diese Eintragung für J. V. begründete Recht war demnach nur ein formales, welches jeder materiellen Grundlage entbehrte. Das Grundbuch war durch jene Eintragung unrichtig geworden und Beklagter wäre infolgedessen verpflichtet gewesen, seine Zustimmung zur Berichtigung des Grundbuches nach § 894 BGB. zu geben. Aus demselben Grunde hat er aber auch einesteils kein Recht, der Auszahlung des gekündigten Kapitals an die Kläger zu widersprechen, andererseits aber die Pflicht, auf Verlangen der Kläger die Löschung zu bewilligen. Da er dies nicht gethan, den Anspruch auch nicht sofort anerkannt, sondern Abweisung der Klage beantragt hat, waren ihm die Kosten des Rechtsstreites aufzuerlegen. Th.

66

a) Natur der zufolge kriegsgerichtlicher Beschlagnahme des Vermögens eines Fahnenflüchtigen eingeleiteten Güterpflege. Deren Fortbestand trotz einer von ihm erteilten Generalvollmacht.[1]

OLG. Colmar, Ferien-CS. Beschluß v. 10. August 1901.

Die weitere, auf die Aufhebung der Güterpflege gerichtete Beschwerde ist nach § 27 FrGG. zulässig, und nach § 20 Abs. 1 daselbst der Beschwerdeführer, der Bevollmächtigte des Fahnenflüchtigen X. zu ihrer Einlegung legitimiert; sie ist jedoch nicht begründet. Denn nach § 361 MilStGO. vom 1. Dezember 1898 hat X. seit dem 29. Januar 1901, dem Zeitpunkte der ersten Bekanntmachung des die Beschlagnahme seines Vermögens anordnenden kriegsgerichtlichen Beschlusses, das Recht verloren, über dasselbe unter Lebenden zu verfügen; nach Abs. 2 des § 361 hatte das (nach § 39 FrGG. zuständige) Amtsgericht S. die Güterpflege über jenes Vermögen einzuleiten. Die auf dieser Spezialvorschrift beruhende Güterpflege ist keine eigenartige, von der bürgerlich-rechtlichen verschiedene Pflegschaft, sondern sie ist ein Anwendungsfall des § 1911² BGB. Denn eine „Verhinderung an der Rückkehr" im Sinne dieses Abs. 2 liegt auch darin, daß der Fahnenflüchtige durch seine Flucht ins Ausland sich während der Dauer seiner Entziehung von der Dienstpflicht selbst einen Grund der Verhinderung seiner Rückkehr und der Verhinderung an der Besorgung seiner Vermögensangelegenheiten geschaffen hat. Die von X. dem Beschwerdeführer erteilte, der Beschlagnahme nachgängige Generalvollmacht vermag keine Änderung der Sachlage nach der Richtung herbeizuführen, daß nunmehr der Grund zur Eröffnung der Güterpflege fortgefallen wäre. Wenn es zutreffend wäre, daß durch die Beschlagnahme überhaupt den Rechtsgeschäften des Fahnenflüchtigen die Gültigkeit entzogen wird

[1] Vgl. Gruchot 33 S. 1092.

(Archiv für bürg. Recht 15 S. 125), würde auch diese Vollmacht von der Ungültigkeit ergriffen und es würde mit ihrer Hinwegräumung ohne weiteres der Fall gegeben sein, daß X. seine Vermögensangelegenheiten in einem der Fürsorge bedürftigen Zustande zurückgelassen hat. Eine so weitgehende Ausdehnung des Begriffes „Verfügungen" im Abs. 1 § 361, welche auf seine Identifizierung mit „Rechtsgeschäften" hinauslaufen würde, könnte jedoch nicht gebilligt werden. Rein obligatorische Rechtsgeschäfte, wie die Erteilung einer Vollmacht, fallen vielmehr nicht in den Rahmen der „Verfügungen". Mangels unzweideutiger Anhaltspunkte für einen fraudulösen Willen des X. kann auch dahingestellt bleiben, ob er durch die Ausstellung der Generalvollmacht darauf abgesehen hatte, die Wirkung des durch die Beschlagnahme an ihn ergangenen Verfügungsverbotes zu hintertreiben, und ob eine solche Umgehung ebenso nichtig sein würde, wie wenn er direkt dagegen verstoßen hätte (§ 134 BGB. Planck, Komm. [2. Aufl.] 1 S. 186; Crome, System 1 S. 71). Vielmehr wird das Fortbestehen der streitigen Güterpflege durch jene Vollmacht selbst dann nicht gehindert, wenn sie unanfechtbar sein sollte. Denn nachdem dem X. durch die Beschlagnahme seines gesamten im Deutschen Reiche belegenen Vermögens die Verfügung unter Lebenden darüber entzogen worden ist, kann, ebensowenig wie er selbst, sein Bevollmächtigter solche Rechtsgeschäfte vornehmen, durch welche eine Veräußerung oder Belastung desselben oder sonstige Rechtsänderung bewirkt wird. In dieser Hinsicht würde, unbeschadet der sonstigen dem Beschwerdeführer auf Grund der Vollmacht zustehenden Befugnisse, das von X. in Deutschland zurückgelassene Vermögen, das (nach Inhalt der Vollmacht) aus beweglichem und unbeweglichem Gute und aus seinem Anteile am unverteilten Nachlasse seiner Eltern besteht, trotz der Vollmacht der erforderlichen Fürsorge entbehren, wenn nicht diesem Mangel durch die Einleitung der Güterpflege abgeholfen würde. Nach § 1915 BGB. ist der Güterpfleger gesetzlicher Vertreter des Pflegebefohlenen; als solcher ist er legitimiert, die Ernennung eines Notars für die Auseinandersetzung der genannten Nachlässe zu beantragen; auch diesem Antrage kann der Beschwerdeführer nicht widersprechen. Fr.

b) Bestellung eines Nachlaßpflegers auf Antrag eines Nachlaßgläubigers. BGB. § 1961.

Kammergericht, I. CS. Beschluß v. 10. Juni 1901.

Der 1899 entmündigte A. war Teilhaber der offenen Handelsgesellschaft A. & B.; sein Vormund löste mit Genehmigung des Vorm.-Gerichts die Gesellschaft auf und übertrug das Geschäft auf den anderen Gesellschafter B., verpflichtete sich auch, ihm das der Gesellschaft gehörige, aber für A. eingetragene Grundstück aufzulassen. Bevor es indessen zur Auflassung kam, starb der Entmündigte 1901. Die gesetzlichen Erben haben ausgeschlagen; die Erbschaft ist bisher von niemandem angetreten. B. hat deshalb beantragt, den früheren Vormund des Verstorbenen zum Nachlaßpfleger zum Zwecke der Auflassung des Grundstückes an ihn oder den von ihm zu bestimmenden

Rechtsnachfolger zu bestellen und die Auflassung zu genehmigen, da die Erben des Verstorbenen unbekannt seien. Der Antrag wurde zurückgewiesen, der weiteren Beschwerde jedoch stattgegeben:

... Die Vorinstanzen erachten die Voraussetzung des § 1961 deshalb nicht als gegeben, weil der Pfleger zur Erteilung der Auflassung des auf den Namen des Erblassers eingetragenen Grundstückes und erst im Weigerungsfalle zur Vertretung des Nachlasses in dem gegen ihn anzustrengenden Prozesse bestellt werden soll. Der Beschwerdeführer verlangt jedoch die Bestellung eines Nachlaßpflegers, um den ihm aus dem Auseinandersetzungsvertrage mit dem Erblasser zustehenden Anspruch auf Auflassung zu verfolgen, nötigenfalls im Wege der Klage, also gerichtlich. In dieser Weise aber wird regelmäßig der Anspruch nur zu erheben sein; der Gläubiger des Nachlasses erhebt einen Anspruch und will ihn bis zur Befriedigung verfolgen, d. h. nötigenfalls gerichtlich. Ob es zur Inanspruchnahme des Prozeßgerichtes kommen wird, kann der Gläubiger mit Sicherheit nie voraussehen; denn der bestellte Nachlaßpfleger kann stets nach seiner Bestellung den Anspruch anerkennen, so daß es dann zu einer gerichtlichen Geltendmachung desselben nicht kommt. Anders aber liegt die Sache auch hier nicht, wenn der Nachlaßgläubiger in seinem Antrage auch in erster Linie von Erteilung der Auflassung statt von gerichtlicher Geltendmachung des Anspruches auf Auflassung gesprochen hat. Seine Absicht ist, Befriedigung des Anspruches zu erlangen, eventuell im Klagewege, und diese Befriedigung kann er nicht durchsetzen ohne Bestellung eines Pflegers, da bisher unbekannt ist, wer Erbe ist, und der Nachlaß jeder Vertretung entbehrt. Der § 1961 ist gerade im Interesse der Nachlaßgläubiger gegeben, die durch den eingetretenen Tod ihres Schuldners kein Hemmnis in Geltendmachung ihrer Rechte erleiden sollen (Wilke zu § 1961). Die Motive zu § 2059 des ersten Entwurfes (5 S. 546), der dem § 1961 im wesentlichen enspricht, heben hervor, daß der Zweck der Vorschrift ist, den Nachlaßgläubigern die Rechtsverfolgung zu erleichtern. In Erweiterung der Vorschriften der CPO., die nur die Zwangsvollstreckung betreffen, soll die Prozeßführung vor der Annahme der Erbschaft seitens der Berufenen ermöglicht werden. Da vor Annahme der Erbschaft gegen den Erben ein Anspruch nicht geltend gemacht werden kann, so soll zur Beseitigung dieses für den Gläubiger unverkennbaren Übelstandes diesem das Recht gewährt werden, die Nachlaßpflegschaft zu beantragen. Die zweite Kommission (Prot. 5 S. 666) hat hieran nichts geändert und ausgesprochen, daß ein Nachlaßpfleger demjenigen, welcher der Erbe sein wird, auf Antrag auch dann zu bestellen sei, wenn ein Nachlaßgläubiger vor der Annahme der Erbschaft seitens des berufenen Erben die Befriedigung aus dem Nachlasse verlangt und der Erbe für die Befriedigung nicht sorgt, und zwar solle diese Bestellung des Nachlaßpflegers nicht dem richterlichen Ermessen überlassen, sondern dem Gläubiger eine feste gesetzliche Handhabe gegeben werden. Dem entsprechend ist die Vorschrift des § 1961 gegeben. Gegen einen etwaigen Mißbrauch soll die nach der Landesgesetzgebung zu beurteilende Kostenvorschußpflicht des Antragstellers schützen.... Der Nachlaßgläubiger muß zunächst einen Vertreter des Nachlasses haben, demgegenüber er den Anspruch gegen den Nachlaß auf Auflassung des Grundstückes erheben und im Weigerungsfalle dann gerichtlich durchsetzen kann. Die Auslegung der Vorinstanz würde zu dem absurden Resultate führen, daß der Nachlaßgläubiger, welcher einen unsicheren Anspruch gegen den Nachlaß hat, günstiger stehen würde als derjenige, dessen Anspruch nicht in Zweifel gezogen werden kann. Die Motive erfordern sogar, daß der Gläubiger seinen Anspruch dem Nachlaßgerichte glaubhaft zu machen hat, um die Bestellung des Pflegers durchzusetzen. Ist dies zutreffend (A. M. Neumann, Handausgabe zu § 1961, der die Prüfung des Anspruches lediglich dem Prozeßrichter zuweist), so hat der Gläubiger, der bei seinem Antrage auf Grund vorliegender Verträge u. dgl. die Ansicht vertritt, der zu bestellende Pfleger werde seinem Anspruche sogar ohne Prozeß genügen, seiner Pflicht zur Glaubhaftmachung gewiß am weitesten genügt. Jedenfalls kann die dahin ausgesprochene Ansicht nicht zu einer Abweisung seines Antrages führen. Es handelt sich hier also um die Befriedigung des Anspruches eines Gläubigers gegen den Nachlaß, die eventuell im Prozeßwege durchzusetzen ist.

67

a) **Bei der Testamentserrichtung kann der Gerichtsschreiber nicht zugleich Dolmetscher sein.**[1] **BGB. § 2244. FrGG. § 168.**

Kammergericht, I. CS. Beschluß v. 11. Februar 1901.

Der weiteren Beschwerde war der Erfolg zu versagen. Zu Unrecht beruft sich der Beschwerdeführer auf § 192 GVG., wonach der Dienst des Dolmetschers vom Gerichtsschreiber wahrgenommen werden kann; denn der § 192 findet auf die Errichtung von Testamenten überhaupt nicht Anwendung. Zwar heißt es im § 1 FrGG., daß für diejenigen Angelegenheiten der freiwilligen Gerichtsbarkeit, welche durch Reichsgesetz den Gerichten übertragen sind — wozu auch die Beurkundungen durch das Gericht gehören —, die allgemeinen Vorschriften des FrGG. gelten, soweit nicht ein anderes bestimmt, und unter den allgemeinen Vorschriften bestimmt der § 8, daß auf das gerichtliche Verfahren in Angelegenheiten der freiwilligen Gerichtsbarkeit die Vorschriften des GVG. über die Gerichtssprache, mit den sich aus dem § 9 ergebenden Abweichungen entsprechende Anwendung finden. Das Verfahren mit fremdsprachigen Beteiligten ist jedoch für Beurkundung von Rechtsgeschäften in den §§ 179 ff. besonders geregelt, und im § 168 bestimmt ist, daß die §§ 169—182, also auch die Vorschriften über die Ver-

[1] Bei jeder Beurkundung eines Rechtsgeschäftes, bei welcher der Richter oder Notar einen Dolmetscher zuzieht, muß diesem als einer mitwirkenden Person bei Strafe der Nichtigkeit das Protokoll deutsch vorgelesen werden, worauf er es in der fremden Sprache den Beteiligten vorträgt. (Kammergericht, I. CS. Beschl. v. 6. Mai 1901, Jahrb. 22 S. 19.)

handlung mit Personen, welche der deutschen Sprache nicht mächtig, nur unbeschadet der Vorschriften des BGB. über die Errichtung von Testamenten und Erbverträgen Anwendung finden sollen. Die Errichtung von Testamenten ist aber im BGB. geordnet. Nach § 2233 muß zur Errichtung der Richter einen Gerichtsschreiber oder zwei Zeugen zuziehen. Weiter bestimmt § 2244, daß, wenn der Erblasser der deutschen Sprache nicht mächtig zu sein erklärt, ein vereideter Dolmetscher zugezogen werden muß. Dem Dolmetscher weist das Gesetz, außer der Übertragung der Worte des Erblassers, auch noch andere Aufgaben zu. Eine Übersetzung des Protokolles in die Sprache, in der sich der Erblasser erklärt, muß vom Dolmetscher angefertigt oder beglaubigt und vorgelesen werden; der Dolmetscher muß das Protokoll mitunterschreiben. Eine dem § 192 GVG. entsprechende Vorschrift findet sich nicht, und ohne einen ausdrücklichen Anhalt im Gesetz wird man da, wo zwei Formvorschriften — wie hier die Zuziehung eines Gerichtsschreibers und die Zuziehung eines Dolmetschers — beobachtet werden müssen, nicht ohne weiteres für genügend erachten dürfen, wenn dieselbe Person in mehrfacher Funktion bei dem Akt beteiligt ist (vgl. Jahrbuch 13 S. 185). Deshalb muß, falls nach § 2244 BGB. ein Dolmetscher erforderlich ist, dieser noch neben dem Gerichtsschreiber zugezogen werden; der Gerichtsschreiber kann nicht zugleich der Dolmetscher sein. Auf demselben Standpunkte stehen auch die Motive (4 S. 278), welche ausführen, der Dolmetscher sei das Organ, durch welches der Verfügende zu den übrigen mitwirkenden Personen rede; dasjenige, was der Dolmetscher als den Willen des Verfügenden mitteile, werde so angesehen, als wäre es vom Verfügenden in deutscher Sprache erklärt. Die Motive stellen also den Dolmetscher den übrigen mitwirkenden Personen (Richter und Gerichtsschreiber) gegenüber und an die Seite des Erblassers. Daß bei der Errichtung des vorliegenden Testamentes der Gerichtsschreiber zugleich als Dolmetscher fungiert hat, widersprach demnach den Vorschriften des Gesetzes; eine solche Verletzung wesentlicher Formvorschriften macht aber den Akt nichtig. Die Erteilung des beantragten Erbscheines aus dem Testamente ist daher mit Recht wegen der Nichtigkeit desselben abgelehnt worden. W.

b) **Keine Angabe der Größe der Erbteile im Erbscheine beim Vorhandensein einer Leibesfrucht. BGB. § 2357.**

Kammergericht, I. CS. Beschluß v. 24. Juni 1901.

Die Witwe A. beantragte die Ausstellung eines gemeinschaftlichen Erbscheines nach ihrem im März 1901 verstorbenen Mann für sich und ihre fünf aus der Ehe mit dem Verstorbenen hervorgegangenen Kinder. Sie gab dabei an, daß noch ein Kind zu erwarten sei. Das Amtsgericht erteilte den Erbschein dahin, daß der Erblasser zu seinen alleinigen Erben hinterlassen habe: 1. Seine Witwe zu $^1/_4$ des Nachlasses, 2. seine fünf Kinder aus der Ehe mit dieser, und daß die Geburt eines weiteren, vom Erblasser erzeugten Kindes und Erben zu erwarten sei. Die Angabe der Bruchteile, zu denen die Kinder Erben geworden seien, lehnte es ab, weil diese sich vor der Geburt der Leibesfrucht nicht feststellen ließen. Die Beschwerde und weitere Beschwerde der Witwe sind zurückgewiesen. Aus den Gründen:

Die Größe der Erbteile der Kinder konnte das Nachlaßgericht im Erbscheine nicht angeben, weil die Erbteile noch nicht feststehen, sondern von der Geburt der zu erwartenden Leibesfrucht abhängen. Zu Unrecht sucht die Beschwerdeführerin demgegenüber auszuführen, daß Erben nur diejenigen seien, die zur Zeit des Todes des Erblassers nicht nur gezeugt, sondern auch bereits geboren sind, so daß ein Nachkömmling erst später Erbe würde, und damit das mit dem Tode des Erblassers begründete Erbrecht abändere. Allerdings bestimmt der Abs. 1 § 1923, daß Erbe nur werden kann, wer zur Zeit des Erbfalles lebt. Der Abs. 2 fügt aber hinzu, daß, wer zur Zeit des Erbfalles noch nicht lebt, aber bereits erzeugt war, als vor dem Erbfalle geboren gilt. Das Gesetz hat hiermit sagen wollen, daß der bereits erzeugte — seine Geburt vorausgesetzt — Erbe wird bereits mit dem Tode des Erblassers und nicht erst mit dem Zeitpunkte seiner Geburt. Es ergiebt dies der Gegensatz zu den Vorschriften über den Nacherben. Der § 2101 bestimmt, daß, wenn eine zur Zeit des Erbfalles noch nicht erzeugte Person als Erbe eingesetzt wird, im Zweifel anzurechnen, daß sie als Nacherbe eingesetzt sei, und nach § 2106 Abs. 2 fällt die Erbschaft in diesem Falle den Nacherben mit dessen Geburt an. Während der Nacherbe also erst mit diesem späteren Zeitpunkte Erbe werden soll, wird der zur Zeit des Erbfalles Erzeugte, aber noch nicht Geborene infolge der Fiktion des § 1923 Abs. 2 bereits Erbe mit dem Eintritt des Erbfalles, d. h. dem Tode des Erblassers (vgl. Wilke Abs. 2 zu § 1923 und Abs. 2 zu § 2101), bezw. wird seine Erbrechtsfähigkeit auf diesen Zeitpunkt zurückbezogen (Frommhold, Erbrecht Abs. 2 zu § 1923). Ist dies aber der Fall, so ist in der Zwischenzeit vom Tode des Erblassers bis zur Zeit der Geburt der Leibesfrucht der schwangeren Witwe unbestimmt, wieviel Erben vorhanden, und wie groß demgemäß ihre Anteile an der Erbschaft sind. Freilich sind in dieser Zeit nur die bereits lebenden Kinder neben der Witwe als Erben vorhanden, die Geburt eines oder mehrerer Miterben aber ist bereits in Aussicht, und zwar solcher Miterben, die nicht erst von dem künftigen Zeitpunkte ihrer Geburt an Erben werden, sondern kraft der gesetzlichen Fiktion oder Rückbeziehung ihrer Erbeneigenschaft dann bereits Erben seit dem Todesfalle des Erblassers geworden sind. Sie können daher bei Erteilung des Erbscheines nicht unberücksichtigt bleiben. Es kann deshalb vor der Geburt der Leibesfrucht eine Bescheinigung über die Größe der Erbteile insoweit, als diese durch das Hinzutreten weiterer Erben berührt werden können, nicht erteilt werden (vgl. Neumann, Handausgabe zu § 2353; Wilke Abs. 4 zu § 2353). Daß dies auch die Absicht des Gesetzes gewesen, ergeben die Motive. Der Entwurf I § 2068 bestimmte, das Nachlaßgericht habe dem gesetzlichen Erben auf dessen Antrag ein Zeugnis darüber zu erteilen, daß und in welchem Umfange der Antragsteller auf Grund der gesetzlichen Erbfolge Erbe sei. Die Motive (5 S. 559) bemerken hierzu, da der Umfang des Erbrechtes im Erbscheine anzugeben sei, so verstehe sich von selbst, daß, wenn der Erbteil noch ungewiß, z. B. weil die Geburt einer zur Zeit des Erbfalles bereits empfangenen erbberechtigten Person zu erwarten, das Nachlaßgericht nicht in der Lage sei, für einen Miterben, dessen Anteil durch die Geburt einer solchen Person beeinflußt werde, einen Erbschein auszustellen. Nun ist der Wortlaut des § 2353 BGB. allerdings dem des § 2068 des ersten Entwurfes nicht ganz konform. Im wesentlichen stimmt er aber, so weit er sich auf die hier in Betracht kommende Frage bezieht, damit überein. Nichts aber spricht dafür, daß man von der in den Motiven enthaltenen Absicht hat abweichen wollen; insbesondere ist von der zweiten Kommission über diese Frage in eine Erörterung überhaupt nicht eingetreten (Prot. 5 S. 671). Sind nun auch die Motive eines Gesetzes für die Auslegung desselben nicht unbedingt maßgebend, so stimmen sie doch hier mit dem Wortlaute und dem aus ihm herauszulesenden Sinne überein. Der § 2043 Abs. 1 BGB. bestimmt: „Soweit die Erbteile wegen der zu erwartenden Geburt eines Miterben noch unbestimmt sind, ist die Auseinandersetzung bis zur Hebung der Unbestimmtheit ausgeschlossen." Er handelt zwar nicht von Erteilung des Erbscheines, sondern nur von der Auseinandersetzung der Erben; diese wird aber gerade ermöglicht durch die Erteilung des Erbscheines. Es wird deshalb auch dieser auf Grund jener Gesetzesvorschrift nicht zu erteilen sein, soweit das Erbrecht der berufenen von der Geburt des weiteren Erben beeinflußt wird. (So Voß bei Gruchot 43 S. 665). Zum mindesten aber kann aus dieser Vorschrift des Gesetzes nicht mit der Beschwerdeführerin geschlossen werden, daß damit die Erteilung des Erbscheines indirekt zugelassen sei. W.

c) **Die Angabe der Erbteile muß vor Gericht oder Notar erfolgen.**[1]

Kammergericht, Ferien=CS. Beschluß v. 26. Juli 1901.

A. ist 1900 zu Sagan unter Hinterlassung der Witwe und von 7 Kindern verstorben. In der Verhandlung von 1901 beantragte der älteste Sohn vor dem Notar (dem Beschwerdeführer) die Ausfertigung eines Erbscheines, ohne daß die Erbteile der Erben angegeben waren. Das Amtsgericht wies den Antrag zurück, worauf in der dagegen erhobenen Beschwerde der Notar beantragte, den Erbteil der Witwe auf $^1/_4$ und denjenigen der Kinder auf je $^3/_{28}$ zu bemessen. Die Beschwerde wurde zurückgewiesen, auch die weitere Beschwerde blieb erfolglos. Nachdem in den §§ 2353—2356 BGB. geregelt ist die Erteilung des Erbscheines für einen einzelnen Erben — sei es, daß dieser Allein-Erbe ist, oder nur die Erteilung des Erbscheines über seinen Erbteil wünscht, — wird in § 2357 die Ausstellung eines gemeinschaftlichen Erbscheines für mehrere Erben geregelt, ein Fall, um den es sich vorliegend handelt. Nach § 2357 Satz 2 kann zwar der Antrag darauf auch von jedem der Erben ge-

[1] Zum Antrag auf Erteilung eines Erbscheines ist auch der Testamentsvollstrecker befugt. (Kammergericht, I. CS. Beschl. v. 17. Juni 1901, Jahrb. 22 S. 57.)

stellt werden, nach Abs. 2 und 3 sind aber im Antrage die Erben und ihre Erbteile, sowie die Annahme der Erbschaft (seitens der übrigen Erben) anzugeben, und gilt für diese „sich auf die übrigen Erben beziehenden Angaben des Antragstellers“ § 2356, d. h. die Angaben müssen nötigenfalls urkundlich nachgewiesen oder vor Gericht oder Notar als richtig an Eidesstatt versichert werden. Nach diesem Zusammenhange der Vorschriften ist die Auffassung des Beschwerdeführers, als könne unter dem „Antrage“ in § 2357 nicht die Erklärung des antragstellenden Miterben, sondern der Begleitantrag des instrumentierenden Notars verstanden werden, unhaltbar. Die Angabe der Erbteile muß vielmehr seitens des Miterben, der die Erteilung des gemeinschaftlichen Erbscheines beantragt, erfolgen.

Übrigens ist hier auch die Angabe der Erbteile nicht zweifelsfrei. Denn der Erblasser hat seinen ersten Ehewohnsitz in Berlin und seinen letzten in Sagan gehabt. Nach § 496 ALR. II 1 würde also die Witwe zunächst die Wahl gehabt haben, ob sie nach dem in Berlin geltenden Märkischen Provinzialrecht, unter Einwerfung ihres eigenen Vermögens, die Hälfte des gesamten Nießlasses, oder nach dem in Sagan geltenden ALR. $^1/_4$ des ehemännlichen Nachlasses beanspruchen will, bezw. ob sie gemäß Art. 46 § 3 Ausf.-Ges. zum BGB. lediglich nach dem BGB. erben wollte (vgl. auch § 4 Art. 46 das.). Ob und eventuell in welcher Richtung die Witwe das Wahlrecht schon ausgeübt hat, oder ob die Fristen dafür verstrichen sind, erhellt bisher nicht. Auf den Art. 46 war der Beschwerdeführer bereits vom Nachlaßgericht ausdrücklich hingewiesen und gerade mit Rücksicht auf diesen Art. 46 wird sachgemäß die Witwe selbst die Erklärungen ihres Sohnes zu ergänzen haben, um die Erbteile der einzelnen Erben definitiv festzustellen. E. P.

d) **Erbschein auf Grund früherer Testamente 2c.**

Kammergericht, I. CS. Beschluß v. 24. Juni 1901.

1901 starb zu Elberfeld die Frau L. mit Hinterlassung ihres Mannes und eines Sohnes. Sie hatte mit ihrem Manne 1883 einen Ehevertrag geschlossen, in dessen Art. 2 es heißt: „Für den Todesfall vermachen die künftigen Ehegatten sich gegenseitig alles dasjenige zum Eigentum und zur Nutznießung für Lebenszeit, worüber zu verfügen sie gesetzlich befugt sind, so daß, wenn der Zuerstversterbende Vorbehaltserben nicht hinterläßt, der Längstlebende sein Universalerbe wird.“ Der Mann beantragte die Erteilung eines Erbscheines für sich als Alleinerben seiner Frau, da das BGB. den Begriff des Vorbehaltserben nicht mehr kenne und deshalb der Fall seiner Universalerbfolge eingetreten sei. Der Antrag wurde zurückgewiesen; desgl. die weitere Beschwerde. Aus den Gründen:

Die Ausführungen des Beschwerdeführers, daß letztwillige Verfügungen dem zur Todeszeit des Erblassers geltenden Rechte unterworfen sind, ist insofern richtig, als die Verfügung in ihrer rechtlichen Bedeutung nach dem zur Zeit des Todes des Erblassers geltenden Rechte zu beurteilen ist. Durchaus zutreffend führt aber das LG. aus, daß es für die Auslegung der Verfügung darauf ankomme, den wirklichen Willen des Erblassers zu ermitteln, und daß bei dieser Ermittelung von den thatsächlichen Verhältnissen und dem Rechtszustande der Zeit ausgegangen werden müsse, in der die Verfügung errichtet wurde, sofern nicht ausnahmsweise thatsächliche Anhaltspunkte auf einen anderen Weg hinweisen. Grundsätzlich sei zu unterstellen, daß die Art und Weise, wie ein Verfügender sich ausdrücke, übereinstimme mit dem zur Zeit der Verfügung geltenden allgemeinen Sprachgebrauch, sowie mit den Anschauungen und Gewohnheiten seiner zeitlichen und örtlichen Umgebung auch bezüglich der Rechtssprache bei den Rechtsgeschäften. Diesen Ausführungen ist durchaus beizutreten. Das Landgericht fährt dann fort, die Erblasserin habe sich der Ausdrucksweise des Art. 1094 C. civil anschließen und deutlich zu erkennen geben wollen, daß der Beschwerdeführer beim Vorhandensein von Vorbehaltserben jedenfalls nur neben diesen berufen sein solle. Von diesem Willen, welcher der Rechtslage zur Zeit der Errichtung des letzten Willens durchaus entsprochen, irgendwie abzuweichen, liege kein Anhaltspunkt vor, zumal bei Errichtung des letzten Willens noch völlig unbekannt gewesen, wie sich die erbrechtlichen Verhältnisse der Ehegatten zu einander im neuen Rechte gestalten würden, und daher nicht anzunehmen sei, die Erblasserin habe ihren letzten Willen von der zufälligen Gestaltung der Rechtsverhältnisse zur Zeit ihres Todes abhängig machen und einen bestimmten Willen in Ansehung ihres Nachlasses überhaupt nicht äußern wollen. Diese Ausführungen sind im wesentlichen thatsächlicher Natur und bewegen sich ohne Rechtsirrtum auf dem dem Beschwerderichter überwiesenen Gebiete der Auslegung der Willenserklärung. E.

c) **Nachweis durch öffentliche Urkunden. Aufgebot.**

Kammergericht, I. CS. Beschluß v. 9. Juli 1901.

A. hat als gesetzlicher Erbe seiner 1898 verstorbenen Frau, verwitwet gewesenen B., die Erteilung einer Erbbescheinigung nach deren erstem Manne, dem 1896 verstorbenen B. beantragt. Der Antrag wurde jedoch zurückgewiesen, weil ausweislich der von einigen Miterben abgegebenen eidesstattlichen Versicherung der Erblasser auch von den drei Kindern seiner vorverstorbenen Schwester C. beerbt worden ist, der Antragsteller aber die Sterbe-, Heirats- und Geburtsurkunden dieser Erben nicht beigebracht, auch ihren Aufenthalt nicht angegeben hat. Auch die weitere Beschwerde blieb erfolglos. Nach § 3 Abs. 1 des Ges. v. 12. März 1869 hat der Antragsteller den Tod des Erblassers und das persönliche Verhältnis zu demselben, auf welchem sein Erbrecht beruht, soweit die Thatsachen nicht notorisch sind, durch öffentliche Urkunden oder, wo solche gar nicht oder schwer zu beschaffen sind, durch Zeugen, wohin auch Notorietätszeugen zu rechnen, überzeugend nachzuweisen. Demgemäß ist der Beweis regelmäßig durch öffentliche Urkunden zu erbringen, und nur ausnahmsweise, wo solche nicht wohl beschafft werden können, hat der Beweis durch Zeugen ergänzend einzutreten. Die Vorinstanzen verkennen keineswegs, daß Zeugenbeweis an sich zulässig ist, sie erachten aber hier die Versicherungen der übrigens nicht als Zeugen gehörten Miterben nicht für ausreichend, um eine sichere Überzeugung davon zu gewinnen, daß die von den Miterben nicht einmal ihrem Aufenthalte nach bezeichneten Geschwister C. auch wirklich Erben geworden sind. Sie erfordern zur Legitimation dieser Erben, von denen weder die Geburtsdaten, noch Stand oder Beruf angegeben sind, auch sonst nicht erhellt, ob sie den Erbfall 1896 erlebt haben und worauf insbesondere die Wissenschaft der Miterben von letzterem Umstande beruht, die Beibringung öffentlicher Urkunden. Nach § 5 Abs. 1 des Gesetzes hat das Gericht, wenn es das Erbrecht für nachgewiesen erachtet, eine urkundliche Bescheinigung darüber auszustellen. Wenn die mit der thatsächlichen Prüfung allein befaßten Vorinstanzen erklären, unter den obwaltenden Umständen ohne die gehörigen Urkunden zu der nach dem Gesetz erforderlichen Überzeugung von dem Erbrechte anderer möglicherweise Beteiligter nicht gelangen zu können, so haben sie das Gesetz, das für eine die Privatrechtsverhältnisse so wesentlich berührende Maßregel, wie die Ausstellung der Erbbescheinigung, eine eingehende richterliche Prüfung geboten erscheinen läßt, nicht verletzt, sondern beobachtet. . . . Auch darin ist den Vorinstanzen beizutreten, daß ein Aufgebot der Erben nur erlassen werden kann, wenn ungewiß ist, ob Verwandte vorhanden waren. Steht aber, wie hier, fest, daß sie vorhanden waren, und ist es nur zweifelhaft, ob sie zur Zeit des Erbanfalles oder gegenwärtig noch leben, so ist für ein Aufgebotsverfahren kein Raum. Z.

f) **Einziehung des Erbscheines aus Rechtsgründen.**

Kammergericht, Ferien-CS. Beschluß v. 16. August 1901.

Die Ausführung des LG., daß die Einziehung eines Erbscheines gemäß § 2361 BGB. auch dann zulässig ist, wenn sich der Erbschein bei einer Nachprüfung aus Rechtsgründen als unrichtig erweist, ist nicht zu beanstanden. Denn der § 2361 spricht ganz allgemein von „unrichtigen" Erbscheinen; und der Zweck dieser Vorschrift würde nur sehr unvollkommen erfüllt werden, wenn sie sich auf Erbscheine beschränkte, bei deren Erteilung der Nachlaßrichter von thatsächlich falschen Unterlagen ausgegangen ist. Dr.

68

a) **Die Vertreter öffentlicher Korporationen bedürfen zum Abschlusse des Gesellschaftsvertrages keiner beglaubigten Vollmacht.**

Ges. v. 20. April 1892 § 2.

Kammergericht, Ferien-CS. Beschluß v. 13. August 1901.

Der preußische Staat, die Provinzialverbände Brandenburg und Pommern sowie der Kreis C. beabsichtigen, sich zu einer (Kleinbahn-)Gesellschaft m. b. H. zu vereinigen. Der Gesellschaftsvertrag ist vor dem Amtsgericht geschlossen. Dabei erschien als Vertreter des Staates Dr. X. und legte die vom Regierungspräsidenten ausgestellte und untersiegelte Urkunde vor, in welcher er bevollmächtigt wird, „Erklärungen unter dem Vorbehalte der Genehmigung des Regierungspräsidenten abzugeben". Die Vertreter der Provinzialverbände legten je eine als Vollmacht bezeichnete Urkunde vor, welche unter der Angabe der Beschlüsse des Provinzialausschusses von dem Landesdirektor und zwei Mitgliedern des Provinzialausschusses unterschrieben und untersiegelt ist. Der Landrat des Kreises C. reichte nachträglich eine als Vollmacht bezeichnete Urkunde ein, die von ihm und zwei Mitgliedern des Kreisausschusses unter Angabe des Beschlusses desselben unterschrieben und untersiegelt ist. Der Antrag der Geschäftsführer auf Eintragung der Gesellschaft wurde zurückgewiesen, weil erstens die Vollmachten der Provinzialverbände sowie des Kreises C. nicht gerichtlich oder notariell errichtet oder beglaubigt seien, und weil der Beitritt des Staates, da in der Vollmacht der Regierungspräsident seine Genehmigung vorbehalten habe, kein endgültiger sei und es deshalb auch hier der gerichtlichen oder notariellen Errichtung oder Beglaubigung einer ohne Vorbehalt erteilten Vollmacht bedürfe. Der weiteren Beschwerde der Geschäftsführer wurde teilweise stattgegeben. Aus den **Gründen:**

Nach § 2 Abs. 3, durch welchen Zweifel an der Legitimation des Bevollmächtigten von vornherein beseitigt werden sollten, ist es unbedenklich, daß privatrechtliche Vollmachten der Gesellschafter nur zuzulassen sind, wenn sie der im Gesetze aufgestellten Formvorschrift entsprechen. Das Gesetz besagt nichts darüber, ob die Gesellschafter physische Personen sein müssen und unterscheidet zwischen ihnen und den juristischen Personen nicht; es liegt aber kein Grund vor, die Vereinigung letzterer zu einer Gesellschaft für unzulässig zu erachten. Dies führt zu der weiteren Frage, wie die Vertretung zu regeln ist, insbesondere ob bei Korporationen öffentlichen Rechtes, wie sie hier in Frage kommen, die Legitimation der Vertreter der für privatrechtliche Vollmachten vorgeschriebenen Form bedarf. Die Vorinstanzen bejahen dies und nehmen hierfür auch Bezug auf die Entsch. v. 14. Februar 1892 (Jahrbuch 18 S. 201). Daselbst wird die einem Magistratsmitglied erteilte Auflassungsermächtigung im Stempelinteresse für eine privatrechtliche Vollmacht erklärt, weil ihr nach den Bestimmungen der in Betracht kommenden Städte-O. f. Schleswig-Holstein die Bedeutung eines Zeugnisses über die amtliche Eigenschaft des Magistratsmitgliedes nicht beizumessen sei. Für die Beurteilung der hier streitigen Frage ist aus dem Beschlusse Entscheidendes nicht zu entnehmen. Vielmehr ist davon auszugehen, daß juristische Personen einen rechtsgeschäftlichen Akt überhaupt nicht anders als durch einen Vertreter vornehmen können. Ist der Vertreter vom Gesetze mit unbeschränkter Vertretungsbefugnis ausgestattet, so bedarf es zur Vertretung überhaupt keiner Legitimationsurkunde, das Gesetz legitimiert ihn. Ist die Befugnis des Vertreters beschränkt, so bedarf er einer besonderen Ermächtigung. Das ist hier der Fall: die Berechtigung, den Provinzialverband bezw. den Kreis zu vertreten, ist im Gesetze von einer besonderen urkundlichen Autorisation abhängig gemacht (§ 91 der Provinzal-O., § 137 der Kreis-O. v. 1872/81).

Die Erteilung einer solchen Ermächtigung, mag sie sich auch selbst als Vollmacht bezeichnen, macht indessen, sofern sie einem Vertretungsorgan der juristischen Person erteilt wird, den Vertreter nicht zu einem privatrechtlich bevollmächtigten Dritten, sondern er bleibt das Organ, durch welches die juristische Person **für sich selbst** handelt. Der Vertreter muß sich alsdann allerdings als zur Eingehung von Verbindlichkeiten für die von ihm vertretene juristische Person befugt legitimieren. Die Legitimationsurkunde ist indessen keine privatrechtliche Vollmacht im Sinne des § 2 des Ges., sondern nur der **Ausweis** für die erweiterte Vertretungsbefugnis. Sie unterliegt deshalb auch nicht den für Vollmachten gegebenen besonderen Formvorschriften, sondern sie ist den die Verfassung der juristischen Person regelnden Gesetzen gemäß auszustellen. In diesem Sinne sind sowohl der beteiligte Landrat als die Vertreter der Provinzen Organe der den Vertrag schließenden Provinzen und Kreise. Sie handeln, obschon die Gründung der Gesellschaft ein privatrechtlicher Akt ist, nicht an Stelle der eigentlichen Kontrahenten, sondern sie schließen den Gesellschaftsvertrag als zur Vertretung berufene Organe der Gesellschafter selbst (**Parisius** und **Crüger** S. 65, **Förtsch** 2. Aufl. Anm. 6 zu § 2). Von der Beanstandung der Form der als Vollmachten bezeichneten Vertretungsurkunden der Provinzen ist deshalb Abstand zu nehmen und die Beschwerde ist insoweit begründet.

Der Landrat des Kreises C. hat beim Abschlusse des Gesellschaftsvertrages eine ihn hierzu legitimierende Urkunde nicht vorgelegt. Die Urkunde ist nachträglich eingereicht. Die nachträgliche Genehmigung der vom Landrate gethätigten Vollziehung des Vertrages seitens des von ihm vertretenen Kreises erscheint an sich nach BGB. § 184 nicht unzulässig (vgl. **Förtsch** a. a. O.). Ob die Genehmigung inhaltlich ausreichend ist, wird Gegenstand der demnächstigen Prüfung des Amtsgerichtes sein.

Daß der Gesellschaftsvertrag insoweit, als der preuß. Staat als Kontrahent desselben in Betracht kommt, noch nicht perfekt ist, wird von der weiteren Beschwerde nicht in Abrede gestellt. Der Regierungspräsident ist dem Vertrage noch nicht beigetreten. Die dem X. erteilte Vollmacht, den Termin als Vertreter des Staates wahrzunehmen, enthält den vorstehend wiedergegebenen Vorbehalt der Genehmigung des Regierungspräsidenten als Kontrahenten, nicht als Aufsichtsbehörde. Der Beitritt des Staates ist hiernach zunächst nur ein vorläufiger. Eine vorläufige Beteiligung kennt das Gesetz vom 20. April 1892 aber nicht. Vorbehalte und Beschränkungen, welche der Beitrittserklärung beigefügt werden, entkräften dieselbe (Entsch. des RG. 33 S. 93). Demgemäß kommt es darauf, ob die Vollmacht des Dr. X. ausreichend ist, nicht an. Eine verbindliche Erklärung für den Staat ist noch nicht abgegeben und es wird Gegenstand der künftigen Entscheidung des Amtsgerichtes sein, in welcher Form dieselbe zu erfolgen hat. Hierbei sei darauf hingewiesen, daß die für den **Gesellschaftsvertrag** vorgeschriebene gerichtliche oder notarielle Form auch die für den Staat als Kontrahenten bindende sein wird, und daß § 128 BGB. bei der Beitrittserklärung eventuell zur Anwendung kommen kann. Dr. S.

b) Anfechtung des Beschlusses einer Gesellschaft m. b. H. durch einen Gesellschafter.[1] Andere Gesellschafter können als Nebenintervenienten im Sinne des § 61 CPO. beitreten.

OLG. Hamburg, III. CS. Beschluß v. 21. September 1901.

Der Kläger hatte einen Mehrheitsbeschluß gegen die Gesellschaft angefochten und die Beklagte den Anspruch anerkannt. Vorher waren aber zehn Gesellschafter als Nebenintervenienten beigetreten mit dem Antrage auf Klagabweisung. Die Nebenintervenienten wurden zugelassen und die Beschwerde des Klägers zurückgewiesen. Aus den Gründen:

... Freilich enthält das Reichsgesetz über die Gesellschaften m. b. H. weder in der Fassung vom 20. April 1892, noch in der seit 1. Januar 1900 geltenden, Vorschriften über die Anfechtung von Gesellschaftsbeschlüssen. Allein das vorliegende Statut sieht solche Anfechtung ausdrücklich vor, und wenn sie daher möglich ist, so muß ihre Behandlung und ihre Rechtswirkung nach Analogie der im HGB. und im Genossenschaftsgesetz über Anfechtung von Generalversammlungsbeschlüssen gegebenen Vorschriften beurteilt werden (so richtig: Parisius 2. Aufl. S. 197). Es kommt aber als wesentliche Verstärkung dieser vom Landgericht adoptierten Ansicht hinzu, daß der neue § 75 des Gesetzes in der Fassung von 1898 in einem analogen Falle solch eine Klage vorsieht und dafür auf die Analogie des Aktiengesellschaftsrechtes verweist. Gerade auf diese neue Bestimmung verweist nun Gaupp-Stein I S. 176 oben, um ganz wie für Aktiengesellschaft und Genossenschaft auszuführen: Derartige Streitigkeiten könnten nur einheitlich gegen alle Gesellschafter durchgeführt werden und diese seien daher notwendige Streitgenossen im Sinne des § 62 CPO. Ganz das Gleiche gilt hier. Damit ist aber sowohl den Voraussetzungen der §§ 61, 62, wie des § 69 CPO. Genüge gethan. Denn das streitige Rechtsverhältnis (ob der Mehrheitsbeschluß für die Gesellschaft verbindlich ist) kann nicht so gegen die Gesellschaft und anders gegen einzelne Gesellschafter festgestellt werden, und ferner ist die Rechtskraft der Entscheidung von Wirksamkeit auf das Rechtsverhältnis des Nebenintervenienten zu dem Gegner, denn durch dieselbe wurde auch den nebenintervenierenden Gesellschaftern die Berufung auf jenen von ihnen herbeigeführten Beschluß gegen ihren Mitgesellschafter, den Kläger, unmöglich gemacht. Darüber, daß die Verweisung im § 69 auf § 61 sich auch mit auf § 62 bezieht, s. Gaupp-Stein I S. 196[6] und Entsch. des RG. 34 S. 364. — Die Beschwerde meint zwar, daß §§ 62 und 69 nur eine schon bestehende Streitgenossenschaft und ein schon bestehendes Rechtsverhältnis im Auge hatten. Allein die not-

[1] Der V. CS. des Kammergerichtes hat am 2. Okt. 1901 erklärt, daß die Anfechtungsklage gegen die Gesellschaft und diejenigen Gesellschafter zu richten ist, deren Teilnahme notwendig ist, um eine für alle Gesellschafter bindende Entscheidung herbeizuführen.

wendige Streitgenossenschaft liegt auch da vor, wo die Streitgenossen dem Prozeß nicht beitreten, unauffindbar sind ꝛc (vgl. Gaupp-Stein S. 174), und ferner kann das Rechtsverhältnis, von dem der § 60 spricht, sehr wohl auch erst infolge der zu erlassenden Entscheidung entstehen (Entsch. des RG. 44 S. 346). M. M.

c) **Die für die Abtretung eines Geschäftsanteiles vorgeschriebene Genehmigung der Gesellschaft gilt auch für eine Verpfändung, selbst wenn sie im Auslande erfolgt. Form der Verpfändung.**

OLG. Karlsruhe, III. CS. Urteil v. 11. Juli 1901.

Ob der zwischen der Klägerin und dem X. über dessen Geschäftsanteil abgeschlossene Faustpfandvertrag in Deutschland oder erst in der Schweiz, wo Klägerin ihren Sitz hat, zum Abschluß gelangt ist, kann dahingestellt bleiben, da in beiden Fällen die Frage seiner Wirksamkeit nach deutschem Recht zu beurteilen ist. Nach § 5 der Statuten hängt die Abtretung eines Geschäftsanteiles von der Genehmigung der Gesellschaft ab (vgl. § 15^{5} des Ges. v. 20. April 1892). Über die Verpfändung eines Geschäftsanteiles bestimmt dieses Gesetz nichts, sondern überläßt die Regelung der Zulässigkeit, der Form und den Wirkungen der Verpfändung eines Geschäftsanteiles dem bürgerlichen Recht (vgl. Esser und Parisius-Crüger zu § 15). Da nach § 1274^{1} BGB. „die Bestellung des Pfandrechtes an einem Rechte nach den für die Übertragung des Rechtes geltenden Vorschriften erfolgt", so konnte auch die Verpfändung des Geschäftsanteiles nur mit Genehmigung der Gesellschaft erfolgen und ist, weil es daran fehlt, unwirksam (vgl. auch Dernburg, Sachenrecht § 278, S. 755). Die Vorschrift, wonach der Geschäftsanteil nur mit Genehmigung der Gesellschaft verpfändet werden konnte, ist aber nicht rein formaler, sondern materiellrechtlicher Natur und bewirkt, daß die Verpfändbarkeit des Geschäftsanteiles, wo auch immer die Verpfändung vorgenommen werden sollte, an die Genehmigung der Gesellschaft geknüpft war, und daß daher vorliegend die Verpfändung an Klägerin auch dann unwirksam ist, wenn der Pfandvertrag in der Schweiz zu stande gekommen sein sollte. Die durch § 1274 ausgesprochene völlige Gleichstellung zwischen Veräußerung und Verpfändung findet gerade hier ihre besondere Rechtfertigung darin, daß die Verpfändung des Geschäftsanteiles ihre Realisierung regelmäßig durch Veräußerung desselben findet; es erscheint daher völlig gerechtfertigt, die Verpfändung an die gleichen erschwerenden Erfordernisse, wie die Abtretung zu knüpfen, da diese Erschwerungen gerade zu dem Zwecke in das Gesetz aufgenommen worden sind, damit die Geschäftsanteile nicht Gegenstand des Handelsverkehrs werden. Gegen jene Gleichstellung spricht auch nicht der Umstand, daß auf Grund der Motive zum Ges. v. 1892 im allgemeinen angenommen wird, daß die Veräußerung der Geschäftsanteile im Wege der Zwangsvollstreckung durch den Gesellschaftsvertrag nicht beschränkt werden darf; denn aus dem Umstande, daß man Anstand nahm, die Geschäftsanteile durch erschwerende Bestimmungen dem gesetzlichen Zugriff der Gläubiger der Gesellschafter ganz oder teilweise zu entziehen, folgt noch keineswegs, daß man die freiwillige Verfügung der Gesellschafter über dieselben durch Veräußerung oder Verpfändung nicht an erschwerende Bestimmungen knüpfen wollte, was vielmehr gerade die Absicht des Gesetzes war, was sich aus den §§ 15 und 17 klar ergiebt. — Endlich steht auch § 137 BGB. nicht entgegen, wonach „die Befugnis zur Verfügung über ein veräußerliches Recht nicht durch Rechtsgeschäft ausgeschlossen oder beschränkt werden kann". Denn insofern § 15 des Ges. v. 1892 die Abhängigmachung der Zulässigkeit der Veräußerung von Geschäftsanteilen von der Genehmigung der Gesellschaft ausdrücklich zuläßt, beruht § 5 der Statuten nicht lediglich auf Rechtsgeschäft, sondern zugleich auf einer gesetzlichen Bestimmung, welche, weil in einem Spezialgesetz enthalten, nicht ohne weiteres durch § 137 ihre Geltung verloren hat.

Hierzu kommt, daß nach § 15³ Ges. v. 1892 und § 1274 BGB. auch die Verpfändung eines Geschäftsanteiles nur „in gerichtlicher oder notarieller Form" erfolgen kann (a. M.: Förtsch Note 10 zu § 15, jedoch ohne nähere Begründung) — eine Form, welche hier nicht beobachtet worden ist. Nun beruft sich die Klägerin allerdings auf EG. Art. 11 Satz 2, wonach für die Form eines Rechtsgeschäftes „die Beobachtung der Gesetze des Ortes genügt, an dem das Rechtsgeschäft vorgenommen worden ist", indem sie behauptet, der Pfandvertrag sei in der Schweiz abgeschlossen, wo nach Art. 215 des schweiz. Obligationenrechtes zur wirksamen Verpfändung einer Forderung die Benachrichtigung des Schuldners, die Übergabe des Schuldscheines und die schriftliche Beurkundung der Verpfändung genüge; alle diese Vorschriften aber seien hier beobachtet. Diesen Ausführungen steht zwar nicht Art. 11 Abs. 2 EG., weil es sich hier nicht um ein Recht an einer Sache, d. h. einem körperlichen Gegenstande (§ 90 BGB.) handelt, wohl aber Art. 30 EG. entgegen. Wenn nämlich das Gesetz die Verpfändung eines Geschäftsanteiles zu dem Zwecke nur unter der Voraussetzung der Beobachtung gerichtlicher oder notarieller Form für rechtswirksam erklärt, damit die Geschäftsanteile nicht Gegenstand des Handelsverkehrs werden, so würde diesem Zwecke offenbar nicht entsprochen, sondern direkt zuwidergehandelt sein, wenn auf Grund des Art. 11 Satz 2 EG. der Deutsche nur ins Ausland zu gehen und dort seinen Geschäftsanteil zu verpfänden brauchte, um der Beobachtung der in § 15 erforderten, im ausländischen Gesetz aber nicht für notwendig erklärten gerichtlichen oder notariellen Form ledig zu sein. Deshalb trifft der Art. 11 Satz 2 EG. nicht auf die Veräußerung und Verpfändung von Geschäftsanteilen einer Ges. m. b. H. im Auslande zu (vgl. auch Haidlen und Neumann, dagegen Niedner zu Art. 11 EG.). Dr. E.

69

a) **Der Repräsentant einer Gewerkschaft ist auch im Falle kollidierender eigener Interessen bei Beschlußfassungen in der Gewerkenversammlung stimmberechtigt.**[1] **Berggef. §§ 111, 115; BGB. § 34.**

Kammergericht, IX. CS. Urteil v. 12. Juli 1901.

Die Parteien streiten über die Berechtigung des Repräsentanten zur Teilnahme an der Wahl des Bevollmächtigten. Der Kläger hält jenen nicht für stimmberechtigt, weil mit ihm der Bevollmächtigte habe Rechtsgeschäfte abschließen sollen und daher ein die Stimmberechtigung ausschließendes Sonderinteresse vorgelegen habe. . . Der Gesetzgeber hat sich in den Vorschriften über die Gewerkenversammlungen bewußt an das Recht der Aktiengesellschaften angeschlossen und die beschränkende Vorschrift des § 252³ HGB. wies auf den Fall der Interessenkollision geradezu hin. Dennoch hat er keiner die Stimmberechtigung beschränkenden Vorschrift Aufnahme gewährt. Ihm konnte nicht entgehen, daß der Repräsentant oder die Mitglieder des Vorstandes empfindlich in ihrem Verfügungsrechte beschränkt wurden, wenn ihnen bei der Rechnungsabnahme, bei der Honorarfeststellung oder in anderen Fällen das Recht der Vertretung der eigenen Kuxe versagt blieb. Mit der Größe des eigenen Kuxbesitzes steigerte sich dann nur der Einfluß der übrigen Gewerken, so daß vielleicht die Entscheidung bei einer nur kleinen Minderheit stand, und diese z. B. in der Lage war, jede Zubilligung eines Honorars zu verhindern. Dies konnte der Gesetzgeber nicht wollen. Er gab jedem Gewerken das seiner Kuxzahl entsprechende Stimmrecht, aber er schützte zugleich das berechtigte Interesse der Minderheit, indem er im § 115 jedem Gewerken auch das Anfechtungsrecht gab. Daß dies ein vollständig ausreichendes Schutzmittel war gegen jeden Einfluß des persönlich interessierten Gewerken, erkennt das Reichsgericht (Entsch. IV S. 296) an. Die Frage der Stimmberechtigung des einzelnen Gewerken bei Kollision eigener Interessen ist deshalb im Berggesetze nicht ohne Entscheidung geblieben, das Stimmrecht ist auch für den Kollisionsfall anerkannt, aber nur vorbehaltlich des Anfechtungsrechtes aus § 115. Sicher ist damit das Stimmrecht im allgemeinen nicht erschöpfend behandelt, über eine Reihe von Fragen, so über die Führung der Legitimation, über die Notwendigkeit der vormundschaftlichen Genehmigung bei der Abstimmung des Vaters oder Vormundes in den Fällen des § 114, über die Ausübung des Stimmrechtes durch den Repräsentanten für die von der Gewerkschaft selbst besessenen Kuxe enthält das Berggesetz keine oder doch keine erschöpfenden Normen; hier sind deshalb als sub-

[1] Anfechtung eines auf Einstellung des Betriebes lautenden Beschlusses: Entsch. 44 S. 293. — Erwerben mehrere ein Bergwerk lediglich zu dem Zwecke, um in der Form des gewerkschaftlichen Rechtsverhältnisses den Eigentümerbergbau zu betreiben, so ist eine Gewerkschaft im Sinne des Berggef. §§ 94 ff. nicht entstanden, und daher die Eintragung einer solchen als Eigentümerin von Grundstücken, die sie zu jenem Zwecke erwerben will, abzulehnen. (Kammergericht, I. CS. Beschluß v. 10. April 1901, Jahrb. 22 S. 148.)

sidiäres Recht die allgemeinen Rechtsnormen heranzuziehen. Allein der hier vorliegende Fall hat im Berggesetze selbst in den §§ 111 und 115 Entscheidung gefunden, und insoweit muß deshalb die Anwendung des Landes- oder Reichsrechtes als subsidiären Rechtes ausscheiden. Entscheidend ist nicht, ob das Gesetz sich ausdrücklich mit der Frage der Regelung des Stimmrechtes befaßt, sondern es reicht hin, daß diese Regelung durch die vorliegenden Bestimmungen hat erfolgen sollen und erfolgt ist. Die §§ 111 und 115 BG. schließen sich zwar im wesentlichen an die §§ 10 ff. ALR. I 17 an; allein mit ihrer Aufnahme in das Berggesetz sind sie zugleich zu besonderen Normen des Berggesetzes ausgestaltet, die auch im Falle der späteren Änderung der landrechtlichen Vorschriften nicht ohne weiteres ihre Geltung verloren haben würden. Es geht auch nicht an, die §§ 111 und 115 im allgemeinen als Sondervorschriften des Bergrechtes gelten zu lassen, ihnen diese Eigenschaft aber insoweit abzusprechen, als mit ihnen bewußt der Gesetzgeber die Stimmberechtigung hat zur Entscheidung bringen wollen. Auch insoweit bezwecken jene Vorschriften die Regelung speziell bergrechtlicher Verhältnisse unter Berücksichtigung der besonderen Rechtsstellung des Gewerken. Damit steht in Übereinstimmung, wenn das Reichsgericht a. a. O. ausführt, daß die Stimmberechtigung auf der besonderen Stellung des Gewerken zum Bergwerke nach Maßgabe der §§ 111 und 115 beruhe, und daß deshalb eine analoge Anwendung der für andere Unternehmungen, namentlich Aktiengesellschaften, bestehenden Vorschriften nicht angängig sei. Die §§ 111 und 115 BG. gehören daher auch insoweit, als sie dem Gewerken das Stimmrecht für seine Kuxe ohne jede Beschränkung gewähren, zu den speziell bergrechtlichen Normen und daraus folgt die Nichtanwendung des § 34 BGB. für den vorliegenden Fall; denn das EG. zum BGB. bestimmt im dritten Abschnitte, der das Verhältnis des BGB. zu den Landesgesetzen regelt, daß „unberührt bleiben" die landesgesetzlichen Vorschriften, welche dem Bergrechte angehören (Art. 67). Der Art. 163 EG., auf den sich der Kläger beruft, findet sich im „vierten Abschnitte" betr. die Übergangsbestimmungen und setzt juristische Personen voraus, auf die der § 34 an sich Anwendung finden würde; wenn dies der Fall, so soll die Anwendbarkeit nicht durch die Thatsache beengt werden, daß jene juristische Person schon vor dem Inkrafttreten des BGB. bestanden hat. Dies ergiebt der Wortlaut, nicht aber ist es zulässig, aus dieser bloßen Übergangsvorschrift in Rücksicht auf § 34 BGB. auf eine Einschränkung des Art. 67 zu schließen. Für die Absicht des Gesetzgebers, alle Vereine, insbesondere auch die Gewerkschaften dem § 34 zu unterstellen, bieten die Motive 1 S. 107 keine ausreichende Unterlage. Freilich ist hier ausdrücklich auf die Entsch. 4 S. 296 hingewiesen. Der hier speziell für Gewerkschaften gegebenen Begründung des Stimmrechtes treten aber die Motive nicht entgegen, sie beschränken sich vielmehr auf die Bemerkung, daß die Vorschrift des späteren § 34 für alle Körperschaften gleich sei, und daß dadurch einer Gefährdung der Interessen der Körperschaften, die das Reichsgericht gerade für Gewerkschaften in eingehender Begründung verneint hatte, vorgebeugt wird. Jedenfalls aber würde auch eine bloße Äußerung der Motive gegenüber den Bestimmungen des Gesetzes selbst für die Auslegung nicht entscheidend sein können. E.

b) **Bedeutung der Änderung der Statuten einer Versicherungsgesellschaft auf Gegenseitigkeit für die Ansprüche der Versicherten.**[1]

OLG. Rostock, II. CS. Urteil v. 22. Juni 1901.

... Alle weiteren Einwendungen kommen darauf hinaus, daß die Klägerin Handlungen begangen haben soll, welchen die Absicht zu Grunde liegt, dem Vereine Schaden zuzufügen. Sie sind daher nur beachtlich, wenn die Klägerin diese, erst durch die Statutenänderungen von 1896 eingefügte, Verwirkungsklausel als für den Klaganspruch maßgebend gelten lassen muß. Dies ist nicht der Fall. Auch bei den Versicherungsgesellschaften auf Gegenseitigkeit sind „die reinen Versicherungsrechte, die auf dem mit der Gesellschaft abgeschlossenen Versicherungsvertrage beruhen, Individualrechte der Versicherten; Voraussetzungen, Art und Umfang des Versicherungsanspruches können ohne Zustimmung des Versicherten niemals abgewendet werden, mögen sie nun durch die Statuten oder durch die Versicherungsbedingungen gewährleistet sein" (Ehrenberg, Versicherungsrecht 1 S. 134). Durch die Hinzufügung einer neuen Verwirkungsklausel wird das Recht des Versicherten abgeändert; dem Versicherten wird sogar für den in der Klausel gesetzten Fall sein sonst begründeter Ersatzanspruch gänzlich entzogen. Das kann der Versicherer nicht einseitig, sondern nur mit Zustimmung dessen, der mit ihm den Versicherungsantrag geschlossen und dadurch bestimmte Rechte erworben hat. Der § 41 des Ges. vom 12. Mai 1901 stimmt, abgesehen von dem „ausdrücklich" mit dem überein, was auch schon nach dem früheren Rechte aus allgemeinen Rechtsgrundsätzen abzuleiten war. Die Zustimmung der Klägerin zu der Vertragsänderung aber ist nicht behauptet. Pr.

70

Auslegung des § 13 des Warenbezeichnungsgesetzes.

a) OLG. Hamburg, IV. CS. Urteil v. 10. Juli 1901.

Nach § 13 wird niemand durch die Eintragung eines Warenzeichens gehindert, seinen Namen oder seine Firma, sowie Angaben über die Beschaffenheit von Waren, auf Waren und deren Verpackung oder Umhüllung anzubringen und derartige Angaben im Geschäftsverkehre zu gebrauchen. Dieser Fall liegt zweifellos vor, wenn der Beklagte in Ankündigungen des von ihm fabrizierten Feigenkaffees durch Häuserinschriften sein Fabrikat als Echten

[1] Über den Fall, wenn sich der Versicherte im voraus etwaigen Abänderungen und Nachträgen des Statuts unterworfen hat, vgl. Seuffert's Arch. 54 S. 207, 56 S. 172, über die Wirkung von Statutenänderungen zu Gunsten des Versicherten vgl. JW. 1896 S. 190[15–18], 1900 S. 895[6], Seuffert's Arch. 46 S. 77. D. H.

F. Weber's Feigenkaffee bezeichnet, indem hier der Beklagte durch die Verbindung seiner Firma F. Weber mit einer allgemein gebräuchlichen Warenbezeichnung die kauflustigen Konsumenten derartiger Ware durch die Häuserinschriften auf die Bezugsquellen seiner Ware aufmerksam macht. Durch die Bestimmung des § 13 (vgl. die Motive zu § 12) will gerade das Gesetz die Befugnis der übrigen Produzenten und Handeltreibenden zur Benutzung einer allgemein gebräuchlichen Warenbezeichnung unter Beifügung ihres Namens oder ihrer Firma zur Kennzeichnung ihrer Ware auch einem eingetragenen Warenzeichen gegenüber wahren und einer Monopolisierung des Vertriebes einer bestimmten Warengattung durch Verbindung einer allgemein gebräuchlichen Warenbezeichnung mit einem Familiennamen oder einer Firma zu einem Warenzeichen und Ausübung der sich aus der Eintragung dieses Zeichens ergebenden Rechte entgegentreten. Daß der Beklagte ferner das Wort „Echter" der Bezeichnung seiner Firma und derjenigen der Ware hinzugefügt hat, ist ohne jeden Einfluß auf die Beurteilung der Berechtigung des Beklagten zur Anbringung der Ankündigung seiner Ware in Häuserinschriften gegenüber dem, für die Klägerin eingetragenen Warenzeichen: „Weber's Feigenkaffee". M. M.

b) OLG. Dresden, IV. CS. Urteil v. 9. Juli 1901.

Das Zeichen der Beklagten ist ebenso wie dasjenige des Klägers ein aus Worten und einer Figur zusammengesetztes Zeichen. Die Figur wird nicht beanstandet. Es kommt lediglich auf das von der Beklagten geführte, im älteren Warenzeichen des Klägers ebenfalls vorkommende Wort „sauber" an; enthält letzteres nur eine Angabe über Beschaffenheit und Bestimmung der Waren, so kann sein Gebrauch der Beklagten nicht verwehrt werden. Das Wort gehört dem gemeinen Sprachgebrauch an; es bezeichnet etwas, das frei von fremden, äußerlich anhaftenden oder innerlich beigemischten Bestandteilen ist, und es ist meist mit ihm der Nebenbegriff des Zierlichen und Wohlgefälligen verbunden (vgl. die Wörterbücher von Grimm und Adelung unter „sauber"); es hat zu dem von der Beklagten mit dem Warenzeichen zu versehenden Fleckwasser zwar eine entfernte Beziehung (indem es den zu erzielenden Erfolg andeutet), dagegen steht es zu dem Fleckwasser in keinem begrifflichen Zusammenhange; man kann nicht sagen, daß die beteiligten Verkehrskreise aus diesem Worte das Vorhandensein einer bestimmten Eigenschaft der Ware zu entnehmen berechtigt seien. Es besteht überhaupt keine durch den Begriff des Wortes gegebene Beziehung zu der Ware und ihren Besonderheiten, sondern nur eine durch die Phantasie vermittelte begriffliche Beziehung zwischen Wort und Ware, wie sie sehr häufig bei den bei Wortzeichen angewendeten Wörtern vorkommt; es werden für Wortzeichen mit Vorliebe solche Wörter gewählt, die vermöge einer Gedankenverbindung irgend eine gute Eigenschaft der Ware vermuten lassen und so nicht bloß als Merkzeichen, sondern zugleich als Empfehlung wirken. Die Anbringung des Wortes „sauber" auf den Waren der Beklagten enthält eine Empfehlung der Waren; es hat durch diese Bezeichnung der Zweck hervorgehoben werden sollen, der durch Anwendung des Fleckwassers erreicht werden soll; eine derartige entfernte Andeutung des Zweckes oder Erfolges ist nicht gleichbedeutend mit einer Angabe über Beschaffenheit oder Bestimmung der Ware.

... Besteht ein eingetragenes Zeichen aus einer Mehrheit von Worten und einer Figur, so wird der Regel nach nur dann eine Verletzung des Zeichenrechtes vorliegen, wenn ein anderer durch ähnliche Worte und Figuren den Gesamteindruck wiederzugeben versucht, nicht dagegen, wenn er nur ein einzelnes Wort aus dem früheren Zeichen gebraucht. Das muß jedoch dann eine Ausnahme erleiden, wenn das dem älteren Zeichen entnommene Wort wesentlich hervortritt, wenn es geeignet ist, dem Zeichen im Verkehre den Namen zu geben, wenn es von den beteiligten Kreisen geradezu als Schlagwort angesehen wird, nach dem die Ware gewöhnlich im Verkehr bezeichnet wird. Es ist dann ein wesentlicher Teil des geschützten Zeichens, neben dem die im zweiten Zeichen noch enthaltenen Figuren oder Worte nur als Zuthaten oder nebensächliches Beiwerk zurücktreten, übernommen, und es enthält die Verwendung des wesentlichen Teiles des alten Zeichens eine unzulässige Wiedergabe des Ganzen, der Hauptsache (vgl. Entsch. 41 S. 70, 42 S. 18, JW. 1899 S. 748, Rhenius, Komm. S. 55, 58). In einem solchen Falle ist dem Berechtigten mit dem Zeichen als Ganzem zugleich auch der einzelne Teil, das im Verkehr als Schlagwort übliche Wort geschützt. Als ein solches ist vorliegend — auf Grund der Beweisergebnisse — das Wort „sauber" anzusehen. Dr. W.

c) **Voraussetzung des Warenzeichenschutzes für einzelne Worte. — Schutz des Gesamtbildes.**

OLG. Dresden, I. CS. Urteil v. 24. Januar 1901.

Nach § 4 des Ges. v. 12. Mai 1894 zum Schutze der Warenbezeichnungen können auch einzelne Wörter als Schutzzeichen für Waren in die Zeichenrolle eingetragen werden. Nur dürfen sie sich nicht ausschließlich beschränken auf die Hervorhebung der Art, der Zeit und des Ortes der Herstellung, oder auf Angaben über die Beschaffenheit, über die Bestimmung, über Preis-, Mengen- und Gewichtsverhältnisse der Ware. Sie müssen also entweder vom Anmelder erfunden sein (Phantasieworte), oder doch wenigstens so beschaffen sein, daß sie zu der Ware, für die sie bestimmt sind, oder zu deren Eigenschaften in keiner begrifflichen Beziehung stehen. Dienen die Worte hingegen nur zur näheren Beschreibung der Ware, so sind sie dem Schutze des Gesetzes entzogen. Der Handelsverkehr kann auf den Gebrauch solcher allgemeiner Bezeichnungen nicht verzichten. Niemand soll daher das Recht haben, sie für sich zu monopolisieren. Zu der hervorgehobenen Wortgattung gehört aber gerade der von der Klägerin für ihre Biere in Anspruch genommene Ausdruck „Tafelbier". Das Wort ist nicht aus der freien Erfindung der Klägerin hervorgegangen; die Phantasie der Anmeldenden hat an seiner Schaffung keinen Anteil. Der Ausdruck gehört vielmehr dem gemeinen Gebrauche der am Bierhandel beteiligten Verkehrskreise an und bildet, wie der Beklagte mit Recht hervorhebt, eine weit verbreitete und von Alters her übliche Bezeichnung für Biere, die die spezielle Bestimmung und vermöge ihrer Beschaffenheit eine besondere Eignung dazu haben, auf der Tafel zu erscheinen und als Tischtrunk genossen zu werden (vgl. auch Grimm's Wörterbuch XI S. 18 f. v. „Tafelbier"). Ähnliche Wortbildungen finden sich vielfach. Man spricht von Tafelgetränk, Tafelgebäck, Tischwein, Tischbrödchen, Tafelöl, Tafelobst, Tafeltrauben u. dgl. Alle diese Worte dienen nur dazu, die Verwendungsfähigkeit der Ware zum Tafelgenusse auszudrücken. Eben diese Zweckbestimmung aber hindert ihre Schutzfähigkeit (§ 4 Ziff. 1 des Ges.). Und wenn etwa beispielsweise ein Obsthändler auf den Gedanken kommen wollte, für die von ihm in den Handel gebrachten Obstsorten sich das Wortzeichen „Tafelobst" eintragen zu lassen, würde seine Anmaßung gewiß mit Recht allseitiger Zurückweisung begegnen.

Die Frage der Schutzfähigkeit wäre für das Gericht freilich erledigt, wenn feststünde, daß das Wort „Tafelbier" durch entsprechenden Eintrag in die Zeichenrolle des Kaiserl. Patentamtes für die Klägerin thatsächlich geschützt sei; denn solange ein Warenzeichen in die Rolle eingetragen steht, genießt es zunächst den Schutz des Gesetzes, und es ist außerhalb des Löschungsverfahrens zu untersuchen, ob seine Eintragung mit Recht erfolgt ist. Allein eingetragen ist für die Klägerin nicht das Wort „Tafelbier", auch nicht das von ihr auf ihren Etiketten thatsächlich gebrauchte Wort „Salon-Tafelbier", sondern dieses Wort in Verbindung mit dem kranzartig darum gruppierten Firmennamen der Klägerin und dem Orte des Fabrikbetriebes, also das Gesamtbild, das sich in der aus dem Etikettenbildnis ersichtlichen eigenartigen Weise aus der Zusammenstellung einer größeren Anzahl von Worten mit dem sie kranzartig umschließenden farbig abgetönten Rahmen ergiebt. Nur dieses Gesamtzeichen und die darin hervortretende Vereinigung von Wort und Bild kann daher als Gegenstand des Zeichenschutzes in Betracht kommen. Die Klägerin irrt, wenn sie meint, daß ihr mit dem Zeichen als Ganzen zugleich auch die einzelnen Bestandteile dieses Zeichens geschützt seien, so daß schon die bloße Verwendung eines Teiles davon, hier des Wortes „Tafelbier", durch den Beklagten einen Eingriff in ihr Schutzrecht enthalte. Mit demselben Rechte könnte sich die Klägerin versucht fühlen zu glauben, daß ihr durch den Eintrag ihres Zeichens das Wort „Bier" oder die Herkunftsangabe „Kulmbach in Bayern" oder endlich gar das zur Kennzeichnung einer hochfeinen Warenqualität dienende Doppel-F („ff. lichtes Bier") geschützt sei. Davon kann keine Rede sein. Ist das eingetragene Zeichen aus einer Mehrheit von Worten und einer Bildfigur zusammengesetzt, so wird sich der Berechtigte über eine Verletzung seines Zeichens in der Regel nur beklagen dürfen, wenn ein anderer durch eine ähnliche Wort- oder Figurengestaltung den charakteristischen Gesamteindruck jenes Zeichens wiederzugeben sucht, nicht dagegen schon dann, wenn nur ein einzelnes Wort oder ein Wortbestandteil daraus entlehnt wird. Das entlehnte einzelne Wort kann unter Umständen freilich für den Gesamteindruck des Zeichens entscheidend sein; es kann so sehr in den Vordergrund treten, daß es durch seinen Wortklang das Gesamtzeichen beherrscht, so daß die beteiligten Kreise es geradezu als das Schlagwort betrachten, das der Ware im Handelsverkehr ihren Namen verleiht. Und in einem solchen Falle wird man allerdings dazu gedrängt werden, schon in der Wiedergabe des Teiles die unzulässige Wiedergabe des Ganzen zu erblicken (Entsch. d. RG. 19 S. 174, 41 S. 70, 42 S. 19).

Um einen Fall dieser Art handelt es sich hier aber nicht. Das in dem geschützten Warenzeichen der Klägerin vorkommende Wort „Tafelbier", dessen sich der Beklagte beim Vertriebe der von ihm hergestellten Biere ebenfalls bedient, ist kein Schlagwort, das man in den Kreisen der Bierhändler und Biertrinker als Kennzeichen der klägerischen Biere zur Unterscheidung von den Bieren anderer Brauereien benützte. Wenn die Klägerin das Gegenteil behauptet, indem sie glauben machen will, man verstehe im Bierhandel unter „Tafelbier" ganz allgemein nur eine bestimmte Sorte Kulmbacher Bieres aus der Brauerei der Klägerin, so ist das eine völlig grundlose Unterstellung, der jedwede thatsächliche Berechtigung abgeht. Zu dem Ende bedarf es nicht erst noch der Befragung eines Sachverständigen, auf den sich der Beklagte berufen hat. Ebenso unnötig erscheint es, dem Antrage der Klägerin entsprechend, über die Bedeutung des eingetragenen Zeichens und über die Tragweite des dadurch erreichten Rechtschutzes erst eine Auskunft des Kaiserl. Patentamtes einzuholen. Daß das Patentamt den Ausdruck „Tafelbier" in der geschützten Etikette als den wesentlichen oder sogar wesentlichsten Bestandteil des Zeichens erklären sollte, erachtet man für vollkommen ausgeschlossen. Jene Bezeichnung war, wie dem Berufungsgerichte bekannt ist, im Bierwesen schon längst allgemein eingebürgert, ehe die Klägerin sich im Jahre 1897 das streitige Warenzeichen hat eintragen lassen. Zahlreiche Brauereien brauen noch heutzutage „Tafelbier". Niemand denkt daran, darunter ausschließlich Biere aus der klagenden Brauerei zu verstehen. Soll die Behauptung der Klägerin die Probe bestehen, so müßte erwartet werden, daß man in einer Bierwirtschaft bloß „Tafelbier" zu bestellen braucht, um ohne weiteres ein Glas Kulmbacher Bier vorgesetzt zu erhalten, noch dazu Kulmbacher Bier gerade aus der Brauerei der klagenden Firma. Daß diese Probe gelingen könnte, wird die Klägerin wohl selbst kaum zu hoffen wagen. Damit erledigt sich der von der Klägerin in erster Instanz herangezogene Vergleich des „Tafelbieres" mit gewissen anderen in den Kreisen der Biertrinker gebräuchlichen Bezeichnungen, wie „Salvator" und „Bürgerliches". Die zuletzt genannten Namen sind ebenfalls Schlagworte, die ein allgemein anerkanntes Unterscheidungszeichen der Bierprodukte einzelner Brauereien von den Bierprodukten anderer Brauereien darstellen, was bei dem Worte „Tafelbier" nicht der Fall ist. (Annalen 22 S. 351.)

71

a) „Pilsener Bier" ist Qualitätsbezeichnung aber auch noch Herkunftsbezeichnung.[1] Wettbewerbsges. § 1[3].

OLG. Hamburg, I. CS. Urteil v. 15. März 1901.

Der durch § 16 des Warenbezeichnungs- und § 1 des Wettbewerbsgesetzes gewährte Schutz wird in betreff der Verwendung von Namen zur Bezeichnung von Waren in der Weise eingeschränkt, daß nicht darunter fallen soll die Verwendung solcher Namen, die nach Handelsgebrauch zur Benennung gewisser Waren dienen, ohne deren Herkunft bezeichnen zu sollen. Beklagter behauptet, daß die Bezeichnung „Pilsener Bier", die zweifellos an sich die Verwendung eines Ortsnamens enthält, nach Handelsgebrauch zu einer Qualitätsbezeichnung geworden ist. Dies zu beweisen, war Sache des Beklagten. Nach den vorliegenden Gutachten steht jedoch fest, daß die Angabe „Pilsener Bier" zwar auch als Qualitätsbezeichnung dient, jedoch nicht aufgehört hat, Herkunftsbezeichnung zu sein. Der Umstand, daß die gedachten Worte noch als Herkunftsbezeichnung dienen, bewirkt aber, daß ihre Verwendung für nicht in Pilsen gebrautes Bier nur dann, ohne Irrtum zu erregen, möglich und zulässig ist, wenn in einer jeden Zweifel ausschließenden Weise auf der Verpackung, Umhüllung ꝛc durch Benennung der Brauerei, die das Bier gebraut hat, sowie des Herkunftsortes zum Ausdruck gebracht wird, daß unter den Worten „Pilsener Bier" nicht eine Herkunftsbezeichnung, sondern nur eine Angabe dahin zu verstehen sei, daß das Bier von der betreffenden Brauerei nach Art des Pilsener Bieres gebraut sei. Ist aus der Etikette oder sonstigen Bezeichnung deutlich und ohne Anwendung besonderer Sorgfalt erkennbar, daß das so bezeichnete Bier nicht in Pilsen, sondern in einem anderen Orte nach Pilsener Art gebraut ist, so werden weder Angaben thatsächlicher Art gemacht, die geeignet sind, den Anschein eines besonders günstigen Angebotes hervorzurufen, noch kann davon die Rede sein, daß die Ware mit dem Namen eines Ortes zu dem Zwecke versehen ist, über Wert und Beschaffenheit der Ware einen Irrtum zu erregen. M. M.

b) Unbefugte Benutzung einer Firma.[2] Wettbewerbsges. § 8.

OLG. Zweibrücken, I. CS. Urteil v. 26. Juni 1901.

Die Gebrüder Johann und Jakob W. betreiben in X. unter der nicht eingetragenen Firma „Gebrüder W." ein Baumaterialiengeschäft, das sie Anfang 1900 auflösten. Johann W. betreibt seitdem mit seinem Bruder Adam unter der eingetragenen Firma „Gebrüder W." in X. ein Baumaterien-

[1] Vgl. Rsp. 1 Nr. 92. Entsch. des RG. 38 S. 166. JW. 1897 S. 637.

[2] Klage eines Ausländers wegen Benutzung des Namens Liebig: JW. 1898 S. 22 Nr. 54. Anfügung der Worte „früher W.'sche Räume": das. S. 174 Nr. 52. Benutzung der einem Hause zukommenden Bezeichnung für die daselbst betriebene Pension: das. 1900 S. 64 Nr. 16. „Stettiner Sänger" als besondere Bezeichnung: das. 1899 S. 12. Desgl. Zeitungstitel: Entsch. 40 S. 19, 41 S. 83, 44 S. 99.

geschäft. Das gleiche Geschäft betreibt daselbst seit jenem Zeitpunkte Jakob W. unter der Firma „Jakob W.". Sein Firmenschild trägt aber auch die Aufschrift: „früher Teilhaber der aufgelösten Firma ‚Gebr. W.'"; ebenso annonciert er unter seiner Firma mit dem Beisatze: „früher Teilhaber der alten, jetzt aufgelösten Firma ‚Gebr. W.'" Die Inhaber der nunmehrigen Firma „Gebr. W." klagen auf Weglassung des Zusatzes, sind jedoch mit ihrer Klage abgewiesen worden. Aus den Gründen:

Die Fassung des § 8 verlangt einerseits das objektive Erfordernis, daß die Art der Benützung eines Namens, einer Firma geeignet, anderseits das subjektive Erfordernis, daß jene Art der Benützung vom Standpunkte des Benützenden darauf berechnet ist, Verwechselungen hervorzurufen. Für die Frage, ob Verwechselungsgefahr besteht, kommt es hierbei auf die Anschauungen des beteiligten Publikums im allgemeinen an und fällt, wenn jene Frage hiernach zu verneinen ist, die Möglichkeit einzelner Verwechselungen, die zum Nachteil des einen oder des anderen Unternehmers gereichen können, nicht ins Gewicht (vgl. Entsch. 40 S. 22). Mit Recht hat nun der Vorderrichter angenommen, daß durch die gerügten Bezeichnungen die Verwechselung der Firma des Beklagten mit der klägerischen seitens des Publikums im allgemeinen nicht herbeigeführt werden könne. Denn aus jenen Bezeichnungen kann nicht gefolgert werden, daß eine Firma „Gebr. W." in X. nicht mehr besteht oder die neue Firma dieses Namens aufgelöst sei und nur die Firma des Beklagten existiere. Vielmehr nötigen sie geradezu zur Schlußfolgerung, daß eine Firma jenes Namens noch besteht, diese aber eine andere als die früher bestandene, die alte und aufgelöste, und die Firma des Beklagten etwas von der klägerischen Verschiedenes ist. Gleichgiltig ist deshalb, wenn einzelne Kunden den Eindruck gewonnen haben sollten, daß eine Firma „Gebr. W." nicht bestehe. Dr. Kr.

c) **Urteilsbekanntmachung auf Grund des Wettbewerbsgesetzes § 13.**
OLG. Hamburg, III. CS. Urteil v. 2. April 1901.

Nach § 13[3] ist in das Ermessen des Gerichtes gestellt, dem obsiegenden Teile die beantragte Veröffentlichungsbefugnis zuzusprechen oder nicht. Dabei ist, wie die Verurteilung in die Unterlassung, so auch die Zusprechung jener Befugnis nicht davon abhängig, ob die Verbreitung der unrichtigen Angaben dem Bekl. zum Verschulden anzurechnen ist.[1] Das Gericht wird die Veröffentlichungsbefugnis aber regelmäßig zusprechen, wenn es zur Beseitigung der anzunehmenden nachteiligen Wirkung der vom Beklagten verbreiteten unrichtigen Mitteilung erforderlich erscheint. Stehen für den Kläger freilich nur geringe Nachteile in Frage, während der Beklagte nicht arglistig oder fahrlässig gehandelt und sich möglichst bemüht hat, die Wirkung der verbreiteten Unrichtigkeit zu beseitigen, so wird es angemessen sein, von der Erteilung der

[1] Das Fehlen einer besonderen Begründung kein Revisionsgrund: Urteil des RG. v. 20. Nov. 1900.

Befugnis Abstand zu nehmen. . . . Die Kosten des Rechtstreites treffen den Beklagten. Es war nicht notwendig, daß der Kläger ihn vor Anstellung der Klage zur Unterlassung der Verbreitung der unrichtigen Mitteilung aufforderte und dadurch gewissermaßen in Verzug versetzte. Die Rechtsverletzung, auf welche die Klage reagiert, war mit der Thatsache der Verbreitung der unrichtigen Mitteilung ohne weiteres gegeben (so Finger, Komm. zu § 1 S. 68 unter g, gegen Daltrop S. 10 und Meyer, Anm. 29 S. 27). M. M.

72

a) Klage eines ausländischen Einzelkaufmannes unter einer Firma. Änderung des Aktivrubrums. HGB. § 19.

OLG. Hamburg, II. CS. Urteil v. 24. September 1901.

Auf die Klage der Lumber Co. zu Goshen (Indiana) erging ein VU. Beklagte legte Einspruch ein und verlangte beglaubigte Vollmacht. Der klägerische Anwalt wurde einstweilen zugelassen (CPO. § 88), hat aber die Vollmacht nicht beigebracht, weshalb Beklagte beantragte, die Klage abzuweisen. Das LG. hat aber den Einspruch als unzulässig verworfen, weil die Einspruchsschrift einem nicht legitimierten Bevollmächtigten zugestellt sei. Das Berufungsgericht hat dagegen (die Berufungsschrift war sowohl dem Anwalt der Klägerin als dieser selbst durch Aufgabe zur Post zugestellt) den Einspruch für unzulässig erklärt und das Aktivrubrum in „Lumber Co., genauer des Frank, als des angeblich alleinigen Inhabers jener Firma", geändert. Aus den Gründen:

... Durch die jetzt vorgelegte Vollmacht wird zunächst bewiesen, daß der Rechtsanwalt A. vom Aussteller der Urkunde, Frank, zur Führung des vorliegenden Prozesses bevollmächtigt ist. Diese Wirkung erstreckt sich auch auf die vor Ausstellung der Vollmacht vorgenommenen Prozeßhandlungen. Bereits in erster Instanz ist behauptet, daß Frank der alleinige Inhaber der in der Klageschrift als Klägerin bezeichneten Firma sei... Darauf, ob nach dem maßgebenden amerikanischen Rechte ein Einzelkaufmann, welcher sein Geschäft unter einer von seinem bürgerlichen Namen abweichenden Firma betreibt, unter dieser Firma klagen kann, kommt es nicht an. Auch wenn — wie das für das deutsche Recht gemäß § 17 HGB. jetzt unstreitig ist, übrigens auch schon früher von der herrschenden Meinung angenommen wurde — die von einem Einzelkaufmann unter seiner Firma angestellte Klage zugelassen wird, liegt hierin nicht die Anerkennung der Firma als eines selbständigen Rechtssubjektes, einer vom Inhaber der Firma verschiedenen Partei, sondern nur eine den Bedürfnissen des Geschäftsverkehrs entgegenkommende Zulassung einer besonderen Art der Parteibezeichnung. Irgend ein materieller Unterschied zwischen der Klage unter der Firma und der Klage unter dem bürgerlichen Namen besteht nicht. Es handelt sich bei der Zulassung der unter der Firma angestellten Klage nicht um die nach dem materiellen Rechte, und zwar bei Ausländern nach dem Rechte des Heimatstaates (Gaupp,

CPO. zu § 50 unter VI), zu beurteilende Frage der Rechtsfähigkeit, sondern (obwohl die für das deutsche Recht maßgebende Bestimmung ihre Stellung im HGB. gefunden hat) lediglich um eine Frage des Prozeßverfahrens, die ausschließlich nach dem Rechte des Prozeßgerichtes zu entscheiden ist. Ist, wie hier lediglich eine Firma (ohne nähere Angabe über das hinter der Firmenbezeichnung sich verbergende Rechtssubjekt) als Prozeßpartei bezeichnet, so ist es das Recht und unter Umständen die Pflicht des Klägers, im Laufe des Prozesses die Rechtsverhältnisse der Firma durch weitere Angaben aufzuklären. Wenn die Angabe dahin geht, daß die Firma diejenige eines Einzelkaufmannes sei, so enthält die Aufnahme des bürgerlichen Namens in das Prozeßrubrum nicht eine Änderung der Klage, sondern nur eine jederzeit zulässige Ergänzung der Parteibezeichnung. Stellt sich dann heraus, daß der angebliche Inhaber der Firma in Wahrheit nicht der alleinige Inhaber ist, so muß die Klage nicht aus dem prozessualen Grunde der unzulässigen Klagänderung, sondern aus dem materiellen Grunde der mangelnden Aktivlegitimation abgewiesen werden. Die von der klagenden Partei zur Aufklärung des Rechtsverhältnisses abgegebenen Erklärungen sind für sie natürlich bindend. Solange aber eine solche Erklärung noch nicht abgegeben ist, steht für den schwebenden Prozeß nicht fest, wer der Inhaber der klagenden Firma ist, und eine andere als die vom klägerischen Vertreter als Inhaber bezeichnete Person kann aus den in diesem Prozesse ergangenen Entscheidungen Rechte nicht herleiten. Aus diesen Erwägungen ergiebt sich, daß, nachdem der Anwalt A. erklärt hat, daß die in der Klage gewählte Bezeichnung die Firma des Einzelkaufmannes Frank sei und beglaubigte Vollmacht dieses angeblichen Firmeninhabers beigebracht hat, die Sachlage nicht anders zu beurteilen ist, als ob die Klage von vornherein durch A. als Prozeßbevollmächtigten des Einzelkaufmannes Frank als alleinigen Inhaber der Firma angestellt wäre... Bei der weiteren Verhandlung würde zu erörtern sein, ob thatsächlich der Kläger alleiniger Inhabers der Firma und deshalb berechtigt ist, Ansprüche geltend zu machen, die aus den unter dieser Firma abgeschlossenen Geschäften herrühren. M. M.

b) **Zur Auslegung des § 25 HGB.**

OLG. Karlsruhe, II. CS. Urteil v. 12. Juli 1901.

Die Haftung des Bekl. Hans X. für die Bezahlung der durch Richard X. angeschafften Cigarren wird auf die Geschäftsübernahme gestützt. Nach § 25 HGB. haftet aber, wer ein Handelsgeschäft erwirbt, nur dann für die Geschäftsschulden, wenn die bisherige Firma fortgeführt wird oder ein besonderer Verpflichtungsgrund vorliegt. Keine dieser Voraussetzungen ist gegeben. Zwar bestimmte der Vertrag zwischen R. und H. X.: „Das Geschäft soll bis auf weiteres unter der bisherigen Firma weitergeführt und unter Vermerkung des Eigentumsüberganges zum Handelsregister angemeldet werden." Es geht aber aus dem Handelsregister hervor, daß schon am 13. Januar 1900 (vier Tage nach dem Abschlusse des Vertrages) die Firma Hans X. zum

Firmenregister eingetragen wurde. Der Beklagte hat sonach von der erwähnten Vertragsbestimmung keinen Gebrauch gemacht, sondern die frühere Firma alsbald aufgegeben. Daß er etwa in der Zeit vom 9. bis 13. Januar sich der Firma R. X. bedient hätte, erhellt nicht. In der Belassung des die Firma R. X. tragenden Ladenschildes wäre eine „Fortführung der Firma" schon deswegen nicht zu finden, weil der Beklagte das Vorhandensein dieses Schildes leicht übersehen haben kann ...

Ein besonderer Verpflichtungsgrund ist nicht dargethan. Der Umstand allein, daß im Vertrage die Übernahme aller Schulden bedungen ist, genügt nicht, wie der § 25 HGB. in seinem Zusammenhange als zweifellos erkennen läßt. Die Bestimmung des bürgerlichen Rechtes, § 415 BGB., kommt hier deswegen nicht in Betracht, weil eine Mitteilung des Schuldners oder Dritten nicht erfolgt ist. Bei dieser Auffassung bedarf es keiner Prüfung der Frage, ob Richard und Hans X. gerade bezüglich der Forderung der Klägerin eine abweichende Vereinbarung getroffen haben, und ob in der Erklärung des Beklagten, welche dieser am 10. Januar 1900 dem Kläger H. gegenüber abgab (er bezahle an Klägerin nichts), eine „Mitteilung" im Sinne des § 25 Abs. 2 HGB. erblickt werden kann. Ganz unerheblich ist nach dem Ausgeführten, ob die Cigarren vom Beklagten ganz oder teilweise mit übernommen worden sind. Dr. E.

c) **Überschreitung der Befugnisse des geschäftsführenden Gesellschafters (§ 116 HGB.). Übergangsfrage.**

OLG. Bamberg, I. CS. Urteil v. 5. Februar 1901.

Die Streitteile standen seit Jahren in offener Handelsgesellschaft, 1899 schlossen sie einen Vertrag, wonach der Kläger auf 5 Jahre vom Geschäft dispensiert wurde und für diese Zeit die gesamte Geschäftsleitung an Beklagten übertrug, während ihm selbst das Recht des Aufsichtsrates einer Aktiengesellschaft gewahrt wurde. Im Juli 1900 erwirkte Kläger eine einstweilige Verfügung des Landgerichtes, wodurch die Weiterführung eines in seiner Abwesenheit ohne seine Genehmigung vom Beklagten unternommenen Neubaues an der Gesellschaftsfabrik demselben untersagt wurde. Widerspruch und Berufung des Beklagten hatten keinen Erfolg. Aus den Gründen des Berufungsurteiles:

Das EG. zum neuen HGB. enthält keine allgemeinen Übergangsbestimmungen und es wird mit Staub, Komm., allg. Einl. Anm. 8, angenommen werden dürfen, daß es im Geiste der an einem Tage in Kraft getretenen, als organisches Ganze gedachten Gesetzbücher liege, daß für die Übergangszeit die Bestimmungen des EG. zum BGB. auch für das HGB. gelten. Die „Gesellschaft" gehört unstreitig zu den Schuldverhältnissen; dies ergiebt sich schon aus der im BGB. ihr angewiesenen Stelle im 2. Buche (Abschn. 7 Tit. 14). Es greift dann für den zur Entscheidung stehenden Fall Art. 170 EG. zum BGB. Platz und infolgedessen das alte HGB. die einschlägigen Vorschriften desselben und des neuen HGB. sind übrigens wesentlich gleich, nur ihre Gruppierung im Gesetze eine etwas andere.

Nach den Bestimmungen des obigen Vertrages, deren letzte offenbar Art. 225 HGB. im Auge hat, steht für das Berufungsgericht außer Zweifel, daß Kläger für die Dauer von 5 Jahren von der Geschäftsführung ausgeschlossen sein sollte. Seine Berechtigung zum Widerspruche gegen den Neubau ergiebt sich aus Art. 99, 103 [§ 116] HGB., wonach zur Vornahme von Geschäften, die über den gewöhnlichen Betrieb des Handelsgewerbes der Gesellschaft hinausgehen, die Zustimmung der sämtlichen Gesellschafter eingeholt werden muß, auch dann, wenn die Geschäftsführung einem oder mehreren übertragen ist. Durch den vom Beklagten in Angriff genommenen Neubau wird ersichtlich der Baupläne das Fabrikgebäude etwa noch einmal so groß werden, als es früher war. Daß mindestens eine derartige bauliche Veränderung nicht zu dem gewöhnlichen Geschäftsbetriebe gehört, ist klar, wenn man auch die Vornahme geringfügiger baulicher Veränderungen im Fabrikgebäude, was übrigens dahingestellt sein soll, als unter den gewöhnlichen Geschäftsbetrieb fallend erachten könnte, und wenn nicht bloß die mit dem eigentlichen Geschäftsbetriebe enge zusammenhängenden und durch denselben bedingten Handlungen hierher gehören sollten. Ob die Fabrikerweiterung den Interessen der Gesellschafter förderlich, ja ob sie vielleicht sogar aus baulichen oder geschäftlichen Gründen notwendig sei, kann ganz dahingestellt bleiben, da sie als ein außerhalb des gewöhnlichen Geschäftsbetriebes gelegenes Unternehmen auch in diesen Fällen die Zustimmung aller Gesellschafter erheischt. . . . Z.

d) **Bestellung des Kommanditisten zum kaufmännischen Leiter der Gesellschaftsfabrik. HGB. § 163.**

OLG. Bamberg, II. CS. Urteil vom 9. Juli 1901.

Nach §§ 170, 164 HGB. steht allerdings einem Kommanditisten das Recht, die Kommanditgesellschaft zu vertreten, nicht zu; allein mit Recht hat Erstrichter unter Hinweis auf § 163 und in Anlehnung an Staub Anm. 4 u. 5 zu § 170 angenommen, daß durch die §§ 164, 170 die Gesellschaft nicht gehindert sei, ihren Kommanditisten zu ihrem Handlungsbevollmächtigten zu bestellen. Im vorliegenden Gesellschaftsvertrage ist bestimmt, daß der Komplementar die technische, der Kommanditist die kaufmännische Leitung der zur Fabrikation von Holzwaren gegründeten Gesellschaft übernimmt. An der Behauptung der beklagten Gesellschaft: zur kaufmännischen Leitung eines Fabrikgeschäftes gehöre nicht auch der Einkauf von Rohprodukten, die zum technischen Betriebe nötig seien, solcher Einkauf obliege dem technischen Leiter, der allein wisse, was zum technischen Betriebe erforderlich sei — ist nur soviel richtig, daß der technische Leiter allerdings das beste Wissen von dem Bedarf an Rohprodukten hat. Allein daraus folgt nicht, daß ihm auch der Einkauf dieser Produkte obliegt; vielmehr hat sich dessen Thätigkeit in Bezug auf den Einkauf darauf zu beschränken, rechtzeitig den jeweiligen Bedarf der Rohprodukte festzustellen und dem kaufmännischen Leiter der Fabrik anzuzeigen. Sache des letzteren ist es dann, für den rechtzeitigen und möglichst vorteilhaften Einkauf zu sorgen.

Wenn im Gesellschaftsvertrage weiter bestimmt ist, daß die Beiden ihre bezüglichen Weisungen in allen wesentlichen Punkten nach beiderseitigem Einverständnisse zu treffen haben, so müßte Klägerin jene nur das Rechtsverhältnis der Gesellschaft nach innen, der Gesellschafter untereinander regelnde, die beiderseitigen Vertretungsbefugnisse einschränkende Bestimmung nur dann gegen sich gelten lassen, wenn sie dieselbe bei der Annahme der Bestellung gekannt hätte oder hätte kennen müssen, wovon hier keine Rede sein kann. (Demzufolge wurde die Gesellschaft verurteilt, die vom Kommanditisten bestellten Waren zu bezahlen.) Z.

e) **Der Registerrichter kann nicht die Veröffentlichung einer anderen (insbesondere durch Aufnahme der Abschreibungen zu spezifizierenden) Bilanz und Gewinn- und Verlustrechnung verlangen als der von der Generalversammlung genehmigten. HGB. §§ 260 f.**

OLG. Hamburg, I. CS. Beschluß v. 11. Oktober 1901.

Mit Unrecht nimmt das Landgericht an, daß durch den Beschluß des Amtsgerichtes[1] vom 26. Juni 1901 die Gesellschaft in ihren Rechten nicht beeinträchtigt sei. Der Beschluß verpflichtet die Mitglieder des Vorstandes, der Generalversammlung eine andere als die von dieser genehmigte Bilanz und Gewinn- und Verlustrechnung vorzulegen und nach erfolgter Genehmigung bekannt zu machen. Würde dieser Beschluß rechtskräftig, so würde nicht nur eine Verpflichtung des Vorstandes feststehen, eine den Ausführungen des Amtsgerichtes entsprechende Bilanz und Gewinn- und Verlustrechnung vorzulegen, sondern es würde auch die Gesellschaft verpflichtet sein, durch die Generalversammlung über eine solche Vorlage zu beschließen, und ihr würde das Recht entzogen sein, geltend zu machen, daß den Anforderungen des Gesetzes schon durch den Generalversammlungsbeschluß vom 12. März 1901 und die infolge dieses Beschlusses erfolgten Bekanntmachungen genügt sei. Die Gesellschaft war daher nach § 20 FrGG. zur Beschwerde berechtigt; diese ist auch begründet.

Das OLG. hat bereits im Beschluß vom 2. Mai 1898[2] ausgesprochen, daß dem Registerrichter weder die Pflicht obliegt noch das Recht zusteht, die Veröffentlichung einer anderen, als der von der Generalversammlung genehmigten Gewinn- und Verlustrechnung und Bilanz vorzuschreiben, und daß das Gericht durch Androhung oder Verhängung von Ordnungsstrafen nur dafür zu sorgen hat, daß in der vom Gesetz vorgeschriebenen Frist der Generalversammlung eine Bilanz, eine Gewinn- und Verlustrechnung sowie ein den Vermögensstand und die Verhältnisse der Gesellschaft entwickelnder Bericht mit den Bemerkungen des Aufsichtsrates vorgelegt werde, nicht aber auch dafür, daß der Inhalt dieser Vorlagen den gesetzlichen Erfordernissen entspreche. Das jetzt geltende HGB. hat in dieser Beziehung am früheren

[1] Die vor diesem Beschluß erlassene eingehende Verfügung des Amtsgerichtes abgedruckt in **Holdheim's Monatsschrift 10 S. 154.** D. E.

[2] Abgedruckt in der Hanseatischen Gerichtszeitung, Hauptblatt, 1898 Nr. 103. D. E.

Recht nichts geändert. Insbesondere ergiebt sich daraus, daß der § 261 HGB. nicht unter den Paragraphen aufgeführt ist, deren Befolgung das Registergericht nach § 319 durch Ordnungsstrafen zu erzwingen hat, daß das Gericht eine Prüfung der von der Generalversammlung genehmigten Bilanz in der Richtung, ob sie dem § 261 entsprechend aufgemacht sei, nicht vorzunehmen hat. Eine solche Thätigkeit würde auch dem Registerrichter eine Verantwortlichkeit auflegen, welche ihm gar nicht zugemutet werden kann. . . . Das Amtsgericht hatte nur zu prüfen, ob den Erfordernissen der §§ 260, 265 genügt war. Diese Prüfung konnte nur dann zu der angefochtenen Verfügung führen, wenn sich ergab, daß der Vorstand eine Bilanz und eine Gewinn- und Verlustrechnung der Generalversammlung überhaupt nicht vorgelegt hatte; denn, daß ein den Vermögensstand und die Verhältnisse der Gesellschaft entwickelnder Bericht mit den Bemerkungen des Aufsichtsrates der Gesellschaft vorgelegt und daß die von der Generalversammlung genehmigte Bilanz und Gewinn- und Verlustrechnung vorschriftsmäßig bekannt gemacht war, stand außer Frage. In der That sucht nun das Amtsgericht darzulegen, daß eine Bilanz bezw. eine Gewinn- und Verlustrechnung ohne Angabe der Höhe der Abschreibungen überhaupt keine Bilanz bezw. Gewinn- und Verlustrechnung sei. Allein dies ist offensichtlich unrichtig. Bilanz ist ein das Verhältnis des Vermögens und der Schulden eines Kaufmanns darstellender Abschluß, bei welchem der Wert der einzelnen Vermögensgegenstände zu dem Zeitpunkt, auf welchen die Bilanz gezogen wird, angegeben wird. Dieser Wert wird bei Schiffen ebenso wie bei Gebäuden und Waren angegeben, wenn der Wert ersichtlich ist, welchen diese Vermögensgegenstände zur Zeit des Abschlusses hatten. Eine Angabe darüber, wie der Wert berechnet worden ist — ob nach dem Anschaffungswert unter Berücksichtigung seit der Anschaffung eingetretener Deteriorationen, Abnutzungen, Kursverluste u. dgl., oder nach dem Wert zur Zeit des letzten Abschlusses unter Berücksichtigung seitdem eingetretener Wertverminderungen, oder nach welchen Grundsätzen sonst — schreibt das Gesetz nicht vor. Eine Bilanz ist deshalb nicht darum weniger eine Bilanz, weil aus ihr die Operation nicht ersichtlich ist, welche zu der in der Bilanz figurierenden Wertschätzung der Aktiva geführt hat. Ebensowenig läßt sich aus dem Gesetz ableiten, daß eine Gewinn- und Verlustrechnung eine solche nicht sei, weil sie nicht den Betrag der jährlichen Verluste gesondert aufführt, welche das Vermögen durch Abnutzung seiner einzelnen Bestandteile erlitten hat. Wenn das Amtsgericht auf § 252 des Entwurfes und die Begründung der Denkschrift hinweist, so übersieht es nicht nur, daß Abs. 3 § 252 gestrichen worden ist, sondern auch, daß die Denkschrift selbst nur verlangte, daß der Geschäftsbericht ersichtlich mache, nach welchen Grundsätzen die Werte in der Bilanz angesetzt und die Abschreibungen vorgenommen sind, woraus klar erhellt, daß der Entwurf diese Angaben weder zu Erfordernissen der Bilanz noch zu solchen der Gewinn- und Verlustrechnung machen wollte. Im Gegenteil, die Denkschrift spricht aus, daß es Aufgabe des Geschäftsberichtes sei, eine nähere

Erläuterung einzelner Bilanzposten zu geben, um eine zutreffende Würdigung der Bilanz zu ermöglichen.

Ebensowenig berechtigt ist der Hinweis auf die Bemerkung der Denkschrift über den Inhalt der vom Vorstand zu veröffentlichenden Bilanz — es müsse genügen, wenn das Registergericht in der Lage ist, etwaige Bilanzveröffentlichungen, welche derart summarisch gehalten sind, daß sie überhaupt keine Übersicht über die Vermögensverhältnisse der Gesellschaft gewähren — als ungenügend zurückzuweisen. Denn diese Bemerkung hat nur den Fall im Auge, daß in der der Generalversammlung vorgelegten Bilanz zum Zwecke der Veröffentlichung Kürzungen vorgenommen werden, und daraus, daß sogar ein solches Verfahren nicht gemißbilligt wird, wenn nur die Kürzung nicht dahin führt, daß überhaupt keine Übersicht über die Vermögensverhältnisse der Gesellschaft gewährt wird, läßt sich gewiß nicht eine Auslegung des Gesetzes dahin ableiten, daß das Registergericht die von der Generalversammlung genehmigte Bilanz darauf hin zu prüfen habe, ob sie die Faktoren ersichtlich mache, welche zu der Wertschätzung der Aktiva geführt haben. Auch die Entscheidung des Kammergerichtes vom 5. März 1900 [preuß. JMBl. S. 630] spricht nur aus, daß eine Veröffentlichung, welche sich darauf beschränkt, die Summe der Aktiva auf Mark 13060,80, — die der Passiva auf Mark 13074,97 — und den Verlust mit Mark 14,17 anzugeben, keine Veröffentlichung einer Bilanz sei. Ausdrücklich lehnt die Begründung ab, darauf einzugehen, inwieweit bei der Bilanz zugleich eine Zusammenfassung der in das Inventar aufgenommenen Stücke und Summen zu größeren Posten statthaft ist. Die Entscheidung beruht nur auf der Erwägung, daß die Bilanz nicht aus einer bloßen Summenzusammenstellung bestehen dürfe, daß vielmehr in ihr mindestens summarisch angegeben werden müsse, durch welche Vermögensgegenstände die Aktiva und durch welche Einzelposten die Passiva gebildet werden. Davon, daß, um eine Bilanz als solche gelten zu lassen, die jährlichen Abschreibungen in der Bilanz angegeben sein müßten, ist in der Entscheidung nicht die Rede... Ebensowenig ist daselbst ausgesprochen, daß die Bilanz, welche der Vorstand dem Aufsichtsrat zur Prüfung vorzulegen hat, unverändert der Generalversammlung vorgelegt und demnächst veröffentlicht werden müsse. Auch ist ein solcher Rechtssatz dem § 260 Abs. 2 HGB. nicht zu entnehmen; vielmehr muß es als die Absicht des Gesetzes angesehen werden, daß die vom Vorstande entworfene Bilanz dem Aufsichtsrat zum Zwecke der Prüfung vorzulegen ist, wodurch ermöglicht wird, den Entwurf darauf hin zu prüfen, ob die im § 261 vorgeschriebenen Grundsätze und die sonstigen für eine Bilanzaufstellung geltenden gesetzlichen Normen beobachtet sind, und daraus ergiebt sich, daß die Vorlage, welche der Vorstand dem Aufsichtsrat zu machen hat, nur ein Bilanzentwurf ist, dessen Vorlage an die Generalversammlung nicht erforderlich sein kann. Hierüber läßt der § 246 Abs. 1 keinen Zweifel.

Die Gewinn- und Verlustrechnung wird vom Amtsgericht deshalb beanstandet, weil sie den vollen Betriebsgewinn nicht erkennen lasse und die daraus für Abschreibungen entnommenen Beträge verschweige. Hierbei handelt es sich aber nur darum, ob eine Spezialisierung durch Angabe der Höhe der Abschreibungen zum Begriff einer Gewinn- und Verlustrechnung erforderlich ist oder nicht. Denn das Gesetz erfordert nur die Vorlegung einer Gewinn- und Verlustrechnung; über die Spezialisierung der Einzelposten enthält es keine Vorschriften. Jene allein in Betracht kommende Frage aber muß unzweifelhaft verneint werden. Dies erhellt schon daraus, daß es ganz willkürlich ist, wenn nur verlangt wird, daß die Höhe der Abschreibungen auf Schiffe aus der Gewinn- und Verlustrechnung erkennbar sei. Warum nicht auch die Höhe der Abschreibungen auf sonstiges Inventar, auf Reservelager, auf ausstehende Forderungen, auf Immobilien? Warum nicht die Angabe des Verlustes bezw. des Gewinnes auf jede einzelne Reise? Auch hat es seinen guten Grund, daß das Gesetz bestimmte Vorschriften über die Spezialisierung der Gewinn- und Verlustrechnung nicht enthält. „Die Angabe der Einzelheiten kann wegen der gesetzlich erforderten Offenlegung der Gewinn- und Verlustrechnung mit Rücksicht auf die Konkurrenz zu weittragenden Folgen führen. Mit Recht sagt daher Esser S. 205, daß es unter Umständen zur Sorgfalt eines ordentlichen Kaufmannes gehöre, die „Gewinn- und Verlustrechnung nicht zu spezialisieren“ (Simon, Bilanzen 2. Aufl. S. 287). Das Gesetz fordert nicht mehr, als daß sich aus der Bilanz der Vermögensstand der Gesellschaft durch Gegenüberstellung der Aktiva und Passiva und aus der Gewinn- und Verlustrechnung der Reingewinn oder der Verlust des Betriebsjahres erkennen lasse. Diesen Erfordernissen genügt die zum Handelsregister eingereichte Bekanntmachung. Dem Bedürfnisse der Aktionäre nach weiterer Information trägt das Gesetz durch die Vorschriften über den Geschäftsbericht (§ 260 Abs. 2, § 263 Abs. 2) und über die Vertagung der Verhandlung, über die Genehmigung der Bilanz (§ 264), sowie über die Bestellung von Revisoren zur Prüfung der Bilanz (§§ 266, 267) Rechnung. Im allgemeinen öffentlichen Interesse ist für die Sicherung der Beobachtung der gesetzlichen Vorschriften betr. die Aufmachung der Bilanz durch die Bestimmungen des Gesetzes gesorgt, welche dem Vorstande und dem Aufsichtsrate unter Strafandrohung jene Beobachtung zur Pflicht machen. M. M.

f) **Selbsthilfeverkauf. Ungesetzliches Verfahren.**[1]

OLG. Karlsruhe, I. CS. Urteil v. 10. Juli 1901.

Da die Klägerin ihren Anspruch auf den nach Vorschrift vorgenommenen Selbsthilfeverkauf stützt, trifft sie auch die Beweislast dafür, daß der Selbsthilfeverkauf auf Grundlage der ursprünglichen Vereinbarungen vorgenommen

[1] Versteigerung unter einer vom Vertrage abweichenden Bedingung: JW. 1900 S. 665. Nach einer Bekanntmachung, die zwei verschiedene Versteigerungstermine enthielt: JW 1901 S. 10. Verkaufsort: das. S. 617; wenn über die Ware ein Dispositionspapier aufgestellt ist: das. S. 654. Verkaufszeit, wenn ein Handelsgebrauch sofortigen Verkauf vorschreibt: das. S. 227.

wurde, daß also, da über die Beschaffenheit der Ware nichts vereinbart ist, die der Versteigerung zu Grunde gelegten Proben mindestens Kaufmannsgut mittlerer Art und Güte waren (Art. 335 [§ 360] HGB.). Die Versteigerung kann aber nicht als eine gesetzlicherweise geschehene öffentliche Versteigerung angesehen werden. Sie war zwar zum 25. April vorschriftsmäßig öffentlich bekannt gemacht und den Parteien rechtzeitig zur Kenntnis gebracht, auch in richtiger Weise im Geschäftslokale des Gerichtsvollziehers den erschienenen Kaufliebhabern durch Verlesung der Versteigerungsbedingungen und Vorzeigung der Qualitätsproben sowie Aufforderung zum Bieten eingeleitet. Allein der weitere Verlauf der Versteigerung nach Abgabe des ersten Angebotes benahm ihr den Charakter eines öffentlichen Aktes. Das erste Angebot A.'s mit 75 % Grundrabatt erhielt unbestritten und zweifellos den Zuschlag des Gerichtsvollziehers nicht. Es erfolgte nun auf das Angebot A.'s nicht sofort das von B. abgegebene zweite Gebot von 74 %; B. hat vielmehr auf das niedrige Angebot von 75 % den Gerichtsvollzieher ersucht, mit dem Zuschlage noch zu warten, da er zur Klägerin, bei der er damals im Dienst stand, gehen wolle, um von ihr die Erlaubnis zu erfragen, ob er nicht als Käufer auftreten dürfe. Es wurde somit nach einem zwischen B. und dem Gerichtsvollzieher getroffenen Abkommen die Versteigerung nicht weiter geführt. Erst auf die ihm erteilte Erlaubnis der Klägerin, als Käufer im eigenen Namen auftreten zu dürfen, hat B. und zwar mittags, nachdem inzwischen alle zur Versteigerung Erschienenen sich entfernt hatten, das Geschäftslokal des Gerichtsvollziehers wieder aufgesucht und für sich ein Angebot von 74 % abgegeben. Der Gerichtsvollzieher nahm dies Gebot zwar entgegen, erteilte aber auch jetzt nicht den Zuschlag, sondern forderte schriftliche Genehmigung der Klägerin zum Zuschlag zu dem eingelegten höchsten Gebot und erteilte erst, nachdem B. ihm die vom 25. datierte schriftliche Genehmigung der Klägerin am 26. April überbrachte, an diesem Tage den Zuschlag an B. Für die Annahme, daß bei dem nach dem Angebot A.'s erfolgten Weggange B.'s den Anwesenden eine Unterbrechung des Versteigerungsaktes auf bestimmte Zeitdauer und Fortsetzung nach deren Ablauf vom Versteigerungsbeamten bekannt gegeben wurde und überhaupt sofort nach dem von B. eingelegten Übergebot von 74 % ein, wenn auch nur bedingter Zuschlag erfolgte und diesem sowie dem endgiltigen Zuschlage vom 26. April ein dreimaliger Aufruf voranging, fehlt es an jedem Anhalte.

Der Vertreter der Klägerin suchte auszuführen, daß B. zwar, ohne eine bestimmte, dahin gehende Erklärung abzugeben, aber doch in einer Weise aufgetreten sei und der Gerichtsvollzieher deshalb der Auffassung gewesen sein möge, als ob er namens und für Rechnung der Klägerin als Bieter auftrete, eine Annahme, für die einigermaßen die Thatsache spricht, daß der Gerichtsvollzieher zunächst nach dem erfolgten ersten Angebot auf Ersuchen B.'s, noch die Erlaubnis der Klägerin einholen zu wollen, mit dem Zuschlage zuwartete und sodann nach dem von B. abgegebenen Gebote 74 %

noch schriftliche Genehmigung der Klägerin erforderte: ein Verlangen, das nur verständlich ist, wenn B. als Vertreter der Klägerin angesehen wurde und der Versteigerungsbeamte den Nachweis des Auftrages bei den Akten haben wollte, da durch die in § 66 HGB. für den Handlungsgehilfen vorgeschriebenen Genehmigung zum Abschlusse von Geschäften auf eigene Rechnung des Handlungsgehilfen die auf den Namen und die Rechnung B.'s geschehene Steigerung in ihrer Rechtsbeständigkeit nicht berührt wurde und im Falle der Unterlassung nur Rechte des Prinzipals dem Gehilfen gegenüber erwuchsen. Während sonach der Gerichtsvollzieher den B. nach seinem Auftreten als Bevollmächtigten der Klägerin und diese als Steigerin angesehen haben muß, betrachtete B. sich als Selbstbieter und den erteilten Zuschlag als ihm in seiner Person und auf eigene Rechnung erteilt. Es wäre unter diesen Umständen ein unzweideutiges und auch unbedingtes Gebot zu 74 % am 25. April 1900 und auch ein entsprechender Zuschlag überhaupt nicht erfolgt. Die gesetzlichen Vorschriften über öffentliche Versteigerungen, welche ihren Grund in einer gesetzlichen Anordnung haben, kennen aber ein nur bedingtes Gebot und einen nur bedingten Zuschlag nicht. Sollte übrigens die Genehmigung der Klägerin von dem Versteigerungsbeamten gefordert und vorbehalten worden sein, weil von derselben der Versteigerungsauftrag nur unter diesem Vorbehalte erteilt wurde, so fehlte vorliegend die Aufnahme dieser für das Versteigerungsergebnis keineswegs gleichgültigen Bestimmung unter die vom Gerichtsvollzieher verkündeten Versteigerungsbedingungen, und wenn trotzdem gemäß eines solchen Vorbehaltes der endgültige Zuschlag erst nach eingeholter schriftlicher Genehmigung der Klägerin erteilt wurde, so liegt auch hierin ein erheblicher Mangel in der Vornahme der öffentlichen Versteigerung, ganz abgesehen davon, daß der Vorbehalt einer Steigerungsgenehmigung der Klägerin überhaupt einen Nachteil für die Beklagte enthalten hätte, da sich dadurch Kaufliebhaber haben abhalten lassen können. Dr. E.

73.

Klage einer von ihrem Ehemanne getrennt lebenden Ehefrau gegen die Konkubine ihres Ehemannes, welche sich als die Ehefrau des letzteren bezeichnen läßt, auf Unterlassung der Führung des Namens des Mannes. BGB. § 12.

Kammergericht, XII. CS. Urteil v. 5. Oktober 1901.

Klägerin ist die Ehefrau des Bierverlegers E. Wenn die Beklagte sich als die Frau des E. bezeichnet, so liegt darin ein unbefugter Gebrauch des Namens der Klägerin. Die Beklagte verletzt damit auch das Interesse der Klägerin, indem sie fälschlich den Schein erweckt, als sei sie die Frau E. Die Klägerin kann somit die Beseitigung der Beeinträchtigung dieses Rechtes von der Beklagten verlangen. Sie kann auch auf Unterlassung klagen, wenn weitere Beeinträchtigungen zu besorgen sind.

Die Beklagte hat nun nach den zutreffenden erstinstanzlichen Feststellungen sich mehrfach als Ehefrau des E. bezeichnet. Sie hat der Frau Sch. einmal einen mit der Unterschrift „Frau E.“ versehenen Einladungszettel zugehen lassen. Sie hat nach den Aussagen des K. den Ehemann E. in Gegenwart dritter Personen „ihren Alten“ und „ihren Mann“ genannt. Die Beklagte hat somit unzweifelhaft den Namen der Klägerin gebraucht und den Schein erweckt, als sei sie die Frau des E. Ob diese Vorgänge sich vor dem Inkrafttreten des BGB. zugetragen haben, ist unerheblich, da auch das frühere Recht den Inhaber des Namens gegen den Mißbrauch desselben durch Dritte schützte. Schon hiernach hatte Klägerin Veranlassung zur Erhebung der Klage. Die Ansicht der Beklagten, es sei nichts dafür erbracht, daß weitere Beeinträchtigungen zu besorgen seien, würde nur dann zutreffen, wenn sich Beklagte nur in einem vereinzelten Falle einmal als Frau E. ausgegeben, sonst aber stets als unverehelichte L. bezeichnet hätte. Dies trifft jedoch nicht zu. Die Beklagte ist vielmehr, nachdem sie von E. in Schm. eingeführt und vorgestellt war, von den vernommenen Zeugen stets für die Frau des E. gehalten und allgemein als Frau E. angesprochen und so genannt worden. Sie hat einen Brautring auf der rechten Hand getragen und ist überall als Frau E. aufgetreten. Die Beklagte hat danach absichtlich und vorsätzlich die Situation geschaffen, durch welche die Einwohner von Schm. dazu veranlaßt wurden, sie als Frau E. anzusehen und anzureden. Wenn sie sich den von ihr hervorgerufenen Irrtum der Beteiligten zu Nutze machte und sich von denselben, ohne zu widersprechen, Frau E. nennen ließ, so lag auch hierin ein unbefugter Gebrauch des Namens der Klägerin. Dafür, daß die Beklagte selbst aus eigener Veranlassung irgend etwas dazu gethan habe, um den Schein zu beseitigen, als sei sie die Frau des E., und so die durch ihr Verhalten hervorgerufene Beeinträchtigung der Rechte der Klägerin zu beseitigen, ist nichts erbracht. Die Besorgnis weiterer Beeinträchtigungen ist danach wohl begründet. Diese Besorgnis kann auch nicht dadurch beseitigt werden, daß die Beklagte in einzelnen Fällen einzelnen Persönlichkeiten gegenüber anerkannt hat, daß sie nicht berechtigt zum Gebrauch des Namens E. ist. Zwar hat sie den Zeugen M. gebeten, sie bei Anwesenheit der Klägerin oder mehrerer Personen nicht mehr Frau E. zu nennen, ihre Kinder bei der Schulvorsteherin B. auf den Namen L. angemeldet, diesen Namen als den ihrigen bezeichnet, auch erklärt, sie sei nicht mit E. verheiratet, und einmal eine an sie als Frau E. gerichtete Karte mit der Erklärung zurückgewiesen hat, sie sei nicht Frau E. Auf der anderen Seite aber hat die Beklagte gebeten, ihre Kinder in der Schule den Namen E. führen zu lassen und M. hat die Beklagte nachher noch manchmal wieder Frau E. genannt. Ebenso bekundete die Frau Sch. und K., daß die Beklagte noch jetzt von ihnen, sowie auch von anderen Leuten stets als Frau E. angeredet werde, ohne daß sie sich das verbittet. Danach kann die Besorgnis, daß die Rechte der Klägerin weiter dadurch beeinträchtigt werden könnten, daß Beklagte unbefugterweise ihren Namen gebrauche, nicht für beseitigt erachtet werden.

Dem Klageverlangen war somit stattzugeben. Es muß von der Beklagten, welche widerrechtlich und vorsätzlich die Situation geschaffen hat, durch welche das Publikum in Schm. zu der Annahme veranlaßt wurde, sie sei die Frau E., verlangt werden, daß sie geeignete Maßnahmen ergreift, um diese Situation aus der Welt zu schaffen. Sie muß die Personen ihrer Bekanntschaft, mit denen sie in Verkehr steht, darüber aufklären, nicht nur, daß sie nicht die Frau E. ist, sondern auch, daß man ihr nicht eine Gefälligkeit damit erweist, wenn man sie Frau E. nennt. Sie muß der Ansicht der Betreffenden, daß sie gern Frau E. genannt werde, entgegentreten. Wenn sie dies einmal gethan und die betreffenden Persönlichkeiten hierüber aufgeklärt hat, so muß das allerdings für ausreichend erachtet und es kann nicht verlangt werden, falls die Person sie trotzdem wieder als Frau E. anredet, daß sie dann jedesmal die Aufklärung wiederholt. F.

74

a) Vorbehalt der Vertragsstrafe bei Annahme der Erfüllung. BGB. § 341 Abs. 3.

OLG. Hamburg, IV. CS. Urteil v. 17. Juni 1901.

Eine Untersuchung, ob der Empfänger der Leistung auf die Vertragsstrafe habe *verzichten* wollen, muß freilich nach der Entstehungsgeschichte des Gesetzes als ausgeschlossen gelten. Ein solcher Wille würde voraussetzen, daß der Empfänger von dem ihm zustehenden Rechte, die Vertragsstrafe zu fordern, unterrichtet war. Dieser Gesichtspunkt ist von der Gesetzgebung bewußterweise ausgeschlossen. Denn der § 421 des ersten Entwurfes, der bereits die gleiche Bestimmung wie der Abs. 3 des § 341 BGB. hatte, enthielt die weitere Vorschrift, daß diese Bestimmung keine Anwendung finden solle, wenn der Gläubiger bei Annahme der Hauptleistung von seinem Rechte auf die Strafleistung oder von dem Eintritte der Voraussetzungen desselben keine Kunde gehabt habe, was bei inzwischen erfolgtem Tode des Gläubigers für dessen Rechtsnachfolger von Wichtigkeit werden konnte. Dieser Zusatz im Gesetze wurde von der zweiten Kommission in der ausgesprochenen Absicht, den Schuldner wirksamer zu schützen, gestrichen. Es kommt hiernach ohne Rücksicht auf einen gewollten oder nicht gewollten Verzicht lediglich darauf an, ob bei der Annahme der Vorbehalt wegen der Vertragsstrafe erklärt worden ist, oder nicht. Die Annahme setzt nun aber doch einen ausdrücklich oder stillschweigend kundgegebenen Willen, das Gelieferte zu behalten, voraus, und ob ein solcher Wille vorhanden war, kann lediglich aus der thatsächlich vorhandenen Sachlage erkannt werden, richtet sich daher nach den Umständen in jedem einzelnen Falle. Die nackte Hinnahme des Erfüllungsgegenstandes ohne Vorbehalt hat somit an und für sich noch nicht die Rechtswirkung, den Empfänger schon im Augenblicke der Annahme von Geltendmachung der Vertragsstrafe auszuschließen.

Stehen sich Gläubiger und Schuldner bei der Erfüllungshandlung persönlich anwesend gegenüber, nimmt der Gläubiger die Leistung an, ohne einen Vorbehalt zu erheben, so wird der Regel nach die Nachforderung der Strafe als ohne weiteres durch eine stillschweigend erfolgte Annahme ausgeschlossen zu erachten sein. Sendet der Schuldner dem Gläubiger den Erfüllungsgegenstand zu und giebt der Gläubiger gar keine Erklärung ab, so wird eine stillschweigend ohne Vorbehalt erfolgte Annahme angenommen werden müssen. Wenn dagegen der Gläubiger unverzüglich nach Empfang der Zusendung mündlich oder schriftlich dem Schuldner anzeigt, daß er den Erfüllungsgegenstand annehme, aber den Anspruch auf die Strafe erhebe, so ist der Vorbehalt wirksam geltend gemacht. Denn Annahme und Vorbehalt sind dann sofort erklärt, sie werden wirksam erst in dem Zeitpunkte, in welchem sie dem Schuldner zugehen und der Verlauf der Zeit, die notwendig zwischen der Empfangnahme und der Anzeige verstreicht, kann die Annahme, es sei schon vorher mit dem Empfange ohne bei diesem irgendwie kundgegebenen Vorbehalt eine vorbehaltlose Empfangnahme eingetreten, nicht rechtfertigen. Handelt es sich um einen Kauf wie hier und war der Kauf wie hier für beide Teile ein Handelsgeschäft, so muß dem Käufer außerdem die Zeit zur Untersuchung der Ware auf deren vertragsmäßige Beschaffenheit frei bleiben, ehe er sich dem Schuldner gegenüber über Annahme oder Nichtannahme zu erklären braucht. Wenn daher in Bezug auf die verspätet erfolgte Lieferung der Ware der Käufer innerhalb derjenigen Frist, welche ihm nach Maßgabe des HGB. § 377 zu solcher Prüfung gewährt ist, dem Verkäufer in der ersten Kundgabe nach Empfang der Ware anzeigt, daneben aber den Anspruch auf die Strafe erhebt, so muß der Vorbehalt als bei Annahme der Ware erfolgt gelten, obwohl seit der Inbesitznahme und der Kundgabe an den Schuldner eine gewisse Zeit verstrichen ist, sofern diese nur nicht von der Erheblichkeit ist, um die gesetzliche Annahme einer inzwischen erfolgten Genehmigung der Ware zu begründen. M. M.

b) **Die Strafe ist nicht schon deshalb herabzusetzen, weil dem Gläubiger kein Schaden erwachsen ist. BGB. § 343.**

OLG. Dresden, III. CS. Urteil vom 14. Juli 1901.

Über den Zweck und die Bedeutung des erst in der zweiten Lesung beschlossenen Ermäßigungsrechtes äußern die Protokolle I S. 785: „Wenn der Gläubiger sich eine Strafe ausbedinge, so thue er dies regelmäßig in erster Linie, um sein Interesse nicht beweisen zu müssen; er dürfe daher nicht in jedem Falle genötigt werden, gleichwohl die Faktoren seines Interesses darzulegen, vielmehr müsse der Schuldner darthun, daß im einzelnen Falle ein offenbares Mißverhältnis zwischen der Strafe und dem Interesse des Gläubigers bestehe und nur in einem solchen Falle solle der Richter das Recht haben, nach freiem Ermessen eine Herabsetzung eintreten zu lassen." Hiernach und nach dem klaren Wortlaute des Gesetzes (vgl. auch Planck, Bem. 2 und 3 zu § 343) muß der Schuldner beweisen, daß die verwirkte Strafe unter Berücksichtigung der hervorgehobenen Gesichtspunkte übermäßig hoch sei, namentlich also darlegen, daß das Interesse des Gläubigers eine Strafe von der vereinbarten Höhe nicht erfordere. Daran hat es der Beklagte hier fehlen lassen. Seine Behauptung, daß trotz seines Auftretens im Wintergarten das Lokal des Klägers noch ebenso gut besucht gewesen sei, als sonst, reicht dazu nicht aus. Denn wenn auch sein Vertragsbruch für den Kläger einen Einnahmeausfall nicht hervorgerufen hat, so ist doch bei der Beurteilung der Angemessenheit der Strafe jedes berechtigte Interesse des Klägers in Betracht zu ziehen. Ein solches ergiebt sich aber aus dem eigenen Anführen des Beklagten. Danach gehört der M.-Saal des Klägers zu den erstklassigen Variétés, während der Wintergarten ein derartiges Lokal zweiten Ranges ist. Besteht ein solcher Unterschied, so muß dem Kläger daran gelegen sein, daß die von ihm gewonnenen Künstler nicht, oder wenigstens nicht vor Ablauf einer längeren Frist, auch im Wintergarten auftreten. Käme es häufiger vor, daß das Künstlerpersonal des Klägers bald nach dem Auftreten in dessen Variété diesen Platz seiner Wirksamkeit mit dem Wintergarten vertauscht, so würde der Kläger annehmbar bald dem Urteile begegnen, daß sein Saal kaum etwas anderes biete, als was auch in minderwertigen Wintergarten zu sehen sei. Der Ruf, dessen sich sein Unternehmen erfreut, würde dadurch zweifellos gefährdet werden. Er hat ein berechtigtes Interesse daran, dem vorzubeugen, indem er mit den von ihm zu Schaustellungen in seinem Theater angenommenen Künstlern vereinbart, daß sie bei Strafe binnen Jahresfrist in einem Umkreis von drei Meilen ihre Kunst nicht öffentlich produzieren dürfen. Eine solche Vereinbarung enthält keinen einschneidenden Eingriff in die Erwerbsfreiheit des Beklagten, nicht blos wegen der zeitlichen, sondern vor allem wegen der räumlichen Beschränkung. Wenn der Kläger sein Interesse an der Einhaltung der dem Beklagten vertragsmäßig gezogenen Schranken auf 600 Mark einschätzt, so erscheint dies nach dem Gesagten und, ganz abgesehen von der Möglichkeit eines unmittelbaren Einnahmeausfalles, keineswegs hoch. Wenn der Beklagte im Durchschnitt 100 Mark täglich verdient, so ist auch die Strafe für ihn nicht unerschwinglich, mag sie ihn auch im Hinblick auf seine hohen Spesen hart treffen. Liegt aber zur Ermäßigung der Strafe kein Anlaß vor, so braucht auch nicht untersucht zu werden, ob der Bekl. dies Verlangen überhaupt als Einrede vorbringen durfte und nicht vielmehr durch Klage oder Widerklage hätte geltend machen müssen (vgl. Schollmeyer, Schuldverh. § 343). Dr. W.

75

a) **Körperverletzung beim Spiel zwischen Schulknaben.**[1] **§ 823 BGB. erfordert nicht, daß der Thäter die zur Erkenntnis der Gefährlichkeit der Handlung erforderliche Einsicht besaß.**

OLG. Dresden, II. CS. Urteil v. 20. September 1901.

Der 13jährige Beklagte hatte sich beim Spiel in eine Laube versteckt,

---

[1] Vgl. oben Nr. 10.

von dort aus mit einem Rechenstiele nach dem draußen befindlichen, gleichalterigen Kläger wiederholt, trotz Abmahnens des Klägers, gestoßen und dem Kläger ein Auge ausgestoßen. Aus den Gründen:

Die Verletzung beruht auf einer Fahrlässigkeit des Beklagten. Er benutzte den Rechenstiel, um seine Spielgegner damit abzuwehren, er muß also angenommen haben, daß diese sich in ihm erreichbarer Nähe befinden und muß mit dem Rechenstiele Stoßbewegungen ausgeführt haben. Hierbei konnte er den Kläger nicht sehen. Er mußte unter Anwendung der erforderlichen Sorgfalt erkennen, daß er durch das direktionslose und an sich schon einen Mangel an Vorsicht bekundende Stoßen mit dem Rechenstiele seinem Spielgegner erhebliche Körperverletzungen zufügen könne und deshalb verpflichtet sei, diese Handlung zu unterlassen. In der Nichtanwendung der konkret gebotenen Sorgfalt liegt die Fahrlässigkeit des Beklagten, wobei unerheblich ist, ob der durch seine Handlungsweise verursachte Schaden für ihn voraussehbar war. — Der Beklagte würde dann nicht verantwortlich sein, wenn er nicht die zur Erkenntnis der Verantwortlichkeit erforderliche Einsicht hatte (§ 828 Abs. 2). Es genügt danach nicht schon, wenn dem Thäter die zur Erkenntnis der Gefährlichkeit der Handlung erforderliche Einsicht abging, während andererseits auch hier nicht Voraussehbarkeit des Schadens erfordert wird. (Planck und Staudinger zu § 828). Für den Mangel dieser Einsicht ist der Beklagte beweispflichtig... Der Einwand eines mitwirkenden Verschuldens des Klägers ist unbegründet. An sich ist allerdings nach § 254 auch ein mitwirkendes Verschulden der im § 828 bezeichneten jugendlichen Person zu berücksichtigen, wenn sie nicht den Mangel der dort für maßgebend erachteten geistigen Reife beweist. Diesen Beweis hat der Kläger nicht geführt. An sich würde also für die Ersatzpflicht oder den Umfang des zu leistenden Ersatzes in Frage zu kommen haben, ob der Kläger bei der Entstehung des Schadens schuldhaft mitgewirkt hat. Das war zu verneinen. Insbesondere konnte dem Kläger daraus, daß er sich nicht sofort nach dem ersten Stoße aus der Stoßweite zurückgezogen hat, kein Vorwurf gemacht werden, weil die Stöße unmittelbar aufeinander folgten. Dr. W.

b) Zur Auslegung der §§ 833, 834 BGB.

OLG. Naumburg, II. CS. Urteil v. 4. Oktober 1901.

Der Kläger stand bei dem Beklagten als Kutscher im Dienste, er behauptet, das Pferd des Dienstherrn habe, als er es geputzt, hinten ausgeschlagen und ihn am Auge verletzt; er verlangt wegen erlittener Verunstaltung und Beeinträchtigung der Erwerbsthätigkeit Ersatz vom Beklagten.

Es ist auf einen Eid für den Kläger über den thatsächlichen Hergang, der zur Verletzung geführt hat, erkannt worden, und im Schwörungsfalle die Ersatzpflicht festgestellt unter folgenden Erwägungen:

Nach § 833 ist derjenige, welcher ein Tier hält, zum Ersatze verbunden, wenn es Schaden anrichtet, die gleiche Verantwortung trifft denjenigen, der für den Halter des Tieres die Aufsicht über dasselbe durch Vertrag übernimmt, es sei denn, daß er bei der Führung der Aufsicht die im Verkehre erforderliche Sorgfalt beobachtet oder der Schaden auch bei Anwendung dieser Sorgfalt entstanden sein würde (§ 834). Wird derjenige, dem die Aufsicht übertragen ist, selbst vom Tiere beschädigt, so ist der Halter desselben insoweit von der Verantwortung frei, als der Schade durch die dem Aufseher obliegende Sorgfalt abgewendet werden konnte, denn der Aufseher muß sich selbst in dem Umfange verantwortlich sein, wie Dritten. Hat der Aufseher die ihm obliegende Sorgfalt angewendet oder ist ihr Mangel nicht kausal geworden, weil der Schaden selbst bei gehöriger Sorgfalt eingetreten wäre, so tritt auch dem Aufseher gegenüber die Verantwortlichkeit des Tierhalters wieder ein. Der § 833 ist erst nachträglich in den Entwurf eingefügt. Daraus darf aber nicht gefolgert werden, daß seine Anwendung für das in den §§ 611—630 geregelte Verhältnis zwischen Dienstherrn und Dienstpflichtigen ausgeschlossen sei, weil letztere Regelung als eine erschöpfende sich bereits im Gesetze vorgefunden habe. Das Gesetzbuch ist ohne Rücksicht auf die historische Entstehung ein einheitliches Ganzes, die Vorschrift des § 833 ist eine ganz allgemeine, ihre Geltung nicht etwa durch die negative Voraussetzung bedingt, daß der Beschädigte nicht in einem Vertragsverhältnisse zum Besitzer des Tieres stehe. In dem Vertrage zwischen dem Dienstherrn und dem Knechte ist ein Ausschluß der gesetzlichen Haftung nicht zu finden, wenigstens nicht hinsichtlich derjenigen Nachteile, die durch die Sorgfalt des Dienstknechtes nicht verhütet werden konnten, da diese als Wirkungen aus den Grenzen der dem Dienstknechte obliegenden Verpflichtungen herausfallen. Nichts spricht dafür, daß der Dienstherr seine Verantwortung für seine Tiere, soweit es sich um gehöriger Aufsicht ungeachtet eintretende Schäden handelt, auf die Schultern des Dienstknechtes abwälzen wollte. Aus den §§ 617, 618, die gerade eine Steigerung der dem Dienstherrn gegen den Dienstpflichtigen obliegenden Fürsorge bezwecken, folgt keine derartige Herabsetzung der Verantwortlichkeit für Beschädigungen, insbesondere folgt dies nicht aus den Worten: Der Dienstberechtigte habe Räume, Vorrichtungen, Gerätschaften so einzurichten, Dienstleistungen, die unter seiner Anordnung vorzunehmen sind, so zu regeln, daß der Verpflichtete gegen Gefahr für Leben und Gesundheit soweit geschützt sei, als die Natur der Dienstleistung es gestatte. Es wird hier nur die Verpflichtung des Dienstherrn zur Abwehr von Gefahren durch positive Thätigkeit als eine vertragsmäßige Obliegenheit festgestellt. Da aber der § 833 die Verpflichtung des Tierbesitzers zum Schadensersatze weder aus der Verletzung einer Vertragspflicht noch aus einem Verschulden herleitet, kann der § 618 Abs. 1, der nur Vertragspflichten regelt, keine Beschränkung für die Anwendung des § 833 enthalten. Das Gleiche gilt von den §§ 86—96 der preuß. Gesinde-Ordnung; auch diese steigern die Fürsorgepflichten der Dienstherrschaft. Eine dem § 833 entsprechende Vorschrift bestand bei Emanation der Gesinde-Ordnung nicht, es kann aus der letzteren also keine Einschränkung für das neue Gesetz entnommen werden. B.

Dazu: Kammergericht, IX. CS. Urteil v. 4./11. Oktober 1901.

Der beklagte Bauer hatte durch sein Gespann dem Kläger Holz anfahren lassen. Der damit beauftragte mitbeklagte Kutscher hatte die beiden Pferde vor dem leeren Wagen auf der Dorfstraße unbeaufsichtigt stehen lassen. Es war gerade Schulschlußzeit. Plötzlich setzten sich die Pferde mit dem Wagen in Trabbewegung. Durch Kinderzuruf darauf aufmerksam gemacht, eilte Kläger den davonlaufenden Pferden nach, ergriff, um sie aufzuhalten, die Leine, kam aber zu Fall und wurde vom Wagenrad überfahren, so daß er einen Beinbruch erlitt. Die Klage ist nur gegen den Kutscher für gerechtfertigt erklärt. Aus den Gründen:

Der beklagte Bauer müßte als derjenige, der die durchgegangenen Pferde hielt, auch ohne daß ein Verschulden seinerseits vorliegt, nach § 833 den dem Kläger zugefügten Schaden ersetzen, wenn des Klägers Körper oder Gesundheit durch die Pferde verletzt worden wäre. Kläger hat hierfür die Beweislast; die gegenteilige Behauptung der Beklagten, daß Kläger durch seine Ungeschicklichkeit zu Fall gekommen sei und sich durch Anstellen an einen Zaun die Verletzung zugezogen habe, ist keine Einrede, sondern Leugnen des Klagegrundes... Selbst wenn der Kläger durch die in schneller Gangart davonlaufenden Pferde, als er sie durch Ergreifen der Leine zum Stillstehen zu bringen suchte, niedergerissen ist, so ist doch die Körperverletzung nicht unmittelbar durch die Pferde erfolgt und deshalb die Anwendung des § 833 ausgeschlossen. Auch bei der Auswahl des Knechtes trifft den Bauer kein Verschulden.

... Dagegen trifft die Schuld an dem Unfalle des Klägers den mitbeklagten Kutscher, weil er die seiner Obhut anvertrauten, vor den Wagen gespannten Pferde mit Vernachlässigung der erforderlichen Sicherheitsmaßregeln und ohne alle Aufsicht auf der Dorfstraße hat stehen lassen. Er hat unter Verletzung des den Schutz Anderer bezweckenden § 366^5 StGB. zugleich durch Fahrlässigkeit die Verletzung des Körpers des Klägers verursacht. Konkurrierendes Verschulden des Klägers ist zu verneinen. Den Vorwurf anlangend, daß Kläger selbst den beklagten Kutscher veranlaßt habe, von den Pferden weg mit ihm in sein Haus zu gehen, bezw. es geduldet habe, daß dieser die Pferde auf der Dorfstraße ohne Aufsicht ließ, ohne sich selbst davon zu überzeugen, daß die erforderlichen Sicherheitsmaßregeln zur Verhütung eines Schadens getroffen waren, so durfte Kläger voraussetzen, daß der Beklagte als erfahrener Kutscher, wenn er die Pferde kurze Zeit ohne Aufsicht ließ, zuvor aus eigenem Antriebe Sicherheitsmaßregeln zur Verhütung jedweden Schadens treffen würde. Ihn trifft deshalb kein Verschulden, wenn der beklagte Kutscher dieses unterlassen hat.

Die weitere Behauptung der Beklagten, für den Kläger sei rechtlich und moralisch ein Eingreifen nicht geboten gewesen, erscheint auch unzutreffend... Mag es das Bestreben der Pferde gewesen sein, in ihren Stall zurückzulaufen, und objektiv keine Gefahr vorhanden gewesen sein, daß durch die Pferde Schaden entstehen konnte, so war der Kläger unter den geschilderten

Umständen doch wohl berechtigt anzunehmen, daß durch die ohne Führer davonjagenden und erfahrungsgemäß immer ungestümer werdenden Pferde Menschen, namentlich die bald zu erwartende Schaar der Schulkinder in Gefahr geraten könnten, und er bemühte sich deshalb, die Pferde so schnell als möglich zum Stillstehen zu bringen, ohne dabei zu bedenken, daß er dadurch zu Fall kommen und für ihn selbst Gefahr entstehen könnte. Ein Verschulden kann in dieser Handlungsweise des Klägers nicht gefunden werden, geschweige denn ist anzunehmen, daß der entstandene Schaden vorwiegend von ihm selbst verursacht worden ist [§ 254 BGB.]. Vielmehr kann derjenige, welcher für die Entstehung der Gefahr verantwortlich ist, sich der Haftung für den bei dem Versuche, die entstehende Gefahr zu verhüten, entstehenden Schaden nicht entschlagen [Entsch. 29 S. 122]. Dr. B.

76

a) Der Verzicht auf Schadensersatzansprüche ist nicht eintragungsfähig.

Kammergericht, I. CS. Beschluß v. 11. März 1901.

Dem BGB. ist das dingliche Recht die rechtlich geschützte Macht über eine Sache; diese wird unmittelbar dem Willen des Berechtigten unterworfen (Motive 3 S. 2). Darum kann ein begrenztes dingliches Recht in der Weise begründet werden, daß der Berechtigte zu Einwirkungen auf die fremde Sache, insbesondere ein Grundstück, befugt sein soll, welche das statthafte Maß überschreiten, daß also die durch das Nachbarrecht gezogenen Schranken beseitigt werden sollen. Das BGB. drückt dies dahin aus, daß als Inhalt einer Grunddienstbarkeit und auch einer beschränkten persönlichen Dienstbarkeit der Ausschluß des jeweiligen Eigentümers des belasteten Grundstückes von der Ausübung eines Rechtes bedungen werden könne, das sich aus dem Eigentum am Grundstücke ergiebt (§§ 1018, 1090). Dieser Verzicht schließt von selbst für den Berechtigten die das Wesen des dinglichen Rechtes bildende Macht in sich, innerhalb der Duldungspflicht des Eigentümers auf dessen Grundstück bestimmend einzuwirken. Bedeutete der einzutragende Verzicht eine solche Duldungspflicht, so wäre er buchungsfähig vielleicht auch mit dem Zusatze, daß der Eigentümer des belasteten Grundstückes keine Entschädigung für etwaige, dem dinglichen Rechte entspringende Eingriffe fordern dürfe, obwohl da, wo der Eigentumsanspruch (die negatorische Klage) versagt (§ 1004 Abs. 2), regelmäßig von einem Ersatzanspruche keine Rede sein kann. Vorliegend soll aber allein im Grundbuche zum Ausdruck gebracht werden, daß die Eigentümer der Grundstücke für etwaige schädliche Eingriffe in ihre Rechtssphäre durch die Kanalisierungsarbeiten keinerlei Schadensersatz sollen fordern dürfen. Dies entfällt dem Begriffe des dinglichen Rechtes. Das Recht auf Schadensersatz ergiebt sich nicht, wie die Beschwerde annimmt, aus dem Eigentum am Grundstücke, aus welchem nur die Befugnis zur Abwehr unzulässiger Eingriffe folgt. Es erwächst allerdings auf der Grundlage des Eigentums, weil ohne dieses eine Beschädigung nicht denkbar ist, aber es ist obligatorischer

Natur, da es auf besonderem deliktischen Thatbestande beruht und ein Schuldverhältnis zwischen dem Schädiger und dem geschädigten Eigentümer begründet (§ 823, Motive 3 S. 427). Der Verzicht auf einen Ersatzanspruch bedeutet hiernach die Befreiung von einer Schuld, verschafft aber nicht dem Schuldner irgend welche Befugnisse in Ansehung der beschädigten Sache. Ein solcher Verzicht ist daher, sofern er nicht als die Einräumung eines die Schadensersatzpflicht überhaupt ausschließenden dinglichen Rechtes ausgelegt werden soll, nicht eintragungsfähig. Er ist es ebensowenig, wie der Vermerk, daß für die Bestellung einer Dienstbarkeit ein bestimmtes Entgelt gezahlt sei, wofern die Dienstbarkeit selbst nicht eingetragen werden soll.[1]

Dazu: **Auch die vertragsmäßige Beschränkung der dem einen Eigentümer bestellten Grunddienstbarkeit bildet keine Grunddienstbarkeit zu Gunsten des anderen Eigentümers.**

OLG. Kiel, I. CS. Beschluß v. 7. Oktober 1901.

Auf Antrag des Eigentümers S. war 1901 in Abt. II für den Provinzialverband eingetragen: „Die vom Grundstücke in den Chausseegraben abfließenden Abwässer sind in einer auf dem Grundstücke anzulegenden Schlammgrube abzuklären; die Grube ist dem Erfordernis gemäß rein zu halten.“ Das Amtsgericht hat hinterher diesen Eintrag von Amts wegen gelöscht, weil die Verpflichtung nicht den Gegenstand eines servitutischen Rechtes bilden könne. Die Beschwerde, mit welcher Wiederherstellung der Eintragung begehrt wurde, ist vom Landgericht zurückgewiesen, ebenso die an das Kammergericht gerichtete weitere Beschwerde, welche von diesem mit Rücksicht auf die eventuelle Anwendung des für Schleswig-Holstein erlassenen Reallastenablösungsgesetzes vom 3. Januar 1873 hierher zur Erledigung abgegeben war. Aus den Gründen:

Die Verpflichtung des S. ist zwar in der der Eintragung zu Grunde liegenden Urkunde als eine Reallast bezeichnet. Sie geht jedoch nicht dahin, daß wiederkehrende Leistungen aus dem belasteten Grundstücke an den Provinzialverband als Berechtigten zu entrichten sind (§ 1105 BGB.).

Der Beschwerdeführer hält dagegen die Eintragung für zulässig, weil ihm als Eigentümer der Chaussee und des Chausseegrabens eine Grunddienstbarkeit an dem angrenzenden belasteten Grundstücke dahin zustehe, daß er dieses Grundstück in seinem Interesse ausnützen dürfe. Dem war nicht beizutreten. Nach dem vom Beschwerdeführer dargestellten Sachverhalte hat vielmehr umgekehrt dieser durch das mit S. getroffene Übereinkommen letzterem als Eigentümer des angrenzenden zur Bebauung bestimmten Grundstückes eine Grunddienstbarkeit im Sinne des § 1018 eingeräumt. Dem S. wurde gestattet, den Chausseegraben dazu zu benutzen, die vom Grundstücke abfließenden Abwässer abzuleiten. Dabei ist dem S. vertragsmäßig die Beschränkung auferlegt worden, daß er nur in einer Schlammgrube abgeklärte

[1] Vgl. oben Nr. 29. Ebensowenig kann eine persönliche Zahlungspflicht des Eigentümers, z. B. die Kosten einer Giebelmauer zu entrichten, falls er sie zum Anbauen benutzt, eingetragen werden. (KG., I. CS. Beschluß v. 22. Okt. 1900.) Schw.

Abwässer in den Chausseegraben leiten darf und zu diesem Behufe eine gehörig reinzuhaltende Schlammgrube auf dem Grundstücke anzulegen hat. Der Grundbucheintrag betraf somit eine vertragsmäßige Einschränkung der dem S. eingeräumten Grunddienstbarkeit, nicht aber eine Grunddienstbarkeit zu Gunsten des Beschwerdeführers an dem Grundstücke des S. Die Anwendung des § 1021 hat aber das Bestehen einer Grunddienstbarkeit an demjenigen Grundstücke als belasteten zur Voraussetzung, auf welchem sich die Anlage — hier die Schlammgrube — befindet. Hiernach kann eine Wiederherstellung der gelöschten Belastung nicht gefordert werden, es muß vielmehr dem Beteiligten überlassen bleiben, durch eine Sicherheitshypothek die von S. dem Provinzialverbande gegenüber eingegangene Verpflichtung in geeigneter Weise zur grundbuchmäßigen Eintragung zu bringen. Gr.

b) **Nach Eintragung einer Sicherungshypothek für die urteilsmäßige Hauptsache kann wegen der auf weniger als 300 Mark festgesetzten Kosten nachträglich die Eintragung einer Sicherungshypothek stattfinden.**

Bayer. Oberstes Landesgericht, I. CS. Beschluß v. 13. Juli 1901.

Auf Grund des dem § 866³ CPO. nachgebildeten Art. 56 Abs. 1 des bayer. Ausf.-G. zur GrBO. hält der Gerichtshof entgegen den Entscheidungen des Kammergerichtes vom 9. April 1900 und 17. Juli 1901 an seiner früheren Anschauung fest, daß der Anspruch auf Kostenerstattung seine Eigenschaft als Nebenforderung durch die nachträgliche Festsetzung der Höhe nicht verliert und auch nicht als selbständige Forderung geltend gemacht wird, wenn nach der Vormerkung einer Vollstreckungshypothek für die Hauptforderung die Belastung desselben Grundstückes mit einer solchen Hypothek für die Kostenforderung beantragt wird. (Vgl. Rsp. 1 S. 101. 103, 2 S. 15.) Die Ansicht, daß jeder Forderungsbetrag, für den ein besonderer vollstreckbarer Titel besteht, als eine besondere, von anderen Forderungen unabhängige Forderung anzusehen sei, und jeder Forderungsbetrag, für den die Vormerkung einer Vollstreckungshypothek beantragt wird, damit in der Weise selbständig geltend gemacht werde, daß der bestehende Zusammenhang mit einer anderen Forderung nicht mehr in Betracht komme, beruht auf formalistischen Erwägungen, die den Bedürfnissen des Rechtslebens nicht gerecht werden und im Gesetze keine zureichende Begründung finden. Das Gesetz verlangt bei einer einheitlichen Forderung nicht auch Einheitlichkeit des vollstreckbaren Titels. Der Gläubiger einer den Betrag von 300 Mark übersteigenden Forderung kann eine Vollstreckungshypothek auch dann erlangen, wenn er für seine Forderung Teilurteile erwirkt, von denen jedes nur einen geringeren Betrag zum Gegenstande hat. Ebensowenig kommt es bei einer Kostenforderung, die als Nebenforderung geltend gemacht wird, darauf an, ob die Höhe der Kosten gemäß § 103 Abs. 1 CPO. im Urteil oder nach §§ 104—106 durch Festsetzungsbeschluß festgesetzt worden ist. Die auf Zweckmäßigkeitsgründen beruhende Teilung der Entscheidung über die Kosten in eine die Erstattungspflicht dem Grunde nach feststellende Entscheidung und in eine Entscheidung über die Höhe der zu erstattenden Kosten ändert das Verhältnis der Kostenforderung zu der Hauptforderung nicht.

Die Vormerkung einer Hypothek ist allerdings eine ihrer äußeren Erscheinung nach selbständige Vollstreckungsmaßregel; aber auch sie zerreißt nicht notwendig den Zusammenhang, der im Sinne der §§ 4, 5 CPO. zwischen mehreren Forderungen besteht. Käme ihr diese Wirkung zu, so könnten mehrere voneinander unabhängige Forderungen überhaupt nicht zum Zwecke der Erlangung einer Vollstreckungshypothek zusammen geltend gemacht werden. Denn die Bedeutung der Forderung für die Hypothek bringt es mit sich, daß für jede einzelne Forderung eine besondere Hypothek begründet wird, auch wenn die Eintragung äußerlich einheitlich erfolgt. Das Gleiche gilt von der Kostenforderung, da sie nicht ein Bestandteil, eine Erweiterung der Hauptforderung ist. Die Vormerkung einer Vollstreckungshypothek unterscheidet sich aber von anderen Vollstreckungsmaßregeln dadurch, daß sie dem Zwecke der Befriedigung des Gläubigers unmittelbar dient, indem sie die künftige Befriedigung aus dem Grundstücke sichert. Will der Gläubiger für die Hauptforderung und für die Kostenforderung Befriedigung aus demselben Grundstück des Schuldners suchen und beantragt er zur Vorbereitung und Sicherung der Zwangsvollstreckung in das Grundstück die Vormerkung von Vollstreckungshypotheken für Haupt- und Nebenforderung, so entkleidet er nicht die Nebenforderung dieser Eigenschaft, sondern er macht sie auch in der Zwangsvollstreckung als solche geltend. Daher erlangt der Gläubiger einer den Betrag von 300 Mark nicht übersteigenden Forderung nicht, wie das Kammergericht annimmt, dadurch das Recht auf eine Vollstreckungshypothek, daß er gleichzeitig auch die Eintragung einer Hypothek für die Kostenforderung beantragt und die beiden Forderungen zusammen den Betrag von mehr als 300 Mark ergeben. Andererseits wird der Gläubiger einer Hauptforderung von mehr als 300 Mark des Rechtes auf die Vollstreckungshypothek für die Kostenforderung nicht dadurch verlustig, daß er deren Vormerkung erst beantragt, nachdem er für die Hauptforderung eine Vormerkung erwirkt hat. Die gleichzeitige Beantragung ist vielmehr überhaupt belanglos.

Wenn das Kammergericht als unstatthaft bezeichnet, die dem Schuldtitel wegen der Kosten fehlende Vollstreckungsvoraussetzung aus dem Schuldtitel über den Hauptanspruch zu ergänzen, so würde ihm zuzustimmen sein, wenn es sich um ein Erfordernis der Vollstreckbarkeit des Festsetzungsbeschlusses handelte. Die Eigenschaft der Kostenforderung als Nebenforderung einer den Betrag von 300 Mark übersteigenden Hauptforderung, für die dasselbe Grundstück schon mit einer Vollstreckungshypothek belastet ist, ist aber, ähnlich wie die Eintragung des Schuldners als Eigentümer des zu belastenden Grundstückes, eine mit der Vollstreckbarkeit des Kostenfestsetzungsbeschlusses nicht zusammenhängende Voraussetzung der Eintragung der Hypothek, die nach § 29 GrBO. durch öffentliche Urkunden nachgewiesen werden kann. M.

Dazu: Kammergericht, IX. CS. Urteil v. 8. Oktober 1901.

Klägerin hat auf Grund zweier vollstreckbarer Wechselforderungen über 220 Mark und 200 Mark die Veräußerung des Grundstückes ihres Schuldners an den Beklagten angefochten und gemäß § 935 CPO. im Wege einstweiliger Verfügung beim Amtsgerichte die Eintragung einer Vormerkung „zwecks Sicherung der Eintragung einer Sicherungshypothek in Höhe von 453,82 Mark und Zinsen und 150 Mark Kosten" erwirkt. Es ist auf Aufhebung der einstweiligen Verfügung erkannt. Aus den Gründen:

Die nach §§ 885, 883 BGB. auf Grund einstweiliger Verfügung zur Sicherung des Anspruches auf Eintragung eines Rechtes an einem Grundstücke zulässige Vormerkung kann auch zur Sicherung eines persönlichen Anspruches angeordnet werden. Für den Erlaß jener Verfügung sind die Vorschriften der CPO. maßgeblich, unter ihnen auch § 866 Abs. 3. Danach dürfen nur mehrere auf demselben Schuldtitel basierende Beträge zusammengerechnet werden, um die Zulässigkeit der Eintragung einer Sicherungshypothek zu bemessen. Vorliegend handelt es sich um Forderungen, die nicht auf demselben Schuldtitel beruhen, und daran wird nichts dadurch geändert, daß Klägerin den Erfolg ihrer Anfechtungsklage gesichert wissen will; denn der Anfechtungsanspruch geht nur auf Erlangung der Möglichkeit der Vollstreckung in das Grundstück aus den beiden vollstreckbaren, die Summe von 300 Mark einzeln nicht erreichenden Schuldtiteln durch Zwangseintragung; eine solche unterliegt dem Verbot des § 866 Abs. 3. Dr. B.

c) **Die Eintragung der Unterwerfung unter die sofortige Zwangsvollstreckung in das Grundbuch setzt die Zahlung einer bestimmten Geldsumme voraus (§ 800 CPO). Anwendung auf die Sicherungshypothek des § 1190 BGB.**

Bayer. Oberstes Landesgericht, Ferien-CS. Beschluß v. 7. September 1901.

Die Wirtseheleute N. erhielten von einer Brauerei ein zu $4^1/_2$ % verzinsliches Darlehen von 5000 Mark und verpflichteten sich, bis zur Rückzahlung des Darlehens nur aus dieser Brauerei Bier zum Ausschanke zu bringen, im Falle der Zuwiderhandlung aber eine Strafe von 5 Mark für jedes aus einer anderen Brauerei bezogene Hektoliter Bier zu bezahlen. Zur Sicherung des Darlehens und der sonstigen Verbindlichkeiten bestellten sie Sicherungshypothek mit dem Höchstbetrage von 6000 Mark auf ihrem Anwesen und unterwarfen sich zugleich der sofortigen Zwangsvollstreckung in der Weise, daß die Zwangsvollstreckung aus der Urkunde gegen den jeweiligen Eigentümer zulässig sein soll. Aus den Gründen:

Die gegen den jeweiligen Eigentümer des belasteten Grundstückes wirksame Unterwerfung unter die sofortige Zwangsvollstreckung, die im § 800 CPO. zugelassen ist, ist eine Erweiterung des Hypothekenrechtes und setzt voraus, daß die Hypothek dem Gläubiger das Recht auf Zahlung einer bestimmten Geldsumme im Sinne des § 794 CPO. gewährt. An diesem Erfordernisse fehlt es hier. Die Sicherungshypothek gewährt dem Gläubiger nicht das Recht, die Zahlung einer fest bestimmten Geldsumme zu verlangen, sondern ist gemäß § 1190 BGB. in der Weise bestellt, daß nur der Höchstbetrag bestimmt ist, bis zu dem das Grundstück haften soll, im übrigen aber die Feststellung der Forderung vorbehalten ist. Eine nur dem Höchstbetrage nach bestimmte Geldsumme ist aber innerhalb dieser Grenze unbestimmt. An der Bestimmtheit der Geldsumme fehlt es auch insoweit, als die Hypothek zur Sicherung des Darlehens von 5000 Mk. dienen soll. Denn die Hypothek ist nicht zum Betrage von 5000 Mk. für die Darlehensforderung bestellt, was zur Folge haben würde, daß sie im Falle der Tilgung der Darlehensschuld zu diesem Betrage nach § 1163 Satz 2 BGB. auf den Eigentümer übergehen würde, sondern die Darlehensforderung ist nur eine der Forderungen, wegen deren der Gläubiger bis zum Höchstbetrage von 6000 Mk. Befriedigung aus dem Grundstücke verlangen kann. Wird das Darlehen zurückbezahlt, so verbleibt die Hypothek gleichwohl im vollen Umfange dem Gläubiger für die sonstigen im Vertrage bezeichneten Ansprüche, es steht daher rechtlich nichts im Wege, daß an die Stelle der Darlehensschuld künftig Schulden aus Bierlieferungen treten, deren Entstehung und Betrag zur Zeit völlig ungewiß ist.[1] M.

d) **Pfandrechte an beweglichen Sachen, welche nach altem Rechte als Zubehör eines Grundstücks mit verpfändet worden sind, bleiben in Kraft, auch wenn die Sachen nicht Zubehör im Sinne des BGB. sind. EG. zum BGB. Art. 184, 192—195.**

OLG. Stuttgart, II. CS. Urteil v. 3. Oktober 1901.

Beklagter hatte am 23. August 1900 wegen einer ihm gegen den Mann der Klägerin zustehenden Forderung Warenvorräte und Maschinen pfänden lassen. Die Klägerin hat vorzugsweise Befriedigung aus dem hinterlegten Erlöse verlangt, weil ihr zur Sicherung ihres in die Ehe gebrachten Vermögens 1896 ihr Mann sein Grundstück nebst dem gesamten jeweils darauf vorhandenen Warenlager nebst Maschinen verpfändet hat. Aus den Gründen:

Die gepfändeten Gegenstände sind noch vor 1900 Bestandteile des der Klägerin 1896 zusammen mit dem Grundstücke verpfändeten Geschäftsinventars und Warenlagers geworden, mithin am 1. Januar 1900 mit diesem Pfandnexus bereits belastet gewesen. Dieses Pfandrecht ist nicht durch Art. 184 bezw. mit dem Art. 192—195 EG. beseitigt worden. Aus Art. 192 ergiebt sich zwar, daß das Pfandrecht an einem Grundstücke von der Zeit an, wo das Grundbuch als angelegt gilt (in Württemberg seit 1. Januar 1900) als Hypothek bezw. Sicherungshypothek im Sinne des BGB. gilt und als solche nunmehr im Gegensatze zum bisherigen württembergischen Rechte von selbst auf das gesetzliche Zubehör in dem (dem bisherigen württembergischen Recht wesentlich entsprechenden) Sinne des §§ 97, 98 BGB. umfaßt und — wiederum im Gegensatz zum bisherigen württembergischen Rechte — insoweit nunmehr überall unbewegliche Sachen (Motive zu § 865 CPO.) der Pfändung überhaupt

[1] Ebenso hat das Kammergericht, Ferien-CS., am 6. Aug. 1901 entschieden.

entzieht; im übrigen aber ist durch Art. 192 ff. des EG. an den nach seitherigem württembergischen Rechte an gesetzlichem oder gewillkürtem Zubehör vom 1. Januar 1900 bereits zu Recht bestandenen Pfandrechten nichts geändert. Daraus, daß die Hypothek des neuen Rechtes das Zubehör im Sinne der §§ 97, 98 BGB. bezw. das seitherige gesetzliche Zubehör kraft Gesetzes (BGB. § 1120) miterfaßt, und daß das neue Recht anderes als dieses gesetzliche Zubehör gar nicht kennt, folgt noch keineswegs der Fortfall der nach Maßgabe des bisherigen Rechtes an einzelnen, kraft Vertrages oder Testamentes zu Zubehör erklärten Sachen bereits erworbenen Pfandrechte, wenngleich ein solches Pfandrecht an gewillkürten Pertinenzen nach neuem Rechte nicht mehr zur Existenz gelangen könnte (vgl. Habicht, 3. Aufl. S. 425). Anderenfalls läge ein Eingriff des Gesetzgebers in wohlerworbene Rechte vor, welcher als Ausnahme von dem in den Art. 170 und 184 als Regel auch für das neue Recht anerkannten Grundsatz der Nichtrückwirkung neuer Gesetze auf erworbene Rechte eines strikten Nachweises bedürfen würde.

Freilich ist nun in den Motiven S. 274 ausgesprochen, daß bei Pfandrechten an Grundstücken die Regel des Art. 106 Abs. 2 des Entwurfes, wonach die Rechte an Sachen mit ihrem bisherigen Inhalt bestehen bleiben sollen, zu Übelständen führen müßte, sobald Pfandrechte des bisherigen Rechtes mit Hypotheken des BGB. zusammentreffen, und daß durch die vorgeschlagene Regelung (jetzt Art. 192 ff.) unverkennbar in bestehende Rechte eingegriffen werde. An welche Art von bestehenden Rechten aber stets gedacht war, erhellt aus dem für den „Eingriff in bestehende Rechte" angeführten Beispiele der Motive, betreffend die Frage der Erstreckung seitheriger Generalhypotheken auch auf Grundstücke, welche vom Verpflichteten erst nach dem Inkrafttreten des BGB. erworben werden, zur Genüge. Ganz so greift vorliegend das neue Recht in bestehende Rechte insofern ein, als zufolge des neuen Rechtes die vom 1. Januar 1900 ab neu erworbenen Waren vom Pfandnexus aus dem Akte von 1896 nicht mehr erfaßt werden. Weiter zu gehen und zu sagen, daß Sachen, denen das BGB. abweichend vom bisherigen Rechte Zubehöreigenschaft abspricht, aus diesem Grunde ohne weiteres aus der hypothekarischen Haftung auch dann ausscheiden, wenn selbst sie von derselben nach bisherigem Rechte zur Zeit des Inkrafttretens des neuen Rechtes erfaßt waren — vgl. Scherer, BGB. zu Art. 192 Note 1; Entsch. 46 S. 173, 174 — dazu fehlt es an genügenden Anhaltspunkten. Schon für eine derartige Absicht des Gesetzgebers würde die Erwägung der Motive, daß eine Kollision zwischen Pfandrechten des bisherigen Rechtes mit Hypotheken des BGB. zu vermeiden sei, nicht ausreichen, da jener Zweck keinesfalls die (Rückwärts-) Beseitigung aller und jeder Pfandrechte an gewillkürten Pertinenzen schlechtweg erheischt hätte. Keinesfalls aber hatte eine solche Absicht im Gesetz den erforderlichen Ausdruck gefunden, der Wortlaut des Art. 184: „Rechte . . . bleiben bestehen" im Verein mit Art. 192: „von dieser Zeit an" spricht geradezu dagegen. H.

e) **Die Statutenklausel, wonach die Versicherungsgesellschaft den Betrag der Hypotheken in prioritätsmäßiger Reihenfolge zu ersetzen hat, insoweit er nicht vom Versicherten beigetrieben worden, erstreckt sich auf die außerhalb der Versicherungsgrenze stehenden Hypothekarier.**

OLG. Rostock, II. CS. Urteil v. 8. Mai 1901.

Die Klage geht auf prioritätsmäßige Befriedigung aus der Entschädigungssumme, insoweit die Befriedigung nicht im Wege Zwangsvollstreckung vom Versicherten erlangt ist. Der Anspruch richtet sich daher auch nach denselben Grundsätzen, welche das Recht der eingetragenen Gläubiger auf Befriedigung aus dem Werte des Grundstückes bestimmen. So wenig nun die Hypotheken, die ein Grundstück über seinen Wert hinaus belasten, gegenstandslos sind, so wenig kommt es für die Existenz des fraglichen Anspruches darauf an, daß die eingetragenen Forderungen des Gläubigers, der ihn geltend macht, innerhalb der Versicherungsgrenze stehen. In beiden Fällen treten die nachfolgenden Gläubiger ohne weiteres in die Rechte der wegfallenden besseren Gläubiger ein, und erlangen ihre Befriedigung insoweit, als nach Befriedigung dieser ein Überschuß verbleibt. Daß dadurch möglicherweise die Vermögenslage der nachfolgenden Gläubiger günstiger wird, ist gleichgültig. Es kommt daher auch nicht darauf an, welche Thatsachen diesen Erfolg herbeigeführt haben. Von einer ungerechtfertigten Bereicherung der Hypothekarier durch Aufrücken infolge des Wegfallens vorstehender Gläubiger kann keinenfalls gesprochen werden, vielmehr handelt es sich nur um rechtliche Folgen aus dem Verhältnisse der Hypotheken zu einander und zu den zu ihrer Befriedigung bestimmten Gegenständen. Die [in der Überschrift mitgeteilte] Statutenklausel darf ebensowenig auf die innerhalb der Versicherungsgrenze liegenden Hypotheken beschränkt werden, wie der § 1127 BGB., wonach die Hypotheken an versicherten Gegenständen sich auf die Forderung gegen den Versicherer erstrecken. . . . Pr.

77

a) **Das Vormundschaftsgericht darf über die im § 1666 BGB. vorgesehenen Maßregeln erst entscheiden, nachdem es dem Kinde einen Pfleger bestellt hat. Berücksichtigung des Mangels von Amts wegen.**

OLG. Rostock, I. CS. Beschluß v. 26. September 1901.

Das Verfahren, auf Grund dessen dem Beschwerdeführer gemäß § 1666 die Sorge für die Person seiner minderjährigen Kinder entzogen ist, leidet insofern an einem Mangel, als ein Vertreter der Kinder nicht gehört worden ist, obwohl es sich um eine Angelegenheit dieser Kinder, nämlich um ihre Erziehung, handelte. Der Vater konnte die Kinder wegen der einander widerstreitenden Interessen nicht vertreten. Deshalb mußte nach § 1909 den Kindern zu ihrer Vertretung im Verfahren ein Pfleger bestellt werden und die Entscheidung durfte erst nach Anhörung des Pflegers erfolgen [vgl. Rsp. 1 S. 327 Note 1, 2 S. 515 Nr. 22, 3 S. 1]. Dieser Mangel, auf welchem im Sinne des § 27 FrGG. die Entscheidung beruht, ist nach § 27 FrGG., § 561 verb. mit § 554² CPO. zu berücksichtigen, auch ohne daß er gerügt worden ist; vgl. die Komm. v. Schultze-Görlitz S. 73 Abs. 2, Weißler S. 69 unter a. Er ist nicht dadurch geheilt worden, daß das Waisengericht den Kindern einen Pfleger bestellt hat, denn die Bestellung erfolgte nicht zur Vertretung der Kinder im anhängigen Verfahren, sondern erst nachdem dem Beschwerdeführer die Sorge für die Person der Kinder entzogen war, und nur gemäß § 1909 und § 1698 BGB. zur Erledigung der dem Vater entzogenen Angelegenheit. Pr.

b) **Entziehung des väterlichen Sorgerechtes; Anhörung des Vaters.**

Kammergericht, Ferien-CS. Beschluß v. 9. August 1901.

Das Amtsgericht hatte den Beschwerdeführer X., dem die Sorge für die Person seiner Kinder früher bereits entzogen war, auch die Sorge für das Vermögen gemäß § 1666 Abs. 2 entzogen. Das Landgericht wies die Beschwerde zurück und begründete das u. a. auch mit neuen Thatsachen, nämlich mit der vom Beschwerdeführer geäußerten Absicht, sich wieder zu verheiraten, und mit dem gleichfalls von ihm bekundeten Vorhaben, in seinem und der Kinder Miteigentum stehende Fahrnis zur Deckung einer eigenen Schuld zu veräußern. Die weitere Beschwerde blieb erfolglos.

1. Die Bestimmung des § 1673 BGB., daß von einer Beschränkung oder Entziehung der väterlichen Rechte der Vater gehört werden soll; ist nur instruktioneller Natur. Die Unterlassung der Anhörung des Vaters hat also — wie bereits im Beschlusse vom 29. Mai 1901 [vgl. Rsp. 2 S. 499b] hervorgehoben ist — auf die Rechtmäßigkeit der getroffenen Entscheidung keinen Einfluß. Der Beschwerdeführer scheint den § 1673 dahin aufzufassen, daß dem Vater Gelegenheit gegeben werden müsse, seine Einwendungen mündlich darzubringen. Das ist aber im Gesetze nicht verordnet. Die Anhörung kann auch in der Weise geschehen, daß das Gericht thatsächliche Anführungen und rechtliche Erörterungen, die der Vater schriftlich eingereicht hat, prüft und würdigt. Die in den Schriftsätzen geltend gemachten Einwendungen sind von der Civilkammer berücksichtigt. Daß eine Anhörung des X. bei dem Amtsgericht vor dessen Beschlußfassung unthunlich gewesen sei, hat die Civilkammer mit Recht angenommen.

2. Die Thatsachen, welche die Civilkammer herangezogen hat, bestehen in Willensäußerungen des Beschwerdeführers selbst, waren ihm also zweifellos bekannt. Er hat auch jetzt weder jene Thatsachen bestritten, noch irgend etwas angeführt, wodurch deren Bedeutung für die Frage, ob die Sorge für das Vermögen der Kinder ihm zu belassen oder zu entziehen sei, abgeschwächt würde. Das Wesentliche aber ist: Der Beschwerdeführer bestreitet nicht, daß er sich geweigert hat und daß er sich noch weigert, für den Unterhalt seiner minderjährigen Kinder im Falle einer anderweiten Unterbringung derselben zu sorgen. Zur Durchführung der rechtskräftigen, dem Beschwerdeführer die Sorge für die Person der Kinder entziehenden Beschlusses ist es jedoch not-

wendig, die Kinder aus der Wohnung des Vaters zu entfernen und anderweit unterzubringen. Durch die Weigerung des Vaters ist also das Recht der Kinder auf Gewährung des Unterhaltes verletzt und für die Zukunft die Besorgnis einer erheblichen Gefährdung des Unterhaltes begründet. Damit ist die Voraussetzung des § 1666 Abs. 2 erfüllt. Dr.

c) **Beschwerderecht der wiederverheirateten Mutter gegen Anordnung der Zwangserziehung ihrer ersteheliche Kinder. BGB. § 1697.**

OLG. Karlsruhe, III. CS. Beschluß v. 20. Juni 1901.

Die Mutter hat zwar durch die Eingehung einer neuen Ehe die ihr vorher gemäß § 1684[1] zugestandene elterliche Gewalt verloren (§ 1697 Satz 1), sie behielt jedoch das Recht und die Pflicht, für die Person der Kinder zu sorgen, was zur Ausübung des Beschwerderechtes genügt (§ 1697 Satz 2), vgl. § 4 Bad. Zwangserziehungsges. vom 31. August 1900. Dr. E.

d) **Vormundschaftsgerichtliche Genehmigung.**

Kammergericht, I. CS. Beschluß v. 29. Mai 1901.

Der 1896 verstorbene A. wurde von seinen vier Kindern erster Ehe, seinen drei Kindern zweiter Ehe und zufolge Testamentes von seiner Witwe zu einem Kindesteile beerbt. Vormund der erstehelichen Kinder ist X., die Kinder zweiter Ehe wurden (bis zum 1. Januar 1900) von der Witwe bevormundet und erhielten zum Zwecke der Erbteilung den Architekt O. als Pfleger. Am 3. Oktober 1899 wurde zwischen der Witwe, dem Vormunde und dem Pfleger ein notarieller Teilungsvertrag geschlossen und am 3. Juli 1900 vom Vormundschaftsgerichte genehmigt. Den Genehmigungsbeschluß teilte der Pfleger dem Vormunde und der Witwe mit; der Vormund selbst teilte ihn dagegen weder dem Pfleger, noch der Witwe mit, sondern erhob mit dem Gegenvormunde Beschwerde gegen den Beschluß, indem er den Teilungsvertrag nach den ihm zwischenzeitlich gewordenen Aufklärungen als nachteilig für sein Mündel bezeichnete. Das Landgericht hob nach Beweisaufnahme am 19. Januar 1901 den Genehmigungsbeschluß auf und überließ dem Vormundschaftsrichter, ob er die Genehmigung versagen oder nach erneuter Verhandlung mit den Beteiligten den Vertrag mit den erforderlichen Abänderungen genehmigen wolle. — Das Vormundschaftsgericht verhandelte darauf aufs Neue mit den Beteiligten, vermochte aber eine Einigung nicht zu erzielen und versagte nunmehr die Genehmigung. Die Beschwerde des Pflegers, der geltend machte, daß der Genehmigungsbeschluß vom 3. Juli 1900 durch seine, des Pflegers, Mitteilung an den Vormund bereits wirksam und unanfechtbar geworden sei, wurde am 13. April 1901 zurückgewiesen. Auch die weitere Beschwerde, die der Pfleger gegen diesen Beschluß und den früheren vom 13. April erhob, blieb erfolglos. Gründe:

Der Teilungsvertrag von 1899 bezweckt, wie nicht streitig ist, auch sein Inhalt klar erkennen läßt, nicht nur eine Auseinandersetzung der Witwe mit den Kindern der ersten Ehe, als einer geschlossenen Gesamtheit, und mit ihren eigenen Kindern, wiederum als einer geschlossenen Gesamtheit, sondern eine Auseinandersetzung unter den Minderjährigen selbst; er führt also zu einem Vertrage zwischen jedem einzelnen von ihnen. Es entsteht daher die Frage, ob hierbei die 7 Minderjährigen in zwei, nach Interessen getrennte Gruppen verteilt werden durften, und es ausreichte, für jede Gruppe einen Vertreter, nämlich für die Kinder erster Ehe den Vormund, für die Kinder zweiter Ehe den Pfleger zu bestellen, oder ob es nicht vielmehr erforderlich war, daß jedes Kind einen besonderen Vertreter erhielt, damit überhaupt ein Vertrag unter ihnen wirksam zu stande kommen konnte. Nach dem früheren Rechte, unter dessen Herrschaft der Vertrag geschlossen worden ist, wurde die Bestellung eines Teilungspflegers für mehrere Geschwister so lange für ausreichend angesehen, als nicht entgegengesetzte, nicht bloß gesonderte Interessen zu Tage traten (vgl. Zachariae-Crome, Franz. Civilrecht 8. Aufl. 4 S. 137; Entsch. 21 S. 325). Von diesem Standpunkte aus genügte daher, daß für die 7 Minderjährigen, die nur zwei Interessengruppen bildeten, auch bloß zwei Vertreter bestellt waren und handelten; und es unterlag keinem Bedenken, daß das Vormundschaftsgericht unter dem alten Rechte diesen Vertrag als gehörig geschlossen ansehen und genehmigen durfte. Der Vertrag hat nun zwar die Genehmigung unter dem früheren Rechte nicht mehr erlangt. Er ist vielmehr in der Schwebe geblieben und hat demzufolge gemäß § 46 der preuß. VO. in Verbindung mit §§ 3, 4 des preuß. Gesetzes vom 12. Juli 1875 nur dieselbe Wirksamkeit gehabt, wie ein vom Mündel ohne die Genehmigung seines Vormundes abgeschlossenes Geschäft, er ist also nur unter der Bedingung gültig gewesen, daß die Genehmigung hinzukam. Es unterliegt aber keinem Bedenken, daß das Vormundschaftsgericht troß des inzwischen eingetretenen Wechsels in der Gesetzgebung und der dadurch herbeigeführten Änderung in dem Umfange der Vertretungsmacht des Vormundes und des Pflegers (vgl. Jahrbuch 22 S. 34) an sich in der Lage gewesen ist, den von den damals legitimierten Vertretern der Minderjährigen abgeschlossenen Vertrag auch zu genehmigen.

Hiernach ist weiter zu prüfen, ob die vom Vormundschaftsgerichte zum Vertrage vom 3. Oktober 1899 erlassene genehmigende Verfügung um deswillen gemäß §§ 55, 62 FrGG. nicht mehr abgeändert werden konnte, weil die Genehmigung bereits Dritten gegenüber wirksam geworden war. Dies ist zu verneinen. Durch Bekanntmachung der Genehmigung an den Vormund und den Pfleger seitens des Gerichtes nach § 1828 BGB. wurden diese beiden, und zwar ein jeder für sich, lediglich ermächtigt, die genehmigende Verfügung ihrerseits wirksam zu machen. Nach § 1829 BGB., welcher von der Regel des § 16 Abs. 1 FrGG. abweicht, dauert der Schwebezustand bis zu dem Zeitpunkte, in welchem der Vormund die Genehmigung dem anderen Vertragschließenden mitgeteilt hat. Das Gesetz hat hierbei den Regelfall im Auge, daß eine durch einen Vormund vertretene Partei einer unbeschränkt geschäftsfähigen Partei gegenübersteht. Die letztere hat bis dahin, wo sie von dem Vormunde die stattgehabte Genehmigung erfährt, obwohl sie ihrerseits an den Vertrag gebunden ist, in dem Verhältnis zu der bevormundeten Partei noch kein vertragsmäßiges Recht auf die versprochene Leistung erlangt. Sie kann aber den Schwebezustand dadurch beendigen, daß sie den Vormund zur Mitteilung darüber auffordert, ob die Genehmigung erteilt sei. Thut sie dies, so muß die Mitteilung von der Genehmigung bis zum Ablaufe von zwei Wochen nach der Aufforderung erfolgen, widrigenfalls sie als verweigert gilt. Sind nun bei einem Vertrage, wie hier, zwei Mündelgruppen beteiligt, so wird die Genehmigung und damit der Vertrag erst wirksam, wenn die Vertreter der verschiedenen Mündelgruppen den anderen Beteiligten die Genehmigung mitgeteilt haben. Nach der Behauptung des Pflegers hat aber nur er für die von ihm vertretenen Minderjährigen zweiter Ehe die vormundschaftsgerichtliche Genehmigung dem Vormunde und der Witwe bekannt gemacht. Dadurch ist die dem Vormunde für die Minderjährigen erster Ehe vom Gerichte erteilte Genehmigung, wenn sie auch in derselben Urkunde enthalten war, nicht wirksam geworden. Denn es hat von der freien Entschließung des Vormundes abgehangen, ob er das Teilungsgeschäft durch Erstattung der Mitteilung von der Genehmigung zum Abschlusse bringen wollte. Er hat sie unstreitig unterlassen. Die Verfügung vom 3. Juli 1900 hat deshalb an sich noch abgeändert werden können. Diese Abänderung hätte freilich das Landgericht, da es zufolge der Beschwerde an die Stelle des Vormundschaftsgerichtes getreten und mit der gleichen, umfassenden Kognition der Sache, wie dieses, befaßt war, selber vornehmen müssen, wenn es den Teilungsvertrag nach gehöriger Prüfung für nicht im Interesse einer Mündelgruppe liegend erkannt hatte. Dem Beschwerdeführer ist jedoch dadurch, daß das Landgericht die Sache an das Vormundschaftsgericht zurückverwiesen und die demnächst von diesem vorgenommene Änderung bestätigt hat, kein Nachteil erwachsen. Die Sache liegt daher für das Gericht der weiteren Beschwerde so, daß nur noch zu erörtern ist, ob die Genehmigung mit Recht versagt worden ist. Die Frage muß aber bejaht werden, weil der Vormund dem Vormundschaftsgerichte angezeigt hat, daß eine Einigung mit der Witwe nicht zu erzielen sei, und dadurch deutlich zum Ausdrucke gebracht hat, daß er bei den Abmachungen, wie sie im Vertrage von 1899 getroffen war, nicht stehen bleiben wollte. Damit ist die erste Voraussetzung für eine genehmigende Entscheidung gefallen; denn sie setzt stets voraus, daß der Vormund eine Genehmigung überhaupt wünscht; sie kann das Wollen des Vormundes nicht ersetzen (vgl. Jahrb. 8 S. 38). Dr.

78

a) Einsicht des Grundbuchs (Grundakten) durch Vertreter, insbes. Notare. GrBO. § 11. Ausf.-Verf. v. 20. Nov. 1899 § 32.

Kammergericht, I. CS. Beschluß v. 1. April 1901.

Der eingetragene Eigentümer des Grundstücks b, das vom Grundstücke a unter Übertragung der Hypotheken abgezweigt ist, hat beantragt, die Grundakten seines Grundstückes und alle bei den von ihm vorzunehmenden Hypothekenoperationen sonst interessierenden Grundakten dem Notar X. und dessen Bureauvorsteher Y. jederzeit vorzulegen. Der Antrag wurde abgelehnt; die weitere Beschwerde des Y. hatte Erfolg. Aus den Gründen:

... Bei der (an sich zulässigen) Einsicht von Grundakten durch Vertreter entscheidet zunächst, soweit die (eine Beglaubigung nicht erfordernde) Vollmacht genügend ist, das berechtigte Interesse des Vertretenen. Ist dieses dargelegt, wird dem Vertreter die Einsicht zu gestatten sein. Da über die Wahrnehmung seiner Rechte in erster Linie der Vertretene zu befinden hat und ihm die Auswahl des Vertreters zusteht, wird ein Grund zur Ablehnung der Einsicht bei vorhandenem Interesse des Vertretenen regelmäßig aus der Person des Vertreters nicht gegeben sein. Nur dann wird sich dessen Zurückweisung rechtfertigen lassen, wenn der gegründete Verdacht besteht, daß er nicht das Interesse des Dritten, sondern sein eigenes unberechtigtes Interesse oder das Anderer wahrnehmen werde. Dieser Verdacht muß aber im Einzelfalle durch bestimmte Verhältnisse glaubhaft gemacht werden. Die Vorinstanzen haben aber lediglich die Eigenschaft des Beschwerdeführers als Bureauvorsteher geltend gemacht. Daß ein solcher grundsätzlich nicht im Interesse seines Machtgebers handeln werde, läßt sich in keiner Weise behaupten (vgl. Jahrb. 7 S. 97)....

Dazu: Kammergericht, I. CS. Beschluß v. 1. Juli 1901.

Die Vorinstanzen haben den Antrag des Notars, „ihm zu Notariatszwecken eine Abschrift der Abth. III des Grundbuches zu erteilen", zurückgewiesen, weil daraus ein berechtigtes Interesse des Antragstellers nicht entnommen werden könne. Die weitere Beschwerde ist, soweit Verletzung des § 32 Abs. 2 der Allg. Verfügung v. 20. Nov. 1899 behauptet wird, zulässig, da die auf Grund der reichsgesetzlichen Ermächtigung in §§ 93, 94 GrBO. erlassenen grundbuchrechtlichen Anordnungen der cit. Verf. zweifellos Rechtsnormen im Sinne des § 78 GrBO. und § 550 CPO. sind. Sie ist jedoch unbegründet....

Im einzelnen bestimmt für die hier zu entscheidende Frage der § 32 in Abs. 1 und 2:

„Die Einsicht des Grundbuches ist öffentlichen Behörden und den von ihnen beauftragten Beamten gestattet, ohne daß es der Darlegung eines berechtigten Interesses bedarf."

„Notare, die das Grundbuch im Auftrage des Eigentümers oder eines sonst zur Einsicht Berechtigten einsehen wollen, brauchen den Auftrag nicht nachzuweisen."

Schon der Wortlaut beider Vorschriften und der in ihnen enthaltene Gegensatz, vor allem aber die offenbar beabsichtigte Anknüpfung an das bisherige Recht (vgl. § 19 Abs. 2 GrBO. vom 5. Mai 1872) lassen die Auffassung ausgeschlossen erscheinen, als habe man auch die Notare von der Darlegung eines berechtigten Interesses für die Grundbuchseinsicht befreien wollen. Öffentliche Behörden — d. h. Träger eines dauernden, von der Person des Inhabers und einem Wechsel derselben unabhängigen öffentlichen Amtes —

sind die Notare nicht, weil ihr staatliches Amt in ihrer Person entsteht und endet (Werner u. Kroschel, Deutsch-Preuß. Notariat S. 8). § 32 Abs. 1 ist mithin auf sie sowenig anwendbar, als es § 19 Abs. 2 der GrBO. vom 5. Mai 1872 war. Als unmittelbare Staatsbeamte im Sinne des § 69 ALR. II 10 aber haben die preußischen Notare Anspruch auf die in § 32 Abs. 1 begründete Bevorzugung nicht. Sind mithin Notare nach § 32 Abs. 1, wenn sie die Grundbuchseinsicht und Abschriften aus dem Grundbuch oder den Grundakten (§ 36) in amtlicher Eigenschaft, d. h. im Interesse Dritter, beanspruchen, von der Darlegung des berechtigten Interesses (und zwar, da das berechtigte Interesse des Notars an der Erledigung ihm amtlich erteilter Aufträge selbstverständlich sein muß, des berechtigten Interesses der Auftraggeber) nicht befreit, so kann auch die Vorschrift in § 32 Abs. 2 nicht den Sinn haben, daß sie den Notar von der Bezeichnung seines Auftraggebers entbinde. Denn hätte sie diesen Sinn, so wäre auch für die Notare die Darlegung eines vom Richter nachzuprüfenden berechtigten Interesses insoweit ausgeschlossen, als der Notar nicht eine solche Prüfung durch Bezeichnung seines Auftraggebers freiwillig ermöglichte. Es stände dann im Belieben des Notars, ob er ein rechtliches Interesse darlegen wolle oder nicht. Bei einer solchen Rechtslage wäre aber die Vorschrift in § 32 Abs. 2 kaum verständlich, es sei denn, daß sie die Notare noch günstiger habe stellen sollen, als z. B. die in Abs. 1 gedachten, von einer zuständigen Behörde beauftragten Beamten. Letzteres ist aber, wie schon der historische Zusammenhang ergiebt, ausgeschlossen, § 32 Abs. 2 cit. mithin nicht über seinen Wortlaut hinaus zur Anwendung zu bringen.

Auch der preußische Notar hat hiernach bei dem Antrage auf Gestattung der Einsicht des Grundbuches ein berechtigtes Interesse gemäß § 11 GrBO. — und zwar dasjenige seines Auftraggebers — darzulegen. Diese Darlegung setzt aber notwendig voraus, daß er einen bestimmten Dritten als seinen Auftraggeber bezeichnet und damit die richterliche Prüfung des berechtigten Interesses überhaupt ermöglicht. § 32 Abs. 2 der Allg. Verf. spricht dies ausdrücklich aus, indem er den Nachweis des Auftrages nur für den Fall erübrigt, daß der Notar das Grundbuch im Auftrage des Eigentümers oder eines sonst zur Einsicht Berechtigten einsehen wolle. Das Vorliegen dieser Voraussetzung ist zweifellos nachzuweisen und dieser Nachweis eben nur möglich, wenn der Auftraggeber individuell bezeichnet, d. h. benannt wird. Ist der benannte Auftraggeber mit dem (eingetragenen) Eigentümer identisch, so ist sein berechtigtes Interesse an der Einsicht des Grundbuches selbstverständlich. In anderen Fällen ist es näher darzulegen. Nur der Nachweis des dem Notare erteilten Auftrages ist (§ 15 GrBO., § 36 preuß. GrBO.) nicht zu verlangen, weil gegenüber dem Notare ohne weiteres angenommen werden muß, daß er ohne Auftrag und damit ohne amtliches Interesse sich nicht in die Verhältnisse Anderer einmischen werde. Im übrigen hat der Beschwerdeführer selbst nicht behauptet, daß die Bezeichnung des Auftraggebers dem Nachweise des erteilten Auftrages gleichkomme. Endlich ist die Annahme, daß man dem Notare an Stelle des Richters hier die Prüfung des berechtigten Interesses habe übertragen wollen, ohne jeden gesetzlichen Anhalt geblieben. Die — nur de lege ferenda zu erörternde — Gefährdung des notariellen Ansehens wird direkt für ausgeschlossen gelten müssen, da die Anträge der Notare ohne Schädigung des amtlichen Ansehens derselben auch sonst der richterlichen Prüfung unterliegen. M.

b) **Die Eintragung einer Vormerkung auch aus § 18 GrBO. ist nicht mehr zulässig, nachdem die endgültige Eintragung des von ihr betroffenen Rechtes erfolgt ist.**

Kammergericht, Ferien-CS. Beschluß v. 13. September 1901.

Der Notar hatte auf Grund einer von ihm beglaubigten Schuldurkunde vom 1. Februar 1900 die Eintragung der daselbst vom Eigentümer X. für die Firma A. bewilligten und beantragten Hypothek für den Kaufmann A. beantragt. Das Amtsgericht forderte mittels Verfügung vom 15. März den Nachweis, daß es sich um die Firma einer Handelsgesellschaft handle, gab sodann dem Notar auf dessen Antrag die Schuldurkunde zurück und verlangte schließlich mittels Verfügung vom 9. April ihre Wiedereinreichung binnen einer Woche bei Meidung kostenpflichtiger Abweisung des Antrages. Am 17. April reichte der Notar die Schuldurkunde mit der Erklärung wieder ein, daß er den Schreibfehler „Firma" in „Kaufmann" mit Genehmigung des Gläubigers und nach Benachrichtigung des Schuldners geändert habe. Nunmehr trug das Amtsgericht die Hypothek in Abt. III Nr. 7 ein. In der Zwischenzeit, am 11. April, hatte der Eigentümer die Eintragung einer Hypothek für Y. bewilligt und beantragt, und war diese Hypothek unter Nr. 6 eingetragen. Den Antrag des Notars, bei Nr. 6 gemäß § 54 GrBO. einen Widerspruch einzutragen, wies das Amtsgericht ab, weil der Fall des § 18 GrBO. nicht vorgelegen habe, da der am 12. März beantragten Eintragung ein nicht fristgemäß gehobenes Hindernis entgegengestanden habe. Die hiergegen eingelegte Beschwerde wurde zurückgewiesen, weil durch Eintragung der Post Nr. 6 ein anderes dingliches Recht nicht verletzt und deshalb für einen Widerspruch nach § 54 GrBO. kein Raum sei. Die weitere Beschwerde ist nicht begründet.

Selbst wenn das Amtsgericht entgegen dem § 18 GrBO. unterlassen hat, zu Gunsten des vom Beschwerdeführer gestellten Antrages von Amts wegen eine Vormerkung einzutragen, so kann doch diese Eintragung jetzt nicht mehr nachgeholt werden. Denn die Vormerkung ist begrifflich dazu bestimmt, einen persönlichen Anspruch auf eine dingliche Rechtsänderung zu sichern. Das gilt auch von der Vormerkung des § 18 GrBO., die hier dazu dienen sollte, den Anspruch des Beschwerdeführers auf Bestellung einer Hypothek sicherzustellen (vgl. § 883 Satz 1 BGB.). Nachdem aber dieser persönliche Anspruch durch die Eintragung der Hypothek dinglich geworden ist, bleibt für eine Vormerkung kein Raum mehr. Wie jede Vormerkung durch die endgültige

Eintragung des von ihr betroffenen Rechtes ihre Bedeutung verliert (vgl. § 14 Abs. 3 der Verfügung vom 20. November 1899, JMBl. S. 349), so ist in dem Falle, wo von vornherein eine endgültige Eintragung stattgefunden hat, der nachträgliche Vermerk einer Vormerkung, weil jede Bedeutung entbehrend, nicht zulässig. Sollte daher der Beschwerdeführer durch die Nichtbeobachtung des § 18 GrBO. in seinen Rechten verletzt sein, so muß es ihm überlassen bleiben, sich dieserhalb, sei es im Wege einer Bereicherungsklage oder eines Schadensersatzanspruches zu erholen. Dr. Fr.

c) **Nachweis der Vollmacht bei Eintragung einer urteilsmäßigen Sicherungshypothek. § 29 GrBO.**

Bayer. Oberstes Landesgericht, Ferien-S. Beschluß v. 8. August 1901.

Das Versäumnisurteil, das die Witwe A. und deren großjährigen Sohn Johann zur Zahlung verurteilte, wurde der Witwe A. eigenen Namens und als der Bevollmächtigten des Johann zugestellt. Die beantragte Eintragung der Sicherungshypothek verweigerte das Grundbuchamt durch Zwischenverfügung, da die Bevollmächtigung der Mutter nachzuweisen sei. Die Beschwerde wurde verworfen; ebenso die weitere Beschwerde. Aus den Gründen:

Nach § 750 CPO. darf die Zwangsvollstreckung nur beginnen, wenn das Urteil dem Schuldner bereits zugestellt ist oder gleichzeitig zugestellt wird; das Grundbuchamt war daher im Hinblicke auf § 29 GrBO. berechtigt, den Nachweis über die Zustellung des Urteiles an Johann zu verlangen. Die Anschauung der Beschwerdeführerin, daß sie das Urteil der Witwe als der Bevollmächtigten ihres Sohnes wirksam habe zustellen lassen, wäre nur dann richtig, wenn die Bevollmächtigung der Mutter seitens ihres Sohnes feststände. Allein die Vorinstanz hebt mit Recht hervor, daß im Prozesse eine Vertretungsvollmacht des Johann nicht vorgelegt wurde, sondern daß lediglich die Beschwerdeführerin behauptete, Johann habe seine Mutter zu seiner Vertretung ermächtigt. Diese Behauptung kann aber nicht gemäß § 330 CPO. in der Richtung gegen Johann als zugestanden erachtet werden, da die Fiktion eines solchen Geständnisses nur dann zulässig ist, wenn Johann durch die Zustellung an seine Mutter richtig geladen war. Dies ist jedoch nicht bewiesen. Es kann zugegeben werden, daß dem Grundbuchamte keine Prüfung darüber zusteht, ob Johann vom Prozeßgerichte mit Recht verurteilt wurde, allein damit ist keineswegs ausgeschlossen, daß das Grundbuchamt selbständig darüber entscheidet, ob die Voraussetzungen gegeben sind, unter denen auf Grund eines Urteiles Eintragungen in das Grundbuch erfolgen können. [Vgl. Rsp. 2 Nr. 164f.]. Dr. R. M.

d) **Notwendigkeit der Beglaubigung nachträglicher Einschaltungen in den Text einer Urkunde.**[1]

Kammergericht, I. CS. Beschluß v. 9. Juli 1901.

Die drei Beschwerdeführer haben als eingetragene Miteigentümer in der

---

[1] Über nachträgliche Einschaltungen in ein eigenhändiges Testament ohne neue Unterschrift und Datierung vgl. Puchelt's Zeitschr. 32 S. 553.

Urkunde vom 16. April 1901, deren Unterschriften notariell beglaubigt sind, die Eintragung einer Grundschuld von 25000 Mark zu ihren Gunsten beantragt. Nachdem die Eintragung beanstandet worden, weil nicht die Beteiligung der Gläubiger an der Grundschuld angegeben sei, hat der Notar dieselbe Urkunde wieder zugehen lassen, jedoch befand sich nunmehr im Texte eingeschaltet: „zu gleichen Teilen". Die Eintragung wurde wiederum beanstandet, weil der nachträgliche Zusatz nicht besonders beglaubigt sei. Auch die weitere Beschwerde wurde zurückgewiesen.

Bereits im Beschlusse vom 1. April 1901 [Rsp. 2 Nr. 192[h]] ist entschieden, daß ein auf diese Weise nachträglich eingeschalteter Zusatz nicht als Grundlage für die Eintragung dienen könne. An dieser Entscheidung ist festzuhalten. Aus § 29 GrBO. folgt, daß sämmtliche im Gesetze für wesentlich erklärte Einzelbestandteile der Eintragungsbewilligung öffentlich beurkundet sein müssen. Wird die Unterschrift unter einer Urkunde beglaubigt, die noch nicht diese sämtlichen Bestandteile der Eintragungsbewilligung enthält, so kann als Wille des Ausstellers der Urkunde nur angenommen werden, diejenigen Erklärungen beglaubigen zu lassen, die damals in der Urkunde enthalten waren. Wenn dann — nachdem diese Urkunde dem Grundbuchamte vorgelegen hatte und die Eintragung wegen Unvollständigkeit der Bewilligung beanstandet ist — nachträglich ein ergänzender Zusatz in den Text der Urkunde eingefügt wird, so ist eben zweifelhaft und in öffentlicher Form nicht dargethan, ob nach dem Willen des Ausstellers die früher abgegebene und beglaubigte Unterschrift sich auf diesen Nachtrag noch mitbeziehen soll; dieser Nachtrag ist also durch die frühere Unterschrift nicht mitgedeckt. Jene Ungewißheit verhindert es, den Zusatz als Unterlage für die Eintragung zuzulassen, weil dies dem gesetzgeberischen Zwecke des § 29, durch die vorgeschriebene öffentliche Urkundsform die Bucheintragungen allen Anfechtungen und Anzweiflungen der Echtheit der grundlegenden Bewilligungen zu entziehen, entgegenstehen würde. Der Grundbuchrichter, dem die beglaubigte Urkunde schon vor ihrer Ergänzung vorgelegen hatte, kann also verlangen, daß der später eingeschobene, einen wesentlichen Teil der Eintragungsbewilligung enthaltende Zusatz ebenfalls öffentlich beurkundet wird, um als Unterlage für die beantragte Eintragung zu dienen. — Was die Ausführung betrifft, daß das BGB. (§ 126) die Blankettunterschrift als zulässig und wirksam anerkenne, so kann hier unerörtert bleiben, ob aus einem Satze der Motive (1 S. 185) diese Folgerung gezogen werden darf. Denn hier haben die Beschwerdeführer keine Blankettunterschrift abgegeben, sondern eine fertige Urkunde von bestimmtem Inhalt unterzeichnet und ihre Unterschrift beglaubigen lassen. Spr.

e) **Vorherige Eintragung des Gläubigerrechtes eines Miterben, der eine ihm bei der Erbteilung übereignete Hypothek einem Dritten abtritt und die Umschreibung auf dessen Namen beantragt. GrBO. §§ 40. 41.**

Kammergericht, I. CS. Beschluß v. 15. April 1901.

Die eingetragene Hypothekengläubigerin A. ist 1891 verstorben und beerbt worden von ihren Geschwistern und Geschwisterkindern, darunter auch von der Witwe S. Sämtliche Erben haben 1891 der Witwe S. in einem gerichtlich beglaubigten Erbteilungsvertrage die Hypothek überwiesen und in deren Umschreibung gewilligt. Die Witwe S. hat 1901 die Hypothek an X. abgetreten. Die Umschreibung auf letzteren wurde jedoch abgelehnt; auch die weitere Beschwerde blieb erfolglos. Aus den Gründen:

Nach § 40 soll eine Eintragung nur erfolgen, wenn derjenige, dessen Recht durch sie betroffen wird, als der Berechtigte eingetragen ist. Hier ist diejenige, deren Recht betroffen wird, die Witwe S., da ihr die streitige Hypothek von den Miterben der Gläubigerin überwiesen ist. Sie aber ist im Grundbuche nicht eingetragen. Die GrBO. enthält vom gedachten Prinzip zwei Ausnahmen (§ 40 Abs. 2, § 41).... Keiner dieser Fälle liegt aber hier für sich allein vor, vielmehr nur eine Kombination beider Fälle. X. befindet sich wohl im Besitze des Briefes, kann aber sein Gläubigerrecht nicht durch eine auf einen eingetragenen Gläubiger zurückführende Reihe von öffentlich beglaubigten Abtretungserklärungen nachweisen. Es liegen vielmehr solche Erklärungen nur seitens der unmittelbaren Cedentin und seitens der Miterben der eingetragenen Gläubigerin vor. Auf die Erben ist aber die Hypothek nicht durch Abtretung, sondern durch Erbgang gediehen, so daß die Legitimation nicht durch Abtretungserklärungen allein nachgewiesen ist. Der Fall des § 41 liegt aber nicht vor, weil die Witwe S. zwar Miterbin, nicht aber alleinige Erbin geworden ist, und sie deshalb vor der Überweisung nicht allein über die Hypothek verfügen konnte. Nur für einen solchen Fall aber ist die gesetzliche Vorschrift, die zur Vereinfachung der Buchführung dienen soll (vgl. Denkschrift S. 50) gegeben, da dem Grundbuchamte die Legitimationsprüfung erleichtert werden sollte (das. S. 48), und diese Absicht vereitelt wäre, wenn dem Grundbuchrichter bei der Eintragung einer Abtretung die Prüfung auferlegt wird, wem von den mehreren Erben die Hypothek übereignet ist. In einem ähnlichen Falle [Rsp. 2 S. 275] hat das Kammergericht deshalb bereits ausgesprochen, daß eine analoge Anwendung oder eine ausdehnende Auslegung der Gesetzesbestimmung nicht zulässig ist, daß der § 41 vielmehr nur Anwendung findet, wo es sich um den unmittelbaren Rechtsnachfolger des eingetragenen Berechtigten handelt. Unmittelbare Rechtsnachfolgerin der eingetragenen Gläubigerin aber ist nicht die Witwe S., sondern die Gesamtheit der Erben. Erst von dieser Gesamtheit ist die Hypothek durch den Erbteilungsvertrag auf die Witwe S. übertragen worden. [Vgl. oben S. 177.] K.

79

a) Beschwerde[1] gegen die Bestellung eines Vormundes. FrGG. §§ 20, 57[9].

[1] Beschwerde ist auch gegen mündliche Bescheide statthaft, sofern nur deren Inhalt feststeht; hierzu genügt aber, daß der Amtsrichter auf Vorlage der den Bescheid wiedergebenden

Kammergericht, I. CS. Beschluß v. 13. Mai 1901.

Den [katholischen] Kindern des verstorbenen X. waren A. und der Probst B. zum Vormund und Gegenvormunde bestellt worden. Nach dem Tode des A. 1901 brachte der Großvater der Mündel, C., der selbst auf Übernahme der Vormundschaft verzichtet hatte, seinen Schwiegersohn, den Lehrer D., den Mann einer Schwester des Vaters der Mündel, als Vormund in Vorschlag. Das Amtsgericht bestellte aber den evangelischen Rechtsanwalt G. zum Vormunde behufs Verwaltung des Vermögens, den Probst B. als Vormund behufs der Sorge für die Person der Mündel und beschied den Großvater und den Lehrer D., daß ihrem Antrage nicht stattgegeben werden könne, nachdem bereits G. zum Vormunde bestellt worden. C. und D. legten hiergegen Beschwerde ein, die als unzulässig verworfen wurde; ihre weitere Beschwerde wurde jedoch zugelassen aus folgenden Gründen:

... Es kann dahingestellt bleiben, ob der Großvater der Mündel auf Grund des § 20 FrGG. ein eigenes Recht zur Beschwerde hätte, wenn er selbst die Übernahme der Vormundschaft begehrte. Der Großvater verlangt hier aber nicht die Vormundschaft für sich, sondern ihre Übertragung auf seinen Schwiegersohn, und ein derartiges Recht des Vorschlages hat ihm das Gesetz nicht gegeben. Der Lehrer D. aber hat ein Recht, zu verlangen, daß ihm die Vormundschaft übertragen werde, jedenfalls nicht, da er nicht zu den Verwandten und Verschwägerten im Sinne des Gesetzes gehört, die bei Übertragung einer Vormundschaft zu berücksichtigen sind. Ist hiernach das Beschwerderecht aus § 20 nicht begründet, so gewährt doch der § 57⁹ FrGG. gegen eine Verfügung, die eine Entscheidung über eine die Sorge für die Person des Mündels betreffende Angelegenheit enthält, das Beschwerderecht einem jeden, der ein berechtigtes Interesse hat, diese Angelegenheit wahrzunehmen. Ein solches berechtigtes Interesse am Wohle des Mündels steht unbedenklich den nächsten Verwandten desselben, wie dem Großvater, zu, so daß die Zulässigkeit der Beschwerde hier nur davon abhängt, ob es sich um eine Verfügung handelt, die eine Entscheidung über eine die Sorge für die Person des Mündels betreffende Angelegenheit enthält. G. ist freilich nur als Vormund für das Vermögen der Mündel bestellt. Gleichwohl läßt sich die Möglichkeit nicht verkennen, daß auch diese Bestellung den Vormund in solche persönliche Beziehungen zu den Mündeln bringt, daß daraus auf eine Unzuträglichkeit für das persönliche Wohl derselben geschlossen werden kann. Ob dies thatsächlich hier der Fall, ist Sache der materiellen Prüfung, auf die sich das Landgericht bisher nicht eingelassen hat. Wird die Frage auch nur unter ganz besonders gearteten Verhältnissen zu bejahen sein, so ist sie, da die Behauptung von den Beschwerdeführern einmal aufgestellt ist, doch zu prüfen, und daraus ergiebt sich gemäß § 57⁹ die Zulässigkeit der Beschwerde.

Die generelle Unzulässigkeit der Beschwerde gegen die einmal erfolgte

Beschwerde die Akten an das Landgericht übersendet, ohne den Inhalt der Niederschrift zu beanstanden. (OLG. Colmar, I. CS. Beschluß v. 26. Juni 1901.)

Bestellung eines Vormundes ist jedenfalls aus dem Gesetze nicht zu folgern und hätte besonderer Hervorhebung bedurft, um anerkannt werden zu müssen. Die Unhaltbarkeit der Ansicht des LG., daß Beschwerde nur bis zur erfolgten Bestellung des Vormundes zulässig sei, ergiebt der vorliegende Fall klar. Denn trotzdem der Antrag der Beschwerdeführer auf Bestellung des D. zum Vormunde am 22. März 1901 beim Amtsgericht eingegangen war, verpflichtete dieses am 23. März den G. als Vormund und beschied die Antragsteller erst am 25. März, ihnen damit, nach der hier zurückgewiesenen Ansicht, das Beschwerderecht entziehend. Das Gesetz hat es nicht derart der Willkür des Amtsgerichtes überlassen wollen, eine von ihm ausgegangene Anordnung der Beschwerde zu unterstellen oder zu entziehen. Nur soviel ist richtig und ergiebt sich aus der Natur der Sache, daß eine etwa erfolgende Aufhebung einer Bestellung nicht rückwirkende Kraft haben kann. Die vom bestellten Vormunde vorgenommenen Rechtshandlungen behalten deshalb bis zur Aufhebung der Bestellung Rechtswirksamkeit gegenüber Dritten. Die Aufhebung der Bestellung aber ist dadurch nicht ausgeschlossen.

b) Gerichtliche Auseinandersetzung. Beteiligung am Nachlaß. FrGG. §§ 86 ff.

Kammergericht, Ferien-CS. Beschluß v. 6. August 1901.

Die 1901 verstorbene Frau des Wirtes A., verwitwet gewesene St., hat dem A. in dem vor Eingehung der Ehe mit ihm geschlossenen Ehevertrage vom 30. Oktober 1877 für den Fall ihres Vorabsterbens die lebenslängliche Nutznießung von der auf sie fallenden Hälfte der Errungenschaft vermacht. In ihrem Testamente vom 8. Juni 1894 hat die Erblasserin ferner für den Fall, daß jenes Vermächtnis von ihren Kindern angefochten werden möchte, ihrem Manne „sowohl zum vollen Eigentume, als auch zur bloßen lebenslänglichen Nutznießung alles dasjenige von ihrem dereinstigen Nachlasse vermacht, worüber sie zu Gunsten ihres Mannes letztwillig zu verfügen nur immer berechtigt sei." Außer dem Witwer hat die Erblasserin drei Söhne erster Ehe hinterlassen. Auf den Antrag des Witwers, die Auseinandersetzung betreffs der beiden vorhandenen Massen, nämlich a) der Errungenschafts-, b) der Nachlaßmasse zwischen ihm und den drei Söhnen zu vermitteln bezw. anzuordnen und die Vermittelung dem Notar W. zu überweisen, ordnete das Amtsgericht „die gerichtliche Teilung" der beiden Massen an und beauftragte mit der Vermittelung der Auseinandersetzung den Notar W. Die sofortige Beschwerde der Gebrüder St. wurde zurückgewiesen. Die weitere Beschwerde hatte jedoch teilweise Erfolg. Aus den Gründen:

... Die Verlassenschaft der Frau A. besteht aus zwei ihrer rechtlichen Natur nach verschiedenen Teilen, nämlich aus der Sonderguts- und aus der Errungenschaftsmasse. An der ersteren bestreiten die Beschwerdeführer dem Antragsteller jedes Recht, und es kann deshalb eine Vermittelung der Auseinandersetzung in Ansehung dieser Masse nicht in Frage kommen, solange nicht der Antragsteller sein Recht daran im Prozeßwege festgestellt hat. Es kann dahingestellt bleiben, ob dem Antragsteller — wie es nach Lage der Akten wahrscheinlich ist — bereits vor dem Antrage bekannt war, daß die Beschwerdeführer das Sondergut ihrer Mutter für sich ausschließlich in Anspruch nehmen. Denn jedenfalls haben die Beschwerdeführer vor Beginn der Auseinandersetzungsverhandlungen zur Kenntnis des Antragstellers gebracht, daß sie ihm keinerlei Recht an der Sondergutsmasse zugestehen und es ist deshalb für die Vermittelung der Auseinandersetzung in Ansehung dieser Masse kein Raum. Der Antrag des Witwers war deshalb, soweit er die Sondergutsmasse betrifft, zurückzuweisen (vgl. Beschl. d. OLG. Jena vom 1. Dezember 1900, Rsp. 2 S. 36).

Dagegen ist die weitere Beschwerde, soweit sie die Auseinandersetzung der Errungenschaftsmasse betrifft, unbegründet. Ein Recht des Antragstellers an dieser Masse wird von den Beschwerdeführern ausdrücklich anerkannt, wie denn ein solches Recht nach der Natur dieser Masse von ihnen auch nicht in Abrede gestellt werden kann. Beschwerdeführer erklären außerdem ausdrücklich, in die Auseinandersetzung betreffs dieser Masse willigen zu wollen, wenn auch nur unter gewissen Bedingungen. Es ist deshalb zweifellos hier Raum für die Vermittelung der Auseinandersetzung gegeben. Dr.

c) **Keine weitere Beschwerde, wenn auf Beschwerde der Handelskammer der Registerrichter zur Fortsetzung des Ordnungsstrafverfahrens angewiesen wird.[1] FrGG. §§ 132 ff.**

Kammergericht, I. CS. Beschluß v. 22. April 1901.

Das Amtsgericht hatte auf Veranlassung der Handelskammer dem A. am 26. Nov. 1900 unter Androhung einer Ordnungsstrafe aufgegeben, für sein Geschäft eine Firma anzumelden. Diese Verfügung hob es jedoch, nachdem A. rechtzeitig Einspruch erhoben hatte, ohne Abhaltung eines Termines zur Erörterung der Sache am 15. Januar 1901 wieder auf, weil A. nicht unter den § 2 HGB. falle. Auf Beschwerde der Handelskammer beschloß das Landgericht: „Das Amtsgericht wird veranlaßt, die Eintragung des A. in das Handelsregister herbeizuführen." Der Beschluß wurde zunächst nur der Handelskammer zugestellt. Hierauf erließ das Amtsgericht eine neue strafandrohende Verfügung vom 26. Februar 1901 behufs Erzwingung der Anmeldung der Firma. A. erhob hiergegen rechtzeitig Einspruch. Nunmehr wurde ihm der landgerichtliche Beschluß zugestellt. Das Amtsgericht hob darauf seine Verfügung vom 26. Februar 1901 auf und gab dem A. an die Hand, den Beschluß des Landgerichtes anzufechten. Die hierauf eingelegte weitere Beschwerde des A. ist jedoch als unzulässig verworfen worden. Aus den Gründen:

... Wenn das Landgericht dem Amtsgerichte aufgegeben hat, die Eintragung des A. herbeizuführen, so kann dies nur die Bedeutung haben, daß damit der Beschluß des Amtsgerichtes vom 15. Januar 1901 dergestalt be-

---

[1] Zur Entscheidung über die Beschwerde der Handelskammer sind Mitglieder dieser Kammer, die zugleich Handelsrichter sind, nicht von der Ausübung des Richteramtes ausgeschlossen. (Kammergericht, I. CS. Beschluß v. 29. Mai 1901, Jahrb. 22 S. 12.)

seitigt ist, als sei er nicht ergangen. Die Sache ist also auf den Stand zurückgebracht, daß das Amtsgericht seine Zwangsverfügung vom 26. November 1900 erlassen, und daß A. dagegen rechtzeitig Einspruch eingelegt hat. Das Amtsgericht hat nach diesem für sein weiteres Vorgehen maßgebenden Beschlusse des Landgerichtes die Verpflichtung, das Verfahren so fortzusetzen, wie dies geboten gewesen wäre, wenn das Amtsgericht die Verfügung vom 26. November 1900 nicht aufgehoben hätte. Demgemäß muß das Amtsgericht jetzt den im § 134 FrGG. vorgeschriebenen Termin zur Erörterung der Sache abhalten, um die gehörige Grundlage für seine nach § 135 zu fällende Entscheidung zu gewinnen. Lediglich zu diesem weiteren Verfahren ist das Amtsgericht nach dem Sinne des landgerichtlichen Beschlusses angewiesen. Gegen eine derartige Anweisung steht aber dem Beteiligten (mit der Ordnungsstrafe Bedrohten) eine Beschwerde nicht zu. Der § 132 Abs. 2 schließt eine Beschwerde gegen die strafandrohende Verfügung aus. Damit wird zugleich eine Beschwerde des Beteiligten gegen die weiteren gesetzlich gerechtfertigten Akte des Ordnungsstrafverfahrens ausgeschlossen, welche bis zum Erlasse der materiellen Entscheidung (§ 135) vorgenommen werden, insbesondere gegen die Verfügung, wonach ein Termin zur Erörterung der Sache gemäß § 134 anberaumt wird. Eine Beschwerde gegen die letztgedachte Verfügung würde sachlich darauf hinauskommen, daß die strafandrohende Verfügung angefochten wird. Denn die Anberaumung des Termins ist lediglich eine gesetzliche Folge der strafandrohenden Verfügung für den Fall, daß gegen sie rechtzeitig Einspruch eingelegt ist. Wie gegen die strafandrohende Verfügung zufolge § 132 Abs. 2 nicht unmittelbar Beschwerde erhoben werden kann, so auch nicht mittelbar dadurch, daß ein durch diese Verfügung gerechtfertigter Akt des Verfahrens angefochten wird. Ob aber die Fortsetzung des mittels der Ordnungsstrafverfügung eröffneten Verfahrens vom Amtsgerichte oder zufolge Beschwerde der Handelskammer (vgl. § 126) vom Landgerichte veranlaßt ist, kann für die Zulässigkeit einer Beschwerde des Beteiligten keinen Unterschied machen.[1] ...

d) **Die Vorlesung und Genehmigung des notariellen Protokolles muß sich auf die Anlagen erstrecken; einer Unterzeichnung der Anlage bedarf es nicht.[2] FrGG. § 176.**

Kammergericht, I. CS. Beschluß v. 23. September 1901.

Die beiden Erbinnen des A. haben die Nachlaßhypotheken in zwei Verzeichnissen (Losen) aufgezeichnet, diese in der Teilungsverhandlung überreicht und zu Protokoll des Notars die im Lose Nr. 1 verzeichneten Vermögenswerte der einen und die im Lose Nr. 2 verzeichneten der anderen

[1] Hat dagegen der Registerrichter nach Abhaltung des Termins (§ 134) die strafandrohende Verfügung aufgehoben und erachtet das Landgericht die Beschwerde der Handelskammer für begründet, so hat es selbst den Einspruch zu verwerfen und über die Straffestsetzung zu entscheiden. (Beschluß v. 29. Mai 1901, Jahrbuch 22 S. 12.)

[2] Abweichend Rsp. 3 Nr. 24d.

Erbin überwiesen, auch die entsprechenden Eintragungen im Grundbuche bewilligt und beantragt. Die beiden Lose wurden als Anlagen dem Protokoll beigefügt, dessen Schluß lautet: „Dieses Protokoll wurde den anwesenden Beteiligten vorgelesen, genehmigt und sodann von ihnen unterschrieben.“ Die beantragte Umschreibung wurde jedoch abgelehnt und die weitere Beschwerde zurückgewiesen. Aus den Gründen:

Der Grundbuchrichter kann nach § 29 Satz 2 GrBO. dem Umschreibungsantrage nur stattgeben, wenn auch die Anlagen der notariellen Erbteilungsverhandlung als öffentliche Urkunden mit anzuerkennen sind. Der § 176 FrGG. erfordert unter 3: die Erklärung der Beteiligten und enthält in Absatz 2 die Zusatzbestimmung: „Wird in der Erklärung auf eine Schrift Bezug genommen und diese dem Protokoll als Anlage beigefügt, so bildet sie einen Teil des Protokolles.“ Dieser Absatz 2 ist von der Kommission des Reichstages eingefügt; es hat damit über jeden Zweifel klargestellt werden sollen, daß „die Erklärung der Beteiligten auch in der Weise geschehen kann, daß sich der Beteiligte zu dem Inhalte einer von ihm überreichten Urkunde bekennt“. Der Absatz 2 bringt also zum Ausdruck, daß, sofern die Beteiligten hinsichtlich ihrer Erklärung auf eine Schrift Bezug nehmen und diese als Anlage überreichen, der Inhalt dieser schriftlich fixierten Erklärung nicht noch besonders in das Hauptprotokoll aufgenommen zu werden braucht, sondern diese Schrift als ein Teil des Protokolles gelten soll; das Protokoll mit zugehöriger Schrift geben zusammen die beurkundete Erklärung der Beteiligten wieder und bilden also eine einheitliche Urkunde. Auf diese einheitliche Urkunde finden die im § 177 gegebenen weiteren wesentlichen Formvorschriften Anwendung: sie muß vorgelesen, von den Beteiligten genehmigt und eigenhändig unterschrieben werden; im Protokoll muß auch festgestellt werden, daß dies geschehen ist. Vorlesung und Genehmigung muß das ganze Protokoll, also auch die als Teil desselben geltende Anlage, welche teilweise die Erklärung der Beteiligten wiedergiebt, zum Gegenstande haben. Diese Vorschrift ist zwingenden Rechtes; wird die Anlage nicht mit vorgelesen, so liegt hinsichtlich ihrer keine formgültige öffentliche Beurkundung vor. Der besonderen Unterzeichnung der Anlage durch die Beteiligten bedarf es nicht. Denn, wenn im Protokoll erwähnt ist, daß die Anlage mit vorgelesen und genehmigt, auch dem Protokolle beigefügt ist, so deckt die Unterzeichnung des Protokolles auch die hier als Anlage beigefügte und von ihm einen Teil bildende Schrift.

Demnach ist zu prüfen, ob aus dem Protokolle hervorgeht, daß die als Anlage in Bezug genommenen und beigefügten beiden Lose mit vorgelesen sind. In jedem Falle wird es Sache der konkreten Beurteilung sein, zu entscheiden, ob im Protokolle die Vorlesung der Anlagen mit festgestellt ist. Wenn auch zu empfehlen ist, diese Vorlesung dort ausdrücklich zu beurkunden, so kann das unter Umständen aus der protokollarischen Erklärung, das Protokoll sei vorgelesen, die Feststellung gewonnen werden, daß das ganze

Protokoll, also mit Einschluß der als Teil geltenden Anlage vorgelesen ist. Wenn die Vorinstanzen nach der besonderen Sachlage nicht geglaubt haben, diese Feststellung aus den Worten des Protokolles treffen zu müssen, so kann diese Auslegung um so weniger beanstandet werden, als die Beschwerdeführerin selbst nicht behauptet hat, daß die Lose vorgelesen sind und als sie die Notwendigkeit dieser Vorlesung in Abrede stellt. Verfehlt ist der Hinweis der Beschwerdeführerin auf Pläne, Zeichnungen und Vollmachten, die als Anlage überreicht sind und die offenbar nicht vorgelesen werden können bezw. brauchen, denn der § 176 Abs. 2 und 3 bezieht sich nur auf die Erklärungen der Beteiligten, die in einer Schrift niedergelegt sind. Auf letztwillige Verfügungen, die in verschlossener Schrift übergeben werden und in dieser Form öffentlichen Glauben erlangen, bezieht sich § 176 Abs. 2 überhaupt nicht (§ 168 FrGG.). Die endlich angeregte Erwägung, daß die übergebene Schrift den Beteiligten bekannt sei und deshalb nicht mit vorgelesen zu werden brauche, während das Protokoll selbst ihnen noch unbekannt sei, ist nicht von Bedeutung, das FrGG. verlangt unter allen Umständen die Vorlesung des Protokolles; diese kann nicht ganz oder teilweise dadurch ersetzt werden, daß die Beteiligten in anderer Weise Kenntnis von dem Inhalte desselben erlangen. Spr.

80

a) **Ein nicht formgerechter Antrag (Einspruch) ist auf Ersuchen des angegangenen Gerichtes im Wege der Rechtshilfe richtig zu stellen und formgerecht aufzunehmen.**[1] **GVG. §§ 158 ff.**

OLG. Augsburg, II. CS. Beschluß v. 16. Oktober 1901.

Der in B. wohnende Beklagte hatte in der Absicht, gegen ein Versäumnisurteil Einspruch einzulegen, beim Amtsgericht A. ein Schriftstück eingereicht, welches den Erfordernissen in § 340 CPO. nicht entsprach. Das Amtsgericht A. ersuchte das Amtsgericht B., den Beklagten sachgemäß zu bescheiden und eventuell formrichtigen Einspruch aufzunehmen. Das Ersuchen wurde abgelehnt, der Beschwerde jedoch stattgegeben in der Erwägung:

daß nach § 503 CPO. in der Pflicht des Amtsrichters liegt, darauf hinzuwirken, daß rechtsunkundige Parteien bei der mündlichen Verhandlung die sachdienlichen Anträge stellen und ihre prozessualisch in der mündlichen Verhandlung geltend zu machenden Erklärungen in der gesetzlichen Form abgeben; daß es hiernach keineswegs verboten, vielmehr in der Offizialthätigkeit des Richters gelegen anzusehen ist, solchen Parteien auch außerhalb der mündlichen Verhandlung hinsichtlich ihrer beabsichtigten Anträge eine entsprechende Belehrung zu erteilen und darauf hinzuwirken, daß nicht wegen Formmangels ihre in der mündlichen Verhandlung geltend zu machenden Erklärungen zurückgewiesen werden; und daß das gestellte Ersuchen nichts weiteres bezielt, als eine in der Offizialthätigkeit des Gerichtes liegende Belehrung des Be-

[1] Vgl. Rsp. 2 Nr. 118, 161, 3 Nr. 14.

klagten über die von ihm allenfalls beabsichtigte Erklärung und sohin eine dem ersuchten Gerichte nicht nur nicht verbotene, sondern in der Offizialthätigkeit eines Amtsgerichtes begründete Handlung im Wege der Rechtshilfe betrifft. Dr. W.

b) **Ersuchen um Entgegennahme der Erklärung über die Echtheit der Unterschrift und den Inhalt eines Schriftsatzes. GVG. § 159.**

OLG. Zweibrücken, I. CS. Beschluß v. 2. Oktober 1900.

Das Amtsgericht A. hatte das Amtsgericht B. ersucht, die Erklärung des Beklagten über die Echtheit der Unterschrift auf einem Bücherbestellschein entgegenzunehmen und den Beklagten zu befragen, ob er die Behauptungen der Klagebeantwortung aufrecht erhalten wolle. Das Ersuchen wurde abgelehnt; die Beschwerde hatte dagegen Erfolg: Denn daß das ersuchte Gericht die vom Prozeßgerichte nach § 507 CPO. an den Beklagten erlassene Aufforderung zur Erklärung über die Echtheit des Bestellscheines diesem übermitteln und ihn mit seiner Erklärung höre, ist nirgends im Gesetze verboten, steht auch keineswegs mit Rechtsgrundsätzen der CPO. im Widerspruch und erscheint deshalb auch aus diesem Grunde nicht unstatthaft (vgl. JW. 1886 S. 113). Ebensowenig steht aber auch dem weiteren Ersuchen ein gesetzliches Verbot oder auch nur ein aus dem Geiste der CPO. zu entnehmendes Bedenken entgegen. Dr. Kr.

81

a) **Protokollierung bei Ordnungsstrafe wegen Ungebühr.[1] Zuständigkeit für die Beschwerdeentscheidung.[2]**

OLG. Bamberg, I. CS. Beschluß v. 4. Oktober 1901.

Ein Angeklagter wurde wegen Ungebühr in der Hauptverhandlung mit Ordnungsstrafe belegt. Das Sitzungsprotokoll besagt hierüber nur, daß der Vorsitzende den anliegenden, im Originale beigehefteten, als Beilage zum Sitzungsprotokolle bezeichneten Beschluß verkündete. Der Beschluß ist mit Gründen versehen. Auf Beschwerde des Angeklagten wurde er jedoch aufgehoben. Aus den Gründen:

Zur Entscheidung über die Beschwerde ist das Oberlandesgericht zuständig (§ 183 GVG., Art. 36 Z. 2 bayer. Ausf.-G. z. GVG.); denn die Vorschriften des § 9 EG. z. GVG. und der Art. 167 Z. XII bayer. Ausf.-G. z. BGB. v. 9. Juni 1899 finden auf den vorliegenden Fall Anwendung, weil es sich nicht um eine Beschwerde in einer Strafsache selbst, sondern um einen Beschluß, der gelegentlich der Verhandlung einer Strafsache auf Grund des § 179 erlassen worden ist, handelt.[2] Gemäß § 184 GVG. muß, wenn eine Ordnungsstrafe wegen Ungebühr festgesetzt ist, der Beschluß des Gerichtes und dessen Veranlassung in das Protokoll aufgenommen werden. Diese gesetzliche Bestimmung, welche bezweckt, der mit der Entscheidung über die

[1] Rsp. 1 Nr. 352a.

[2] Vgl. dagegen nachstehend litt. b.

Beschwerde befaßten höheren Instanz ein vollständiges Urteil über die getroffene Maßnahme zu ermöglichen, ist im vorwürfigen Falle nicht beachtet worden. Das Sitzungsprotokoll enthält über die Thatsachen, aus denen das Gericht die Ungebühr gefolgert hat, nichts, es konstatiert lediglich, daß der die Ordnungsstrafe festsetzende Beschluß vom Vorsitzenden verkündet worden ist. Es fehlt demnach an der durch § 184 gebotenen aktenmäßigen Feststellung des Thatbestandes, und dieser Mangel wird auch nicht durch den auf dem Gerichtsbeschlusse befindlichen Vermerk des Vorsitzenden: „Beilage zum Sitzungsprotokolle" gehoben, da die Veranlassung, aus welcher die Ordnungsstrafe wegen Ungebühr festgesetzt worden ist, in das vom Gerichtsschreiber unterzeichnete Protokoll selbst aufgenommen werden muß. (Busch, Z. f. D. CP. 12 S. 243 ff.; Seuffert's Arch. 48 Nr. 130.) Demzufolge kann der durch amtliche Feststellungen nicht gerechtfertigte Beschluß nicht aufrecht erhalten werden, sondern war aufzuheben. Die Kosten des mit Erfolg eingelegten Rechtsmittels fallen der Staatskasse zur Last. § 505 StPO. Z.

b) **Zuständigkeit zur Entscheidung über die Beschwerden nach § 183 GVG.; insbesondere in Bayern.**[1]

OLG. Zweibrücken, Ferien-CS. Beschluß v. 22. August 1900.

Nach § 183 GVG. entscheidet über die Beschwerde das OLG., d. h. ein Zivil- oder Strafsenat, jenachdem die Verhängung der Ordnungsstrafe in einer Zivil- oder in einer Strafsache erfolgt ist.[2] Für Bayern wurde jedoch gemäß § 9 des EG. zum GVG. vom 27. Januar 1877 durch Art. 41 des Ausf.-G. vom 23. Febr. 1879 das OLG. München als ausschließlich zuständig für die Verhandlung und Entscheidung der zur Zuständigkeit der OLGerichte gehörenden Revisionen und Beschwerden in Strafsachen erklärt. An dessen Stelle ist seit dem 1. Januar 1900 zufolge § 9 des EG. zum GVG., und Art. 167 Ziff. XII des bayerischen Ausf.-G. z. BGB. das Oberste Landesgericht in München getreten. Im vorliegenden Falle wurden nun die Ordnungsstrafen in einem gegen den Beschwerdeführer anhängig gewesenen Strafverfahren vom Schöffengerichte festgesetzt. Gegen diese Entscheidungen richtet sich die Beschwerde. Es handelt sich also auch hier um eine Beschwerde in einer Strafsache. Hiernach war den obigen Darlegungen zufolge die erhobene Beschwerde wegen Unzuständigkeit des angerufenen Gerichtes zurückzuweisen (vgl. auch Loewe-Hellweg, StPO. Note 7 zu § 183 GVG. und Note 4b zu § 346 der StPO.; Keller, GVG. Note 4 zu § 183; Entsch. des OLG. München Bd. 2 S. 244, und den daselbst abgedruckten Beschluß des RG. vom 25. September 1882). Dr. K.

---

[1] Vgl. vorstehend litt. a.

[2] Es handelt nicht von eigentlichen Strafentscheidungen, sondern von der Wahrung der Ordnung und des ungestörten Ganges der Verhandlung, wobei für die Frage, welcher Senat einzutreten hat, die Natur dieser Verhandlung maßgebend sein muß. (Vgl. auch Entsch. des RG. in Civils. 2 S. 385.) D. E.

82

a) **Begriff der Feriensache. GVG. § 202, Abs. 3.**

OLG. Karlsruhe, Ferien-CS. Beschluß v. 20. Juli 1901.

Die Beschwerde des Beklagten macht geltend, daß der bedeutende Betrag des eingeklagten Schadens während des Rechtsstreites noch weiter anwachse und daher dessen Erledigung besonderer Beschleunigung bedürfe. Allein es ist nicht zu ersehen, inwiefern die Rechtslage des Beklagten, welcher die Abweisung der Klage beantragt hat, es rechtfertigen soll, von der gesetzlichen Regel hier eine Ausnahme zu machen. Die etwaige Erhöhung des Schadensbetrages im Falle seiner späteren Verurteilung wäre keine Besonderheit dieses Prozesses, sondern eine mit derartigen Schadensprozessen notwendig verbundene Erscheinung. Hierin hat das Landgericht mit Recht einen zureichenden Grund, diese im Beweisverfahren schwebende Sache als Feriensache zu bezeichnen, nicht erblickt. Dr. E.

b) **Armenrechtsgesuch als Feriensache.**

OLG. Breslau, VII. CS. Beschluß v. 28. September 1901.

Auf die sofortige Beschwerde des Klägers ist der die Bewilligung des Armenrechtes ablehnende Beschluß der Ferienkammer aufgehoben worden. Denn gemäß § 118 CPO. liegt die Entscheidung über ein Armenrechtsgesuch beim Prozeßgericht, dies ist im vorliegenden Falle die II. Civilkammer. Die Ferienkammer ist für Entscheidungen in Sachen, welche keine Feriensachen im Sinne des § 202 sind, nur zuständig, wenn diese Sachen besonderer Beschleunigung bedürfen und der Antrag gestellt ist, die Sache als Feriensache zu behandeln. Beide Voraussetzungen liegen nicht vor.[1] W.

83

a) **Umfang des Festsetzungsverfahrens. CPO. § 91.**

OLG. Dresden, III. CS. Beschluß v. 5. März 1901.

Der Beklagte hat sich im Vergleiche vor dem Prozeßgericht zur Erstattung der Kosten für Anmeldung der streitigen Forderung im Konkurse und Abwartung des Prüfungstermines insoweit verpflichtet, als solche erstattungsfähig sind. Diese Kosten können jedoch im Festsetzungsverfahren nicht berücksichtigt werden. Dieses Verfahren befaßt sich nur mit der nach § 91 erstattungsfähigen Kosten, die unmittelbar durch den beendeten Rechtsstreit erwachsen sind. Eine Erweiterung dieser öffentlich-rechtlichen Vorschrift durch Parteivereinbarung ist unzulässig (vgl. Sächs. Archiv 5 S. 38). Die durch die Anträge bei der Verwaltungsbehörde erwachsenen Kosten sind im Ver-

---

[1] Die Richtigkeit der vorstehenden Entscheidung erscheint zweifelhaft. Gesuche um Bewilligung des Armenrechtes sind allerdings keine Feriensachen im Sinne des § 202 Abs. 2. Wenn aber eine Partei in einem anhängigen Prozesse, in welchem nicht lange Zeit nach Schluß der Ferien Termin ansteht, während der Ferien ein Gesuch um Bewilligung des Armenrechtes einreicht und die Ferienkammer darüber Beschluß faßt, so dürften die Voraussetzungen des § 202 Abs. 3 gegeben sein. D. E.

gleiche nicht erwähnt. Wären sie aber auch vom Beklagten zur Erstattung mit übernommen, so hätte von ihrer Feststellung dasselbe zu gelten, was oben von den Kosten des Konkursverfahrens gesagt ist. Dr. v. F.

b) Kostenpflicht des lediglich mit der Hypothekenklage belangten Eigentümers, der den Anspruch sofort anerkennt.[1]

OLG. Celle, I. CS. Urteil v. 7. Juni 1901.

Der Beklagte, welcher das Pfandgrundstück nach der Hypothekbestellung erworben hat, hat den Anspruch, daß er sich wegen der Forderung die Zwangsversteigerung gefallen lassen solle, sofort anerkannt. Die Kosten sind dem Beklagten auferlegt. Aus den Gründen:

... Es kann dahingestellt bleiben, ob dem Beklagten, wie der erste Richter ausführt, als Eigentümer des Pfandgrundstückes eine Zahlungsverpflichtung nicht obliegt und ob nicht vielmehr nach den mit dem bisherigen preußischen Rechte übereinstimmenden Vorschriften des BGB. der dinglich verhaftete Eigentümer als zahlungspflichtiger Schuldner des Hypothekengläubigers mit der Beschränkung anzuerkennen ist, daß er nur mit den Mitteln der Pfandsache zu haften habe. (Stobbe-Lehmann, D. Priv.-R. 3. Aufl. §§ 147, 155; Dernburg, Bürgerl. R. 3 § 221; Cosack, Lehrb. § 221; Mot. zum BGB. zu § 1075; Prot. 3 S. 539.) Denn wenn auch diese Auffassung abzulehnen wäre, so kann es doch bei den zwischen dem Gläubiger und dem Eigentümer bestehenden Beziehungen nicht für zulässig erachtet werden, daß der Eigentümer dem auf Zahlung dringenden Gläubiger gegenüber lediglich ein passives Verhalten beobachtet. Dem Gläubiger, welcher Befriedigung beansprucht, liegt es ob, die Fälligkeit der Forderung herbeizuführen. Er hat die Hypothek zu kündigen und zwar durch Erklärung an den Eigentümer (§ 1141 BGB.); dies hat der Kläger gethan. Den Anspruch, die Zwangsversteigerung für den Fall der Nichtzahlung zu dulden, hat er dem Beklagten gegenüber nicht geltend gemacht. Dies war auch nicht erforderlich. Die dahin gehende Verpflichtung des Beklagten verstand sich eventuell, als eine gesetzliche Folge der Nichtbefriedigung des Klägers, von selbst und war in der Zahlungsaufforderung mitenthalten. Das vom Kläger beobachtete Verfahren war daher durchaus korrekt. Denn ein Recht auf Befriedigung aus dem durch Zwangsversteigerung zu erzielenden Erlöse steht dem Gläubiger ohne weiteres nicht zu. Er kann vom Eigentümer zunächst nur Zahlung verlangen und muß es diesem überlassen, welche Maßregeln er zu ergreifen gedenkt und in welcher Weise er die Befriedigung des Gläubigers herbeizuführen beabsichtigt. Der Beklagte wäre nun auf die an ihn gerichtete

[1] Rsp. 1 Nr. 160 S. 259 u. 3 S. 214 Note 1. — Wenn der Konkursverwalter daher das Verlangen eines Hypothekengläubigers, dessen Guthaben anzuerkennen (ZVG. § 174), auch die Zwangsversteigerung und -Verwaltung des Pfandgrundstückes zu bewilligen, ablehnt, weil die Versteigerung bereits auf seinen Antrag angeordnet sei, so sind gemäß CPO. § 91 Abs. 1 verb. m. KO. § 59[1] die Kosten des Prozesses dem Beklagten als Masseschuld aufzuerlegen. OLG. Dresden, VII. CS. Beschluß v. 20. Dezember 1900, Annalen 22 S. 373.

Zahlungsaufforderung berechtigt gewesen, die drohende Zwangsversteigerung durch Bezahlung der Forderung abzuwenden (§ 1142 BGB.). Er wäre auch befugt gewesen, dem Kläger mit dessen Zustimmung zum Zwecke der Befriedigung die im § 1149 bestimmten Rechte einzuräumen. Endlich konnte er der zufolge der wiederholten Mahnungen des Klägers in Aussicht stehenden Klage dadurch begegnen, daß er — um den zur Betreibung der Zwangsversteigerung unerläßlichen vollstreckbaren Titel (§ 1147 BGB.) zu verschaffen — sich erbot, dem Kläger auf dessen Kosten eine Urkunde auszustellen, in der er sich der sofortigen Zwangsvollstreckung unterwarf (§ 794[5] CPO.). Nichts aber hat er unternommen. Er hat mit keinem Worte den Kläger von seinen Absichten unterrichtet. Er hat trotz seines wesentlichen Interesses an dem weiteren Verlauf der Angelegenheit, den Kläger völlig im Unklaren gelassen und sich teilnahmslos verhalten. Dem Kläger stand daher bei der Unthätigkeit des Beklagten kein anderes Mittel zu Gebote, als den beim Ausbleiben einer anderweiten Befriedigung erforderlichen vollstreckbaren Titel sich durch Inanspruchnahme gerichtlicher Hilfe zu verschaffen. Hsr.

Dazu: OLG. Celle, I. CS. Urteil v. 21. Juni 1901.

. . . Der § 93 CPO. hat nicht die Bedeutung, daß das „Verhalten" des Beklagten ein schuldhaftes gewesen sein müsse, wenn (im Falle sofortiger Anerkennung des Anspruches im Prozeß) ihm die Kosten zur Last fallen sollen. Denn die Kostenpflicht hängt von einem Verschulden der Partei nicht ab. Thatsächlich war vorliegend dem Beklagten nach seinen eigenen Angaben nicht nur bekannt, daß die Forderung am 1. Oktober 1900 fällig war, sondern auch, daß er dann befriedigt sein wolle, und ferner wußte er, daß Kläger seiner Bitte, doch seine Forderung gegen den persönlichen Schuldner E. einzuklagen, nicht nachkommen wollte; Kläger hatte ihm vielmehr ausdrücklich erklärt, wenn ihm das Geld nicht von irgend einer Seite gezahlt werde, müsse er das Grundstück anfassen. Damit hatte der Kläger alles gethan, was von ihm zu verlangen war. Weder war eine direkte Aufforderung zur Zahlung erforderlich noch eine Belehrung des Beklagten darüber, daß er das Grundstück ohne vollstreckbaren Titel nicht „anfassen", und daß er, wenn ihm nicht auf andere Weise ein vollstreckbarer Titel verschafft wurde, diesen sich nur durch Klage gegen den Beklagten verschaffen könne. Übrigens hat Beklagter auch nicht behauptet, daß ihm dies unbekannt gewesen wäre. Seine Sache war es hiernach, das Seinige zu thun, damit Kläger eine Veranlassung zur Klagerhebung nicht habe. Er konnte die Klage abwenden, indem er entweder zahlte oder sich erbot, dem Kläger eine Urkunde auszustellen, durch welche er sich der Zwangsvollstreckung unterwarf, letzteres auf des Klägers Kosten, der diese Kosten als Kosten der Rechtsverfolgung nach § 10 ZwVG. mit seiner Hauptforderung beitreiben konnte. Die Prozeßkosten, in welche Kläger verurteilt ist, kann er dagegen nicht im Versteigerungsverfahren beitreiben; es würde ein Widerspruch sein, wenn Kläger Kosten, welche ihm im Rechtsstreite mit dem Beklagten auferlegt sind, in der Zwangsvollstreckung, welche sich doch auch gegen den Beklagten richtet, wieder beitreiben könnte. — Sollte es aber auch selbst ein Mittel nicht geben, wie der Beklagte ohne eigenen Nachteil die Klage abwenden könnte, so würde dies immer noch kein Grund sein, dem Kläger die Kosten aufzuerlegen. Denn die Veranlassung zur Klage ist darum für den Kläger, der ohne vollstreckbaren Titel nicht zu seiner Befriedigung aus dem Grundstücke gelangen kann, doch gegeben, und zwar auch durch das, wenn auch nicht schuldhafte Verhalten des Beklagten. Der Nachteil trifft den Beklagten, weil er Eigentümer eines belasteten Grundstückes ist. Als solcher ist er verpflichtet, sich auf die Klagen einzulassen, welche gegen den Eigentümer des Grundstückes gerichtet sind; dies ist im EEG. vom 5. Mai 1872 ausdrücklich hervorgehoben, gilt aber auch nach dem BGB.

Fraglich könnte sein, ob die Haftung des Beklagten, wie in der Hauptsache, so bezüglich der Kosten auf das Grundstück zu beschränken ist. Dies würde zur Folge haben, daß der Kläger Ersatz der ihm erwachsenen Kosten nur im Versteigerungsverfahren mit der Hauptforderung erlangen, daß aber auch die Staatskasse, soweit Kläger nicht vorschußpflichtig ist (§ 90 GKG.), die Gerichtskosten nur im Versteigerungsverfahren beitreiben könnte, daß endlich aber auch dem Beklagten selbst die Möglichkeit gewährt werden müßte, die ihm erwachsenen Kosten im Versteigerungsverfahren geltend zu machen. Schon hieraus ergiebt sich, daß diese Beschränkung nicht zutreffend sein kann. Sie läßt sich aber auch sonst nicht begründen. Der Beklagte ist in diesem Rechtsstreit für seine Person Partei, nicht Vertreter des Grundstückes, welches nicht Partei sein kann. Er ist auch nicht, wie z. B. der Konkursverwalter, zwar Partei, aber nur für Rechnung einer fremden Vermögensmasse, denn das Grundstück ist sein Eigentum. — Endlich ist seine Verpflichtung zum Tragen der Kosten nicht ein Annex, ein Ausfluß der eingeklagten Verbindlichkeit, sondern diese Verpflichtung hat ihren besonderen Grund darin, daß, wer einen Prozeß führt, die damit verbundene Gefahr übernimmt, im Falle des Unterliegens die Kosten tragen zu müssen. Hsr.

c) **Kostenpflicht bei Erledigung des Anspruches vor Zustellung der Klage, aber nach Verzugsetzung durch diese.**

OLG. Bamberg, I. CS. Beschluß v. 26. September 1901.

Dem Beklagten war als Bevollmächtigtem mehrerer Erben ein gemeinschaftlicher Erbschein ausgehändigt worden, in welchem auch die — zu Protokoll des Nachlaßgerichtes erfolgte — Vollmachtserteilung bestätigt war. Einzelne der Erben verlangten später durch ihren Rechtsanwalt vom Beklagten, der gleichfalls einen Anwalt bestellt hatte, Rückgabe dieses Scheines an das Nachlaßgericht, und zwar zuletzt unter Androhung der Klagestellung noch am gleichen Tage. Einige Stunden nach dem von ihnen gesetzten Endtermine, um 6 Uhr abends, erhielt ihr Anwalt von dem des Beklagten die Mitteilung, daß die Ablieferung an das Nachlaßgericht bethätigt sei. Inzwischen war die Klage bei Gericht eingereicht worden, jedoch mit dem Begehren der Hinterlegung des Erbscheines bei der Hinterlegungsstelle. Hiervon wurde dem beklagtischen Anwalte wieder Mitteilung gemacht mit dem Bemerken, daß im Falle unverzüglicher Erledigung dieses Begehrens die Klage, deren Kosten Beklagter zahlen müsse, nicht werde zugestellt werden. Die Klagschrift wurde am zweitfolgenden Werktage früh der Gerichtsvollzieherei zur Zustellung übergeben, und letztere am nächsten Tage bewirkt. Im Laufe des Prozesses erfolgte die verlangte Hinterlegung. Es erging Endurteil lediglich über die Kosten, die den Klägern überbürdet wurden, weil die Hinterlegung des Erbscheines bei Gericht vor Einreichung der Klage geschehen sei und Beklagter ausweislich der Korrespondenz das Einverständnis der Kläger mit dieser Hinterlegungsart habe annehmen können, weil daher von einem Verzuge des Beklagten zur Zeit der Einreichung und vollends der Zustellung der Klage keine Rede sein könne, die Klagerhebung vielmehr unbegründet gewesen und die Klagpartei deshalb gemäß § 91 CPO. zur Kostentragung verpflichtet sei. Die sofortige Beschwerde der Kläger — § 99^{III} — wurde aus folgenden Gründen verworfen:

Vor allem ist darauf hinzuweisen, daß es sich gar nicht um die Frage handelt, ob Beklagter mit der Rückgabe des Erbscheines an das Nachlaßgericht im Verzuge war. Da dieselbe vor Zustellung der Klage erfolgt ist, hätte letztere, wenn auf diese Rückgabe gerichtet, keinen Boden mehr gehabt und überhaupt nicht zugestellt werden dürfen, bei gleichwohl bethätigter weiterer Verfolgung aber durchweg, auch im Falle der Beschränkung auf den Kostenpunkt, die Abweisung erfahren müssen. Vgl. Gaupp-Stein, Komm. 4. Aufl. § 91, II; Rsp. 2 S. 299. Die Klage war jedoch auf Hinterlegung des Erbscheines bei der zuständigen Hinterlegungsstelle gerichtet, welche zur Zeit der Klagezustellung noch nicht bethätigt war. Es konnten nun Kläger, wenn zu jener Zeit Beklagter nicht im Verzuge sich befand, nicht deshalb allein wegen unbegründeter Klagerhebung mit sämtlichen Kosten auf Grund § 91 CPO. belastet werden. Nach dieser Gesetzesbestimmung treffen die Kosten die unterliegende Partei; maßgebend für die Frage, wer unterliegender Teil sei, ist aber die Zeit der Urteilsfällung, und falls bis zu dieser Zeit der Klaganspruch sich als begründet erwiesen hat, kann Kläger nicht als unterliegend betrachtet, muß vielmehr Beklagter, wenn er auch erst durch die Klagerhebung in Verzug gesetzt worden ist, mangels Befriedigung des Klaganspruches zu dieser und allermindestens zu einem Teile der Kosten verurteilt werden; vgl. Gaupp-Stein § 93 N. 3, 5; Seuff. Arch. 50 Nr. 48 u. Verw. Trotz Unterliegens des Beklagten können jedoch die Kosten der Klagpartei völlig zur Last fallen auf Grund § 93 CPO., wenn der Beklagte nicht durch sein Verhalten zur Erhebung der Klage Veranlassung gegeben hat und ferner den Anspruch sofort anerkennt. Die Voraussetzungen dieser Gesetzesstelle liegen hier vor.

Die zur Erledigung des Klagbegehrens offen gelassene kurze Frist war nicht geeignet, den Beklagten in Verzug zu setzen. [Näher ausgeführt.]

Demnach war die Klagerhebung auf alle Fälle verfrüht und durch das Verhalten des Beklagten nicht veranlaßt. Unter den obwaltenden Umständen war es nicht unangemessen, wenn dessen Vertreter den ersten Termin abwartete, wo etwa eine sachgemäße Erledigung sich hätte ermöglichen lassen; auf die Rechtsfrage ist dies übrigens nicht von Einfluß. Die mündliche Verhandlung über den Rechtsstreit fand ausweislich des Sitzungsprotokolles hier nicht statt, wenn auch Urkunden übergeben wurden; demnächst erfüllte Beklagter den Klaganspruch durch die unter Bezugnahme auf die Klage bethätigte Hinterlegung des Erbscheines und erkannte den Anspruch damit thatsächlich an. Bei diesem Anerkenntnisse blieb es auch in der ersten mündlichen Verhandlung. Der Urteilsthatbestand widerspricht dem zwar, da hiernach die kostenfällige Klagabweisung beantragt worden sein soll. Wäre aber dem wirklich so, dann hätte nicht bloß über die Kosten erkannt werden dürfen, sondern über die Berechtigung des Klaganspruches — unter Würdigung der thatsächlichen Unterwerfung des Beklagten — befunden, behufs der ausgesprochenen Verurteilung des Klägers in sämtliche Kosten die Klage abgewiesen werden müssen. Der Thatbestand ist jedoch durch das Sitzungsprotokoll entkräftet (§ 314 CPO.), inhaltlich dessen nur die auf den Kostenpunkt bezüglichen Anträge aus den beiderseitigen Schriftsätzen verlesen wurden. Demzufolge ist es dem Beklagten unschädlich, wenn in seinen Schriftsätzen der Antrag auf Klagabweisung angekündigt war; vielmehr ist der Klaganspruch von ihm in der ersten mündlichen Verhandlung, daher im Sinne des Gesetzes sofort, anerkannt worden; vgl. Gaupp-Stein § 93 I 1 und II 1.* Z.

d) Keine Kostenpflicht des Besitzers einer vollstreckbaren Urkunde (§ 794[5]), der aus dem zu Grunde liegenden Rechtsverhältnisse klagt.

OLG. Köln, I. CS. Urteil v. 29. April 1901.

... Der Gläubiger, der im Besitze einer vollstreckbaren Urkunde ist, hat zwar das Recht, keineswegs aber die Pflicht, die Zwangsvollstreckung lediglich auf Grund dieser Urkunde zu betreiben; es steht ihm vielmehr frei, statt sich die Vollstreckungsklausel erteilen zu lassen, auf das dem Schuldtitel zu Grunde liegende Rechtsverhältnis zurückzugreifen und im ordentlichen Prozeßwege seinen Anspruch zu verfolgen. ... Es könnte sich also nur fragen, ob die Kläger wenigstens einen Teil der Kosten um deswillen tragen müßten, weil sie statt zur Klage in der Sache selbst zu schreiten, entweder beim Notar die Erteilung einer Vollstreckungsklausel erwirken oder auf eine solche hätten klagen können, in welch letzterem Falle gemäß § 26[8] GKG. und § 20 GebO. nur die Hälfte der durch den gegenwärtigen Prozeß entstandenen Kosten erwachsen wären. Aber auch diese Frage ist zu verneinen; denn da das Gesetz dem Gläubiger die Wahl giebt, ob er für seinen urkundlich verbrieften Anspruch eine Vollstreckungsklausel erwirken oder Klage erheben will, so kann er auch nicht indirekt durch Aufbürdung von Kosten gezwungen werden, den

* Die Überschrift zu c muß lauten: „Kostenpflicht bei Erledigung des Anspruches: a) vor Zustellung der Klage, — b) nach Verzugsetzung durch diese".

ihm zwecks Geltendmachung seines Rechtes geeignet erscheinenden Weg zu beschreiten, wie das Gleiche auch gilt, wenn der Gläubiger, statt des Urkunden- oder Wechselprozesses, das ordentliche Verfahren wählt (vgl. Neukamp, CPO. Bem. 2d vor § 592). Eine andere, hier nicht zu erörternde Frage ist die, ob den Kläger dann, wenn der Beklagte den Anspruch sofort anerkennt, auf Grund des § 93 CPO. die Kosten treffen würden, da dieser Fall hier nicht vorliegt. Dr. N.

e) **Berufung im Falle des Ausspruches, daß es beim Anerkenntnis des Beklagten bewende und die Kosten vom Kläger zu tragen seien.** OLG. Bamberg, I. CS. Urteil v. 6. November 1900.

Erstrichter hatte erkannt, daß es bei der Bereiterklärung der Beklagten zur Vornahme der Teilung des Grundbesitzes sein Bewenden habe und Kläger die Kosten zu tragen haben. Auf Berufung der Kläger wurden Beklagte zur Vornahme der Teilung und in die Kosten verurteilt: § 99³ CPO. schlägt hier nicht ein. Die Hauptsache ist nicht ohne Entscheidung erledigt und Beklagte selbst räumen, insofern sie die Berufung eventuell als unbegründet bezeichnen, ein, daß durch die Feststellung ihres Anerkenntnisses zum Sitzungsprotokolle und zum Urteile, also erst durch das Urteil und nicht ohne dasselbe oder schon vor demselben der geltend gemachte Anspruch erledigt sei. Die Berufung ist aber auch begründet, da der Ausspruch gegen § 307 CPO. verstößt, dem Antrage der Kläger auf Verurteilung hätte stattgegeben werden müssen. Auch § 93 CPO. ist zu Unrecht angewendet worden, da Beklagte von den Klägern, sei es auch nur einmal, erfolglos aufgefordert worden waren, behufs der notwendigen Verlautbarung zum Notare zu kommen. Z.

f) **Zulässigkeit der Berufung des Beklagten „weil seine Verurteilung lediglich auf Grund Anerkenntnisses hätte erfolgen sollen". Voraussetzung hierfür.** OLG. Bamberg, I. CS. Urteil v. 5. Februar 1901.

Gegenüber einer Teilungsklage aus § 749 BGB. hatte Beklagter vorgebracht, daß er gegen eine Teilung nichts einzuwenden, aber auch nichts eingewendet und zur Klage keine Veranlassung gegeben habe, daher deren Abweisung beantrage. Weil er auf letzterem Antrage beharrte, wurde er zur Gestattung der Teilung und zur Kostentragung verurteilt. Hiegegen legte er Berufung ein, weil er den klägerischen Anspruch an sich anerkannt und nur dessen klageweise Geltendmachung ohne Veranlassung seinerseits bekämpft habe, daher im Falle Unrichtigkeit der Form seines Antrages die Verurteilung auf Grund seines Anerkenntnisses und die Überbürdung der Kosten auf Kläger hätten erfolgen sollen. Aus den Gründen:

Die Berufung ist zulässig, § 99¹ CPO. nicht anwendbar, weil mit der Berufung nicht bloß die Entscheidung über den Kostenpunkt angefochten wurde. Wenn sie auch den Hauptzweck hat, eine Änderung der Entscheidung über die Kosten herbeizuführen, so wurde sie nicht auf den Kostenpunkt beschränkt, sondern auch gegen die Entscheidung in der Hauptsache insofern gerichtet, als statt der Verurteilung des Beklagten zur Teilung auf Grund seiner Verpflichtung dessen Verurteilung auf Grund Anerkenntnisses begehrt wurde. Die Zulässigkeit eines Rechtsmittels gegen die Kostenentscheidung hängt nur von der formellen Zulässigkeit eines gegen die Entscheidung der Hauptsache erhobenen Angriffes ab. —

Beantragte der Beklagte die Abweisung der Klage, so wollte und begehrte er, da die Abweisung einer Klage wegen Unzulässigkeit nur unter ganz bestimmten hier nicht gegebenen Voraussetzungen stattfindet, die Zurückweisung des Klaganspruches als eines unbegründeten und bekämpfte damit das ganze Klagbegehren, so daß das Gericht den Klaganspruch feststellen mußte und ein Anerkenntnisurteil nach § 307 CPO. nicht erlassen konnte... Dadurch ist auch die Anwendung des § 93 ausgeschlossen. Auch hier muß das Anerkenntnis vollständig und unbedingt sein und die Unterwerfung unter den Klaganspruch in sich schließen, weil anderenfalls die Erhebung der Klage gerechtfertigt war. Wenn Beklagter zwar thatsächliche Behauptungen zugab, aber daraus gezogene rechtliche Folgen bestritt, kann von einem Anerkenntnisse keine Rede sein. 3.

g) **Keine Berufung gegen ein Urteil, welches bei Erledigung der Hauptsache nur über die Kosten entscheidet, obwohl noch widersprechende Anträge zur Hauptsache vorlagen.**

OLG. Zweibrücken, II. CS. Urteil v. 9. Oktober 1901.

Der Beklagte hatte der Klägerin die fernere Ausübung des ihm patentierten Verfahrens verboten, worauf Klägerin auf Feststellung des Nichtbestehens dieses Verbietungsrechtes klagte. Demnächst wurde das Patent für nichtig erklärt und demgemäß waren bei der mündlichen Verhandlung die Parteien darüber einig, daß die Klage gegenstandslos sei. Die Klägerin beantragte, den Sachantrag der Klage für gegenstandslos geworden zu erklären und dem Beklagten die Kosten aufzuerlegen, während der Beklagte um Abweisung der Klage bat. Aus den Gründen:

Das angefochtene Urteil lautet: „Die Kosten werden dem Beklagten auferlegt." Nur über den Kostenpunkt, nicht über die Hauptsache ist hiernach entschieden worden (JW. 1897 S. 601[2]). Das zulässige Rechtsmittel war daher die sofortige Beschwerde, nicht die Berufung (§ 99 Abs. 3). Die Einreichung der Berufungsschrift zur Terminsbestimmung oder die Niederlegung der Abschrift der Berufungsschrift bei dem Gerichte kann aber nicht als Einlegung der Beschwerde gelten (JW. 1899 S. 225[13]). — Die Unzulässigkeit der Berufung ergiebt sich auch aus § 99 Abs. 1. Die Zulässigkeit der Anfechtung einer Kostenentscheidung hängt von der Frage ab, ob gegen die Entscheidung in der Hauptsache ein Rechtsmittel eingelegt werden kann und eingelegt ist. Ein Rechtsmittel in der Hauptsache kann aber nicht eingelegt werden, wenn zur Zeit dieser Einlegung der Streit über die Hauptsache erledigt ist (JW. 1900 S. 180[3]; Entsch. 45 S. 413). Zu einer Entscheidung in der Hauptsache, d. h. darüber, ob durch Zuspruch die Klage das Nichtbestehen oder durch ihre Abweisung das Bestehen des Verbietungsrechtes

(JW. 1901 S. 423[4] und 536[2]) festzustellen sei, hatte schon der erste Richter keinen Anlaß mehr. Bedeutungslos war, daß der Beklagte, obwohl er das Nichtbestehen eines Verbietungsrechtes zugab, seinen Antrag auf Abweisung aufrecht erhielt. Denn dies geschah nur für die Kostenentscheidung; nur wegen der Kostenfrage hatte jener Antrag, wie das angefochtene Urteil sich ausdrückt, einen Sinn. Nur durch die Kostenentscheidung fühlte sich der Beklagte denn auch beschwert. In der Berufungsschrift hat der Beklagte auch nur beantragt, die Kosten beider Instanzen der Klägerin zur Last zu legen; ein Antrag zur Hauptsache wurde nicht in Aussicht gestellt. Allerdings ist in der mündlichen Verhandlung wieder auf den Antrag, die Klage abzuweisen, zurückgegriffen worden. Allein dies geschah nicht in dem Sinne, daß der Beklagte das Recht beanspruchte, die Anwendung des patentierten Verfahrens zu verbieten, sondern nur das Begehren, der Klägerin die Prozeßkosten zu überbürden, zu rechtfertigen. Über den Punkt, daß der Beklagte der Klägerin nichts verbieten darf und will, besteht kein Streit. Auch die Behauptung, daß Klägerin auf den Anspruch verzichtet habe und die Klage aus diesem Grunde abzuweisen sei, ist nur zur Kostenfrage vorgebracht; der Beklagte will nicht eine Abweisung zur Hauptsache, d. h. die Feststellung eines für ihn bestehenden Verbietungsrechtes. Übrigens ist es unrichtig, daß ein Verzicht der Klägerin vorliegt. Nicht die Klägerin hat ihren Anspruch aufgegeben, sondern der Beklagte ist von dem Angriffe, den er auf Grund seines Patentes machen zu dürfen glaubte, zurückgetreten. Streit besteht nur noch darüber, ob die Erhebung der Klage hätte unterlassen werden dürfen, obwohl der Beklagte mit Unrecht ein Verbietungsrecht beansprucht hatte. Dieser Streit bezieht sich auf die Kostenentscheidung des ersten Richters, die nicht selbständig zum Gegenstande der Berufung gemacht werden kann. Dr. Kr.

b) Grobes Versehen des Rechtsanwaltes, der nicht von der Erhebung einer gegen Treu und Glauben verstoßenden Klage abmahnt.[1] Beschwerdegericht als Prozeßgericht im Sinne von § 102 CPO.

OLG. Karlsruhe, II. CS. Beschluß v. 21. September 1901.

Wie in den Gründen des diesseitigen Beschlusses vom 6. Juli 1901 — wodurch die nach § 99 Abs. 3 CPO. eingelegte sofortige Beschwerde des Klägers gegen das ihm die Kosten des Rechtsstreites auferlegende Urteil des Landgerichtes zurückgewiesen wurde — ausgeführt ist, war die Klage gegen Treu und Glauben voreilig erhoben. . . . Bei dieser Sachlage war die sofortige Beschwerde gegen jenes Kostenurteil von vornherein für völlig aussichtslos zu erachten. Klage und Beschwerde wurden vom RA. X. als Prozeßbevollmächtigten des Klägers eingereicht. Weil er auch ausdrücklichen Auftrag seiner Partei sowohl zur Klage, als zur Beschwerde gehabt haben mag, so bringt er doch nicht vor, daß er seiner Partei die der Klage und der Beschwerde entgegenstehenden Bedenken vorgestellt und die Partei trotz-

[1] Vgl. JW. 1900 S. 646[1], 893[1], 1901 S. 354[1]. D. H.

dem auf Einreichung der Klage und der Beschwerde beharrt habe. Es wäre aber Pflicht des Rechtsanwaltes gewesen, seiner Partei jene Bedenken zur Kenntnis zu bringen, und stellt sich die Unterlassung dieser Pflicht als ein grobes Verschulden des Anwaltes dar, welches die landgerichtlichen und die diesseitigen Kosten veranlaßt hat. Ob bei Erfüllung dieser Pflicht ein grobes Verschulden ausgeschlossen wäre, kann dahingestellt bleiben (vgl. übrigens JW. 1900 S. 646[1] u. 893[1], 1901 S. 354[1]).

Hiernach liegen die materiellen Voraussetzungen des § 102 Abs. 1 zur Verurteilung des Anwaltes zur Tragung dieser Kosten vor. Das OLG. ist als Prozeßgericht im Sinne dieser Bestimmung zu erachten nicht nur wegen der bei ihm veranlaßten, sondern auch wegen der landgerichtlichen Kosten, — letzteres, weil als Prozeßgericht hinsichtlich der Kosten dasjenige Gericht erscheint, welches über die betreffenden Kosten zu entscheiden hat, das OLG. aber infolge der vom Kläger eingelegten sofortigen Beschwerde zur Entscheidung über die landgerichtlichen Kosten berufen war; die Entscheidung des Reichsgerichtes (4 S. 429) steht nicht entgegen, da dort von der (von Seuffert 8. Aufl. § 102 Anm. 4 S. 170; Reincke zu § 102 Anm. 1 u. 2 Abs. 1, und Struckmann-Koch 7. Aufl. § 102 Anm. 2 Abs. 2 anscheinend anders beantworteten) Frage, ob nur das Prozeßgericht der Instanz, in welcher das Verschulden vorgekommen ist, bezüglich der Kosten dieser Instanz den § 102 anwenden könne, abgesehen wird. Wenn auch nach Beendigung des Rechtsstreites § 102 nicht mehr angewendet werden kann, so ist doch hier das Verfahren nach § 102 gleichzeitig mit Erlassung des Beschlusses vom 6. Juli eingeleitet worden. Dr. E.

84

a) **Durch CPO. § 109 ist die Klage auf Einwilligung der Rückerhebung einer Sicherheit nicht beseitigt.**

OLG. Hamburg, I. CS. Urteil v. 25. September 1901.

... Die gerichtliche Geltendmachung dieses Rückforderungsrechtes war bis zur Einführung des § 109 zweifellos auf die gewöhnliche Civilklage auf Rückgabe bezw. Einwilligung des Gläubigers in die Rückgabe beschränkt. Daß dieses hier wie in jedem Falle der Privatrechtsverletzung zustehende ordentliche Klagerecht hinfort dem Kaventen verschränkt werden solle, ist weder in § 109 cit. noch sonstwo ausgesprochen. § 109 giebt kein zwingendes, sondern lediglich dispositives Recht; abhängig von dem Antrage des Kaventen, der seinem Belieben überlassen ist, der ihm also, da jener ordentliche Klageweg ihm nicht entzogen ist, mit diesem wohlweise zusteht. Nichts spricht dafür, daß dieser Antrag obligatorisch, eine conditio sine qua non für die Wiedererlangung der vom Schuldner hinterlegten Sicherheit sein solle. Dies wäre durchaus anomal, da die Civilprozeßordnung sich überhaupt nicht mit dem materiellen Klagerechte, sondern mit den Formen seiner gerichtlichen Geltendmachung befaßt und daher a priori jedenfalls nicht anzunehmen ist, daß sie dem Hinterleger im Falle der Verletzung seines Rechtes auf Rückerstattung sein grundsätzliches Klagerecht nehmen und ihm dafür nur diese provocatio ad agendum, einen Anspruch auf Klageerhebung seines Gegners binnen gerichtlicher Frist einräumen wolle. Mit dieser Auffassung stimmt auch die Begründung der Novelle überein, nach welcher diese Vorschrift eingefügt ist, „um die oft nur im Wege des besonderen Prozesses zu erreichende Rückerlangung der Sicherheitsleistung zu erleichtern“. Danach soll dem Hinterleger mit dieser Maßregel eine prozessuale Befugnis gegeben werden, um möglichenfalls ohne Beschreitung des ordentlichen Klageweges zu seinem Rechte und in den Besitz der erledigten Sicherheit zu gelangen, indem er seinen Gegner nötigen kann, bei Vermeidung der Annahme, daß er in die Rückgabe willige, Klage wegen vermeintlicher Ansprüche an die geleistete Sicherheit zu erheben. Das Gesetz (§ 109) führt also nicht einen Klageverlust für den rückforderungsberechtigten Hinterleger, sondern einen Klagezwang für seinen, Rechte prätendierenden, Gegner ein. Auch Gaupp (Anm. IIa. E. zu § 109), der die fernerweite Unzulässigkeit der Civilklage ausspricht, weil nach Einführung des § 109 kein Bedürfnis dafür mehr vorliege, macht wenigstens die Ausnahme, „daß der Kläger durch früheres Verhalten des Gegners wußte, daß dieser Ansprüche erheben würde“. Es ist nicht zu leugnen, daß dieser Ausweg wenig befriedigt. Die Unzulässigkeit der Klage läßt sich nicht daraus herleiten, weil das Gesetz dem Berechtigten noch einen anderen Rechtsbehelf gegeben hat und daher für jene kein Bedürfnis mehr vorliege. Hätte das Gesetz mit § 109 auch insoweit zwingendes Recht aufstellen wollen, so wäre es natürlich in jedem Falle zwingend, mag der Sicherheitsgläubiger bereits zu erkennen gegeben haben, daß er weitere Ansprüche auf die Sicherheit erhebt oder nicht. Diese notwendige Folge des Gesetzes als einer Vorschrift des öffentlichen Rechtes ließe sich ebensowenig wegleugnen wie die Beschränkung dieser ihrer zwingenden Eigenschaft auf den von ihr selbst gesetzten Fall, daß nämlich der Hinterleger dieses ihm durch § 109 verwilligte Verfahren beantragt, unbeschadet seiner ihm sonst zustehenden Rechte. Natürlich würden den Kaventen, der den Gläubiger auf Einwilligung in die Rückgabe verklagt, ohne daß dieser durch sein Verhalten zur Erhebung der Klage Veranlassung gegeben hätte, die Prozeßkosten treffen. . . . M. M.

b) **Die Abänderung des von einem besonderen Gerichte erlassenen Urteiles kann nicht vor dem ordentlichen Gerichte geltend gemacht werden. CPO. § 323.**

OLG. Köln, I. CS. Urteil v. 18. März 1901.

Die Widerklage auf Herabsetzung der dem Kläger durch ein Urteil des Rheinschiffahrtsgerichtes zu Düsseldorf von 1893 zuerkannten Rente ist vom Landgericht zu Köln wegen Unzuständigkeit des Gerichtes abgewiesen. Die Berufung wurde zurückgewiesen aus folgenden Gründen:

Über die Zuständigkeit des Gerichtes für eine aus § 323 anzustellende

Klage enthält weder dieser Paragraph, noch die CPO. überhaupt eine Vorschrift, was den Schluß rechtfertigt, daß die allgemeinen Vorschriften der CPO. sowie des GVG., sowohl was die örtliche, als auch was die sachliche Zuständigkeit betrifft, Anwendung finden müssen (vgl. Gaupp Anm. IV 1, Petersen Anm. 5, Struckmann-Koch Anm. 2 Abs. 1). Entscheidend für die sachliche Zuständigkeit ist demnach der Klagegegenstand, d. h. der geltend gemachte Anspruch; die Zuständigkeit des ordentlichen Gerichtes ist also hier nur vorhanden, wenn für denselben ein besonderes Gericht nicht zugelassen ist (§§ 13, 14 GVG.). — Gegenstand der Klage auf Grund des § 323 CPO. ist stets die Abänderung eines Urteiles, welches auf künftig fälligwerdende, wiederkehrende Leistungen erkannt hat, und zwar hinsichtlich der Verurteilung zur Leistung, deren Höhe und deren Dauer, und der Anspruch auf diese Änderung ist davon abhängig, daß eine wesentliche Änderung derjenigen Verhältnisse eingetreten ist, welche für das abzuändernde Urteil nach diesen verschiedenen Richtungen maßgebend waren. Hieraus, insbesondere aus dem Umstande, daß auch die auf die Verurteilung selbst, d. h. auf die Feststellung des Anspruches dem Grunde nach wesentlichen Änderungen der Verhältnisse maßgebend sind, ergiebt sich, daß diese Klage denselben Anspruch, wie das abzuändernde Urteil zum Gegenstande hat und folglich, wenn für diesen Anspruch die Zuständigkeit eines besonderen Gerichtes begründet ist, vor dieses auch die Klage auf Grund des § 323 gehört (Gaupp Anm. III zu § 323). War nun vorliegend für den dem Kläger zuerkannten Schadensersatzanspruch das Rheinschiffahrtsgericht auf Grund des Art. 34 II c. der Rheinschiffahrts-Akte vom 17. Oktober 1868 sowohl, was den Grund, als die Höhe des Anspruches anlangt, allein zuständig, so ist es dies auch für den mit der Widerklage erhobenen Anspruch auf Minderung. Das Gesetz hat also durch § 323 eine Änderung bezüglich der Zuständigkeit nicht gewollt, konnte eine solche nicht herbeiführen, weil die Rheinschiffahrts-Akte ein internationales Abkommen ist, das der einzelne Staat abzuändern nicht befugt ist. Ob für die Klage aus § 323, wie verschiedentlich mit Rücksicht auf den § 767 CPO. angenommen wird (vgl. Eger S. 543, Reincke, auch Stein in Busch Ztschr. 24 S. 224), das Prozeßgericht zuständig ist, ist für den gegenwärtigen Rechtsstreit, der nur die Zuständigkeit des Landgerichtes in Köln zum Gegenstand hat, zwar nicht zu entscheiden; die Frage ist aber doch mit Gaupp Anm. IV, Petersen Anm. 5, Struckmann-Koch, sowie mit der allerdings den § 7 des Reichshaftpflichtges. betreffenden, aber auch für den § 323 CPO. völlig zutreffenden Entsch. d. RG. 1 S. 315 unbedenklich zu verneinen.

Daß der Umstand, daß die Beklagte den Anspruch auf Herabsetzung der Rente im Wege der Widerklage geltend gemacht hat, auf die Zuständigkeit ohne Einfluß ist, hat das Landgericht unter Bezugnahme auf die §§ 13, 14 GVG. zutreffend verneint. Die Frage endlich, ob der § 323 rückwirkende Kraft hat und auf Urteile, die vor 1900 ergangen sind, zur Anwendung kommt, ist vom sachlich zuständigen, also dem Rheinschiffahrtsgerichte zu entscheiden, eine Prüfung derselben durch das erkennende Gericht daher ausgeschlossen, mit Rücksicht darauf, daß es sich nur um die Anfechtung eines Zwischenurteiles über die Zuständigkeit handelt, auch überflüssig. Dr. N.

c) **§ 528 CPO. findet auch auf die Gewerbegerichte Anwendung.[1] — Der Anweiser auf dem Stein- und Stätteplatze eines Kaufmannes (Steinhändlers) kann Handlungsgehilfe sein.[2] § 59 HGB.**

Kammergericht, VIII. CS. Urteil v. 25. September 1901.

Die etwaige Unzuständigkeit des Gerichtes darf Beklagter nicht mehr geltend machen. Denn in erster Instanz hat er diese prozeßhindernde Einrede nicht vorgebracht, vielmehr zur Hauptsache verhandelt, der erste Richter hat nur von Amts wegen seine Zuständigkeit geprüft. Daß Beklagter ohne sein Verschulden außer stande gewesen sei, die Einrede vorzubringen, hat er nicht einmal behauptet. Es findet hiernach, und da die Zuständigkeit des Gewerbegerichtes nach § 5 des Ges. v. 29. Juli 1890 eine ausschließliche ist, die durch die Novelle eingeführte Vorschrift Satz 2 des § 528 Anwendung, welche keineswegs auf ausschließliche Gerichtsstände des ordentlichen Gerichtes beschränkt ist, sondern auch die vor besonderen Gerichten bestehenden ausschließlichen Gerichtsstände umfaßt (vgl. §§ 12, 13, 14⁴ GVG.). — Der Einwand der Unzuständigkeit würde auch nicht begründet sein, da der Kläger nicht bloß Gewerbe-, sondern auch Handlungsgehilfe ist. Nach den eigenen Anführungen des Beklagten durfte Kläger innerhalb gewisser Grenzen Kaufgeschäfte über die zu den Platzbeständen gehörigen Steine abschließen. Mögen auch die Erlöse dieser Verkäufe nur 1 Mark bis 1,50 Mark täglich ausgemacht haben, so benimmt dieser Umstand ihnen nicht den Charakter von Handelsgeschäften. Und selbst abgesehen hiervon genügt die ordnende Thätigkeit, welche der Kläger für den Stätteplatz der Beklagten unstreitig in ähnlicher Weise ausgeübt hat, wie sie den „Lageristen" anderer kaufmännischer Geschäfte obliegt, um für den Kläger die Eigenschaft als Handlungsgehilfen festzustellen. M.

d) **Vor beendigtem Beweisverfahren ist ein Versäumnisurteil nicht zu erlassen.**

OLG. Hamburg, II. ZS. Beschluß v. 27. Juni 1901.

Nach § 370 ist der Termin, in welchem die Beweisaufnahme vor dem Prozeßgerichte stattfindet, zugleich zur Fortsetzung der mündlichen Ver-

---

[1] Ebenso Petersen-Anger Anm. 6 zu § 274, Reincke zu § 284 CPO. D. E.

[2] Diese Entscheidung ist nicht unbedenklich, weil die regelmäßige Thätigkeit eines Platzanweisers eine nicht kaufmännische ist und der nebensächliche Abschluß von Handelsgeschäften für den Besitzer des Steinplatzes dieser Thätigkeit nicht die „kaufmännische Signatur" verleiht (vgl. Rsp. 1 Nr. 35). Es dürfte auch nicht der Verkehrsauffassung entsprechen, daß der Platzanweiser ein Angestellter ist, welcher kaufmännische Dienste leistet (§ 59 HGB. Denkschrift S. 57. Vgl. Goldmann § 59 Anm. II Z. 1ᵃ u. 2). D. E.

handlung bestimmt; diese soll sich an die Beweisaufnahme anschließen, wenn nicht auf Antrag der Parteien oder von Amts wegen die Verhandlung vertagt wird. Die Verhandlung hat jedoch erst einzutreten, wenn die angeordnete Beweisaufnahme beendigt ist, und daraus folgt, daß vor der Beendigung der Beweiserhebung auch ein Versäumnisurteil gegen die in diesem Termine nicht erschienene Partei nicht erlassen werden darf. Die Beendigung des Beweisverfahrens kann eintreten, ohne daß die im Beweisbeschlusse bezeichneten Beweiserhebungen thatsächlich erfolgt sind. Das Gericht kann beschließen, von der Ausführung des Beweisbeschlusses Abstand zu nehmen, Parteien können auf weitere Beweiserhebung verzichten, es kann sich die Unmöglichkeit der Beweisaufnahme ergeben. Dagegen darf nicht von der Erledigung des Beweisbeschlusses um deswillen abgesehen werden, weil ein Zeuge in dem zu seiner Vernehmung bestimmten Termine nicht erschienen ist, auch dann nicht, wenn die Partei, welche die Vernehmung des Zeugen beantragt hat, in diesem Termine ebenfalls nicht erschienen oder nicht vertreten ist. Das ist aus den §§ 367, 368 abzuleiten, nach welchen die Beweisaufnahme, soweit es geschehen kann, im Beweisaufnahmetermine zu bewirken ist ohne Rücksicht darauf, ob die Parteien erschienen sind oder nicht und wenn ein neuer Termin zur Beweisaufnahme oder zu deren Fortsetzung erforderlich wird, dieser Termin von Amts wegen zu bestimmen ist auch dann, wenn der Beweisführer oder beide Parteien im früheren Termine nicht erschienen waren. Die hier vertretene Ansicht entspricht der Entscheidung des Reichsgerichtes vom 20. März 1880 (Entsch. 1 Nr. 87), sie ist auch von verschiedenen Kommentatoren zur CPO. ausgesprochen, z. B. von Gaupp, Seuffert, Wach, während andere, z. B. Wilmowski-Levy, zu einer anderen Auffassung gelangt sind. M. M.

e) **Versäumnisurteil ist gegen den Kläger nicht zu erlassen, wenn der Beklagte in zweiter Instanz den Mangel der Prozeßvollmacht des von ihm geladenen erstinstanzlichen Anwaltes rügt.**

OLG. Köln, I. CS. Beschluß v. 7. Oktober 1901.

Das Urteil des Landgerichtes ist auf Anstehen des für den Kläger aufgetretenen Prozeßbevollmächtigten A. dem Beklagten zugestellt worden. Die hiergegen zulässige Berufung ist durch Zustellung an A. eingelegt und dieser mit der Ausführung geladen worden, daß das erste Urteil nicht bloß aus materiellrechtlichen Gründen angefochten, sondern daß auch geltend gemacht werde, daß der Kläger zur Erhebung der Klage keinen Auftrag erteilt habe. Dadurch ist der Mangel der Vollmacht des für den Kläger in erster Instanz aufgetretenen Anwaltes gerügt, was nach § 88 Abs. 1 CPO. zweifellos auch noch in der Berufungsinstanz zulässig ist. Wenn der Beklagte mit seiner Behauptung durchdringen würde, so würde dies zur Folge haben, daß in der Hauptsache die Klage unter Abänderung des angefochtenen Urteiles angebrachtermaßen abzuweisen ist, und daß die Kosten (gemäß § 89 CPO.) dem A. aufgelegt werden müßten. Aus letzterer Folge ergiebt sich, daß der Beklagte zum Zwecke ihrer Geltendmachung den Genannten persönlich laden muß, was nicht geschehen ist, während der Antrag, dem Kläger die Kosten zur Last zu legen, der Begründung entbehrt, wenn der Beklagte selbst behauptet, daß der Kläger keinen Auftrag zur Klage gegeben hat, worin nach Lage der Sache auch die weitere Behauptung zu erblicken ist, daß der Kläger die Prozeßführung nicht im Sinne des § 89 Abs. 2 genehmigt hat. In Ansehung der Hauptsache kann aber das neue Verteidigungsmittel, welches in erster Linie zu prüfen ist, nur dem Kläger persönlich gegenüber geltend gemacht werden, nachdem zu dessen Gunsten bereits ein Urteil ergangen ist, und es kann hierfür eine Zustellung an den angeblichen Nichtbevollmächtigten nicht ausreichen. Der Beklagte muß daher eine Ladung nebst der Ankündigung des fraglichen Vorbringens auch dem Kläger selbst, gegebenenfalls im Wege der öffentlichen Zustellung, vorschriftsmäßig zustellen, und da eine solche Ladung nicht nachgewiesen ist, ist gemäß § 335² CPO. der Antrag auf Erlassung eines Versäumnisurteiles zur Zeit zurückzuweisen. Dr. N.

85

a) Bloße Ankündigung der Anschlußberufung berechtigt nicht zur Einstellung der Zwangsvollstreckung. CPO. § 719.

OLG. Stuttgart, Ferien-CS. Beschluß v. 22. August 1901.

Nachdem die Klägerin Berufung erhoben, hat der Beklagte mittels Schriftsatzes Anschlußberufung angekündigt und Einstellung der Zwangsvollstreckung aus dem teilweise für vorläufig vollstreckbar erklärten Urteil erster Instanz beantragt. Dieser Antrag ist zurückgewiesen aus folgenden Gründen:

Die Einstellung gemäß § 719 setzt voraus, daß ein Rechtsmittel seitens der Partei eingelegt ist, welche die Einstellung beantragt. Der Beklagte hat nun zwar angekündigt, er werde sich der von der Klägerin erhobenen Berufung anschließen; wirksam kann aber eine solche Anschließung — wie allgemein anerkannt ist — nur in der mündlichen Verhandlung über die Berufung erklärt werden. Auch wenn — was vorliegend zuzutreffen scheint — der Berufungsbeklagte innerhalb der Berufungsfrist die Anschließung angekündigt hat, hat dies gemäß § 522 CPO. nur die Folge, daß die Anschließung ihre Wirkung nicht verliert, wenn die Berufung zurückgenommen oder als unzulässig verworfen wird; die Anschließung wird dadurch aber nicht zu einer selbständigen Berufung, sondern es kommen ihr die gleichen Erleichterungen (bezüglich Anfechtung nur der den Kostenpunkt betreffenden Entscheidung, Erweiterung des Klagantrages trotz vollständigen Obsieges in erster Instanz 2c) zu statten, wie einer nach Ablauf der Berufungsfrist angekündigten Anschlußberufung (vgl. Entsch. 41 S. 381, 46 S. 387; Gaupp-Stein zu § 522 unter II). Folgerichtig kann aber eine innerhalb der Berufungsfrist angekündigte Anschließung, soweit nicht § 522 etwas anderes bestimmt, als eine selbständige Berufung auch nicht in solcher Hinsicht gelten, in welcher dies für den Anschlußberufungskläger vorteilhaft wäre, wie bezüglich der Möglichkeit, die vorläufige Einstellung der Zwangsvollstreckung zu beantragen und will der Verurteilte sich diese Möglichkeit sichern, so muß er innerhalb der Berufungsfrist seinerseits Berufung einlegen und nicht lediglich Anschließung an die Berufung des Gegners ankündigen. H.

b) **Tragweite des § 711 CPO.**

OLG. Hamburg, II. CS. Beschluß v. 6. Juli 1901.

Beklagter war vom LG. zur Zahlung verurteilt worden. Das OLG. hatte die Berufung verworfen und sein Urteil für vorläufig vollstreckbar erklärt. Das Gerichtsvollzieheramt hat den Antrag des Klägers, nunmehr das Urteil des LG. zu vollstrecken, abgelehnt, worin ihm das gemäß § 766 CPO. angegangene Amtsgericht beigetreten ist. Auf Beschwerde hat jedoch das LG. dem Antrage Folge gegeben, worin das OLG. beigetreten ist, obwohl Beklagter sich auf einen gegenteiligen Beschluß des OLG. Posen III. CS. vom 23. März 1900 in der Zeitschrift für Vollstreckungswesen S. 98 ff. und auf Erler in der Jur.-Zeit. 1900 S. 437 berufen hatte. Aus den Gründen:

Daran kann vernünftigerweise nicht gezweifelt werden, und auch Erler zieht es nicht in Zweifel, daß die Absicht des Gesetzgebers dahin gegangen ist, nicht bloß in den Fällen, wo die Verurteilung des Schuldners abweichend von der Entscheidung des Vorderrichters erst im Berufungsurteile ausgesprochen wird, sondern vollends da, wo beide Instanzen übereinstimmend zu diesem Ergebnisse gelangt sind, die Zwangsvollstreckung nicht in Rücksicht auf die formelle Möglichkeit einer Revisionseinlegung verzögert oder dem Gläubiger erschwert werden soll, wenn nach dem Ermessen des Gerichts die Voraussetzungen für die Zulässigkeit der Revision unzweifelhaft nicht vorliegen. Dieser gesetzgeberische Gedanke soll aber obiger Ansicht zufolge in der Fassung des § 711 nicht zum Ausdrucke gelangt sein. Wäre dies richtig, so würde er eben deshalb auch nicht Gesetz geworden sein, und die von Erler empfohlene Fassung der oberlandesgerichtlichen Urteile würde unzulässig sein, da sie eine dem Gesetze nicht entsprechende Anordnung enthalten würde. Ist dagegen der angeführte gesetzgeberische Gedanke im Gesetz zum Ausdruck gelangt, so ist nicht einzusehen, weshalb das Gericht, um auch seinerseits das zum Ausdruck zu bringen, was das Gesetz will, sich nicht derselben Worte sollte bedienen dürfen, welche das Gesetz anwendet. Es giebt für den Richter keinen sichererern Weg, dem Willen des Gesetzes der Form nach gerecht zu werden, als wenn er der Ausdrucksweise des Gesetzes sich anschließt. — In dem vorliegenden Wortstreite dürfte aber doch die Entscheidung zu Gunsten des Gesetzes ausfallen. Eine sprachliche Inkorrektheit liegt in seiner Fassung nicht vor. Die Verteidiger der entgegengesetzten Meinung berücksichtigen nicht, daß die Berufungsinstanz (im Gegensatze zur Revisionsinstanz) ein novum judicium bildet, welches je nach Umständen, auch wenn es zu einem gleichen Resultate gelangt, wie die Vorinstanz, doch auf einer ganz anderen Grundlage beruht. Das Berufungsurteil ist daher die Quelle der zur Vollstreckung gelangenden Entscheidung; es nimmt, wenn es mit der Entscheidung des Vorderrichters übereinstimmt, diese in sich auf, was dadurch zum Ausdruck gebracht wird, daß es die Berufung gegen das erstinstanzliche Urteil verwirft. Dabei macht es auch keinen Unterschied, ob im Einzelfalle das Berufungsurteil auf Grund neuer Thatsachen und Beweise gefällt worden ist, oder ob der zweite Richter sich auf eine Nachprüfung der rechtlichen und thatsächlichen Beurteilung des ersten Richters zu beschränken in der Lage war; denn dadurch wird der Charakter der Berufungsinstanz als eines novum judicium nicht ausgeschlossen. Wenn in Fällen der vorliegenden Art, wo die Berufung verworfen wurde, gesagt zu werden pflegt, das Urteil erster Instanz werde nunmehr zur Vollstreckung gebracht, so ist dies eine, wenn auch bequemere und unschädliche, so doch minder korrekte Ausdrucksweise. M. M.

c) **Rechtsmittel[1] gegen Versagung einer weiteren vollstreckbaren Ausfertigung nach CPO. § 733.**

OLG. Zweibrücken, II. CS. Beschluß v. 6. Februar 1901.

Den Antrag des Gläubigers A. auf Erteilung einer weiteren vollstreckbaren Urteilsausfertigung hat der Vorsitzende der Civilkammer abgelehnt. Die hiergegen eingelegte Beschwerde wendet ein, daß nur der Gerichtsschreiber zur Verfügung zuständig gewesen, gegen die Entscheidung des Vorsitzenden dem Antragsteller die prozeßrechtlich vorgesehenen Rechtsbehelfe versagt seien und zur Herbeiführung der Möglichkeit für ihn, die Entscheidung des Gerichtes anzurufen, zunächst die Entscheidung des Vorsitzenden aufgehoben und der Gerichtsschreiber veranlaßt werden müsse, über den Antrag zu entscheiden. Allein weder der Wortlaut noch die Tendenz der einschlägigen prozeßrechtlichen Bestimmungen nötigen zu einer derart formalistischen Behandlung der Sache. Mit der auf die Ergebnisse der Erhebungen gestützten Ablehnung des Vorsitzenden war über den Antrag des A. thatsächlich entschieden. Die Versagung der weiteren Ausfertigung enthält bei sachgemäßer Würdigung der gewonnenen Unterlagen die für den Gerichtsschreiber bindende Anordnung. Wollte der letztere noch etwas in der Sache thun, so konnte auch er nur die Ablehnung des Antrages zum Ausdrucke bringen. Die Sache liegt demnach nicht anders, als wenn neben der maßgebenden Anordnung des Vorsitzenden noch eine förmliche Ablehnung des Gerichtsschreibers bestünde. Hiernach ist aber nicht abzusehen, warum hier die Anrufung des Gerichtes versagt sein sollte. Gegen diese Anrufung bestehen sowohl im Hinblick auf § 576 als auch auf § 732 CPO. keinerlei Bedenken. Dr. Kr.

86

a) **Voraussetzung für die Verpflichtung zur Leistung des Offenbarungseides aus § 807 CPO.**

OLG. Celle, Ferien-Senat. Beschluß v. 28. August 1901.

[1] Vgl. Seuffert, Archiv 48 Nr. 230; Falkmann, Zwangsvollstreckung 2. Aufl. § 14 Note 11.

Der Gläubiger eines Beamten hatte, nachdem die Zwangsvollstreckung in körperliche Sachen fruchtlos geblieben war, die Leistung des Offenbarungseides verlangt, die der Schuldner verweigerte, weil seine Gehaltsforderung gegen den Staat habe gepfändet werden können. Aus den Gründen:

Die Verpflichtung zur Ableistung des Offenbarungseides ist begründet, wenn „die Pfändung" zu einer vollständigen Befriedigung des Gläubigers nicht geführt hat. Als „Pfändung" bezeichnet die CPO. nicht nur die Zwangsvollstreckung in körperliche Sachen, sondern auch die in Forderungen und andere Vermögensrechte. Die vom Landgericht unter Berufung auf Gaupp's Kommentar vertretene Ansicht, daß im § 807 unter „Pfändung" nur die Pfändung körperliche Sachen gemeint sei, setzt sich mit dem erwähnten Sprachgebrauch der CPO. in Widerspruch und läßt den Umstand unberücksichtigt, daß die im § 807 enthaltene Vorschrift unter die allgemeinen Bestimmungen über Zwangsvollstreckung in das bewegliche Vermögen, zu welchem die CPO. auch Forderungen zählt, aufgenommen ist im Einklange mit der Begründung (S. 426), welche erfolglosen Versuch der Vollstreckung in das bewegliche Vermögen im Gegensatze nur zu den unbeweglichen Gütern des Schuldners als Vorbedingung für die Verpflichtung zur Ableistung des Offenbarungseides hinstellt. Ob im einzelnen Falle der Nachweis erfolgloser Pfändung körperlicher Sachen für die Annahme genügt, daß die Pfändung in das bewegliche Vermögen des Schuldners soweit angängig versucht sei, aber zur Befriedigung des Gläubigers nicht geführt habe, ist vom Vollstreckungsrichter unter Berücksichtigung aller einschlägigen ihm bekannten oder glaubhaft gemachten Umstände zu entscheiden. Da für die Prüfung dieser Thatfrage nur dasjenige dem Gläubiger bekannte bewegliche Vermögen des Schuldners in Betracht kommt, durch dessen Pfändung der Gläubiger ohne erhebliche Weiterungen Befriedigung zu erlangen erwarten kann, das Vorhandensein und die Realisierbarkeit bestimmter Forderungen des Schuldners aber der Regel nach der Kenntnis des Gläubigers sich entzieht, so wird in den allermeisten Fällen der Nachweis erfolglosen Versuchs der Pfändung körperlicher Sachen zur Annahme der Erfolglosigkeit der Zwangsvollstreckung in das bewegliche Vermögen überhaupt führen. Anders liegt aber die Sache, wenn dem Gläubiger eine zu seiner Befriedigung ausreichende liquide Forderung des Schuldners gegen einen zahlungsfähigen und zahlungsbereiten Drittschuldner bekannt ist. Denn unter dem Ausdrucke „die Pfändung" ist eine solche Ausführung der Zwangsvollstreckung zu verstehen, durch welche die Möglichkeit, auf dem Wege der Pfändung beweglichen Vermögens des Schuldners Befriedigung zu erlangen, erschöpft ist. So wenig ein erfolgloser Versuch der Pfändung körperlicher Sachen an einem von mehreren dem Gläubiger bekannten inländischen Wohnsitzen des Schuldners die Voraussetzung der ersten Alternative des § 807 erfüllen würde, so wenig ist dies der Fall, wenn der Gläubiger eine ihm bekannte, ihm zu Gebote stehende geeignete Forderung des Schuldners unbeachtet läßt. Als letztes Mittel ist ihm, wie die Begründung des Entwurfes a. a. O. sagt, die Befugnis gegeben, den Schuldner zum Offenbarungseide zu zwingen, um auf diesem Wege Kenntnis von den Vermögensstücken des Schuldners zu gewinnen und dann daraus seine Befriedigung suchen zu können. Er bedarf dieses Mittels nicht und es ist ihm darum vom Gesetze versagt, wenn noch ein zu seiner Befriedigung geeigneter pfandbarer Gegenstand des Schuldners ihm bekannt ist. Ein solcher war die Gehaltsforderung des Schuldners, da als allgemein — und deshalb auch dem Gläubiger — bekannt anzunehmen ist, daß ein Gerichtssekretär ein Diensteinkommen von solcher Höhe bezieht, daß aus der nach § 850 CPO. pfändbaren Quote desselben eine so geringe Forderung, wie es die (nur annähernd 60 Mark betragende) Forderung des Gläubigers ist, in kürzester Frist getilgt werden kann. Diese Gehaltsforderung würde freilich in dem Falle, wenn sie bereits anderweitig in solcher Höhe gepfändet oder vom Schuldner insoweit abgetreten wäre, daß aus der zunächst fälligen Quartalsrate der Gläubiger seine Befriedigung zu erlangen nicht erwarten könnte, als ein zu seiner Befriedigung geeignetes Vermögensobjekt nicht anzusehen sein, da er alsbaldige Befriedigung verlangen kann. Vorliegend ist aber nicht behauptet, daß die Gehaltsforderung, insbesondere die zur Zeit der Ladung des Schuldners zur Ableistung des Offenbarungseides zunächst fällige Quartalsrate ... anderweitig schon gepfändet oder abgetreten sei. ... H.

b) **Schriftlicher Widerspruch des Schuldners im Offenbarungseidverfahren ist unbeachtlich. CPO. §§ 900, 901.**

OLG. Hamburg, IV. CS. Beschluß v. 8. Juli 1901.

Die Vorinstanzen gehen mit Recht davon aus, daß das persönliche Erscheinen des Schuldners im Termine zur Leistung des Offenbarungseides zu fordern und bei seinem Ausbleiben einem vorher von ihm eingereichten schriftlichen Widerspruch keine Beachtung zu schenken ist. Dies ergab sich nach der Fassung des früheren § 781 schon daraus, daß über den Widerspruch durch Urteil zu entscheiden war, was eine vorgängige mündliche Verhandlung voraussetzte (vgl. Entsch. 10 S. 411), die im jetzigen § 900 vorgeschriebene Entscheidung über den Widerspruch durch Beschluß aber nach den Motiven nur Verschleppungsversuchen des Schuldners vorbeugen will ohne den Grundsatz, daß der Schuldner persönlich zu erscheinen hat, aufzugeben, wie denn auch nicht nur der § 901 unverändert den alten § 782 wiedergiebt, sondern auch durch die neue Bestimmung des § 900, daß die Anwesenheit des Gläubigers im Termine nicht erforderlich ist, auf das Erfordernis des persönlichen Erscheinens des Schuldners noch besonders hingewiesen wird. ... M. M.

87

a) **Bedeutung des Verteilungsverfahrens.[1] Auslegung des § 37[4] ZwVG.**

OLG. Königsberg, II. CS. Urteil v. 16. Oktober 1901.

Kläger hatte gegen den im Versteigerungsverfahren aufgestellten Teilungs-

[1] Hat der Gläubiger dem Verteilungsplane widersprochen, aber die Monatsfrist des

plan Widerspruch erhoben, indem er unter Hinweis auf § 10 [4] ZwVG. seine Befriedigung wegen nicht angemeldeter Zinsrückstände vor der zur Hebung gekommenen, seiner Hypothek nachstehenden Grundschuld des Beklagten verlangte. Mit dieser Widerspruchsklage ist er rechtskräftig abgewiesen, weil sein Anspruch infolge der Nichtanmeldung den übrigen Rechten nachzusetzen sei. Nunmehr klagt er unter Berufung auf sein besseres Hypothekenrecht mit der Behauptung, daß Beklagter einen Teil des Erlöses erhalten habe, der ihm, dem Kläger, vermöge seines Vorranges zugestanden hatte. Unter Abänderung des ersten Urteils ist Kläger abgewiesen. Gründe:

Es giebt für die Verteilung des Versteigerungserlöses nicht, wie das LG. annimmt, zweierlei Recht, eines, dessen Anwendung auf das Verteilungsverfahren beschränkt wäre und ein anderes, welches die Reihenfolge und den Umfang der Befriedigung materiell regelt. Das Verteilungsverfahren hat selbstverständlich nicht bloß provisorische Bedeutung, was die Konsequenz der Auffassung des LG. wäre, sondern es kann nur dazu bestimmt sein, einem jeden Realgläubiger gleich an der Stelle und in dem Umfange Befriedigung zu gewähren, wie es ihm nach Rang und Stärke seines Realrechtes zukommt. Die Vorschriften des ZwVG. über die Rangordnung der Rechte auf Befriedigung aus dem Grundstück (vgl. § 10) sind insofern materiellrechtlicher Art. Demgemäß irrt das LG., indem es zwei ihrer Begründung nach verschiedene Klagen konstatiert, welche dem durch den Teilungsplan benachteiligten Realberechtigten zuständen, nämlich die eine, mit der die Unrichtigkeit des Teilungsplanes gemäß § 115 ZwVG. § 878 CPO. nach den für die Zwangsversteigerung geltenden Grundsätzen gerügt, und eine andere, mit der das bessere materielle Recht gegen den Empfänger des Erlöses auf Grund der Bereicherung geltend gemacht wird, und indem es diesen beiden Klagen eine derartige Unabhängigkeit voneinander zuschreibt, daß die zweite auch noch nach rechtskräftiger Abweisung der ersten möglich sei. Der Begründung nach ist eine Verschiedenheit beider Klagen nicht anzuerkennen. Die Besonderheiten der Klage, womit ein Widerspruch gegen den Teilungsplan verfolgt wird, liegen vielmehr lediglich auf formellem Gebiete. Das bessere Recht auf Befriedigung soll auch sie zur Geltung bringen. Demgemäß erklärt § 878 Abs. 2 CPO. die Geltendmachung des besseren Rechtes nur dann noch für zulässig, wenn der Widerspruch gegen den Teilungsplan aus formellen Gründen, wegen Fristversäumung, keinen Erfolg gehabt und die Ausführung des Verteilungsplanes nicht aufgehalten hat. Daß, wenn auf erhobenen Widerspruch ein rechtskräftiges Urteil ergangen ist, die dadurch geregelte Verteilung hinterher noch durch neue Klagen auf Grund eines angeblichen besseren Rechtes angefochten, ihr Ergebnis rückgängig gemacht werden könnte, ist im Gesetz nicht bestimmt und erscheint durch Zweck und Bestimmung des

§ 878 CPO. versäumt, so kann er vor Ausführung des Planes Feststellungsklage nach § 256 nicht erheben, er muß vielmehr warten, bis eine Anzahlung an den Gegner erfolgt ist, und dann kondizieren. (OLG. Zweibrücken, Urteil v. 1. Mai 1901, Puchelt's Z. 32 S. 600.)

Verteilungsverfahrens ausgeschlossen. Von einer Bereicherung auf Kosten des Klägers, worin der Klagegrund gefunden werden müßte, kann nicht die Rede sein, wenn der streitige Betrag dem Beklagten durch rechtskräftiges Urteil zugesprochen ist.

Schon hieraus ergab sich die Abweisung der Klage, ohne daß dazu etwa die besondere Erhebung des Einwandes der rechtskräftig entschiedenen Sache erforderlich gewesen wäre. Übrigens würde man zu diesem Ergebnis auch dann gelangen, wenn man von dem im Vorprozeß ergangenen Urteil ganz absehen wollte. Der Zinsanspruch des Klägers ist bei der Verteilung des Kaufgeldes im Hinblick auf § 37[4] ZwVG. unberücksichtigt geblieben. Daß auf Grund dieser Vorschrift Zinsrückstände, auch soweit sie nach § 10[4] den Rang des Kapitals teilen, der Anmeldung bedürfen, kann keinem Zweifel unterliegen (vgl. Jäckel zu § 37 Nr. 4). Der in § 37[4] an die Unterlassung der Anmeldung geknüpfte Rechtsnachteil ist aber nicht auf das Verteilungsverfahren beschränkt, so daß der Vorrang immer noch hinterher und außerhalb dieses Verfahrens geltend gemacht werden könnte, sondern definitiv und von materieller Wirkung. Der Interessent verliert seinen Vorrang durch Nichtanmeldung. Für eine andere Auffassung bieten die Worte des Gesetzes keinen Anhalt. Es bedarf auch keiner weiteren Ausführung, daß es nicht die Absicht des Gesetzes gewesen sein kann, über die Rangordnung der Realberechtigten Vorschriften von nur provisorischer und durch das Verteilungsverfahren beschränkter Wirksamkeit zu geben. Dies ist um so weniger anzunehmen, als sonst das Ergebnis der Verteilung in jedem Falle mit Sicherheit würde geändert werden können, wenn es dem Realberechtigten freistünde, sein besseres Recht trotz Unterlassung der Anmeldung außerhalb des Verteilungsverfahrens geltend zu machen. Th.

b) **Dauer der Beschlagnahme. Begriff der Übergabe.**

ZwVG. § 91. BGB. §§ 868, 870.

OLG. Königsberg, II. CS. Urteil v. 18. September 1901.

Kläger vindiziert eine Lokomobile, welche sich auf dem früher seinem Sohne gehörigen auf Antrag der Beklagten versteigerten Grundstücke befindet, nachdem sie vom Verkaufe des Grundstückes ausdrücklich ausgeschlossen worden war. Die Beklagte kam aus dem baren Kaufgeld zur Hebung und vereinbarte mit dem Ersteher die Übernahme ihrer Hypothek in Anrechnung auf den Kaufpreis. Aus den Gründen:

Mag auch die Lokomobile ein Zubehör des Grundstückes im Sinne des § 97, 98 BGB. und somit dem Hypothekenrecht der Beklagten unterworfen, also auch von der zu Gunsten der Beklagten eingetretenen Beschlagnahme ergriffen und demgemäß die vorläufige Einstellung der Zwangsvollstreckung und gleichermaßen der mit der Klage gemäß § 770 CPO. gegen die Zwangsvollstreckung erhobene Widerspruch ungerechtfertigt gewesen sein (§ 1120, 1121 BGB., § 20 Abs. 2 ZwVG.), so wurde doch die Rechtslage durch die Versteigerung des Grundstückes unter Ausschluß der Lokomobile völlig geändert.

Dadurch allein, daß das Grundstück ohne die Lokomobile zum Verkauf kam, wäre zwar ein Erlöschen der Rechte der Beklagten als betreibenden Gläubigerin aus der Beschlagnahme (§ 20 ZwVG.) noch nicht eingetreten; es hätte sich daraus an sich nur die Notwendigkeit einer besonderen Versteigerung oder anderweitigen Verwertung ergeben (vgl. die Denkschrift zu § 65). Die weitere Zwangsvollstreckung ist aber gegenstandslos und demgemäß die Beschlagnahme unwirksam geworden dadurch, daß die Beklagte mit ihrer beizutreibenden Forderung aus dem baren Kaufgelde zur Hebung gekommen war; auch soweit nicht Barzahlung erfolgte, sondern die mit dem Ersteher vereinbarte Übernahme der Hypothek der Beklagten sich auch auf den beizutreibenden Anspruch erstreckte, wäre die Befriedigung der Beklagten aus dem Grundstücke anzunehmen. Allein vermöge ihrer Eigenschaft als Hypothekengläubigerin aber hat die Beklagte kein Recht, der Entfernung der Lokomobile vom Grundstücke zu widersprechen, auch wenn diese trotz des Ausschlusses von der Versteigerung des Grundstückes dessen Zubehör geblieben wäre; sie würde dieses Recht nur durch eine neue Beschlagnahme erlangen können, auch wenn sich ihr Hypothekenrecht auf die Lokomobile erstreckte (§ 1121 Abs. 1 BGB.). Dazu kommt aber noch, daß die Vereinbarung der Beklagten mit dem Ersteher wegen Übernahme der Hypothek in ihren Wirkungen nur wie die Bestellung einer neuen Hypothek beurteilt werden kann und deshalb das auf der Vereinbarung beruhende Hypothekenrecht der Beklagten sich nicht mehr auf die Lokomobile erstreckt, wie diese dem Ersteher nicht mit zugeschlagen, also nicht in dessen Eigentum gelangt ist. Nach alledem besitzt die Beklagte gegenwärtig kein die Entfernung der Lokomobile hinderndes Recht, sei es aus der Beschlagnahme, sei es als Hypothekengläubigerin. . . . Was die vom Kläger behauptete Übergabe anbelangt, so kann von einer körperlichen Übergabe keine Rede sein, da die Maschine im Besitz des Sohnes des Klägers verblieben ist; durch die Erklärung des letzteren, daß Kläger nunmehr über die Maschine verfügen dürfe, wurde der Besitz nicht erledigt, und darin, daß der Kläger Anstalten zu ihrer Wegschaffung traf, lag noch keine Besitzergreifung. Aber auch die Cession, durch welche der Sohn des Klägers diesen seinen Anspruch auf Herausgabe der Maschine gegen den Ersteher abgetreten hat, war nicht geeignet, den Besitz auf den Kläger zu übertragen. Nach §§ 868, 870 BGB. kann zwar der mittelbare Besitz durch Abtretung des Anspruches auf Herausgabe der Sache übertragen werden; es fehlt hier aber offenbar an einem Verhältnis zwischen dem Sohne des Klägers und dem Ersteher als gegenwärtigem Besitzer, vermöge dessen letzterer ihm gegenüber auf Zeit zum Besitz berechtigt oder verpflichtet wäre, wie es nach § 868 für den mittelbaren Besitz erforderlich ist. Von solchen rechtlichen Beziehungen ist nichts ersichtlich und es kann nur angenommen werden, daß der Ersteher die Lokomobile als ihm gehörend besitzt, im Eigenbesitz hat (§ 872), den der Gutsverwalter für ihn ausübt [wird näher ausgeführt]. Danach ist aber der Sohn des Klägers mittelbarer Besitzer im Sinne des § 868 überhaupt nicht gewesen, war also auch nicht in der Lage, den Besitz gemäß § 870 zu übertragen. Th.

c) **Wiedereintragung eines auf unrichtiges Ersuchen des Versteigerungsrichters gelöschten Auszuges.**

OLG. Breslau, III. CS. Urteil v. 5. Oktober 1901.

Im Versteigerungstermine ist zu Protokoll als Versteigerungsbedingung bestimmt, daß die einzeln aufgeführten, bei der Feststellung des geringsten Gebotes berücksichtigten Rechte als Teil dieses Gebotes bestehen bleiben; unter diesen Rechten findet sich der streitige Auszug nicht. Es ist ferner protokolliert, daß Versteigerungsbedingungen, die von den gesetzlichen Vorschriften abweichen, nicht festgestellt sind. Hiermit übereinstimmend führt der Zuschlagsbeschluß lediglich die im Versteigerungsprotokoll aufgeführten Rechte als bestehen bleibend auf; also auch hier ist des Auszuges nicht gedacht. Nach der Belegung der Kaufgelder hat der Versteigerungsrichter das Grundbuchamt auch um [die am 10. Oktober 1900 erfolgte] Löschung des Auszuges ersucht, jedoch am 16. Oktober 1900 die Wiedereintragung mit der Begründung beantragt, daß das frühere Ersuchen um Löschung des Auszuges zu Unrecht ergangen sei. Die hierauf erfolgte Wiedereintragung ist unstreitig. Auf Grund dieses Sachverhaltes mußte die Klage des Erstehers gegen die Auszügler auf Löschung des Auszuges zurückgewiesen werden. Denn § 9 des EG. zum ZwVG. und Art. 6 des preuß. Ausf.-G. vom 23. Sept. 1899 schreiben ausdrücklich vor, daß Auszugsrechte von der Zwangsversteigerung unberührt bleiben, auch wenn sie bei der Feststellung des geringsten Gebotes nicht berücksichtigt sind. Von der Befugnis der vor- oder gleichstehend Beteiligten, nach § 9² ein doppeltes Ausgebot zu verlangen, ist unstreitig kein Gebrauch gemacht worden. Die Rechtsfolgen mußten aber den Bietern und den Beteiligten des Verfahrens bekannt sein. Sollten diese und auch der Versteigerungsrichter sich über diese gesetzlichen Vorschriften im Irrtum befunden haben, so ist nicht abzusehen, wie hierdurch die gesetzlich eintretenden Folgen zum Nachteil des Auszüglers hätten abgewendet werden sollen. Auch die mündliche Erklärung des Versteigerungsrichters im Termine, daß der Auszug erlösche und das Grundstück frei von dieser Last auf den Ersteher übergehe, ist mangels einer protokollarischen Feststellung ohne rechtliche Erheblichkeit. Das Gesetz betrachtet das Protokoll als alleinigen und unwiderleglichen Ausweis über die festgestellten Bedingungen. § 66 ZwVG. bestimmt, daß die Versteigerungsbedingungen festgestellt und die erfolgten Feststellungen *verlesen* werden; nach § 80 werden Vorgänge im Versteigerungstermine, die nicht aus dem Protokolle ersichtlich sind, bei der Entscheidung über den Zuschlag nicht berücksichtigt. Diese Entscheidung hat nach § 82 auch die Versteigerungsbedingungen zu bezeichnen. Soweit der Beschluß schweigt, treten hiernach lediglich die gesetzlichen Bedingungen ein (Motive S. 243). Hiernach bleibt aber der Auszug bestehen, da die schriftlich festgestellten Bedingungen nichts Entgegenstehendes enthielten.

Wie formal zu verfahren war, als sich herausstellte, daß der Auszug zu Unrecht gelöscht war, kann hier auf sich beruhen. Denn materiellrechtlich ist die Wiedereintragung jedenfalls zu Recht erfolgt und begründet keine Beschwerung des Erstehers. Er kann daher um so weniger die nochmalige Löschung des Auszuges verlangen, weil die Auszügler nach §§ 894 ff BGB. die Berichtigung des Grundbuches von ihm im Prozeßwege erlangen könnten und ihm daher insoweit den Einwand arglistigen Verhaltens mit Recht entgegenhalten. H.

d) **Beschwerde wegen Löschung eines eingetragenen, aber im Zuschlagsbeschlusse nicht erwähnten Verzichtes des Eigentümers auf ein gesetzliches Vorkaufsrecht.**

Kammergericht, I. CS. Beschluß v. 14. Oktober 1901.

1894 ist in Abt. II der Verzicht des Eigentümers auf das gesetzliche Vorkaufsrecht bezüglich der an den Eisenbahnfiskus zu Bahnzwecken veräußerten Flächen eingetragen. Das Grundstück ist zwangsweise versteigert, im Zuschlagsbeschlusse vom 9. Mai 1901, der die bestehen bleibenden Rechte besonders aufführt, ist jedoch jener Verzicht nicht erwähnt.[1] Auf Ersuchen des Vollstreckungsrichters ist demnächst der Verzicht im Grundbuche gelöscht. Auf den Einspruch der Eisenbahndirektion erklärte der Grundbuchrichter, daß derartige Verzichte nicht mehr eintragungsfähig seien, und daß bei Gelegenheit solche unzulässigerweise eingetragene Verzichte von Amts wegen würden gelöscht werden. Die Beschwerde hierüber ist zurückgewiesen. Nunmehr ist weitere Beschwerde erhoben, die zum Teil begründet erscheint. Es handelt sich dabei um zwei selbständige Anordnungen des Grundbuchrichters: einmal um die *geschehene* Löschung des Verzichtes, sodann um die *beabsichtigte* und angedrohte Löschung ähnlicher Vermerke auf sonstigen Blättern des Grundbuchamtsbezirkes. Im ersten Punkte ist die Beschwerde unbegründet. Die Löschung beruht auf dem Ersuchen des Vollstreckungsrichters, der dabei innerhalb der ihm durch § 130 Abs. 1 u. 2 ZwVG. beigelegten Zuständigkeit gehandelt hat. Welche Rechte durch den Zuschlag erloschen sind und daher gelöscht werden müssen, unterliegt nicht der Prüfung des Grundbuchrichters, sondern derjenigen des Versteigerungsrichters. Für den ersteren ist lediglich der Inhalt des Ersuchens des letzteren maßgebend. Die in den Entwürfen sich findende Bestimmung, daß dem Ersuchen eine Ausfertigung des Zuschlagsbeschlusses und des Protokolles über den Verteilungstermin beizufügen sei, ist in der Kommission des Reichstages gestrichen worden, um „zum Ausdruck zu bringen, daß entsprechend dem § 37 (jetzt § 39 GrBO.) für das Grundbuchamt nur der Inhalt des Ersuchensschreibens des Vollstreckungsgerichtes maßgebend ist, während demselben eine Prüfung der Grundlagen dieses Ersuchungsschreibens, für welches allein der Vollstreckungsrichter die Verantwortung trägt, nicht zukommt". Hiernach war der Grundbuchrichter so

[1] weil nach § 174 ZwVG. ein jenem Vermerke vorgehender Gläubiger die Festsetzung des geringsten Gebotes im Sinne dieses Paragraphen beantragt hatte, und dann die weiteren Posten ausfielen.

berechtigt wie verpflichtet, dem Ersuchen des Vollstreckungsrichters um Löschung des Verzichtes zu entsprechen. Seine Anordnung ist im Einklange mit dem Gesetze (§ 39 GrBO.) und kann daher nicht Gegenstand einer Beschwerde sein.[1]

Anders verhält es sich mit der Verfügung, daß die Löschung gleicher Verzichtsvermerke gelegentlich von Amts wegen erfolgen werde. Hier trifft der Grundbuchrichter eine sachliche Entscheidung, welche, wenn seine Auffassung nicht richtig ist, das Recht des Fiskus beeinträchtigt und daher mit der Beschwerde angefochten werden kann. Der Grundbuchrichter versagt dem grundbuchmäßigen, aus dem Verzicht auf Ausübung des Verkaufsrechtes entspringenden Rechte des Fiskus die Anerkennung und droht es zu beseitigen. Dadurch wird dieses Recht um so mehr gefährdet, als eine Beschwerde gegen die einmal geschehene Löschung nur mit dem Erfolge zulässig ist, daß ein Widerspruch eingetragen wird (§ 71 Abs. 2 GrBO.); deshalb muß der Fiskus in der Lage sein, sein Recht im Rechtsmittelwege geltend zu machen und es vor schädigenden Maßnahmen des Grundbuchrichters zu schützen. Insofern mußte der Beschluß des LG. aufgehoben werden, damit es auf jenen Antrag sachlich befinde. Z.

e) **Wirkung der Eintragung des Versteigerungsvermerkes auch gegen gutgläubige Dritte. ZwVG. §§ 20 ff. BGB. §§ 1121, 892.**

OLG. Kiel, II. CS. Urteil v. 27. September 1901.

Beklagter hatte für einen Neubau Kachelöfen geliefert, die daselbst in üblicher Weise aufgestellt waren. Auf Antrag des Klägers, der auf dem Grundstücke eine Hypothek hatte, ist das Versteigerungsverfahren eingeleitet, der Gerichtsbeschluß dem Eigentümer am 18. zugestellt und am 19. Juni 1900 im Grundbuche vermerkt. Am 18. Juni stellte der Eigentümer die Öfen dem Beklagten wegen angeblicher Mängel brieflich zur Verfügung und forderte ihn auf, die Öfen zu entfernen. Beklagter hat darauf am 23. Juni die Öfen fortgeschafft. Kläger, welcher mit seiner Hypothek ausgefallen ist und als Meistbietender den Zuschlag erhalten hat, fordert jetzt die Öfen oder deren Wert. Der Klage ist stattgegeben. Gründe:

Da die Öfen [was näher ausgeführt ist] wesentliche Bestandteile des Hauses geworden sind, so haben sie nach § 93 BGB. die Fähigkeit, Gegenstand besonderer Rechte zu sein, verloren und sind aus dem Eigentume des Beklagten heraus nach § 946 BGB. mit Notwendigkeit in das Eigentum des Grundstückseigentümers getreten. Infolgedessen erstreckten sich die Hypotheken ohne weiteres und die Beschlagnahme nach § 20 Abs. 2 ZwVG. auf

[1] Der Versteigerungsrichter hat zwar über die Rechtsgültigkeit der gemäß § 91 Abs. 2 vereinbarten Übernahme einer Hypothek zu entscheiden; dagegen ist er nach § 130 nicht befugt, um die Eintragung der dabei verabredeten Änderungen des bestehen bleibenden Rechtes zu ersuchen. Übermittelt er die von ihm über diese Änderungen im Verteilungstermine aufgenommene oder ihm überreichte Bewilligung des Erstehers dem Grundbuchrichter, so steht dieser ihr, wie jeder sonstigen Bewilligung gegenüber. (Kammergericht, I. CS. Beschluß v. 10. Juni 1901, Jahrb. 22 S. 157.)

die streitigen Öfen. Dritten gegenüber wird die Beschlagnahme, die zu Gunsten der Gläubiger die Wirkung eines Veräußerungsverbotes hat, nach § 892 Satz 2 BGB. spätestens mit der Eintragung des Versteigerungsvermerkes ins Grundbuch wirksam. Der Beklagte will sich zwar bereits vorher auf Grund des Schreibens des Eigentümers mit diesem über die Rückübertragung der Öfen geeinigt haben. Diese Rückübertragung selbst aber wurde durch die am 19. Juni 1900 erfolgte Eintragung des Versteigerungsvermerkes rechtlich unmöglich und unwirksam gemacht, da die thatsächliche Trennung und Entfernung der Öfen vom Grundstücke, durch die der Übergang des Eigentumes auf den Beklagten sich erst hätte vollziehen können, nach diesem Zeitpunkte erfolgt ist. Denn in dieser Verfügung, welche sich auf seiten des Schuldners als ein Dulden der Wegnahme darstellte, war dieser seit Eintragung des Vermerkes mit Wirkung gegen den dritten Erwerber beschränkt. Es bedarf für diese Folgerung insbesondere nicht des Nachweises, daß dem Beklagten zur Zeit der Entfernung der Öfen die Beschlagnahme bekannt oder infolge grober Fahrlässigkeit unbekannt gewesen sei. Denn wenn der § 1121 Abs. 2 BGB. die vor der Entfernung erfolgte Beschlagnahme dem Erwerber gegenüber nur für wirksam erklärt, falls er bei der Entfernung in Ansehung der Beschlagnahme nicht in gutem Glauben war, so erleidet dadurch der § 892 Satz 2 keine Einschränkung, erfährt vielmehr für den hier geordneten Fall eine Ausdehnung dahin, daß auch dem Erwerber gegenüber, dem die nicht eingetragene Beschlagnahme infolge grober Fahrlässigkeit unbekannt war, die Verfügungsbeschränkung wirksam ist. Eine Bestätigung dafür, daß die Eintragung des Vermerkes auch dem nichtwissenden Erwerber gegenüber wirksam ist, giebt der § 23 Satz 2 ZwVG., welcher dieselbe jeden Gegenbeweis ausschließende Vermutung auch für mithaftende, selbständiger Rechte an sich fähige bewegliche Sachen ausspricht. G.

88

a) **Solidarische Haftung der als offene Handelsgesellschafter Eingetragenen. HGB. § 128.**

OLG. Hamburg, II. CS. Urteil v. 18. Mai 1901.

Die Beklagten, Inhaber einer eingetragenen offenen HG., haben gegen ihre Verurteilung als Gesamtschuldner eingewandt, daß sie kein Handelsgewerbe, sondern ein Baugeschäft betreiben und deshalb keine HG. bildeten. Allein durch ihre Eintragung haben sie allen, mit denen sie in vertragliche Beziehungen getreten sind, in rechtsverbindlicher Weise erklärt, daß sie ihnen wie offene Handelsgesellschafter, also auch solidarisch verhaftet sein wollen; an dieser Erklärung sind sie festzuhalten. M. M.

b) **§ 142 HGB. ist nicht auf ältere Gesellschaften mit zwei Gesellschaftern anwendbar.**

Kammergericht, VI. CS. Urteil v. 7. Oktober 1901.

In das Geschäft des Klägers war 1898 der Beklagte als offener Gesellschafter eingetreten. 1900 beantragte Kläger, ihm das Recht zuzusprechen, das Geschäft der Parteien ohne Liquidation mit Außenständen und Schulden zu übernehmen, weil der Beklagte 1900 verschiedene Pflichtwidrigkeiten begangen habe. Die Klage wurde abgewiesen. Aus den Gründen:

Die vor 1900 begründete offene HG. untersteht als ein durch den Gesellschaftsvertrag entstandenes Schuldverhältnis gemäß Art. 170 EG. zum BGB. auch künftighin dem älteren Rechte; nach diesem regeln sich insbesondere die Verhältnisse der Gesellschafter zu einander, ihre gegenseitigen Rechte und Pflichten und ihre Befugnisse in Bezug auf das für die Zwecke der Gesellschaft bestimmte oder bei Verfolgung dieser Zwecke erlangte gemeinschaftliche Vermögen. Allerdings gilt diese Regel nicht für die Haftung der Gesellschafter Dritten gegenüber aus einem Schuldverhältnisse, welches nach dem bezeichneten Zeitpunkte entstanden und deshalb nach neuem Rechte zu beurteilen ist. Um solche rechtliche Beziehungen der Gesellschafter nach außen hin handelt es sich aber bei der Auseinandersetzung über das bisherige Gesellschaftsvermögen und bei der Berechtigung auf Übernahme des Geschäftes durch einen Gesellschafter gemäß § 142 HGB. nicht, sondern lediglich um das innere Verhältnis der Gesellschafter. Eine Ausnahme von der Regel des § 170 EG. würde freilich dann anzunehmen sein, wenn dem § 142 HGB. ein zwingender Charakter beizumessen sein würde, insbesondere wenn die Anwendung des alten Gesetzes gegen den Zweck des neuen Gesetzes oder gegen die guten Sitten verstoßen würde (Art. 30 EG. zum BGB.). Man kann indes nicht sagen, daß bisher infolge des bisherigen Fehlens einer Vorschrift über die Berechtigung des unschuldigen Gesellschafters zur Geschäftsübernahme (Entsch. 7 S. 121) ganz unhaltbare Verhältnisse vorgelegen hätten, deren alsbaldige durchgreifende Beseitigung im dringenden öffentlichen Interesse gelegen habe und namentlich durch die Wahrung der guten Sitten geboten gewesen sei; vielmehr wurde nur aus privatrechtlichen Rücksichten die Ausfüllung einer Lücke im Gesetze angestrebt, welche mehrfach in Ermangelung besonderer bezüglicher Vertragsabreden zu Tage getreten war (Denkschrift S. 101). Dementsprechend kann diese Vorschrift auch noch nach neuerem Rechte durch Abreden der Gesellschafter, sowohl bei Eingehung der Gesellschaft wie nachträglich, außer Wirksamkeit gesetzt werden; es handelt sich also um eine Dispositivnorm ohne Exklusivcharakter, welcher gegenüber das frühere Gesellschaftsverhältnis unvermindert so in Kraft bleibt, wie es durch das zur Zeit seiner Entstehung geltende dispositive Recht geregelt wurde (Staub Anm. 6 zu § 142; Habicht, § 33 Nr. 2 Anm. 2, hat seine entgegengesetzte Ansicht ohne jede Begründung gelassen). Eine Änderung würde hierin erst durch Parteivereinbarung oder Umgestaltung der Gesellschaft zu einem neuen, dem jetzt geltenden Rechte unterstehenden Schuldverhältnisse eintreten. Darauf, ob die Vergehungen, wegen deren die Übernahmeberechtigung beansprucht wird, erst nach dem Inkrafttreten des neuen Rechtes verübt worden sind, kann es auch nicht ankommen, weil sie nicht als selbständige unerlaubte Handlungen in Betracht kommen, sondern in ihren rechtlichen Wirkungen auf das bestehende Schuldverhältnis, mit welchem sie einen einheitlichen civilrechtlichen Thatbestand bilden, woraus die streitige Berechtigung hergeleitet wird. Schm.-B.

c) **Ein gegen die Handelsgesellschaft ergangenes bedingtes Urteil kann nach deren Auflösung nicht gegen die einzelnen Gesellschafter geläutert werden. Verfahren dabei.**

OLG. Köln, V. CS. Urteil v. 19. Oktober 1901.

Zur Leistung des der Beklagten HG. rechtskräftig auferlegten Eides ist von den Teilhabern nur A. erschienen und hat nachgewiesen, daß die Beklagte durch Ausscheiden des zweiten Teilhabers B. aufgelöst sei und er allein das Geschäft unter der bisherigen Firma fortführe. Demnächst hat A. vor dem auf Antrag des Klägers ersuchten Amtsgerichte den Eid geleistet, B. dagegen ihn verweigert. Bei der weiteren Verhandlung vor dem Prozeßgerichte ist der Vertreter der Beklagten nicht aufgetreten. Der Kläger hat unter der Erklärung, er richte die Klage nunmehr gegen die früheren Inhaber der Beklagten persönlich, die Verurteilung des A. und des B. beantragt. Aus den Gründen:

Nach ständiger Rechtsprechung bedeutet der Art. 111 (§ 124) HGB. nicht, daß die HG. wie eine juristische Person anzusehen sei, sondern daß in ihren Prozessen nur die unter dem einheitlichen Namen, der Gesellschaftsfirma, zusammengefaßten Gesellschafter, welche die Subjekte des Gesellschaftsvermögens und der dazu gehörigen Forderungen und Schulden sind, als Partei zu gelten haben. Daraus folgt, daß, wenn im Laufe des Prozesses die Verbindung dieser Rechtssubjekte in der Gesellschaft gelöst wird, dies auf die Parteirolle keinen Einfluß hat, vielmehr nach beendigter Liquidation, oder, falls eine solche, wie hier, infolge der Übertragung des Gesellschaftsvermögens auf einen der Gesellschafter nicht stattfindet, ohne weiteres die Gesellschafter als notwendige Streitgenossen der anderen Partei gegenübertreten (Entsch. 35 S. 389; JW. 1890 S. 47[9], 1900 S. 18[28], 1901 S. 366[4]). Hiernach ist infolge der Auflösung der Beklagten bezw. des Bekanntwerdens dieser Auflösung nach Erlaß des bedingten Endurteiles nicht der Fall des § 471 CPO. eingetreten, die Teilhaber — die beide vertretungsberechtigt im Sinne des Art. 117 HGB. waren — haben nicht aufgehört, gesetzliche Vertreter zu sein, weshalb auch die §§ 241, 246 CPO. keine Anwendung finden (Entsch. 34 S. 362), sondern sie waren Partei und sind beide Partei geblieben. Von beiden war daher auch der ihnen auferlegte Eid zu leisten. Der Fall des Ausscheidens eines Teilhabers aus einer fortbestehenden Gesellschaft, auf den die Entscheidung des Reichsgerichtes 14 S. 20 sich bezieht, liegt hier nicht vor.

Aber auch auf die Art der Läuterung des Urteiles kann das nachträgliche Bekanntwerden der Auflösung der Gesellschaft keinen Einfluß haben. Das Gericht ist auch, abgesehen von der Rechtskraft dieses Urteiles, nach § 318

CPO. an die darin enthaltene Entscheidung gebunden. Nur noch darüber war zu verhandeln und ist zu entscheiden, ob bezw. inwieweit der Eid geleistet oder verweigert worden und welche von den im Urteile festgesetzten Folgen demgemäß auszusprechen ist. Dagegen erscheint es nicht zulässig, daß die für den Fall der Eidesweigerung vorgesehene Verurteilung der Teilhaber in ihrer Vereinigung unter der Gesellschaftsfirma in eine persönliche Verurteilung derselben als Gesamtschuldner umgewandelt wird, da dies eine, wenn auch wegen des Art. 112 HGB. nicht in materieller, so doch in formeller Hinsicht bedeutsame Abänderung der im bedingten Urteile enthaltenen Entscheidung auf Grund eines neuen Vorbringens der Partei darstellen würde (vgl. § 462 Abs. 2 CPO.; Entsch. 17 S. 343, 42 S. 357; Busch, Zeitschrift 15 S. 42). Eine der Formel des bedingten Endurteiles entsprechende Läuterung konnte nicht ohne weiteres erfolgen, weil eine solche weder eventuell noch implicite beantragt ist und die Läuterung nur auf Antrag der Partei zu erfolgen hat. Da es sich nicht um einen Zwischenstreit unter den Parteien (§ 300 CPO.), sondern um eine von Amtswegen zu prüfende prozessuale Frage handelt, so war die Entscheidung nicht durch Zwischenurteil, sondern durch Beschluß zu treffen. Dr. N.

d) Erteilung der Vollstreckungsklausel bezüglich des gegen eine HG. erlassenen Urteiles gegen die bisherigen Gesellschafter, wenn die Gesellschaft sich vor Zustellung des Urteiles ohne Liquidation aufgelöst hat.

Kammergericht, XI. CS. Beschluß v. 27. September 1901.

Die Handelsgesellschaft A. & B., gegen die ein vorläufig vollstreckbares Urteil erging, hat sich vor Zustellung des Urteiles aufgelöst und angeblich alle Aktiva und Passiva, indessen ohne das Firmenrecht, auf den einen der Gesellschafter A., der eine neue Firma angenommen hat, übertragen. Der Antrag des Klägers, die ihm erteilte vollstreckbare Ausfertigung auf A. unter dessen neuer Firma umzuschreiben, ist in den Vorinstanzen abgelehnt. Das LG. hat auch noch den in der Beschwerdeschrift enthaltenen Eventualantrag, die Klausel auf A. und B. als Solidarschuldner und Inhaber der aufgelösten Gesellschaft umzuschreiben, zurückgewiesen. Der weiteren Beschwerde wegen dieser Zurückweisung ist stattgegeben. Aus den Gründen:

Auf den Eventualantrag hätte das LG. eine materielle Entscheidung überhaupt nicht treffen sollen, da er sich nicht als eine Änderung oder Erweiterung des in erster Instanz gestellten, sondern inhaltlich als ein ganz neuer Antrag darstellt, also an das Amtsgericht als die zunächst zuständige Instanz hätte gerichtet werden müssen. Aber auch die getroffene Entscheidung geht fehl; sie hat den Antrag für unbegründet erklärt, weil es „zur Vollstreckung gegen die beiden Inhaber einer besonderen Klage bedürfe". Wenn eine im Klagewege in Anspruch genommene offene Handelsgesellschaft sich im Laufe der Instanz auflöst, ohne daß eine Liquidation eintritt, so wird dadurch nicht, wie Staub, HGB. Anm. 13 zu § 124 ausführt, der Klage wegen Wegfalles des Beklagten der Boden entzogen. Die Gesellschaft ist nicht eine juristische Person (vgl. Denkschrift zum HGB. § 94 Abs. 2; Entsch. 3 S. 57, 5 S. 55, 18 S. 139); es werden vielmehr bei der Klage gegen die Gesellschaft die Gesellschafter als Subjekte des Gesellschaftsvermögens in Anspruch genommen. Wenn sich die Gesellschaft während des Instanzverfahrens ohne Liquidation auflöst, so entfällt zwar dadurch die Möglichkeit, das Verfahren gegen die „Gesellschaft" als solche prozessual fortzusetzen, allein als passiv legitimiert erscheinen alsdann, weil die in der Zusammenschließung zur Gesellschaft liegende, vom Gesetze als prozeßfähig anerkannte Gemeinschaft aufgehoben ist, die Gesellschafter als Subjekte des bisherigen Gesellschaftsvermögens (vgl. Entsch. 34 S. 362, 35 S. 389; Bolze 9 Nr. 470). Ist, wie der Kläger behauptet, das Urteil infolge nicht geschehener Zustellung noch nicht rechtskräftig geworden, so ist das Verfahren noch in erster Instanz anhängig und würde der Antrag des Klägers, wenn A. und B. thatsächlich die bisherigen alleinigen Gesellschafter waren, nicht unbegründet erscheinen. Ein Rechtsnachfolgeverhältnis im Sinne des § 727 CPO. kommt nicht in Frage. Wenn der Kläger die Umschreibung der Klausel auf die Gesellschafter erbittet, so ist daraus nicht zu entnehmen, daß er ein Rechtsnachfolgeverhältnis annimmt — eine Ansicht, die, wenn sie rechtsirrig ist, auch materiell bedeutungslos sein würde —, jedenfalls läßt der Antrag erkennen, daß eine Abänderung der bisher erteilten, inhaltlich unzutreffenden Klausel gewünscht wird, und es ist nicht abzusehen, weshalb nicht eine der wirklichen Sachlage entsprechende, mit dieser in Einklang gebrachte Klausel zu erteilen sein sollte. Ob die Klausel zum Ausdrucke zu bringen hätte, daß die Vollstreckung nur in das bisherige Gesellschaftsvermögen zulässig erscheint, kann hier dahingestellt bleiben. — Mag unter Zugrundelegung der vom Kläger gemachten Angaben der Antrag an sich begründet erscheinen, so war das Gericht der weiteren Beschwerde aber doch nicht in der Lage, diese Angaben nachzuprüfen und eine sachliche Entscheidung zu treffen; es mußte sich vielmehr darauf beschränken, den Eventualantrag zurückzuweisen, da er an das Amtsgericht zu richten gewesen wäre. Der Kläger wird sich daher, soweit er sein Begehren weiter verfolgen will, damit an das Amtsgericht zu wenden haben. Sch.

e) **Eintragung des Erlöschens einer Handelsgesellschaft.**

Kammergericht, I. CS. Beschluß v. 25. Februar 1901.

... Materiell ist diese Eintragung durch die Beendigung der Liquidation oder, wenn von einer solchen in berechtigter Weise Abstand genommen ist, durch die Beendigung der anderweiten Auseinandersetzung bedingt (vgl. HGB. § 157 Abs. 1). Daß aber das Registergericht das Vorliegen dieser Voraussetzung sachlich nachzuprüfen hätte, ist dem Gesetze nicht zu entnehmen. Eine irgend zulängliche Feststellung nach dieser Richtung scheint auch ausgeschlossen; es ist nicht erfindlich, wie dem Registergericht an Stelle der Liquidation die völlige Abwickelung und wie ihm bei Vereinbarung einer sonstigen Art der Auseinandersetzung (§ 145[1]) die entsprechende Erledigung des Gesellschaftsvermögens (§ 158) dargethan werden sollte. Aus dem Wortlaute und dem Sinne des Gesetzes ergiebt sich vielmehr, daß das Erlöschen der Firma auf Grund einer gehörigen Anmeldung dieser Thatsache zu erfolgen hat, unbeschadet der Befugnis des Gerichtes, die Anmeldung bei Kenntnis oder begründeter Annahme der Unrichtigkeit ihres Inhaltes zu beanstanden. Die gedachte Anmeldung liegt nach § 157[1] den Liquidatoren, im Falle einer sonstigen Auseinandersetzung nach dem Sinne des § 158 den sämtlichen Gesellschaftern ob (Denkschrift S. 108). Vorliegend haben die Gesellschafter gleichzeitig die Auflösung der Gesellschaft und das Erlöschen der Firma angemeldet. Schon hieraus ließ sich erkennen, daß von einer förmlichen Liquidation abgesehen und die anderweite Auseinandersetzung beendet war; denn nur von diesem Standpunkte aus konnten die Gesellschafter, ohne daß sie oder andere als Liquidatoren eingetragen waren, mit der Anmeldung der Gesellschaftsauflösung die durch die Verteilung des Vermögens bedingte Anmeldung des Erlöschens der Firma verbinden ... Die negative Thatsache, daß eine Liquidation nicht zufolge des § 145[2] vorzunehmen war, braucht dem Registergericht ebensowenig dargethan zu werden, wie ein Nachweis erforderlich ist, daß das Gesellschaftsvermögen zur vollständigen Aufteilung gebracht worden. Demgemäß hat das Amtsgericht von der geforderten Darlegung des Auflösungsgrundes Abstand zu nehmen.

89

Der Vormund darf seinem jüdischen Mündel den Eintritt in ein Geschäft nicht deshalb verweigern, weil daselbst auch des Sonnabends gearbeitet wird. BGB. § 113 Abs. 3.

Kammergericht, I. CS. Beschluß v. 30. September 1901.

Die 19jährige Tochter des verstorbenen Kaufmanns A., jüdischer Religion, ist mit Genehmigung des Vormundes als Handlungsgehilfin in ein Geschäft in Frankfurt a. M. eingetreten. Durch Schreiben vom 13. Mai 1901 entzog ihr der Vormund aber die Ermächtigung und gab ihr auf, die von ihr innegehabte Stelle zu kündigen. Der Grund hierfür ist, daß der Mündel in ein Geschäft eingetreten ist, in welchem auch des Sonnabends gearbeitet wird. Der Antrag des Mündels, die Ermächtigung zu ersetzen, ist vom Amtsgerichte und nach Anhörung des Vormundes auch vom Landgerichte zurückgewiesen. Der weiteren Beschwerde wurde dagegen stattgegeben. Aus den Gründen:

Allerdings ist es ein Gebot der jüdischen Religion, am Sabbat die Arbeit ruhen zu lassen. Allein es ist nicht nur gerichtsnotorisch, sondern ergiebt sich auch aus den vom Vormunde nicht bestrittenen Angaben des Mündels, daß das Gebot von einem großen Teile der Juden nicht mehr befolgt wird, und daß speziell am Aufenthaltsorte des Mündels auch in fast allen jüdischen Geschäften des Sonnabends gearbeitet wird. Es handelt sich deshalb nicht oder wenigstens nicht mehr um ein allgemeines Verbot der Sonnabendsarbeit unter den Juden, so daß jemand, wenn er auch nicht gerade der orthodoxen Richtung angehört, doch ein frommer Jude sein und deshalb auch am Sonnabend arbeiten kann. Es kann also keine Rede davon sein, daß ein am Sonnabend arbeitender Jude unter seinen Glaubensgenossen als unmoralisch gelten kann. Die Unterlassung der Sabbatsarbeit hängt vielmehr lediglich von der Stellung des Einzelnen ab, die er zu den Ritualvorschriften seiner Religion einnimmt; der strengere Jude befolgt sie ernster, der freiere Jude weniger; aber keineswegs gilt der freiere unter der Allgemeinheit der Juden als irreligiös. Der Mündel steht nach seiner Angabe den Vorschriften der jüdischen Religion in dieser Beziehung freier gegenüber, er fühlt sich in seinem Gewissen durch Verrichtung von Arbeit am Sabbat nicht bedrängt. Hierin ihn zu stören und zur Einnahme eines anderen Standpunktes zu zwingen, ist der Vormund nicht berechtigt. Es handelt sich um ein 19jähriges Mädchen, bei der weder von Erziehung im allgemeinen, noch von religiöser Erziehung mehr die Rede sein kann. Gestattet das Gesetz dem Kinde von 14 Jahren schon die eigene Wahl des Glaubensbekenntnisses, so muß ein Kind dieses Alters und erst gar ein erwachsenes Mädchen von 19 Jahren auch berechtigt sein, sich eigenmächtig dafür zu entscheiden, ob sie innerhalb ihrer Religion einer freieren oder strengeren Anschauung in Bezug auf bloße Ritualvorschriften huldigen und dieselben bethätigen will. Auch der eigene Vater wäre nach dem Gesetze nicht mehr berechtigt, dem Kinde in diesem Alter Vorschriften über seine Religion und seinen Glauben zu machen, er könnte es zur Befolgung religiöser Ritualvorschriften nicht mehr zwingen. Ist dies aber selbst dem Vater nicht gestattet, mußte er vielmehr befürchten, daß ein Mißbrauch seiner elterlichen Gewalt angenommen würde, so kann erst gar der Vormund dem 19jährigen Mündel in dieser Beziehung keine Vorschriften machen. Anders läge die Sache nur dann, wenn dabei unmoralische, allgemein verwerfliche Handlungen des Mündels in Frage ständen, oder wenn dem Mündel etwa verwehrt wäre, am Sabbat dem Gottesdienste beizuwohnen. Davon ist aber nach den eigenen Anführungen des Vormundes keine Rede; er glaubt nur den Anschauungen des verstorbenen orthodoxen Vaters des Mündels in Bezug auf die Ritualvorschriften nachleben zu müssen. Dies ist unrichtig; der Mündel steht in dieser Beziehung nach dem Gesetz vielmehr frei da.

Ob die vom Vormunde nur dieserhalb verweigerte bezw. zurückgezogene Ermächtigung, selbständig in ein Dienst- oder Arbeitsverhältnis zu treten, vom Vormundschaftsgerichte zu ersetzen, hängt deshalb nach § 113 BGB. nur davon ab, ob diese Ermächtigung im Interesse des Mündels liegt. Der Mündel hat eine gute und auskömmliche Stellung. Diese beizubehalten liegt deshalb unbedenklich in seinem Interesse, da insofern gegen diese Stellung — abgesehen von der Sonnabendsarbeit — nicht irgend welche erhebliche Einwendungen vorgebracht werden können. Solche erhebt der Vormund selbst nicht. Ein Grund aber, den Mündel von seinem langjährigen Aufenthaltsorte zu entfernen und nach Köln oder Kassel zu verweisen, liegt nicht vor, solange der Aufenthalt in Frankfurt sich nicht als schädlich für den Mündel erweist. Da der Vormund hiernach ohne zureichenden Grund seine Ermächtigung zurückgezogen hat, diese Ermächtigung vielmehr zur Zeit im Interesse des Mündels liegt, war, unter Aufhebung der Beschlüsse der Vorinstanzen, das Amtsgericht anzuweisen, diese Ermächtigung zu erteilen. M.

90

a) Wirkung eines formungültigen gerichtlichen Vertrages.[1] Anfechtung wegen Irrtumes. BGB. §§ 125, 121. FrGG. §§ 176, 177.

OLG. Königsberg, II. CS. Urteil v. 19. Oktober 1901.

Dem gerichtlichen Vertrag vom 25. April 1900 fehlt die Bezeichnung der bei der Verhandlung mitwirkenden Personen — das sind im Gegensatze zu den Beteiligten die Gerichtspersonen — und diese Bezeichnung muß nach § 176² FrGG. im Protokolle enthalten sein[2]; die in § 177 Abs. 3 besonders vorgeschriebene Unterschrift der Mitwirkenden ist offenbar etwas anderes als die Bezeichnung im Protokolle und kann sie daher nicht ersetzen. Außerdem aber fehlt die nach § 177 Abs. 1 gleichfalls notwendige Feststellung, daß das Protokoll vorgelesen, von den Beteiligten genehmigt und von ihnen unterschrieben sei. Die Buchstaben „v. g. u." unter dem Protokolle können als Ersatz für diese Feststellung nicht genügen.[3] Wegen dieser Mängel entbehrt der gerichtliche Vertrag die Kraft einer öffentlichen Urkunde und vermag daher den Beweis, daß der Vorgang richtig beurkundet ist, nicht mehr zu begründen (§ 415 CPO.). Es geht auch nicht an, der Urkunde, die als öffentliche nicht mehr in Betracht kommt, deshalb, weil die Beteiligten sie unterschrieben haben, die Beweiskraft einer Privaturkunde beizulegen und demgemäß als erwiesen anzusehen, daß die darin enthaltenen Erklärungen von den Parteien wirklich abgegeben worden sind. Denn der gerichtlich aufgenommene Vertrag kann dadurch, daß ihm zu einer öffentlichen Urkunde die vorgeschriebene Form mangelt, nicht zu einer Privatschrift werden. Die gegenteilige Annahme würde zu der unannehmbaren Konsequenz führen, daß den als öffentliche Urkunde formungültigen Vertrage eine stärkere Beweiskraft zuzuschreiben wäre, als wenn er die vorgeschriebene Form aufwiese, da gegenüber der formellen Beweiskraft einer Privaturkunde der Gegenbeweis dahin, daß die Aussteller die darin enthaltenen Erklärungen nicht abgegeben haben, unzulässig ist (vgl. Sydow-Busch Anm. 3 zu § 416 CPO.). Während die öffentliche Urkunde nach § 415 Abs. 2 CPO. den Beweis der unrichtigen Beurkundung des Vorganges nicht ausschließt; es kann vom Gesetze nicht

---

[1] Wo die schriftliche Form, sei es durch Gesetz oder Vereinbarung, für die Gültigkeit des Vertrages vorgeschrieben ist, ist auch derjenige Teil, der die Urkunde unterschrieben und dem Gegner ausgehändigt hat, so lange nicht gebunden, als dieser sie nicht unterzeichnet hat. (OLG. Hamburg, III. CS. Urteil v. 20. April 1901, HansGZ. S. 220 Nr. 153.)

[2] Rsp. 2 Nr. 79c. [3] Vgl. Rsp. 3 Nr. 24a.

gewollt sein, daß danach in Fällen, wo die öffentliche Form für das Rechtsgeschäft nicht vorgeschrieben oder wegen der nachgefolgten Auflassung entbehrlich geworden ist, der gerichtlich aufgenommene Vertrag unter Umständen größere Bedeutung haben soll, wenn die vorgeschriebene Form verletzt, als wenn sie gewahrt ist. Es kann allerdings nicht verkannt werden, daß dem gerichtlichen Vertrage auch in der mangelhaften Form, zumal im Hinblick auf die Thatsache, daß die Parteien ihn unterschrieben haben, nicht alle Beweiserheblichkeit abgesprochen werden kann... Einen besonderen Nachweis der Rechtzeitigkeit der Anfechtung wegen Irrtumes hat das Landgericht mit Unrecht vom Kläger verlangt. Nach § 121 BGB. hat zwar die Anfechtung unverzüglich zu erfolgen, nachdem der Anfechtende vom Anfechtungsgrunde Kenntnis erlangt hat. Es wäre aber Sache des Beklagten gewesen, eine so frühe Kenntnis des Klägers, daß die Anfechtung gemäß § 121 verspätet wäre, seinerseits nachzuweisen; vgl. Planck, Neumann zu § 121 BGB. [vgl. auch JW. 1901 S. 767]. Th.

b) **Die (Wechsel-)Unterschrift des Vertreters mit dem Namen des Vertretenen ist gültig.**[1] **BGB. § 126.**

OLG. Hamm, IV. CS. Urteil v. 21. Juni 1901.

Die Frage, ob das von einem anderen in mündlichem Auftrage des Bezogenen hergestellte Accept diesen verpflichtet, und ob der Beauftragte seinen oder seines Machtgebers Namen zu gebrauchen hat, wird in der Wechselordnung (vgl. Art. 95) nicht beantwortet, entscheidet sich vielmehr nach bürgerlichem Recht; hier also nach § 126 BGB.... Der Beklagte ist Kaufmann; die von ihm dem Fertiger seiner Namensunterschrift erteilte Vollmacht zum Accept, und zwar zum Accept unter seinem Namen, ist die Ermächtigung zur Vornahme eines einzelnen zu seinem Handelsgewerbe gehörigen Geschäftes; § 54¹, §§ 343, 344 HGB. Es ist nicht abzusehen, weshalb eine derartige Ermächtigung unzulässig sein sollte. Allerdings erfordert § 57 HGB. für die Unterschrift des Handlungsbevollmächtigten einen das Vollmachtsverhältnis ausdrückenden Zusatz. Das ist indes lediglich Ordnungs-, nicht Gültigkeitsvorschrift. Fehlt der Zusatz, so bleibt die Unterschrift des Handlungsbevollmächtigten, ebenso wie die des unter derselben Vorschrift stehenden Prokuristen, bindend für den Geschäftsherrn. Diese für das ältere Recht anerkannte Auffassung (vgl. ROHG. 10 S. 56; 12 S. 133) muß fortdauernde Geltung beanspruchen. Die §§ 57, 51 HGB. wiederholen wörtlich oder nahezu wörtlich die Art. 48, 44¹, daß das neuere Recht die seitherige Rechtsauffassung berichtigen wollte, ist nicht ersichtlich. Der § 126 BGB. verlangt nicht zwingend, daß der Aussteller der Erklärung seinen Namen unterschreibe. Die Motive 1 S. 185 bringen allerdings zum Ausdruck, daß der Begriff einer eigenhändigen Namensunterschrift des Ausstellers ausschließe, daß er sich eines anderen zum Schreiben seiner Unterschrift bediene. Daraus

[1] Rsp. 2 Nr. 32, 159.

folgt jedoch nicht, daß der Verfasser derselben eine handelsrechtliche Ermächtigung dahin, daß der Aussteller sich des Namens des Machtgebers zur Unterschrift bediene, für unstatthaft erachtet und die entgegengesetzte für das ältere Recht durch Entscheidungen der obersten Gerichte festgelegte Rechtsauffassung, die in den Motiven überhaupt nicht Erwähnung findet, für berichtigungsbedürftig gehalten hätte. N.

Dazu: Kammergericht, XIII. CS. Urteil v. 10. Oktober 1901.

Die Klage im Wechselprozesse war zuerst sinnwidrig gegen eine Firma, einen bloßen Namen, gerichtet, sie ist aber durch einen Nachtrag ergänzt, der die Inhaberin dieser Firma, Frau A., bezeichnet. Eines urkundlichen Nachweises dieses letzteren Verhältnisses bedurfte es nicht, da die Bezeichnung der Partei nicht zu den klagbegründenden Thatsachen gehört, jenes Verhältnis auch zugestanden ist. Freilich hat der Kläger die Behauptung, daß Frau A. den Wechsel acceptiert habe, fallen lassen und dafür behauptet, daß ihr Mann als Prokurist die Unterschrift geleistet habe. Er hat aber diese Angaben nicht durch Urkunden unter Beweis gestellt. Auch hierin liegt kein Verstoß gegen § 593 CPO.; denn jene neuen Anführungen sind erst durch die Klagebeantwortung veranlaßt, sie dienen zwar zur Begründung des Anspruches aber nicht der Klage, insbesondere sind sie auch nicht eine Berichtigung der letzteren im Sinne des § 268 [1] CPO., überdies steht die Prokura fest, während die übrigen Thatsachen unerheblich sind. Denn die Frage, ob der Zweitbeklagte[1] in seiner Eigenschaft als Prokurist seine Frau dadurch wechselmäßig verpflichten konnte, daß er lediglich ihre Firma zeichnete, ist zu bejahen. Die Antwort ist lediglich auf dem Gebiete des bürgerlichen Rechtes zu suchen. Der Ansicht Dernburg's (Bürg. Recht 2 S. 249), daß zwar im allgemeinen eine derartige Ausübung der Vertretungsmacht den Vertretenen nicht verpflichte, für das Wechselrecht aber eine doch wohl nur auf ein Gewohnheitsrecht zurückzuführende Ausnahme zu statuieren sei, begegnet dem Bedenken, wie die Ausschließung des Wechselrechtes von dem Herrschaftsgebiete des § 126 BGB. zu rechtfertigen sei und wie sich etwa ein Gewohnheitsrecht gebildet haben sollte. Die etwa vor 1900 festzustellende Übung hätte doch nur dem damals allgemein geltenden Rechtszustande entsprochen und sich keineswegs als Anwendung einer besonderen wechselrechtlichen Norm erkennen lassen, es liegt also kein Grund vor, das Wechselrecht von der Änderung jenes Rechtszustandes auszuschließen. Daß ferner die unterlassene Beobachtung der in § 51 [Art. 44 [1]] HGB. aufgestellten Vorschriften für die Firmenzeichnung des Prokuristen ohne Einfluß auf die Entscheidung sein muß, ergiebt sich aus der Natur jener Bestimmungen als bloßer Ordnungsvorschriften.

Nach BGB. § 126 muß, wenn, wie beim Wechsel, durch das Gesetz schriftliche Form vorgeschrieben ist, die Urkunde vom Aussteller eigenhändig

---

[1] Dieser ist auf Duldung der Vollstreckung in das eingebrachte Gut belangt, ein Antrag, der auch im Wechselprozesse für zulässig erachtet wurde, da er immerhin, wie § 592 CPO. erfordert, die Zahlung einer Geldsumme betrifft.

durch Namensschrift unterzeichnet werden. Daß im Falle einer Vertretung des durch die Urkunde zu Verpflichtenden unter dem „Aussteller" der Vertreter zu verstehen ist, kann nicht bezweifelt werden, gestritten wird aber darüber, ob der Vertreter seinen Namen oder den Namen seines Machtgebers schreiben müsse, oder ob er durch die Niederschrift eines der beiden Namen den Machtgeber verpflichte. Das Gesetz enthält eine ausdrückliche Bestimmung darüber nicht, eine Ergänzung des Wortlautes dahin, daß statt „Namensschrift" „seine Namensschrift" gelesen wird, erscheint weder selbstverständlich noch überhaupt zulässig. Auch die Entstehungsgeschichte des § 126 bietet keinen Anhalt; wenn in den Motiven zum § 92 — der, abgesehen von redaktionellen Änderungen, dem § 126 entspricht — allerdings davon ausgegangen wird, daß der Aussteller seinen Namen schreibe, so ist dies ohne Bedeutung, da an jener Stelle von einem Vertretungsverhältnis hinsichtlich der beurkundeten Erklärung überhaupt nicht die Rede ist. Daß der Aussteller einen beliebigen Namen zeichnen könne, ist natürlich ausgeschlossen, wenn aber der Vertreter den Namen seines Machtgebers zeichnet, so wird auch dadurch die Forderung der Motive erfüllt, daß die Unterschrift die Person des Ausstellers genügend kennzeichnen müsse. Es kann im Gegenteil aus dem Schweigen der Motive über diese Frage entnommen werden, daß die Verfasser des Entwurfes nicht beabsichtigt haben, mit jener Vorschrift eine Änderung des bisherigen, nicht ohne Schwanken in der Rechtsprechung der höchsten Gerichtshöfe schließlich festgestellten Rechtzustandes herbeizuführen.... v. W.

91

Zurückbehaltung von Arbeitslohn wegen Gegenforderungen auf Grund des Dienstvertrages. BGB. §§ 273, 394. CPO. § 850.

OLG. Hamburg, III. CS. Urteil v. 12. Oktober 1901.

Die beklagte Rhederei hatte in den Heuerverträgen ausbedungen, daß, falls sie wegen eines durch einen Schiffsmann im Auslande begangenen Schmuggels in Zollstrafe genommen werde, „sämtliche Mitglieder entweder der Docks- oder der Maschinenmannschaft gemeinschaftlich zu dem Schaden beizutragen haben" und demgemäß den Klägern Heuer gekürzt. Die Abmachung verstößt nicht gegen die guten Sitten. Wenn auch anzuerkennen ist, daß diese Bestimmung, wonach ein der Rhederei durch das Vergehen eines Einzelnen erwachsender Schade auf alle Angestellte zu verteilen ist, eine Härte gegen die Unschuldigen enthält, so ist es andererseits doch den Rhedereien nicht zu verdenken, wenn sie für derartige Verschuldungen wie Schmuggel, welche die Heuerforderung des schuldigen Schiffsmannes weit übersteigende Zollstrafen nach sich ziehen, eine gemeinsame Haftung aller Schiffsleute oder größerer Kreise derselben einführen. Damit legen sie jedem eine Pflicht der Überwachung auf, um derartige Vorkommnisse zu hindern oder rechtzeitig anzuzeigen, und es ist nicht unsittlich ferner zu bestimmen, daß, wenn gleichwohl ein Schmuggelfall und infolgedessen die Verhängung einer Zollstrafe vorkommt, diese Überwachungspflicht als von jedem der Übrigen verletzt gelten und daher die Verteilung der Strafe auf alle gegeben sein solle. Wer sich solchem Heuervertrage unterwirft, kann nachträglich die Gültigkeit der betreffenden Klausel nicht von sich abwehren. Dagegen ist nicht nur die Pfändung der Heuerforderung nach CPO. § 850 und die Aufrechnung gegen dieselbe nach BGB. § 394 (vgl. hierzu: D. Jur.-Zeit. 1900 S. 91) unzulässig, sondern vorliegend auch die auf Grund BGB. § 273 versuchte Zurückbehaltung derselben wegen des Gegenanspruches der Rhederei. Dernburg (Bürgerl. Recht 2 § 59) lehrt freilich, daß auch da, wo Aufrechnung unzulässig sei, die sachlich meist auf dasselbe hinauslaufende Zurückbehaltung baren Geldes auf Grund von Gegenansprüchen gestattet sein müsse. Seine Ausführungen erscheinen aber nicht durchweg überzeugend, wenn auch zugegeben werden muß, daß die Wirkung der Zurückbehaltung nicht immer z. B. bei der Zinsenfrage dieselbe ist, wie die der Aufrechnung, und ferner, daß das Landgericht im hier angefochtenen Urteil zu weit geht, wenn es in jedem Falle die Zurückbehaltung da versagt, wo Aufrechnung unzulässig wäre. Die Worte des § 273 „sofern nicht aus dem Schuldverhältnisse sich ein anderes ergiebt" werden von Planck, Kommentar 2 S. 44 richtig dahin erläutert: „Auch wenn die beiderseitigen Ansprüche auf demselben rechtlichen Verhältnisse beruhen, kann sich doch aus diesem selbst ergeben, daß die eine Leistung vor der anderen gemacht werden muß, oder daß es doch dem Zwecke der beiderseitigen Verpflichtungen nicht entsprechen würde, wenn die Erfüllung der einen bis zur Erfüllung der anderen verweigert wurde." Nun ist die Forderung des einfachen Arbeiters auf seinen Dienstlohn seit dem Reichsgesetz von 1869 auch mit Rücksicht auf das öffentliche Interesse der Armenverwaltungen derart charakterisiert oder privilegiert worden, daß sie der Pfändung und seit Einführung des BGB. auch der Aufrechnung überhaupt nicht unterworfen sein soll. Damit ist aber nicht auch ausgesprochen, daß, wenn der Arbeiter in demselben Rechtsverhältnis, aus dem sein Dienstlohnanspruch erwächst, dem Dienstherrn einen Schaden zufügt, dieser stets den vollen Lohn auszahlen müßte, um nachher wegen seines Schadensanspruches auf eine mit Rücksicht auf die Vermögenslage des Arbeiters meist wenig aussichtsvolle besondere Klage sich verwiesen zu sehen. Hier greift § 273 helfend ein, indem er eine Zurückbehaltung gestattet, wo die gegenseitigen Verpflichtungen auf demselben rechtlichen Verhältnis beruhen, auch da wo eine Aufrechnung ausgeschlossen ist. Allein damit sollte nur das ausgedrückt werden, was schon das gemeine Recht kannte. Wo es dolos wäre, zu fordern, was man sofort wieder zurückgeben müßte, da ist die Retentionseinrede gegeben. Sie ist es aber nicht, wo die Natur des Rechtsverhältnisses eine Vorleistung des einen Verpflichteten vorschreibt, oder wo die eine Forderung ihrem Wesen nach der anderen zweifellos vorgehen muß. Das ist nun nicht immer der Fall, wenn es sich um Arbeitslohn handelt,

z. B. dann nicht, wenn der Arbeiter den Dienstherrn durch Unterschlagungen geschädigt hat[1]. Da es dolos wäre, Lohn zu fordern, wo so verursachter Schaden zu decken ist, steht dem Dienstherrn das Zurückbehaltungsrecht zu. Das ist der von Staub, HGB. § 59 Note 34 vorausgesetzte Fall. Anders aber, wenn, wie hier, eine vertragliche Hoffnung ohne Rücksicht auf jedes Verschulden des Vertragsschließenden eingeführt ist. Der hieraus erwachsende Gegenanspruch muß hinter dem öffentlich privilegierten Anspruch auf Arbeitslohn zurückstehen. Der Arbeiter, der seinen verdienten Lohn fordert, ohne einen von ihm gar nicht verschuldeten und durch ihn nicht einmal abwendbaren Schaden sich abzuziehen, handelt keineswegs dolos. Das Rechtsverhältnis der Parteien erfordert vielmehr eine Vorleistung der Rhederei, damit der Schiffsmann mit den Seinen nicht hungern oder der Armenpflege zur Last falle.

Nach diesen Ausführungen kann es dahingestellt bleiben, ob nicht auch aus dem anderen Grunde der Klage entsprochen werden müßte, daß wo — wie bei gegenseitigen Geldforderungen — durch Ausübung des Zurückbehaltungsrechtes ganz dasselbe Resultat erzielt werden würde, wie bei der — im öffentlichen Interesse untersagten Aufrechnung auch die erstere als mit verboten angesehen werden muß. M. M.

Dazu: a) OLG. Hamburg, III. CS. Urteil v. 26. Oktober 1901.

Unter „demselben rechtlichen Verhältnisse" ist nicht nur ein bestimmtes einzelnes rechtsgeschäftliches Verhältnis zu verstehen, aus dem die Leistung und die Gegenleistung in gegenseitiger Bedingtheit geschuldet werden. Vielmehr fällt darunter auch die „natürliche, gewollte oder als gewollt vorauszusetzende Einheitlichkeit des faktischen Verhältnisses, welche nicht minder wie die rechtliche gegenseitige Bedingtheit es als gegen Treu und Glauben verstoßend erscheinen läßt, wenn der eine Interessent von dem anderen die Leistung verlangt, die von ihm geschuldete Leistung aber seinerseits nicht gewähren will" (Entsch. 14 Nr. 57). Daß dies dem Sinne des § 273 entspricht, ist auch in den Motiven 2 S. 41 unter Berufung auf dieses Urteil zum Ausdruck gebracht (vgl. auch Planck Anm. 1a). — Einen Zusammenhang der geschilderten Art stellte hier nun aber die zwischen den Parteien bestehende Geschäftsverbindung her. Auf Grund dieser Verbindung lieferte der Kläger dem Beklagten fortlaufend Waren, wofür er abredegemäß übrigens in Ermangelung der Verabredung einer anderen Zeit auch kraft Gesetzes (§ 271) Kontantzahlung zu fordern hatte. Danach war aber nicht die Absicht der Parteien, Kläger solle verpflichtet sein, die einzelnen übernommenen Lieferungen unabhängig von der Bezahlung der früheren Lieferungen auszuführen. Vielmehr gilt mut. mut. auch hier, was im Urteil (Bolze 9 S. 178) gesagt ist, daß nämlich die Pflicht des Klägers zur Lieferung der zuletzt bestellten Waren nicht als von der Erfüllung der Pflicht des Beklagten zur Berichtigung der fälligen Preise für die früheren Bestellungen

[1] Ein anderer bedeutsamer Fall ist der, daß der Arbeiter dem Dienstherrn gehörendes Arbeitsgerät vorsätzlich beschädigt hat. D. E.

unabhängig gewollt zu erachten sei, sondern als unter der Voraussetzung übernommen, daß der Beklagte sich in Bezug auf jene Preisberichtigung vertragsmäßig verhalten werde. Da dies nicht geschehen, konnte der Beklagte die Lieferungen aus den letzten Bestellungen verweigern.[1] M. M.

b) **Zurückbehaltungsrecht wegen Ersatzforderung für ein Wohnungsrecht gegenüber dem Räumungsanspruch.**

OLG. Karlsruhe, II. CS. Beschluß v. 13. Juli 1901.

Nach dem Urteile des RG. v. 22. Januar 1901 [JW. S. 132[37]] ist zwar das dingliche Wohnungsrecht des Beklagten A. und seiner mitverklagten Kinder durch die Zwangsversteigerung, bei welcher das Haus ohne das Wohnungsrecht ausgeboten und von der klagenden Unterpfandsgläubigerin gesteigert wurde, erloschen. Allein daselbst ist zugleich ausgeführt: „Da das Wohnungsrecht dem später erworbenen Pfandrechte der Beklagten [Ersteherin] nicht zu weichen hatte, durfte für die zur Wertserhöhung des versteigerten Pfandobjektes vom Kläger dadurch gemachte Aufwendung, daß die Liegenschaft als vom Wohnungsrechte befreit ausgeboten und zugeschlagen wurde, an dem hierdurch erzielten Mehrerlöse dem Kläger ein Ersatzanspruch gegenüber der darauf angewiesenen Beklagten eingeräumt werden." Hiernach stehen der aus dem Eigentum, welches die jetzige Klägerin durch die Ersteigerung erwarb, entfließende Anspruch auf Wohnungsräumung und die Ersatzforderung des jetzigen Beklagten A. in engstem Zusammenhange, welcher Ähnlichkeit mit dem Verhältnis zwischen dem Anspruche des Käufers auf Herausgabe und dem Gegenanspruche des Verkäufers auf Zahlung des Kaufpreises hat. Das Wohnungsrecht, welches A. bei der Zwangsversteigerung preisgeben mußte, ist infolge der Wiedervereinigung mit dem Eigentumsrechte auf den Steigerer übergegangen, und da dieser auch den hierdurch erzielten Mehrerlös, der dem A. zukommt, zu Unrecht lukriert hat, hat er ihm die Vergütung für das verlorene Wohnungsrecht zu leisten. Bei einem solchen Verhältnis ist unbedenklich nach bad. LR. ein Innebehaltungs-(Zurückbehaltungs-)Recht an der Wohnung zu Gunsten der Ersatzforderung anzunehmen. Noch zweifelloser ist es nach BGB. § 273 Abs. 1 begründet; denn unter „demselben rechtlichen Verhältnis", worauf hiernach die beiderseitigen Ansprüche bezw. Verpflichtungen beruhen müssen, ist nicht nur ein durch einen oder mehrere Verträge begründetes, sondern auch ein sonstiges, z. B. durch Eigentum einerseits und Besitz andererseits, sowie durch Verwendungen des Besitzers auf den Gegenstand beruhendes, rechtliches Verhältnis, aus welchem Ansprüche bezw. Verpflichtungen auf Herausgabe einerseits und auf Ersatz andererseits entspringen, zu verstehen, so daß vorliegend ein solches Rechtsverhältnis anzunehmen ist (vgl. Örtmann, „Recht der Schuldverhältnisse" § 173 Z. 1, 3). Die Bestimmung der §§ 556 Abs. 2, 580, wonach dem Mieter von Wohnräumen wegen seiner Ansprüche

[1] Aufrechnungs- und Zurückbehaltungsbefugnis bei sog. uneigentlichen Barattogeschäften, besonders im Viehhandel: Urteil des OLG. Braunschweig, I. CS., v. 12. Okt. 1900 (Zeitschrift 48, Beilageheft S. 74).

gegen den Vermieter ein Zurückbehaltungsrecht nicht zusteht, ist eine besondere Ausnahme von der Regel des § 273 und läßt keine analoge Anwendung zu. Da der Anspruch der Klägerin auf Räumung und die Ersatzforderung des A. vor 1. Januar 1900 entstanden sind, so findet zunächst das alte Gesetz Anwendung (Art. 170 EG., Habicht 3. Aufl. § 36a S. 353 Z. 2, 3). Da aber die Innehabung der Wohnung auch nach 1900 noch fortgesetzt wurde, so dürfte wohl, wenn ein Zurückbehaltungsrecht nicht schon nach altem Rechte begründet wäre, das neue Recht zu Gunsten des Besitzers hinsichtlich eines Zurückbehaltungsrechtes für seine Ersatzforderung eingreifen (Habicht § 39 IV 5 Abs. 2). Es kann übrigens dahingestellt bleiben, ob das alte oder das neue oder beide Rechte in Anwendung zu kommen haben. Mit Unrecht macht ferner die Klägerin gegenüber der Beschwerde geltend, daß mindestens die mitverklagten Kinder mit Recht zu den Kosten verurteilt seien, da ihr Anspruch auf Anerkennung des Wohnungsrechtes rechtskräftig durch das Urteil des Landgerichtes aberkannt ist und eine Entschädigungsforderung ihnen nicht zusteht. Das Wohnungsrecht des A. gab ihm die Befugnis, auch seine Familienangehörigen und die für Besorgung seines Haushaltes nötigen Bediensteten bei sich wohnen zu lassen (bad. LR. S. 632, 633, BGB. § 1093 Abs. 2). Die Mitbeklagten durften daher auf Grund ihres abgeleiteten Rechtes dem Klagantrag entgegentreten. Dr. E.

92

a) Beweiskraft der Hingabe von Gottesgeld bei der Miete. BGB. §§ 535, 336.

OLG. Hamburg, IV. CS. Urteil v. 10. Juni 1901.

Die Hingabe des Gottesgeldes gilt im Verkehre als Zeichen eines endgültigen und beide Parteien bindenden Vertragsschlusses. Ein solcher ist vor dem Gesetze auch der bedingte Vertrag, und es ist daher rechtlich durchaus zulässig, einen bedingten Vertrag durch Gottesgeld zu bekräftigen. Im Verkehre pflegt aber weniger die rechtliche Konstruktion als die wirtschaftliche Wirkung des Rechtsgeschäftes berücksichtigt zu werden, und der vom Beklagten behauptete Vertragsschluß hätte wirtschaftlich durchaus nicht die Bedeutung einer festen Vermietung gehabt. Es sollte nach Darstellung des Beklagten von seinem bis zum nächsten Tage zu erklärenden Willen abhängen, ob er gemietet haben wollte oder nicht. Damit wäre also weder Beklagter gebunden gewesen, noch hätte Kläger sich darauf verlassen können, vermietet zu haben. Es wäre wirtschaftlich nichts weiter erzielt gewesen, als was im Verkehre sehr viel öfter dadurch erreicht wird, daß ein Kontrahent dem anderen eine feste Offerte für bestimmte Frist an die Hand giebt. Daß ein solches Abkommen, das, wenn es auch rechtlich sich als ein resolutiv bedingter Vertrag qualifiziert, doch wirtschaftlich nur einen Abschnitt in den Verhandlungen und keine definitive Einigung der Parteien bedeutet, durch Gottesgeld bekräftigt sein sollte, ist höchst unwahrscheinlich...; die Hingabe des

Gottesgeldes spricht vielmehr in höchstem Maße dafür, daß die Miete definitiv, und nicht unter einer auf den Willen des Beklagten gestellten Resolutivbedingung geschlossen ist. M. M.

b) **Bereicherungsanspruch des Vermieters gegen den Pfändungsgläubiger des Mieters. BGB. §§ 559, 812.**

OLG. Stettin, V. CS. Urteil v. 1. Nov. 1901.

Der Kläger hat die Räume, die ihm für die Zeit von 1897 bis 1902 vom Eigentümer X. mietsweise überlassen sind, für den gleichen Zins an B. vom Juli 1899 bis 1902 zur Untermiete überlassen und ihm gleichzeitig seine in die Mietsräume vorher schon eingebrachten Waren verkauft. B. hat März 1900 die Räume mietsweise und die Waren zu Eigentum an C. übergeben. Die für 1. Juli bis Ende 1900 fällige Miete von 500 Mark hat der Kläger an seinen Vermieter bezahlt; B. und C. haben die Miete nicht entrichtet. Auf Antrag des Beklagten hat der Gerichtsvollzieher am 28. August 1900 gegen C. jene Waren in den Mietsräumen gepfändet und versteigert, auch den Erlös mit 400 Mark an die Beklagte bezahlt. Der Bereicherungsanspruch des Klägers ist begründet.

Die gepfändeten Waren haben seit Juli 1899 dem Pfandrecht des Klägers unterlegen, da sie seitdem als Eigentum seines Mieters B. in den Mietsräumen waren. Ob seit 1. Januar 1900 dieses Pfandrecht in die Vorschriften des BGB. übergeleitet ist (vgl. Habicht § 31 S. 270 und dagegen JW. 1901 S. 645), kann unerörtert bleiben; der Mietzins für 1900 genoß den Schutz des Pfandrechtes nach dem einen wie dem andern Gesetz. Hieran ist durch die ohne räumliche Trennung vom Mietsgrundstücke unter der Herrschaft des BGB. § 929 erfolgte Veräußerung der Waren an C. nichts geändert. C. hat das Eigentum belastet mit dem bestehenden Pfandrecht des Klägers erworben. Das Pfandrecht würde nur erloschen sein, wenn es dem C. beim Eigentumserwerb ohne grobe Fahrlässigkeit unbekannt geblieben wäre (§ 936 Abs. 1 Satz 1 und Abs. 2 § 932). Dies ist aber ausgeschlossen, weil damals C. das Mietsverhältnis zwischen Kläger und B. gekannt und die Sachen innerhalb der Mietsräume übergeben erhalten hat. Bei dieser besonderen Sachlage waren die Waren, obwohl sie nicht mehr dem Mieter B. gehörten, doch dem Pfandrecht des Klägers gerade auch wegen jenes Mietzinses von 500 Mark unterworfen, als die Beklagte ein Pfändungspfandrecht erlangte.... Die Pfandrechte der Parteien standen sich mithin nicht anders als zwei rechtsgeschäftlich bestellte Pfandrechte gegenüber; für den Rang also war die Zeit der Entstehung maßgebend; das ältere Recht des Klägers war das stärkere.... Die Entfernung der Sachen durch den Gerichtsvollzieher hat das Recht des Klägers schon deshalb nicht beseitigt, weil sie ohne sein Wissen erfolgt ist (BGB. § 560). Kenntnis hat der Kläger erst am 11. Oktober 1900 erlangt. Die Ausschlußfrist des BGB. § 561 Abs. 2 Satz 2 kommt, wenn altes Recht anzuwenden ist, überhaupt nicht in Betracht, anderenfalls ist die Frist gewahrt. Was nämlich unter dem auch sonst (z. B. §§ 1380, 1407,

1958, 1961) gebrauchten Ausdruck „gerichtlich geltend machen" zu verstehen ist, kann zweifelhaft sein. Die bloße Anmeldung beim Gerichtsvollzieher mag hierzu nicht genügen, während die Klageerhebung (November 1900) verspätet ist. Kläger hat aber schon am 11. Oktober 1900 sein Recht gerichtlich geltend gemacht, nämlich den Antrag auf Hinterlegung des Erlöses beim Vollstreckungsgericht gestellt (CPO. § 805 Abs. 4; § 769 Abs. 2). Das genügte (Scherer, BGB. 2 S. 750; Motive 2 S. 410; Prot. 2 S. 209). Freilich hat nachher der Kläger die vom Vollstreckungsgericht ihm gesetzte Frist nicht eingehalten. Diese Versäumung ist aber für BGB. § 561 belanglos; sie hat dem Kläger nur die prozeßrechtliche, an das Vollstreckungsverfahren gebundene Klage aus CPO. § 805 entzogen; die Geltendmachung des durch das materielle Recht etwa gegebenen Bereicherungsanspruches auf den Erlös aber ist nicht abgeschnitten, auch nicht durch die gemäß §§ 819 und 769 Abs. 2 Satz 2 CPO. daraufhin erfolgte Zahlung (Brückner, Mietsrecht S. 96, Rsp. 2 S. 352, Entsch. 40 S. 291 und 42 S. 90).

Die Versteigerung hat allerdings die Pfandrechte beider Parteien beseitigt; der Ersteher hat die Sachen pfandfrei erworben. Mit der Zahlung des Erlöses hat die Beklagte erlangt, was sie zu fordern hatte, jedoch nur soweit ihr der Erlös zur Befriedigung gebührte; im übrigen ist der Erlös an die Stelle des Pfandes getreten (BGB. § 1247). Der Beklagten gebührte nur, was nach der vorrechtlichen Befriedigung des Klägers übrig blieb. Der dem Pfandrechte des Klägers entsprechende Wert der Waren gehörte nicht zum Vermögen des Vollstreckungsschuldners C., sondern er gehörte dem Kläger. Die im Widerspruche zu dieser Rechtslage durch die Vollstreckungsorgane an die Beklagte gelangte Geldzahlung ist sonach an einen Nachberechtigten erfolgt. Gr.

c) Begriff der „Verfügung" im § 573 BGB.

OLG. Kiel, I. CS. Urteil v. 21. Oktober 1901.

Kläger war durch Zuschlagsbeschluß vom 1. März 1901 Eigentümer eines Hausgrundstückes geworden, dessen Mieterträge für die Zeit vom 1. Januar bis 1. April 1901 dem Beklagten gerichtlich überwiesen waren. Die Klage auf Freigabe der Märzmiete wurde abgewiesen. Aus den Gründen:

Die Frage, ob durch die vorher in rechtswirksamer Weise erfolgte Pfändung der Beklagte einen Anspruch auf den Mietzins erworben hat, den er auch gegenüber dem Rechte des späteren Erwerbers des Grundstückes geltend machen kann, ist zu bejahen. Durch eine im Wege der Zwangsvollstreckung erfolgende Pfändung und Überweisung einer Forderung wird derselbe rechtliche Effekt erzielt, wie wenn der Inhaber der Forderung über sie verfügt, sie abtritt oder verpfändet. Nach § 836 CPO. ersetzt die Überweisung einer Forderung die förmliche Erklärung des Schuldners, von welcher die Berechtigung zur Einziehung der Forderung abhängig ist; sie ist also eine im Wege des Zwanges für ihn abgegebene Erklärung, welche ebenso wirkt, wie die von ihm selbst abgegebene. — Nach der Denkschrift zum BGB. (S. 76 f.)

ist der § 573 aus der Erwägung hervorgegangen, daß für den Vermieter Verfügungen über den Mietzins, dessen Fälligkeit nahe bevorsteht, oft wirtschaftlich notwendig sind. Diese Erwägung steht jedenfalls der Anwendung des § 573 auf die im Wege der Zwangsvollstreckung gegen den Vermieter ergehenden Verfügungen nicht entgegen. Für die extensive Auslegung spricht vielmehr der Umstand, daß der neue Erwerber zweifellos gegen sich gelten lassen muß, wenn sein Rechtsvorgänger durch gerichtliches Urteil zur Abgabe der rechtsgeschäftlichen Erklärung verurteilt wird. Daß in den Materialien zum BGB. von einer Gleichstellung der Wirkung der Pfändung mit denjenigen der rechtsgeschäftlichen Verpfändung durch den Vermieter selbst nicht die Rede ist, erklärt sich daraus, daß eine solche Gleichstellung nach allgemeinen Rechtsgrundsätzen als selbstverständlich angenommen ist. Gr.

93

a) Genaue Bezeichnung der einzutragenden Forderung.

Kammergericht, I. CS. Beschluß v. 28. Oktober 1901.

Der Grundbuchrichter kann verlangen, daß ihm für die Eintragung einer Hypothek die Forderung, zu deren Befriedigung jene bestimmt ist, genau bezeichnet und also das Schuldverhältnis zweifelsfrei angegeben werde, aus welchem die Forderung entsprungen ist. Dies ist bereits im Beschlusse vom 7. Januar 1901 (Jahrbuch 21 S. 139 [Rspr. 2 S. 276 Nr. 1]) näher ausgeführt. Daß die Forderung auch aus einem (absolut oder relativ) abstrakten Akte, einem Schuldversprechen oder Schuldanerkenntnis, erwachsen sein kann, wird vom Landgericht ausdrücklich hervorgehoben. Er vermißt aber eine genügende Bezeichnung der Forderung in der Eintragungsbewilligung, weil dort ein **konkreter** Schuldgrund nicht angegeben und weil es andererseits nicht erkennbar sei, daß die Hypothek zur Befriedigung wegen einer **abstrakten** Forderung bestellt werden solle. Ersteres entspricht dem Wortlaute der Urkunde und die letztere Annahme beruht auf thatsächlichen Erwägungen, die einen Rechtsirrtum nicht erkennen lassen. Wenn, wie hier, jemand erklärt, einem Dritten eine bestimmte Summe zu verschulden, sie verzinsen und auf Kündigung zurückzahlen zu wollen, so ist die Auslegung, daß es sich um ein abstraktes Schuldversprechen handle, nicht notwendig. Näher liegt die Unterstellung, daß ein Dahrlehn in Frage sein und diesem die Hypothek dienen solle. Fordert der Grundbuchrichter, daß ihm der Zweifel aufgeklärt und der Schuldgrund unzweideutig angegeben werde, so verstößt er gegen kein Gesetz, erfüllt vielmehr die ihm obliegende Pflicht, das Grundbuch von unklaren, zu Mißverständnissen Anlaß gebenden Eintragungen frei zu halten. Fr.

Dazu: Kammergericht, I. CS. Beschluß v. 3. Juni 1901.

... Daran ist kein Zweifel laut geworden, daß das **relativ abstrakte** (individualisierte) Anerkenntnis einer Schuld ebenso in den Rahmen des § 781 BGB. falle, wie das **absolut abstrakte** Anerkenntnis (Prot. 2

S. 501). Es bildet einen genügenden Klagegrund, wenn sich der Schuldner schriftlich zu einer Schuld unter Angabe des zu Grunde liegenden Verhältnisses im allgemeinen bekannt hat. Man wird diesen Fall sogar als die regelmäßige Form des Schuldanerkenntnisses zu betrachten haben (vgl. Dernburg, Bürg. Recht 2 § 89 Z. 4, auch Oertmann, Vorbem. zum 7. Abschn. des 2. Buches Z. 2, ferner Windscheid-Kipp, Pandekten 2 S. 773 ff.). Sie läßt den Willen, eine selbständige Verpflichtung zu begründen, unzweideutig erkennen. Wenn hiernach der Beschwerdeführer bekannt hat, aus einer Schuldübernahme 15000 Mark zu verschulden, so ist dieses Bekenntnis eine ausreichende Grundlage für eine Forderung gegen ihn. Sobald der Gläubiger es ausdrücklich oder stillschweigend angenommen hat, ist für einen klagbaren Anspruch aus § 781 das erforderliche vertragsmäßige Fundament gegeben. Damit ist aber auch die Forderung, wegen deren die Hypothek bestellt werden soll, ausreichend bezeichnet: es ist die aus dem Schuldanerkenntnisse entspringende Forderung. Eines Zurückgehens auf die Schuld, welche übernommen sein soll, oder einer Vorlegung der über sie etwa vorhandenen Urkunde bedarf es nicht...

b) **Grundsatz der Spezialität bei Reallasten.**

§§ 1105, 1107, 1115 BGB. § 50 GO. §§ 45, 46, 92, 121 ZwVG.

Kammergericht, I. CS. Beschluß v. 8. Juli 1901.

Der Eigentümer des Gutes B. hatte beantragt, auf seinem Gute in Abt. II des Grundbuches folgendes einzutragen:

> Der Grundstückseigentümer ist verpflichtet, an den jeweiligen Eigentümer des Brennereigrundstückes P. bis zum 1. Juli 1908 jährlich eine doppelt so große Menge Kartoffeln aus seinem Grundstücke zu liefern, als zum Abbrennen des auf ihr entfallenden Anteiles des Kontingents nötig sind.

Der Antrag ist abgelehnt. Während die Vorinstanzen ihn beanstandet haben, weil er den jährlichen Geldwert der Einzelleistungen oder mindestens den Höchstbetrag der Jahresleistungen nicht erkennen lasse, führt das Kammergericht aus:

Der Antrag hat die Eintragung einer Reallast zum Gegenstande: Das Grundstück des Antragstellers soll zu Gunsten des jeweiligen Eigentümers eines anderen Grundstückes in der Weise belastet werden, daß wiederkehrende Leistungen aus dem Grundstücke des Antragstellers zu entrichten sind. Das Wesen der Reallast wird in § 1105 BGB. klar abgegrenzt. Danach ist begrifflich nicht erforderlich, daß die einzelnen aus der Reallast als ganzem fließenden Leistungen jedesmal einander gleichwertig sein müssen; ebenso ist die regelmäßige Wiederkehr der Einzelleistungen nicht notwendig. Die einzelnen wiederkehrenden Leistungen können in Geldzahlungen (Renten), Naturallieferungen oder Dienstleistungen bestehen, auch ist eine Kombination dieser Leistungsarten nach dem in § 1105 festgestellten Begriffe der Reallast zulässig. Schon aus dieser Begriffsbestimmung ergiebt sich, daß die ziffermäßige Angabe des Jahreswertes der einzelnen Leistungen nicht verlangt werden kann. Die Vorinstanzen stützen diese Meinung auf § 1107 BGB., der auf § 1115 hinweise. Allein diese Auslegung des § 1107 kann nicht gebilligt werden; § 1107 beziehe sich auf die aus der Reallast als dem Hauptrechte entfließenden einzelnen Leistungen: auf diese sollen die für die Zinsen einer Hypothekenforderung geltenden Rechtsvorschriften entsprechende Anwendung finden, d. h. die einzelne fällig werdende oder fällig gewordene Leistung unterliegt derselben rechtlichen Behandlung wie die fällig werdenden oder fällig gewordenen Hypothekenzinsen. Hieraus folgt aber nicht die Anwendbarkeit des § 1115 auf die Einzelprästationen aus der Reallast. Denn § 1115 enthält keine Rechtsvorschrift über die Behandlung der Hypothekenzinsen, sondern setzt das Prinzip der Spezialität für die Hypothek dahin fest, daß im Grundbuche ziffernmäßig ihr Geldbetrag und ihr Zinssatz (bezw. der Geldbetrag anderer Nebenleistungen) anzugeben ist. Bei der Reallast ist aber von Nebenleistungen neben einer Kapitalsbelastung keine Rede. Als Rechtsvorschriften, die für die Behandlung der Hypothekenzinsen gegeben und demgemäß auf die einzelnen aus der Reallast folgenden Leistungen entsprechend anzuwenden sind, müssen beispielsweise die Bestimmungen in §§ 1145 Abs. 2, 1158, 1159 BGB. anerkannt werden.

Wenn danach das Verlangen nach Ersichtlichmachung des Jahreswertes der einzelnen Leistungen im Grundbuche zu weit geht, so folgt doch aus dem Grundsatze der Spezialität, daß der Inhalt der einzutragenden Reallast soweit angegeben werden muß, daß der Umfang der Belastung des Grundstückes aus dem Grundbuche bezw. den zur Ergänzung dienenden Akten festgestellt werden kann. Denn nach § 1105 BGB. sind die Reallasten aus dem Grundstücke zu entrichten; es muß also möglich sein, die Belastung so festzustellen, daß ihre Vollstreckung in das Grundstück möglich ist. Dies ist in den §§ 45, 46, 92, 121 des Reichsgesetzes über die Zwangsversteigerung ausdrücklich vorgesehen und liegt in dem Wesen der grundbuchmäßigen Belastung. Bei der Zwangsversteigerung setzt sich das Pfandobjekt in eine Geldsumme um, und die auf dem Pfandgrundstücke ruhenden Belastungen müssen demgemäß auch in Geldforderungen umwandlungsfähig sein; letzteres ist aber nur möglich, wenn die Belastung ihrem Inhalte nach bestimmt erkennbar ist. Allerdings hat bei der Zwangsversteigerung der Subhastationsrichter die in den angezogenen §§ 45, 46, 92, 121 vorgesehene Umwandlung von nicht in Geld bestehenden Leistungen in Geldbeträge vorzunehmen und es folgt nicht aus diesen Paragraphen, daß der Geldbetrag schon aus der Bucheintragung ersichtlich sein muß; es ist auch ferner zuzugeben, daß der Subhastationsrichter bei diesem Umwandlungsgeschäfte nicht allein auf den Buchinhalt beschränkt ist: immer aber ist notwendig, daß das Grundbuch den individuellen Inhalt der Leistungen erkennen läßt; denn nur soweit dies möglich ist, liegt eine dingliche Belastung vor. Ist der Inhalt der Reallast ganz unbestimmt, so ist die Umwandlung in eine Geldforderung unmöglich, der Grundsatz der Spezialität der Belastung ist nicht berücksichtigt, und deshalb darf der Grundbuchrichter solche Eintragung beanstanden.

Von dieser unzulässigen Art ist der vorliegende Antrag. Es hat den Anschein, als ob zwischen dem Besitzer des Grundstückes P. und dem Antragsteller ein Sozietätsverhältnis hinsichtlich der Verwertung der Kartoffeln in der Brennerei zu P. bestände. Welches Vertragsverhältnis in Wirklichkeit vorliegt, ist nicht angegeben. In der Bewilligungsurkunde, welche die einzige Unterlage für die Reallast bildet, ist nur in den auf den Antragsteller „entfallenden Anteil des Kontingents" die Rede. Mit welchem Betrage die Brennerei auf dem Gute P. an dem Gesamtkontingente, von welchem der niedrigere Abgabensatz der Branntweinsteuer zu entrichten ist, beteiligt ist, wird sich für die betreffenden Kontingentsperioden feststellen lassen.... Allein dafür ist kein Anhalt gegeben, in welchem Verhältnis das zu belastende Gut des Antragstellers an diesem Kontingente der Brennerei zu P. beteiligt sein soll. Demzufolge mußte bei einer Umwandlung der Reallast in eine Geldforderung die vertragliche Grundlage, aus der sich der Inhalt der Reallast ergiebt, erst ermittelt werden. Die vorliegende Eintragungsbewilligung ergiebt also den Inhalt der dinglichen Belastung nicht und ist deshalb in der vorliegenden Art zur Eintragung nicht geeignet.

Gerade um Reallasten, die nicht ziffernmäßig angegeben werden brauchen, in genügender Weise zu spezialisieren, hat die Grundbuchordnung dem § 874 BGB entsprechend in § 50 zugelassen, daß in der Eintragung die einzelnen Rechte nicht bezeichnet zu werden brauchen, sofern auf die Eintragungsbewilligung Bezug genommen wird. Es folgt aber daraus, daß die Eintragungsbewilligung Aufschluß über das Recht selbst, seine Individualität und seinen Inhalt geben muß.... Der Antragsteller wird sich dazu verstehen müssen, mindestens den Anteil des belasteten Gutes an dem Kontingente der Brennerei zu P. bestimmt anzugeben und damit den Inhalt der Reallast so zu spezialisieren, daß die Umrechnung in einen Geldbetrag ermöglicht wird, falls er es nicht im Interesse der Erkennbarkeit der Belastung seines Grundstückes vorziehen sollte, das zu Grunde liegende Rechtsverhältnis vollständig zu erkennen zu geben. H.

c) Nachweis, daß dem eingetragenen Gläubiger der Brief nicht ausgehändigt worden, ist durch eine Erklärung des Gläubigers zu führen. BGB. § 1117.

Kammergericht, I. CS. Beschluß v. 10. Juni 1901.

Für A. ist 1900 eine Hypothek eingetragen und der Brief dem Beschwerdeführer als dem Grundstückseigentümer ausgehändigt worden. Letzterer hat 1901 mit dem Bemerken, daß der Brief dem A. nicht übergeben worden sei, die Hypothek an B. abgetreten und die Umschreibung unter Überreichung des Briefes beantragt. Die Umschreibung wurde aber abgelehnt, weil die Zustimmung des Gläubigers fehle. Die weitere Beschwerde ist nicht begründet.

Für den eingetragenen Gläubiger streitet nach § 891 BGB. die Vermutung, daß ihm die Hypothek zustehe. Daß das Grundbuch in dieser Hinsicht unrichtig sei, hat zu beweisen, der es behauptet. Vorliegend soll das Gläubigerrecht des Eingetragenen nicht entstanden sein, weil ihm der Brief nicht übergeben sei (§ 1117 BGB.). Daß dies der Fall ist, wird aber nicht durch die einseitige Erklärung des Eigentümers dargethan. Auch der Umstand, daß der letztere sich zur Zeit im Besitze des Briefes befindet, schließt die Möglichkeit nicht aus, daß der Brief dem Gläubiger übergeben worden und somit das Recht aus der Hypothek in dessen Person entstanden ist. Es kann sein, daß der Gläubiger mittelbar, der Eigentümer unmittelbar Besitzer ist (§§ 930, 868 BGB.). Darum wird der Nachweis der Unrichtigkeit des Grundbuches nicht anders zu führen sein, als durch eine in urkundlicher Form gemäß § 29 GrBO. ausgestellte Erklärung des als Gläubiger Eingetragenen, daß ihm der Brief nicht übergeben sei und ihm also das Gläubigerrecht nicht zustehe. Dadurch, daß der Brief nach § 60 GrBO. dem Eigentümer ausgehändigt worden ist, wird jener Nachweis nicht erbracht (ebenso Turnau-Förster, Grundbuchrecht 1 S. 688 Anm. 4). — Auch das fernere Bedenken des Amtsgerichtes gegen die Umschreibung der Hypothek ist irsoweit begründet, als der Eigentümer für den Fall, daß A. nicht Gläubiger geworden ist, die Hypothek nur als Grundschuld oder unter Substituierung einer neuen Forderung — welche ganz den gleichen Inhalt haben kann, wie die eingetragene — abzutreten in der Lage ist. Davon, daß dem Eigentümer auch die Forderung zustehe, ist keine Rede. Mithin hat er die Hypothek als Grundschuld erworben, die durch Anlehnung an eine neue Forderung wieder in eine Hypothek umgewandelt werden kann (§§ 1177, 1198 BGB., vgl. den Beschluß im Jahrbuch 20 S. 282 [Rsp. 1 S. 416], welche Entscheidung in dem hier wesentlichen Punkte nicht durch den Beschluß im Jahrbuch 21 S. 160 [Rsp. 2 S. 44] abgeändert ist). P.

d) **Bei Bildung des Hypothekenbriefes ist die aktenwidrige Erklärung des Eigentümers, daß eine Schuldurkunde nicht ausgestellt sei, unbeachtlich. GrBO. § 58.**

Kammergericht, Ferien-CS. Beschluß v. 16. Juli 1901.

Die Grundakten ergeben, daß die Obligation von 1832 über die Post dem Grundbuchamt wiederholt eingereicht und mit Umschreibungsvermerken versehen worden ist. Unter diesen Umständen entbehrt die Erklärung des Beschwerdeführers, wonach eine Schuldurkunde über die Post nicht ausgestellt sein soll, jeder Beachtlichkeit, weil ihre objektive Unrichtigkeit bereits aktenmäßig feststeht. Der § 58 RGrBO., wonach die Schuldurkunde mit dem Hypothekenbriefe verbunden werden soll, entspricht dem § 122 der preuß. GrBO. und ist aus Zweckmäßigkeitsgründen, insbesondere zur Verhinderung mißbräuchlicher Sonderverfügungen über Hypothek und verbriefte Forderung getroffen. Sie ist für den Grundbuchrichter, wenn auch nur als „Sollvorschrift" bindend, so daß er ebenso verpflichtet wie berechtigt ist, die Vorlegung einer Schuldurkunde, deren Ausstellung ihm bekannt ist, zu verlangen, bevor dem Antrage auf Erteilung eines Briefes stattgegeben wird. Darüber, daß nach Art. 33 Abs. 2 des Ausf.-Ges. zum BGB. hier die vorhanden gewesene Obligation nicht anders wie jede sonstige Schuldurkunde anzusehen, namentlich trotz der darauf gesetzten Vermerke nicht selbst einem Hypothekenbriefe gleichsteht, ist hierbei kein Zweifel. — Die Vorschrift des § 58 Abs. 3 RGrBO., wonach zum Nachweise, daß eine Schuldurkunde nicht ausgestellt ist, eine darauf gerichtete Erklärung des Eigentümers genügt, dient allerdings, wie die Denkschrift hervorhebt, zur Erleichterung des Verkehres. Dies geschieht durch eine die Feststellung der nicht erfolgten Ausstellung einer Schuldurkunde erleichternde Beweisregel. Keineswegs enthält aber der Abs. 3 eine Fiktion, die einer thatsächlich unrichtigen Erklärung die Kraft beigelegt hätte, die Thatsache der Ausstellung für das Grundbuchamt zu eliminieren. ... Falls die Schuldurkunde, wie es den Anschein hat, verloren gegangen ist, hätte der Beschwerdeführer diesen Verlust dem Grundbuchamt nachweisen sollen; ohne solchen Nachweis konnte von dem Erfordernis der Vorlegung nicht Abstand genommen werden. W. H.

e) **Sicherungshypothek. Erfordernis des Höchstbetrages auch bei Eintragungen aus einstweiligen Verfügungen. BGB. § 1190.**

Kammergericht, Ferien-CS. Beschluß v. 19. Juli 1901.

Zu Gunsten der Beschwerdeführerin, der das Getrenntleben von ihrem Manne gestattet und die Sorge für die gemeinschaftlichen Kinder übertragen war, ist ihr Mann durch einstweilige Verfügung zur Entrichtung einer im voraus zahlbaren Unterhaltsrente von monatlich 150 Mark verurteilt worden. Der Antrag zur Sicherung dieses Anspruches für die Dauer des Scheidungsprozesses, d. h. für 12 Monate, eine Sicherungshypothek in Höhe von 1800 Mark, eventuell eine Vormerkung auf dem Grundstücke des Mannes einzutragen, wurde zurückgewiesen. Auch die weitere Beschwerde blieb erfolglos. Aus den Gründen:

Beantragt ist die Eintragung einer Sicherungshypothek für eine ihrer Höhe nach unbestimmte Forderung, da der Endtermin, bis zu dem die Unterhaltsrente zu entrichten ist, noch nicht feststeht. Es handelt sich also um eine Sicherungshypothek im Sinne des § 1190 BGB., bei der der Höchstbetrag, bis zu welchem das Grundstück haften soll, eingetragen werden muß. Dementsprechend ist auch in § 932 CPO. für die Eintragung einer Sicherungshypothek auf Grund eines Arrestbefehles ausdrücklich die Bezeichnung eines solchen Höchstbetrages vorgesehen. Nach § 627 Abs. 4, § 936 CPO. und vor allem nach der ganzen Einrichtung des Grundbuches muß an diesem Erfordernis auch für die Eintragungen auf Grund einstweiliger Verfügungen unbedingt festgehalten werden; denn ohne die Bestimmung eines Höchstbetrages der Haftung des Grundstückes würde das Prinzip durchbrochen, daß die hypothekarischen Eintragungen die wirkliche Belastung des Grundstückes auch für später einzutragende Gläubiger klar erkennbar machen müssen (vgl. schon die Kautionshypothek des preuß. Grundbuchrechtes: § 24 des EG. vom 5. Mai 1872). Nun müssen aber die für die Eintragung einer Hypothek wesentlichen und notwendigen Elemente — und dazu gehört bei einer Sicherungshypothek des § 1190 der Höchstbetrag — entweder durch Einigung des Berechtigten und Verpflichteten (§ 873 BGB.) oder durch Gesetz oder Richterspruch bestimmt sein, während es durchaus unzulässig ist, diesen Höchstbetrag nach der einseitigen und willkürlichen Bestimmung des Berechtigten einzutragen (vgl. auch § 19 GrBO.). Hierbei kann sich die Beschwerdeführerin nicht auf den § 9a GKG. beziehen, weil er nur die Festsetzung des Streitwertes regelt. Auch eine Vormerkung kann nicht eingetragen werden, weil die Beschwerdeführerin einen obligatorischen Anspruch auf Einräumung einer Sicherungshypothek nicht hat (§ 883 BGB.; vgl. Jahrb. 21 A S. 324). Es war ja auch offenbar gar nicht Zweck und Aufgabe der einstweiligen Verfügung, die künftige Zwangsvollstreckung wegen der künftig fällig werdenden Geldrenten im Sinne eines Arrestbefehles zu sichern, sondern der Richter bezweckte nur gemäß §§ 627, 940 CPO. die Regelung eines einstweiligen Zustandes durch Bestimmung der Höhe der Geldrente. Aus dieser Verfügung folgt allerdings für die Beschwerdeführerin ein Recht zur sofortigen Zwangsbeitreibung der fällig gewordenen Renten, aber nicht ohne weiteres auch ein Recht auf Sicherung der gefährdeten künftigen Zwangsvollstreckung. Ein solches kann nur durch Erwirkung eines Arrestbefehles oder einer anderweitigen einstweiligen Verfügung begründet werden. H. Br.

94

a) Ehestreit zwischen Engländern. Einstweilige Verfügung auf Unterhaltsgewährung. BGB. § 1361.

Kammergericht, III. CS. Urteil v. 20. September 1901.

Für die Frage, welches Recht über die Unterhaltspflicht des Provokaten entscheidet, ist nicht der Art. 14 EG. maßgebend; vielmehr ist, da unbedenklich die Regelung der Vermögensverhältnisse der Ehegatten während des Scheidungsprozesses zur „Scheidung der Ehe" im Sinne des Art. 17 EG. gerechnet werden muß, davon auszugehen, daß die Gesetze des Staates maßgebend sind, dem der Mann zur Zeit der Erhebung der Klage angehört. Aber auch hiernach würde, da beide Parteien Engländer waren und sind, das englische Recht in materieller Hinsicht anzuwenden sein, sofern nicht nach diesem Recht wiederum die deutschen Gesetze für maßgebend erklärt sind (sog. Rückverweisung, Art. 27 EG.). Letzteres behauptet Provokat und es ist richtig, daß der in Deutschland zur Geltung gelangte Grundsatz der Maßgeblichkeit der Staatsangehörigkeit in England nicht gilt, sondern insbesondere das Eherecht von der lex domicilii beherrscht wird; vgl. u. a. Wörterbuch des englischen Rechtes von Wertheim unter „Domicile", ferner Westlake-v. Holtzendorff, Internat. Privatrecht S. 84 und die bei Davidson, Recht der Ehescheidung 1901 S. 194 Zitierten. Die Parteien haben aber hier ihr eheliches Domizil, so daß das streitige Rechtsverhältnis nach deutschem Recht zu regeln ist....

Daß die Gestattung des Getrenntlebens nicht ausdrücklich beantragt ist, steht der Zulässigkeit der Gewährung der verlangten Alimente nicht entgegen, andererseits wird das Gericht durch den Mangel eines solchen formellen Antrages nicht der Notwendigkeit überhoben, materiell zu prüfen, ob der Provokantin das Getrenntleben gestattet werden soll, weil letztere Erlaubnis die Voraussetzung des Alimentenanspruches bildet. Jene Prüfung aber ist nicht darauf zu erstrecken, ob der Provokantin die Gründe des § 1353 Abs. 2 BGB. zur Seite stehen, sondern nach §§ 627, 940 CPO. ist das Ermessen des Gerichtes mit der Maßgabe entscheidend, daß die erbetene einstweilige Regelung zur Abwendung wesentlicher Nachteile oder zur Verhinderung drohender Gewalt oder aus anderen Gründen nötig erscheinen muß (Entsch. 46 S. 382, JW. 1900 S. 715, 1901 S. 576). Die Voraussetzungen für die Zulässigkeit des Getrenntlebens sind aber dargethan. Denn nach der eidesstattlichen Versicherung der Provokantin, welche nach Lage der Sache als Mittel zur Glaubhaftmachung für genügend zu erachten, ist bescheinigt, daß Provokat sie wiederholt mit der Faust ins Gesicht geschlagen hat ... Zu dieser Versicherung hat der Senat die Provokantin zugelassen, er hält die darin angegebenen Thatsachen nach dem Inbegriff der Verhandlung für glaubhaft, wenngleich die *persönliche* Versicherung an Eidesstatt, die nach § 294 CPO. die Regel bilden mag, von der abwesenden Provokantin nicht abgegeben werden konnte ...

Bei Zubilligung des Rechtes zum Getrenntleben folgt weiterhin, daß es angemessen und erforderlich, der Provokantin den verlangten Unterhalt außerhalb der Ehewohnung durch Zusprechung einer Geldrente zu gewähren. Ob Provokant bereit ist, sie, wie er angiebt, in der Ehewohnung zu unterhalten, sie zur Rückkehr aufgefordert und dieserhalb an ihren Vater geschrieben hat, ist unter den dargelegten Umständen unerheblich, ebenso ob Provokantin heimlich die Ehewohnung verlassen hat. — In keiner Weise ist glaubhaft, daß Provokantin von ihrem Vater oder ihren Verwandten unterhalten wird oder hinreichendes eigenes Vermögen besitze, um die vom Manne verlangten Alimente entbehren zu können. Der Ausnahmefall des Abs. 2 des § 1361, nach dessen „Maßgabe" gemäß § 627 CPO. die Unterhaltspflicht zu ordnen ist, liegt mithin nicht vor. Unstreitig ist andererseits, daß der Provokat ein Einkommen von jährlich 13000 Mark bezieht, so daß er zur Gewährung des Unterhaltes, den er, solange die Ehe besteht, seiner Frau schuldet, sehr wohl im stande ist. Einer *besonderen* Glaubhaftmachung, daß die Frau des Unterhaltes bedürftig, kann nicht gefordert werden, die Notwendigkeit der Gewährung desselben außerhalb der Ehewohnung folgt vielmehr aus der Zulässigkeit des Getrenntlebens und der Unterhaltspflicht des Mannes vorliegend von selbst. Auch die Notwendigkeit der Inanspruchnahme ihrer Verwandten für ihren Unterhalt wäre bereits ein wesentlicher Nachteil, dessen der vermögende Mann seine Frau übergeben muß.

Wollte man übrigens englisches Recht anwenden, so würde sich nach der [beigebrachten] Bescheinigung kein anderes Resultat ergeben, wie nach deutschem Rechte. Wäre nämlich die Voraussetzung, daß die beklagte Ehefrau sich auf den Scheidungsprozeß „eingelassen" haben müsse, auch entgegen der Ansicht des Vorderrichters als eine materiellrechtliche Voraussetzung ihres Alimentationsanspruches anzusehen, so würde doch zu berücksichtigen sein, daß nach dem zur Anwendung gelangenden deutschen Prozeßrecht der Mangel der „Einlassung" im Scheidungsprozeß keine sachlichen Nachteile, namentlich keine Kontumazialfolgen für die Beklagte bewirken kann. Sinngemäß würde also die Notwendigkeit der „Einlassung" in Wegfall kommen. Hierbei ist hervorzuheben, daß das forum domicilii auch nach englischem Rechte für den Scheidungsprozeß begründet ist (vgl. Wertheim a. a. O.) und die Zuständigkeit des angerufenen Landgerichtes also auch im Sinne jener Bestimmung des englischen Rechtes unbedenklich erscheint. Im übrigen hat aber das zur Ehescheidung in betreff einer einstweiligen Verfügung berufene Gericht die Frage der Zuständigkeit des Gerichtes, vor welchem gleichzeitig die Hauptsache anhängig ist, nicht zu prüfen (vgl. Entsch. 40 S. 377)...

b) **Verpflichtung des preußischen Amtsgerichtes, die Erklärung der geschiedenen Frau über die Wiederannahme ihres Familiennamens zu beurkunden oder zu beglaubigen. BGB. § 1577². Ausf.=G. Art. 68 § 1 Satz 1.**

Kammergericht, Ferien=CS. Beschluß v. 20. August 1901.

Die Beschwerdeführerin, deren von einem preußischen Standesbeamten geschlossene Ehe rechtskräftig geschieden ist, hat bei dem Amtsgerichte beantragt, ihr zur Erklärung über die Wiederaufnahme des Familiennamens einen Termin anzuberaumen. Der Antrag wurde wegen Unzuständigkeit des Gerichtes abgewiesen; die weitere Beschwerde hatte Erfolg. Gründe:

Nach § 1577 Abs. 2 BGB. erfolgt die Wiederaufnahme des Familiennamens einer geschiedenen Frau durch die in öffentlich beglaubigter Form der zuständigen Behörde gegenüber abzugebende Erklärung. Nach Art. 68 § 1 Satz 1 Ausf.=G. ist, wenn die Ehe, wie hier, vor einem preußischen Standesbeamten geschlossen war, dieser für die Entgegennahme und öffentliche Beglaubigung der Erklärung zuständig. Der Auslegung der Vorinstanzen, daß danach der Standesbeamte auch zur Aufnahme oder Beglaubigung dieser Erklärung ausschließlich zuständig sei, ist nicht beizutreten. Zur Entgegennahme der Erklärung ist allerdings der Standesbeamte, vor dem die Ehe geschlossen ist, allein zuständig (Jahrb. 20 S. 148). Was aber die Beglaubigung der Erklärung anlangt, so muß, wenn der Interessent bloß Handzeichen gemacht hat, die Beglaubigung nach § 129 BGB., § 191 FrGG. Art. 68, § 3 Ausf.=G. durch das Amtsgericht oder einen Notar erfolgen. Ist aber die Erklärung mit dem Namenszuge unterzeichnet, so sind reichsgesetzlich zur Beglaubigung ebenfalls Amtsgerichte und Notare berufen; das preuß. Ausf.=G. hat nur von der Ermächtigung durch § 191 FrGG. Gebrauch gemacht und für einen bestimmten Fall vorgeschrieben, wer außer dem Amtsgericht und Notar die Beglaubigung vornehmen darf, indem es verordnet, daß derjenige Standesbeamte, vor dem die geschiedene Ehe geschlossen war, zur Unterschriftsbeglaubigung zuständig ist (Begründung zu Art. 67). Wird die Erklärung vor dem Standesbeamten nicht persönlich abgegeben, so wird sie nicht schon durch die Abgabe wirksam, sondern sie erlangt erst in dem Zeitpunkte, in dem sie ihm zugeht, Wirksamkeit (BGB. § 130 Abs. 1 u. 3).

Dies angewendet auf den vorliegenden Fall, führt zu dem Ergebnisse, daß das Amtsgericht zur Entgegennahme der Erklärung allerdings nicht zuständig ist, daß es dagegen die Beglaubigung bezw. die Beurkundung als einen Akt der freiwilligen Gerichtsbarkeit nicht ablehnen darf. . . . Für die Weiterbeförderung der Urkunde an den Standesbeamten hat die Antragstellerin zu sorgen. . . . W.

c) **Eine Eintragung in das Güterrechtsregister auf Antrag des Notars, welcher nur die Erklärung des einen Ehegatten beurkundet hat, ist ohne Vorlegung der über die Erklärungen aufgenommenen Urkunden unzulässig. FrGG. §§ 129, 161. BGB. §§ 1560, 1561.**

OLG. Rostock, II. CS. Beschluß v. 21. Oktober 1901.

Der § 129 des FrGG., welcher nach § 161 daselbst auf die Eintragungen in das Güterrechtsregister entsprechende Anwendung zu finden hat, bestimmt zwar, daß der Notar, welcher die zu einer Eintragung erforderliche Erklärung beurkundet oder beglaubigt hat, als ermächtigt gilt, im Namen des zur Anmeldung Verpflichteten die Eintragung zu beantragen, besagt aber nichts darüber, was unter der zu einer Eintragung erforderlichen Erklärung zu verstehen sei. Vielmehr normiert dafür das BGB. ausschließlich. Nach § 1561 Abs. 2 des BGB. ist, abgesehen von den Fällen des § 1561 Abs. 1 daselbst, der Antrag beider Ehegatten erforderlich, und es genügt nach § 1561 Abs. 3 Nr. 1 daselbst der Antrag einer der Ehegatten nur, wenn mit dem Antrage der Ehevertrag vorgelegt wird. Diesen gesetzlichen Bestimmungen entspricht die Annahme, daß der Antrag beider Ehegatten oder, wenn der Ehevertrag vorgelegt wird, der Antrag eines Ehegatten und der Ehevertrag die für die Eintragung des Ehevertrages in das Güterrechtsregister erforderlichen Erklärungen bilden, wobei zu beachten ist, daß diese Anträge nach § 1560 Satz 2 BGB. in öffentlich beglaubigter Form zu stellen sind, und durch den Antrag des Notars, welcher nur einen Teil der erforderlichen Erklärung beurkundet oder beglaubigt hat, nicht ersetzt werden können. Diesem aus dem klaren Wortlaute des BGB. gewonnenen Ergebnisse gegenüber kann der Ansicht, nach welcher der Antrag, zu dem der Notar gemäß § 129 cit. als ermächtigt gilt, identisch sein soll mit den in den §§ 1560, 1561 BGB. erwähnten Antrage eines oder beider Ehegatten, nicht beigetreten, und dem Bedenken, daß bei der hier gegebenen Auslegung der § 129 völlig gegenstandslos sei, um so weniger Bedeutung beigelegt werden, als er dem Notar die Befugnis gewährt, gemäß dem Antrage, welcher zunächst ein Internum der Ehegatten ist, die Eintragung in das Güterrechtsregister zu erwirken (Rsp. 1 S. 494 Nr. 198). Pr.

95

a) Der geschiedene Vater hat seine ehelichen Kinder bis zum vollendeten 16. Lebensjahre zu unterhalten und kann sie nicht an die Mutter verweisen. BGB. §§ 1602 f., 1708.

OLG. Hamburg, IV. CS. Urteil vom 11. Februar 1901.

... Beklagter und seine geschiedene Frau, die Mutter der Kläger, haften nach §§ 1602 Abs. 2 und 1603 Abs. 2 gemeinsam und gleichzeitig und nach § 1606 Abs. 2 auch zu gleichen Teilen für den Unterhalt der Kläger, soweit hier nicht die fernere Bestimmung, daß in der Regel der Vater vor der Mutter hafte und die Mutter nur dann in erster Linie für den Unterhalt der Kinder einzutreten habe, wenn ihr die Nutznießung an einem Vermögen der Kinder zustehe, Platz greift. Da die letztere Voraussetzung hier nicht vorliegt, kann die Fähigkeit der Mutter zur Unterhaltsgewährung niemals zu einer Befreiung des Beklagten von der Unterhaltspflicht führen, und nur mit Bezug auf die Bemessung der Höhe des vom Beklagten zu gewährenden Unterhaltes in Betracht kommen, sofern die dem Beklagten zur Verfügung stehenden Mittel zur Unterhaltsgewährung allein nicht ausreichen.

Nach § 1603 Abs. 2 besteht die Unterhaltspflicht der Eltern gegenüber ihren minderjährigen unverheirateten Kindern auch im Falle der Gefährdung des eigenen standesgemäßen Unterhaltes insoweit, daß sie verpflichtet sind, alle verfügbaren Mittel zu ihrem und der Kinder Unterhalte gemeinsam und gleichmäßig zu verwenden, und daß diese Verpflichtung auch eintritt, wenn eine häusliche Gemeinschaft zwischen den Eltern und Kindern nicht existiert. Zur Erfüllung der, dem Beklagten hiernach im Verhältnisse zu den Klägern obliegenden Unterhaltspflicht steht dem Beklagten seiner Angabe nach zur Zeit nur eine Unfallrente von 45,60 Mark monatlich zur Verfügung, und er ist infolge des erlittenen Unfalles zur Ausübung einer Erwerbsfähigkeit augenblicklich außer stande. . . . Allein der Beklagte hat auch die geringen verfügbaren Mittel gleichmäßig zu seinem und der Kläger Unterhalt zu verwenden und ist auch im Verhältnisse zu den Klägern eventuell verpflichtet, eine Erhöhung der Unfallrente auf den, ausweise der Akten früher gezahlten Betrag zu beantragen.

Der den Klägern im angefochtenen Urteile zuerkannte Betrag von je 6 Mark monatlich erscheint den Umständen nach angemessen. Es kann keinem Zweifel unterliegen, daß er zum Unterhalte der Kläger nicht ausreicht, und daß die Kläger außerdem auf die Unterstützung durch ihre Mutter und deren, nach § 1604 Abs. 2 hierzu gleichfalls verpflichteten, jetzigen Ehemann angewiesen sind. Da auch diese nur in äußerst beschränkten Verhältnissen leben, erscheint es nicht gerechtfertigt, sie durch eine Herabsetzung der vom Beklagten zu zahlenden Rente zu einem höheren Beitrage zum Unterhalte der Kläger zu verpflichten.

Da aber nach § 1602 Abs. 2 die Unterhaltspflicht der Eltern nur insoweit besteht, als die Einkünfte des eigenen Vermögens des betr. Kindes und der Ertrag seiner Arbeit nicht ausreichen und Kinder in den Lebensverhältnissen der Kläger erfahrungsgemäß in der Regel mit dem vollendeten 16. Lebensjahre erwerbsfähig werden, was auch nach § 1708 zu einer entsprechenden Beschränkung der Unterhaltspflicht eines Vaters gegenüber einem unehelichen Kinde geführt hat, so erscheint es gerechtfertigt, entsprechend den vom Reichsgerichte (7 S. 51) für den Fall einer Rentenzahlung auf Grund des Haftpflichtgesetzes ausgesprochenen Grundsätzen, die Verpflichtung des Beklagten zur Unterhaltsgewährung zunächst auf die Zeit bis zum vollendeten 16. Lebensjahre eines jeden der Kläger zu beschränken. M. M.

b) **Umfang der Befugnis des Vormundschaftsgerichtes, den persönlichen Verkehr zwischen Eltern und Kindern gemäß § 1636 BGB. zu regeln.**

Kammergericht, Ferien-CS. Beschluß v. 20. August 1901.

Im Scheidungsurteil von 1898 ist das Erziehungsrecht über den aus der Ehe entsprossenen Sohn der geschiedenen Frau zugesprochen, doch muß sie gestatten, daß sich ihr Sohn alljährlich um Ostern und Michaelis je 14 Tage bei Frau M. aufhalte und unter deren Aufsicht mit seinem Vater verkehre. Dieser Aufenthalt hat sich Ostern 1900 auf ein oder zwei Tage beschränkt und ist zu Michaelis 1900 und Ostern 1901 wegen Krankheit ganz ausgefallen. Auf Antrag des Vaters ordnete deshalb das Amtsgericht an, daß sich der Sohn während der Sommerferien 14 Tage lang bei seinem Vater aufzuhalten habe und daß die Aufsicht des Fräulein W. für diesen wie auch für spätere Fälle als ausreichender Schutz für das sittliche und körperliche Wohl des Knaben anzusehen sei. Die Beschwerde wurde zurückgewiesen; auch die weitere Beschwerde blieb erfolglos. Aus den Gründen:

In der Anordnung, daß das Kind während der Sommerferien sich unter Aufsicht des Fräulein W. 14 Tage lang bei seinem Vater aufhalten solle, liegt keine Überschreitung der durch § 1636 BGB. festgesetzten Befugnisse. Der Begriff des persönlichen Verkehres im Sinne dieses Paragraphen schließt die Zulässigkeit eines solchen Aufenthaltes keinesfalls grundsätzlich aus. Das Gesetz enthält insbesondere nicht die geringste Andeutung dafür, daß der des Erziehungsrechtes verlustig gegangene Elternteil das Kind etwa nur bei dem andern Elternteil aufsuchen und — wie die Beschwerdeführerin sich ausdrückt — dort sehen dürfe. Es ist auch nicht anzuerkennen, daß der gewöhnliche Sinn, der mit der Bezeichnung des persönlichen Verkehres verbunden wird, der Zulassung von 14tägigen Besuchen des Kindes bei dem Elternteil, welcher das Erziehungsrecht nicht hat, entgegenstände. Vielmehr wird unter Berücksichtigung des § 1635 die Schranke des zulässigen persönlichen Verkehres im Einzelfalle da zu ziehen sein, wo die Zwecke der Erziehung des mit dem Erziehungsrechte betrauten Elternteiles schädlich beeinflußt werden können. Dafür, daß der Vormundschaftsrichter diese Schranken überschritten hätte, fehlt es aber an jedem Anhalt, zumal das gerichtliche Urteil, welches das Erziehungsrecht festgesetzt hat, selbst Besuche des Kindes von je zwei Wochen bei dem Vater gestattet. Es kann auch nicht zugegeben werden, daß es dem Vormundschaftsrichter gesetzlich nicht gestattet wäre, bei veränderten Umständen die frühere Regelung des Verkehres, sowohl was die Jahreszeit der Besuche als was die zum Schutze des Kindes angeordnete Aufsicht über den Verkehr anbelangt, zu ändern. Wie diese Änderung zu veranlassen, ist Ermessenssache. W. H.

c) **Klage auf Rechenschaftsablegung nach § 1681 BGB.**

OLG. Oldenburg, II. CS. Urteil v. 28. September 1901.

Schon vor dem Inkrafttreten des BGB. stand dem Beklagten kraft der Schaumburger Polizeiordnung von 1615 [wie näher dargelegt wird] vermöge seiner väterlichen Gewalt das Recht der Verwaltung über das Vermögen der Klägerin, seiner auch jetzt noch minderjährigen Tochter erster Ehe zu. Das BGB. hat nach § 1627 dem Vater kraft der elterlichen Gewalt das Recht und die Pflicht, für das Vermögen des Kindes zu sorgen, also das Recht der Vermögensverwaltung (§ 1638) erhalten und nach Art. 203 EG. das Rechtsverhältnis zwischen Eltern und ehelichen Kindern vom 1. Januar 1900 an unter seine Herrschaft gestellt, insbesondere betreffs des einem Kinde vor 1900 erworbenen Vermögens. Die Anwendbarkeit des BGB. überhaupt ist also nicht zu bezweifeln. Es hat mithin vorliegend das Recht der väterlichen Vermögensverwaltung auch nach dem Inkrafttreten des BGB. zunächst fortgedauert. Dieses Recht ist jedoch gemäß §§ 1667, 1670 BGB. durch die einer Aufhebung seitens des Prozeßgerichtes nicht unterliegende Verfügung des Vorm.-Gerichtes vom 7. Februar 1901 dem Beklagten entzogen. Damit trat aber nach § 1681 die Rechtsfolge ein, daß der Vater dem Kinde das Vermögen herauszugeben und über das Vermögen Rechenschaft abzulegen hat. In letzterer Hinsicht ist also der präparatorische Anspruch begründet. Aber auch betreffs des ferner noch streitigen Anspruches auf Herausgabe eines Inventars ergiebt sich ein Gleiches nach § 1640 und ebenso nach § 260 in Verbindung mit § 1681 als Rechtsfolge der dem Beklagten obliegenden Hauptverpflichtung zur Herausgabe des Kindesvermögens, also eines Inbegriffes von Vermögensgegenständen im Sinne des Abs. 1 § 260. Hiergegen kann der Beklagte nicht vorbringen, daß die zwischen ihm und seiner verstorbenen Frau 1892 abgeschlossene Ehestiftung die Bedeutung der vertragsmäßigen Begründung des gesetzlich bestehenden Güterrechtes und zwar schon vom Tage des Eheschlusses an hatte. Denn die daselbst enthaltene Rechtsformel: „Sie — die Brautleute — wollen sich vom Tage des Eheschlusses an nach der Regel: Längst Leib, längst Gut beerben“ hat vertragsmäßige Rechte irgend welcher Art, insbesondere vertragsmäßige Erbrechte deshalb vorliegend nicht zu Gunsten eines der späteren Ehegatten erzeugt, weil aus der Ehe ein Kind, die Klägerin vorhanden ist und nur bei kinderloser Ehe die Rechtswirksamkeit der Klausel nach feststehender Praxis in Schaumburg-Lippe anerkannt ist. Es war dies aber keine Besonderheit für dieses Fürstentum allein, sondern auch in zahlreichen anderen deutschen, namentlich norddeutschen Territorien, auch in der Grafschaft Schaumburg, wo diese Klausel hergebracht war, ist die Beerbung der Eheleute nur im Sinne der bemerkten Beschränkung verstanden (Pufendorf, observ. 2, 65 § II; Eichhorn, Einl. in das d. Priv. § 338; v. Bülow-Hagemann, Prakt. Erört. 1 Nr. 61, 7 Nr. 32). Es handelt sich also vorliegend nicht um unentziehbare Vertragsrechte, sondern um kraft Landesrecht erworbene, dann aber kraft des BGB. durch das Vormundschaftsgericht entzogene Verwaltungsrechte und nur um letztere, namentlich nicht etwa um mit der Verwaltung verknüpfte Nutzungsrechte. — Irrig ist auch die Ansicht des Beklagten, daß nur das Vormundschaftsgericht zuständig sei, vom Beklagten ein Inventar über das Vermögen seines Kindes zu erfordern und Rechenschaft über die Verwaltung zu verlangen. Denn das Vormundschaftsgericht hat, um seinen Anordnungen Geltung zu verschaffen, dem Vater gegenüber nur das Recht der Entziehung der Verwaltung, nicht wie gegenüber dem Vormund nach § 1837 Abs. 2 BGB. ein Ordnungsstrafrecht (Planck zu § 1670 Anm. 1 Abs. 1 u. 2). Dem Vater gegenüber kann also ein direkter Zwang, um des weiteren die Rechtsfolgen der Entziehung der Verwaltung, nämlich die Vermögensherausgabe und die dann zu letzterer erforderlichen präparatorischen Handlungen — Inventarisation und Rechnungsablage — zu erreichen, nur im Prozeßwege erfolgen. Bei Ausschluß des Klageweges bezw. des ordentlichen Prozesses mit seinen gesetzlichen Zwangsmitteln würde gegenüber dem die Vornahme der hier gesetzlich verlangten Rechtshandlungen grundlos verweigernden Beklagten jede Rechtshilfe versagt sein, was das Gesetz enschieden nicht gewollt hat. Spr.

d) **Ein uneheliches Kind ist nach der Annahme an Kindesstatt auch hinsichtlich der religiösen Erziehung als ehelich anzusehen. BGB. § 1757.**

Kammergericht, I. CS. Beschluß v. 30. September 1901.

Das von einer evangelischen Mutter 1894 außerehelich geborene Kind ist 1901 von einem katholischen Manne an Kindesstatt angenommen. Dieser beantragte, anzuordnen, daß das Kind in seiner Religion unterrichtet werde. Das Vormundschaftsgericht ordnete aber die evangelische Erziehung des Kindes an. Auf Beschwerde ist dieser Beschluß aufgehoben worden. Die hiergegen gerichtete weitere Beschwerde ist nicht begründet.

Nach Art. 134 sind die landesgesetzlichen Bestimmungen über die religiöse Erziehung der Kinder unberührt geblieben. Die Frage aber, welche Kinder als uneheliche anzusehen und welchen Kindern die Rechte der ehelichen zukommen, läßt sich, sofern die rechtsbegründenden Thatsachen unter der Herrschaft des BGB. eingetreten sind, nur nach dessen Bestimmungen entscheiden. § 1757 BGB. schreibt vor, „durch die Annahme an Kindesstatt erlangt das Kind die rechtliche Stellung eines ehelichen Kindes des Annehmenden". Eine Unterscheidung zwischen öffentlichen und Privatrechten ist bei der Anwendung des § 1757 allerdings zu machen. Das BGB. hat nur die Privatgesetzgebung, nicht das öffentliche Recht umfassen wollen. Der Art. 89 des preuß. Ausf.-G. zum BGB. hat deshalb die §§ 683—685 ALR. II 2 ausdrücklich aufrecht erhalten, in denen von den Standesrechten der adoptierten Kinder die Rede ist. Die Erziehung — insbesondere auch die religiöse — fällt hierunter nicht. Auch für die Erziehungsfragen hat das Kind durch die Annahme an Kindesstatt die rechtliche Stellung eines ehelichen gemäß § 1757 erlangt. Diese Stellung räumt ihm das Reichsrecht ein. Nach den Bestimmungen des bisherigen Landesrechtes richtet sich nunmehr die religiöse Erziehung. Hierfür maßgebend ist die Deklaration von 1803, nach welcher eheliche Kinder jedesmal in der Religion des Vaters unterrichtet werden. S.

Dazu: **Uneheliche Kinder unter 14 Jahren sind bei einem Glaubenswechsel ihrer Mutter in deren neuem Glauben zu erziehen.**

Kammergericht, I. CS. Beschluß v. 3. Juni 1901.

Die unverehelichte A., welche 1889 eine Tochter geboren hat, war katholisch, ist aber nach ihrer Verheiratung 1895 evangelisch geworden. Nach ihrem Tode 1896 brachte der Vormund das Kind in eine katholische Erziehungsanstalt. Auf Ersuchen der Armendirektion ordnete das Amtsgericht die Herausgabe des Kindes an. Die Beschwerde des katholischen Pfarramts wurde zurückgewiesen. Auch seine weitere Beschwerde blieb erfolglos; Gründe:

Es handelt sich um die Frage, ob der § 642 ALR. II 2, wonach uneheliche Kinder bis zum geendigten 14. Lebensjahre im Bekenntnisse der Mutter erzogen werden, das Bekenntnis der Mutter zur Zeit der Geburt des Kindes im Auge hat, oder ob im Falle eines Religionswechsels der Mutter vor Vollendung des 14. Lebensjahres des Kindes letzteres im neuen Glauben der Mutter zu erziehen ist. Die Analogie der §§ 81, 82 II 2 kann hier nicht verwertet werden, denn diese Vorschriften sind gegeben für Kinder aus Ehen von Personen verschiedenen Glaubens, und bei diesen ist naturgemäß Rücksicht genommen auf den verschiedenen religiösen Standpunkt der beiden Eltern. Diese Rücksicht entfällt bei unehelichen Kindern, weshalb das Gesetz hier auch nicht auf jene, auf anderem Grunde beruhende Vorschriften Bezug nimmt. Während dem ehelichen Vater unbedingte Freiheit gegeben ist, die Religion seines Kindes zu bestimmen, ist für uneheliche Kinder der Mutter keine Wahl gelassen; sie darf nicht ihr Kind in dem vom ihrigen abweichenden Bekenntnisse des außerehelichen Vaters erziehen. Es ist vielmehr positiv angeordnet, daß das Kind im Bekenntnisse der Mutter zu erziehen ist, d. h. unabhängig von ihrem Willen. Die Thatsache, daß die Mutter das Kind bis zu ihrem Tode hat katholisch unterrichten lassen, würde hiernach ohne jede Bedeutung sein. Dazu kommt, daß die Mutter gestorben ist, ehe das Kind das schulpflichtige Alter erreicht hatte; ein Unterrichten im Sinne des Gesetzes kann aber bei einem so jungen Kinde nicht vorliegen.... Bezüglich der hiernach allein wesentlichen Frage hat der Beschluß vom 5. März 1883 (Jahrbuch 4 S. 79) allerdings ausgesprochen, daß ein Glaubenswechsel der Mutter nicht zu beachten sei. Dieser Standpunkt ist aber bereits am 17. März 1890 (Jahrbuch 10 S. 71) verlassen, und es ist damals ausgeführt, daß das Kind dem Religionswechsel der Mutter zu folgen habe. Begründet ist diese Ansicht damit, daß der § 642 cit. schlechtweg das Bekenntnis der unehelichen Mutter maßgebend sein lasse und eine Ausnahme für den Fall des Wechsels nicht mache. Dem lasse sich auch nicht entgegensetzen, daß die unehelichen Kinder dann einem beliebig wiederholten Religionswechsel unterworfen werden könnten, da Fälle, in denen ein erwachsener Mensch seine Religion mehr als einmal ändere, außerordentlich selten seien. An dieser Rechtsansicht hat das Kammergericht bisher festgehalten, und es liegt auch gegenwärtig kein Grund vor, davon abzuweichen. Das Gesetz spricht nicht, wie die Beschwerde irrig vermeint, vom Bekenntnisse der Mutter zur Zeit der Geburt des Kindes, sondern schlechtweg von ihrem Bekenntnisse. Der Richter ist deshalb nicht berechtigt, eine Unterscheidung in das Gesetz hineinzubringen, die dieses selbst nicht gemacht hat. Es würde dem Gesetze geradezu widersprechen, wollte man die unehelichen Kinder dem wechselnden Bekenntnisse der Mutter nicht folgen lassen; denn vom Augenblicke des Glaubenswechsels ab wäre keine Rede mehr davon, daß sie, wie das Gesetz vorschreibt, im Bekenntnisse der Mutter erzogen würden. W.

e) **Die Entfernung des verwahrlosten Kindes aus der gefährdenden Umgebung ohne Anordnung der Fürsorgeerziehung schließt die letztere aus.**[1]

Kammergericht, I. CS. Beschluß v. 23. September 1901.

Die M. F. war mit Willen und Einverständnis der Eltern bei ihrem in geordneten Verhältnissen lebenden Taufpaten X. untergebracht. Das Amtsgericht hatte trotzdem im Hinblick auf die Verhältnisse der Eltern die Unterbringung des Kindes zur Fürsorgeerziehung angeordnet. Auf Beschwerde wurde diese Anordnung aufgehoben. Die weitere Beschwerde des Bürgermeisters blieb erfolglos. Gründe:

Die Fürsorgeerziehung ist nur dann anzuordnen, wenn andere Mittel zur Verhütung der Verwahrlosung eines Kindes nicht vorhanden sind oder die vorhandenen nicht ausreichen; denn sie ist nur eine der mannigfachen gesetzlichen Verwaltungsmaßregeln zur Sicherung einer geordneten Erziehung.... Sie wird also regelmäßig dann nicht eintreten, wenn ein Kind aus der Häuslichkeit, in der sein Wohl gefährdet war, z. B. durch private Hilfe, in eine andere Familie gekommen ist, in der es gut erzogen und überwacht wird, so daß der drohenden Verwahrlosung oder dem sittlichen Verderben nunmehr vorgebeugt erscheint.... Dafür, daß hier etwa die Unterbringung des Kindes bei X. nicht ernstlich gemeint und nur zum Schein geschehen sei, um die Fürsorgeerziehung abzuwenden, ergiebt sich kein Anhalt. Daß die Eltern sich vielleicht nur unter dem Drucke der drohenden Fürsorgeerziehung zur

---

[1] Rsp. 3 Nr. 63 S. 237. Die Überweisung ist nicht mehr zulässig, wenn der Minderjährige während des landgerichtlichen Beschwerdeverfahrens das 18. Lebensjahr vollendet hat; tritt dies erst während des Zeitraumes zwischen der Entscheidung des Landgerichtes und des Kammergerichtes ein, so ist es unerheblich. (Kammergericht, Ferien-CS. Beschluß v. 6. September 1901 und I. CS. Beschluß v. 25. November 1901.)

Unterbringung des Kindes entschlossen haben, würde dagegen die landgerichtliche Entscheidung nicht zu erschüttern vermögen. Auch der Umstand, daß der Vater als Inhaber der elterlichen Gewalt das Kind dem X. jederzeit entziehen und daß auch X. das Kind den Eltern wieder zurückgeben kann, vermag eine andere Entscheidung in der Sache nicht zu rechtfertigen. Eine jede private Thätigkeit im Interesse verwahrloster oder gefährdeter Kinder entbehrt des Zwanges gegenüber dem Inhaber der elterlichen Gewalt oder dem sonst zur Sorge für die Person des Kindes Berechtigten; sie ist vom guten Willen der Eltern insofern abhängig, als diese, solange ihm die Sorge für die Person des Kindes nicht entzogen ist, an sich berechtigt sind, ein Kind, welches sie einem anderen zur Erziehung überlassen haben, zur eigenen Erziehung oder anderweiten Unterbringung zurückzuverlangen. Auf die bloße Möglichkeit, daß die Eltern die durch freiwillige Liebesthätigkeit herbeigeführte ausreichende Erziehung ihres verwahrlosten Kindes durch Geltendmachung ihrer elterlichen Rechte zu stören im stande sind, hat man hier aber keine Rücksicht zu nehmen, diese Möglichkeit kann der Anordnung der Fürsorgeerziehung nicht zur Grundlage dienen. Sollte dagegen der Vater im vorliegenden Falle das Kind von X. auf Grund seiner elterlichen Rechte thatsächlich zurückfordern und so den Erfolg der Erziehung im Hause des X. in Frage stellen, oder X. etwa die Erziehung aufgeben, so daß um deswillen das Kind in das elterliche Haus zurückkehren müßte, dann würde das Vormundschaftsgericht allerdings alsbald zu prüfen haben, ob nunmehr gemäß § 1666 BGB. Anordnungen zur Abwendung der Gefahr zu treffen sind oder ob nunmehr etwa die Anordnung der Fürsorgeerziehung erforderlich ist. Sch.

96

a) Das Testament, das vor einem des Deutschen nicht mächtigen Gemeindevorsteher in deutscher Sprache aufgenommen wird, ist ungültig. Nachprüfung durch den Nachlaßrichter. BGB. § 2249.

Kammergericht, I. CS. Beschluß v. 7. Oktober 1901.

Der 1900 verstorbene A. hat vor dem Gemeindevorsteher S. am 9. Oktober 1900 ein Testament in deutscher Sprache errichtet, in welchem er seine Frau zur alleinigen Erbin einsetzt. Als diese unter eidesstattlicher Versicherung, daß andere Verfügungen ihres Mannes nicht vorhanden seien, die Ausstellung eines Erbscheines beantragte, vernahm das Amtsgericht den Lehrer K. und den S. und stellte fest, daß der Testator sowie der eine Testamentszeuge X. des Deutschen nicht vollständig und der Gemeindevorsteher nicht derart mächtig gewesen ist, daß er ein deutsches Protokoll verstanden hätte. Er hat deshalb den Lehrer K. als Protokollführer und Dolmetscher zugezogen und seine Fragen in polnischer Sprache an den Testator gerichtet, ebenso der Lehrer K., auch der Testator hat sie polnisch beantwortet. Das Protokoll hat der Lehrer zuerst deutsch vorgelesen und dann dem Testator polnisch verdolmetscht. Demnächst hat er den Testator gefragt, ob er alles Vorgelesene verstanden habe, was dieser bejaht, und darauf das Protokoll unterschrieben. Eine Beeidigung des Lehrers als Dolmetscher hat nicht stattgefunden. Der Antrag auf Erteilung des Erbscheines wurde zurückgewiesen; auch die weitere Beschwerde blieb erfolglos. Gründe:

Entgegen dem preußischen Rechte ist der Erbschein auch beim Vorliegen einer letztwilligen Verfügung zu erteilen (§ 2355). Die Bedeutung des Erbscheines ist nach § 2365 die, daß vermutet wird, demjenigen, welcher im Erbscheine als Erbe bezeichnet ist, stehe das Erbrecht zu. Um dies bezeugen zu können, muß dem Nachlaßrichter das Recht zustehen, die Gültigkeit einer ihm zum Nachweise des Erbrechtes vorgelegten Verfügung nach Form und Inhalt zu prüfen. Daraus folgt aber, daß der Richter, wenn er beim Vorliegen eines anscheinend formgültigen Testamentes irgend einen Grund zu der Annahme hat, daß es gleichwohl nicht in der gesetzlich vorgeschriebenen Form zu stande gekommen sei, die erforderlichen Beweise über den Hergang bei Errichtung des Testamentes erheben kann und muß. Die Nachprüfung der Gültigkeit und der formgerechten Errichtung der letztwilligen Verfügung steht also unbedingt dem um Erteilung des Erbscheines ersuchten Nachlaßrichter und nicht nur, wie die Beschwerde vermeint, dem Prozeßrichter zu. Hat das Amtsgericht hiernach mit Recht den Beweis über den Hergang bei Errichtung des Testamentes erhoben, so muß den Vorinstanzen auch in dem Ergebnis, daß das aufgenommene Testament nichtig sei, beigetreten werden.

Es kann dahingestellt bleiben, ob nach den Vorschriften des Gesetzes ein der deutschen Sprache nicht mächtiger Gemeindevorsteher überhaupt berechtigt ist, ein Testament aufzunehmen. Es sprechen jedenfalls gewichtige Gründe gegen eine solche Berechtigung. Durch den letzten Satz des Abs. 1 § 2249 BGB. ist der Gemeindevorsteher bei der Errichtung des Testamentes dem Richter oder Notar gleichgestellt. Der Richter oder Notar aber muß notwendig der deutschen Sprache mächtig sein; denn nach § 186 GVG. ist die Gerichtssprache die deutsche und nach § 8 FrGG. finden auf das Verfahren in Sachen der freiwilligen Gerichtsbarkeit die Vorschriften des GVG. über die Gerichtssprache entsprechende Anwendung. Hiernach und nach § 175 FrGG. und § 2240 BGB. sind die Protokolle des Richters und des Notars in deutscher Sprache aufzunehmen, und es kann deshalb behauptet werden, daß für den Gemeindevorsteher das Gleiche gelten müsse. Man kann deshalb sehr wohl zu der Ansicht gelangen, daß der Gemeindevorsteher, der ein Testament aufnimmt, auch der deutschen Sprache mächtig sein muß. Das Gesetz würde in diesem Falle auch nicht etwa versagen, weil dann die Mitglieder der Gemeinde, deren Vorsteher der deutschen Sprache unkundig, von der Wohlthat des Gesetzes keinen Gebrauch machen könnten. Denn auf Grund des Art. 150 EG. zum BGB. hat der Art. 80 des preuß. Ausf.-G. vorgeschrieben, daß vom Justizminister an Stelle des Vorstehers oder neben dem Vorsteher einer Gemeinde eine andere Person bestellt werden kann, vor welcher die Errichtung des Testamentes zu erfolgen hat. Obwohl hiernach vieles gegen die Berechtigung eines der deutschen Sprache nicht mächtigen Gemeindevorstehers, ein Testament aufzunehmen, spricht, so bedarf die Frage hier doch keiner Entscheidung, weil, auch wenn die Berechtigung anerkannt werden sollte, das vorliegende Testament doch nichtig ist. Gemäß § 2240 BGB. ist über die Errichtung des Testamentes ein Protokoll in deutscher Sprache aufzunehmen. Das vorliegende Testament aber ist nicht vom Gemeindevorsteher, der die Sprache des Protokolles nicht verstand, sondern von dem zugezogenen Lehrer aufgenommen worden, und von diesem nur dem Testator sowohl, wie dem Gemeindevorsteher verdolmetscht worden. Eine derartige Aufnahme aber entspricht den Vorschriften des Gesetzes nicht. Das Protokoll darf nur der instrumentierende Beamte selbst aufnehmen, wobei es dahingestellt bleiben kann, ob er sich einer Schreibhilfe bedienen darf oder nicht. Jedenfalls muß er das Protokoll aber aufnehmen, d. h. verfassen, und davon hat hier keine Rede sein können. Unerheblich ist deshalb, ob der Testator, wie der Gemeindevorsteher bekundet hat, der deutschen Sprache nicht mächtig war, oder ob er, wie die Beschwerde behauptet, dieser Sprache dennoch mächtig war, denn in keinem Falle kann das Testament gültig sein, weil es in einer Sprache aufgenommen ist, die der Beamte, der allein für die Aufnahme des Testamentes zuständig war, nicht verstanden hat, weil also nicht er, sondern ein Dritter, vom Gemeindevorsteher nur Zugezogener das Testament in Wahrheit aufgenommen hat. Der § 2245 gestattet die Aufnahme eines Testamentes auch in der fremden Sprache, wenn nämlich sämtliche mitwirkende Personen ihrer Versicherung nach der Sprache, in der sich der Erblasser erklärt, mächtig sind. Ist ein Gemeindevorsteher, der der deutschen Sprache nicht mächtig, trotz der oben hervorgehobenen Bedenken doch für berechtigt zu halten, ein Testament aufzunehmen, so kann er dies jedenfalls nur in den Formen des § 2245, d. h. er muß dann das Testament in der ihm und dem Erblasser, sowie den Zeugen geläufigen fremden Sprache aufnehmen (so Wilke A. 2 zu § 2249). In dieser Form ist das Testament nicht aufgenommen, so daß auch die Vorschriften dieses § 2245, kämen sie überhaupt in Betracht, nicht angewendet werden könnten. In deutscher Sprache konnte der Gemeindevorsteher das Protokoll in keinem Falle aufnehmen, und er hat es auch in Wirklichkeit nicht aufgenommen. Aufgenommen hat es der Lehrer, der dazu nicht zuständig war. Durch seine bloße Unterzeichnung konnte der Gemeindevorsteher das Protokoll, dessen Wortlaut er nicht verstand, nicht zu einem von ihm aufgenommenen machen und mit öffentlichem Glauben versehen, wenn es ihm auch verdolmetscht wurde. W.

b) **Eigenhändige Ortsangabe in Privattestamenten.**[1] **BGB. § 2231.**
Kammergericht, I. CS. Beschluß v. 25. Februar 1901.

[1] Vgl. Rsp. 2 S. 449 N. 1. Dagegen braucht das Privattestament nicht in deutscher Sprache abgefaßt zu sein, der Erblasser kann vielmehr eine ihm geläufige fremde Sprache wählen. (Kammergericht, I. CS. Beschluß v. 29. Mai 1901, Jahrb. 22 S. 49.)

Das eigenhändige Testament des A. ist auf einen Briefbogen geschrieben, an dessen Spitze sich die gedruckten Worte befinden:

„August Schulz, Breslau, Buch- und Steindruckerei
Breslau, Neue Straße 5, den"

Neben den Worten „Breslau den" finden sich handschriftlich die Worte „30. April 1900". Unterschrieben ist das Testament: „30. April 1900. August Schulz". Der Antrag der Testamentserben auf Erteilung eines Erbscheines wurde zurückgewiesen. Aus den Gründen:

Im Beschlusse vom 17./24. Dezember 1900 (Rsp. 2 S. 135) ist ausgeführt, daß die Grundlage der Vorschrift des BGB. über das Privattestament die französische Gesetzgebung gewesen ist, die im wesentlichen hat übernommen werden sollen. Gerade in dem hier in Frage stehenden Punkte weicht indessen das deutsche Recht vom französischen ab. Denn während der Art. 970 C. c. („daté") nur vom Datum schlechthin spricht, ohne Orts- und Zeitdatum besonders hervorzuheben und zu unterscheiden, erfordert der § 2231 BGB. „eine vom Erblasser unter Angabe des Ortes und Tages eigenhändig geschriebene und unterschriebene Erklärung".... Die im § 2231 aufgestellten wenigen Erfordernisse des Privattestamentes sind unbedenklich wesentliche und müssen erfüllt sein, damit das Testament wirksam und gültig ist. Was das Reichsgericht (7 S. 292) für das französische Recht ausgesprochen hat, daß, da das Gesetz für die eigenhändigen Testamente nur wenige einfache Formen vorschreibe, darin Anlaß liege, betreffs dieser wenigen Formen desto größere Strenge walten zu lassen, das muß in gleicher Weise für die Form des deutschen Privattestamentes gelten. Die Ortsangabe ist danach für ein wesentliches Erfordernis des Privattestamentes zu erachten. Die Beschwerde bestreitet aber, daß das BGB. das Erfordernis der eigenhändigen Niederschrift des Ortes der Errichtung aufstelle. Dem ist nicht beizutreten. Das Gesetz verlangt ausdrücklich eigenhändige Niederschrift des gesamten Testamentsinhaltes, und dazu gehört auch die Angabe des Ortes. In dem oben gedachten Beschlusse[1] ist ausgeführt, daß die Angabe des Ortes und Tages kein Teil der letztwilligen Erklärung sei und es genüge, wenn sie diese begleite. Daraus folgt aber keineswegs, daß jene Angabe nicht eigenhändig vom Testator geschrieben werden müsse. Die französische Wortfassung „écrit en entier de la main du testateur" mag vielleicht noch unzweideutiger, als die deutsche sein, aber auch diese ergiebt klar, daß der Testator den gesamten Inhalt des Testamentes, nicht nur die dispositive Verfügung selbst geschrieben haben müsse. Nur der Inhalt der französischen Bestimmung aber hat wiederholt werden sollen. Die französischen Gerichte wie die Litteratur verlangen übereinstimmend eigenhändige Niederschrift der Zeitangabe durch den Testator und gegenüber den angeführten Worten des Code ist dies auch nicht anders möglich. Gilt dies dort aber von der Zeit, so muß es im deutschen Rechte

[1] Ebenso im Beschlusse vom 29. Mai 1901, Jahrb. 22 S. 51.

von Zeit und Ort gelten. Der Testator hat das Wort „Breslau“ nicht selbst geschrieben, das Wort ist vielmehr nur gedruckt auf dem Bogen, den er zur Niederschrift des Testamentes benutzt hat, vorhanden. Damit fehlt ein wesentliches Erfordernis des Testamentes, und es ist nichtig. Wst.

c) **Keine Prüfungspflicht des Nachlaßgerichtes vor Eröffnung eines Privattestamentes. BGB. § 2260.**

Kammergericht, I. CS. Beschluß v. 8. Juli 1901.

... Die Vorschrift, daß das Nachlaßgericht, sobald es vom Tode des Erblassers Kenntnis erlangt, zur Eröffnung eines in seiner Verwahrung befindlichen Testamentes einen Termin zu bestimmen hat, bezieht sich, da sie ausnahmslos gegeben ist, nicht nur auf gerichtlich oder notariell errichtete, sondern auch auf Privattestamente (Wilke Anm. 2 zu § 2260). Auch diese sind daher, sobald sie dem Nachlaßgericht überreicht sind, der gedachten Vorschrift entsprechend zu eröffnen und den Beteiligten vorzulegen. Daß zuvor eine Prüfung stattzufinden hätte, ob die zu eröffnenden Testamente auch formell oder materiell rechtsgültig seien, ist nirgends im Gesetze vorgeschrieben und hat auch offenbar nicht vorgeschrieben werden sollen. Denn erst durch die Eröffnung des Testamentes wird es den Beteiligten, sei es den eingesetzten Erben oder Vermächtnisnehmern, sei es den gesetzlichen Erben, möglich, ihre Behauptungen über die Gültigkeit oder Ungültigkeit der Urkunde auf gerichtlichem Wege auszufechten, und diese Möglichkeit hat ihnen das Gesetz nicht abschneiden wollen (so auch Dronke in der Zeitschrift des Rheinpreuß. Amtsrichtervereines 18 S. 30, Gruchot 45 S. 689). Die Prüfung der Gültigkeit soll nicht dem Nachlaßgericht allein obliegen, sie soll auch von den Beteiligten ausgeübt werden können. Die Vorinstanzen scheinen diesen Rechtssatz für den Fall verneinen zu wollen, daß nach dem dem Nachlaßgerichte vorliegenden Material das überreichte Schriftstück sich nicht als Testament, sondern nur als ein Entwurf dazu darstelle. Damit gehen sie aber in der Prüfungspflicht des Nachlaßgerichtes zu weit. Unbedenklich liegt ihm diese Prüfung ob, sobald die Erteilung eines Erbscheines auf Grund des Testamentes beantragt wird (§§ 2355, 2358). Die Prüfung liegt ihm dagegen nicht ob, sobald es sich nur um die Eröffnung des in der Verwahrung des Gerichtes befindlichen oder ihm zum Zwecke der Eröffnung gemäß § 2259 überreichten Schriftstückes handelt. Allerdings spricht der § 2260 nur von der Eröffnung eines Testamentes, nicht eines bloßen Testamentsentwurfes oder eines Schriftstückes, welches offenbar kein Testament ist. Handelt es sich aber wie hier um ein Schriftstück, welches sich äußerlich und ohne Berücksichtigung von Umständen, die sich nicht aus dem Schriftstücke selbst ergeben, als ein Testament darstellt und dem Nachlaßgericht als solches vorgelegt ist, so hat das Nachlaßgericht es gemäß § 2260 zu eröffnen und darf diese Eröffnung nicht vom Ergebnis einer Beweisaufnahme darüber abhängig machen, ob das Schriftstück auch wirklich ein Testament des Erblassers hat sein sollen....

d) Grundsätze zur Feststellung einer Erbeinsetzung.

Kammergericht. I. CS. Beschluß v. 8. Juli 1901.

In einem im September 1900 errichteten und im Januar 1901 eröffneten Testamente, hat die Erblasserin mit den Worten: „Aus meinem Nachlaß sollen erhalten", 30 Personen bedacht und zwar die ersten 25 mit bestimmten Geldbeträgen, die folgenden fünf teils mit beweglichen, teils mit unbeweglichen Gegenständen. Weiter ist bestimmt:

„In den etwa verbleibenden Überschuß sollen sich folgende Personen zu gleichen Erbpositionen teilen: (Die mit Geldbeträgen bedachten acht Beschwerdeführer werden angeführt). Ist der Nachlaß nicht so groß, so sollen die unter 1—25 aufgeführten, auf bestimmte Geldbeträge eingesetzten Personen jeder um einen entsprechenden Betrag gekürzt werden und zwar jeder im Verhältnis zu der ihm zugedachten Summe, nicht etwa um den gleichen Betrag rc."

Amtsgericht und Landgericht haben den seitens der acht Beschwerdeführer gestellten Antrag auf Erteilung eines gemeinschaftlichen Erbscheines abgelehnt; das Kammergericht änderte ab aus folgenden Gründen:

Der Nachlaßrichter, welcher auf Grund einer letztwilligen Verfügung um Erteilung eines Erbscheines angegangen wird, ist verpflichtet, die Formgiltigkeit dieser letztwilligen Verfügung zu untersuchen und ihren Inhalt auszulegen (vgl. Prot. 2. Lesung Bd. 5 S. 671 ff., Denkschrift S. 308). Er muß daher entstehende Zweifel so weit thunlich lösen und darf nicht wegen Unklarheit der letztwilligen Bestimmungen der Entscheidung aus dem Wege gehen. Wenn es nach dem Inhalte eines Testamentes zweifelhaft ist, ob eine darin bedachte Person als Erbe oder als Vermächtnisnehmer anzusehen, so muß er unter Würdigung der Gesamtheit der testamentarischen Bestimmungen den Willen des Erblassers festzustellen suchen und danach entscheiden, ob der gestellte Antrag gerechtfertigt ist oder nicht. Hiergegen haben die Vorinstanzen verstoßen. Sie legen nicht das Testament in einer bestimmten Weise aus, sondern sie begnügen sich damit, den Willen der Erblasserin als zweifelhaft hinzustellen und versagen deshalb den begehrten Erbschein. Das ist unzulässig.

Bei Auslegung des Testamentes wird folgendes zu erwägen sein. Nach dem BGB. muß jeder Erblasser einen Erben haben. Der erste Entwurf brachte dies in § 1749 Abs. 2 mit den Worten zum Ausdrucke: „Der Übergang des Vermögens als eines Ganzen (Erbfolge) kann von dem Erblasser nicht ausgeschlossen werden." Das bedeutete, daß der Erblasser den Eintritt der Erbfolge nicht verbieten durfte, und daß, wenn er ohne ausdrückliche oder stillschweigende Einsetzung eines Erben lediglich über einzelne Stücke des Nachlasses verfügte, die gesetzliche Erbfolge eintrat. (Vgl. Bd. 5 S. 3.) Der zweite Entwurf strich den gedachten Absatz als selbstverständlich. (Vgl. Prot. 2. Lesung Bd. 5 S. 2.) Hiernach wird zu prüfen sein, ob das Testament irgend einen Anhalt dafür bietet, daß die kraft Gesetzes berufenen Erben, in letzter Linie der Fiskus, die Erbschaft erhalten sollten, oder ob die Erblasserin die im Testamente Bedachten, sei es sämtlich oder die besonders hervorgehobenen acht Personen zu ihren Erben ernennen wollte. Der Eintritt der gesetzlichen Erbfolge wäre an sich wohl möglich, auch wenn der Nachlaß durch Vermächtnisse oder gar durch Schulden erschöpft wäre; denn das Vorhandensein eines Vermögens im aktiven Sinne ist kein Erfordernis der Beerbung. Dem Erben steht es frei, von dem ihm zur Geltendmachung der Beschränkung seiner Haftung zustehenden Rechtsbehelfen Gebrauch zu machen. (Vgl. §§ 1975 ff., 1992 BGB.) Ebensowohl ist aber denkbar, daß die sämtlichen Bedachten oder die acht besonders Genannten Erben sein sollten. Der § 2087 Abs. 2 BGB., wonach, wenn dem Bedachten nur einzelne Gegenstände zugewendet sind, im Zweifel nicht anzunehmen ist, daß er Erbe sein soll, auch wenn er als Erbe bezeichnet ist, schließt nicht aus, daß in dem Falle, wo der Erblasser in dem Bewußtsein sein ganzes Vermögen zu verteilen, nur Zuwendungen einzelner Stücke ausspricht, die damit Bedachten die Eigenschaft von Erben haben. (Vgl. Hachenburg, Vorträge über das BGB. 1897 S. 358.) Inwieweit aber die Erbeigenschaft nur den Beschwerdeführern zukommen möchte, wird wesentlich davon abhängen, ob unter Anwendung des § 2087 Abs. 1 BGB. derjenige Teil der Verfügung der Erblasserin, welcher ihnen den nach Abzug der Vermächtnisse verbleibenden Rest des Vermögens zu gleichen Erbportionen zuwendet, als Erbeinsetzung zu gelten hat. Daß sie neben der eventuellen Zuwendung jener Erbportionen mit Geldvermächtnissen bedacht sind, würde an sich nicht hinderlich sein, da auch einem Erben ein Vermächtnis zugewendet sein kann (§ 2150 BGB.). Es wird endlich nichts im Wege stehen zur Ermittelung des Willens der Erblasserin etwaige außerhalb des Testamentes liegende Umstände heranzuziehen. (Vgl. RG. Urteil vom 20. Oktober 1899, JWSchr. S. 755 Nr. 35.) F.

97

a) Testamentsvollstrecker im Falle der Ausschlagung des Vorerben.

Kammergericht, I. CS. Beschluß v. 30. September 1901.

Eheleute haben in ihrem gemeinschaftlichen Testamente von 1888 sich selbst und ihre einzige Tochter zu Erben eingesetzt. Der längstlebende Ehegatte soll den lebenslänglichen Nießbrauch und die Verwaltung des Vermögens als sein Erbteil erhalten, jedoch mit der Beschränkung, daß er, soweit die Gesetze eine Spezialvollmacht verlangen, nicht selbständig über den Nachlaß verfügen könne. Nach dem Tode des Überlebenden soll mit der gleichen Beschränkung der Nachlaß an die einzige Tochter fallen, nach deren Tode er auf deren eheliche Nachkommenschaft überzugehen hat. Zum Vollstrecker ist der jeweilige Schulze von N. bestellt. Die Frau ist vor, der Mann nach dem 1. Januar 1900 verstorben. 1901 reichte die Tochter dem Nachlaßgerichte eine notariell beglaubigte Erklärung, daß sie die Erbschaft ihrer Eltern aus dem Testamente ausschlage, sie aber als gesetzliche Erbin annehme, mit dem Antrage ein, dem Vollstrecker die Beendigung seines Amtes anzuzeigen, weil mit ihrer Ausschlagung das Testament und damit auch das

Amt des Vollstreckers hinfällig geworden sei. Der Antrag ist zurückgewiesen; auch die weitere Beschwerde blieb erfolglos. Gründe:

Allerdings fällt, wenn durch die Ausschlagung des berufenen Erben ein Testament in vollem Umfange vereitelt wird, auch die Thätigkeit des Vollstreckers weg, und kann von ihm der antretende gesetzliche Erbe die Herausgabe der etwa in seinem Besitze befindlichen Nachlaßgegenstände und Rechnungslegung verlangen. Es mag auch zugegeben werden, daß ein solcher gesetzlicher Erbe gegebenenfalls bei dem Nachlaßgerichte anregen oder beantragen kann, daß dieses dem Vollstrecker eröffnet, sein Amt habe aufgehört, da infolge völliger Vereitelung des Testamentes auch seine Stellung und Thätigkeit in Wegfall gekommen sei. Beschwerdeführerin konnte aber untergebens einen solchen Antrag nicht stellen, da nach einer rechtswirksamen Ausschlagung der Erbschaft aus dem Testamente nicht ihr, sondern ihren Kindern die Erbschaft angefallen sein würde. Denn sowohl nach ALR. I 12 § 58 wie nach dem BGB. § 2102 Abs. 1 sind die im Testamente eingesetzten Nacherben im Zweifel zugleich als Ersatzerben berufen. Demnach sind die Kinder der Beschwerdeführerin im Wege der Ersatzerbfolge Testamentserben geworden. Der Antritt der Erbschaft nach dem Gesetze ist aber bei dem Vorhandensein von testamentarischen Ersatzerben wirkungslos. D.

b) **Testamentsvollstrecker und Nachlaßgericht.**

Kammergericht, Ferien=CS. Beschluß v. 2. August 1901.

Für die dem Nachlaßgerichte gegenüber den Erben und dem Vollstrecker zustehenden Befugnisse ist hier das neue Recht zu Grunde zu legen; denn der Erbfall ist nach dem 1. Januar 1900 eingetreten und jene Befugnisse des Nachlaßgerichtes betreffen seine öffentlichrechtliche Stellung und das Verfahren. Ohne Rechtsirrtum erachtet das Landgericht das Nachlaßgericht als solches nicht für befugt, materiellrechtliche Entscheidungen über die Art der Nachlaßverwaltung oder die Art und Zeit der Auseinandersetzung zu treffen — abgesehen von dem hier nicht in Frage kommenden Fall des § 2224 BGB. Besteht in diesen Beziehungen Streit zwischen dem Vollstrecker und den Erben oder einigen von ihnen, so sind diese Streitigkeiten auf dem ordentlichen Prozeßwege auszutragen, nicht aber durch eine Entscheidung des Nachlaßgerichtes als solchen. Vorliegend herrscht nun zwischen dem Beschwerdeführer und dem Vollstrecker Uneinigkeit über die Art und den Plan, nach deren Maßgabe die Auseinandersetzung der Erben in Ansehung der Immobilien erfolgen solle. Hat in dieser Beziehung der Vollstrecker Maßregeln getroffen oder in Aussicht gestellt, von denen der Beschwerdeführer meint, sie verletzten oder gefährdeten seine und seiner Kinder Rechte auf den Nachlaß, so hat er deswegen den ordentlichen Prozeßweg zu beschreiten. Sein an das Nachlaßgericht als solches gerichteter Antrag, dieses solle dem Vollstrecker und dem von diesem beauftragten Notar die Vornahme der Teilung der Nachlaßgrundstücke untersagen, ist unzulässig und die Entscheidung des Nachlaßgerichtes, die diesem Antrage stattgegeben, vom Landgerichte mit Fug aufgehoben worden. Dr.

c) **Bei mehreren Vollstreckern muß im Zeugnis über ihre Ernennung angegeben werden, was über die Führung ihres Amtes abweichend vom Gesetze bestimmt ist. BGB. § 2368.**

Kammergericht, I. CS. Beschluß v. 1. Juli 1901.

Der 1901 verstorbene A. hat in seinem Testamente von 1895 drei Vollstrecker ernannt und bestimmt, daß zur Legitimation nach außen genügt, wenn auch nur zwei handelnd auftreten. Der Antrag, diese Bestimmung in dem Zeugnis über die Ernennung zu vermerken, wurde zurückgewiesen; die weitere Beschwerde hatte jedoch Erfolg. Gründe:

Der § 2368 spricht nur von einem Vollstrecker. Die Regel ist, daß das Zeugnis nur die Ernennung kundgiebt. Eines weiteren bedarf es auch in der Regel nicht, weil die Machtbefugnisse im Gesetze genau umgrenzt sind und sich vollständig aus ihm ergeben, wenn jemand schlechthin zum Vollstrecker ernannt ist. Sobald hingegen der Erblasser von der gesetzlichen Regel abweicht, sei es, daß er den Vollstrecker in der Verwaltung beschränkt oder daß er ihm die Eingehung von Verbindlichkeiten unbeschränkt gestattet, muß die Abweichung im Zeugnis angegeben werden. Der Grund liegt darin, daß das Zeugnis, auf welches nach Abs. 3 die Vorschriften über den Erbschein entsprechende Anwendung finden, gleich diesem eine zum Verkehre mit Dritten brauchbare und ausreichende Legitimation zu schaffen bestimmt ist. Diese würde nur unvollkommen erreicht werden, wenn das Zeugnis in dem Falle, wo dem Vollstrecker nicht die regelmäßigen Befugnisse des Gesetzes zustehen, der Abweichung von der Regel nicht gedächte. Die Folge wäre, daß ein in der Verwaltung des Nachlasses beschränkter Vollstrecker sich über die ihm nach dem Willen des Erblassers zustehenden Befugnisse hinaus zum Schaden des Nachlasses mit einem gutgläubigen Dritten einlassen könnte, wie umgekehrt der zur Eingehung von Verbindlichkeiten für den Nachlaß unbeschränkt befugte Vollstrecker diese seine Befugnis durch das Zeugnis nicht darzuthun vermöchte. Beides entspräche nicht dem Gesetze, wie auch die entsprechende Anwendung der Vorschriften über den Erbschein ergiebt. Denn danach begründet das Zeugnis die Vermutung, daß der darin als Vollstrecker Bezeichnete es wirklich ist und nicht durch andere als die angegebenen Anordnungen beschränkt ist; sodann ist dem Zeugnis im Umfange dieser Vermutung hinsichtlich der in den §§ 2366, 2367 bezeichneten Rechtsgeschäfte öffentlicher Glaube zu Gunsten des Dritten beigelegt, es sei denn, daß dieser die Unrichtigkeit kennt oder weiß, daß das Nachlaßgericht die Rückgabe des Erbscheins wegen Unrichtigkeit verlangt hat. Wie wenig die Schaffung einer unvollkommenen Legitimation dem Willen des Gesetzes entspräche, zeigt auch die Vorschrift des § 36 GrBO. Danach kann das Grundbuchamt die Vorlegung des in dem § 2368 vorgesehenen Zeugnisses verlangen, auch wenn ihm die in einer öffentlichen Urkunde enthaltene Verfügung von Todes wegen und das Protokoll über ihre Eröffnung vorgelegt worden sind.

98

a) Widerruf eines vor 1900 errichteten wechselseitigen Testamentes bei Lebzeiten des anderen Ehegatten. EG. z. BGB. Art. 214.

Kammergericht, III. CS. Urteil v. 8. Oktober 1901.

Die Erblasserin, die 1875 mit ihrem Manne, dem Beklagten, ein wechselseitiges Testament errichtet hatte, hat 1900, ohne daß der Beklagte hiervon Kenntnis erhalten, durch Übergabe einer Schrift vor dem Notar L. ein neues Testament unter Widerruf des älteren errichtet und darin den Kläger zu ihrem alleinigen Erben eingesetzt. Der Vorderrichter folgert die Gültigkeit des Widerrufes mit Unrecht aus Art. 214 Abs. 1 EG., worin nur von einer **vor** 1900 erfolgten Aufhebung einer Verfügung von Todes wegen die Rede ist. Allein sein Ergebnis rechtfertigt sich aus der Vorschrift des Art. 14 Abs. 2, daß nach den bisherigen Gesetzen auch die „Bindung" des Erblassers bei einem gemeinschaftlichen Testamente beurteilt wird, sofern es vor dem Inkrafttreten des BGB. errichtet ist. Eine Frage der „Bindung" des Erblassers aber ist es, ob und inwieweit er das wechselseitige Testament widerrufen kann, seine Gebundenheit nimmt mit der Erschwerung des Widerrufes zu, mit dessen Erleichterung ab. Außerdem entzieht sich bei dem eigentümlichen, dem ALR. fremden, Charakter des gemeinschaftlichen Testamentes im Sinne des BGB. die in § 2271 das. vorgeschriebene Form des Widerrufes der Anwendung auf Testamente des älteren Rechtes. In dieser Hinsicht ist den Ausführungen im Beschluß vom 22. April 1901 (Rsp. 2 S. 471) beizutreten. . . .

B.

b) Stempelpflichtigkeit gegenseitiger Testamente. BGB. §§ 2270 f., Stempelges. v. 31. Juli 1895 § 10. Stempeltarif Nr. 66.

OLG. Kiel, II. CS. Urteil v. 8. Oktober 1901.

Die Frage, ob ein gemeinschaftliches Testament, in welchem ausschließlich korrespektive Bestimmungen getroffen sind, zwei **verschiedene** letztwillige Verfügungen enthält, oder ob diese in der Urkunde enthaltenen Verfügungen beider Ehegatten sich als Bestandteile eines **einheitlichen** Rechtsgeschäftes darstellen, ist nach dem bürgerlichen Rechte und speziell nach §§ 2265—2273 BGB. zu beurteilen. Das gemeinschaftliche Testament enthält die letztwilligen Verfügungen zweier Ehegatten. Möglicherweise stehen diese in keinem rechtlichen und auch nicht in einem thatsächlichen Zusammenhange, abgesehen davon, daß sie in derselben Urkunde getroffen sind. In diesem Falle ist die Verfügung jedes der Ehegatten ein verschiedenes, von dem anderen unabhängiges Rechtsgeschäft. Es ist daher auch für jedes dieser beiden verschiedenen Rechtsgeschäfte der Betrag des Stempels besonders zu berechnen. Auf diesem Standpunkte steht der Kommentar zum Stempelsteuergesetze von **Heinitz** und die Verfügung der Minister der Justiz und des Innern vom 23. Juni 1900 (JMBl. Anl. zu Nr. 32). **Heinitz** nimmt aber an, daß für den Fall des korrespektiven Testamentes (§§ 2270, 2271) abweichend zu entscheiden ist. Dem ist nicht beizutreten.

Die Korrespektivität kann sich auf den ganzen Inhalt des gemeinschaftlichen Testamentes erstrecken, es können aber auch neben den korrespektiven weitere Verfügungen nicht-korrespektiven Inhaltes getroffen sein. Für den letzteren Fall nimmt auch das LG. an, daß die Verfügung eines jeden Ehegatten ein von der anderen verschiedenes Rechtsgeschäft darstellt, daß daher ein doppelter Stempel für ein solches Testament zu verwenden ist. Das Gleiche muß aber auch für gemeinschaftliche Testamente gelten, welche ausschließlich korrespektive Verfügungen enthalten. Wenn auch die Nichtigkeit oder der Widerruf der korrespektiven Verfügung des einen Ehegatten die Unwirksamkeit der Verfügung des anderen Ehegatten und somit die Unwirksamkeit des ganzen gemeinschaftlichen Testamentes zur Folge hat, so liegen doch immerhin zwei selbständige einseitige Willenserklärungen, zwei voneinander verschiedene Rechtsgeschäfte vor. Denn dadurch, daß die Wirksamkeit der einen Verfügung von derjenigen der anderen Verfügung bedingt ist, werden nicht die beiden Rechtsgeschäfte zu Bestandteilen eines einheitlichen Rechtsgeschäftes. Zu der letzteren Annahme würde man nur gelangen können, wenn das gemeinschaftliche, rein korrespektive Testament weder als Erklärung der im Gesetze zu einer Einheit verschmolzenen Willen aufgefaßt würde, oder die Natur des Erbvertrages hätte. Gegen jene Auffassung spricht die Fassung des § 2270 und die gegenseitige Bedingtheit der Verfügungen. Den Charakter eines Erbvertrages gewinnt aber das korrespektive Testament erst mit dem Tode des einen Ehegatten, während es bis dahin frei widerruflich ist. Aus den Bestimmungen des BGB. über das gemeinschaftliche korrespektive Testament ist daher zu folgern, daß bei einem solchen zwei verschiedene letztwillige Verfügungen und nicht eine einheitliche Verfügung beider Ehegatten vorliegt. Diese Ansicht vertritt auch das Kammergericht im Beschlusse vom 25. März 1901 (Jahrb. 22 S. 18).

Dazu: OLG. Kiel. I. CS. Urteil v. 10. Oktober 1901.

Die Kläger haben sich ohne Grund berufen auf eine in der zweiten Kommission gefallenen Äußerung. Diese war durch einen Vorschlag hervorgerufen, nach dem ein gemeinschaftliches Testament als holographes in der Form errichtet werden sollte, daß es von jedem Ehegatten vollständig geschrieben werde. Dieser Vorschlag wurde abgelehnt, weil bei dessen Annahme „nicht ein, sondern zwei Testamente vorliegen" würden. Ließe diese Begründung den daraus von den Klägern gezogenen Schluß zu, daß die Kommission die Verfügungen beider Ehegatten als Bestandteile eines einheitlichen Rechtsgeschäftes im Sinne des Stempelsteuergesetzes angesehen hätte, so wäre diese Ansicht ohne Zweifel irrig, weil sie sich dann auf alle gemeinschaftlichen Testamente bezöge, während doch diese, soweit sie sich nicht auf korrespektive Bestimmungen beschränken, unzweifelhaft zwei selbständige steuerungspflichtige Geschäfte enthalten. Indessen ist die angeführte Äußerung richtiger dahin aufzufassen, daß in dem unterstellten Falle nicht ein gemeinschaftliches Testament, sondern zwei gewöhnliche Testamente vorliegen würden. Gr.

99

a) Berechtigt die in einem Gutsüberlassungsvertrage getroffene Bestimmung: „Das Altenteil und das (für die Überlasser hypothekarisch sichergestellte Rest=) Kaufgeld gehen nach dem Tode des einen der Altsitzer (Überlasser) ungeschmälert auf den Letztlebenden über", die Erben des letztlebenden Altsitzers zur alleinigen Verfügung über die Hypothek?

Kammergericht, I. CS. Beschluß v. 15. Oktober 1900.

Die Vorinstanzen haben die oben wiedergegebene Bestimmung des Überlassungsvertrages dahin ausgelegt: Der Wille der Überlasser sei darauf gerichtet gewesen, eine letztwillige Verfügung zu errichten, durch welche sie sich wechselseitig ihren hälftigen Anteil an der Restkaufgeldforderung hätten vermachen wollen. Diese Auslegung erscheint rechtsirrtümlich, weil sie sich nur auf den Wortlaut jener aus ihrem Zusammenhange genommenen Einzelbestimmung gründet und den im Zusammenhange der gesamten Vertragsbestimmungen kundgegebenen Willen der vertragschließenden Teile unberücksichtigt läßt.... Da die streitige Bestimmung gerade in der Vertragsurkunde als Teil des Vertrages formuliert ist, so muß davon ausgegangen werden, daß die beiderseitig am Vertrage Beteiligten sie als einen für alle bindenden sofort wirksamen und unabänderlichen Vertragsteil haben festsetzen wollen. Die Kontinuität des Vertragsschlusses spricht also gegen die Auslegung der Vorinstanzen: die Veräußerer erwerben erst in jenem Vertrage die Restkaufgeldforderung mit dem Inhalte, wie er im gesamten Vertrage stipuliert war, also auch mit der Einschränkung, daß die Forderung beiden Gutsüberlassern und nach dem Tode des einen von ihnen dem Überlebenden ungeschmälert zustehen sollte. Bei dem Vertragsschlusse bestand noch kein uneingeschränktes und verfügbares Sondereigentum eines jeden an der Hälfte der Forderung, über dessen Vererbung sie hätten testieren können. Die Entscheidung der Vorinstanzen kann deshalb nicht aufrecht erhalten werden. Vielmehr ist anzuerkennen, daß die streitige Bestimmung als Teil des Vertrages zu gelten hat, und es fragt sich weiter, ob dieser Abrede die Rechtswirkung beigemessen werden kann, daß die Hypothekenforderung ohne Rechtsnachfolge von Todes wegen dem überlebenden Altsitzer als alleinigem Gläubiger im vollen Umfange zugestanden hat.... Hierbei muß berücksichtigt werden, daß es sich um einen nach deutschrechtlichen Grundsätzen zu beurteilenden Gutsüberlassungsvertrag handelt, in welchem die Gutsüberlasser für sich auf ihre Lebenszeit ein Altenteil und daneben einen Geldkaufpreis vom Gutsübernehmer ausbedungen haben. Der in der Gewährung eines Auszugsrechtes und in einer Geldabfindung bestehende Überlassungspreis wird in diesen Verträgen häufig so bemessen, daß er ausreichen soll, um die Lebensbedürfnisse beider Überlasser bis zum Tode des Letztlebenden zu befriedigen. Insbesondere wird auch oft der Geldbetrag als eine zur Sicherung der Altsitzer für Notfälle ausgesetzte disponible Summe angesehen. Demgemäß kann, wenn Eheleute ihre bäuerliche Nahrung abgeben, über diesen als Notpfennig bestimmten Geldpreis dergestalt im Vertrage bestimmt werden, daß er jedem von beiden Ehegatten uneingeschränkt und frei zur Verfügung stehen soll, um ihn vor Not zu schützen, so daß er beim Ableben des einen Gatten dem Überlebenden verbleibt und dieser aus der Vertragsabrede berechtigt ist, von dem Gutsübernehmer ebenso wie das ungeschmälerte Altenteil, so auch die Geldabfindung ungeschmälert für sich zu verlangen.

Eine solche Abmachung würde rechtlich zulässig sein und die Rechtswirkung haben können, daß jeder der beiden Ehegatten von vornherein Universalgläubiger auf die ganze Summe, jedoch sein Gläubigerrecht durch das konkurrierende Recht des anderen Ehegatten während dessen Lebzeiten eingeschränkt ist, dergestalt, daß nach dem Tode des einen Ehegatten der Überlebende ohne Rechtsnachfolge durch den Wegfall des bedingten Anspruches des anderen thatsächlich das Verfügungsrecht über die ganze Forderung erlangt und den Anspruch auf seine Erben allein zu übertragen befähigt wird. Andererseits würde der Gutsübernehmer und dessen Rechtsnachfolger vertragsmäßig gebunden und berechtigt sein, die gesamte Geldsumme nach dem Tode des einen an den Überlebenden von beiden Gläubigern oder dessen Erben mit befreiender Wirkung zu zahlen. ... H.

b) **Eintragung einer Vormerkung aus § 1179 BGB.**

Kammergericht, I. CS. Beschluß v. 11. November 1901.

1901 ist für die A. Bank eine Hypothek eingetragen; andere Belastungen sind zur Zeit in der dritten Abteilung nicht vermerkt. Der Eigentümer hat sich der Bank gegenüber verpflichtet, zu Gunsten aller ihrer gegenwärtigen und zukünftigen Hypotheken jede vor- oder gleichstehende Hypothek, falls sie ganz oder teilweise dem Eigentümer oder einem Dritten zufallen oder zugefallen sein sollte, zur Löschung zu bringen. Dieser Anspruch soll vorgemerkt werden; der Antrag ist indessen zurückgewiesen worden und auch die weitere Beschwerde erscheint nicht begründet.

Die Vormerkung aus § 1179 soll dem Hypothekengläubiger das Vorrücken seiner Post durch eine den Ausschluß der Eigentümerhypothek betreffende Vereinbarung sichern. Für vormerkungsfähig wird die Verpflichtung des Eigentümers erklärt, die Hypothek löschen zu lassen, wenn sie sich mit dem Eigentum in einer Person vereinigt. Hier geht die Verpflichtung dahin, die Hypothek löschen zu lassen, wenn sie einem Dritten zufallen sollte. Ob eine solche Abrede obligatorisch wirkt, ist nicht zu untersuchen. Sachenrechtlich ist sie jedenfalls ohne Bedeutung. Der Anspruch, der aus ihr erwachsen könnte, ist nicht auf Aufhebung eines Rechtes an einem Grundstücke (der Hypothek), sondern höchstens darauf gerichtet, daß der Eigentümer für die Löschung durch den Dritten sorge oder dafür einstehe, da er den Dritten nicht durch seine Handlung verpflichten kann. Ein solcher Anspruch fällt nicht unter den Rahmen des § 1179 und auch nicht unter die allgemeine Bestimmung des § 883 BGB. Schon aus diesem Grunde ist die beantragte Eintragung mit Recht abgelehnt. Sie ist aber, auch wenn sie auf die Eigentümerhypothek beschränkt wäre, unzulässig, weil sie gegenstandslos und überflüssig ist. Zur Zeit ist keine Hypothek vorhanden, welche derjenigen der Bank vorginge oder gleichstände. Dieses Verhältnis könnte nur mit Bewilligung der Bank insofern eine Änderung erleiden, als später eine Post mit dem Vorrange vor der Bankhypothek eingetragen würde. In diesem Falle würde aber ein neuer Vermerk bei der von der Vormerkung betroffenen Hypothek unerläßlich (§ 14 der Ausf.-Verf. vom 20. November 1899, wobei freilich nicht ausgeschlossen ist, daß die Vormerkung gleichzeitig mit der Hypothek in der für diese bestimmten Spalte eingetragen wird, vgl. Turnau-Förster Anm. 6 § 1179). Auch müßte er bei einer Briefhypothek auf den Brief übertragen werden (Jahrbuch 21 A S. 175). Ebenso verhält es sich, wenn gemäß der Vereinbarung an den Fall gedacht wird, daß künftig eine neue Hypothek für die Bank hinter Zwischenhypotheken gebucht werden sollte. Erst bei der Eintragung solcher Zwischenhypotheken kann die Vormerkung in Betracht kommen. Ihre Eintragung würde sich in keiner Weise erledigen, selbst wenn dem jetzt gestellten Antrage stattgegeben würde. Wie die Vorinstanzen mit Recht betonen, ist die Vormerkung nur bei einem Rechte, das durch sie betroffen wird, buchungsfähig. Solange es an einem solchen Rechte fehlt, lehnt der Grundbuchrichter mit Fug einen Vermerk ab, der nichts bedeutet, und für den das Grundbuch keine geeignete Stelle bietet. Mit der Bestimmung, daß auch künftige und bedingte Ansprüche durch Vormerkung gesichert werden können (§ 883 Satz 2), setzt sich diese Ablehnung nicht in Widerspruch. K.

c) **Hat ein in Fahrnisgemeinschaft lebender Ehemann eine für beide Ehegatten eingetragene Hypothek abgetreten, so darf der Grundbuchrichter die Zustimmung der Frau oder den Nachweis verlangen, daß die Abtretung nicht zur Erfüllung eines Schenkungsversprechens geschehen ist.[1] GrBO. § 19. BGB. § 1549.**

Kammergericht, I. CS. Beschluß v. 7. Oktober 1901.

Bei der Entscheidung über den Umschreibungsantrag war nach § 19 GrBO. zu prüfen, ob die Bewilligung derjenigen Personen nachgewiesen war, deren Rechte von der Umschreibung betroffen werden. Die Hypothek ist als zum Gesamtgute der in übergeleiteter Fahrnisgemeinschaft lebenden Eheleute A. gehörig, für diese eingetragen; der Mann hat allein die Umschreibung bewilligt, und zwar als vermeintlich hierzu berechtigter Verwalter des zum Gesamtgut gehörigen Vermögens. Der Grundbuchrichter hatte demzufolge zu entscheiden, ob dem Manne durch die ihm gesetzlich zugewiesene Verwaltungsbefugnis die Macht beiwohnte, seine Frau bei der Abtretung zu vertreten. Die Vorinstanzen haben keine Rechtsnorm verletzt, indem sie diese

[1] Hat der gütergemeinschaftliche Mann in gerichtlichem Vergleich die Eintragung einer Grundgerechtigkeit übernommen, so hat er die von der Frau verweigerte Einwilligung durch das VormGericht ersetzen zu lassen und kann dazu gemäß § 888 CPO. durch Zwangsmittel angehalten werden. (OLG. Posen, I. CS. Beschluß v. 10. Juli 1901. MonSchr. S. 163.)

Vertretungsmacht verneinten. Nach § 1549, § 1443 unterliegt das Gesamtgut der Verwaltung des Mannes, er darf insbesondere über das Gesamtgut „verfügen", d. h. Rechtsgeschäfte vornehmen, die unmittelbar auf die Übertragung, Belastung, Änderung oder Aufhebung eines Rechtes gerichtet sind. Die Vorschrift ist aber in den anschließenden §§ 1444—1446 eingeschränkt; der Mann bedarf danach der Genehmigung der Frau zu Rechtsgeschäften über das Gesamtgut im ganzen sowie über ein zum Gesamtgut gehöriges Grundstück und zu Schenkungen aus dem Gesamtgut, und zwar sind in diesen §§ 1444 bis 1446 ausdrücklich hinsichtlich der drei besonderen Fälle die obligatorischen Geschäfte und die zur Erfüllung derselben dienenden „Verfügungen" in betreff der Einwilligung der Frau einander gleichgestellt dergestalt, daß die Vertretungsmacht des Mannes zur Vornahme solcher Verfügungen, die zum Zwecke der Erfüllung eines der in den §§ 1444—1446 aufgeführten obligatorischen Geschäfte dienen, in Wegfall kommt und die Genehmigung der Frau zur Gültigkeit der Verfügung notwendig wird. Der Mann allein ist also hinsichtlich einer zum Gesamtgute gehörigen Forderung nur dann zur Abtretung — die sich als Verfügung charakterisiert — legitimiert, wenn diese zum Zwecke der Erfüllung eines entgeltlichen obligatorischen Vertrages erklärt wird.

Unbedenklich wird also dem Grundbuchrichter die Befugnis beigelegt werden müssen, bei den vom Manne allein ohne Zustimmung der Frau erklärten Verfügungen über Gesamtgutvermögen dann die Offenlegung des obligatorischen Kausalgeschäftes zu verlangen, wenn der konkrete Sachverhalt Anlaß zu der Vermutung giebt, daß die Verfügung zur Erfüllung eines der drei in den §§ 1444—1446 angeführten obligatorischen Geschäfte vorgenommen wird. Zufolge der auf § 19 GrBO. beruhenden Verpflichtung des Grundbuchrichters, die Vertretungsmacht des namens seiner Frau mitbewilligenden Mannes zu prüfen, darf ihm aber die gleiche Befugnis auch dann nicht eingeschränkt werden, wenn, wie hier, im besonderen Falle kein besonderer Anlaß für eine solche Vermutung gegeben ist und ihm eine in einer abstrakten Rechtserklärung ausgesprochene Verfügung des Mannes vorgelegt wird, welche das zu Grunde liegende obligatorische Geschäft mit erkennen läßt. Die §§ 1444—1446 bilden mit dem vorangehenden § 1443 eine Einheit; sie bestimmen zusammen die Vertretungsmacht des gütergemeinschaftlichen Ehemannes zu „Verfügungen" dahin, daß ihm keine uneingeschränkte Verfügungsbefugnis zusteht. Nur insoweit, als keines der in den §§ 1444—1446 angeführten Geschäfte vorliegt, ist er ohne Zustimmung der Frau zu verfügen berechtigt. Der Grundbuchrichter darf deshalb bei der Legitimationsprüfung in jedem Falle nachprüfen, ob nicht durch eines der in den angegebenen §§ 1444—1446 angeführten Geschäfte die Verfügungsmacht des Mannes ausgeschlossen ist. . . . H.

d) **Die beglaubigte Abschrift des Erbscheines genügt dem Grundbuchrichter jedenfalls dann nicht, wenn in Beihalt des § 2361 BGB.**

Zweifel darüber möglich sind, ob im Zeitpunkte des fr. Rechtsgeschäftes der Erbschein noch wirksam bestand.

OLG. Rostock, II. CS. Beschluß v. 3. Oktober 1901.

Nach § 36 GrBO. kann der Nachweis der gesetzlichen Erbfolge nur durch einen Erbschein geführt werden. Ob hiernach der Erbschein stets in Urschrift oder Ausfertigung vorgelegt werden muß, und die Vorlegung einer beglaubigten Abschrift in Grundbuchsachen niemals genügt, ist nicht unzweifelhaft (vgl. Achilles-Strecker Anm. 4d zu § 29, andererseits Predari Anm. 3 zu § 9 GrBO.). — Einer prinzipiellen Entscheidung der Frage bedarf es jedoch hier nicht, denn die vorgelegte Abschrift des Erbscheines ist jedenfalls nicht geeignet, den Nachweis zu erbringen, der durch sie geführt werden soll. Gegenstand dieses Nachweises ist die Thatsache, daß im Zeitpunkte des in Frage stehenden Rechtsgeschäftes ein Erbschein wirklich bestand (Mot. zum BGB. 5 S. 569). Nun sind die Abtretungserklärungen der beiden angeblichen Erbinnen des eingetragenen Hypothekengläubigers vom 10. Januar 1901 datiert, die Unterschriften sind aber erst am 8. bezw. 15. Februar vor einem Notar anerkannt und von diesem beglaubigt. Durch diese Beglaubigung wird nicht urkundlich bewiesen, daß die Abtretungserklärungen thatsächlich schon am 10. Januar abgegeben sind, und sie müssen deshalb für den Grundbuchverkehr in Beihalt des § 29 Satz 1 GrBO. als erst im Zeitpunkte der Beglaubigung abgegeben angesehen werden. Demnach steht zur Frage, ob die beigebrachte beglaubigte Abschrift des Erbscheines, aus welcher erhellt, daß das Original dem beglaubigenden Notar am 11. Januar 1901 vorgelegen hat, zur Führung des urkundlichen Nachweises (§ 29 Satz 2 GrBO.) geeignet ist, daß der Erbschein am 8. bezw. 15. Februar 1901 wirksam bestanden hat. Das ist aber nicht der Fall, weil der Erbschein zwischen dem 11. Januar und dem 15. Februar nach § 2361[1] BGB. durch erfolgreiche Wiedereinforderung der Urschrift bezw. aller erteilten Ausfertigungen (vgl. Weißler, FrGG. § 64 Anm. 3, § 85 Anm. 1) eingezogen und damit kraftlos geworden sein kann. . . . Pr.

e) **Keine vorgängige Eintragung der die Löschung einer Hypothek beantragenden Erben des eingetragenen Grundeigentümers.**

Kammergericht, I. CS. Beschluß v. 30. September 1901.

Die Beschwerdeführer haben als Erben ihres noch als Eigentümer eingetragenen Erblassers auf Grund einer Löschungsbewilligung der Erben des Hypothekengläubigers die Löschung einer auf dem Nachlaßgrundstücke haftenden Hypothek beantragt. Der Antrag ist zurückgewiesen worden, weil nach §§ 27, 40 und 41 GrBO. die Erben als Eigentümer vorher eingetragen werden müßten. Auf Beschwerde der Antragsteller ist dieser Auffassung auch das Landgericht beigetreten. Dasselbe führt insbesondere aus, daß § 41 GrBO. außer Betracht zu lassen sei, weil es sich nicht um die Aufhebung eines für den Erblasser der Antragsteller eingetragenen Rechtes handle. Die erhobene weitere Beschwerde muß als begründet erachtet werden.

Der Beschluß v. 11. Januar 1900 [Rsp. 1 S. 303] hat bereits mit näherer Begründung ausgesprochen, daß der eingetragene Eigentümer, auf dessen Grundstück Hypotheken haften, bereits als eventueller Inhaber der gemäß § 1163 BGB. ihm zufallenden Hypotheken eingetragen gilt. Daraus folgt, daß seine Erben, wenn es sich um die Löschung der Eigentümerhypothek handelt, für sich die Ausnahmevorschrift des § 41 Abs. 1 GrBO. geltend machen können. S.

f) **§ 52 GrBO. kommt nicht zur Anwendung, wenn der nach §§ 2136, 2137 BGB. befreite Vorerbe, ohne selbst eingetragen zu sein, die Eintragung seines Cessionars gemäß § 41 GrBO. beantragt.**

Kammergericht, Ferien-CS. Beschluß v. 13. August 1901.

... § 52 GrBO. verfolgt allerdings den Zweck, das Recht des Nacherben gegen benachteiligende Verfügungen des Vorerben zu schützen; das Recht des Nacherben soll, um ihn gegenüber den aus dem öffentlichen Glauben des Grundbuches erwachsenden Gefahren zu sichern, von Amts wegen bei der Eintragung des Rechtes des Vorerben mit eingetragen werden (vgl. Denkschr. z. GrBO. Abschnitt II, Motive z. BGB. 5 S. 111). Den Vorinstanzen kann indessen darin nicht beigetreten werden, daß der den Nacherben gewährte Schutz noch weiter auszudehnen ist, als dies ausdrücklich im Gesetze bestimmt ist, und daß deshalb der Gefährdung des Rechtes der Nacherben auch bei einer Verfügung des Vorerben, die eine grundbuchliche Eintragung des Vorerben selbst nicht zur Folge hat, von Amts wegen entgegen zu treten und auch hierbei die Eintragung des Nacherbenrechtes zu verlangen sei ... § 52 GrBO. hat die Eintragung des Vorerben zur ausdrücklichen Voraussetzung, eine solche wird aber hier nicht verlangt. Die ratio legis zwingt auch nicht dazu, die Bestimmung des § 52 analog auf solche Fälle anzuwenden, in denen nicht der Vorerbe, sondern infolge Verfügung desselben ein Dritter — hier der Cessionar — im Grundbuche eingetragen werden soll. Bei solchen Verfügungen über ein vorerbliches Recht ist vielmehr nach § 41 lediglich die Berechtigung des Erben zur Verfügung über das eingetragene Recht zu prüfen.

Führt die Prüfung zu dem Ergebnisse, daß der Vorerbe von den ihm durch das Nacherbenrecht auferlegten Beschränkungen seines Verfügungsrechtes über die zur Erbschaft gehörenden Rechte an einem Grundstücke befreit ist (§§ 2113, 2114, 2136, 2137 BGB.), so darf die beantragte Eintragung nicht abgelehnt werden. Es kann hiergegen nicht angeführt werden, daß der Cessionar nicht mehr Rechte haben könne als der Cedent, und daß, weil der Vorerbe nur gleichzeitig mit den Nacherben eingetragen werden dürfe, auch bei der Eintragung des Cessionars das Nacherbenrecht vermerkt werden müsse. Eine solche Annahme verkennt die Verschiedenheit beider Fälle. Bei der Eintragung des Vorerben selbst soll aus dem Grundbuche die Anwartschaft der Nacherben Dritter ersichtlich gemacht werden, bei berechtigter Verfügung über das vorerbschaftliche Recht hört dagegen das übertragene Recht auf, Gegenstand der Erbschaft zu sein. Die Eintragung des Nacherbenrechtes wird damit zwecklos. Aus der Vorschrift, daß auch bei der Befreiung des Vorerben von der Beschränkung seines Verfügungsrechtes die Nacherben einzutragen sind, kann Gegenteiliges nicht gefolgert werden. Diese Vorschrift hat nur die Bedeutung, daß, wenn über das Recht vom Vorerben nicht verfügt ist, dasselbe den Nacherben im Falle des Eintrittes der Nacherbfolge kraft des Gesetzes zufällt (Motive 5 S. 112).

Der Nacherbe bedarf auch keines besonderen Schutzes gegen ihn materiell schädigende Verfügungen des formell legitimierten Vorerben. Denn solche Verfügungen sind, wenn der Grundbuchrichter sie auch nicht ablehnen darf, dem Nacherben gegenüber unwirksam und geben ihm das Recht des § 888 BGB. Überdies kann der Nacherbe, wenn er auf die Eintragung des Nacherbenrechtes Gewicht legt, nach § 895 BGB. verlangen, daß der Vorerbe sein Vorerbenrecht zur Eintragung bringt, und damit § 52 GrBO. zur Anwendung kommt. . . . H.

g) **Zur Löschung einer gepfändeten und zur Einziehung überwiesenen Briefhypothek ist die Zustimmung des Vollstreckungsschuldners nicht erforderlich.**

Kammergericht, I. CS. Beschluß v. 14. Oktober 1901.

Durch die Überweisung zur Einziehung wird die Forderung nicht aus dem Vermögen des Vollstreckungsschuldners ausgeschieden; dieser bleibt somit Gläubiger (Entsch. 18 S. 398). Damit ist aber die Frage, ob der Vollstreckungsgläubiger kraft der ihm durch die Pfändung und Überweisung verliehenen Rechtsstellung innerhalb dieser Rechtsstellung zur selbständigen, von der Zustimmung des Schuldners unabhängigen Verfügung über die Post befugt ist, nicht erledigt. Diese Frage ist zu bejahen. Nach § 836[1] CPO. ersetzt die Überweisung die förmlichen Erklärungen des Schuldners, von welchen nach den Vorschriften des bürgerlichen Rechtes die Berechtigung zur Einziehung der Forderung abhängig ist. Es ist also dem Vollstreckungsgläubiger ausdrücklich das Einziehungsrecht zugesprochen. Das Gleiche gilt nach § 1282 BGB. im Falle der vertragsmäßigen Verpfändung, sobald die Forderung fällig geworden ist. Die Motive zu dem im wesentlichen übereinstimmenden § 1218 Entw. I weisen auf den Zusammenhang mit dem Pfändungspfandrecht hin (3 S. 861). Das durch dieses in Verbindung mit der Überweisung zur Einziehung begründeten Einziehungsrecht kann nicht anders geartet sein wie das Einziehungsrecht beim Vertragspfande. In beiden Fällen ist dem Pfandgläubiger ein selbständiges, an die Mitwirkung des Schuldners nicht gebundenes Recht auf Beitreibung der Pfandforderung verliehen. Der § 1218 Entw. I bestimmte besonders, daß der Pfandgläubiger die dem Pfandrechte unterliegende Forderung ohne Mitwirkung des Gläubigers einzuziehen berechtigt sei. Eine sachliche Änderung war von der 2. Kommission, welche die Fassung des Gesetzes umgestaltete, nicht beabsichtigt (Prot. 3 S. 524). Daß der Pfändungsgläubiger selbständiger zur Geltendmachung der ihm überwiesenen Forderung zum Zwecke seiner Befriedigung befugt ist, ergiebt ferner der § 841 CPO.; der Gläubiger ist zwar verpflichtet, wenn er die Forderung einklagt, dem Schuldner den Streit zu verkünden, die Nichterfüllung dieser Pflicht beseitigt aber nicht die Aktivlegitimation des Gläubigers. Hiermit übereinstimmend bezeichnet auch das Reichsgericht in der angeführten Entscheidung die Stellung des Gläubigers als die eines gesetzlichen Mandatars des Schuldners (procurator in rem suam). Sowohl von diesem Standpunkte wie bei der Annahme, daß es sich nicht um Stellvertretung, sondern um ein eigenes Recht des Gläubigers handle, unterliegt es keinem Zweifel, daß der Gläubiger, soweit er Befriedigung wegen seiner Forderung anstrebt, ohne Zustimmung, ja gegen den Widerspruch des Schuldners, mit Wirksamkeit für diesen über die Forderung und folgeweise über die Hypothek zu verfügen berechtigt ist. Der Gläubiger muß deshalb auch befugt sein, über die eingezogene Forderung löschungsfähig zu quittieren. Of.

100

a) **Die elsaß-lothringischen Amtsgerichte dürfen das Ersuchen eines Vormundschaftsgerichtes um Vernehmung des angeblichen Vaters eines unehelichen Kindes über Anerkennung der Vaterschaft und Alimentierung desselben nicht ablehnen.**[1]

OLG. Colmar, I. CS. Beschluß v. 27. November 1901.

Von den beiden Gründen, aus denen nach § 159[2] GVG. in Verbindung mit §§ 1, 2 FrGG. ein Ersuchen um Rechtshilfe abgelehnt werden kann, kommt hier nur derjenige in Betracht, ob die vorzunehmende Handlung nach dem Rechte des ersuchten Amtsgerichtes A. (Elsaß) verboten ist. Ein ausdrückliches Verbot hiergegen ist nicht vorhanden. Nach § 44 des elsaß-lothringischen Ausf.-G. v. 6. November 1899 sind für die Beurkundung von Rechtsgeschäften, welche nach den Vorschriften der Reichsgesetze gerichtlicher oder notarieller Beurkundung bedürfen, soweit nicht ein anderes gesetzlich bestimmt ist, die Notare zuständig. Aber einerseits sind, was die Anerkennung der Vaterschaft anlangt, für die Aufnahme der in §§ 1718, 1720[2] BGB. vorgesehenen öffentlichen Urkunde durch § 167[2] FrGG. auch die Amtsgerichte für zuständig erklärt. Andererseits ist für die Beurkundung der Anerkennung der gesetzlichen Verpflichtung zum Unterhalt des unehelichen Kindes eine gerichtliche oder notarielle Form nicht vorgeschrieben. Der zitierte § 44 steht daher der Erledigung des Ersuchens nicht entgegen. Aber auch im übrigen wird weder eine Amtshandlung verlangt, die nicht zum Geschäftskreise elsaß-lothringischer Amtsgerichte gehört, noch walten sonstige Bedenken gegen die Zulässigkeit jener Amtshandlung ob. Insoweit das Amtsgericht gegen deren Angemessenheit Einwendungen erhebt, sind sie hinfällig, weil in dieser

[1] Vgl. Rsp. 2 Nr. 161b S. 393. — In Steuersachen (§ 43 Abs. 3 des Einkommensteuerges.) haben die preuß. Amtsgerichte auf Ersuchen der Steuereinschätzungsbehörde auch die Vernehmung solcher Zeugen zu bewirken, welche sich überhaupt weigern, vor jener Behörde zu erscheinen. (OLG. Kiel, Beschluß v. 24. August 1901, SchlH. Anz. S. 321.)

Hinsicht dem ersuchten Gericht eine Nachprüfung der nachgesuchten Amtshandlung überhaupt nicht zusteht. Ferner erscheint aber auch die Annahme unzutreffend, daß es sich hier um ein solches Geschäft der freiwilligen Gerichtsbarkeit handle, „bei dem das ersuchte Gericht nur auf Ersuchen der beteiligten Partei thätig werde, nicht dieselbe vorzuladen habe". Rechtshilfe von Gericht zu Gericht braucht allerdings da nicht gewährt zu werden, wo es, wie z. B. bei Ausstellung von Erbscheinen (vgl. Rsp. 1 S. 195, vgl. auch 2 S. 236), eines Antrages des Beteiligten bedarf, um die Thätigkeit des ersuchten Gerichtes in Bewegung zu setzen. Diejenige Maßregel jedoch, welche den Gegenstand des vorliegenden Ersuchens bildet, überschreitet keinesweges den Rahmen der Aufgabe des ersuchenden Vormundschaftsgerichtes, von Amts wegen den Vormund bei der Fürsorge für Person und Vermögen des Mündels zu unterstützen (vgl. Weizsäcker, Formularbuch für die freiw. Gerichtsbarkeit S. 46 ff.); infolge des vom Vormunde bei dem Vormundschaftsgericht gestellten Antrages hätte daher jene Maßregel, wenn der Schwängerer sich innerhalb des Bezirkes desselben aufhalten würde, von dem Vormundschaftsgerichte selbst getroffen werden müssen. Das (demselben Rechtsgebiete wie das ersuchende Gericht B.) angehörige Amtsgericht A. darf sich daher nicht der Verpflichtung entziehen, diejenige Amtshandlung vorzunehmen, an deren Vornahme das Gericht B. lediglich durch seine örtliche Unzuständigkeit gehindert war. Die Nichtablehnung derartiger Ersuchen entspricht übrigens auch der anderwärts bestehenden Praxis (vgl. oben Nr. 14 S. 35 und Rhein. Arch. 93 Abth. 1 S. 100). Fr.

b) **Gegen einstweilige Anordnungen des Beschwerdegerichtes keine weitere Beschwerde. FrGG. § 24.**

Kammergericht, I. CS. Beschluß v. 7. November 1901.

A. gab während einer schweren Erkrankung seiner Frau 1898 seine 1½jährige Tochter Marie seiner Schwester Hulda in Pflege. Da ihm 1899 die Herausgabe der Tochter verweigert wurde, klagte er 1900 hierauf und erzielte ein ihm günstiges Urteil. Während dieses Rechtsstreites beantragte Hulda A. bei dem Amtsgerichte: gemäß § 1666 BGB. anzuordnen, daß die Marie in ihrer Pflege und Erziehung zu bleiben hat. Der Antrag wurde nach Bestellung eines Pflegers für das Kind und nach umfangreicher Beweiserhebung zurückgewiesen. Zufolge hiergegen eingelegter Beschwerde erließ das Landgericht zuvörderst einen Beweisbeschluß und vor dessen Erledigung eine einstweilige Anordnung dahin, daß das Kind bis zur endgültigen Entscheidung des Beschwerdegerichtes bei der Beschwerdeführerin zu verbleiben hat.

Die weitere Beschwerde des Vaters ist unzulässig. Das Landgericht stützt die von ihm erlassene einstweilige Anordnung auf § 24³ FrGG. Hier ist die einstweilige Anordnung zur Entscheidung des Beschwerdegerichtes in einen bewußten Gegensatz gebracht. Die folgenden Paragraphen handeln nur von der Entscheidung. Der § 25 bestimmt, daß sie mit Gründen zu versehen ist; im § 26 wird verordnet, daß sie in den Fällen, in welchen die sofortige Beschwerde stattfindet, erst mit der Rechtskraft wirksam wird, jedoch durch besondere Anordnung sofortige Wirksamkeit erlangen kann. Der § 27 endlich schreibt vor, daß gegen die Entscheidung des Beschwerdegerichtes das Rechtsmittel der weiteren Beschwerde stattfindet, wenn die Entscheidung auf einer Verletzung des Gesetzes beruht. Schon hieraus ist zu entnehmen, daß die weitere Beschwerde nur gegen die in der Sache ergehende Endentscheidung, nicht gegen die ihr vorausgehende einstweilige Anordnung stattfindet, welche mit der Endentscheidung ihre Bedeutung verliert und, wenn nötig, von ihr außer Kraft gesetzt wird. Das Gesetz bezweckt offenbar, der Verzögerung des Abschlusses des Verfahrens vor dem Gerichte II. Instanz durch Abschneidung der weiteren Beschwerde vorzubeugen.

Diese durch den Wortlaut und den Sinn des Gesetzes gebotene Auslegung wird durch seine Entstehungsgeschichte bestätigt. Wie die Denkschrift ausführt, ist das Beschwerdeverfahren im wesentlichen den Vorschriften der CPO. nachgebildet. Insbesondere folgt der § 23 des Entw., welcher dem § 24 des Ges. entspricht, dem § 535, jetzt 572 der CPO. (vgl. Hahn, Materialien 7 S. 39 f.). Auch dort ist dem Beschwerdegerichte die Befugnis beigelegt, vor der Entscheidung eine einstweilige Anordnung zu erlassen. In der einschlägigen Litteratur wie in der Rechtsprechung (Entsch. 35 S. 341) herrscht Einverständnis darüber, daß eine Anfechtung der nur einstweilen, zur Sicherung der künftigen Entscheidung vom Beschwerdegerichte getroffenen Maßregel durch ein Rechtsmittel ausgeschlossen ist. Dr. S.

c) **Weitere Beschwerde der freiwilligen Gerichtsbarkeit.**

Kammergericht, I. CS. Beschluß v. 30. September 1901.

Der Beschwerdeführer erachtet das Gesetz um deswillen als verletzt, weil das Landgericht weder ihn, noch die vorgeschlagenen Gegenzeugen gehört habe. Zu einer Anhörung des Beschwerdeführers lag keine Veranlassung vor; er war bereits in der ersten Instanz gehört worden und damit war dem Gesetze [§ 4 Abs. 2 des preuß. Fürsorgeges.], welches ohnedies nur instruktionelle Bedeutung hat („soll“ nicht „muß“), Genüge geschehen. Einer Vernehmung der Gegenzeugen bedurfte es nicht; denn das Landgericht stützt seine Entscheidung nicht allein auf die Aussagen der in erster Instanz vernommenen Zeugen, sondern weiter auf das übrige unbestrittene Aktenmaterial, und es erklärt eine fernere Beweisaufnahme für überflüssig, weil diesem gegenüber etwaige günstige Aussagen nicht ins Gewicht fallen könnten. Diese auf thatsächlichem Gebiete liegende Beweiswürdigung ist der Anfechtung durch das Rechtsmittel der weiteren Beschwerde entzogen.

Dazu: Kammergericht, I. CS. Beschluß v. 14. u. 21. Oktober 1901.

Es entspricht nicht der Vorschrift in §§ 29, 21 FrGG., wenn der Gerichtsschreiber, der die weitere Beschwerde zu Protokoll nimmt, die sachlichen Beschwerdegründe nicht mit protokolliert, sondern sich nur auf eine — anliegende — *privatschriftliche* Erklärung des Beschwerdeführers bezieht — oder wenn er einen vom Beschwerdeführer überreichten Schriftsatz nur mit der protokollarischen Eingangs- und Schlußformel versieht.[1] Dr.

d) **Dem gerichtlich im Fürsorgeerziehungsverfahren zur Wahrnehmung der Rechte des Minderjährigen bestellten Pfleger steht ein Beschwerderecht nur gegen den auf Unterbringung zur Fürsorgeerziehung lautenden, nicht auch gegen den dieselbe ablehnenden Beschluß zu.**

Kammergericht, I. CS. Beschluß v. 28. Oktober 1901.

Das Vormundschaftsgericht hat dem Vater der Minderjährigen deren Vertretung für das Fürsorgeerziehungsverfahren entzogen, weil es einen Interessenwiderspruch zwischen der väterlichen Gewalt und dem Interesse des Kindes an einer ordentlichen Erziehung als vorliegend angesehen hat. Dem Pfleger kommt demnach in dem Verfahren die Stellung eines gesetzlichen Vertreters der Minderjährigen zu. Als solcher ist er wohl in der Lage die Fürsorgeerziehung zu befürworten, wenn er dies durch das Interesse des Minderjährigen für geboten erachtet. Denn das Fürsorgeerziehungsgesetz stellt den sozialpolitischen Gesichtspunkt der Erziehung des Minderjährigen im öffentlichen Interesse in den Vordergrund. Die Fürsorgeerziehung soll für den davon betroffenen Minderjährigen nicht eine Strafe, sondern eine Wohlthat sein, indem sie ihn befähigt, ein brauchbares Mitglied der menschlichen Gesellschaft zu werden. Die Rücksichtnahme auf den Zweck der Fürsorgeerziehung hätte den Gesetzgeber dazu führen können, dem Pfleger das Beschwerderecht zu verleihen, um nötigenfalls bei der höheren Instanz die Anwendung der Fürsorgeerziehung durchzusetzen. Das ist jedoch nicht geschehen. Vielmehr steht nach der ausdrücklichen Bestimmung des § 4 Abs. 4 des Ges. dem gesetzlichen Vertreter des Minderjährigen die Beschwerde nur dann zu, wenn der Beschluß auf Unterbringung zur Fürsorgeerziehung lautet. Diese Vorschrift ist erst durch den Beschluß der Kommission des Abgeordnetenhauses in das Gesetz eingeführt und der ihm zu Grunde liegende Antrag ist lediglich damit begründet worden, daß das Beschwerderecht für den gesetzlichen Vertreter nur Sinn habe, im Falle der Beschluß die Fürsorgeerziehung anordne (vgl. Kommissionsbericht, Drucksachen des Abgeordnetenhauses II. Session 1900, Nr. 183, S. 12). Eine Diskussion über den Antrag hat nicht stattgefunden, und in dem späteren Stadium der Gesetzgebung ist dieser Punkt nicht mehr erörtert worden. Es scheint, als habe man verhüten wollen, daß etwa die Eltern, um die Sorge für ihre Kinder los zu werden, selbst die Unterbringung betrieben (vgl. Nölle, Kommentar, II. Aufl., Anm. 24 zu §§ 3, 4 des Ges.); jedenfalls hat man damit aber auch den anderen gesetzlichen Vertretern die Möglichkeit entzogen, zur Erreichung der Fürsorgeerziehung ihrer Pflegebefohlenen die Beschwerde einzulegen. E.

[1] Vgl. Jahrb. 5 S. 9; desgl. Entsch. in Straff. 2 S. 444, 4 S. 7, 12 S. 367, 14 S. 348, 27 S. 211. Ebensowenig genügt eine in die Form einer Verwahrung gekleidete privatschriftliche Eingabe den gesetzlichen Erfordernissen. (KG., I. CS. Beschluß v. 3. Juni 1901.)

101

a) Erkennt ein Minderjähriger bei der Anzeige der Geburt eines unehelichen Kindes seine Vaterschaft an, so darf der Standesbeamte die Beurkundung nicht wegen der Minderjährigkeit des Anzeigenden ablehnen.

Bayer. Oberstes Landesgericht, Ferien=CS. Beschluß v. 6. August 1901.

Nachdem der Standesbeamte die Beurkundung des Anerkenntnisses wegen Minderjährigkeit des Anzeigenden abgelehnt, beantragte dessen Mutter als gesetzliche Vertreterin bei dem Amtsgerichte, den Standesbeamten zur Vornahme der gewünschten Amtshandlung anzuweisen. Aus den Gründen:

Der Rechtsauffassung der Vorinstanzen, daß die Anerkennung der Vaterschaft nicht das einfache Geständnis einer Thatsache, sondern zugleich ein einseitiges Rechtsgeschäft enthalte, ist allerdings beizutreten. Denn soweit die Vaterschaftsanerkennung als Geständnis wirkt, kann es sich nur auf das Zugeben der außerehelichen Beiwohnung in der einrechnungsfähigen Zeit, nicht aber auf die dem menschlichen sicheren Erkennen sich entziehenden Folgen der Beiwohnung beziehen. Die Anerkennungserklärung enthält aber zugleich die Willensäußerung, die aus der erfolgreichen Beiwohnung entstehenden privatrechtlichen Folgen auf sich zu nehmen, und damit ist die rechtliche Eigenschaft des einseitigen Rechtsgeschäftes gegeben (Crome, System 1 S. 320; Enneccerus-Lehmann, Bürg. Recht, 2. Aufl., 1 S. 137), welches ein Minderjähriger gemäß den §§ 107, 111 BGB. nicht wirksam vornehmen kann.

Allein aus diesem rechtlichen Charakter der Anerkennungserklärung folgt nichts für den Umfang der Befugnisse des Standesbeamten. Nach dem Ges. vom 6. Februar 1875 hat der Standesbeamte bei Geburten auf erfolgte Anzeige hin die Thatsache der erfolgten Geburt zu beurkunden, und die ordnungsgemäß geführten Standesregister beweisen diese Thatsache, bis der Nachweis der Fälschung, der unrichtigen Eintragung oder der Unrichtigkeit der Anzeigen und Feststellungen, auf Grund deren die Eintragung stattgefunden hat, erbracht ist (§§ 1, 15). Behufs Vermeidung der Eintragung unrichtiger Thatsachen ist der Standesbeamte verpflichtet, sich von der Richtigkeit der Anzeige der geschehenen Geburt, wenn er sie zu bezweifeln Anlaß hat, in geeigneter Weise Überzeugung zu verschaffen (§ 21). Zur Mitwirkung bei der Ermittelung und Feststellung der Vaterschaft zu einem unehelichen Kinde aber verpflichtet ihn das Gesetz nicht. Daher liegt in der nach § 25 ihm erteilten Ermächtigung, die vor ihm erklärte Anerkennung der Vaterschaft zu beurkunden, nicht die Übertragung der Verpflichtung, zur Begründung rechtswirksamer Rechtsverhältnisse mitthätig zu werden, sondern nur die Übertragung der Befugnis, die Erklärung entgegenzunehmen und als nebensächlichen Bestandteil der Geburtsanzeige zu beurkunden (Entsch. in Straff. 20 S. 15). Bei Entgegennahme der Erklärung handelt demnach der Standesbeamte nur als Urkundsperson, nicht als Beamter der freiwilligen Gerichtsbarkeit. Es steht ihm also auch nicht zu, die Beurkundung der Thatsache der Anerkennungserklärung, sofern sie nur überhaupt von einem Willensfähigen abgegeben wird, abzulehnen, weil er Zweifel an ihrer Rechtswirksamkeit wegen der beschränkten Geschäftsfähigkeit des Erklärenden hegt, und zwar umsoweniger, als die Willenserklärung des in der Geschäftsfähigkeit beschränkten Minderjährigen durch Genehmigung des gesetzlichen Vertreters, deren Erteilung hier kaum zu bezweifeln sein wird, nachträglich rechtswirksam werden kann (§ 184 BGB.), die Unterlassung rechtzeitiger Beurkundung der Thatsache der Erklärung aber unter Umständen rechtliche Nachteile hervorrufen kann. Ob die abgegebene Erklärung rechtswirksam ist oder nicht, ist erst dann nach bürgerlichem Rechte zu würdigen, wenn ihre Rechtswirksamkeit in Streit gezogen wird (v. Sicherer, Personenstandsges. S. 247, Fitting 2. Aufl. S. 90). Fr. M.

b) **Im Berichtigungsverfahren steht auch der Aufsichtsbehörde die sofortige Beschwerde nach Maßgabe des § 70 FrGG. zu.**[1]

Bayer. Oberstes Landesgericht, Ferien-CS. Beschluß v. 14. September 1901.

Die Frage, ob im Berichtigungsverfahren der Aufsichtsbehörde das Beschwerderecht zustehe, wird von den Schriftstellern, teils ausdrücklich (Rausnitz Anm. 3 zum § 70, Schneider Anm. 2 zum § 70), teils dadurch verneint, daß sie die Aufsichtsbehörde bei der Aufzählung der Beschwerdeberechtigten nicht erwähnen, ist aber vom Kammergerichte (Rsp. 2 S. 176) mit eingehender Begründung bejaht worden (vgl. auch Jahrb. 8 S. 22), und auf demselben Standpunkte steht die Bekanntmachung des K. Bayer. Staatsministeriums der Justiz vom 5. November 1899 (JMBl. S. 1305) § 13 Abs. 2. Der Senat schließt sich dieser Auffassung an.

Nach § 66 Abs. 2 des Gesetzes vom 6. Februar 1875 findet das Berichtigungsverfahren statt, wenn ein Beteiligter eine Berichtigung beantragt oder wenn die Aufsichtsbehörde eine solche von Amts wegen für erforderlich erachtet. Das Gesetz erkennt neben dem Interesse, das die Beteiligten an der Berichtigung einer unrichtigen Eintragung haben, auch das öffentliche Interesse an der Richtigkeit der standesamtlichen Beurkundungen als berechtigt an und überträgt die Wahrnehmung des öffentlichen Interesses der Aufsichtsbehörde. Aus dieser Aufgabe der Aufsichtsbehörde ergiebt sich ohne weiteres ihr Beschwerderecht. Das Berichtigungsverfahren führt nicht schon in der ersten Instanz zu einer endgültigen Entscheidung, sondern es ist, um thunlichste Gewähr für die Richtigkeit der Entscheidung zu geben, das Rechtsmittel der Beschwerde und der weiteren Beschwerde zugelassen; die Entscheidung, die die Aufsichtsbehörde im öffentlichen Interesse herbeizuführen berufen ist, bedarf aber derselben Gewähr ihrer Richtigkeit wie die auf Antrag oder Beschwerde eines Beteiligten ergehende Entscheidung, und das öffentliche Interesse darf nicht schutzlos bleiben, wenn im Berichtigungsverfahren auf Antrag oder Beschwerde eines Beteiligten eine sachlich unrichtige

[1] Dagegen hat der Standesbeamte selbst, weil er nicht am Berichtigungsverfahren beteiligt ist, keine Beschwerde gegen den Gerichtsbeschluß (Kammergericht, Ferien-CS. Beschluß v. 30. Juli 1901).

Eintragung angeordnet wird. — Das sich aus dem § 66 Abs. 2 ergebende Beschwerderecht der Aufsichtsbehörde ist durch das FrGG. § 1 nicht berührt worden, es braucht deshalb nicht untersucht zu werden, ob es sich auch aus dem § 20 Abs. 1 dieses Gesetzes herleiten läßt. Fr. M.

c) **Eine Eintragung, die der Erklärung entsprechend bewirkt ist, kann wegen sachlicher Unrichtigkeit berichtigt werden.**

Kammergericht, I. CS. Beschluß v. 24. Juni 1901.

Die unverehelichte X. hat 1893 in A. ein Kind geboren. Bei ihrer späteren Verheiratung mit B. in B. erkannte dieser die Vaterschaft zu jenem Kinde an, worauf der Standesbeamte in A. einen entsprechenden Vermerk zum Geburtsfalle nachtrug. Nachdem aber die Eheleute B. wegen wahrheitswidriger Abgabe der Erklärung verurteilt worden, beantragte die Aufsichtsbehörde beim Amtsgerichte B. die Berichtigung des Heiratsregisters durch Eintragung eines Vermerks über die Unrichtigkeit der Erzeugung des Kindes durch B. Der Antrag wurde zurückgewiesen, der weiteren Beschwerde des Regierungspräsidenten jedoch stattgegeben aus den Gründen:

... Es soll nicht eingetragen werden, daß die anfänglich richtig angegebenen Standesrechte des Kindes sich demnächst verändert haben, vielmehr wird eine jene Rechte betreffende Eintragung als von Anfang an inhaltlich unrichtig bezeichnet und deshalb ihre Richtigstellung verlangt; danach entfällt hier die Anwendbarkeit des § 26.... Die §§ 65, 66 sprechen sich nicht darüber aus, unter welchen sachlichen Voraussetzungen eine Berichtigung stattzufinden habe; sie ordnen lediglich das Verfahren der Berichtigung. Mit einer Auslegung, welche die Berichtigung nur dann zuläßt, wenn der Standesbeamte seinerseits eine Eintragung unrichtig vorgenommen hat und eine Beseitigung des hierbei begangenen Versehens begehrt ist, wird die Bedeutung des Berichtigungsverfahrens sicherlich verkannt. Nach § 15 beweisen die ordnungsmäßig geführten Standesregister diejenigen Thatsachen, zu deren Beurkundung sie bestimmt und welche in ihnen eingetragen sind, bis der Nachweis der Fälschung, der unrichtigen Eintragung oder der Unrichtigkeit der Anzeigen und Feststellungen, auf Grund deren die Eintragung stattgefunden hat, erbracht ist. Nach dem Zwecke der Berichtigung, der bisherigen Eintragung diese Beweiskraft zu entziehen und sie der neuen, berichtigenden Eintragung beizulegen, muß aus dem § 15 hergeleitet werden, daß auch in Ansehung der Berichtigung unrichtige Eintragungen und Unrichtigkeiten in den Anzeigen und Feststellungen, welche den Eintragungen zu Grunde liegen, einander gleichstehen. Auch wenn eine Eintragung völlig einer abgegebenen Erklärung entsprechend bewirkt ist, diese Erklärung aber inhaltlich unrichtig war und demgemäß das Standesregister die nämliche Unrichtigkeit aufweist, greift das Berichtigungsverfahren ein. Daß dies der Sinn des Gesetzes ist, ergiebt sich auch aus den Mustern, die den Ausführungsvorschriften des Bundesrates beigegeben sind; hier sind als Beispiele für eine Berichtigung gemäß § 65 die Richtigstellung des Todestages bezw. des Vornamens und Geburtsortes einer als verstorben angemeldeten Person gewählt (B. vom 25. März 1899 § 20 unter C. und Muster C. 4).... Vorliegend berührt die nachgesuchte Berichtigung nicht die Anerkennung als Erklärung rechtsgeschäftlicher Art, sondern die aus der Erklärung sich ergebende Thatsache der Erzeugung des Kindes durch den Anerkennenden. Diese letztere Thatsache kann gerade so berichtigt werden, wie dies in anderen Fällen geschieht, in denen eine behufs Eintragung in das Standesregister abgegebene und in ihm der Abgabe gemäß beurkundete Erklärung etwas sachlich Unrichtiges besagt.

Allerdings ist die Berichtigung nur dann zuzulassen, wenn es sich um eine Thatsache handelt, die in das betreffende Register gehört, für deren Beurkundung das Register bestimmt ist.... Allein auch das Heiratsregister kommt, insofern es die Eheschließung der Mutter und des angeblichen Erzeugers des Kindes beurkundet und im Anschlusse hieran sich über die Anerkennung des Kindes durch den eheschließenden Mann verhält, in letzterer Hinsicht als beweiskräftig in Betracht. Dies wird durch die gegenwärtig für die Registerführung der Standesbeamten maßgebenden Vorschriften — § 167² FrGG., Art. 70 preuß. Ausf.-G. zum BGB., § 15 der Ausf.-B. v. 25. März 1899 — klargestellt. Zufolge dieser Klarstellung ist nicht daran zu zweifeln, daß nicht nur das den Geburtsfall des Kindes enthaltende Geburtsregister, sondern auch das Heiratsregister, in dem die Eheschließung der Mutter mit dem angeblichen Erzeuger des Kindes beurkundet ist, für die in ihm eingetragene Anerkennung des Kindes durch den eheschließenden Mann die Bedeutung einer beweiskräftigen Urkunde hat. Daraus aber ergiebt sich, daß die betreffende Eintragung im Heiratsregister ebenfalls der Berichtigung unterliegt.

Eine völlig andere Frage ist, ob die danach an sich zulässige Berichtigung der Thatsache, daß B. das Kind erzeugt hat, durch den Aktenstoff gerechtfertigt wird oder nicht. In dieser Beziehung kommt in Betracht, daß das Strafurteil lediglich auf dem Geständnisse der Eheleute B. beruht und daß auch jetzt als Beweismittel nichts anderes vorliegt als dieses Urteil und der Berichtigungsantrag der Eheleute B. Die Prüfung, ob der bei der Eheschließung oder der nachträglich von B. abgegebenen Erklärung Glauben beizumessen ist, bleibt dem nunmehrigen weiteren Verfahren vorbehalten.... Das Amtsgericht hat sich hierüber schlüssig zu machen; ihm steht nach § 66² frei, die noch erforderlich erscheinenden thatsächlichen Aufklärungen zu veranlassen; auch kann es nach dieser Bestimmung unter Umständen den B. auf den Prozeßweg verweisen. Doch ist nicht etwa, wie das Landgericht meint, ein Urteil des Prozeßgerichtes für die Berichtigung notwendig; vielmehr hat das Amtsgericht nach freiem Ermessen darüber zu entscheiden, ob auch ohne Feststellung im Civilprozeßverfahren die Thatsache, daß B. der Erzeuger des Kindes ist, in einer die Anordnung der Berichtigung rechtfertigenden Art widerlegt erscheint.

102

a) Eintragung der Firma eines Generalagenten von Versicherungsgesellschaften. HGB. § 1 Nr. 7; § 84.

Kammergericht, I. CS. Beschluß v. 18. März 1901.

Den Vorinstanzen ist darin beizutreten, daß der Beschwerdeführer nach § 84 als Handlungsagent aufzufassen ist. Er ist für das Handelsgewerbe Anderer thätig; denn die beiden Versicherungsgesellschaften, denen er seine Dienste widmet, betreiben, da ihr Gewerbebetrieb die Übernahme von Versicherungen gegen Prämie zum Gegenstande hat, zufolge des § 1 Nr. 3 ein Handelsgewerbe. Daß sein Verhältnis zu diesen Gesellschaften ständig ist, ergeben die überreichten Verträge; auch ist er damit betraut, für sie Geschäfte, nämlich Versicherungsverträge, zu vermitteln und in ihrem Namen abzuschließen.... Er läßt sich auch nicht etwa als Handlungsgehilfe jener Gesellschaften auffassen. Zwar kann es hierbei nicht auf die ihm beigelegte Bezeichnung ankommen; es kann sein, daß auch der Generalagent einer Versicherungsgesellschaft nach der ihm vertragsmäßig zugewiesenen Stellung als Handlungsgehilfe anzusehen ist. Die überreichten Anstellungsverträge ergeben aber klar, daß der Beschwerdeführer keine solche unselbständige Stellung bekleidet.... Sämtliche in der Denkschrift S. 67 f. für die Unterscheidung des Handlungsagenten gegenüber dem Handlungsgehilfen gegebenen Merkmale treffen vielmehr auf ihn zu.... Er ist für die beiden Gesellschaften an einem von ihren Sitzen verschiedenen Orte thätig und wirtschaftet hier in den von ihm selbst zu beschaffenden und zu bezahlenden Geschäftsräumen mit dem ihm unterstellten und von ihm besoldeten Personale; alle Unkosten des Geschäftsbetriebes als Generalagent trägt er selbst; er bezieht kein festes Gehalt, sondern im wesentlichen Provision und muß der einen Gesellschaft sogar seinerseits einen erheblichen Betrag seiner Einkünfte gutschreiben; er haftet endlich für die Forderungen der Gesellschaft gegen die von ihm abhängigen Agenten. Dieses ganze Verhältnis, wonach er offenbar Prinzipal eines bedeutenden Betriebes ist, schließt die Auffassung seiner Stellung als eines Handlungsgehilfen aus. Daß er an die Weisungen der Direktion streng gebunden, daß er verpflichtet ist, das Wohl der Gesellschaften in jeder Hinsicht zu fördern, und daß seine sonstige geschäftliche Thätigkeit von der Genehmigung der Gesellschaften abhängt, ist mit der Eigenschaft eines Handlungsagenten keineswegs unverträglich. Dieser ist nicht in dem Sinne ein freier, von dem ihn beschäftigenden Handlungshause losgelöster Geschäftsmann, wie es die Handelsmakler (§ 93 HGB.) sind; für ihn ist gerade charakteristisch, daß er in einem ständigen Verhältnisse zu bestimmten einzelnen Handlungshäusern steht, deren Interessen er wahrzunehmen hat (§ 84[1]) und von deren Inhabern er naturgemäß in gewissen Grenzen abhängt. Der Umfang dieser Abhängigkeit wird durch den die Beziehungen der Beteiligten regelnden Vertrag bestimmt. Vorliegend ist hierbei nicht die Grenze überschritten, die den selbständigen Handlungsagenten vom unselbständigen Handlungsgehilfen trennt.... Er.

b) **Begriff des landwirtschaftlichen Nebengewerbes. HGB. § 3.**

Kammergericht, I. CS. Beschluß v. 3. Juni 1901.

Nachdem die Handelskammer das im Betriebe einer Ziegelei, in der Herstellung von Cementdachsteinen und im Lohndrusche bestehende Unternehmen des W. als eintragungspflichtig bezeichnet hatte, gab ihm das Amtsgericht auf, die Firma seines Geschäftes anzumelden. W. legte rechtzeitig Einspruch ein, weil das Unternehmen nur ein Nebengewerbe seines landwirtschaftlichen Betriebes sei. Durch polizeiliche Auskunft wurde festgestellt, daß bei W. die Landwirtschaft mit 240 000 Mark zu Buche stehe und ein Betriebskapital von etwa 60 000 Mark habe, dagegen seine Dampfziegelei und Cementdachsteinfabrik mit etwa 85 000 Mark verbucht seien und ungefähr 20 000 Mark Betriebskapital hätten, daß ferner W. eine Dampfdreschmaschine für sein eigenes Getreide halte, sie aber zuweilen an Andere ausleihe. Das Amtsgericht verwarf den Einspruch, das LG. hielt ihn dagegen für begründet. Die weitere Beschwerde der Handelskammer wurde verworfen. Gründe:

... Unter der Landwirtschaft ist nach anerkanntem Sprachgebrauche zunächst diejenige wirtschaftliche Thätigkeit zu begreifen, welche die Erzeugung pflanzlicher und tierischer Rohstoffe zum Gegenstande hat und sich zu diesem Zwecke mit der Bearbeitung des Bodens und mit der Pflege von Haustieren befaßt. Unbedenklich kann sich aber der landw. Betrieb nicht in der bloßen Erzeugung solcher Rohstoffe erschöpfen; vielmehr gehört ihm nicht minder die Verwertung der gewonnenen pflanzlichen und tierischen Produkte an. Wenn nun der § 3 Abs. 2 die mit dem Betriebe der Landwirtschaft verbundenen Nebengewerbe dieses Betriebes in der näher angegebenen Weise privilegiert, so könnte hierbei zuerst an diejenigen gewerblichen Einrichtungen gedacht werden, mittels deren der Landwirt die in seinem Betriebe gewonnenen pflanzlichen und tierischen Rohstoffe einer Verarbeitung unterzieht. Es ist indessen nicht ersichtlich, warum solche gewerblichen Einrichtungen als Nebengewerbe und nicht vielmehr als Bestandteile des landw. Betriebes selbst aufzufassen sind. Denn wenn der eigentliche Betrieb der Landwirtschaft auch die Verwertung der pflanzlichen und tierischen Erzeugnisse umfaßt, so ist die Folgerung nicht wohl abzuweisen, daß auch die Verarbeitung dieser Erzeugnisse zum Zwecke der Verwertung sich noch innerhalb des Rahmens des landw. Hauptbetriebes hält. Unmittelbar kommt es darauf allerdings in dem gegebenen Falle nicht an, da der Lohndrusch für andere und der Betrieb einer Ziegelei und Cementdachsteinfabrik die Verarbeitung der vom Landwirte gewonnenen pflanzlichen und tierischen Produkte nicht betrifft. Die angestellte Erwägung ergiebt indessen, daß das Nebengewerbe des landw. Betriebes gemäß § 3 Abs. 2 in einem weiteren Sinne gefaßt werden muß. Als solcher ergiebt sich, daß es namentlich gewerbliche Unternehmungen begreift, welche der Gewinnung und Verwertung von anorganischen Bodenbestandteilen dienen.

Die Landwirtschaft ist dem Zwecke gewidmet, den Grund und Boden nach einer gewissen Richtung, nämlich durch Erzeugung und Verwertung pflanzlicher und tierischer Rohstoffe, auszunutzen. Wo diese Ausnutzung des an sich für die Landwirtschaft bestimmten Gesamtgrundbesitzes versagt, setzt naturgemäß die Ausbeutung der anorganischen Bodenbestandteile ein. Sofern gewerbliche Unternehmungen, welche dem letzteren Zwecke dienen, auf einem im allgemeinen dem landw. Betriebe gewidmeten Grundbesitze beruhen, stellen sie sich im Sinne des § 3 Abs. 2 als mit dem Betriebe der Landwirtschaft verbunden dar. Sie erscheinen aber auch im Sinne dieser Vorschrift als Nebengewerbe des landw. Betriebes, wenn nur die Landwirtschaft die Hauptsache bleibt und der Landwirt lediglich die Erträgnisse aus diesem Hauptbetriebe durch die Ausbeutung der natürlichen Bodenschätze aufzubessern sucht. Daß die gedachte Auffassung dem Gesetze entspricht, wird auch durch dessen Entstehungsgeschichte — Denkschrift S. 14, Komm.-Bericht S. 6 f. — klargestellt.... Hiernach waren Regierungsvertreter und Reichstagskommission darüber einverstanden, daß ein Nebengewerbe namentlich dann vorliege, wenn der Betrieb die Gewinnung und Verarbeitung der natürlichen Bodenschätze des landwirtschaftlichen Besitztums umfaßt. Auch in der Litteratur ist dieser Ansicht fast allseitig beigetreten.

Von diesem zutreffenden Standpunkt aus läßt sich die Entscheidung des Landgerichtes nicht bemängeln. Insoweit der Lohndrusch in Frage steht, handelt es sich lediglich um die weitere Ausnutzung einer für die Landwirtschaft des W. verwendeten Maschine, also um einen Betrieb, der, wenn er überhaupt aus dem Rahmen des Hauptbetriebes fallen sollte, jedenfalls mit ihm in enger Verbindung als Nebengewerbe steht. Aber auch der Betrieb der Ziegelei und der Cementdachsteinfabrik konnte als ein solches Nebengewerbe aufgefaßt werden. W. betreibt ersichtlich die Landwirtschaft in erheblichem Umfange. Sie ist gegenüber der Ziegelei und Cementdachsteinfabrik als sein Hauptbetrieb anzusehen, da sie mit 240000 Mark zu Buche steht und mit etwa 60000 Mark Betriebskapital arbeitet, während die Ziegelei nur einen Buchwert von 85000 Mark und ein Betriebskapital von rund 20000 Mark hat. Offenbar ist lediglich ein verhältnismäßig weniger erheblicher Teil des im allgemeinen der Landwirtschaft gewidmeten Gesamtgrundbesitzes für den Betrieb der Ziegelei rc verwendet. Unter diesen Umständen konnte ohne Rechtsirrtum angenommen werden, daß W. trotz des letztgedachten Betriebes in der Hauptsache Landwirt geblieben ist und daß er die Ziegelei rc nur der Landwirtschaft als Nebengewerbe angegliedert hat. Darauf, daß das Nebengewerbe einen bedeutenden Umfang hat, kann es nicht ankommen. Denn § 3 Abs. 2 berücksichtigt das Nebengewerbe überhaupt nur unter der Voraussetzung, daß es an sich unter den § 2 HGB. fällt, daß es also nach Art und Umfang einen in kaufmännischer Weise eingerichteten Geschäftsbetrieb erfordern würde. Das Gesetz geht mithin gerade davon aus, daß das Nebengewerbe von bedeutendem Umfange ist. Fehlt diese Voraussetzung, so greift nicht der § 3 Abs. 2, sondern der § 3 Abs. 1 Platz, d. h. das Nebengewerbe ist alsdann einfach Bestandteil des Hauptbetriebes. Ebensowenig wird die Anwendbarkeit des § 3 Abs. 2 dadurch ausgeschlossen, daß der Umsatz der Ziegelei rc größer als derjenige der Landwirtschaft ist. Dieser Umstand kann nicht den Schluß rechtfertigen, daß die Ziegelei rc gegenüber der Landwirtschaft nicht von nur nebensächlicher Bedeutung ist. Denn sicherlich besteht die Möglichkeit, daß zufolge der allgemeinen wirtschaftlichen Verhältnisse ein Nebenbetrieb mehr Umsatz und auch vielleicht mehr Erträgnis hat, als der Hauptbetrieb. Im Hinblick auf das Verhältnis des Buchwertes und Betriebkapitales des landw. Unternehmens zu den entsprechenden Faktoren des Ziegelei- rc Gewerbes ist die Annahme, daß die Landwirtschaft der Hauptbetrieb und die Ziegelei rc ein Nebenbetrieb des W. sei, bedenkenfrei. Es erscheint endlich ohne Belang, daß W. nach seiner Angabe für die Dachsteinfabrik Cement im Werte von 5200 Mark jährlich anschafft. Denn wenn auch die Anschaffung dieser Ware und ihre Weiterveräußerung in verarbeitetem Zustande unter den § 1 Nr. 1 fallen mag, so greift doch wiederum die Ausnahme des § 3 Abs. 2 ein, wonach trotz des Abschlusses solcher Geschäfte im landw. Nebengewerbe letzteres nur dann als Handelsgewerbe gilt, wenn der Unternehmer seinen freien Willen, Kaufmann zu sein, durch Eintragung einer Firma bethätigt. . . .

c) **Erlöschen der Firma und Prokura, wenn der Betrieb eines Vollkaufmannes dauernd auf den Umfang des Kleingewerbes herabsinkt. § 4 HGB. Verfahren bei Erzwingung der Anmeldung des Erlöschens. FrGG. § 12.** Kammergericht, I. CS. Beschluß v. 24. Juni 1901.

Der Kaufman W. betrieb seit 1897 ein „Materialwarengeschäft en gros et en détail" und hatte seine Firma, später auch eine Prokura ins Handelsregister eintragen lassen. Auf die Mitteilung des Magistrates, daß W. nach Subhastation seines Grundstückes und Ausverkauf seines Warenlagers einen unerheblichen Eierhandel betreibe, forderte 1901 das Amtsgericht den W. unter Androhung einer Ordnungsstrafe auf, das Erlöschen der Firma und Prokura anzumelden. W. erhob Einspruch und machte geltend: sein Warenlager sei nicht vollständig ausverkauft, er treibe neben dem Eierhandel auch noch Handel mit Materialwaren, wenn er auch einen offenen Laden nicht mehr besitze, auch keine Gewerbesteuer zahle. Das Amtsgericht veranlaßte die Vorlegung der Handelsbücher und stellte fest, daß W. für das Steuerjahr 1901 nicht zur Gewerbesteuer veranlagt sei; darauf setzte es die Ordnungsstrafe fest, weil das Geschäft, für welches Firma und Prokura angemeldet worden, zu bestehen aufgehört habe, und damit Firma und Prokura erloschen sei. Die sofortige Beschwerde des W., welche hervorhob, daß sein Umsatz im ersten Vierteljahr 1901 1400 Mark betragen habe und sich in der für den Eierhandel günstigen Zeit auf 500 Mark wöchentlich steigern werde, wurde zurückgewiesen. Auch seine weitere Beschwerde blieb erfolglos. Gründe:

. . . Das von den Vorinstanzen beobachtete Verfahren entspricht dem

Gesetze. Das Amtsgericht ist der durch § 12 FrGG. begründeten Verpflichtung, von Amts wegen die zur Feststellung der Thatsachen erforderlichen Ermittelungen zu veranstalten und die geeignet erscheinenden Beweise aufzunehmen, nachgekommen. Es hat bei dem Magistrat und dem Vorsitzenden des Steuerausschusses Auskunft eingeholt, sowie die Handelsbücher des Beschwerdeführers eingesehen ... Daß das Landgericht nicht noch, wie der Beschwerdeführer dies verlangt, Zeugen über seinen Betrieb gehört hat, läßt sich nicht beanstanden. Die entscheidenden Thatsachen waren durch die angestellten Ermittelungen völlig aufgeklärt. Die bloße Möglichkeit, daß der Betrieb sich demnächst vergrößern werde, konnte zu einer Beweisaufnahme nicht Anlaß bieten.

Auch in der Sache selbst erscheint der angefochtene Beschluß durchaus begründet. Das Landgericht verkennt nicht, daß der Beschwerdeführer an sich in der Lage war, trotz Umgestaltung seines Geschäftes für den nunmehrigen Betrieb die alte Firma zu behalten. Die Vorinstanz verneint aber die Zulässigkeit einer Firma und Prokura für das jetzige Geschäft des Beschwerdeführers, weil der Betrieb nicht mehr über den Umfang des Kleingewerbes hinausgehe. Die hierin hervortretende Auffassung, daß, wenn ein ursprünglich als Gewerbe eines Vollkaufmanns anzusehender Betrieb auf den Umfang des Kleingewerbes herabsinkt, für das nunmehrige Kleingewerbe eine Firma und Prokura nicht weiter zulässig ist, entspricht dem Gesetze. Der § 4 HGB. nimmt Personen, deren Gewerbebetrieb nicht über den Umfang des Kleingewerbes hinausgeht, schlechthin von den Vorschriften über die Firma, Prokura 2c aus, ohne einen Unterschied zu machen, ob diese Personen früher als Vollkaufleute zum Gebrauch einer Firma und Erteilung einer Prokura befugt waren oder nicht. ... Voraussetzung ist allerdings, daß die Vereinigung des Betriebes auf den Umfang des Kleingewerbes sich nicht als eine vorübergehende, sondern als eine solche von Dauer darstellt. Allein diese Voraussetzung liegt hier offenbar vor, wie schon dadurch festgestellt wird, daß der Beschwerdeführer für zwei Jahre nicht zur Gewerbesteuer veranlagt ist.... Selbst wenn die Angaben des Beschwerdeführers über die Belebung seines Geschäftes in der für den Eierhandel günstigeren Jahreszeit zutreffen sollten, ist nach dem sonst vorliegenden Material nicht ersichtlich, wie zur Zeit ein den Umfang des Kleingewerbes übersteigender Betrieb bestehen könnte. Übrigens ist dem Beschwerdeführer unbenommen, sobald sein Geschäft sich wieder auf Dauer über den Umfang des Kleingewerbes heben sollte, auch nach Löschung der jetzt eingetragenen Firma und Prokura eine neue Firma zur Anmeldung zu bringen und für sie Prokura zu erteilen. N.

Dazu: Kammergericht, I. CS. Beschluß v. 13. Mai 1901.

... Der richtigen Auslegung des Gesetzes werden die Vorentscheidungen gerecht. Sie berücksichtigen, daß der Beschwerdeführer für das Schankgeschäft 20000 Mark gezahlt, also ein Anlage- und Betriebskapital von mindestens 20000 Mark angewendet hat, daß sein Umsatz 60000 Mark beträgt und daß er zur dritten Steuerklasse mit 80 Mark veranlagt ist; aus den letzt-erwähnten Umständen folgt, daß der Ertrag, wenn auch nicht auf 20 000 Mark, wie das Landgericht angenommen hat, so doch mindestens auf 4000 Mark geschätzt werden muß (vgl. §§ 6, 14, 34 des Gewerbesteuerges.). Sie erwägen weiter, daß nicht etwa der Beschwerdeführer allein oder nur mit der Unterstützung seiner Frau die Schankwirtschaft betreibt, sondern hierzu 6 Leute mit verschiedenen Funktionen angestellt hat; es hat also auch der Umfang des Geschäftes in der Organisation des Betriebes einen entsprechenden Ausdruck gefunden. Sodann wird Gewicht darauf gelegt, daß auch die Ältesten der Kaufmannschaft, die mit den Gewöhnungen und Anschauungen des örtlichen Verkehres vollauf vertraut sind und deren Äußerung um deswillen von Bedeutung ist, den Geschäftstrieb des Beschwerdeführers als über das Kleingewerbe hinausgehend bezeichnet haben. Würdigt man alle diese Momente im Zusammenhange, so ist es ihnen gegenüber ohne Bedeutung, daß der Beschwerdeführer, der übrigens insoweit nur auf eine kurze Zeit eigener Erfahrung zurückblicken kann, bisher ohne Buchführung durchgekommen ist. Daß er sie nicht versteht und angeblich keine Zeit dazu hat, sowie daß ihre Einführung in seinem Geschäft ihm Ausgaben verursachen würde, ist unerheblich, und ebensowenig ist ausschlaggebend, daß ein Kredit- und Wechselverkehr nicht in Frage kommt. Vielmehr erheischt der dargelegte erhebliche Umfang des Handelsgewerbebetriebes im Interesse der Rechtssicherheit des Geschäftsverkehres die Eintragung des Beschwerdeführers.

d) **Die Einräumung des Rechtes zur Fortführung der Firma ist auch bei der Veräußerung einer Zweigniederlassung statthaft. § 22 HGB. Begriff des „Betreibens" eines Handelsgewerbes.**

Bayer. Oberstes Landesgericht, I. CS. Beschluß v. 4. Oktober 1901.

Wenn auch die Zweigniederlassung nicht ein selbständiges kaufmännisches Unternehmen ist und daher nicht unter einer eigenen Firma betrieben wird, so wird sie doch durch Trennung vom bisherigen Hauptgeschäft ein selbständiges Geschäft. Der bisherige Inhaber macht sie, indem er sie veräußert, zu einem selbständigen Geschäft und überträgt sie als solches auf den Erwerber, der sie nicht als Zweigniederlassung sondern nur als selbständiges Geschäft erwerben kann. In der Einräumung des Rechtes zur Fortführung der Firma liegt zugleich die Annahme der Firma für das nunmehr selbständige Geschäft. Dieses wird mit der Firma veräußert, die es als selbständiges Geschäft trägt (Jahrbuch 15 S. 12, Archiv für Handelsrecht 4 S. 127). Die Anschauung der Vorinstanzen, daß vorliegend nach Inhalt des Veräußerungvertrages der Veräußerer wirtschaftlich der wahre Inhaber des Geschäftes geblieben sei, beruht auf einer irrigen Auffassung des Betriebes eines Handelsgewerbes im Sinne des § 1 Abs. 1 HGB. Nach dieser Vorschrift ist Kaufmann, wer ein Handelsgewerbe in eigenem Namen betreibt, die zum Betriebe des Handelsgewerbes gehörenden Geschäfte in eigenem Namen abschließt oder schließen läßt. Ob er wirtschaftlich mehr oder weniger selbständig, ob er in der Wahl der Bezugsquellen frei oder durch Vertrag gebunden ist, ist belanglos. Ebensowenig hört der Betrieb eines selbständigen Handelsgewerbes deswegen auf ein selbständiger zu sein, weil der Inhaber des Geschäftes sich verpflichtet hat, die Reineinnahme zur Tilgung einer Schuld an den bisherigen Inhaber abzuliefern; es schadet nicht einmal, wenn der Betrieb ganz auf Rechnung eines Anderen geführt wird (Staub, Anm. 7 zu § 1). Ein Geschäft, das von demjenigen, der es führt, nach außen hin in eigenem Namen betrieben wird, kann deshalb nicht eine Zweigniederlassung eines Anderen sein; denn dies würde voraussetzen, daß die zum Betriebe der Zweigniederlassung gehörenden Geschäfte im Namen des Anderen geschlossen werden. Bei der Feststellung, daß nach dem Vertrage das bisherige Zweiggeschäft von dem Erwerber nach außen hin selbständig, d. h. in eigenem Namen geführt werden soll, liegt kein Grund vor, eine Übernahme des Geschäftes zu bezweifeln, die nach § 22 die Fortführung der Firma ermöglicht. Gleichgültig ist es ferner, ob der Überlassung des bisherigen Zweiggeschäftes ein Kauf- oder Pachtvertrag oder ein ähnliches Verhältnis zu Grunde liegt. Fr. M.

e) **Zur Anwendung §§ 25 und 28 HGB.**

OLG. Breslau, II. CS. Urteil v. 4. November 1901.

Der Beklagte bestellte 1899 Waren zum Abruf bis Juni 1900. Im Januar 1900 nahm er den B. in sein Geschäft auf und bildete mit diesem die offene Handelsgesellschaft A. & Co., die sich im Februar 1900 dadurch auflöste, daß der Beklagte ausschied und B. das Geschäft unter der bisherigen Firma weiter betrieb. Der Kläger erfuhr dies und lieferte im Mai 1900 die Waren an B. Aus den Gründen:

Der Kläger verlangt Zahlung für Waren, die Beklagter nicht erhalten hat. Aus dem Vertrage waren lediglich zwischen den Parteien Rechte und Pflichten entstanden. Die Errichtung einer offenen Handelsgesellschaft auf seiten des Beklagten ist nach 1900 erfolgt. Wäre dies vorher geschehen, so würden die Gesellschaft wie der neue Gesellschafter für früher begründete Schulden des Beklagten nur haften, wenn der neu Eintretende diese Haftung übernommen und dies dem Gläubiger angezeigt hätte. Da dies nicht geschehen ist, so würde für den Kläger eine Verpflichtung zur Lieferung an die Gesellschaft und nach deren Auflösung zur Lieferung an B. nicht bestanden haben und er würde, wenn er trotzdem an diesen geliefert hätte, einen Zahlungsanspruch an den Beklagten nicht haben. Die in das neue HGB. neu aufgenommenen §§ 28 und 25 ändern aber die rechtliche Lage völlig. Die Voraussetzung des § 28 ist gegeben, da nicht etwa der Beklagte sich mit B. zum Betriebe eines neuen Geschäftes vereinigt hat, sondern letzterer in das Geschäft des ersteren eingetreten ist. Der § 28, der übrigens nicht die Rechtsverhältnisse unter den Gesellschaftern, sondern nach außen regelt, findet stets dann Anwendung, wenn die Umwandlung nach 1900 erfolgt ist (Zeitschrift für Handelsr. 48 S. 87). Dem Kläger ist durch das neue Recht kein Nachteil zugefügt, denn wenn auch für ihn, soweit er als Schuldner in Frage kommt, ein neuer Gläubiger, die Gesellschaft, eingetreten ist statt des Beklagten, seines Vertragsgegners, so hat er als Gläubiger zum alten Schuldner noch die Gesellschaft und den neu Eingetretenen als Schuldner hinzugewonnen. Auch der Beklagte kann sich nicht über die Entziehung wohlerworbener Rechte beschweren, denn die Veränderung ist eine Folge seines freien Willensentschlusses und er hat von der im § 28 Abs. 2 zugelassenen Möglichkeit, eine anderweite einem Dritten gegenüber wirksame Vereinbarung zu treffen, keinen Gebrauch gemacht. Die Neuregelung des § 28 Abs. 1 kennzeichnet sich als eine gesetzliche Abtretung der Forderung, und da es sich hier um eine Forderung aus einem zweiseitigen Vertrage handelt, so wirkt die Abtretung dahin, daß der Cedent durch die Abtretung allein sich von seiner Verpflichtung zur Gegenleistung nicht befreit, und dies gilt nicht nur für altes, sondern auch für neues Recht (vgl. Eccius, Privatrecht 1 § 99 Note 69; Neumann, Handausgabe § 398 Note 3a; Planck § 398 Note 4). Mit der Umwandlung des Geschäftes des Beklagten war daher der Lieferungsanspruch auf die Gesellschaft übergegangen, ohne daß die Haftung des Beklagten für den Kaufpreis beseitigt worden wäre. Für die Rechtsfolgen, die dadurch eintraten, daß der Beklagte aus der Gesellschaft ausschied und B. die Fortführung des Geschäftes als Einzelkaufmann unter der bisherigen Firma überließ, ist § 25 HGB. maßgebend. Danach ist die Forderung auf Lieferung, die ursprünglich dem Beklagten und später der Gesellschaft zustand, auf B. übergegangen, während die Haftung für den Kaufpreis bei dem Beklagten verblieben ist und der Kläger außerdem noch den B. als dafür Haftenden dazu gewonnen hat. Auch zur Zeit der Übernahme des Geschäftes durch B. allein hätte noch vereinbart werden können, daß die Forderung auf Lieferung aus dem in Rede stehenden Schlusse nicht auf B. übergehen sollte, eine solche Vereinbarung hätte aber zu ihrer Wirksamkeit der im § 25 Abs. 2 vorgeschriebenen Art der Bekanntmachung bedurft. Der Kläger war daher berechtigt, wie auch verpflichtet, an B. statt an den Beklagten zu liefern und der Kläger verlor durch diese Lieferung seinen Zahlungsanspruch gegen den Beklagten nicht (Entsch. 31 S. 47). S.

f) **Fortführung des Geschäftes und der Firma eines Einzelkaufmannes durch die Erben begründet keine offene Handelsgesellschaft. — Der § 181 BGB. gilt auch für die Mutter als Inhaberin der elterlichen Gewalt.**

Kammergericht, I. CS. Beschluß v. 8. Juli 1901.

Im Handelsregister war die Firma J. B. und als deren Alleininhaber der Kaufmann J. B. verzeichnet. Letzterer starb 1900, nachdem er testamentarisch seine Frau und seine drei minderjährigen Kinder mit der Maßgabe zu Erben eingesetzt hatte, daß der Frau nicht nur die Verwaltung und der Nießbrauch, sondern auch die freie Verfügung über das Vermögen zustehen sollte. Auf Anmeldung der Witwe wurden als nunmehrige Firmeninhaber die Witwe B. und ihre drei Kinder mit dem Vermerke eingetragen:

„Offene Handelsgesellschaft. Die Gesellschaft hat am ... begonnen." Später beantragte die Witwe B., diesen Vermerk zu löschen und statt dessen einzutragen: „Die Witwe befindet sich mit ihren Kindern, die unter ihrer elterlichen Gewalt stehen, in ungeteilter Erbengemeinschaft. Ihr steht nach dem Testamente Verwaltung, Nießbrauch und freie Verfügung über den Nachlaß zu, solange sie sich nicht wieder verheiratet." Das Amtsgericht wies diesen Antrag zurück, weil die Erben nicht in anderer Weise, als in Form einer vom HGB. anerkannten Gesellschaft eingetragen werden könnten. Die Beschwerde wurde verworfen, weil zwischen der Witwe und den Kindern eine offene Handelsgesellschaft bestehe. Auf die weitere Beschwerde wurden die Vorentscheidungen aufgehoben. Aus den Gründen:

... Das Landgericht irrt zunächst insofern, als es annimmt, eine offene Handelsgesellschaft könne ohne Vertrag durch einen thatsächlichen Zustand begründet werden. Das HGB. selbst enthält nach dieser Richtung keine besondere Vorschrift. Nach § 105 Abs. 2 HGB. finden aber auf die offene Handelsgesellschaft, soweit nicht im Abschnitte 1 von Buch 2 HGB. ein anderes vorgeschrieben ist, die Vorschriften des BGB. über die Gesellschaft Anwendung. Das BGB. setzt aber ohne jeden Zweifel voraus, daß eine Gesellschaft nur auf einem Gesellschaftsvertrage beruhen kann, wie insbesondere § 705 völlig klarstellt. Dementsprechend heißt es auch in der Denkschrift zum HGB., der Entwurf gehe davon aus, daß die offene Handelsgesellschaft ihrem Wesen nach auf einem Gesellschaftsvertrage beruhe.

Was insbesondere das hier in Betracht kommende Verhältnis anlangt, so ist es anerkannten Rechtens, daß die Fortführung des Geschäftes und der Firma eines Einzelkaufmannes durch die mehreren Miterben desselben an sich noch nicht die Begründung einer offenen Handelsgesellschaft darstellt. ... Allerdings können Miterben, welche das dem Erblasser gehörige Geschäft anfänglich als solche fortgeführt haben, sich demnächst zu einer offenen Handelsgesellschaft vereinigen. Auch ist im allgemeinen richtig, daß es hierzu nicht des förmlichen Abschlusses eines Gesellschaftsvertrages bedarf, vielmehr dieser Abschluß auch aus den Umständen des Falles entnommen werden kann (Entsch. 10 S. 103). Allein immer müssen die allgemeinen Voraussetzungen für den Abschluß eines Gesellschaftsvertrages nach Maßgabe des bürgerlichen Rechtes gegeben sein. An diesen aber fehlt es hier, wo Minderjährige in Betracht kommen und bei dem Vertragsschlusse, gleichviel wie er sich vollzog, durch gehörig legitimierte Personen vertreten sein mußten. Nun hat ersichtlich für die Geschwister B. lediglich ihre Mutter gehandelt. Diese aber konnte den Gesellschaftsvertrag für die in ihrer elterlichen Gewalt befindlichen Kinder nicht abschließen. Denn auch für die Mutter als Inhaberin der elterlichen Gewalt gilt nach den §§ 1630², 1686, 1795² die Bestimmung des § 181 BGB.; die Beschwerdeführerin war also weder in der Lage, im Namen ihrer Kinder mit sich selbst im eigenen Namen den Vertrag abzuschließen, noch auch ermächtigt, im Namen je eines ihrer Kinder zugleich mit sich als Vertreterin der anderen Kinder den Vertrag zu vereinbaren.[1] Selbst wenn sie aber eine derartige Vertretungsmacht gehabt hätte, würde der Vertragsabschluß der Genehmigung des Vormundschaftsgerichtes bedurft haben, da es sich hierbei um die Eingehung eines Gesellschaftsvertrages zum Betriebe eines Erwerbsgeschäftes handelt (§§ 1643,[1] 1686, 1822[3] BGB.). Es wäre also zum Abschlusse des Gesellschaftsvertrages die Mitwirkung von Pflegern für die Minderjährigen erforderlich gewesen (§ 1909 Abs. 1 BGB.), und zwar hätte für jedes einzelne minderjährige Kind ein besonderer Pfleger auftreten müssen;[2] denn auch der Pfleger ist nach §§ 181, 1795, 1915 BGB. verhindert, im Namen des einen Mündels mit sich als Vertreter eines anderen Mündels ein Rechtsgeschäft vorzunehmen....

Die Witwe B. erscheint auch, obschon sie die Anmeldung der HG. zu Protokoll erklärt hat, befugt, die Beseitigung der Eintragung zu betreiben. Denn sie war rechtlich nicht in der Lage, jene Eintragung zu beantragen, und sie ist dadurch, daß vom Amtsgerichte nicht ihr Rechtsirrtum erkannt und demgemäß verfahren wurde, beschwert. Übrigens müßte das Amtsgericht die unzulässige Eintragung sogar von Amts wegen löschen (§ 142 FrGG).

Dem Amtsgerichte kann aber auch darin nicht beigetreten werden, daß die Eintragung der Miterben als solcher bei der Firma des Erblassers unstatthaft ist. Das Kammergericht hat bereits die Zulässigkeit einer Eintragung anerkannt, nach welcher Inhaber der Firma eines Einzelkaufmannes dessen Witwe und Kinder als Erben sind und die Witwe die alleinige Vertretungsbefugnis hat (Jahrb. 15 S. 6). An diesem Beschluß muß wiederum auch für den gegebenen Fall festgehalten werden.... N.

g) **Der Prokurist ist zur Ausstellung des Zeugnisses für Handlungsgehilfen befugt. HGB. §§ 49, 73.**

OLG. Hamburg, IV. CS. Urteil v. 11. Oktober 1901.

... Wenn es auch mehr der Verkehrssitte entspricht, daß der Prinzipal selbst das Zeugnis über einen Handlungsgehilfen ausstellt, so fehlt es doch an einer verpflichtenden gesetzlichen Vorschrift. Nach § 49 HGB. ermächtigt die Prokura zu allen Arten von gerichtlichen und außergerichtlichen Geschäften und Rechtshandlungen, die der Betrieb eines Handelsgewerbes mit sich bringt. Zu diesen Rechtshandlungen gehört aber nach § 73 die Erteilung von Zeugnissen an die Handlungsgehilfen, und ist deshalb zur Ausstellung eines Zeugnisses der Prokurist in gleicher Weise befugt wie der Geschäftsherr selbst. Wenn auch der Angestellte eines Einzelkaufmannes oder einer offenen Handelsgesellschaft ein Interesse daran haben mag, ein von einem Prinzipal selbst ausgestelltes Zeugnis zu erhalten, so fällt dieses Interesse doch völlig weg bei Angestellten einer Aktiengesellschaft, bei der die persönlichen Beziehungen zwischen dem Geschäftsherrn und seinem Angestellten fehlen. M. M.

---

[1] Vgl. oben Nr. 8. — [2] Vgl. oben Nr. 30e.

b) **Kündigung nach HGB. § 66.**

OLG. Bamberg, II. CS. Urteil v. 1. Juni 1901.

Wenngleich dem Handlungsgehilfen bei den Dienstvertragsunterhandlungen der fragliche Posten als Lebensstellung bezeichnet, eine desfallsige Vertragsvereinbarung aber nicht getroffen wurde, so ist an der sechswöchigen Kündigungsfrist nichts geändert und verstößt es nicht gegen Treu und Glauben, wenn dem Handlungsgehilfen mangels genügender Leistungen alsbald gekündigt wird. Z.

103

a) **Die Benachrichtigung des Vormannes von der Protesterhebung ist formeller Natur. Ihre Unterlassung läßt den Anspruch auf Prozeßzinsen unberührt. WO. Art. 45.**

OLG. Hamburg, IV. CS. Urteil v. 12. April 1901.

Die im Art. 45 vorgeschriebene Benachrichtigung ist insofern formeller Natur, als Kläger berechtigt gewesen wäre, solche an die im Wechsel benannte Wohnungsadresse des Beklagten zu richten, selbst wenn er deren Nichtzutreffen oder Nichtmehrzutreffen kannte. Indem Kläger hiernach in der Lage war, die durch Art. 45 vorgeschriebene Benachrichtigung auszurichten, kann auf seiner Seite von einer culpa sine effectu keine Rede seine. Da er eine Benachrichtigung, wie sie Art. 45 näher vorgeschrieben, unterließ, verlor er den Wechselanspruch auf Zinsen und Kosten und wurde auf die Forderung der Wechselsumme beschränkt. Dadurch ist jedoch ein Anspruch des Klägers auf Prozeßzinsen nicht beseitigt. Ähnlich wie Staub hat auch das Obergericht Hamburg am 13. November 1874 (HGZ. 1874 S. 395) bei gleichliegendem Falle die Verpflichtung zur Zahlung der Wechselsumme nebst Prozeßzinsen ausgesprochen.[1] Diese Prozeßzinsen sind von den wechselmäßigen Zinsen, die der Art. 45 verloren gehen läßt, wesentlich verschieden und betragen jetzt nach §§ 291, 288 BGB. nur 4 %. M. M.

b) **Durchstreichung des Domizilvermerkes.[2] Beweislast hierfür. Unzulässigkeit des Urkundenprozesses. Art. 76 WO. § 592 CPO.**

OLG. Dresden, VII. CS. Urteil v. 29. Juni 1901.

Da nach den in der Rechtsprechung befolgten Grundsätzen jeder Wechselverpflichtete nur nach Maßgabe derjenigen Gestalt haftet, die der Wechsel zur Zeit seiner Begebung hatte, so würde die Verpflichtung der Beklagten aus dem Accepte erloschen sein, falls sie nicht der Durchstreichung des Domizilvermerkes zugestimmt hätte, oder falls nicht die Durchstreichung schon vor der Acceptation geschehen, oder der Vermerk erst nach der Acceptation angebracht und wieder gestrichen worden wäre. Dafür aber, daß hier eine dieser drei Möglichkeiten thatsächlich vorliege, ist der Kläger beweispflichtig....

---

[1] Ebenso OLG. Hamburg in Hans. GZ. 1887 Nr. 112.

[2] Nachträgliche Hinzufügung des Domizilvermerkes: Entsch. 32 S. 36.

Hätte der Klagwechsel ein vollkommen unverdächtiges Aussehen, so würden allerdings die Rechtsverhältnisse aus dem Wechsel zunächst so zu beurteilen sein, wie sie sich nach der Gestaltung des Wechsels zur Zeit der Geltendmachung des Anspruches darstellen, und die Beklagte, als Schuldnerin, müßte dann beweisen, daß die jetzige Gestalt auf einer Veränderung beruhe, die sie nicht gegen sich gelten zu lassen brauche. Anders verhält es sich jedoch bei Wechseln, die durch Tilgung einer darauf befindlichen Erklärung so offensichtlich und in die Augen fallend in ihrer Gestalt verändert sind, wie dies beim Klagwechsel infolge der Durchstreichung des Domizilvermerkes der Fall ist. Bei solchen Wechseln braucht die Vornahme der Veränderung nicht erst bewiesen zu werden. Sie ergiebt sich aus dem Papiere selbst und macht diese Urkunde in dem Maße verdächtig, daß sie eben im Hinblicke auf den Zweifel, der sich aus ihr selbst in der Richtung ergiebt, ob ihr jetziger Zustand schon zu der Zeit vorhanden gewesen, als der Wechselverpflichtete sie mit seiner Namenszeichnung versehen von sich gab, trotz Echtheit der Wechselunterschriften nicht als vollbeweisend angesehen werden kann. Daraus aber folgt, daß, wer aus einem derartig unzweifelhaft veränderten Wechsel gerichtlich vorgehen will, die Unverfänglichkeit der Veränderung zu beweisen und zu diesem Zwecke alle Umstände darzuthun hat, aus denen sich ergiebt, daß und warum der in Anspruch genommene Wechselschuldner jene Veränderungen gegen sich gelten zu lassen verpflichtet ist (Staub, WO. S. 153 flg.; Rehbein, WO. Anm. 4 zu Art. 76; Lehmann, Lehrbuch S. 414). Diese Umstände gehören zu den klagbegründenden Thatsachen. Daraus ergiebt sich nicht nur die Unzulässigkeit der vom Kläger gewählten Eideszuschiebung, sondern zugleich auch die des Wechselprozesses, der nach § 592 CPO. voraussetzt, daß alle zur Rechtfertigung des Klaganspruches erforderlichen Thatsachen durch Urkunden bewiesen werden.

Dr. W.

c) **Arglist des Acceptanten gegen den Trassanten wegen gemeinsamer Bestimmung des Wechsels zur Deckung der Schuld eines Dritten.**

OLG. Karlsruhe, III. CS. Urteil v. 26. September 1901.

Die Parteien haben den vom Kläger eingelösten Wechsel im Vollzuge einer unter ihnen getroffenen Vereinbarung ausgestellt, wonach sie das Risiko der von ihnen für Julius A. zu beschaffenden Geldmittel und Kreditbewilligung unter sich hälftig tragen und ihre wechselmäßigen Verpflichtungen nur dritten Wechselberechtigten, insbesondere dem Bankier M., gegenüber, nicht aber für das interne Rechtsverhältnis Wirkung haben sollen. Die Kontrahenten haben somit im wesentlichen lediglich den in BGB. § 426 dispositiv aufgestellten Grundsatz ausdrücklich zur lex contractus erhoben. Als abstraktes wechselmäßiges Summenversprechen war der Wechsel unter den Streitteilen nicht gemeint. Der Beklagte sollte nicht an den Kläger, wie der Wechsel Dritten gegenüber besagt, die Summe von 9150 Mark bezahlen. Vielmehr wollten beide, jeder aufs Ganze, dem Bankier M. und etwaigen Nachmännern wechselmäßig für jene Summe, welche Julius A. von M. geliehen erhalten hatte, haften. Der auf das Accept gestützten abstrakten Wechselklage steht daher die Einwendung der Arglist gegenüber (vgl. Canstein, Wechselrecht S. 418, Entsch. 5 S. 27, ROHG. 14 S. 225). Da jedoch der Kläger immerhin durch Einlösung des Wechsels mit der Restsumme und Kosten in Höhe von zusammen 4605 Mark 65 Pfg. [die Hälfte der Wechselsumme hatte Beklagter am Verfalltage bezahlt] eine Zahlung geleistet hat, zu welcher wechselrechtlich der Beklagte dem Wechselinhaber gegenüber verpflichtet war, so würde dem Kläger ein Anspruch aus nützlicher Geschäftsführung BGB. § 683 gegen den Beklagten zukommen, wenn nicht kraft der Vereinbarung der Beklagte berechtigt wäre, eben diese Hälfte der Wechselsumme, falls er selbst vom Wechselinhaber belangt worden wäre, vom Kläger zu verlangen. Daß aber die Vereinbarung dahin gegangen sei, der Beklagte müsse unter allen Umständen mit der ganzen Wechselsumme einstweilen in Vorschuß gehen, falls Bankier M. oder ein Dritter am Verfalltage zur Zahlung präsentiere, und dürfe erst nachgehends mit dem Kläger abrechnen (vgl. Entsch. 5 S. 27 Abs. 4), dafür fehlt jeder Anhalt. Auch die nach dem ganzen Hergange bei der Entstehung des Wechsels rein zufällige Rolle, welche dem Beklagten zufiel, als Acceptant zu zeichnen, während Kläger als Trassant auftrat, läßt sich nicht in diesem Sinne verwerten. Vielmehr erheischte eine ordnungsmäßige Erfüllung des Abkommens, daß der Kläger dem Beklagten rechtzeitig, d. i. vor Verfall des Wechsels seinen hälftigen Anteil behufs vollständiger Einlösung übersandt hätte. Dr. E.

d) Wechselprotest gegen den gesetzlichen Vertreter des Acceptanten. WO. Art. 88, 41.

OLG. Rostock, Ferien-CS. Urteil v. 23. Juli 1901.

Zur Entscheidung steht die in der Plenarentscheidung des ROHG. (24 S. 22) offen gelassene Frage, ob es zur Erhaltung des Wechselregresses genügt, wenn der Wechsel nur dem im Wechsel nicht benannten gesetzlichen Vertreter des Acceptanten zur Zahlung vorgelegt und nur diesem Vertreter gegenüber Protest erhoben ist. Dabei kann jedoch vorliegend unerörtert bleiben, wie zu entscheiden ist, wenn die sämtlichen Urkunden, aus denen sich die Legitimation des Vertreters ergiebt, der Protesturkunde einverleibt worden sind. Denn im vorliegenden Proteste wird lediglich vom Protestbeamten bezeugt, daß ihm bekannt sei, daß der Acceptant entmündigt sei und in der Person des M. einen vorläufigen Vormund erhalten habe. Ein solches Zeugnis des Protestbeamten über Thatsachen, die er nicht als Protestbeamter wahrgenommen hat, ist nicht geeignet, außer Zweifel zu stellen, daß M. zur Zeit der Präsentation des Wechsels wirklich gesetzlicher Vertreter des Acceptanten war und daß deshalb das an ihn als gesetzlichen Vertreter gerichtete Zahlungsbegehren als ein an den Acceptanten gerichtetes sich darstellt. Der Beweis, daß der Wechsel der richtigen Person zur Zahlung vorgelegt ist, kann nach Art. 41 WO. nur durch den Protest erbracht werden. Durch den vorliegenden Protest wird dieser Beweis nicht erbracht; der Wechselregreß ist deshalb nicht gegeben. S.

e) Feststellung des Nichtantreffens des Protestaten.[1] WO. Art. 88³.

OLG. Hamm. IV. CS. Urteil v. 12. November 1901.

Der vom Beklagten E. ausgestellte Wechsel bezeichnet als Bezogenen: „P. in X." und trägt den Vermerk: „zahlbar bei Hermann E. in X." Der Wechsel ist somit bei der Identität des in ihm angegebenen Wohnortes des Bezogenen und des Zahlungsortes (vgl. WO. Art. 24) ein uneigentlicher Domizilwechsel. Protestiert ist er in der Protestformel auch nicht, wie ein eigentlicher Domizilwechsel verlangt hätte, (WO. Art. 43) gegen den Domiziliaten, sondern gegen den Acceptanten ... Der Protest muß somit nach § 88³ WO. die Beurkundung enthalten, daß derjenige, gegen den protestiert wird, — hier der Acceptant — nicht anwesend getroffen sei. Diese Beurkundung bedarf keiner ausdrücklichen Feststellung (Entsch. 14 S. 147); es genügt, wenn das Nichtangetroffensein des Protestaten dem Sinne nach in der Urkunde festgestellt ist. Das ist der Fall, wenn der Protest besagt, z. B. daß nach dem Protestaten gefragt und nur dessen Buchhalter angetroffen sei; oder daß der allein angetroffene Lehrling die Abwesenheit des Protestaten mitgeteilt habe. Derartige Angaben oder andere gleichwertige enthält hier der Protest hinsichtlich der Nichtanwesenheit des Acceptanten nicht. Im Vordruck des benutzten Formulares: „Es wurde daselbst der Acceptant . . . angetroffen" — sind die Worte: „Der Acceptant" durchstrichen, und der Protest berichtet nunmehr, daß in der Wohnung des E., „Hermann E. persönlich nicht, sondern nur das Dienstmädchen S. angetroffen" wurde, und daß letztere erklärt habe: „E. ist nicht zu Hause." Diese Fassung ergiebt hinreichend klar, daß der Protestbeamte die Nichtanwesenheit des Acceptanten festzustellen nicht beabsichtigt hat, indem er von der Annahme ausging, er habe sein Begehren an E. zu richten und diesen zu suchen. Diese Annahme ging fehl. An der Zahlstelle, d. i. bei E., war nur nach dem Acceptanten zu fragen (Entsch. 14 S. 148); die Frage nach E. war überflüssig und die Feststellung seiner Abwesenheit für die Protestförmlichkeiten unerheblich. Daß eine Frage nach dem Acceptanten gestellt ist, ist aus dem Proteste auch bei einer zu Gunsten seiner Aufrechterhaltung möglichst wohlwollenden Auslegung nicht zu entnehmen; das Wörtchen „nur" genügt bei der erfolgten Durchstreichung der vorgedruckten Worte „der Acceptant", nicht für die Feststellung, daß der — nicht gesuchte — Acceptant nicht anzutreffen gewesen sei. Der Protest muß als Solennietätsakt aus sich selber das Vorhandensein seiner gesetzlichen Erfordernisse erkennen lassen. Deshalb würde eine Vernehmung von Zeugen

[1] Dagegen genügt die Bekundung, daß der Beamte bei dem angetroffenen Dritten nach dem Bezogenen gefragt hat, sollte auch keine Antwort erteilt oder die Antwort nicht in den Protest aufgenommen sein (RG. 27. Febr. 1901, JW. S. 308 Nr. 12). Schreibfehler „Abwesenheit des Bezogenen" statt „des Domiziliaten": Gruchot 35 S. 125. Protesterhebung gegen Aktiengesellschaften bei Kollektivvertretungen: Entsch. 24 S. 82; gegen den Buchhalter des Domiziliaten: JW. 1892 S. 372 Nr. 13. — Die Feststellung „Frage nach Zahlung" als Begehren der Zahlung: JW. 1896 S. 59 Nr. 14. D. H.

darüber, daß der Protestbeamte nach dem Acceptanten gefragt und seine Abwesenheit konstatiert habe, auch dann unzulässig sein, wenn der Klaganspruch nicht im Wechselprozeß verfolgt würde. Die im Schlußsatze der Urkunde enthaltenen Worte, daß „gegen den Acceptanten" der Protest sich richte, waren für die Gültigkeit desselben nicht wesentlich; sie sind auch nicht geeignet, die fehlende Feststellung des Nichtangetroffenseins des Acceptanten zu ersetzen. N.

104

Gesellschaften mit beschränkter Haftung. Begriff der Bankgeschäfte. Sprache der Bilanzen. Ges. v. 20. April 1892 § 41.

Kammergericht, I. CS. Beschluß v. 24. Juni 1901.

Die weitere Beschwerde der Gesellschaft m. b. H. ist unbegründet. Ihr kann darin, daß die Gesellschaft für den Betrieb von Bankgeschäften nicht bestimmt sei, nicht gefolgt werden. Der § 2 des Gesellschaftsvertrages bezeichnet als den Gegenstand des Unternehmens den „Betrieb eines Sparkassen- und Darlehnsgeschäftes zu dem Zwecke, einerseits den durch Sparsamkeit bedingten Wohlstand zu fördern, indem die Sparkasse Jedermann zur sicheren zinstragenden Unterbringung auch kleinerer Kapitalien jederzeit Gelegenheit bietet, andererseits den Anleihesuchenden gegen genügende Sicherheit zu angemessenem Zinsfuß aus der Leihkasse Darlehen zu gewähren". Die veröffentlichten Rechnungen geben näheren Aufschluß darüber, in welcher Weise die Gesellschaft diese Zwecke verfolgt. Sie weisen die Annahme von „Spareinlagen", von „Einlagen mit Kündigungsfrist", von „Einlagen in laufender Rechnung" nach und ergeben, daß Darlehen auf Hypothek, gegen Schuldschein, gegen Wechsel und in laufender Rechnung gewährt werden. Der Betrieb ist ein ziemlich bedeutender. Das Umsatzkonto schließt mit 1757667 Mark, das Gewinn- und Verlustkonto mit 107866 Mark, der Status mit 2442989 Mark auf der rechten und linken Seite ab. Bei diesem Sachverhalte kann kein begründeter Zweifel darüber obwalten, daß es sich hier um den Betrieb von Bankgeschäften, und zwar in erheblichem Umfange, handelt. Die Gesellschaft dient offensichtlich der Vermittelung des Geld- und Kreditverkehres. Wie schon das ROHG. zutreffend ausgeführt hat (Entsch. 24 S. 34), ist Aufgabe der Bankiers und der Banken, den Umlauf von Geld und den Kredit zu vermitteln, und diese Aufgabe wird dadurch bethätigt, daß sie einerseits durch Annahme von Depositen, Ausgabe von Banknoten u. s. w. Kapitalien an sich ziehen, andererseits aber durch Gewährung von Darlehen, Diskontieren von Wechseln u. s. w. Kapitalien wieder in den Verkehr bringen. Daß die Gesellschaft den einen oder anderen Geschäftszweig, der bei größeren Bankinstituten vorhanden ist, nicht entwickelt hat, kommt nicht in Betracht. Die charakteristische Seite des Bankgeschäftes, das Heranziehen fremder Gelder und die Wiederabgabe derselben unter Geben und Nehmen von Zins, wird von ihr bestimmungsgemäß gepflegt. Sie wirtschaftet nicht etwa nur mit eigenem, sondern der Hauptsache nach in der gedachten Weise mit fremdem Gelde, und deshalb muß ihr die Eigenschaft eines dem Betriebe von Bankgeschäften gewidmeten Unternehmens zuerkannt werden (vgl. die Kommentare zum HGB. von Lehmann S. 24; Staub 7. Aufl., S. 55f. und zum Ges. von Förtsch 2. Aufl., S. 112). Daß der Gewinn, insoweit er nicht dem Reservefonds zugeführt wird, nach § 15 des Gesellschaftsvertrages für gemeinnützige Zwecke innerhalb des Kirchspieles Verwendung finden und daß bei Auflösung der Gesellschaft nach § 17 ebenda ein etwaiger Vermögensüberschuß in ähnlicher Weise verwendet werden soll, vermag hieran nichts zu ändern. Ob die Gesellschaft dem Betriebe von Bankgeschäften dient oder nicht, kann nur nach der Art des Betriebes, nicht aber nach dem Zwecke beurteilt werden, den die Gesellschaft bei der Erzielung des Gewinnes und bei der Ansammlung von Vermögen in letzter Reihe verfolgt.

Die Vorinstanzen nehmen aber auch mit Recht an, daß die Bilanz in deutscher Sprache bekannt gemacht werden müsse.... Dies folgt ohne weiteres aus dem Zwecke dieser Bekanntmachung. Das Gesetz von 1892 regelt die Rechtsverhältnisse deutscher Gesellschaften m. b. H. Es setzt ohne Zweifel voraus, daß an solchen Gesellschaften in erster Reihe deutsche Reichsangehörige ein Interesse haben. Es kann aber auch nicht den Ausnahmefall unterstellt haben, daß diese deutschen Reichsangehörigen eine andere Sprache als die deutsche vollkommen beherrschen. Vielmehr muß angenommen werden, daß das Gesetz, insoweit es darauf ankommt, auf deutsche Reichsangehörige angelegt ist, die nur der deutschen Sprache mächtig sind. Vor allem zum Schutze solcher Personen soll die Bilanz in öffentlichen Blättern bekannt gemacht werden. Daraus ergiebt sich aber, daß die Bekanntmachung in deutscher Sprache erfolgen muß, da anderenfalls der Zweck, die gedachten Personen über die Verhältnisse der Gesellschaft zu unterrichten, verfehlt würde. Der Einwand, daß hier nach Lage der Sache nur Personen in Betracht kommen, welche die dänische Sprache verstehen, kann nicht zugelassen werden. Die Bekanntmachung der Bilanz richtet sich nicht an bestimmte Personen, sondern an das Publikum, an die Gesamtheit aller derjenigen, welche an der Gesellschaft gegenwärtig oder auch künftig ein Interesse nehmen können. Das Wohl und Wehe einer derartigen Bankgeschäfte betreibenden Gesellschaft hat nicht nur für die Gesellschafter, die Gläubiger und Schuldner der Gesellschaft Bedeutung. Auch viel weitere Kreise, mit welchen die letztgedachten Personen ihrerseits in Verkehr treten, sind an der günstigen oder ungünstigen Lage der Gesellschaft möglicherweise interessiert. Es ist m. a. W. die Bekanntmachung für eine unbestimmbare Menge von Personen von Belang, und weil unter dieser Menge durch das deutsche Gesetz sicherlich vor allem Deutsche geschützt werden sollen, die Deutsch, und nur Deutsch, verstehen, so muß eben die Bilanz in deutscher Sprache veröffentlicht werden. Daß nach § 43[1] HGB der Kaufmann sich bei der Führung der Handelsbücher und bei den sonst erforderlichen Aufzeichnungen jeder lebenden Sprache und der Schriftzeichen einer solchen bedienen kann, und daß dies nach § 6[1] HGB. und § 13[3] des Ges. von 1892 auch für die Gesellschaft m. b. H. gilt, steht dem nicht entgegen. Denn es handelt sich nicht darum, in welcher Sprache die Gesellschaft ihre Bilanz im inneren Betriebe aufzustellen hat, sondern darum, welche Sprache bei der Bekanntmachung der Bilanz der Öffentlichkeit gegenüber anzuwenden ist. Ob die Gesellschaft wegen geschäftlicher Beziehungen mit Personen, die nur dänisch verstehen, zur Bekanntmachung ihrer Bilanz auch in dänischer Sprache Anlaß nehmen will, bleibt ihr überlassen.... Pr.

105

a) **Das Strandamt ist, wenn der Lohn vereinbart war, nicht zuständig, auch wenn Anfechtung erfolgt. Strandungs-O. § 36.**

OLG. Hamburg, IV. CS. Urteil v. 14. Oktober 1901.

... Hat man also deutsches Recht anzuwenden, so ist der § 36 aus dem Grunde nicht anwendbar, weil aus einem über die Höhe der zu gewährenden Vergütung geschlossenen Vertrage geklagt wird; vgl. das Hans. Gerichtsz. 1891 Nr. 54 abgedruckte Urteil des Reichsgerichtes, dessen Ausführungen auch gegenüber § 142 BGB. zutreffend geblieben sind. Es ist nicht richtig, wenn die Beklagten argumentieren, daß im Falle ihre Anfechtung des über die Vergütung geschlossenen Vertrages sich als begründet erweise, das Strandamt die Höhe des Lohnes festzusetzen habe, weil alsdann der Vertrag als von Anfang an nichtig anzusehen sei, denn die in § 741 HGB. zugelassene Anfechtung hat nach der dort erlassenen Spezialbestimmung nur die beschränktere Wirkung, daß eine Herabsetzung der vereinbarten Vergütung auf das den Umständen entsprechende Maß verlangt werden kann, und dem Spezialgesetze gegenüber findet die für andere Thatbestände erlassene allgemeine Vorschrift keine Anwendung. Das bei vorliegender Vereinbarung anzugehende Gericht hat also, wenn es die zugesicherte Vergütung als übermäßig befindet, zugleich seinerseits die entsprechende Ermäßigung eintreten zu lassen. M. M.

b) **Verpflichtung zur Änderung elektrischer Anlagen. Telegraphengesetz v. 6. April 1892 § 12.**

OLG. Hamburg, IV. CS. Urteil v. 12. Juli 1901.

... Der § 12 schafft zu Gunsten einer bestehenden Anlage das Privileg, daß der Unternehmer einer späteren Anlage auf seine Kosten alle diejenigen Vorkehrungen herzustellen verpflichtet ist, welche zur Sicherung des Betriebes der schon bestehenden elektrischen Anlage erforderlich und ausführbar sind. Hierbei kann es sich nur um Sicherungsmaßregeln für die bestehende Anlage als solche handeln, und würde die beklagte Straßenbahngesellschaft nicht verpflichtet werden können, die Kosten der Umwandelung der bestehenden Fernsprechanlagen der Reichspost in eine Anlage mit unterirdischer Führung der Leitungsdrähte um deswillen zu beanspruchen, weil nur bei dieser Art der Führung der Drähte jede Einwirkung der Starkstromanlage der Beklagten auf die Fernsprechanlage ausgeschlossen ist. Auch nicht auf einen absoluten Schutz gegen störende Beeinflussung durch die neue Anlage hat die bestehende Anlage Anspruch, sondern es ist die neue Anlage nach Möglichkeit so auszuführen, daß sie die bestehende Anlage nicht störend beeinflußt. Andererseits ist aber der Unternehmer der späteren Anlage verpflichtet, die Kosten derjenigen Sicherungsmaßregeln zu tragen, welche nach dem jeweiligen Stande der Technik der bestehenden Anlage den ausgiebigsten Schutz gegen Störungen durch seine neue Anlage zu gewähren geeignet sind, und es besteht deshalb auch für die Beklagte die Verpflichtung, die Kosten der, an den Fernsprechanlagen angebrachten Schmelzsicherungen dem Kläger zu ersetzen. Die Annahme der Beklagten, daß sie der ihr obliegenden Verpflichtung schon dadurch genügt habe, daß sie die von der Post- und Telegraphenverwaltung bei der Einrichtung des Straßenbahnbetriebes mit Einführung elektrischen Starkstromes durch oberirdische Leitungen gestellten Anforderungen erfüllt habe, ist nicht zutreffend, wenigstens nicht in dem hier zur Entscheidung stehenden Falle einer Erhöhung des Schutzes für die bestehende Anlage durch eine Sicherungsmaßregel, wie sie ihrer Art nach bisher nicht bestand. M. M.

106

Ausgaben der Verwaltungsbehörden für Formulare zum Zwecke der Altersversicherungen sind als bare Auslagen von der Versicherungsanstalt zu erstatten. Ges. v. 13. Juli 1899 § 64³.

Kammergericht, X. CS. Urteil v. 25. September 1901.

Zur Durchführung des Invalidenversicherungsgesetzes sind die unteren Verwaltungsbehörden berufen. Für B. ist dies der Magistrat, der für regelmäßig wiederkehrende Anträge auf Bewilligung von Renten eine größere Anzahl Formulare hat drucken lassen. Zur Erstattung der Kosten für Papier und Druck dieser Formulare ist die Landesversicherungsanstalt verurteilt. Gründe:

Als selbständige Träger der Arbeiterversicherung, insbesondere aller aus ihr folgenden vermögensrechtlichen Lasten sind vom Gesetze die Landesversicherungsanstalten errichtet, die deshalb grundsätzlich auch alle zur Durchführung der Arbeiterversicherung erforderlichen Mittel aufbringen müssen. Allerdings sind die Verwaltungsbehörden auch zur Mitwirkung bei dieser Durchführung im weiten Umfange herangezogen, indessen nicht sowohl, um die finanzielle Belastung der Landesversicherungsanstalten zu erleichtern, als vielmehr, weil sich in ihnen besonders geeignete Organe fertig darboten. Für diese Mitwirkung, die bereits im allgemeinen Rahmen der Aufgaben jener Verwaltungsbehörden liegt, kann und soll ihnen selbstverständlich eine Entschädigung nicht gewährt werden; darüber hinaus ist ihnen aber auch vom Gesetze eine unmittelbare Aufwendung für die Zwecke der Arbeiterversicherung nicht auferlegt worden. ... Hiernach hat die Verwaltungsbehörde ihren vorhandenen oder nach den Bedürfnissen der neu übertragenen Geschäfte zu vermehrenden Beamtenkörper mit derjenigen Ausstattung unentgeltlich zur Verfügung zu stellen, die — wie Diensträume, Zimmereinrichtungen — zur Erfüllung der den Beamten zugewiesenen allgemeinen Dienstpflichten unentbehrlich sind. Dieser Ausstattung sind auch das Papier und die Schreibwerkzeuge an sich zuzurechnen, weil die Thätigkeit der Verwaltung regelmäßig nicht anders als durch die vermittelnde Niederschrift in die Erscheinung tritt. Dagegen wird die besondere Ausrüstung des Beamtenkörpers, ohne welche dieser die besonderen Aufgaben, die ihm durch die Mitwirkung bei der Durchführung der Arbeiterversicherung gestellt sind, nicht erfüllen kann, von der Versicherungsanstalt anzuschaffen oder vorzuhalten oder, wenn die Verwaltungsbehörde die Beschaffung besorgt hat, zu erstatten sein. Mit dieser Unterscheidung stimmt überein die Fassung des § 64[3], welches die baren Auslagen der Landesversicherungsanstalt auferlegt, denn die Verwaltungsbehörde wird diejenige Ausrüstung, die zur Erfüllung ihrer allgemeinen Aufgaben erforderlich ist, schon besitzen und ihre Ergänzung in ihrem Haushaltungsplane vorgesehen haben; darüber hinaus erwachsen ihr durch das ihr neu übertragene Verfahren bare Auslagen, die das Gesetz ihr ersparen und den regelmäßigen Trägern der Arbeiterversicherung auflegen will. Nun kann es nicht zweifelhaft sein, daß die ausschließlich der Bearbeitung der Arbeiterversicherungsgeschäfte dienenden Formulare zu derjenigen Ausrüstung gehören, welche nur für die der Verwaltungsbehörde auferlegte Mitwirkung bei diesen Geschäften erforderlich geworden sind; die Auffassung aber, nach welcher die gedruckten Formulare lediglich wie das zu beschreibende Papier zu behandeln seien, verkennt die Bedeutung des Formulares als eines selbständigen Hilfsmittels, das bei der den Behörden aufgetragenen Erledigung vieler gleichartiger Geschäfte eine ständige Einrichtung geworden ist. Danach sind die jetzt streitigen Ausgaben mit Recht vom Landgerichte in Übereinstimmung mit der Anweisung des als Landescentralbehörde bestellten preußischen Ministers für Handel und Gewerbe vom 6. Dezember 1899 der Versicherungsanstalt zur Last gelegt worden. Ne.

107

a) **Das Amtsgericht, das die Urschrift einer von einem anderen Amtsgerichte gemäß § 794[5] CPO. aufgenommenen Urkunde verwahrt, kann nicht das letztere um eine vollstreckbare Ausfertigung im Rechtshilfeverfahren ersuchen.**[1]

OLG. Zweibrücken, II. CS. Beschluß v. 23. Oktober 1901.

In der Vormundschaftssache über die 1901 geborene X. hat auf Ersuchen des Amtsgerichtes B. das Amtsgericht A. am 30. April 1901 ein Protokoll aufgenommen, wonach der Schuster Z. sich zur Zahlung einer

[1] Vgl. hierzu Schäfer (Blätter für Rechtsanw. 66 S. 389) und Bezold (das. S. 413).

Rente verpflichtete und der sofortigen Zwangsvollstreckung sich unterwarf. Nach dem Tode des Kindes hat dessen Mutter, um die rückständigen Alimente beizutreiben, bei dem Amtsgerichte B. um Erteilung einer vollstreckbaren Ausfertigung nachgesucht. Das Amtsgericht B. hat darauf unter Übersendung einer Ausfertigung der Verhandlung vom 30. April das Amtsgericht A. ersucht, diese Ausfertigung mit der Vollstreckungsklausel zu versehen, und nach Ablehnung dieses Ersuchens Entscheidung nach § 160 GVG. beantragt. Aus den Gründen:

Auf die Zwangsvollstreckung aus vollstreckbaren Urkunden finden nach § 795 CPO. die §§ 724—793 entsprechende Anwendung, soweit nicht §§ 796, 797 Abweichungen vorschreiben. Nach diesen Bestimmungen ist die Einleitung und Betreibung der Vollstreckung Sache des Gläubigers; dieser hat sich zur Erlangung des Titels an die zuständige Stelle zu wenden; wird seinem Antrage nicht stattgegeben, so kann er die Rechtsmittel einlegen, welche die CPO. ihm einräumt. Das Amtsgericht B. erkennt selbst an, daß ihm die Zuständigkeit zur Erteilung der vollstreckbaren Ausfertigung der vom Amtsgerichte A. aufgenommenen Urkunde fehle, und stützt seinen Antrag gerade auf § 797 Abs. 1 CPO. Diese Auffassung der Rechtslage ist richtig; aber weil sie richtig ist, steht kein Ersuchen um Rechtshilfe in Frage. Das Amtsgericht B. überträgt nicht dem ersuchten Amtsgerichte die Vornahme einer ihm — dem Amtsgerichte B. — zustehenden richterlichen Handlung, sondern es verlangt, daß das Amtsgericht A. eine Handlung vornehme, welche eigene Angelegenheit des ersuchten Amtsgerichtes ist und aus dem Grunde, weil sie zur ausschließlichen Zuständigkeit des angegangenen Gerichtes gehört, von diesem vorgenommen werden soll. Das Amtsgericht A. soll nicht zur Unterstützung des Amtsgerichtes B. thätig werden, sondern eine Handlung vornehmen, die das Gesetz ihm allein zuweist. Das ist kein Fall der Rechtshilfe. Es handelt sich nicht um die Erledigung der gerichtlichen Geschäfte des Amtsgerichtes B., sondern um die Erledigung der gerichtlichen Geschäfte des — auch nach der Auffassung des ersuchenden Gerichtes — ausschließlich zuständigen Amtsgerichtes A. Die Erledigung dieser Geschäfte ist auf dem Wege herbeizuführen, den die CPO. vorzeichnet. Die §§ 158 ff. des GVG. kommen dabei nicht zur Anwendung. Dr. Kr.

b) Beschwerde über eine wegen ungebührlichen Schriftsatzes erteilte Rüge.[1] GVG. § 183.

OLG. Karlsruhe, I. CS. Beschluß v. 8. Okt. 1901.

Das Amtsgericht hat in einer Prozeßsache dem RA. X. die Art und

[1] Der Zeuge, der, obwohl des Deutschen mächtig, in einer anderen Sprache vernommen werden will, macht sich einer Ungebühr schuldig; denn er macht durch Verleugnung der ihm beiwohnenden Sprachkenntnis die Verhandlung in der vorgeschriebenen Gerichtssprache unmöglich. Will dagegen der Richter erst das Maß der dem Zeugen beiwohnenden Kenntnis des Deutschen ermitteln, so kann der Zeuge die Beantwortung der Fragen ablehnen. (OLG. Marienwerder, Beschluß v. 15. Jan. 1901, MonSchr. S. 93.)

Weise gerügt, in der er sich in seinem Schriftsatze die Entschließung des Amtsgerichtes zu kritisieren erlaubt habe. X. hat hierauf mittels Eingabe an das Amtsgericht beantragt, die ihm erteilte Rüge in aller Form zurückzunehmen und eventuell gegen den Beschluß des Amtsgerichtes, soweit er ihm eine Rüge erteilt, Beschwerde eingelegt, welche das Amtsgericht zunächst dem Landgerichte und auf Weisung dieses Gerichtes dem OLG. vorgelegt hat.

Die Beschwerde ist ausdrücklich auf § 183 GVG. gestützt, und es war sonach zu unterstellen, daß sie an das OLG. gerichtet werden wollte. Insoweit erscheint sie aber nicht zulässig und war deshalb zu verwerfen, ohne daß die Fragen zu prüfen gewesen wären, ob das Amtsgericht zur Erteilung der fraglichen Rüge Befugnis und Anlaß hatte. Nach § 183 ist ausnahmsweise eine Beschwerde an das OLG. gegeben, wenn in den Fällen der §§ 179, 180, 182, mithin wegen Ungebühr in der Sitzung eines unteren Gerichtes oder wegen Ungebühr bei der Vornahme von Amtshandlungen eines einzelnen Richters außerhalb der Sitzung eine Ordnungsstrafe festgesetzt wurde. Die Voraussetzungen liegen aber nicht vor.

Daß die Einreichung einer Eingabe bei Gericht sich als Ungebühr darstellen kann, wenn Form oder Inhalt ungehörig erscheint, ist nicht zu bezweifeln; allein eine solche Ungebühr fällt nicht in den Rahmen des allein in Frage kommenden § 182, weil dabei von einem Verschulden *anläßlich der Vornahme von Amtshandlungen* eines einzelnen Richters nicht die Rede sein kann, wie die angezogene Gesetzesbestimmung es erfordert. Überdies ist § 183 schon deshalb nicht anwendbar, weil gegen den Beschwerdeführer lediglich eine *Rüge* ausgesprochen, mithin keine Ordnungsstrafe erkannt ist. Dr. E.

108

a) Fürsorgeerziehung als subsidiäre Maßregel.[1] Vorherige Anhörung der Eltern. BGB. § 1666. Ges. vom 2. Juli 1900 §§ 1, 4.

1) Kammergericht, II. CS. Beschluß v. 11. November 1901.

... Der § 4 stellt die Anhörung der Eltern insofern in das Ermessen des Gerichtes, als es nach der Lage der konkreten Umstände thatsächlich, demnach eventuell für die weitere Beschwerde unanfechtbar festzustellen hat, ob im einzelnen Falle die Anhörung mit erheblichen Schwierigkeiten verbunden gewesen wäre. Liegen solche Schwierigkeiten aber nicht vor, dann verletzt das Gericht das Gesetz, wenn es von der Anhörung der Eltern absieht. Der Gebrauch des Wortes „soll" hat nicht die Bedeutung, daß die Anhörung zwar für ratsam aber doch nicht für notwendig hat bezeichnet werden sollen; vielmehr handelt es sich hier um eine Vorschrift, der, abgesehen von dem Fall, daß erhebliche Schwierigkeiten vorliegen, nachgelebt werden muß, wenn das

---

[1] Rsp. 3 Nr. 63 S. 237, Nr. 95e S. 374.

Verfahren ordnungsmäßig sein soll. Dies ergiebt sich namentlich auch aus dem § 6, welcher den Eltern, deren Anhörung nicht hat stattfinden können, weil sie mit erheblichen Schwierigkeiten verbunden gewesen wäre, deren Anhörung also mit Recht unterblieben ist, die Befugnis zuspricht, die Wiederaufnahme des Verfahrens zu verlangen. Hiernach hat, wenn die Anhörung der Eltern ohne erhebliche Schwierigkeit möglich war, das Verfahren nur dann Bestand, wenn die Eltern gehört sind. Vorliegend ist Anhörung unterblieben, obgleich sie ohne erhebliche Schwierigkeit möglich gewesen wäre, weil die Sache auch ohne die Anhörung klar war (Amtsgericht), bezw. weil der Grund der Unterbringung im schlechten Lebenswandel der Eltern besteht (Landgericht). Das sind keine Gründe, welche die Unterlassung der Anhörung rechtfertigen könnten.

Die Vorentscheidungen ziehen aber auch den § 1 Ziffer 3 rechtsirrtümlich heran. Nach dem Aufbau des § 1 muß unterschieden werden, die Verhütung der Verwahrlosung, welche anderenfalls eintreten würde (Ziff. 1), die Verhütung weiterer sittlicher Verwahrlosung, welche schon in gewissem Umfange vorhanden ist (Ziff. 2), und die Verhütung des völligen sittlichen Verderbens, welches mit Rücksicht auf den bereits vorhandenen Grad der Verwahrlosung anderenfalls eintreten würde (Ziff. 3)... Das Landgericht stellt nun fest, daß das Kind noch nicht verdorben sei. Zur Heranziehung der Ziffer 3 fehlt es demnach seither an jedem Anhalt. Aber auch aus Ziffer 1 ist die Fürsorgeerziehung noch nicht ausreichend begründet. Diese ist eine subsidiäre Maßregel und kann deshalb nur dann angeordnet werden, wenn geprüft und festgestellt ist, daß andere Mittel nicht vorhanden oder nicht ausreichend sind. Zu solchen Mitteln gehören z. B. Maßregeln aus § 1666 BGB., namentlich die Entziehung des Rechtes für die Person des Kindes zu sorgen und Bestellung eines Pflegers. Sie ist aber auch dann nicht erforderlich, wenn das Kind hilfsbedürftig ist, so daß es der Armenpflege anheimfällt und deren Mittel in Verbindung mit Maßregeln aus § 1666 die Fürsorgeerziehung erübrigen würden. Das Gericht wird sich aber dieser Prüfung hier um so weniger entziehen können, weil trotz des schlechten Lebenswandels beider Eltern, bisher irgend welche Thatsachen, welche auf eine beginnende sittliche Verwahrlosung des Kindes schließen lassen, weder in den Akten noch in den angefochtenen Beschlüssen enthalten sind, an Thatsächlichem vielmehr nur die schlechte wirtschaftliche Lage der Eltern und ihre Vorstrafen erwähnt sind. Es läßt sich deshalb noch nicht übersehen, ob überhaupt für das Kind besondere erziehliche Maßregeln, wie sie nur der geordneten Fürsorgeerziehung zu Gebote stehen, notwendig erscheinen, oder ob nicht eine Abschwächung des elterlichen Einflusses und eine geregelte Ernährung und Verpflegung des Kindes ausreichend zur Verhütung von Verwahrlosung sein wird... E..l.

2) Kammergericht, I. CS. Beschluß v. 28. Oktober 1901.

... Daß die Mutter nach ihren persönlichen Verhältnissen zur Erziehung des Knaben nicht geeignet ist und das Recht der Sorge für seine Person durch seine Abhaltung vom Schulunterricht mißbraucht, damit aber zugleich sein geistiges Wohl gefährdet, demnach die Voraussetzungen des § 1666 BGB. gegeben sind, ist von den Vorinstanzen nicht bezweifelt. Es erhellt aber weiter, daß der Knabe Hang zur Lüge und zu schlechten Streichen zeigt, sonach eine Charakterveranlagung erkennen läßt, welche auf eine strenge Erziehung als dringendes Bedürfnis hinweist. Wenn nun das LG. meint, daß dem Knaben eine solche in einer geeigneten Familie oder einer Erziehungs- oder Besserungsanstalt zu teil werden könne, so hätte es untersuchen sollen, ob dieser Weg auch gangbar ist. Denn die Anordnung eines praktisch nicht durchführbaren Mittels ist mit den Zwecken des Ges. nicht vereinbar. Es bedarf indes zur Prüfung dieser Frage keiner Zurückverweisung der Sache, weil sie auf Grund des festgestellten Sachverhaltes aus rechtlichen Erwägungen schon jetzt zu verneinen ist. Danach hat die Mutter wiederholt Armenunterstützung empfangen. Sie ist also nicht in der Lage, die Kosten der vorgeschlagenen Unterbringung zu bestreiten. Eine derartige Unterbringung wäre nach der festgestellten Sachlage zudem, soweit sie nicht in einer geschlossenen Anstalt oder in einer an einem anderen Orte wohnhaften Familie erfolgt, nicht geeignet, die Fürsorgeerziehung zu ersetzen, weil die Mutter schon jetzt ihren Willen dahin kundgegeben hat, daß sie die Arbeitskraft des Knaben nach seiner Entlassung aus der Schule für sich benutzen wolle, demnach zu erwarten steht, daß sie, ohne Rücksicht darauf, ob der Zweck der Unterbringung erreicht ist, den Sohn wieder zurückzuerhalten trachten wird. Der Armenverband ist zur Hergabe der zur Anstaltserziehung oder auswärtigen Unterbringung in einer geeigneten Familie erforderlichen Mittel aber nicht verpflichtet, weil es nicht seine gesetzliche Aufgabe ist, Kinder zu erziehen. Ist hiernach dasjenige Mittel, welches nach der Ansicht des LG. zur Herbeiführung einer geordneten Erziehung zu ergreifen ist, undurchführbar und versprechen nach den Feststellungen der Vorinstanzen andere Mittel, wie kirchliche Einwirkung und Schulzucht keinen Erfolg, so ist damit dargethan, daß die vom Amtsgerichte angeordnete Fürsorgeerziehung als das einzige und letzte Mittel übrig bleibt, um den Knaben zu einem brauchbaren Mitgliede der menschlichen Gesellschaft heranzubilden. Ei.

3) Kammergericht, I. CS. Beschluß v. 11. November 1901.

Nach den unangefochtenen thatsächlichen Feststellungen des Landgerichtes können weder die Voraussetzungen des § 1 Nr. 1, noch die des § 1 Nr. 3 als vorhanden angesehen werden. Darin darf allerdings dem Landgerichte unbedenklich gefolgt werden, daß dem Vater der Kinder ein schuldhaftes Verhalten im Sinne des § 1666 BGB. zur Last fällt. Denn er ist dem Trunke und Müßiggang ergeben und hat in freventlicher Weise die Sorge für seine Kinder vernachlässigt, so daß sie zunächst im Armenasyl und dann im Martins- bezw. Augusta-Viktoriastift untergebracht werden mußten. Allein das Vorhandensein der Voraussetzungen des § 1666 BGB. reicht noch nicht aus, um die Anordnung der Fürsorgeerziehung zu begründen. Dazu gehört vielmehr nach dem § 1 Nr. 1 des Gesetzes weiter, daß sie erforderlich ist, um die Verwahrlosung des Minderjährigen zu verhüten. Die Fürsorgeerziehung ist, wie das Kammergericht wiederholt ausgeführt hat (Rspr. 3 S. 237), das letzte Mittel zur Herbeiführung einer geordneten Erziehung des von Verwahrlosung bedrohten Minderjährigen. Sie ist eine subsidiäre Maßregel und darf nicht erfolgen, wenn auf andere Weise die Erreichung des Zweckes der Fürsorgeerziehung sichergestellt erscheint. Sie ist insbesondere unstatthaft, wenn andere Mittel, namentlich vormundschaftsgerichtliche Anordnungen gemäß §§ 1666, 1838 BGB. in Verbindung mit der öffentlichen Armenpflege ausreichen, der Verwahrlosung des Minderjährigen vorzubeugen. Die Anwendung der Nr. 3 des Gesetzes erfordert aber, wie das Kammergericht in dem Beschlusse vom 28. Oktober 1901 [vorstehend unter 2] näher dargelegt hat, daß der Minderjährige bereits sittlich verdorben ist und sein völliges sittliches Verderben verhütet werden soll. Die letztere Voraussetzung liegt keinesfalls vor. Denn die Kinder führen sich gut und sind in keiner Weise verwahrlost. Aber auch zur Anwendung der Nr. 1 des Gesetzes gebricht es an der Voraussetzung der Erforderlichkeit der Fürsorgeerziehung, gleichviel, ob die Kinder im gesetzlichen Sinne hilfsbedürftig sind oder nicht. Denn es handelt sich im vorliegenden Falle nach der unangefochtenen Feststellung des Landgerichtes lediglich um Obdach und Unterhalt für die Kinder; eine besondere Erziehung in einer Anstalt ist nicht nötig. Sollte nun, wie nach den Feststellungen der Vorinstanzen anzunehmen, Hilfsbedürftigkeit im gesetzlichen Sinne vorliegen, so muß der Armenverband eintreten, zu dessen Aufgaben es gehört, einem hilfsbedürftigen Deutschen Obdach, Unterhalt und Pflege in Krankheitsfällen zu gewähren. Im anderen Falle wird es Sache des vom Gericht zu bestellenden Pflegers sein, die Mittel von den zum Unterhalte der Kinder verpflichteten Eltern (§§ 1601 ff. BGB.) einzuziehen und sie in geeigneter Weise zu verwenden.

Die Vorentscheidungen, welche dies verkannt haben, waren daher aufzuheben, und die Sache war an das Amtsgericht zurückzuverweisen, damit durch eine dem § 1666 BGB. entsprechende Maßregel die Möglichkeit ausgeschlossen wird, daß H. durch das Verlangen nach Auslieferung seiner Kinder deren Verwahrlosung herbeiführe. Sache des den Kindern zu bestellenden Pflegers wird es sein, die Mittel zur Unterbringung der Kinder außerhalb der Behausung ihres Vaters durch Verhandlungen mit dem Armenverbande oder mit dem Vorstande der Stiftung, in welcher sich die Kinder befinden zu beschaffen. Erst wenn sich das als unthunlich herausstellen sollte, insbesondere die Verpflichtung des Armenverbandes zur Herausgabe der erforderlichen Mittel von der dazu berufenen Behörde verneint werden sollte, kann die Fürsorgeerziehung aus § 1 Nr. 1 des Gesetzes vom 2. Juli 1900 eintreten. K.

b) **Religiöse Erziehung bei Religionswechsel der Mutter als Gewalthaberin.**

Kammergericht, I. CS. Beschluß v. 1. Juli 1901.

A. zu X. (Rheinprovinz) verstarb mit Hinterlassung von drei Töchtern und der Witwe, welche sämtlich ebenso wie er der evangelischen Kirche angehörten. Demnächst trat die Witwe zur katholischen Religion über und schickte nunmehr ihre Kinder in eine katholische Schule, worauf das Amtsgericht eine Bescheinigung forderte, daß die Kinder am evangelischen Religionsunterrichte teilnähmen. Das LG. verwies die Sache zur Feststellung zurück, ob die Mutter durch ihre Handlung die elterliche Gewalt mißbraucht. Die weitere Beschwerde der Mutter blieb erfolglos. Gründe:

In der Rheinprovinz hat die KO. vom 17. August 1825 ausdrücklich nur die Deklaration vom 21. November 1803, nicht aber auch die sonstigen Vorschriften des ALR. über die religiöse Kindererziehung eingeführt. Enthielte die Deklaration keine für den vorliegenden Fall maßgebende Bestimmung, so würde die Mutter als Gewalthaberin befugt sein, die Religion ihrer Kinder zu bestimmen, denn das rheinische Recht enthält keine entgegengesetzte Bestimmung. Grundsätzlich hat, wer die Erziehung zu leiten hat, auch die religiöse Unterweisung zu bestimmen. Die Mutter aber hat nach dem BGB. nach dem Tode des Vaters das Erziehungsrecht über ihre Kinder, so daß ihr das Recht zustehen würde, die Religion der Kinder zu bestimmen. Schmidt (Konfession der Kinder S. 169) schließt aus dem Umstande, daß das rheinische Recht nur ganz allgemeine Bestimmungen (Artt. 203, 371 bis 373 Code civil) über die Erziehung der Kinder, keine besonderen aber über die religiöse Erziehung enthält, und daß beiden Eltern und nur bei Lebzeiten des Vaters diesem in erster Linie das Erziehungsrecht zusteht, daß nach rheinischem Rechte für ungemischte Ehen der Grundsatz gelte, die Mutter sei nach dem Tode des Vaters berechtigt, die Konfession ihrer Kinder zu bestimmen. Dieser Grundsatz ist gleichwohl nicht zutreffend, weil ein Fall, wie der vorliegende, den Vorschriften der Deklaration unterliegt. Es kann dahingestellt bleiben, ob sie überhaupt voraussetzt, daß die Eltern verschiedenen Glaubensbekenntnissen angehören. Wenn sie auch im Eingange von Kindern aus Ehen zwischen Personen verschiedenen Bekenntnisses spricht, besagt sie doch im Fortgange ausdrücklich, es werde festgesetzt, „daß eheliche Kinder jedesmal in der Religion des Vaters unterrichtet werden sollen“. Der Grund, welcher die Deklaration veranlaßte, ist offenbar der Übelstand gewesen, der sich in Ehen zwischen Personen verschiedenen Bekenntnisses herausgestellt hatte. Das infolge dieses Übelstandes erlassene Gesetz, der entscheidende Teil der Deklaration bestimmt aber allgemein und ohne Unterscheidung, daß eheliche Kinder jedesmal in der Religion des Vaters unterrichtet werden sollen. Nur dabei sollte es verbleiben, daß niemand ein Recht haben solle, den Eltern zu widersprechen, solange sie über den ihren Kindern zu erteilenden Religionsunterricht einig sind. Aber selbst wenn man aus dem Eingange der Deklaration folgern wollte, daß die maßgebende Vorschrift nur den Fall treffen sollte, wenn die Eheleute einem verschiedenen Bekenntnisse angehören, so kann es nach dem Grunde des Gesetzes doch keinen Unterschied machen, ob diese Verschiedenheit des Bekenntnisses während der Ehe oder nach Auflösung derselben eingetreten ist. In dem Fall, in welchem die Mutter erst später die Religion wechselt, liegt noch ein erheblicheres Interesse vor, die Kinder in der Religion des Vaters zu belassen, weil der Vater diesen Fall des Religionswechsels der Mutter nicht vorhersehen und dafür keine Maßnahmen bezüglich der Kinder treffen konnte. Das ist aber offenbar der Grund des Gesetzes, daß der Vater das Haupt der Familie ist, und daß deshalb die Kinder seiner Religion folgen sollen. Ist hiernach leitender Grundsatz der Deklaration, daß es bei der Bestimmung des Vaters bezüglich der Religion seiner Kinder auch nach seinem Tode verbleiben soll — die einschränkende Bestimmung des § 82 II 2 ALR. gilt für die Rheinprovinz nicht — so ist es gleichgültig, ob die Mutter nach dem Tode ihres Ehegatten die Kinder einer anderen Religion zuführen will, weil sie später zu dieser Religion sich bekannt hat, oder weil sie von vornherein dieser Religion angehört hat. Die KO. v. 17. August 1825 spricht demgemäß auch ausdrücklich, wenn auch unter Bezugnahme auf die Deklaration aus, in den östlichen Provinzen gelte das Gesetz, daß eheliche Kinder ohne Unterschied des Geschlechtes im Glaubensbekenntnisse des Vaters erzogen werden. Hiernach hat die Beschwerdeführerin kein Recht, sich über die ihr zu günstige Entscheidung des Landgerichtes, welche vom Gericht der weiteren Beschwerde nur nicht abgeändert werden kann, weil von der anderen Seite keine weitere Beschwerde eingelegt ist, zu beschweren. Dr. R.

c) Während eines Rechtsstreites über das gesetzliche Erziehungsrecht ist eine davon abweichende Regelung des Vormundschaftsgerichtes unstatthaft. BGB. §§ 1635, 1666.

OLG. Stuttgart, Ferien-CS. Beschluß v. 16. August 1901.

Nach rechtskräftiger Ehescheidung klagte der Mann 1901 gegen die Frau auf Herausgabe des während der Ehe geborenen Kindes, worauf das Vorm.-Gericht auf Antrag der Beklagten (und des für das Kind bestellten Pflegers) gemäß Art. 207 EG. und §§ 1635, 1702 BGB. anordnete, daß der Beklagten als Mutter die Sorge für die Person des Kindes zustehe. Auf Beschwerde des Klägers ist jedoch dieser Beschluß aufgehoben. Auf die weitere Beschwerde der Beklagten ist der Antrag als zur Zeit unstatthaft zurückgewiesen worden. Aus den Gründen:

Die Beschwerdeführer bestreiten, daß die Sorge für die Person des Kindes dem Vater zustehe. Falls sie — wie anzunehmen ist — in dem wegen Herausgabe des Kindes anhängigen Rechtsstreit den gleichen Standpunkt einnehmen, hat das Prozeßgericht darüber zu entscheiden, ob dem Vater oder der Mutter jenes Recht zusteht; würde das Prozeßgericht entscheiden, dieses Recht stehe der Mutter zu, so wäre die Klage des Vaters abzuweisen und für eine Anordnung des Vorm.-Gerichtes gemäß § 1635 Satz 2 oder gemäß § 1666 BGB. dahin, daß abweichend von der gesetzlichen Regel die Sorge für das Kind der Mutter übertragen werde, kein Raum. Daraus folgt, daß, solange nicht im anhängigen Rechtsstreite entschieden ist, die Sorge für das Kind stehe kraft der gesetzlichen Regel dem Vater zu, an das Vorm.-Gericht der Antrag, eine von der gesetzlichen Regel abweichende Anordnung gemäß § 1635 Satz 2 oder § 1666 zu treffen, nicht zulässig ist. Eine solche Anordnung könnte zur Zeit nur für den Fall vorsorglich getroffen werden, daß im Prozesse entschieden würde, das Recht stehe dem Vater zu; es ist aber nicht Sache des Vorm.-Gerichtes, derartige Beschlüsse vorsorglich zu fassen, solange durchaus ungewiß ist, ob ein Bedürfnis für eine Anordnung der beantragten Art eintritt. Noch viel weniger ist es Sache jenes Gerichtes bei einem Streite der Eltern darüber, welchem Teile das Recht (und die Pflicht) der Sorge für die Person des Kindes zustehe, diese Frage zu entscheiden; hierzu ist vielmehr — jedenfalls wenn wie hier ein Rechtsstreit unter den Eltern betreffs Herausgabe des Kindes anhängig ist, das Prozeßgericht berufen (vgl. Rsp. 2 Nr. 178b S. 452)... H.

d) **Keine Pflegschaft für eine Leibesfrucht zu dem Zwecke, einen Arrest für den zukünftigen Unterhaltsanspruch zu erwirken.**

Kammergericht, I. CS. Beschluß v. 20. Mai 1901.

Die A., seit zwei Monaten schwanger, hat unter der Behauptung, daß ihr Schwängerer im Begriff stehe, sein Vermögen zu veräußern und zu verziehen, Bestellung eines Pflegers beantragt, damit dieser einen Arrest wegen der zukünftigen Unterhaltsansprüche des Kindes erwirke. Der Antrag ist zurückgewiesen. Auch die weitere Beschwerde blieb erfolglos. Gründe:

Die Leibesfrucht ist kein Rechtssubjekt. Es folgt dies aus § 1 BGB., wonach die Rechtsfähigkeit eines Menschen mit der Vollendung der Geburt beginnt. Das BGB. behält allerdings der Leibesfrucht in zahlreichen Einzelvorschriften (vgl. §§ 844², 1592, 1717, 1918², 1923², 1963, 2043, 2141, 2178) auf den Fall ihrer Geburt gewisse Rechte, namentlich Erbansprüche vor; diese Rechte erwirbt sie aber nicht in ihrer Eigenschaft als Ungeborener, sondern nur unter der Voraussetzung, daß sie dereinst durch die Geburt Rechtsfähigkeit erlangt. Derartige in ihrem Interesse getroffene Bestimmungen sind Ausnahmen, welche keine Ausdehnung zulassen. Insbesondere haben ihre Rechte nicht durch § 1912 eine allgemeine Erweiterung erfahren, vielmehr sind unter den „künftigen Rechten" nur diejenigen zu verstehen, welche das Gesetz an anderen Stellen als solche anerkennt. Dazu zählt nicht der Unterhaltsanspruch, wie er im § 1708 gegen den Schwängerer gegeben ist; er entsteht erst mit der Geburt. Der Ungeborene hat kein schon jetzt existentes und bloß betagtes oder durch die Geburt aufschiebend bedingtes Recht, nach der Geburt von seinem Vater nach Maßgabe jener Vorschrift unterhalten zu werden; vielmehr besteht für ihn bloß die Möglichkeit von demjenigen, der demnächst, sei es durch Urteil oder durch Anerkenntnis, als sein Vater festgestellt werden wird, Unterhalt zu beanspruchen. Wird der Embryo nicht als rechtsfähiger Mensch geboren, so verliert er nicht ein bereits erworbenes Recht, sondern er hat ein Recht überhaupt nicht erworben. Der § 1716 ist eine Ausnahme und bestätigt die Richtigkeit des hier vertretenen Standpunktes. Nach dem ersten Entwurfe sollte die Geltendmachung der dem unehelichen Kinde und der Mutter gegen den Vater zustehenden Rechte vor der Geburt des Kindes in keiner Weise, auch nicht etwa im Wege einer einstweiligen Verfügung möglich sein. Die entgegengesetzte, hier und da in der gemeinrechtlichen Praxis vertretene Auffassung wurde um so weniger als gerechtfertigt angesehen, „als erst nach der erfolgten Geburt des Kindes die Vaterschaft als Grund der Unterhaltspflicht nach Maßgabe des § 1572 (jetzt 1717) sich feststellen läßt" (Motive 4 S. 893; s. auch S. 912). Den hiergegen erhobenen Einwendungen hat die zweite Kommission (Prot. 4 S. 690) durch Aufnahme des § 1603 (jetzt 1716) Rechnung getragen. Man erwog, daß erfahrungsgemäß gerade in der Zeit unmittelbar nach der Geburt das Leben der unehelichen Kinder am meisten bedroht und das Elend der außerehelichen Mutter am größten sei, daß aber die Vorschriften des Prozeßrechtes über Arrest hier, wo es sich nicht um einen bedingten oder betagten, auch nicht um einen künftigen, sondern um einen nur möglicherweise entstehenden Anspruch handele, nicht ausreichten, vielmehr ohne positive Bestimmung in allen Fällen, wo der Schwängerer nicht freiwillig zahle, erst die Geburt abgewartet und dann ein langwieriger Prozeß durchgeführt werden müßte. Die Bedenken, daß der Mutter der Nachweis für die Vaterschaft des Schwängerers obliege, diese aber vor der Geburt schon deshalb nicht festgestellt werden könne, weil die Empfängniszeit erst durch die Geburt begrenzt werde, sodann daß dem in Anspruch Genommenen die Einrede der mehreren Zuhälter verkümmert werde, erschienen gegenüber jenem sozialpolitischen Grunde nicht wichtig genug. Zudem wurde betont, daß es sich zunächst nur um Hinterlegung handele, daß die Summe fast ausnahmslos verhältnismäßig unbedeutend sei, und daß der Beklagte bis zur Geburt des Kindes den Widerspruchsprozeß durchführen könne. Aus diesen Erwägungen hat der Gesetzgeber den Erlaß einer einstweiligen Verfügung in dem vorhin angegebenen Umfange zugelassen; er hat auch von einer Glaubhaftmachung der Gefährdung des beregten Anspruches abgesehen (§ 1716 Abs. 2) und zu seiner Geltendmachung die Mutter des Kindes ermächtigt (Abs. 1). Einen darüber hinausgehenden Anspruch hat er nicht anerkannt. Dr. Hn.

109

a) Vertretung einer Innung bei Auflassungen.

Kammergericht, Ferien-CS. Beschluß v. 10. September 1901.

Für die Fleischerinnung, welche ein Grundstück gekauft hatte, erschienen zur Auflassung nicht sämtliche acht Vorstandsmitglieder, sondern nur drei. Dies wurde für unzulässig gehalten; denn die Auflassung erfordere nach

§ 925 BGB. eine mündliche Erklärung des Gesamtvorstandes vor dem Grundbuchamte; der § 32 des Innungsstatutes, wonach die Innung verpflichtende, schriftliche Willenserklärungen des Vorstandes in dessen Namen ausgestellt und von dem Obermeister oder dessen Stellvertreter und einem zweiten Vorstandsmitgliede unterzeichnet sein müssen, komme hier nicht in Betracht, denn die durch die Ordnungsvorschrift des § 29 GrBO. geforderte Protokollierung der Auflassungserklärung berühre nicht ihr Mündlichkeit. Auch die weitere Beschwerde wurde zurückgewiesen. Gründe:

Die Entstehungsgeschichte des § 925 läßt keinen Zweifel darüber, daß die Beteiligten die erforderlichen Erklärungen mündlich abgeben müssen. Schon in den Motiven (1 S. 314) wurde der Gefahr gedacht, die bei der Zulassung schriftlicher Erklärungen bestehe, daß nämlich in der Zwischenzeit zwischen der eingereichten ersten Auflassung und der Eintragung auch noch eine fernere Auflassung für eine andere Person oder Anträge auf hypothekarische Eintragungen seitens des noch eingetragenen Eigentümers eingehen können und daß dadurch Betrügereien aller Art möglich werden. Zur Beseitigung dieser Gefahr schrieb der Entwurf die Schließung des dinglichen Vertrages vor dem Grundbuchamte vor. „Mit diesem Erfordernisse ist die Notwendigkeit, daß der Veräußerer und der Erwerber ihre Erklärungen mündlich und gleichzeitig vor der Buchbehörde verlautbaren, von selbst gegeben." In der zweiten Kommission war zur Verdeutlichung empfohlen worden, die Worte „mündlich und gleichzeitig" einzuschalten, die ersten zwei Worte wurden aber als selbstverständlich gestrichen (Prot. 3 S. 168), jedoch wurde zur Vermeidung von Zweifeln in Übereinstimmung mit der Absicht des Entwurfes sachlich klar gestellt, daß die Auflassungserklärungen von den Parteien oder ihren Vertretern gleichzeitig und mündlich abzugeben seien. Auch in der einschlägigen Litteratur herrscht, soweit ersichtlich, Einverständnis darüber, daß die Einigung des Berechtigten und des Erwerbers über die Übereignung mündlich gleichzeitig vor dem Grundbuchamte erklärt werden muß. Nur das ist im Hinblicke auf § 873² streitig, ob eine gültige Auflassung vorliegt, wenn die Beteiligten zwar ihre Erklärung vor dem Grundbuchamte abgegeben haben, hierüber aber ein Protokoll entweder überhaupt nicht oder nicht in der gehörigen Form errichtet worden ist. Einer Entscheidung dieser Streitfrage bedarf es hier nicht. Denn die mündliche Erklärung der Beteiligten wird auch von denen erfordert, welche die Aufnahme eines Protokolles über die Verhandlung für unbedingt notwendig halten. Deshalb kommt es allein darauf an, ob die Innung als Erwerberin bei der Abgabe der mündlichen Erklärungen gehörig vertreten war. Die Vorinstanzen haben das zutreffend verneint. Die Innung ist eine juristische Person und wird durch ihren Vorstand gerichtlich und außergerichtlich vertreten (§§ 86, 92b Abs. 1 GewO.); durch das Statut kann allerdings einem Mitgliede oder mehreren Mitgliedern des Vorstandes die Vertretung nach außen übertragen werden (§ 92b Abs. 1 S. 3). Von dieser Befugnis hat aber die Fleischerinnung nur für schriftliche Willenserklärungen des Vorstandes Gebrauch gemacht. Daraus ergiebt sich, daß überall da, wo eine schriftliche Willenserklärung nicht in Frage steht, nur der gesamte Vorstand zur Vertretung legitimiert ist. Ob die Sache anders zu beurteilen wäre, wenn sich die Innung bei der Auflassung durch einen Bevollmächtigten hätte vertreten lassen und dieser auf Grund einer nur der Unterschrift nach beglaubigten Auflassungsvollmacht zweier Vorstandsmitglieder bei der Auflassung mitgewirkt hätte, darf auf sich beruhen, weil dieser Fall nicht zur Entscheidung steht; die Innung hat vorliegend selbst durch ihren gesetzlichen Vertreter und nicht durch einen Bevollmächtigten gehandelt. Wn.

b) Ungültigkeit eines Vereinsbeschlusses wegen Mangelhaftigkeit der die Tagesordnung enthaltenden Ankündigung.[1]

OLG. Celle, II. CS. Urteil v. 4. November 1901.

Die Beklagte, eine auf der Grundlage eines Statutes korporativ organisierte (Kalibohr-) Gesellschaft, hatte 1901 zu einer Generalversammlung mit der Tagesordnung eingeladen: „Beschlußfassung über den Antrag des Vorstandes bezüglich der Verwertung der Rechte der Gesellschaft", ohne jedoch den Vorstandsantrag selbst beizufügen. Der Beschluß wurde dahin gefaßt, daß ein Vorstandsmitglied M. auf zwei Jahre bevollmächtigt sein solle, das Vermögen der Gesellschaft auf eine neu zu gründende Aktiengesellschaft unter gewissen Bestimmungen zu übertragen. Der Beschluß wurde für ungültig erklärt. Gründe:

Gemäß § 14 des Statutes beruft der Vorstand unter Angabe der Tagesordnung die Generalversammlung. Der Zweck dieses § 14 ist derselbe, den auch die für die Aktiengesellschaften und Genossenschaften geltenden gesetzlichen Bestimmungen des § 256 HGB. und des § 46 des Genossenschaftsges. verfolgen: „Der Zweck der Generalversammlung soll bei der Berufung bekannt gemacht werden", d. h. die Tagesordnung soll den Gegenstand der demnächstigen Beratung und Beschlußfassung — wenn auch in aller Kürze — derart bestimmt und klar bezeichnen, daß jedes Mitglied genau zu erkennen vermag, worüber verhandelt und Beschluß gefaßt werden soll, und dadurch in den Stand gesetzt wird, sich auf den Stoff der Tagesordnung gehörig vorzubereiten. Diesem Erfordernisse entspricht ... die den Klägern zugesandte Tagesordnung nicht. Allerdings mußten die Kläger aus der Wortfassung „Beschlußfassung über den Antrag des Vorstandes ..." schließen, daß bereits ein Antrag und zwar ein bestimmter Antrag des Vorstandes vorliege; sie hatten aber gemäß den Statuten keineswegs die Pflicht, sich eine Abschrift desselben erteilen zu lassen. Ob ihnen eine solche auf Antrag erteilt worden wäre, steht dahin, da die Statuten eine den § 256 Satz 2 HGB. entsprechenden Vorschrift nicht enthalten. Jedenfalls brauchten sich die Gesellschafter auf die Möglichkeit, eine Abschrift des Antrages zu erhalten, nicht verweisen zu lassen, können vielmehr verlangen, daß die Tagesordnung

[1] Entsch. 12 S. 232, 17 S. 172, JW. 1901 S. 659.

selbst den Gegenstand der Beschlußfassung in der oben präzisierten Weise bezeichne. Es muß schon großes Bedenken erregen, daß, obwohl nach § 20 des Statutes über Anträge wie dem hier fraglichen in einer zu diesem Zwecke zu berufenden ordentlichen oder außerordentlichen Generalversammlung mit $^3/_4$-Majorität zu entscheiden sei, die fragliche Tagesordnung durchaus nicht oder jedenfalls nicht genügend darauf hinweist, daß hier einer der im § 20 gedachten Fälle vorliege. Wollte man aber auch annehmen, daß die Gesellschafter sich hätten sagen müssen, daß unter der „Verwertung der Rechte" auch die Veräußerung derselben an andere gemeint sein werde, so konnten sie doch jedenfalls nur an die Beschlußfassung über einen bestimmten Veräußerungsvertrag denken. Der Antrag aber und der ihm entsprechend gefaßten Beschluß geht über den aus der Ankündigung erkennbaren Rahmen der Tagesordnung weit hinaus. Den Gesellschaftern wird damit zugemutet, die Entscheidung über eine Frage, über die nach § 20 die Generalversammlung nur mit $^3/_4$-Majorität beschließen kann, auf 2 Jahre gänzlich in die Hand eines Mannes zu legen, dem nur einzelne bestimmte Direktiven gegeben werden. Wenn nun aber der Zweck der Veröffentlichung der Tagesordnung der ist, eine genügende Vorbereitung der Gesellschafter zu ermöglichen und deren Überraschung zu verhindern (vgl. Goldschmidt's Zeitschr. 35 S. 248, 37 S. 553), so hätte dieser wichtige Punkt auf jeden Fall in die Tagesordnung aufgenommen werden müssen, damit den Gesellschaftern Gelegenheit gegeben wurde, sich auf diesen die ganze Existenz der Gesellschaft möglicherweise in Frage stellenden Gegenstand auch insoweit gehörig vorzubereiten, als es sich gerade um die Person des zu Bevollmächtigenden handelte. Daß, wenn mit der Veräußerung der Rechte eine bestimmte Person bevollmächtigt werden sollte, es ganz von der Persönlichkeit des Betreffenden abhing, ob der Beschluß für die Gesellschaft zum Segen oder zum Unheil geraten würde, bedarf keiner Ausführung. Eben deshalb war es für die Gesellschafter aber von höchster Wichtigkeit, zur Vorbereitung auch in dieser Beziehung in Stand gesetzt zu werden, und das wurden sie durch die gewählte Fassung der Tagesordnung in keiner Weise. H . . . ch.

110

a) Der Gerichtsstand aus § 32 CPO.

OLG. Hamm, IV. CS. Urteil v. 4. Oktober 1901.

Der Kläger, welcher 1900 einen Eisenbahnunfall in B. erlitt, hat bei dem Landgerichte daselbst gegen den Eisenbahnfiskus, vertreten durch die Eisenbahndirektion zu A. (LG.-Bezirk A), auf Grund des § 1 Haftpflichtgesetzes geklagt. Der Beklagte hält mit Recht die Anwendbarkeit des § 32 CPO. für ausgeschlossen. Die Haftpflicht aus § 1 ist eine Haftung für an sich erlaubte und rechtmäßige Handlungen, eine einfache Entschädigungspflicht, der das Moment des Verschuldens gänzlich fehlt oder doch fehlen kann. Sie hat nicht dasselbe Fundament, wie die Deliktsobligation des ALR. und wurde daher gemäß der landrechtlichen Begriffsbestimmung der unerlaubten Handlung in der bisherigen Rechtsprechung das forum delicti commissi (§ 32 CPO.) nicht für zuständig erachtet. Im BGB. ist eine eigentliche Begriffsbestimmung der unerlaubten Handlung nicht gegeben. Im Titel über unerlaubte Handlungen (vgl. §§ 823 ff.) werden zunächst die eigentlichen Delikte erörtert, d. h. die schuldhaften rechtswidrigen Eingriffe in den Rechtskreis eines Anderen. Erwähnt werden ferner solche an sich erlaubte Handlungen (vgl. §§ 833, 835 betreffend Schäden, die durch Tiere angerichtet werden), bei denen die subjektive Seite anscheinend vollkommen entfällt, die aber dennoch die Rechtsfolgen der schuldhaften Handlungen nach sich ziehen. Diese zuletzt gedachten Vorschriften, aus denen der erste Richter die veränderte Begriffsbestimmung der unerlaubten Handlung herleitet, enthalten jedoch nur Ausnahmebestimmungen, die aus Zweckmäßigkeitsrücksichten getroffen wurden und die in den Titel über unerlaubte Handlungen aufgenommen sind, weil in diesen Fällen immerhin ein Verschulden vermutet wird (vgl. Motive 2 S. 744). Setzt demnach das BGB. gleichwie das ALR. bei unerlaubten Handlungen prinzipiell ein Verschulden oder doch, wie in jenen Ausnahmefällen, ein vermutetes Verschulden voraus, so kann bei einem Anspruch aus § 1 Haftpflichtgesetzes, welcher sich lediglich als obligatio ex lege darstellt (vgl. ROHG. 13 S. 68) eine unerlaubte Handlung nicht in Frage kommen. Hieran vermag auch der Umstand nichts zu ändern, daß nach Art. 42 EG. die Schadensersatznormen der §§ 843, 844 BGB. teilweise auf den Schadensersatz aus der Haftpflicht übertragen sind. N.

b) Die Vereinbarung des Gerichtsstandes bezüglich der einzelnen Geschäfte gilt auch für die Klage aus dem Anerkenntnis des Saldos. CPO. § 38.

OLG. Dresden, III. CS. Urteil v. 22. Juni 1901.

Der Kläger, welcher sich auf einen Anerkenntnisvertrag über den Saldo seines Kontoauszuges stützt, hatte bei dem Gerichte des Ortes geklagt, den die Parteien als Erfüllungsort bezüglich der einzelnen Kaufgeschäfte vereinbart hatten. Die Einrede der örtlichen Unzuständigkeit wurde verworfen aus den Gründen: Das Berufungsgericht vermag sich der Ansicht des Reichsgerichtes im Sächs. Archiv 4 S. 501 [JW. 1894 S. 422[5]] nicht anzuschließen. Das Anerkenntnis des Saldos einer laufenden Rechnung — nur um diese, nicht um ein wirkliches Kontokurrentverhältnis handelt es sich hier übrigens — giebt zwar einen selbständigen Klaggrund ab, daraus folgt jedoch noch nicht notwendig, daß die Vereinbarungen über den Gerichtsstand bei den einzelnen Geschäften hinfällig geworden seien. Die für die einzelnen Geschäfte getroffenen Nebenabreden verschwinden infolge des Anerkenntnisses des Saldos noch nicht einmal schlechthin bei einem wirklichen Kontokurrent, HGB. § 556 — vgl. Denkschrift zum HGB. S. 184 —, geschweige denn bei einer bloß laufenden Rechnung, bei der die einzelnen Forderungen selbständig bestehen bleiben. Der Wille des Gesetzgebers ist es also jedenfalls nicht, daß alle solche Nebenabreden mit Notwendigkeit untergehen müssen. Als Wille der Parteien aber ist umgekehrt wenigstens im Zweifel anzunehmen, daß die Vereinbarung eines bestimmten Erfüllungsortes für die Einzelgeschäfte auch für die Forderung aus dem anerkannten Saldo gelten solle. Das Anerkenntnis des Saldos bedeutet nur die rechnerische Zusammenfassung der einzelnen Forderungen, dieses aber mit allen ihren Nebenbestimmungen, keineswegs einen Verzicht auf sie. Der Anerkenntniswille richtet sich vielmehr auch auf jene und nimmt sie auf die Gesamtforderung mit hinüber. Daß hier das Anerkenntnis des Saldos eine andere Bedeutung hätte haben sollen, ist nicht ersichtlich. Dr. W.

111

a) **Kosten der Hinterlegung sind ersatzfähig.**[1]

OLG. Hamburg, I. CS. Beschluß v. 6. November 1901.

Der Kläger hatte, nachdem er das Urteil erwirkt hatte, welches gegen Sicherheitsleistung vorläufig vollstreckbar erklärt war, ein Recht auf Vollstreckung des Urteils erworben. Die mit der Verwirklichung dieses Rechtes verbundenen Kosten waren deshalb zur zweckentsprechenden Rechtsverfolgung notwendig. Zu diesen Kosten gehören auch die der Hinterlegungsstelle entrichteten 2 Mark. M. M.

b) **Kosten der Berufung, welche die Beseitigung einer offenbaren Unrichtigkeit des ersten Urteils bezweckt.**

OLG. Marienwerder, II. CS. Urteil v. 29. Oktober 1901.

Die Kosten der Berufung waren dem Kläger aufzuerlegen, da der Beklagte keine Veranlassung zur Einlegung der Berufung gegeben hat. Dem Kläger stand es frei, eine Berichtigung des in erster Instanz vorgekommenen offenbaren Rechenfehlers gemäß § 319 CPO. herbeizuführen. Er war verpflichtet, diesen Weg einzuschlagen, um dem Beklagten nicht unnütze Kosten zu verursachen. Wählte er dagegen den Weg der ihm ebenfalls offenstehenden Berufung, so hat er auch die Mehrkosten, welche dadurch entstanden sind, zu tragen (vgl. Entsch. 30 S. 325). H.

c) **Wann ist die Eintragung einer Vormerkung für die Sicherungshypothek des § 648 BGB. im Sinne des § 93 CPO. „veranlaßt"?**

OLG. Celle, I. CS. Beschluß v. 15. November 1901.

Die Eintragung der Vormerkung erfolgt nach § 885 BGB. auf Grund einer einstweiligen Verfügung oder auf Grund der Bewilligung des Eigentümers. Der Gläubiger hat zwischen diesen beiden Wegen die Wahl. Die Be-

[1] Übereinstimmend OLG. Jena v. 30. März 1885 (Seuffert's Arch. 42 S. 63). Über die Kosten der Rückerhebung prozessualer Sicherheiten vgl. oben Nr. 42c, Gruchot 38 S. 501, JW. 1898 S. 437[18]; über Kosten für den Antrag auf Hinterlegung RG. 11 S. 364; über Kosten für die Bewirkung der Hinterlegung RG. 9 S. 329, 11 S. 364 N. 1, JW. 1897 S. 323[18]; über Kosten für die Erhebung der Streitsumme oben Nr. 33a, JW. 1886 S. 113[3], 1889 S. 168[4], Gruchot 34 S. 762, Seuffert's Arch. 43 S. 344; über Kosten zur Beschaffung der Mittel einer Sicherheitsstellung Gruchot 41 S. 1183.

schreitung des ersteren Weges ist dann angezeigt, wenn der zu sichernde Anspruch gefährdet ist. In der Gefährdung liegt ein begründeter Anlaß zur Erwirkung der Verfügung und der Schuldner hat als unterliegende Partei nach dem allgemeinen Grundsatze des § 91 die dadurch erwachsenden Kosten zu tragen, er kann sich nicht darauf berufen, daß er zur Bewilligung der Eintragung vorher nicht aufgefordert sei, denn eine vorherige Aufforderung des Schuldners würde in manchen Fällen die erstrebte Sicherung vereiteln. Der Anspruch ist insbesondere dann gefährdet, wenn der Schuldner sich in mißlicher Vermögenslage befindet und dem gerechtfertigten Anspruche des Gläubigers auf Zahlung gegenüber unbegründete Weiterungen macht. Beides trifft hier zu. Das Haus ist am 1. Juli 1901 bezogen, der Rest der Bausumme war mithin an diesem Tage fällig. Der Schuldner hat trotz wiederholter Aufforderung weder gezahlt, noch sich zum Übergabetermin eingefunden. Sein Einwand, daß er nicht in Verzug, sondern wegen der am 27. Juli gerügten Mängel der Bauausführung und wegen der dort angeführten Gegenforderungen zur Zahlung noch nicht verpflichtet gewesen sei, ist unbegründet; denn er würde ihn sonst im Hauptprozeß vorgebracht und sich nicht rechtskräftig zur Zahlung der Bausumme haben verurteilen lassen. Hfr.

d) **Wer hat die Prozeßkosten bei einer Klage im Falle § 305 CPO. zu tragen? Wann kommt der Erbe dem Nachlaßgläubiger gegenüber in Verzug? BGB. §§ 2014, 2015.[1] — Sofortige Anerkennung im Sinne des § 93 CPO.[2]**

Kammergericht, XII. CS. Beschluß v. 18. Dezember 1901.

H. ist am 17. Februar 1901 verstorben. Am 19. März ist gemäß § 1975 BGB. ein Nachlaßpfleger bestellt. Nachdem dieser das Verfahren betr. Aufgebot der Nachlaßgläubiger beantragt hatte, hat Kläger am 18. April gegen ihn Klage auf Bezahlung einer Nachlaßforderung erhoben. Am 22. Juni ist im Aufgebotsverfahren das Ausschlußurteil verkündet und sodann am 24. Juni die eingeklagte Forderung bezahlt worden. Hierauf ist im Prozeß im Termin am 2. November 1901 Urteil dahin ergangen: Die Kosten des Rechtsstreites werden dem Kläger auferlegt, die hiergegen von letzterem eingelegte Beschwerde ist zurückgewiesen aus folgenden Gründen:

Vor Annahme der Erbschaft kann gegen den Erben überhaupt nicht geklagt, BGB. § 1958, und, wenn ein Prozeß gegen den Erblasser bereits anhängig ist, derselbe gegen den Erben nicht fortgesetzt werden, CPO. § 239 Abs. 3. Aber auch nach Annahme der Erbschaft ist der Erbe noch innerhalb 3 Monaten, jedoch nicht über die Errichtung des Inventars hinaus, berechtigt, die Berichtigung einer Nachlaßverbindlichkeit zu verweigern, BGB. § 2014, und wenn er innerhalb eines Jahres den Antrag auf Aufgebot der Nachlaßgläubiger beantragt hat, und der Antrag zugelassen ist, so kann er die Berichtigung der Nachlaßverbindlichkeiten bis zur Beendigung des Aufgebots-

[1] Rsp. 2 Nr. 158, 3 Nr. 34b. — [2] Rsp. 3 Nr. 34c.

verfahrens verweigern, BGB. § 2015. Bis dahin geriet er also nicht in Verzug. Das ist bei der Beratung der §§ 2014, 2015 in der zweiten Lesung (Prot. 5 S. 790ff.), in der Denkschrift (S. 257) und in den Mot. z. Proz.-Nov. (S. 107) besonders hervorgehoben und wird auch allgemein anerkannt, mit Ausnahme von Eccius (Gruchot 44 S. 899 ff.), dessen Ansicht aber, daß diese legislatorische Absicht im Gesetz nicht genügend zum Ausdruck gebracht sei, nicht beigetreten werden kann. Wie sich dies in dem Falle dann gestaltet, wenn der Erbe sich schon vor dem Aufgebotsantrage in Verzug befindet, ob alsdann nach Zulassung des Aufgebotes der vorhandene Verzug fortwirkt, kann dahingestellt bleiben, da hier die Erben bezw. der Nachlaßpfleger nicht in Verzug geraten sind. Denn nachdem der Erblasser am 17. Februar 1901 gestorben war, ist der Erbschaftsantritt, da ein früherer Zeitpunkt nicht behauptet ist, nach § 1444 BGB. mit Ablauf der Ausschlagungsfrist, d. h. mit dem Ablauf des 31. März erfolgt. Von da ab lief die Frist des § 2014 bis zum 1. Juli. Vor Ablauf derselben ist aber nicht bloß der Antrag auf Aufgebot der Nachlaßgläubiger, sondern auch die Bezahlung der Klageforderung erfolgt.

Nun wird allerdings durch die berechtigte Erfüllungsverweigerung in den Fällen der §§ 2014, 2015 die Erhebung der Klage nach § 305 CPO. nicht ausgeschlossen. Allein da — abgesehen davon, daß die Verurteilung nur unter Vorbehalt der beschränkten Haftung erfolgen darf, CPO. § 305, die sich im Falle, wenn das Urteil gegen den Nachlaßverwalter ergeht, ohne besonderen Ausspruch von selbst versteht, CPO. § 780, und sich die Zwangsvollstreckung auf Verlangen des Erben während der Dauer der in §§ 2014, 2015 bezeichneten Fristen auf solche Maßregeln beschränken muß, die zur Vollziehung eines Arrestes zulässig sind, CPO. § 782 — die Erben bezw. der Nachlaßpfleger vor Ablauf der Fristen der §§ 2014, 2015 nicht in Verzug kommen, so haben sie auch nach § 93 CPO. die Kosten des Prozesses nicht zu tragen, sofern sie den Anspruch sofort anerkennen. Danach ist der Sinn des § 305 CPO. der, daß der Nachlaßgläubiger zwar vor der Zeit, wo der Erbe bezw. Pfleger nach §§ 2014, 2015 zu zahlen verpflichtet ist, eine Verurteilung und auch Pfändung erwirken kann, dies aber, wie in dem analogen Falle des § 257 CPO., auf seine Kosten geht.

Mit Unrecht bestreitet Kläger, daß der Beklagte den eingeklagten Anspruch sofort anerkannt habe. (Es wird ausgeführt, daß im vorbereitenden Schriftsatze vom 2. Mai ein Anerkenntnis liegt, und dann fortgefahren:) Indessen kann diesem Schriftsatze auch schon um deswillen keine Bedeutung zu Gunsten des Klägers beigelegt werden, weil es für ein **sofortiges** Anerkenntnis im Sinne des § 93 CPO. lediglich auf eine Anerkennung in der **ersten mündlichen Verhandlung**, nicht auf die Erklärung in vorbereitenden Schriftsätzen ankommt (**Seuff.** Arch. 38 S. 338, **Busch** Zeitschr. 7 S. 292, **Petersen-Anger** CPO. § 93 Bem. 3, **Seuffert** § 93 N. 2.) Dieses Anerkenntnis ist aber dadurch ersetzt, daß Beklagter schon lange vor dem Termin und sofort nach Erlaß des Ausschlußurteils im Aufgebotsverfahren bezahlt hat. F.

e) Für eine im Nachgange zur Berufung in der Hauptsache lediglich im Kostenpunkte eingelegte Berufung[1] können besondere Anwaltsgebühren nicht angesetzt werden. CPO. § 99 Abs. 1.

OLG. Bamberg, I. CS. Beschluß v. 31. Oktober 1901.

Gemäß § 4 sind Kosten bei der Berechnung des Streitwertes außer Betracht zu lassen, wenn, wie hier, der Anspruch darauf als Nebenforderung, nämlich in demselben Prozesse mit dem Hauptanspruche, geltend gemacht wird. Insbesondere verlieren die Prozeßkosten die Eigenschaft solcher Nebenforderungen, die unberücksichtigt zu bleiben haben, nicht dadurch, daß über die Kosten in erster Instanz durch ein gesondertes Urteil zu entscheiden war und dann weiter dieses Urteil im Nachgange zur Berufung gegen das in der Hauptsache ergangene Teilurteil eigens Berufung eingelegt wurde. Diese letztere Berufung hatte bloß im Zusammenhange und in Verbindung mit dem Rechtsmittel in der Hauptsache Bedeutung und wäre ohne Anfechtung der Entscheidung in der Hauptsache nach § 99 Abs. 1 CPO. unzulässig gewesen. Im vorliegenden Falle war die Berufung im Kostenpunkte aber auch völlig überflüssig, da das zuvor gegen das Teilurteil in der Hauptsache eingelegte Rechtsmittel auch die im Kostenpunkte nachfolgende, besondere Entscheidung der ersten Instanz umfaßte (vgl. Gaupp-Stein zu § 99 Ziff. II, JW. 1888 S. 11 und 1893 S. 445, Seuffert 43 Nr. 248, Gruchot 41 S. 998). Dementsprechend wurde in zweiter Instanz auch über die Kosten des Rechtsstreites einheitlich mit der Hauptsache verhandelt und entschieden. Sch.

f) Erledigt sich die Hauptsache nach Entscheidung über diese, aber vor Entscheidung über den Kostenpunkt, so greift § 99 Abs. 3 CPO. nicht Platz.[2]

OLG. Königsberg, II. CS. Beschluß v. 7. Dezember 1901.

Durch Teilurteil war Beklagter seinem Anerkenntnis gemäß in der Hauptsache verurteilt; als er die Forderung bezahlt hatte, wurde er in die Kosten verurteilt. Seine sofortige Beschwerde ist unzulässig: Wie bereits das Reichsgericht (JW. 1900 S. 521[5]) ausgeführt hat, läßt sich weder aus dem Wortlaute noch aus dem Zwecke des § 99 Abs. 3 entnehmen, daß, um dessen Anwendung auszuschließen, über die Hauptsache und über den Kostenpunkt in demselben Urteil entschieden sein müsse. Auch wenn daher zunächst durch Teilurteil in der Hauptsache und demnächst durch besonderes Urteil über die Kosten erkannt ist, liegen die Voraussetzungen des § 99 Abs. 3 nicht vor.

[1] In einem Falle, wo Kläger nach der Terminbestimmung aber vor Klagzustellung befriedigt und in die Kosten des mit Beschränkung auf die Kosten gleichwohl durchgeführten Prozesses verurteilt worden war, hat auch — vgl. Rsp. 2 Nr. 30 — das OLG. Bamberg, II. CS. Beschluß v. 8. Juli 1901, die sofortige Beschwerde nach § 99[3] zwar zugelassen, aber — unter Darlegung der Notwendigkeit einer besonderen, den gewöhnlichen Zuständigkeitsvorschriften folgenden Schadensersatzklage — in umfassender Ausführung als unbegründet zurückgewiesen. Z.

[2] Vgl. Rsp. 2 S. 253 Nr. 125, 3 S. 133 Nr. 35.

Denn diese Bestimmung setzt voraus, daß eine Entscheidung in der Hauptsache überhaupt nicht ergangen ist. Darin wird auch nichts geändert, wenn die Hauptsache nach Erlaß des über die Hauptsache ergangenen Urteiles erledigt wird. Denn § 99 Abs. 3 greift nur Platz, wenn der Prozeß in der Hauptsache überhaupt ohne Entscheidung über diese, nicht aber, wenn er nach Entscheidung über sie erledigt ist. Th.

Dazu: **Anfechtung einer Kostenentscheidung, wenn der Rechtsstreit teils durch Anerkenntnis, teils durch Klagezurücknahme erledigt ist.**[1]

Kammergericht, IX. CS. Beschluß v. 13. Dezember 1901.

Auf Grund ihres Anerkenntnisses ist die Beklagte durch Teilurteil zur Zahlung eines Teiles der Klagesumme verurteilt. Auf den weitergehenden Anspruch hat der Kläger nach kontradiktorischer Verhandlung verzichtet, worauf ihm $^1/_4$ und der Beklagten $^3/_4$ der Kosten auferlegt sind. Die Beschwerde der Beklagten hierüber ist unzulässig. Denn unter Erledigung der Hauptsache durch Anerkenntnisurteil versteht Abs. 2 § 99 nicht Erledigung des ganzen anhängig gewordenen Klageanspruches, vielmehr ist unter der hier im Gegensatze zum Kostenpunkte hervorgehobenen „Hauptsache" nur der Teil des gesamten rechtshängig gewordenen Anspruches zu verstehen, in Bezug auf welchen eine Kostenentscheidung ergangen ist, welche von der durch sie belasteten Partei angefochten werden soll. In gleicher Weise ist Abs. 3 § 99 zu verstehen. Demgemäß hätte vorliegend der Kläger, wenn er mit der ihn belastenden Kostenentscheidung unzufrieden war, weil nach der für diese Entscheidung des Kostenpunktes maßgeblichen Sachlage der Hauptsache der Rechtsstreit nicht durch Erlaß einer Entscheidung in der Hauptsache, sondern durch die Klagezurücknahme erledigt ist, nach Abs. 3 die sofortige Beschwerde gehabt. Die Beklagte aber, die infolge des auf Grund ihres Anerkenntnisses ergangenen Teilurteiles durch das dies Urteil hinsichtlich des Kostenpunktes ergänzende Schlußurteil zu $^3/_4$ der Kosten verurteilt ist, hat eben dieses in der Hauptsache ergangenen Anerkenntnisurteiles wegen nach Abs. 2 zwar das Recht der selbständigen Anfechtung der Kostenentscheidung, aber nicht mittels sofortiger Beschwerde, sondern nur mittels Einlegung der Berufung. Dr. Br.

g) **Kostenfestsetzung aus Schiedssprüchen.**[2] **CPO. § 104.**

OLG. Posen, III. CS. Beschluß v. 26. November 1901.

Da mit der Niederlegung des Schiedsspruches die Funktionen des Schiedsgerichtes beendet sind, so kann die Festsetzung der Kosten nur durch ein staatliches Gericht erfolgen und zwar nur durch das zum Erlaß des Vollstreckungsurteiles berufene Gericht. Denn dieses soll die Zwangsvollstreckung aus dem Schiedsspruche in jeder Beziehung herbeiführen, so daß, wenn die Kosten des Schiedsspruches nicht unmittelbar aus diesem beigetrieben werden

[1] Rsp. 1 Nr. 59, 2 S. 162 Note 2.

[2] Entsch. 19 S. 406, JW. 1894 S. 543[5], Gruchot 39 S. 831 ff., 40 S. 584 ff.

können, es vielmehr erst noch der Festsetzung ihres Betrages bedarf, dieses Gericht zur Festsetzung berufen ist. Hat es die Zwangsvollstreckung allgemein und ohne Einschränkung für zulässig erklärt, so ist damit der vollstreckbare Titel gegeben, auf Grund dessen die Erstattung der Kosten beansprucht werden kann. S.

112

a) Voraussetzungen des § 109 CPO.

OLG. Hamburg, I. CS. Beschluß v. 22. November 1901.

... Die Veranlassung zu der durch Bürgschaft geleisteten Sicherheit gab der Arrestbefehl, welcher nur gegen solche Sicherheit verstattet worden war. Auf die Rechte aus diesem Arrestbefehl und seiner Vollziehung hat die Arrestklägerin allerdings verzichtet, aber nur nach Vollziehung des Arrestes und nachdem ihr Sicherheit durch Bürgschaft für den Arrest geleistet war. Für die Schäden, welche der Arrestbeklagten aus der Vollziehung des Arrestes und der von ihr beschafften Sicherheitsleistung erwachsen mögen, haftete ungeachtet jenes Verzichtes und der Aufhebung des Arrestes die Bürgschaft. Weder der Verzicht noch die Aufhebung des Arrestes beseitigte die Möglichkeit, daß solche Schäden entstanden seien oder entstehen konnten, und die Veranlassung zur Sicherheitsleistung war deshalb mit dem Verzicht und der Aufhebung des Arrestes nicht weggefallen.[1] Vgl. Gaupp-Stein zu § 109: „nicht schon wenn der Arrest bestätigt oder aufgehoben ist." — Anders würde die Sache nur liegen, wenn die Arrestbeklagte auf ihre Rechte an der geleisteten Sicherheit verzichtet hätte. Einer Vereinbarung dahin, daß die Bürgschaft trotz Aufhebung des Arrestes fortdauern solle, bedurfte es nicht, um die Annahme eines solchen Verzichtes auszuschließen. M. M.

b) Nichtbefolgung der Anordnung aus § 142.

OLG. Marienwerder, II. CS. Beschluß v. 1. November 1901.

Nach § 142 kann das Gericht, und zwar von Amts wegen, jedoch nur in einer mündlichen Verhandlung — welche vorliegend bisher überhaupt noch nicht stattgefunden hatte — anordnen, daß eine Partei die in ihren Händen befindlichen Urkunden, auf welche sie sich bezogen hat, vorlege. Kommt indessen die Partei der Anordnung nicht nach, so stehen dem Gerichte keine Zwangsmaßregeln zu Gebote, es ist höchstens befugt, bei Würdigung des Beweises gemäß § 286 die Urkunde unberücksichtigt zu lassen. Es kann daher auch die Klägerin niemals gezwungen werden, irgend welche Urkunden auf Grund des § 142 vorzulegen; demnach hat sie aber auch im Verhandlungstermine durch ihr Verhalten die Vertagung keinenfalls veranlaßt. Es konnte deshalb auch eine Strafgebühr aus § 48 GKG. gegen sie nicht verhängt werden. H.

---

[1] S. dagegen den Beschluß des II. CS. des OLG. Hamburg in Rsp. 2 S. 152.

c) **Berichtigung nach CPO. § 319 oder Ergänzung nach § 321?**[1]
OLG. Dresden, VII. CS. Urteil v. 27. Juni 1901.

Die Klägerin fühlt sich dadurch beschwert, daß das Landgericht ihrer Klage nach Höhe eines Teilbetrages nicht stattgegeben hat. Zwar ist ein Ausspruch, der insoweit ausdrücklich die Klage abweist, nicht in der Urteilsformel enthalten. Indessen geht aus den Gründen unzweideutig hervor, daß der Vorderrichter rücksichtlich jenes Teilbetrages die Klage nicht als begründet und darum ihre teilweise Abweisung für gerechtfertigt erachtet hat. Es handelt sich also keineswegs um ein teilweises Übergehen des Anspruches, daß zunächst durch das in § 321 angeordnete Ergänzungsverfahren hätte beseitigt werden müssen, sondern lediglich um eine offenbare, nur auf einem Versehen im Willensausdruck beruhende Ungenauigkeit, die auch gegenwärtig noch jederzeit vom erkennenden Gerichte nach § 319 berichtigt werden darf und deshalb die Statthaftigkeit der Berufung an sich in keiner Weise zu beeinflussen vermag (vgl. Gaupp Anm. I u. II zu § 319 uud zu § 321). Dr. W.

d) **Zur Auslegung des § 469 CPO.**
OLG. Zweibrücken, I. CS. Urteil v. 19. Juni 1901.

Der Widerklägerin war ein zurückgeschobener Eid dahin auferlegt, daß ihr der Kläger eine Provision versprochen hat. Im Schwurtermine beantragte sie, den Eid dahin zu ändern, daß der Kläger das Versprechen ihrem Bruder abgegeben und dies später ihr gegenüber zugestanden hat. Gründe:

... Eine Bessergestaltung der prozessualen Lage des Gegners erfordert der § 469 Satz 2 nicht. Hier kommt es vielmehr lediglich darauf an, ob unerhebliche Umstände durch die Aufnahme anderer Umstände in die Eidesnorm berichtigt werden sollen, und dies ist allemal dann zu bejahen, wenn ohne Beeinträchtigung der rechtlichen Beziehungen, welche zwischen den Eidesfolgen und den durch die Eidesleistung zu erzielenden Feststellungen bestehen müssen, die in die Eidesnorm aufgenommenen Umstände durch die Beschwörung anderweitiger Thatsachen ersetzt werden können. Vorliegend bleibt für die Rechtsverbindlichkeit des Klägers gleichgültig, ob er die Zusage der Provisionsleistung der Beklagten selbst oder ihrem als Stellvertreter anerkannten Bruder gegenüber gemacht hat... Mit Unrecht betont die Berufung die äußere Verschiedenheit der Thatumstände im Verhältnisse zu denjenigen, an deren Stelle sie gesetzt sind. Solche Verschiedenheit wird nahezu überall vorliegen, wo es sich um die Modifikation eines Eidessatzes handelt, allein von Bedeutung kann sie nicht sein, weil die Thatsachen selbst nur in ihren rechtserzeugenden Wirkungen ins Auge zu fassen sind. Auch die auf die vermeintliche Unzulässigkeit der Eideszurückschiebung gestützten Bedenken sind nicht beachtlich. Denn auch jetzt schwört die Beklagte über eigene Thatsachen ihrer Wahrnehmung. Auch wäre es kaum zu rechtfertigen, daß mit den

[1] Über den Fall, daß in erster Instanz übersehen ist, über einen Teil des Anspruches zu entscheiden, vgl. JW. 1898 S. 70[11].

Rechtsnachteilen einer unzulässigen Eideszurückschiebung gerade derjenige belastet würde, welcher den Eid in zulässiger Weise zugeschoben hat. Dr. Kr.

113

a) § 866³ CPO. ist auf die Vollziehung des Arrestes anwendbar.

OLG. Dresden, VI. CS. Beschluß v. 15. Oktober 1901.

Nach § 932 CPO. finden auf die Vollziehung des Arrestes die §§ 867, 868 Anwendung. Hieraus folgern die Vorinstanzen mit Cosack, Endemann, Struckmann-Koch u. a. die Unanwendbarkeit des § 866³; die gegenteilige Meinung des Kammergerichtes und des OLG. Colmar (JW. 1900 S. 481, 1901 S. 415, vgl. auch Achilles-Strecker GrBO. S. 98, Oberneck S. 720, Petersen-Anger 2 S. 555) verdient jedoch den Vorzug. Zwar läßt sich die Anwendbarkeit des § 866³ durch den Wortlaut dieser Vorschrift, wie das Kammergericht annimmt, nicht rechtfertigen. § 866 gehört seiner Stellung nach zu den Vorschriften über die Zwangsvollstreckung in das unbewegliche Vermögen. Demzufolge kann, wenn darin von Schuldtiteln die Rede ist, dieses Wort nur im Sinne von „Vollstreckungstitel" verstanden werden; Arrestbefehle sind keine vollstreckbaren Schuldtitel im eigentlichen Sinne und z. B. auch nicht zur Anfechtung von Rechtshandlungen gemäß § 2 des Ges. v. 21. Juli 1879 ausreichend (vgl. Sächs. Archiv 4 S. 229 und Entsch. 32 S. 233). Nur finden auf die Vollziehung des Arrestes nach § 928 die Vorschriften über die Zwangsvollstreckung entsprechende Anwendung, soweit nicht die nachfolgenden Paragraphen abweichende Bestimmungen enthalten. Eine solche Abweichung findet das Landgericht in § 932 Abs. 2, insofern als er nur die §§ 867, 868 für anwendbar erklärt, § 866 Abs. 3 dagegen nicht. Indessen erklärt sich die Nichtverweisung auf § 866, wie das Kammergericht (Jahrb. 20 S. 115) überzeugend ausführt, aus der nachträglichen Einschiebung des Abs. 3 § 866, ohne den eine Verweisung auf § 866 nicht nötig war. Nach Hinzufügung des Abs. 3 hat das Unterbleiben einer Ergänzung von § 932 Abs. 2 nur den Sinn, daß es eines besonderen Hinweises auf § 866³ für die Vollziehung des Arrestes nicht bedarf. Eine abweichende Willensmeinung hätte gegen die Tendenz des § 866³ verstoßen und deshalb ausdrücklich hervorgehoben werden müssen. Sollte man aber nicht daran gedacht haben, die Frage zu prüfen, ob eine Neuredaktion von § 932 Abs. 2 entbehrlich oder notwendig sei, so würde daraus der im Centralblatt für freiw. Ger. 1 S. 954 gezogene Schluß, daß die Verweisung auf § 866³ absichtlich unterlassen worden sei, keineswegs gerechtfertigt werden können. Auch das in der JW. 1900 S. 483 geltend gemachte Bedenken, daß die Anwendbarkeit von § 866³ auf den Arrest dem Nachlaßgläubiger, dessen vollstreckbare Forderung 300 Mark nicht übersteigt, während der dem Erben in §§ 2014, 2015 BGB. gewährten Schutzfristen auch die in § 782 CPO. zugelassene beschränkte Zwangsvollstreckung vollends abschneide, ist nicht beachtlich. Diese Einwendung wird durch den Hinweis auf den Zweck des

§ 866[3] vollkommen widerlegt. Für die kleinen Kredite des täglichen Verkehrs (Bagatellforderungen) soll im Vollstreckungsverfahren Realsicherheit nicht beansprucht werden können. Dieser Satz ist, wenn er für die Zwangsvollstreckung befolgt werden muß, ebenso sehr gerechtfertigt für den Arrestschlag, zumal es sich hier der Sache nach nicht um eine wirkliche Vollstreckung, sondern nur um eine Sicherstellung des Gläubigers handelt, auf die ihm materiellrechtlich, streng genommen, kein Anspruch zusteht. Nur prozeßrechtlich läßt sich die Zwangshypothek rechtfertigen, sofern sie dem Gläubiger eine ähnliche Stellung, wie sie durch die Beschlagnahme des Grundstückes bewirkt wird, nach Möglichkeit im voraus, unerwartet der Einleitung des Versteigerungsverfahrens, gewährt (Protok. 3 S. 694, 702). Ist die Zwangshypothek demnach eine teilweise Anticipation der Zwangsvollstreckung und als solche ihrer inneren Natur nach selbst gewissermaßen Arresthypothek, so muß die arrestweise Eintragung einer Sicherungshypothek im Hinblicke auf ihre besonderen, prozeßrechtlichen Voraussetzungen erst recht den für die Zwangshypothek bestehenden Einschränkungen unterworfen werden. Es wäre „systemwidrig", wenn die Sicherung durch Arrest auf einem Wege erreicht werden könnte, der für die Vollstreckung selbst nicht offensteht. Die Gesetzgebung hat eher die Tendenz, die Arrestvollziehung noch mehr einzuschränken als die Vollstreckung, wie sich z. B. daraus ergiebt, daß eine Zwangsverwaltung zum Zwecke des Arrestes nicht mehr zulässig erscheint. Hieraus zu schließen, daß nun wenigstens die Einschränkung der Zwangshypotheken im Falle der Arrestvollziehung wegfallen müsse, würde das Verhältnis verkennen, in welchem der Arrest zur Zwangsvollstreckung steht. Allerdings können die Bagatellforderungen, wenn der Schuldner außer Grundstücken keine pfändbaren Gegenstände besitzt, überhaupt nicht im Arrestwege gesichert werden. Allein thatsächlich ist dieser Einwand von geringer Bedeutung. Ist der Grundbesitz so wenig belastet, daß eine Arresthypothek wirkliche Sicherheit gewähren würde, dann wird regelmäßig der Schuldner auch noch bewegliche Gegenstände ausreichend besitzen, so daß der Gläubiger sich an diese halten kann. — Daß Sicherungshypotheken außerhalb der Zwangsvollstreckung (z. B. im Falle des § 648 BGB.) und innerhalb der Zwangsvollstreckung (z. B. im Falle von § 128 Abs. 1 ZwVG.) für Forderungen vorkommen können, welche 300 Mark nicht übersteigen (vgl. auch die Entsch. v. 24. Juli und 17. Dez. 1900, Rsp. 1 S. 205, 2 S. 221) ist für die hier zu entscheidende Frage ohne Belang. Dr. Cl.

b) **Kosten der Eintragung der Zwangshypothek sind nicht mit einzutragen.**

OLG. Karlsruhe, I. CS. Beschluß v. 8. Oktober 1901.

Nach § 866 ist die Zwangseintragung einer Judikatforderung ein Akt der Zwangsvollstreckung, jedoch ein solcher, der nicht die Beitreibung selbst bewirkt, sondern solche nur sichert. Hierbei ersetzt der Schuldtitel die sonst nach dem BGB. erforderliche Einigung zwischen Gläubiger und Eigentümer und die nach der GrBO. notwendige Eintragsbewilligung des Eigentümers, da die Eintragung nach § 867 Abs. 1 CPO. lediglich auf den einseitigen Antrag des Gläubigers hin erfolgt. Weil die Zwangshypothek ohne, selbst gegen den Willen des Eigentümers entsteht, kann sie nur im Wege der Zwangsvollstreckung begründet werden. Ihre Eintragung erscheint deshalb nicht als eine „Beitreibung" im Sinne des § 788 CPO. und kann deshalb diese Vorschrift auch nicht entscheidend sein für die Eintragung der Kosten des Antrages auf Eintragung einer Zwangshypothek. Nach dem Wortlaute des § 867 Abs. 1 haftet das Grundstück kraft Gesetzes für die dem Schuldner zur Last fallenden Kosten der bezüglichen Eintragung und zwar ohne daß die Kosten selbst einzutragen sind. Wie nun nach § 1118 BGB. das Grundstück kraft der Hypothek auch für die gesetzlichen Zinsen der Forderung, sowie für die Kosten der Kündigung und der die Befriedigung aus dem Grundstücke betreffenden Rechtsverfolgung haftet, so ist dies der Fall bei der Zwangshypothek bezüglich der in § 867 erwähnten Kosten der Eintragung, ohne daß es einer Eintragung dieser Nebenforderungen im Grundbuch bedürfte (vgl. Rsp. 1 S. 202 und S. 483 Nr. 11, Haidlen 2 zu § 1118, Achilles-Strecker S. 65, 101, Turnau-Förster S. 560). Wie bezüglich der in § 1118 BGB. erwähnten Zinsen und Kosten, besteht hiernach auch bezüglich der im § 867[1] CPO. erwähnten „Kosten der Eintragung" weder eine Eintragungsbedürftigkeit, noch eine Eintragungsfähigkeit. Auf diesem Standpunkte steht auch die badische Dienstweisung für die Grundbuchämter (vgl. §§ 463[3], 465[3]). Dr. E.

c) Teilweise Löschung einer Sicherungshypothek.[1]

OLG. Dresden, IV. CS. Beschluß v. 15. Oktober 1901.

Die Antragstellerin, welche eine Sicherungshypothek von 7000 Mark hatte eintragen lassen, hat 1901 mit Bezug auf § 867 Abs. 2 CPO. bewilligt und beantragt, von den 7000 Mark 6000 Mark abzuschreiben, weil sie noch sechs Grundstücke ihres Schuldners ermittelt habe, die sie mit Sicherungshypotheken von je 1000 Mark zu belasten gedenke. Der Antrag wurde zurückgewiesen; auch die weitere Beschwerde blieb ohne Erfolg. Gründe:

Die Löschungs- oder Abschreibungsbewilligung ist eine Eintragungsbewilligung im Sinne von § 29 GrBO. Sie muß daher, wenn sie nicht vor dem Grundbuchamte zu Protokoll gegeben wird, durch öffentliche oder öffentlich beglaubigte Urkunden nachgewiesen werden. Zu einer vom Rechtsanwalte X. abgegebenen Löschungsbewilligung würde außerdem eine Vollmacht in der im § 29 GrBO. vorgeschriebenen Form erforderlich sein. Einer Beachtung der jetzt nachgebrachten beglaubigten Vollmacht steht § 78 GrBO. vbd. § 561 CPO. im Wege; diese Vollmacht ist eine neue Thatsache, welche hier nicht berücksichtigt werden darf; für die weitere Beschwerde ist die Anwendung von § 74 durch § 78 cit. — abgesehen von gewissen, hier nicht

[1] Oben S. 203 Note 1.

einschlagenden Fällen (CPO. § 554 Nr. 2, 3) — ausgeschlossen. Auch fehlt es nach wie vor an der Zustimmung des Grundstückseigentümers (§ 27 GrBO.). Durch dieses Erfordernis wird die Beschwerdeführerin nicht, wie sie meint, an jeder Änderung des Arrestes behindert; denn es steht ihr frei, einen teilweisen Verzicht eintragen zu lassen (§§ 1168, 1176 BGB.); hierzu bedarf es der Zustimmung des Eigentümers nicht. Indessen würde auch dieser Verzicht, vorbehaltlich des für den Eintragungsantrag einschlagenden § 30 GrBO., in der Form des § 29 GrBO. beigebracht werden müssen. — Ebensowenig will der Abschreibungsantrag lediglich eine Berichtigung des Grundbuches herbeiführen; denn der Inhalt des Grundbuches steht mit der wirklichen Rechtslage im Einklange (§ 894 BGB.), deshalb kann auch von der Eintragung eines Widerspruches gegen die Richtigkeit des Grundbuches nicht die Rede sein (§ 899 BGB.). An den materiell-rechtlichen Voraussetzungen der Eintragung eines Widerspruches ist durch § 76 GrBO. nichts geändert worden. Diese Vorschrift, deren Anwendbarkeit auf das gegenwärtige Beschwerdeverfahren an sich zufolge § 80 Abs. 3 GrBO. nicht bezweifelt werden soll, gestattet den Erlaß einer einstweiligen Anordnung nur zur Sicherung des Rechtes, dessen Eintragung im Wege der Beschwerde erstrebt wird. Ein solches Recht ist gegenüber dem Amtsgerichte mit dem abgelehnten Antrage nicht geltend gemacht worden. Dr. Cl.

d) **Im Verfahren betr. Leistung des Offenbarungseides muß die Ladungsfrist von drei Tagen innegehalten werden. CPO. §§ 901, 217.**

OLG. Celle, I. CS. Beschluß v. 26. November 1901.

Der die Einhaltung einer Ladungsfrist anordnende § 217 CPO. gehört zu den im ersten Buche der CPO. gegebenen „Allgemeinen Bestimmungen", hat also Geltung für alle Teile des Verfahrens und daher auch für das Zwangsvollstreckungsverfahren. Nun hat allerdings die Vorschrift, wie nach den vorausgehenden §§ 214, 215 angenommen werden muß, in erster Linie nur Ladungen zu einem zur mündlichen Verhandlung bestimmten Termine im Auge, und zur mündlichen Verhandlung bestimmt ist der zur Leistung des Offenbarungseides angesetzte Termin zunächst nicht. Allein es kann in demselben zur mündlichen Verhandlung kommen, nämlich, wenn gegen die Verpflichtung zur Leistung des Offenbarungseides Widerspruch erhoben wird, und zwar ist dies, wie sich aus dem letzten Satze des § 900 ergiebt, auch dann noch möglich, wenn ein solcher Widerspruch schon einmal durch Beschluß zurückgewiesen ist. Nicht entscheidend fällt ins Gewicht, daß diese mündliche Verhandlung jetzt keine für die Entscheidung notwendige mehr ist, da nicht mehr durch Urteil, sondern durch Beschluß über den Widerspruch entschieden wird. Es kommt hinzu, daß dem trotz Ladung nicht erscheinenden Schuldner ein sehr erheblicher Nachteil, nämlich der Erlaß eines Haftbefehles angedroht ist. Danach treffen die Gründe, welche zu der Vorschrift Veranlassung gegeben haben, daß zwischen der Ladung und dem Termine eine Frist frei bleiben müsse, auch hier zu, nämlich daß eine, wenn auch kurz bemessene,

Zeit zur Vorbereitung und insbesondere zur Beseitigung etwa dem Erscheinen entgegenstehender Hindernisse gewährt werden müsse. W. H.

e) **Weitere Beschwerde, weil das Landgericht in zweiter Instanz über einen Arrest 2c nach mündlicher Verhandlung durch Beschluß erkannt hatte. §§ 922, 936.**

OLG. Hamburg, I. CS. Beschluß v. 4. Oktober 1901.

Nach § 922 (verglichen mit § 936) erfolgt die Entscheidung über das Arrestgesuch im Falle mündlicher Verhandlung durch Endurteil. Das Landgericht hat statt dessen, obwohl eine mündliche Verhandlung angeordnet war und stattgefunden hatte, im Beschwerdeverfahren durch Beschluß entschieden. Die Beschwerde des Kl. ist zulässig, weil es sich um einen Beschluß handelt, durch welchen ein das Verfahren betreffendes Gesuch zurückgewiesen worden ist. Sie ist auch insofern begründet, als der Beschluß, weil gegen die CPO. verstoßend, aufgehoben werden muß. Die Sache kommt dadurch in die Lage, daß vom Landgerichte durch Urteil zu entscheiden sein wird. In der Sache selbst zu entscheiden ist das OLG. nicht in der Lage, weil ihm dazu die Zuständigkeit fehlt. Denn die CPO., deren Vorschriften öffentlich-rechtlicher Natur und deshalb zwingend sind, schließt ein Rechtsmittel gegen die nach mündlicher Verhandlung in zweiter Instanz vom Landgerichte erlassene Entscheidung aus (vgl. Wilmowski-Levy und Seuffert zu § 802). M. M.

f) **Der Unterhaltspflichtige hat kein Recht auf eine seine Pflicht regelnde einstweilige Verfügung. „Widerspruch" der Gegenpartei gegen eine derartige einstweilige Verfügung.[1] Verbindung der Verhandlung über die Berufung gegen ein Endurteil im Sinne des § 922[1] CPO. und über die Beschwerde gegen eine andere einstweilige Verfügung.**

Urteil des OLG. Dresden, Ferien-CS. v. 29. Juli 1901.

Während des Scheidungsprozesses beantragte der Kläger, mittels einstweiliger Verfügung das Getrenntleben der Parteien zu gestatten und die gegenseitige Unterhaltspflicht gemäß § 1361 BGB. zu regeln. Das Landgericht gab dem Antrag statt. Gegen das auf „Widerspruch" der Beklagten erlassene Urteil legten beide Parteien Berufung ein. Inzwischen war ein Antrag der Beklagten auf Zubilligung weiteren Unterhalts — Kosten einer Kur u. s. w. — mittels einstweiliger Verfügung vom Landgericht abgelehnt und hiergegen von der Beklagten „sofortige Beschwerde" eingelegt worden. Zufolge Vereinbarung der Parteien wurde in der Berufungsverhandlung zugleich über diese Beschwerde mündlich verhandelt. Das OLG. beschied in einem Erkenntnis die Berufungen und den Antrag der Beklagten auf Zu-

[1] Ebenso ist der Antrag des Beklagten, mittels einstw. Verf. eine vom Gegner erwirkte einstw. Verf. aufzuheben oder deren Vollzug einzustellen, unstatthaft; dem Beklagten steht nur der Widerspruch frei (OLG. Karlsruhe, Beschluß v. 26. Juli 1901). — Dagegen kann die Frau mit der Klage auf Herstellung des ehelichen Lebens eine einstw. Verf. auf Herausgabe der zur Führung eines vorerst noch abgesonderten Haushaltes erforderlichen Sachen verbinden. (OLG. Karlsruhe, Beschluß v. 13. August 1901; vgl. oben S. 14 und Entsch. 47 S. 383.)

billigung der Kurkosten, letzteren mittels einstweiliger Verfügung, und bemerkte u. a. in den Gründen:

Das Landgericht hat die Bestimmung in § 627 CPO., daß das Gericht auf Antrag „eines der Ehegatten" die gegenseitige Unterhaltspflicht ordnen könne, dahin aufgefaßt, daß selbst auf ein von der unterhaltspflichtigen Partei ausgehendes Gesuch eine einstweilige Verfügung in der Richtung zulässig sei, daß und in welcher Höhe diese Partei der anderen eine Unterhaltsrente zu gewähren habe. Die Richtigkeit dieser Ansicht läßt sich mit Grund bezweifeln, denn der unterhaltspflichtige Gatte ist, sobald das Gericht das Getrenntleben gestattet hat, durch nichts gehindert, auch ohne eine seine Unterhaltspflicht regelnde einstweilige Verfügung, die demnach von seinem Standpunkte aus entbehrlich erscheint, der Gegenpartei eine Rente in der Höhe, wie er sie entrichten zu müssen glaubt, zu zahlen und es ihr dabei zu überlassen, ihre Rechte geeignetenfalls auf dem in § 627 CPO. geordneten Wege selbst wahrzunehmen, dafern sie eine höhere Rente beanspruchen zu dürfen meint.

Die Beklagte hat, weil sie gegenüber der vom Kläger erwirkten einstweiligen Verfügung dieser Meinung ist, gegen jene Verfügung „Widerspruch" erhoben. Indessen ist trotz dieser Bezeichnung nicht anzunehmen, daß die Beklagte damit beabsichtigt habe, von dem in CPO. § 924 f. verb. mit 936 geordneten Rechtsbehelfe Gebrauch zu machen. Denn die Beklagte bezweckte eine Erhöhung der ihr zugebilligten Rente, also eine zu Ungunsten des Schuldners gereichende Maßregel herbeizuführen und würde sonach, was nicht vorausgesetzt werden darf, mit ihrem „Widerspruche", wenn er im Sinne jener Bestimmungen gemeint gewesen wäre, einen prozessual ungangbaren Weg eingeschlagen haben, insofern ein solcher Widerspruch lediglich vom Schuldner erhoben werden kann (vgl. Merkel, Über Arreste und einstw. Verf., S. 152 f.; Struckmann-Koch §§ 924, 925 Anm. 1), und diese Rolle, soweit es sich in der einstweiligen Verfügung um die Unterhaltspflicht handelt, der Beklagten nicht zukommt, obwohl die einstweilige Verfügung auf Antrag des Gegners erlassen worden ist. Der Widerspruch ist vielmehr als ein nach § 627 zu beurteilendes und vom Landgericht gemäß § 922 Abs. 1 CPO. durch Endurteil erledigtes Gesuch aufzufassen, die bereits auf gegnerischen Antrag geregelte Unterhaltspflicht im Wege einer zusätzlichen einstweiligen Verfügung anderweit zu regeln, und dieser Auffassung entsprechend war auf die gegen jenes Urteil eingelegten Berufungen zu entscheiden.

Auf die irrtümlich als eine „sofortige" bezeichnete Beschwerde der Beklagten (vgl. Reincke §§ 922, 923 unter 2 c.) in Verbindung mit gegenwärtigem Urteile zugleich zu erkennen, gestattet die freiwillige Erstreckung der mündlichen Verhandlung seitens der Parteien. . . . Dr. v. F.

g) Pfändungsankündigung innerhalb der zweiwöchigen Frist des § 929 als Arrestvollziehung.

Kammergericht, IV. CS. Beschluß v. 4. November 1901.

Der Arrest wird in bewegliches Vermögen, also auch in Forderungen, durch Pfändung vollzogen. Diese erfolgt nach denselben Grundsätzen, wie jede andere Pfändung (auf Grund eines Urteiles oder eines sonstigen vollstreckbaren Titels) (§ 930 Abs. 1). Mithin steht bei einem Arrestbefehl dem Gläubiger auch die vorläufige Pfändung gemäß § 843[1] offen. Die Benachrichtigung an den Drittschuldner „hat die Wirkung eines Arrestes (§ 930), sofern" innerhalb drei Wochen seit ihrer Zustellung die Pfändung der Forderung stattfindet. Der Hinweis im § 845[2] auf den § 930 läßt, da hier von der Vollziehung des Arrestes und ihren Wirkungen die Rede ist, erkennen, daß unter der Wirkung „eines Arrestes" diejenige einer Arrestvollziehung zu verstehen ist, daß mithin jene Wirkung die eines (bedingten) Arrestpfandrechtes, d. h. eines Pfandrechtes sein soll, welches zwar nicht zur Befriedigung, aber doch zur Sicherung des Gläubigers führt, indem es für ihn einen Vorrang vor später entstehenden Pfand- und Vorzugsrechten anderer Gläubiger begründet (§ 930 Abs. 2, § 804). Bestätigt wird dies Ergebnis durch den Zweck des § 845, der (ausweislich der Motive) im Hinblick auf die mit einer gerichtlichen Pfändung leicht verbundenen Verzögerungen dem Gläubiger eine vorläufige Beschlagnahme der Forderung durch den Gerichtsvollzieher mit der Wirkung eines Sicherheitsarrestes ermöglichen soll. Dementsprechend ist die Mitwirkung eines Vollstreckungsbeamten und eine der gerichtlichen Pfändung nachgebildete Form vorgeschrieben. Die Wirkung der Pfändungsankündigung ist demgemäß die Begründung eines Arrestpfandrechtes an der Forderung; sonst würde es auch, wie das Reichsgericht (Entsch. 26 S. 427) hervorhebt, dem § 845 an jeder praktischen Bedeutung fehlen; denn mit dem Augenblick der gerichtlichen Forderungspfändung entsteht ohnehin allemal ein Pfandrecht, mindestens ein Arrestpfandrecht, meist aber sogar ein gewöhnliches Pfändungspfandrecht mit allen Wirkungen eines solchen. Freilich hat das durch die Ankündigung erzeugte Arrestpfandrecht insofern nur vorläufigen Charakter, als es durch die fristgemäße Nachholung der Pfändung bedingt ist. Das Unterbleiben der Pfändung hat auflösende Wirkung. Ihre rechtzeitige Vornahme macht den resolutiv bedingten Erwerb des Arrestpfandrechtes zum unbedingten. Sie ist Bedingung für das Bestehenbleiben, nicht aber für die Erzeugung des Pfandrechtes. Wird demnach das Pfandrecht schon durch die Pfändungsbenachrichtigung begründet, so ist diese auch bereits „Vollziehung des Arrestes" im Sinne des § 930[1]. Ebenso Seuffert 46 S. 230, Busch Zeitschr. 13 S. 414, 21 S. 68 [u. Rsp. 2 S. 358]. H.

h) **Antrag des Widerspruchsbeklagten auf einstweilige Verfügung zur Versteigerung der Gegenstände des Widerspruches. § 940.**

OLG. Karlsruhe, Ferien-CS. Beschluß v. 16. August 1901.

Da der Kläger durch Geltendmachung seines angeblichen Eigentumsrechtes als des „die Veräußerung hindernden Rechtes" mit seiner Widerspruchsklage gegen die Zwangsvollstreckung gerade die Veräußerung der Pferde zu verhindern bezweckt, erscheint die Anordnung der Versteigerung innerhalb des Prozesses an sich als dem Zweck des letzteren widerstrebend. Ob beim Widerspruch des Klägers eine solche außergewöhnliche Maßregel etwa wegen ganz besonderer Umstände getroffen werden könnte, die deren Versagung als eine ganz hervorragend unbillige Härte gegenüber dem Beklagten erscheinen ließen, im Verhältnis zu welcher die Versteigerung als Unbilligkeit gegen den Kläger kaum in Betracht käme, wie z. B. dann, wenn, wie hier, dem Beklagten durch den Widerspruch gegen die Pfändung bedeutende Kosten erwachsen, zugleich aber, was hier nicht der Fall, die Unbegründetheit des Rechtes, auf welches der Widerspruch sich stützt, sehr wahrscheinlich wäre, oder wenn eine erhebliche Entwertung der Pferde zu befürchten stände, die den Kläger ebensogut, wie den Beklagten, treffen würde, kann dahingestellt bleiben. Der große Kostenaufwand des Beklagten allein, selbst wenn der Kläger nicht so vermögend sein sollte, um ihn zu ersetzen, ist nicht geeignet, eine so einschneidende Maßregel zu rechtfertigen, zumal im Falle des Obsiegens des Beklagten der seine Forderung weit übersteigende Wert der Pferde für die Vollstreckungskosten haftet. Die §§ 489 BGB. und 379 HGB. beziehen sich auf besonders geartete Rechtsverhältnisse und lassen eine analoge Anwendung auf den vorliegenden Fall nicht zu. Dr. E.

Dazu: **Einstweilige Verfügung wegen Eintrittes in Konkurrenzgeschäft.**

OLG. Karlsruhe, Ferien-CS. Urteil v. 13. August 1901.

Die Notwendigkeit der einstweiligen Verfügung wird damit begründet, daß das Recht des Klägers auf sofortigen Austritt des Beklagten aus der Konkurrenzfirma X. täglich illusorischer, sein Schaden beim Verbleiben des Beklagten in jener Firma täglich größer werde. Wenn man auch auf Grund allgemeiner Erfahrung annehmen kann, daß unter dem ohne jede Spezialisierung behaupteten Nachteil die Verwendung der vom Beklagten in Diensten des Klägers erlangten Kenntnisse, hinsichtlich der Fabrikation, des Absatzes und der Kunden, zum Vorteile der Konkurrenzfirma zu verstehen ist, und wenn man selbst unterstellt, daß ein derartiger Nachteil nicht unglaubhaft ist, fehlt doch jede Begründung dafür, daß dieser Nachteil als ein wesentlicher nach der Art und Bedeutung der vom Beklagten im Dienste des X. zu verwertenden, beim Kläger erlangten Kenntnisse, nach seiner Stellung bei X. und nach der zu entfaltenden oder bereits entfalteten Konkurrenzthätigkeit erscheint. Die Zuwiderhandlung gegen das Konkurrenzverbot selbst kann zwar die Grundlage eines Schadens für Kläger bilden, stellt aber nicht den wesentlichen Nachteil für Kläger dar, noch auch das Bevorstehen eines wesentlichen Nachteils. — Noch weniger hat Kläger dargelegt, daß die beantragte Regelung nötig ist (Rsp. 1 S. 135)... Dr. E.

i) **Zur Auslegung des § 942 CPO.**

OLG. Dresden, Ferien-CS. Beschluß v. 20. August 1901.

Das Amtsgericht hatte nach § 942 Abs. 1 eine einstweilige Verfügung erlassen, sie jedoch nachträglich im Hinblick auf Abs. 3 § 942 wieder aufgehoben, weil der Gesuchsteller die Ladung des Gegners vor das Gericht der

Hauptsache erst nach dem Ablaufe der ihm hierzu gesetzten zweiwöchigen Frist bewerkstelligt hatte. Die Beschwerde hierüber ist als unzulässig verworfen worden; die dagegen eingelegte weitere Beschwerde (die sich auf Gaupp 3. Aufl. Bem. 4 zu § 820, Wilmowski-Levy 5. Aufl. Note 2 zu § 820 und Reincke Note 3a zu § 942 bezog) wurde beachtet aus den Gründen:

Der Auffassung der Vorderrichter, daß der amtsgerichtliche Aufhebungsbeschluß jeder Anfechtung entzogen sei, war nicht beizutreten. Zwar handelt es sich dabei nicht um eine Entscheidung im Sinne von § 567 (Fall 2), durch die ein das Verfahren betreffendes Gesuch zurückgewiesen worden wäre, und ebensowenig läßt sich (vgl. Entsch. 16 S. 366) in Ermangelung einer auf die Vollziehung der Verfügung gerichteten Entschließung das Beschwerderecht des Antragstellers aus § 793 verb. mit §§ 928 und 936 entnehmen. Wohl aber folgt die Statthaftigkeit der sofortigen Beschwerde aus der im Abs. 4 § 934 gegebenen Vorschrift, deren sinngemäße Ausdehnung auf Entscheidungen nach § 942 Abs. 3, wiewohl sie zunächst einen anderen Fall im Auge hat, doch um so unbedenklicher erscheinen muß, als die Folgen, welche sich an die Aufhebung eines Arrestbefehles oder einer einstweiligen Verfügung knüpfen — mag diese Aufhebung nun gemäß § 942 oder nach § 934 verfügt worden sein —, völlig gleichgeartet sind und überdies kein Grund ersichtlich ist, der in Ansehung der Rechtsmittel eine verschiedene Behandlung der in den beiden Paragraphen bezeichneten Beschlüsse rechtfertigen könnte. Nicht unwichtig ist es ferner, daß auch der einen weiteren Fall der Aufhebung betreffende § 926 im Abs. 2 ausdrücklich bestimmt, es sollen, falls der Antragsteller die ihm für die Erhebung der Klage gesetzte Frist versäumt, die hiernach vom Gegner beantragte Aufhebung des von der Rechtshängigkeit der Hauptsache angeordneten Arrestes durch Endurteil ausgesprochen werden. Auf diese Weise wird der Partei, welche durch die Außerkraftsetzung der früher erlassenen Sicherungsmaßnahmen benachteiligt worden ist, die Möglichkeit gewahrt, im Wege der Berufung eine Abänderung der ihr nachteiligen Entscheidung zu erstreben. Auch hieraus ergiebt sich demnach als Regel die Anfechtbarkeit der im Buch 8 Abschnitt 5 erwähnten Aufhebungsbeschlüsse.

... In der Sache selbst aber ließ sich der Aufhebungsbeschluß nicht aufrecht erhalten. Der Antragsteller hat zwar die Frist, welche ihm zur Ladung seines Gegners gestellt war, verstreichen lassen, hinterher jedoch die Folgen dieser Säumnis dadurch beseitigt, daß er den Gegner nachträglich, noch ehe dieser sein Aufhebungsgesuch angebracht hatte, vor das Landgericht lud. Das Amtsgericht hätte daher den Aufhebungsantrag ablehnen müssen, denn es schlugen, da die Aufhebung nach § 942 Abs. 3 vom vorgängigen Antrag des Gegners abhing, die Bestimmungen in § 231 Abs. 2 ein, die es dem Antragsteller gestatteten, die versäumte Prozeßhandlung, hier also die Ladung vor das Gericht der Hauptsache, mit rechtlicher Wirkung nachzuholen, solange noch nicht die Aufhebung beantragt und hierüber vom Gericht Entschließung gefaßt worden war. Dr. Gr.

Wortregister.

(Verfaßt von Staatsanwalt Dr. Rindfleisch in Duisburg.)

Die Zahlen bedeuten die Seiten.

Nachträge.

Zu Band 1.

S. 320 Nr. 199. Vgl. dazu Stroh in der JW. 1900 S. 691 ff.
S. 449 Nr. 279. Abgeändert durch das RG. (Entsch. 47 S. 413).

Zu Band 2.

S. 6 Nr. 4. Zu a aufgehoben; zu b bestätigt: JW. 1901 S. 366 Nr. 4, 5. Zu b vgl. auch Seuff. Arch. 47 S. 465.

S. 92 Nr. 58. Übereinstimmend JW. 1901 S. 870, abweichend Rsp. 2 Nr. 142g.

S. 114 Nr. 70. Bestätigt vom RG. am 20. Juni 1901 (JW. S. 645); vgl. Rsp. 2 S. 372, 3 S. 257.

S. 210 Nr. 111c. Aufgehoben am 27. März 1901, Gruchot 45 S. 1131.
S. 211 Nr. 111d. Bestätigt am 2. Juli 1901, JW. S. 621 Nr. 13.
S. 232 Nr. 115c. Bestätigt am 18. September 1901, JW. S. 754 Nr. 14.
S. 245 Nr. 122. Bestätigt am 21. Juni 1901.
S. 279 Nr. 131c. Bestätigt JW. 1901 S. 758 Nr. 20.
S. 312 Nr. 137. Bestätigt am 10. Oktober 1901, JW. S. 765.
S. 422 Nr. 167b. Bestätigt JW. 1901 S. 750 Nr. 3.
S. 441 Nr. 173. Aufgehoben JW. 1901 S. 597.
S. 455 Nr. 181. Bestätigt vom RG. am 8. Juli 1901.
S. 459 Nr. 182. Bestätigt am 30. Oktober 1901, JW. S. 829.

S. 515 Nr. 22. Übereinstimmend Kammergericht, I. CS. Beschluß vom 30. September 1901 (RJA. 2 S. 216).

Zu Band 3.

S. 1 Nr. 1. Die fortdauernde Geltung des § 622 ALR. II 2 ist auch angenommen in den Beschlüssen des Kammergerichtes vom 18. März, vom 8. und 13. Juli 1901.

S. 9 Nr. 3c. Abweichend: RG. 26. Nov. 1901, JW. 1902 S. 28 Nr. 23 und Rsp. 4 Nr. 6 S. 16.

S. 10 Nr. 4d. Vgl. JW. 1902 S. 10, 11.
S. 32 Nr. 12c. Vgl. dazu JW. 1901 S. 868.
S. 42 Nr. 17c. Vgl. dazu JW. 1901 S. 869.
S. 54 Nr. 22. Vgl. JW. 1901 S. 753 Nr. 10.
S. 81 Nr. 26. Vgl. JW. 1901 S. 756 Nr. 16 und S. 761 Nr. 25.
S. 82 Nr. 26c. Bestätigt am 9. Nov. 1901, JW. 1902 S. 29 Nr. 24.
S. 89 Nr. 28. Bestätigt vom RG. am 5. November 1901.

S. 119 Nr. 31e. Ebenso OLG. Bamberg, II. CS. Urteil v. 1. Juli 1901.

S. 124 Nr. 33c. Vgl. Entsch. 40 S. 40.

S. 125 Nr. 33e. Vgl. JW. 1899 S. 223 Nr. 5.

S. 129 Nr. 33g. Vgl. JW. 1900 S. 438 Nr. 4.

S. 157 Nr. 39h. Aufgehoben am 17. Oktober 1901, JW. S. 854 Nr. 42.

S. 162 Nr. 41f. Ebenso Kammergericht, V. CS. Beschluß v. 4. Dez. 1901.

S. 315 Nr. 81a. Wie inzwischen zur Kenntnis kam, nimmt das Oberste Landesgericht seine ausschließliche Zuständigkeit zur Entscheidung über Beschwerden nach § 183 GVG. an, wenn die Ordnungsstrafen in Strafsachen — von einem Strafgerichte oder Strafrichter — festgesetzt sind, und zwar deshalb, weil diese Beschwerden Prozeßbeschwerden seien, daher mangels näherer Bestimmungen im GVG. den allgemeinen Vorschriften der StPO. über die Beschwerde, §§ 346 ff., unterliegen und sohin auf sie auch die für die Zuständigkeit zur Entscheidung über die letzteren bestehenden Vorschriften Anwendung zu finden haben. (Hinsichtlich der einschlägigen Praxis des bis 1. Januar 1900 für Beschwerdeentscheidungen in Strafsachen nach Maßgabe § 9 EG. z. GVG. zuständig gewesenen OLG. München ließ die Veröffentlichung der bezüglichen Entscheidungen in der amtlichen Sammlung nicht ersehen, ob ein Fall aus einem auswärtigen OLG.-Sprengel betroffen war.) Z.

S. 404 Nr. 102c. Vgl. Entsch. d. RG. in Strafsachen 34 S. 102.

S. 432 Nr. 110b. Ebenso jetzt auch das Urteil des RG. v. 3. Mai 1899 (I 91/99) unter ausdrücklicher Reprobierung der früheren Ansicht.

Berichtigungen.

S. 7 Z. 6 v. o. statt „belegt werden“ lies: „belegt worden“.
S. 12 Z. 16 v. u. statt „neben dem Urteile“ lies: „neben dem Erbteile“.
S. 17 Z. 17 v. u. statt „1909“ lies: „1900“.
S. 21 Z. 15 v. o. statt „Einrichtung“ lies: „Einleitung“.
S. 29 Z. 6 v. u. statt „krankhaften“ lies: „krankhafter“.
S. 33 Z. 19 v. o. statt „Unternehmer“ lies: „Übernehmer“.
S. 61 Z. 11 v. u. statt „321“ lies: „231“.
S. 77 Z. 10 v. o. statt „§ 72 Nr. 2“ lies: „§ 72 Abs. 2“.
S. 114 Z. 19 v. o. statt „v. 20. Juli 1900“ lies: „v. 20. Juli 1900 (Rsp. 1 S. 298 Nr. 182“).
S. 120 Z. 4 v. u. statt „Mangel der Prozeßfähigkeit, **die** sich“ lies: „M. der Prozeßfähigkeit, **der** sich“.
S. 139 Z. 15 v. u. statt „unentgeltlich“ lies: „entgeltlich“.
S. 149 Z. 15 v. u. statt „vierte“ lies: „dritte“.
S. 149 Z. 14 v. u. statt „dritten“ lies: „zweiten“.
S. 154 Z. 9 v. u. statt „gehörten dem Schuldner“ lies: „gehörten nicht dem Schuldner“.
S. 182 Z. 1 v. u. statt „S. 610[4]“ lies: „S. 610[41]“.
S. 207 Z. 19 v. o. statt „§ 62“ lies: „§ 162“.
S. 208 Z. 16, 17 u. 19 v. o. statt „Girant“ lies: „Garant“.
S. 208 Z. 14 v. u. statt „Aus der Wortbedeutung“ lies: „Aus der Wortbedeutung der Kundenrimesse“.
S. 208 Z. 8 v. u. statt „konkludierte“ lies: „konkludente“.
S. 208 Z. 7 v. u. statt „nur solche“ lies: „eine solche“.
S. 209 Z. 4 v. o. statt „seine“ lies: „jene“.
S. 209 Z. 12 v. o. statt „direkt“ lies: „direkt an diese“.
S. 216 Z. 9 v. o. statt „zu“ lies: „zur“.
S. 232 Z. 3 v. o. statt „weil der Vorrang“ lies: „weil die Vormerkung“.
S. 260 Z. 17 v. o. statt „§ 2 Abs. 3“ lies: „§ 2 Abs. 2“.
S. 267 Z. 18 v. o. statt „abgewendet“ lies: „abgeändert“.
S. 270 Z. 19 v. o. statt „außerhalb“ lies: „nicht außerhalb“.
S. 272 Z. 5 v. o. statt „§ 16“ lies: „§ 18“.
S. 272 Z. 10 v. u. statt „betreiben“ lies: „betrieben“.
S. 272 Z. 7 v. u. statt „Baumaterien=“ lies: „Baumaterialien=“.
S. 273 Z. 21 v. o. statt „besteht“ lies: „bestehe“.
S. 273 Z. 27 v. o. statt „nicht bestehe“ lies: „nicht mehr bestehe“.
S. 274 Z. 20 v. o. statt „unzulässig“ lies: „zulässig“.
S. 293 Z. 18 v. u. statt „2 S. 15“ lies: „3 S. 15“.
S. 299 Z. 2 v. u. statt „der rechtskräftigen“ lies: „des rechtskräftigen“.
S. 303 Z. 20 v. o. statt „v. 1. Juli“ lies: „v. 13. Mai“.
S. 315 Z. 10 v. u. statt „der“ lies: „des Art. 167“.
S. 315 Z. 9 v. u. statt „Anwendung“ lies: „keine Anwendung“.

S. 315 Z. 2 v. u. statt „Nr. 352a" lies: „Nr. 218a".
S. 316 Z. 4 v. u. statt „handelt" lies: „handelt sich".
S. 317 Z. 5 v. u. statt „mit der nach § 91" lies: mit den nach § 91".
S. 318 Z. 6 v. u. statt „daher" lies: „auf".
S. 324 Z. 2 v. u. statt „die Klage" lies: „der Klage".
S. 325 Z. 13 v. o. statt „nur das Begehren" lies: „um das Begehren".
S. 326 Z. 6 v. u. statt „wohlweise" lies: „wahlweise".
S. 349 Z. 1 v. u. statt „Nr. 24a" lies: „Nr. 24d".
S. 352 Z. 12 v. u. statt „Docks-" lies: „Decks-".
S. 354 Z. 5 v. o. statt „Hoffnung" lies: „Haftung".
S. 359 Z. 23 v. u. statt „Nr. 1" lies: „Note 1".
S. 360 Z. 18 v. u. statt „auf ihr" lies: „auf ihn".
S. 362 Z. 6 v. o. statt „nur in den" lies: „nur von dem".
S. 368 Z. 1 v. u. statt „S. 494" lies: „S. 318".
S. 384 Z. 12 v. o. statt „Art. 14" lies: „Art. 114".
S. 385 Z. 17 v. o. statt „weder" lies: „entweder".
S. 391 Z. 1 v. o. statt „Januar" lies: „Juli".
S. 421 Z. 12 v. u. statt „Kammergericht, II. CS." lies: „Kammergericht, I. CS."
S. 436 Z. 11 v. o. statt „weiter" lies: „wieder".
S. 439 Z. 4 v. u. statt „eigene Thatsachen ihrer Wahrnehmung" lies: „Thatsachen ihrer eigenen Wahrnehmung".

Druck von Metzger & Wittig in Leipzig.

FSC
www.fsc.org
MIX
Papier | Fördert
gute Waldnutzung
FSC® C083411

Kolibri 360 GmbH
Ferdinand-Jühlke-Straße 7
99095 Erfurt, Deutschland
produktsicherheit@kolibri360.de